福州市地方志编纂委员会 编

沈岩 主编

船政志

创于1897

商务印书馆

The Commercial Press

图书在版编目（CIP）数据

船政志/福州市地方志编纂委员会编；沈岩主编.
—北京：商务印书馆，2016
ISBN 978-7-100-12370-9

Ⅰ.①船… Ⅱ.①福… ②沈… Ⅲ.①福州船政局—
工业史 Ⅳ.①F426.474

中国版本图书馆 CIP 数据核字（2016）第 153598 号

船政志

福州市地方志编纂委员会 编

沈岩 主编

商 务 印 书 馆 出 版
（北京王府井大街36号　邮政编码100710）
商 务 印 书 馆 发 行
山东鸿君杰文化发展有限公司印刷
ISBN 978-7-100-12370-9

2016 年 5 月第 1 版　　开本 787×1092　1/16　印张 43.75
2016 年 5 月第 1 次印刷　　插页 8　字数 901 千

定价：180.00 元

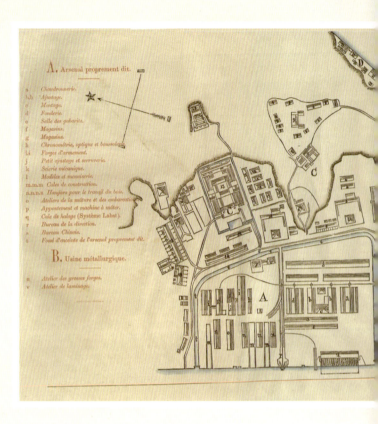

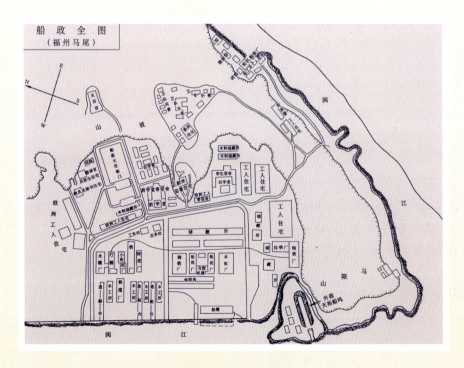

船政全图
（福州马尾）

船政规划图

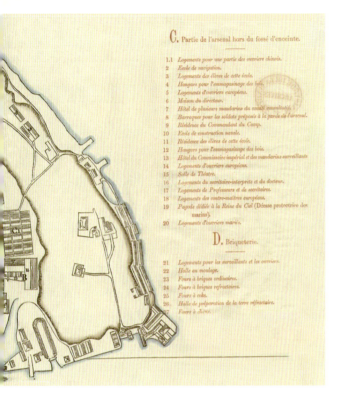

C. Partie de l'arsenal hors du fossé d'enceinte.

1.1 *Logements pour une partie des ouvriers chinois.*
2 *École de navigation.*
3 *Logements des élèves de cette école.*
4 *Hangars pour l'emmagasinage des bois.*
5 *Logements d'ouvriers européens.*
6 *Maison du directeur.*
7 *Hôtel de plusieurs mandarins du comité consultatif.*
8 *Barraques pour les soldats préposés à la garde de l'arsenal.*
9 *Résidence du Commandant du Camp.*
10 *École de construction navale.*
11 *Résidence des élèves de cette école.*
12 *Hangars pour l'emmagasinage des bois.*
13 *Hôtel du Commissaire impérial et des mandarins surveillants*
14 *Logements d'ouvriers européens.*
15 *Salle de Théâtre.*
16 *Logements du secrétaire-interprète et du docteur.*
17 *Logements de Professeurs et de secrétaires.*
18 *Logements des contre-maîtres européens.*
19 *Pagode dédiée à la Reine du Ciel (Déesse protectrice des marins).*
20 *Logements d'ouvriers marins.*

D. Briqueterie.

21 *Logements pour les surveillants et les ouvriers.*
22 *Halle au moulage.*
23 *Fours à briques ordinaires.*
24 *Fours à briques réfractaires.*
25 *Fours à coke.*
26 *Halle de préparation de la terre réfractaire.*
   Fours à chaux.

船政全图

船政总图

船政志

船政鸟瞰图

1870 年的船政

船政官界碑

左宗棠

沈葆桢

日意格

船政衙门

船政十三厂和船政学堂

船政船台

一号船坞

建设中的船只

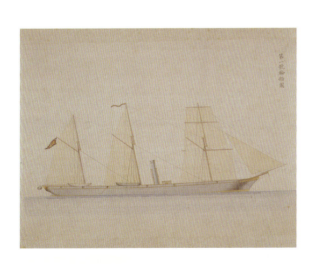

报给清廷的船政第 1 号船万年清号插图

训练中的扬武号练船

船政志

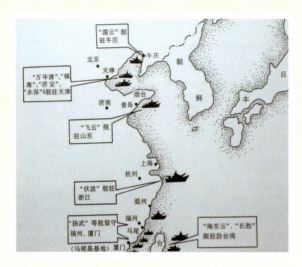

船政舰船海防图

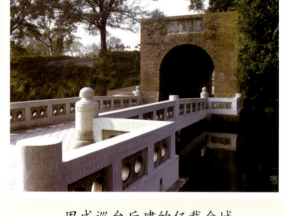

甲戌巡台后建的亿载金城

马江海战后建的昭忠祠

参与黄海海战的平远舰

严 复　　　　　　　陈季同

魏 瀚　　　　　　詹天佑　　　　　　高 鲁

邓世昌　　　　　　　萨镇冰

船政志

海军学校

飞潜学校

金家楼

葆桢队同学摄于海校，中立者为林遵

飞机制造处员工在自己建造的飞机前留影

1922 年建成的水上浮动机库

轮机厂遗址

绘事院遗迹

沈葆桢故居

严复墓

沈葆桢书法

同治甲戌冬月穀旦

开万古得未曾有之奇洪荒留此山川作遗民世界
极一生无可如何之遇钟憾遗诸天地是刊格完人

巡台使者沈葆桢敬书

严复书法四条屏

四临广路平高桥孤愤情
怀橛以秋文物鉴真隐玉
马窦笔力入重末萱三天
破人厚酥馆哭声收泪而
收辛苦著五朱康用鉴
儒六自五分颓雨午发莽
道海伯新乡赠见而和之
韶庭仁兄先生双政莽波

序

杨 岳

　　海国图梦,福州——梦开始的地方。回溯历史,福州是一座伴海而生、因海而兴、拓海而荣的港口城市。苍苍鼓山,泱泱闽水,位于闽江口北岸的福州马尾船政,开启了中国"三千年未有之大变局",在中国近代史上书写下浓墨重彩的一笔。

　　1842年,西方列强的炮火轰开了福州东大门。一个多世纪以来,面对血与火的洗礼,福州人沉思、探索、追求、呐喊、拼搏。1866年,闽浙总督左宗棠在福州马尾设立"总理船政事务衙门",提出"惟东南大利,在水而不在陆"的著名论断,轰轰烈烈地开展了建船厂、造兵舰、制飞机、办学堂、引人才、派学童出洋留学等一系列"富国强兵"活动。中国第一艘巡洋舰下水,国人诧为"中华所未曾有之巨舰";第一艘钢甲巡洋舰出坞,"万目共瞻,同声称快";第一架水上飞机飞上蓝天,第一所引进西方教育模式的新式学校在这里开办,等等。船政之于福州,更具历史和现实意义之处还在于,一衣带水的榕台两地因船政的关系而更加密切。从船政大臣沈葆桢巡台保台,到抗战胜利后台湾造船工业的重建,再到1949年前后船政学子赴台参与经济建设,船政人为保卫台湾、建设台湾做出了巨大的努力和贡献。壮阔的船政史向世人生动地昭示出海峡两岸人民同根同源、血脉相连、手足情深的历史渊源。

　　马尾船政虽存世仅40余载,却积淀形成了悠远厚重的文化瑰宝。船政文化是中国由传统向近代过渡时期所产生的文化现象,船政文化的兴起,标志着中国近代新型企业的发轫与发展,造就出新一代"开风气之先"的知识分子。船政文化成为中国近代先进文化的大纛,是闽都文化的一颗璀璨明珠。

　　习近平总书记指出,历史文化是城市的灵魂,要像爱惜自己的生命一样保护好城市历史文化遗产。他强调要高度重视修史修志,让文物说话、把历史智慧告诉人们,激发民族自豪感和自信心。历史是"根",文化是"魂",我们更要努力传承具有闽都特色的历史文脉,留住属于这座城市特有的文化印记。船政文化所体现的民族自强、崇尚科学、对外开放、改革创新、学以致用、追求卓越、爱国忘我等精神,世代传承,永放光芒。"师夷长技以制夷""以防外侮、以利民生"等主张,表明了生死以之、无私无畏的爱国情怀,体现了不甘落后、敢于担当的自强之志。

其"不畏强暴、敢于拼搏、坚忍不拔的气概"和"不空谈、务政用"的精神,是为当下所推崇,这也与福州科学发展跨越发展中所展现出的求真务实、奋发有为的精神状态不谋而合。

地方志是传承中华文明、发掘历史智慧的重要载体。2005 年至今,福州市先后编纂出版了《昙石山文化志》《福州寿山石志》《三坊七巷志》,对于人民了解福州、宣传推介福州都起到了推进作用,并取得了良好的社会成效。《船政志》的付梓出版,更是填补了闽都四大文化专志的最后一项空白。今年恰逢船政创办 150 周年,值此特殊年份,《船政志》的出版发行更具深远意义。本书站位高远、史料翔实、图文并茂,科学、系统、全面地记载了船政的历史沿革、发展历程,以及船政人在军事、科技、文化、教育等方面的努力和成就,是一部传承记忆、存世垂鉴的精品佳志。

昔日,船政人向海奋进,参与创造了船政文化的历史辉煌,开辟了中国制造、近代教育、海军培育之先河,写就了闽都文化的灿烂篇章。今日,船政历史的书写,无声地见证着福州船政发展的繁荣,传延着船政文化新风的魅力,守望着海上福州的繁荣,记忆着船政精英的实践奉献,承载着厚重历史下涌动的勃勃生机。修志问道,以启未来。我们相信,《船政志》的出版,必将铭记历史,传承精神,弘扬智慧;必将激起福州人民的城市记忆和爱国情怀;必将成就城市辉煌的名片,成为推动两岸文化交流的重要纽带。

2016 年 5 月

(作者系中共福建省委常委、中共福州市委书记)

凡　例

一、本志以马克思列宁主义、毛泽东思想、邓小平理论、"三个代表"重要思想和科学发展观为指导,坚持辩证唯物主义和历史唯物主义的方法,记述清廷在福州马尾创办船政的历史及其兴衰与沿革。

二、本志从清廷在福州马尾创办总理船政事务衙门开始记述,至中华人民共和国成立为止。上限为 1866 年,下限至 1949 年 9 月,但个别事件的记述虑及事件发展的完整性,适当上溯或下延。图片下限延至 2012 年末。

三、本志采用述、记、志、传、图、表、录等体裁,以志为主。用规范的语体文记述。综述统领全局,反映全貌;大事记以编年体形式记述船政有关史实;各章分述船政各项事业发展情况。全书分章、节、目等层次,横排门类,纵述史实。

四、本志"人物"坚持"生不立传"的原则,收入对船政事业发展有重要建树或重大影响的已故人物,按传、录、表分别记录。

五、本志采用历史纪年法:朝代年号纪年以汉字表述,并括号注明公元纪年(大事记除外);农历月、日以汉字书写,公历月、日以阿拉伯数字书写,以示区分。每段中首次出现纪年时括号注明公元纪年,其后省略。

六、本志地理名称、政权机构、社会团体、官员职务、礼俗称谓等均依当时当地典章制度与习惯称谓。古今地名不同者,括号注明今名;隶属地域有变动者,注明今属。

七、本志计量单位均按国务院 1984 年颁布的《中华人民共和国法定计量单位》规定书写。中华人民共和国成立前使用的旧计量单位,仍照实记载。

八、本志的资料来源于地方文献、历史档案、统计资料、各种报刊、实地调查、各种志书等,均经核实后载入,除引文和说法不一的史料外,一般不注明出处。

九、本志采用语体文、记述体,据事直书,述而不论。

十、为便于读者查阅,书末附人名索引。

前　言

　　1866 年下半年，清廷批准闽浙总督左宗棠的建议，在福州马尾设立"总理船政事务衙门"，任命沈葆桢为船政大臣。12 月，船政工程动工兴建并招生 105 名。这里的船政就是指清末"总理船政事务衙门"所开展的政务事务活动及其历史沿革。

　　鸦片战争后，林则徐等先贤认识到开眼看世界的重要，提出了"师夷长技以制夷"的主张。左宗棠实践"师夷制夷"，创办了船政。它引进西方的科学技术，高起点嫁接，迅速地提高了造船、航海、飞机、枪炮、鱼雷、矿冶、机械、无线电、天文等科技和工艺水平，建立了当时中国最大的船舶工业基地。1917 年，还设立了飞机制造工程处，开创了中国航空工业新纪元。它开创近代教育的先河，创办船政学堂，引进西方教育模式，建立了与工业化和海军建设相适应的教育模式和留学制度，成为各地效仿的样板，成为科技和海军人才的摇篮，被李鸿章誉为"开山之祖"。船政学堂培养了一批精英，形成了一个具有爱国思想、奋斗自强、眼光敏锐、思维方式开放、容易接受新生事物的新型知识分子群。他们走在时代的前列，成为有突出贡献的思想家、外交家、教育家、科技专家和学者。1870 年，船政第三艘兵轮"福星"号下水后，清廷批准沈葆桢的奏请，成立轮船水师，随后将建造的舰船调往各港口执行海防任务。在巡台治台方面，船政做出了杰出的贡献，为台湾的近代化奠定了基础。在甲申马江海战、甲午黄海海战中，船政的学生正气凛然，奋勇杀敌，视死如归，爱国自强精神得到了充分体现和升华。

　　船政在近代中国科学技术、新式教育、工业制造、海权建设、中西方文化交流等方面成果丰硕。其折射出来的爱国自强、开拓进取的民族精神，重视科教、重视海权的时代精神，以及融通中西、求真务实的探索精神，形成了独特的船政文化。近几年来，船政文化已从历史的尘封中显露出来，而且越来越受到社会各界的重视。船政文化已从专家学者的研究对象变成了社会的共识。国务院《关于支持福建省加快建设海峡西岸经济区的若干意见》的文件把船政文化列为"地域特色明显、展现海峡西岸风貌、在国内外具有影响力的文化品牌"，要求重点给予保护发展。福州市是打造船政文化的重要地区。船政文化是我们的宝贵文化品牌，而海西建设事业是近代船政事业在新时期的继续与发展，船政文化所凝结的精神是海西建设所必需的。

编纂《船政志》是福州市政府立项的文化工程,是列入《福州市国民经济和社会发展第十二个五年规划纲要》的任务之一。在市方志委、市社会科学院指导下,《船政志》以"国际视野、全国定位、福建眼光、精品志书"的定位要求,经过五年多的努力,终于完成了全书的编纂任务。本书采用述、记、志、传、图、表、录等体裁,以志为主。各章分述船政各项事业发展情况,分为机构、产品制造、人才培养、文物、文献、艺文等六章,另有人物、专记、附录、人名索引、前言、修志始末等,共计90余万字、图片300多幅。

本书的出版是多年来史学界、志书同行、船政文化研究专家和读者们的愿望。它的面世为弘扬船政文化提供了较为准确的历史资料,为船政文化的研究打下了良好的基础。

由于史料分散,有些史料受条件限制未能发掘,加之我们的编纂水平有限,可能存在不少值得推敲和商榷的地方,敬请广大读者批评指正。

编　者

2015 年 11 月

目　录

第一章　机　构

第二章　产品制造

第三章　人才培养

专 记

附 录

综　　述

　　鸦片战争后的中国社会,矛盾丛生,危机四伏。幅员广袤、资源丰富的古老中国成为列强觊觎、侵夺的主要目标。列强们以坚船利炮敲开了清廷闭关自守的大门,迫使清廷签订了丧权辱国的不平等条约。一些有识之士开始抛弃夜郎自大的陈腐观念,关注世界,探索新知,关心时局,寻求强国御侮之道,探索中国独立、富强的途径。向西方学习开始形成思潮。

　　林则徐是近代中国“开眼看世界的第一人”。他在总结鸦片战争的教训时,认为“器不良”“技不熟”是重要原因,“剿夷而不谋船炮水军,是自取败也”。“以师夷长技以制敌”就是他提出的著名观点。魏源把林则徐这一思想做进一步阐述和发挥,在林则徐《四洲志》的基础上写成《海国图志》。该书开宗明义:“为师夷长技以制夷而作。”

　　第二次鸦片战争的失败,使更多的中国人觉醒了。不同出身、不同地位的人物,在学习西方先进科学技术和思想文化的共识下聚集起来,形成了一股强大的政治势力和一大批著书立说、大造舆论的知识分子。当时,太平天国运动已经趋于平息,第二次鸦片战争也告结束。洋务派利用国内外环境暂时和平这一有利时机,大规模引进西方先进的科学技术,兴办近代化军事工业,培养新型人才,建设新式海军、陆军,开始了一场长达三十年的洋务运动。

　　福建船政是洋务运动的非常之举,是三千年大变革的历史产物。虽有挫折,虽被尘封,但仍闪烁着历史的光辉。

　　同治五年五月十三日(1866 年 6 月 25 日),左宗棠上奏清廷《试造轮船先陈大概情形折》。在折中他首先提出了“惟东南大利,在水而不在陆”的观点,认为“中国自强之策,除修明政事、精练兵勇外,必应仿造轮船以夺彼族之所恃”,要“尽洋技之奇,尽驾驶之法”,在军事上有效地抵御外侮,在经济上“分洋商之利”,决心实践“师夷制夷”,创办船政。六月初三日(7 月 14 日),在不到 20 天的时间内,清廷形成上谕,作了批复。九月初六日(10 月 14 日),因新疆西捻军和回民起事,左宗棠调任陕甘总督。左宗棠接到谕旨后,一面令德克碑(Paul Alexandre Neveueu d'Aiguebelle, 1831 —1875 年) 到沪约日意格(Prosper Marie

Giquel，1835—1886年）及参与商订合同的福建补用道胡光墉等同来定约，一面亲自物色大臣人选。这时候，沈葆桢正好在籍守制，在福州为母丧丁忧。沈的为人为政皆有很好的口碑。左宗棠也了解到沈葆桢"在官在籍，久负清望"，和英桂、徐宗幹等商量，该二人也认为沈是好人选，因此便把目标锁定在沈的身上，亲自三次造庐商请。虽然沈葆桢都婉言谢绝，左宗棠还是坚挺沈葆桢主持船政。九月廿三日（10月31日）左宗棠上奏《派重臣总理船政折》，清廷随即下谕旨，授沈葆桢为总理船政大臣。

沈葆桢接上任后，一方面让日意格、德克碑回国购买设备，并聘请洋师、洋匠。当时法国造船工业发达，长于制造，所以引进法国的先进技术和设备；英国长于航海，所以聘请英人教授驾驶，各取英法两国之长；另一方面在马尾中岐征购土地，建设工厂、船坞、学堂、宿舍等。左宗棠原订合同设工厂5所、学堂1所，用地200余亩。沈葆桢主政后，工厂增至13所，学堂增至6所，用地扩大到600亩。

办船政困难重重。船厂设在哪里，机器哪里买，洋匠如何聘请，巨额经费如何筹集，船成后谁来开、怎么养，都必须考虑。最让人担心的是"非常之举，谤议易兴"，反对的人多，"始则忧其无成，继则议其多费，或更讥其失体，皆意中必有之事"。沈葆桢接手船政，深感阻力重重。

首先是洋人的阻挠。英国驻华公使威妥玛、总税务司赫德先后向清政府提出《新议略论》和《局外旁观论》，"扬言制造耗费，购雇省事，冀以阻挠成议"。英国驻福州领事也妄图把马尾船政扼杀于襁褓之中。同治六年（1867年），福州税务司美理登百计钻营入局；总税务司赫德替他到北京总理衙门活动，要求准其会办。八年，法国驻福州领事巴世栋搬弄是非，造成船政正监督日意格与副监督德克碑不睦。总监工达士博荷仗势欺人，时时居奇挟制，被沈葆桢撤职。同年英国驻福州副领事贾禄，要侵占马尾船政厂界建筑教堂，遭沈葆桢据理驳斥。其次是国内顽固派的阻力。他们认为"雇买代造"，不必自己制造。他们提出一系列困难，认为"事败垂成，公私均害"。六年秋，闽浙总督吴棠扬言："船政未必成，虽成亦何益？"并据匿名《竹枝词》立案调查。当时周开锡、叶文澜、李庆霖都被牵涉。沈葆桢挺身而出，抗疏力争。被吴棠调离船政的周开锡等人，终被清廷下谕留局差遣，而吴棠则于同年底被调离。十年十二月十四日（1872年1月23日）内阁学士宋晋挑起事端，上奏《船政虚耗折》。沈葆桢力驳宋晋主张，提出不能因为弟子不如师而"废书不读"，认为"勇猛精进则为远谋，因循苟且则为虚耗"，坚持"船政万难停止"。

船政筹建工程于同治五年十一月十七日（1866年12月23日）破土动工，进展颇快，到十三年终于建成了一所以造船为中心的大型机器工厂，规模宏大，机器设备也很齐全。船政生产以蒸汽机为动力的轮船。轮船的动力推进系统，技术定位为螺旋桨艉部推动，又称暗轮，性能优于之前金陵（南京）、上海所试造的两艘明轮，标志着我国真正意义上的轮船制造在这里起步。船政所造第一艘轮船"万年清"号，排水量达1370吨，是中国制造的第一艘千吨级轮船。光绪元年（1875年）由船政学堂毕业生自行设计并开工建造一艘250吨级炮舰"艺新"号，一年后制造成功，标志着船政进入自主造船的新阶段。19世纪70年代，欧美各国已盛行制造铁胁船。光绪元年船政开始实施铁胁船的建造，促成船政从木壳船向铁木合构船过渡的产品升级换代。八年底，船政造出排水量达2200吨、马力2400、时速15海里的铁胁快舰"开济"号，代表了船政铁胁船制造的技术水平。钢质舰的制造工艺代表着当时世界上造船技术的新水平。船政不甘落后，于十五年建造了第一艘钢质军舰，排水量2100吨，取名"平远"号，编入北洋海军舰队服役。"平远"号的建造，代表了晚清时期我国造船技术的最高水平。

沈葆桢认为"船政根本在学堂"。船政开创之初，就引进西方教育模式，办起了船政学堂。起初，称为求是堂艺局。同治五年十一月，船政工程动工兴建，同时招生105名。次年一月正式开学。校址暂设在福州城内定光寺（又称白塔寺）、仙塔街和城外亚伯尔顺洋房。同年五月，求是堂艺局迁至马尾新校舍，分前后两学堂。十二月设立绘事院（又称绘图学堂）。七年一月创办管轮学堂（后并入后学堂）和艺圃（又称艺徒学堂，后分为艺徒学堂和匠首学堂）。光绪二年（1876年）二月增设电报学堂。至此，船政共有八所学堂，即前学堂（制造学堂）、后学堂（驾驶学堂）、练船学堂、管轮学堂、绘画学堂（即绘事院）、艺徒学堂、匠首学堂、电报学堂。这些学堂因都是船政衙门所办，所以习惯上统称为船政学堂。

船政学堂引进的是西方教育模式。前学堂学制造，采用法国军港士官学校的科目训练，修法语，设轮船制造、轮机设计两个专业；后学堂学驾驶，采用英国海军的培养方法训练，修英语，设驾驶、管轮两个专业。各专业学制初定为五年，后有的延长到一百个月，所以有"八年四"之称。各个专业都有比较完整的工程教学课程体系，都设有堂课（理论课）、舰课或厂课。堂课有内、外课之分。内课包括公共课、专业基础课和专业课。公共必修课程有外语（法文或英文）、算术、平面几何等，而《圣谕广训》《孝经》与策论等列为必修课。专业基础课程和专业课程，有的相通，有的则完全不同。这种课程体系打破了封建教育的传统模式，开创了近代教育的先河，是一所按技术分设专业的近代高等学堂。

船政学堂实行教学、训导、行政分开的管理体制，教学工作由聘请来的洋监督全权负责，训导则由中国员绅负责，学堂实行的是供给制和军事化管理。"饮食及患病医药之费，均由局中给发"，"饮食既由艺局供给，月给银四两"。学生管理由稽查、管理委员负责，学堂"派明干正绅，常川住局，稽察师徒勤惰"。常川住局，即长期住校，对学生实行昼夜严格管理和思想教育，以规范学生言行。行政由船政提调负责。财务统一办理，统一核算。船政的办学体制是厂校一体，统筹兼顾。它既不是厂办学校，也不是校办工厂，更不是厂校联合或合作。监督既管学堂，又管工厂；教习既是教师，又是工程师；学生要"手脑并用、技艺斯通"，既学习理论，又参加劳动，并承担生产任务。各学堂各个专业都根据各自的特点安排大量的实习。

船政学堂建立了与工业化和海军建设相适应的教育模式和留学制度,成为各地效仿的样板,成为科技和海军人才的摇篮,被李鸿章誉为"开山之祖"。学堂培养了一批精英,形成了一个具有爱国思想、奋斗自强、眼光敏锐、思维方式开放、容易接受新生事物的新型知识分子群。他们走在时代的前列,成为有突出贡献的思想家、外交家、教育家、科技专家和学者。典型的代表有启蒙思想家严复,"铁路之父"詹天佑,外交家陈季同、罗丰禄,造船专家魏瀚、郑清濂,矿务专家林应升、林日章,轮机专家陈兆翔、杨廉臣,天文学家高鲁等。《清史稿》评论说:"船政学堂成就之人才,实为中国海军人才之嚆矢。"

同治九年(1870年),福建船政第三艘兵轮"福星"号下水后,清廷批准沈葆桢的奏请,成立轮船水师,随后将建造的舰船调往各港口执行海防任务。十三年三月,日本政府以"牡丹社事件"为借口,派兵侵台。清政府派船政大臣沈葆桢作为钦差大臣去台湾办理台务。同年五月,沈葆桢率领自己的舰队赴台,一边备战,一边展开外交攻势,终于挫败了日本侵略的图谋。随后,沈葆桢实施了一系列治台政策和改革措施,促使台湾开禁,实行开山抚番、开矿招垦、建祠办学、巡抚分巡等政策措施,为台湾的近代化奠定了基础。李鸿章在给他的信中说道:"我公在彼开此风气,善后始基,其功更逾于扫荡倭奴十万矣。"连横曾高度评价沈葆桢的巡台治台,说:"析疆增吏,开山抚番,以立富强之基,沈葆桢缔造之功,顾不伟钦!"在甲申马江海战、甲午黄海海战中,船政的学生正气凛然、奋勇杀敌、视死如归,爱国自强的精神得到了充分体现和升华。孙中山先生赞誉船政"足为海军根基"。

船政在短时间内取得了举世瞩目的成效。"万年清"号到天津和东南亚,"扬武"号到日本时都引起轰动,羡艳赞美之声不绝。欧美各国来华游历者,无不绕道到马尾,以参观船政为幸事。继沈葆桢之后,总理船政者有丁日昌、吴赞诚、黎兆棠、张梦元、何如璋、张佩纶,裴荫森等。中法马江海战,法国远东舰队突袭停泊在马尾港的福建水师舰船。在港水师官兵虽然奋勇抗敌,但是最终还是在短时间内几乎全军覆没,死亡近千人,写下了中国近代海军史上最为惨烈的一页。但马江海战也有它积极的一面,一是海战的结果,法军并没有实现法国政府让"法将据守福州为质"的侵略计划,就是毁坏船政,"欲图占据"的图谋也没有得逞,一周后就退出闽江口。二是中法战争与前两次鸦片战争比较,它改变了以往侵略者的疯狂气焰。马江海战后,法军被阻于浙江石浦,无力北上,这种重大变化,也反映了船政对建立近代海军以御外侮的历史作用。海战中,法国军舰还趁机炮击了马尾船政船厂和两岸炮台。船政虽经此重创,仍奋发图强、重整旗鼓,于光绪十五年(1889年)建造了第一艘钢质军舰"平远"号。十六年裴光禄卸任后,不派专员,由本省疆吏兼管,"经费愈绌,致无进步"。其间,有招商承办之议,又恐列强居心叵测,遂自为整顿,然回天无力。

辛亥革命后,船政的体制发生了变化。1912年1月,船政衙门划归"中华民国军政府闽都督府"节制,改称为福州船政局。1913年10月,船政局又收归中央海军部管理。1926年5月,福州船政局改称马尾海军造船所。

飞机和潜艇在第一次世界大战中已充分显示出其威力,因此,国内许多有识之士积极倡导培养制造飞机和潜艇方面的人才。当时陈绍宽被派去欧洲参战。他看到欧美各国正在大力建造飞机、潜艇,回国后积极倡议制造飞机、潜艇。宣统元年(1909 年)清海军大臣戴洵、萨镇冰赴欧洲考察时,随带 23 名留学生分别学习制造船炮。1915 年,海军部特召部分留英学生转赴美国麻省理工学院学习航空工程,1917 年这批学生陆续归国,于是在马尾的船政局附设飞机工程机构,开始设计制造飞机。1918 年 1 月,成立了飞机制造工程处,由巴玉藻(曾任美国通用公司第一任总工程师)任主任,王孝丰、王助(曾任美国波音公司第一任总工程师)、曾诒经为副主任。

在简陋的条件下,船政克服重重困难,于 1919 年 8 月造出了取名"甲型一号"的双桴双翼水上飞机,这就是我国国产的第一架飞机。该机总重量 1055 千克,100 马力,最大时速 120 千米,配有双座双操纵系统,供飞行教练用。1920 年 5 月制成"甲型二号"飞机,试飞正常。1921 年 2 月"甲型三号"飞机竣工。1922 年开始生产乙型水上飞机。1924 年生产丙型飞机。同年,工程处造出"海鹰"一号海岸巡逻飞机,为鱼雷轰炸机。后又造出同型机两架,最大时速在 180 千米,最大飞行高度 3800 米,海面爬高率每分钟 161 米,装有机枪、火炮各一门,携带炸弹 8 枚。巴玉藻病逝后,根据他生前设计的图纸,制造出新型飞机"江鸿"号。该机总重量 1168 千克,功率 121 千瓦,航速每小时 90 英里(144.81 千米),最大航速 109 英里(175.38 千米),曾由马尾起飞至湖北汉口,在长途飞行中经受住了考验,显示了较高的航空技术水平。

1930 年,蒋介石下令,马尾的飞机制造工程处搬迁往上海,并入江南造船所。至此,马尾共造飞机 17 架。抗战爆发后,飞机厂辗转搬迁至四川成都,归并到宋美龄为主任、陈纳德为顾问的航空委员会,改组为"第八修理厂"。马尾成功地首制国产飞机,还培育出一大批技术人员和飞行员,成为我国飞机制造业的先驱。

辛亥革命后,船政办学体制发生了变化。1913 年 10 月,船政前、后学堂划归中央海军部管理,前学堂更名为福州海军制造学校;后学堂更名为福州海军学校。艺圃改为福州海军艺术学校,仍属福州船政局建制。绘事院改为福州船政局图算所(1916 年因经费支绌而停办),仍属福州船政局建制。1917 年 12 月,经国务会议批准福州船政局设立福州海军飞潜学校,设飞机制造、潜艇制造、轮机制造三个专业,随后又开办航空班,培养海军飞行员。这就是中国最早的培养飞机、潜艇制造技术人员和飞行员、潜艇驾驶人才的高等学校。1924 年 1 月,福州海军飞潜学校、福州海军制造学校两校合并。1926 年又与福州海军学校合并。1930 年 1 月 20 日,海军部公布《海军学校规则》,校名定为"海军学校"。1937 年 9 月,因日军轰炸,海军学校迁往鼓山涌泉寺上课。1938 年 6 月,又迁往湖南湘潭。10 月海军学校自湘潭移迁贵州桐梓(史称桐梓海校)。1945 年 5 月 19 日上午,日军撤离马尾前,埋炸药炸毁海军学校、勤工学校等单位。1946 年 1 月,海军学校自贵州桐梓迁往重庆山洞海军总部旧址待命。12月海军学校奉令与在上海刚创办不久的中央海军军官学校合并,迁往青岛。1949年南迁厦门,后迁台湾左营。现在左营的"海军军官学校",校史仍以马尾海校为宗。

1935年5月海军艺术学校停办,在原址筹办"福建省马江私立勤工初级机械科职业学校"(简称"勤工学校")。1938年,改称为"福建省马江私立勤工工业职业学校"。1944年2月,勤工学校受福建省教育厅委托办"福建省立林森高级商船职业学校"(简称商船学校)。1946年8月,勤工、商校两校合并,改称"福建省立高级航空机械商船职业学校"(简称"高航学校")。1951年10月,福建省文教厅根据全国院校调整方案决定"高航学校"停办。

福建船政在中国近代海军史、工业史、教育史、思想文化史等方面都留下深深的印迹,其历史地位是不可替代的。

(一)船政是中国近代海军的发祥地。左宗棠的初衷之一,就是要整顿水师。船政造船,主要造的是军舰,武装海军;同时制炮,生产鱼雷,也是为了武装海军。船政培养的人才,主要是造船和驾驶人才,也都是为造舰和海军服务。因此,船政被誉为"中国海防设军之始,亦即海军铸才之基"。其影响是十分深远的,它培养了许许多多的海军军官和军事技术人才,据不完全统计达1100多名,占中国近代海军同类人员的60%,晚清和民国时期的多数海军高级将领,如叶祖珪、萨镇冰、蓝建枢、刘冠雄、李鼎新、程璧光、黄钟瑛,等等,都是船政的毕业生。还有中法马江海战英烈吕翰、许寿山,中日甲午海战英烈邓世昌、林永升等一大批铸造爱国魂的杰出英才。

(二)船政是中国近代最大的船舶工业中心。船政是当时在中国乃至远东规模最大、设备最为齐全、影响最为深远的船舶工业基地,从1868年开始制造"万年清"号,到1907年止,共造船40艘,总吨位47000吨,占全国总产量的74%。造船技术也不断更新,从木壳船到铁胁船,又到铁甲船。造船工业是当时科技水平的综合体现,它的建造带动了上下游工业的发展,也造就了一大批科技人员和产业工人。正因为有了船政这个工业基地,才有了日后破天荒地采用国产材料成功地制成了我国第一架水上飞机,从而开创了中国人自己的飞机制造工业的新纪元。

(三)船政是中国近代第一所高等院校。船政引进先进的教育模式,采用法国体制,把船舶工程学校与海军学校合二为一,办成一所按技术分设专业的近代高等院校。前学堂学制造,采用法国军港士官学校的科目训练;后学堂学驾驶,采用英国海军的培养方法训练。而且结合中国实际,坚持"权操诸我"的原则,形成特色鲜明的中国化办学模式,如厂校一体、工学结合;严格管理、精益求精;引进人才、契约合作;留学深造、因材施教等。实践证明,这种办学模式是成功的。短时间内就取得了明显成效,成为各地效仿的样板,被李鸿章誉为"开山之祖"。晚清40多年,船政学堂共毕业学生510名(连同民国初期毕业的共629

名），选送出国留学生四批及零星派出共 111 人，他们分赴法、英、德、美、比、西、日等国，学习的专业主要有造船、航海、飞机、潜艇、枪炮、鱼雷、矿冶、机械、无线电、天文等。这些留学生学成回国，成为我国科技力量的主要骨干，而且影响深远。至今，福州的科技人才仍然是一道亮丽的景观，仅中科院院士就达 40 多名。

（四）船政是近代中西文化交流的一面旗帜。船政学堂通过学生留学，在中西文化交流上做出了杰出的贡献：一是引进了西方的应用技术，也就是所谓"西艺"，高起点嫁接，迅速地提高了造船、航海、飞机、潜艇、枪炮、鱼雷、矿冶、机械、无线电、天文等科技和工艺水平。二是引进西方的政治、经济、法律思想，突破了"中学西用"的框框，引进了触动"中学"的"西政"观念。在传播西学方面，留法归来的王寿昌帮助林纾翻译法国小仲马的《茶花女遗事》，震撼了中国文坛。陈寿彭翻译《格致正轨》、罗丰禄翻译《海外名贤事略》《贝斯福游华笔记》等都有一定影响。马建忠在欧洲从事外交工作多年，精通英文、法文、希腊文、拉丁文，得以根据外文文法，撰写研究古汉语的文法书《马氏文通》，开拓了近代汉语文法研究领域。将中国文化介绍到国外去，陈季同是杰出的一位。他在法、德等国使馆工作多年，熟悉欧洲社会与文化生活，时常出入巴黎上流社会文艺沙龙，写了许多介绍中国现状和中国文学的法文作品，如《中国人自画像》《中国戏剧》《中国人的快乐》《黄衫客传奇》《中国人笔下的巴黎》《中国故事集》《吾国》等，还用法文写了一本以中国问题为题材的喜剧《英雄的爱》，在法国文坛上享有盛名，成为近代中学西传的先驱。

福建船政展现了近代中国科学技术、新式教育、工业制造、海权建设、中西方文化交流等方面的丰硕成果，孕育了诸多仁人志士及其先进思想，折射出中华民族爱国自强、开拓进取、勇于创新、重视科教、重视海权的伟大精神，形成了独特的船政文化。

文化概念较为宽泛，一般认为是与造化相对。造化即自然，文化即人化、社会化，是被改造的自然。人化的自然是第二自然，包括物质、精神、政治层面的内容。这三者相辅相成、辩证统一。物质层面的文化是基础，政治层面的文化是统帅，精神层面的文化是灵魂，核心是世界观、人生观、价值观、审美观。船政文化包括以下内容：①物质层面的成果，如船政的各项成就、船政遗迹、有关文物等；②政治层面的成果，如船政组织体系、运行机制、管理模式、教育模式及其成效等；③精神层面的成果，如船政组织者、参与者的思想观念、道德风范、宗教信仰、学术成果和社会影响等。因此可以这样来界定，船政文化是船政历史人物在社会实践活动中创造的物化成就和政治精神文明成果。

船政在近代中国积弱求强的历程上，留下了浓墨重彩的一笔，形成了独特的船政文化。有着勇猛精进的进取精神、自强不息的民族性格和舍身成仁的民族气节，有着权操诸我的爱国情怀和海纳百川的宽广胸襟，有着开风气之先、窥其精奥的求索精神和讲求实效的务实品格，有着整肃自律的严谨作风和勤奋刻苦的治学态度。其精神实质有爱国自强、改革创新、重视科教和海权意识等方面，核心就是强烈的爱国自强精神和强烈的海权意识。这种精神是在特定的历史时期形成的,它是以其丰富的内涵来体现的。它有别于其他时期、其他地区形成的文化。但它是中国传统文化和民族精神的深刻体现,是宝贵的精神财富。

在福建诞生船政文化,有其独特的地理条件和深刻的历史根源,其源流十分久远。

《山海经·海内南经》记载:"闽在海中。"闽人很早就与海洋打交道。东冶港是福建最早有文字记载的港口。《后汉书·朱冯虞郑周列传》记:"旧交趾七郡,贡献转运,皆从东冶泛海而至。"东冶,即今福州在汉时的称谓。汉时,东冶港就有通航东南亚的记载。东吴景帝时,设立典船都尉,促进造船与航海事业的发展。唐大和年间(827—835年)专门设置市舶机构。五代时,王审知治闽,对福州城内河和闽江通海航道进行修浚,在闽江口开辟甘棠航道,"招徕海中蛮夷商贾",出现了闽江沿岸"帆樯云集,画鹢争驰"的繁荣景象。宋元时期,泉州港后来居上。明成化十年(1474年),"福建市舶司"从泉州移到福州,福州港又一度活跃起来,并成为中国政府与琉球往来的主要港口。

明代,永乐三年(1405年)至宣德八年(1433年),郑和受朝廷派遣,率领规模巨大的船队七次出海远航。郑和船队途经南洋、印度洋的三十多个国家和地区,最远到达非洲东海岸。船队中途停靠太平港,即今福州港。但在其余几百年间,海禁和倭乱由于严重阻碍了福州港的正常航运和贸易。福州港只能侧重内贸,利用闽江交通便利的条件作为沙溪、富屯溪、金溪、建溪、剑溪入闽江至榕城的集中地、转运港。清康熙二十三年(1684年)开海禁后,福州港再度兴起。清政府在厦门和福州设立闽海关,以厦门港为通洋正口,福州港则主要与琉球国通商。

泉州因一直处于偏离政治中心的边陲,面对宽阔的海洋,先人"以船为车,以楫为马,往若飘风,去则难从"。南朝梁、陈时,印度僧人拘那陀罗曾到泉州译经,曾三次欲渡海南返,特地泛小舶到梁安郡(今泉州)更换大船起航。唐初武德年间,伊斯兰教徒"三贤""四贤"来泉州传教,卒葬于泉州。至唐中叶,前来泉州经商贸易的蕃客增多,朝廷还下令有关节度使、观察使减轻苛税。唐诗描写泉州,曾有"市井十洲人"的诗句。北宋后期,中原战乱,政治经济中心南移,泉州港的海外贸易渐盛。宋元祐三年(1088年),在泉州设置市舶司,促进海外贸易的发展。当时,泉州商人已差不多垄断了对高丽的贸易。宋室南迁杭州后,泉州港进一步繁荣起来。当时由泉州港发出的船舶往来于58个国家和地区,成为宋代我国交通范围最大、贸易往来国家最多的第一大港。元代是泉州港鼎盛的时代,有"梯航万国"的世界东方大港之称,进出的海舶往返于107个国家和地区。马可·波罗称其为世界最大港。大约从13世纪开始,中国的官方文献已习惯于以泉州为基点,来计算同外国的距离、日数和方位。13世纪和14世纪在泉州写成的两本重要文献《诸番志》和《岛夷志略》,详细记录了以泉州为起点一直到遥远的北非地中海岸,由近百个国家和地区所构成的海上贸易网络。

从东冶古港到"海上丝路",可以看到正因为有福建海洋文化的繁荣,有东冶、刺桐等古港的兴盛,才有近代船政文化的振兴。

中国古代文明重心虽然在北方,但东南部沿海地区造船业极为发达。自古有"南船北马"之称。春秋时期的吴、越两国江河密布,舟楫为马,造船业盛行。为适应江河航行,中国古船多为平底江船型,方型平底是其主要特征。而福建地区面向海洋,海域环境好,木材资源丰富,为适应海上航行,创造出航海性能好的尖底福船。1973 年,泉州湾后渚港出土的沉船,就是尖底海船。1982 年,泉州出土的南宋古船,也是一艘底部装有松木龙骨的尖底船。明代,戚继光抗倭,所监造的船舰,舰上可挂 5 张帆,首尾装配大、中炮 24 门,载兵丁250 余名,运货 22 万斤,可续航行二三千里。这种福船型的船舰,高大如楼,出征时令敌望而生畏。

自南宋进入远洋航海贸易时期以后,直至郑和下西洋时期(1405—1433 年),福建的尖底福船成为主要海运工具。明清两代,中国册封琉球和琉球进贡中国也都使用福船。明代中叶,在福州建造性能优良的册封舟,建造周期需两年,由福州五虎门出洋到琉球那霸港行程需一个月。到了清代,册封舟变小,建造周期缩短,海中行程仅需一周。册封舟的船型和帆装已日趋成熟,说明福州的造船技术也在不断进步。明代担任过琉球册封副使的谢杰对闽人的造船技术曾经这样评价:"船匠有二:漳匠善制造,凡船之坚致赖之;福匠善守成,凡船之格式赖之。"

船政选择在福建,因历史上造船业的发达而成为必然。选择在马尾当然还有材料、经费、管理等原因。但已为我们勾画出一幅源远流长的图画。船政造船经历了船体构造由船舶木壳结构、铁木合构到钢壳结构,造船工艺由铁钉舱缝到铆钉连接的过渡和进化的全过程,从而使船政成为近代中国造船中心,中国古代造船与近代造船技术借此找到了机缘与链接点。

明清海禁,严重抑制了海洋经济活动。人们不得不冒着犯禁之名,寻求突破。首先敢于犯禁的是地方豪强,他们见海上贸易有厚利可图,铤而走险。漳州、泉州地区因官府管辖薄弱,成为海上走私胜地。当时"寇盗充斥,龙邑鞭长不相及"。明代中后期,福建沿海的海商改变了以往被动消极的态度,冲破政府的禁令,积极地参与海上贸易活动。其中尤以漳州、泉州的居民最为活跃。位于漳州城东南五十里的月港,也逐渐从明初甚为荒凉的小洲发展到成弘年间走私海商聚集的重要港口。

明末的厦门港本是月港的附属港口,明廷开放海禁后始兴。据估计,16 世纪后 30 年,每年从厦门开往马尼拉的商船有 40—50 艘,丝绸和瓷器是厦门输出海外的主要商品,当时厦门被称为"中国粗瓷最大的出口中心之一"。

明代后期,东南沿海私人海上贸易活动逐渐形成了若干个实力雄厚的海商武装集团。其中比较著名的有李旦集团、颜思齐集团、郑芝龙集团、刘香集团,以及杨六、杨七、钟斌等集团。天启年间,郑芝龙首先接纳兼并了李旦、颜思齐两大海商集团,声势大振。崇祯元年

（1628年），他又看准时机，接受了明朝政府的招抚，摇身一变，成为明王朝的一员战将。在明朝政府的庇护和支持下，他借朝廷的力量，竭力扩大自己的势力范围。从而成为雄踞海上、富可敌国的海商集团。入清以后，东南沿海的海外贸易大权，仍然一度掌握在郑氏家族的手中。郑芝龙虽然投降了清朝，但是他的儿子郑成功及其后的郑经等人，率领郑氏集团的主要力量，凭借着雄厚的海上实力，与清朝军队在东南沿海一带周旋了三四十年之久。

台湾海峡长期来成为中国的国际航运中心绝非偶然。该地区连接东海与南海，深水港多，港湾受潮汐影响大，海道输沙量小，水土流失少，地理位置适中，属南亚热带为主的海洋性气候，春夏吹东南风，秋冬刮东北风。这在帆船航行的时代，有规律的季风，有利于往返作业。春夏北上东北亚，秋季返航乃至远航东南亚，春季又返航，全年忙碌。所以海峡的地位十分重要，自古就被视为航海的门户。船政在此诞生，有其有利的自然条件。

大力弘扬船政文化，培育强烈的爱国自强精神和强烈的海权意识，对推进改革开放和海洋建设，对加快全面建设小康社会，促进社会全面进步和中华民族的伟大复兴，有着不可估量的现实意义。

船政文化是中华传统优秀文化的重要组成部分，是中国近代史上值得大书特书的重要篇章，也是福建历史和福建文化不可或缺的光辉一页。

第一，近代化意义

社会学家认为，在人类历史长河中，有着三次伟大的革命性转变。第一次是人类的出现。第二次是人类从原始状态进入文明社会。第三次是从农业文明、游牧文明逐渐过渡到工业文明。社会学者、历史学者一般把人类历史上的第三次大转变理解为近代化。近代化是一场社会变革，是向近代文明的进化。它以科技为动力，以工业化为中心，以机器生产为标志，并引起经济结构、政治制度、生活方式、思想观念的全方位变化。

中国的近代化进程缓慢，从19世纪60年代才开始启动。一般认为洋务运动是标志性的起点。洋务运动力图通过采用西方先进的生产技术，摆脱内忧外患的困境，达到自强求富的目的。洋务运动正是以科技为动力，发展机器大生产，从而促使经济、政治、思想的变化，促进社会的大变革。在这场运动中，福建船政表现突出，成就显著，影响广泛而深远。从工业化的角度看，船舶工业是机械工业的集大成者，是机械生产水平的综合反映，也是当时近代工业文明的重要标志。

船政拉开了中国人放眼看世界的序幕，吹响了中国从传统农业文明向工业文明进军的号角。一百多年来，社会变革和工业化进程几经波折，现已进入了快速发展和与信息化同步发展的阶段。认真总结历史经验教训，对加快工业化进程有着重要的现实意义。它大胆引进先进技术和管理经验，是最早进行改革开放、先行先试的实验区。它采取先引进，高位嫁接；后消化，研究创新；再留学跟踪，穷追不舍的做法，无疑是值得借鉴的。

回顾历史，我们会发现，当年的船政事业和现在的海西建设是一脉相承的。海西建设是船政事业在新时期的继续与发展,海西近代化建设的起点可以追溯到船政。船政文化所凝结的爱国自强、开拓进取的民族精神、重视科教和海权的时代精神及融通中西、求真务实的探索精神都是海西建设所必需的。加快海西建设必须大力弘扬船政文化。

第二,海权意义

船政重视海防建设,建立军事基地,培养自己强大的海军,对海岸线长、海洋面积大、岛屿多、轮船这种流动国土大量航行于世界各地的大国来说,始终是不可忽视的要务,在军国主义抬头、霸权主义横行和恐怖主义向全球蔓延的今天,尤为重要。它是近代中国迈向海权的先驱者,给后人留下许多重要启示。

1.提高海权意识,东南之利在于水。

封建统治者历来推崇儒家学说,主张和为贵,总体上来说是以防为主。甲午战争前几年,美国海军学院院长马汉发表的海权理论,震动了世界。马汉的海权理论,是将控制海洋提高到国家兴衰的高度。海权的实质就是,国家通过运用优势的海上力量与正确的斗争艺术,实现在全局上对海洋的控制权力。当时国人的认识还没有达到这样的高度。但船政的创办已初露端倪。

同治五年五月,左宗棠提出"惟东南大利,在水而不在陆"的观点。他认为各国都在大海争利,彼有所挟,我独无之。中国自强"必应仿造轮船以夺彼族之所恃"。"夺其所恃"就是在军事上有效地制衡外敌,在经济上"分洋商之利"。首任船政大臣沈葆桢一再强调"船政为海防第一关键"。船政造船制炮、整顿水师、培养海军人才都围绕着海权做文章。船政学堂培养的学生,海权意识更为强烈。严复就认为"海军者攻守之大器也","必有海权,乃安国势";要"早建海权,国振远驭之良策"。

2.加强门户建设,虎视眈眈不可忘。

台湾为七省门户。沿海七省有广东、福建、浙江、江南(江苏与江西)、山东、直隶、盛京等,台湾孤悬在外,为其门户,历来为兵家必争之地。日本更是虎视眈眈,觊觎已久,总想乘虚而入。因而,门户建设显得尤为重要。

同治十三年三月,日本政府借口"牡丹社事件"侵台。清政府派船政大臣沈葆桢以钦差大臣率身份领自己的舰队赴台。迫使日本"不得大逞于台,遂罢兵归"。这是近代中国海军舰队第一次抗御外国侵略势力入侵台湾的军事行动,是中国近代海军保卫海疆、保卫台湾的壮举,也显示了船政实施海权的成就和功绩。

汉代,日本是"汉委倭奴国",但不安分,后常侵朝、犯唐。明代,倭寇是日本海盗集团,14—16世纪活动猖獗,后被平定。但日本犯唐之心不死,设立台湾都督府和牡丹社事件就是例证,更不要说以后的侵华。

沈葆桢深刻地认识到这一点。他认为"东洋终须一战",临终遗嘱还念念不忘日本对台"虎视眈眈","铁甲船不可不办,倭人万不可轻视"。日本侵台刚结束,他就把善后工作当成创始性工作来抓,相继提出并实施了一系列治台政策和改革措施,为台湾的近代化奠定了基础。

3. 落实科技战略,念念不忘铁甲船。

实施制海权,除了提高海权意识、加强门户建设之外,重要的是制海实力。落后只能挨打,只有落实科技战略,发展高科技,发展海上实力,才能立于不败之地。

林则徐在总结鸦片战争的教训时,认为"器不良""技不熟"是重要原因,认为"剿夷而不谋船炮水军,是自取败也"。左宗棠、沈葆桢把师夷制夷付诸实践,瞄准当时的高科技,取人之长补己之短,建立了中国最大的、也是远东最大的船舶工业基地,建立了中国最早的兵工厂,建立了中国第一支海军舰队。船政引进先进的技术和管理,进行消化吸收,使科技水平在当时处于先进地位。

沈葆桢始终认为铁甲船不可无。后任船政大臣裴荫森落实这一精神,造出了铁甲舰"平远"号,遂了沈葆桢生前建造铁甲之愿。建造铁甲舰和增加巡洋舰船,用它在海上与敌交锋,克服"不争大洋冲突"的消极防御思想,采取积极的高科技战略,海权意识得到了进一步提升。

第三,培养人才与教育的意义

创办船政,沈葆桢将把办学培养人才作为根本,一再强调"船政根本在于学堂"。同治五年十一月十七日船政工程全面动工,求是堂艺局即船政学堂就同时招生开学。它引进先进的教育模式,坚持"权操诸我"的原则,形成特色鲜明的中国化办学模式,成为各地效仿的样板,被李鸿章誉为"开山之祖"。它建立了与工业化和海军建设相适应的教育模式,培养了大量人才,成为中国近代科技和海军队伍的摇篮。

沈葆桢认为洋人来华教习未必是"上上之技","以中国已成之技求外国益精之学"必然事半功倍。他认为"窥其精微之奥,宜置之庄岳之间"。"庄岳之间"即齐国。这是孟子的话,意思是要学好齐国话,就要到齐国去。正是这种指导思想,船政学堂建立了留学制度。留学使出国青年开阔了眼界,增长了知识,改变了思维,学到了西学西政,也促使他们去追求真理,探寻救国良方。清史稿记述:"船政学堂成就之人才,实为中国海军人才之嚆矢。"

船政当年一手抓制造,一手抓人才。沈葆桢说船政"创始之意,不重在造,而重在学","船政根本在于学堂"。这种高度重视教育的思想,以及工学紧密结合、科技与人文结合、求实求精、针对性强等特色至今仍然有十分重要的现实意义。

第四,思想文化意义

船政的一个重大收获是思想文化收获。启蒙思想家严复是其杰出代表,他是会通中西的集大成者。他透视西学,提出了西方国家"以自由为体,民主为用"的论断;抨击时局,破天荒地揭露专制君主是窃国大盗;传播西方进化论、社会学理论、经济学理论等,发出"物竞天择"和"不变法则必亡"的呐喊;认为"西人之强,不在坚船利炮,而在于宪政与民权",提出"开民智""鼓民力""新民德"强国富民的救国主张,推动中国近代社会向科学与民主方向发展。学术界认为他"比较全面、比较深刻、比较透彻、比较准确地回答了要建设一个什么样的现代国家和怎样建设现代国家的问题"。受严复的影响,梁启超写了《新民论》,认为新民是中国第一要务。智与力成就甚易,唯德最难。鲁迅先生弃医从文,也是看到医治灵魂比医治身体更重要。近代化有两个层面,物质层面的近代化较容易,政治精神层面的近代化较难,而人的化代化最难。

第五,文化品牌意义

船政文化积淀深厚,是一笔巨大的无形资产。打响船政品牌,有利于提高福州地区的知名度和文化品位。福州历史悠久,人文品位很高,船政旅游资源丰富,开发旅游产业的前景十分广阔。在马尾建立中国船政文化城,在闽江沿岸建立历史长廊,用船政精英的名字命名福州和马尾的道路街区,设立中国船政文化节,加强中国船政文化博物馆建设,增强船政文化研究的软实力,等等,都是提升船政品牌的重要内容。船政文化体现的伟大精神,是难得的精神财富。大力弘扬船政文化,有利于培育这种伟大精神,激励后人爱国自强、重视科教、重视海权、求真务实、开拓创新。

船政虽然是洋务运动的产物,但其意义远远超过运动本身。它高标近代,也必将影响未来。

大 事 记

1866年（同治五年）

6月25日（五月十三日）

闽浙总督左宗棠上奏《设局试造轮船先陈大概情形折》，建议在闽造轮船、办新学和整理水师。

7月14日（六月三日）

清廷批准左宗棠的奏折，以"当今应办急务"令左宗棠办理船政，在马尾设立"总理船政事务衙门"。经费于闽海关税收内酌量提用，不足时提取福建省厘税应用。

8月19日（七月十日）

江汉关税务司法国人日意格到福州会见左宗棠。同往马尾，在中岐山下择地一块：宽130丈（清代量地尺，合448.5米），长110丈（379.5米），岸线土实水深。

8月（七月）

日意格往上海请法国总领事白来尼替他在华协助办厂作担保人。日意格呈交保约1件、条议18条、合同规约14条。承担协助办厂的任务。

10月14日（九月六日）

左宗棠接到调任陕甘总督的命令。

11月19日（十月十三日）

军机处奉旨派沈葆桢总理船政。

11月23日（十月十七日）

左宗棠交卸闽浙总督职务。福州将军英桂兼闽浙总督。派周开锡、胡光墉为船政提调。

11月29日（十月二十三日）

日意格、德克碑随胡光墉到福州，禀呈办厂的保约、条议、清折及合同规约。

12月10日（十一月四日）

英桂等奏准由闽海关四成款项下拨银40万两作船政经费，并将闽海关月协5万两拨充船政经费。

12 月 11 日(十一月五日)

左宗棠评议制定船政及求是堂艺局章程。左宗棠上报以日意格、德克碑为正、副监督。与日意格、德克碑签约,确定建厂造船的总体规划。

12 月 23 日(十一月十七日)

船政主体工程正式奠基动工。

求是堂艺局对外招生 105 名。

1867 年(同治六年)

2 月 19 日(一月十五日)

闽浙总督英桂函达总署,船政已在马尾购地 328 亩,每亩价银 55 两,以后陆续购至 600 亩。

2 月 24 日(一月二十日)

朝廷命沈葆桢先行接办船政,等丧假满期再具折奏事(沈葆桢曾请求假满上任)。

6 月 6 日(五月五日)

连日,求是堂艺局学生迁至马尾新校舍。法语学堂学制造,在衙门前的校舍上课,习惯称之为前学堂;英语学堂学驾驶,在衙门后的校舍上课,习惯称之为后学堂。8 日正式上课。

7 月 18 日(六月十七日)

沈葆桢丧假满期,正式上任。制订建设海军的全面规划,包括工厂、学校等,并注意到严格预防行贿和压榨。

沈葆桢启用木质公章,上刻"总理船政关防"。

7 月 25 日(六月二十四日)

法国皇帝拿破仑三世召见日意格。日意格奏明在华办厂的目的与好处,拿破仑三世批准日意格来华办厂,面谕:"用心办理。"

7 月(六月)

沈葆桢任用福建布政使周开锡和道员夏献纶、胡光墉等 3 人为船政提调,知府李庆霖和刘国泰等为船政局员,叶文澜为监工道员(总监工)。

10 月 6 日(九月九日)

日意格回到马尾,带来一批洋员,有监工贝锦达、匠头乐平(木匠)、哥达(木匠)、博士忙(锤铁)、布爱德(锅炉)、西林(铁匠)、贝那德(绘图)等 7 人,另有木匠卑德等 7 人及制造学堂教师博赖,总共 15 人(不计家属)。

10 月 20 日(九月二十三日)

沈葆桢向皇帝反映:闽浙总督吴棠掣肘船政,请谕船政提调周开锡专意从公(周被匿名信诬陷),请饬吴棠秉公断结道员叶文澜被控案(叶被诬陷),请催船政提调胡光墉即日来闽。奏折附片中为李庆霖辩诬。

12 月 26 日(十二月一日)

设绘事院,招聪颖少年 39 人学船图、机器图、船体、机器绘算概要等,学制三年。

12 月 30 日(十二月五日)

船厂第一座船台(长 24 丈)竣工,其余 3 座预定第二年秋冬陆续完成。

12 月 31 日(十二月六日)

马尾已建成船政衙门,正副监督洋楼,洋员办公室,医生、匠首寓楼、车间、匠房(30间),前后学堂(60 多间)。

1868 年(同治七年)

1 月 18 日(同治六年十二月二十四日)

第 1 号轮船(木壳兵商两用船)开工。沈葆桢亲率船政中外官员祭告天后(妈祖),"捧龙骨安上船台,又到船厂亲自拽绳下石,均奠以牲醴,以昭慎重"。

2 月 11 日(一月十八日)

军机大臣恭亲王奕訢将吴棠调离福州,改任四川总督。马新贻继任闽浙总督。

2 月 12 日(一月十九日)

创办管轮学堂,培训轮机管理人才。

2 月 17 日(一月二十四日)

创办艺圃,招收艺徒 100 多人,学制五年,培养造船技术人员及监工人才。

2 月 24 日(二月二日)

奖励船政有功洋人,予正监督日意格提督衔,赏戴花翎,副监督德克碑戴花翎,总监工达士博三品衔。

4 月(三月)

船政在上海招考的江浙水手 129 人到厂工作。

8 月(七月)

船厂基建大部分完成,先后设模子、水缸(锅炉)、合拢、轮机、拉铁、铸铁、钟表、帆缆、火砖、打铁等厂。工人人数已达二三千人。建东、西考工所为工人宿舍。建驾驶学堂、管轮学堂、绘事院、艺圃 4 座。建成官厅及健丁营。

派德克碑往越南等国购买运货帆船。以前购买的外国机器陆续到厂。

1869 年(同治八年)

2 月 8 日(同治七年十二月二十七日)

第 2 号轮船（木壳兵商两用船）开工。

2 月 11 日（一月一日）

铁厂开工。准日意格等要求"五年内包教中国工人"，从今日起计。

6 月 10 日（五月一日）

第 1 号轮船（木壳兵商两用船）下水。

福州法领事巴世栋到厂祝贺，并为博士巴说情，沈葆桢婉言拒绝。

6 月 21 日（五月十二日）

沈葆桢奏报第 1 号船拟名"万年清"，破格使用渔民出身的副将衔补用游击贝锦泉为管驾（舰长），用通晓轮机的中国舵工水手 80 余人，不用外国人。第 2 号船拟名"湄云"，派游击吴世忠管驾。

提调胡光墉到马尾。

7 月 9 日（六月一日）

德克碑与日意格矛盾表面化，请求船政当局以后不必二人签字，一切责任归正监督一人承当。

9 月 11 日（八月六日）

总署函沈葆桢，对法领事干预船政事应持正力争。

9 月 18 日（八月十三日）

新船试航，总监工法国人达士博请用外国人引港。沈葆桢批驳："港道非附近渔船不能熟悉，何以反用洋人引港？"引起又一轮的斗争。达士博以不用洋人引港，各员匠不肯前往，语涉挟制。沈葆桢坚决用中国人引港。"万年清"驶经闽安镇、琯头、壶江等处。试航成功。

10 月 31 日（九月二十七日）

"万年清"驶抵天津。清廷派三口通商大臣崇厚验收第 1 号轮船，并批准"万年清"的命名。

12 月 6 日（十一月四日）

第 2 号轮船（木壳兵商两用船）"湄云"号下水。

第 3 号轮船安设龙骨开工。

1870 年（同治九年）

1 月 10 日（同治八年十二月九日）

沈葆桢率日意格等出洋试航"湄云"号，当晚停泊妈祖澳。

2 月 4 日（一月五日）

"湄云"号赴台湾运米。

3月26日(二月二十五日)

船厂铁槽槽架安装下水。船槽上建机房,总面积7300平方尺,配44马力蒸汽机驱动,用于轮船修理。

5月30日(五月一日)

第3号轮船下水。

6月12日(五月十四日)

沈葆桢奏请拟将第3号轮船命名为"福星",第4号轮船命名为"伏波",得到批准。

9月20日(八月二十五日)

廷旨批准建立船政轮船水师,派福建水师提督李成谋为轮船水师统领。

9月(八月)

船政轮机厂开工制造第一副轮机(往复式蒸汽机)。

9月25日(九月一日)

沈葆桢在闽买米三万石,周开锡在沪买米七万石,用自制的轮船包买包解,本日全部运达天津。

10月6日(九月十二日)

沈葆桢父丧,丁忧在家。闽浙总督代奏,船政事宜由提调夏献纶、吴大廷协办。

10月26日(十月三日)

朝廷仅准沈葆桢丧假百日。沈坚请按旧制守孝三年,次年2月13日借病请辞船政职务。

11月26日(闰十月四日)

第5号轮船安设龙骨,开工建设。

12月22日(十一月一日)

"伏波"号兵船下水。

1871年(同治十年)

4月1日(二月十二日)

"伏波"号完工试洋。

军机处将文煜等奏议《拟轮船出洋训练章程》送达总署。

4月11日(二月二十二日)

开造第7号轮船船身。

5月19日(四月一日)

清廷批准第6号轮船命名为"镇海",同意从第7号起制造专用兵船。

清廷准沈葆桢服丧期满回船政工作,不必因病辞职。

6月18日(五月一日)

第5号兵船"安澜"号下水。

6月(五月)

制成第一部蒸汽机,实马力580匹。7月安装于"安澜"号,机件性能比两年前进口的优越。

7月12日(五月二十五日)

第7号轮船安设龙骨,开工建设。

8月(七月)

第8号轮船动工。

11月28日(十月十六日)

第6号轮船"镇海"号下水。

12月1日(十月十九日)

第9号轮船"靖远"号安设龙骨,开工建设。

12月(十一月)

后学堂"学生以练船洋教习逊顺非礼虐待,为之哄堂(罢课)"。提调夏献纶袒护逊顺,罚学生刘步蟾、邱宝仁为小工挑土示辱。"各生愈愤,祸不可解。"在学生的坚持斗争下,沈葆桢不顾丁忧,亲自问事,撤去逊顺教习职务。

1872年(同治十一年)

1月23日(同治十年十二月十四日)

内阁学士宋晋奏船政造船需费多而成船少,请下令停办。上谕交闽苏两省大员讨论后上报。反对造船的势力抬头。

3月5日(一月二十六日)

李鸿章函曾国藩,慨叹闽沪造船无成效,"兹闽沪造船已六载,成器成效不过如此。前兴之而后毁之,此信之而彼疑之,及今吾师与左公尚存,异议已多,再数十年后更当何如?"

3月7日(一月二十八日)

总署收到南洋大臣曾国荃函,不赞成停办船政。

4月7日(二月三十日)

同治帝令李鸿章、左宗棠、沈葆桢等议奏应否裁撤沪闽船局事。"洋枪、洋炮、火药等是否尚须制造,及船厂裁撤后局中机器物料应如何安置存储之处,并着妥筹办理。"同意文煜等请求,"将洋药票税一款仍作为养船经费","其余各船俟各省咨调时,分别派往"。(后沈葆桢声明:枪炮火药系英桂在城内所制,船政未兼办。)

4月8日(三月一日)

军机处交出文煜等人奏议,主张"即将闽省轮船局暂行停止,以节帑金"。清廷高级官员主张停止造船,给船政以很大的压力。

4 月 16 日(三月九日)

"伏波"号被调拨到广东,用于巡防缉盗。

4 月 23 日(三月十六日)

木壳巡洋舰"扬武"号下水(比原计划提早半年)。自"福星"号以来,各船用的罗经、望远镜、气压计、气压表、舰炮瞄准装置等已能自制。

5 月 2 日(三月二十五日)

针对宋晋奏议及吴棠、英桂、文煜等人的反对,左宗棠力排众议,奏船政有利无害,不可裁撤。此时朝野对船政问题展开一场大论战。

5 月 6 日(三月二十九日)

山东巡抚丁宝桢奏请调"安澜"号赴山东巡缉。

5 月 27 日(四月二十一日)

总署收到沈葆桢奏议。沈葆桢列举办船政的好处,力驳宋晋的主张,认为不能因为弟子不如师而"废书不读","勇猛精进则为远谋,因循苟且则为虚耗",坚持"船政万难停止"。

5 月 29 日(四月二十三日)

日意格回厂工作。日意格离厂回国期间,曾在法国工程师协会作"关于福州船政的演讲",演讲中提到,重要车间如轮机厂等,所用建筑材料质量上乘,优质砖块出自厦门,横梁采自新加坡。"造船厂总共铸造了 120 根,每根重达 2500 公斤的铁圆柱用以支持这些横梁。"

6 月 3 日(四月二十八日)

"飞云"轮船(第 8 号)下水,排水量 1258 吨,马力 580 匹,航速 9 节,大炮 7 门。

6 月 10 日(五月五日)

派"伏波"往浙江应用,改派"安澜"往广东。

6 月 20 日(五月十五日)

李鸿章改变对船政不满的态度,上奏提出:"国家诸费皆可省,惟养兵设防,练习枪炮,制造兵船之费万不可省",如裁撤船政则"前功尽弃,后效难图","不独贻笑外人,亦且浸长寇志"。

9 月 24 日(八月二十二日)

上谕:水师应改学枪炮,不得再学弓箭。

10 月 23 日(九月二十二日)

第 12 号轮船安设龙骨,开工建设。

12 月 11 日(十一月十一日)

"振威"兵船(第 10 号)下水。

1873 年（同治十二年）

1 月 2 日（同治十一年十二月四日）

"济安" 兵船（第 11 号）下水。

2 月 17 日（一月二十日）

准闽浙总督李鹤年等奏，以福宁镇总兵罗大春为船政轮船水师统领，李成谋调补长江水师提督。

2 月 28 日（二月二日）

第 13 号轮船安设龙骨，开工建设。

3 月 26 日（二月二十八日）

"靖远" 号出洋试航。

3 月（二月）

船政学生严宗光（复）、刘步蟾、林泰曾、叶祖珪、吕翰、张成、邓世昌等 18 人由洋教习德勒塞率领作第一次航海练习，去年北上经浙江、上海、烟台、天津至辽宁牛庄折回。本月开始南下练习。

4 月 14 日（三月十八日）

总理各国事务衙门大臣奕訢等奏，沈葆桢将 12—15 号轮船 "改造商船，系为撙节度支起见，应如所请办理，惟从第十六号起，仍应一律改造兵船，以无失设厂造船力图自强本意"。

6 月 14 日（五月二十日）

船政学堂航海专业考试，成绩显著，总结四科成绩（总分 400 分），最高的得 392 分，超过 300 分的学生 7 人。外国教师给以很高的评价。

6 月（五月）

外国工人撤出铁工厂及木模车间，中国工人开始独立操作。制造两台蒸汽机锻件，也制出难度最大的曲轴。

7 月 3 日（六月九日）

第 14 号轮船安设龙骨，开工建设。

7 月 14 日（六月二十日）

沈葆桢奏请分拨各省的轮船，由罗大春亲赴各口阅操。

第 9 号轮船试航。第 13、14 号轮船开工，由中国人放手试造。

7 月（六月）

南下实习学生经厦门、香港至新加坡、槟榔屿，回程时由学生自行驾驶，沿途填写航海日记，观测天文，熟习驾驶操作。南行共 4 个月，除在各码头停泊外，实在洋面 75 日。

沈葆桢告诉日意格年终期限满期，全部遣返洋员，如洋匠回国，中国工人尚不能自制,你我都难辞调度无方、教导不力的责任。本月起日意格逐厂考核,挑出中国工匠艺徒精熟技艺、通晓图说的为正匠头,其次为副匠头,洋师仅付给图件,不再进厂,任中国工人放手自造。

8月4日(闰六月十二日)

外国工人撤出轮机厂(装配车间)。中国工人开始操作,完成新、旧型蒸汽机铸件各一台,难度最大的汽缸质量也过了关。

8月10日(闰六月十八日)

第12号"永保"木壳商船下水。

8月16日(闰六月二十四日)

第15号轮船安设龙骨,开工建设。

8月25日(七月三日)

木工车间由中国工头接管,他们能按图施工,具有设计水平。学徒也达到能独立放样的水平。

9月15日(七月二十四日)

沈葆桢上奏:去年"建威"北驶,历浙江、上海、烟台至牛庄折回,本年二月教习德勒塞驾驶南行,经厦门、香港、新加坡、槟榔屿,六月始回。学生历经巨浪颠簸,视神色镇定,评定优劣。其胆大心细者,以粤童张成、吕翰为冠;精于算法量天尺之学者,以闽童刘步蟾、林泰曾、蒋超英为冠。提拔张成、吕翰为"海东云""长胜"管驾,"使独当一面,以观后效"。

9月(八月)

外国工人撤离铸铁厂。

船政后学堂第1届学生严宗光等33名毕业。

10月9日(八月十八日)

外国工人撤离水缸铸铜厂,中国工人独立制造两套船用锅炉。

10月12日(八月二十一日)

总署收沈葆桢函称造船经费多被挪用为养船,以后要另行设养船费。

11月8日(九月十九日)

第13号"海镜"商船下水,排水量1258吨,由中国员工自行设计制造。

12月7日(十月十八日)

沈葆桢会同福州将军文煜、闽浙总督李鹤年等奏:船厂聘洋员五年期限将满,"教导功成",请予以奖励并筹奖金及旅费使他们如期回国。计奖励两监督各2.4万两,外国员匠共6万两,每人另给工资两个月,匀给回国路费378两。总计15万两。

奏请派前、后学堂成绩优异的学生赴英、法深造。

12 月（十一月）

第 14 号轮船（商船）"琛航"下水。

1874 年（同治十三年）

1 月 6 日（同治十二年十一月十八日）

总署奏准拨闽海关福州、厦门二口及内地征收有关茶税等 15 万两作为洋员奖金及回国旅费。

奉旨准赏加日意格一品衔,穿黄马褂,给一等双龙宝星,德克碑赏一等双龙宝星。

1 月（同治十二年十二月）

中国人已掌握制造技术,遣散洋员、洋匠回国,留日意格等三人。闽厂不到 7 年完成大小兵商轮船 14 艘,前 12 艘由洋人监造,后 2 艘自制。

2 月 8 日（同治十二年十二月二十二日）

李鸿章函达总署称,招商局员唐廷枢赴闽商量续租闽厂轮船事,赞同由日意格带领学生出国留学。

2 月 15 日（同治十二年十二月二十九日）

左宗棠函达总署,主张派人出国学习不必限于英、法、美三国。请以新制成的轮船运漕及装运淮盐,解决修船经费。

2 月 16 日（同治十二年十二月三十日）

船政与日意格等签订合同有效期满,各洋员（留 3 人）如期回国（日意格、斯恭塞格等留用）。

3 月 7 日（一月十九日）

上海《申报》发表《论福建制造轮船事》,支持办船政,指出外国不知耗费多少银两,才在技术上"臻于极精","中国仅以数十万银之费,六七年久之时,而泰西历年之学,已能习悉,宜非大利乎,奈何犹谓其糜耗巨费也?"

5 月 6 日（三月二十一日）

日本借口琉球船员在台湾避风为生番所杀,命西乡从道中将为台湾事务都督,派兵登陆台湾,企图占领。

5 月 16 日（四月一日）

第 15 号"大雅"商船下水。

5 月 29 日（四月十四日）

清廷派沈葆桢为钦差办理台湾等处海防兼理各国事务大臣。船政事务委托提调吴仲翔代理。

6月3日(四月十九日)

福州将军文煜、闽浙总督李鹤年、总理船政大臣沈葆桢会奏《筹台湾防务大概情形折》中提请批准福州至厦门、厦门至台湾架设电线。

折中反映前数日琉球人、日本人先后窥探船厂,请派在籍丧假期满的陕西藩司林寿图坐镇船厂,随时察看海口形势。军事紧急,请通过电线联系。清廷命林寿图督办福州海防兼稽查船政,时谢章铤阁读、刘学谦同知均在林寿图幕府。

上谕照准,并同意福建向国外购买铁甲船、水雷及各项军火。

6月14日(五月一日)

"安澜""飞云""伏波""万年清""济安"各轮船在闽海集中。沈葆桢、日意格及布政司潘蔚、帮办斯恭塞格等率舰队出发,于17日先后到达台湾。赴台舰船全部由船政自制。

6月(五月)

沈葆桢派潘蔚、日意格等与西乡从道谈判,日本无意退兵,要求贴费、通商。沈葆桢部署陆海兵力,加强台湾、闽江口、厦门一带防卫,积极备战。船政船只运兵近万人到台湾,中国陆海军力量超过日本,使日本发动侵略有所顾忌。

严宗光、林泰曾、刘步蟾(随"长胜"管驾吕翰)赴台湾奇莱(今花莲)苏澳绘测地形、海图回来。

8月25日(七月十四日)

沈葆桢请旨继续造船。上谕:闽厂准续行兴造得力兵船以资利用。

日本见台湾防卫森严,有所顾虑,派柳原前光、大久保利通等先后到北京谈判。后签订《北京专约》,日军退出台湾,获赔款白银50万两。

9月(八月初)

闽海关以税款支绌,停止船政拨款。

9月27日(八月十七日)

"大雅"号在台南安平港遭遇风暴沉没。"安澜"号在台南旗后遭遇风暴沉没。

10月19日(九月十日)

《申报》报道:"琛航"号开至上海,上船参观的国内外人士纷纷评论。国外人士说:"气象严整,修治清洁,督饬工役,训练士卒,井井有条。"

10月30日(九月二十一日)

兴工建造"元凯"号船胁。

12月5日(十月二十七日)

第16号"元凯"轮船安设龙骨开工。

1875 年（光绪元年）

1 月 2 日（同治十三年十一月二十五日）

沈葆桢两次上书，要求"台煤减税以广招徕"。基隆煤矿无法发展，因为税重（洋煤进口每吨税 0.5 钱；台煤出口，每吨税 6.72 钱）。减税可打开销路，减少船政倚赖洋煤（后派英人翟萨赴台勘测，设厂采煤，任叶文澜为矿务督办）。

1 月 28 日（同治十三年十二月二十一日）

清廷批准沈葆桢添购大挖泥船一艘。

2 月 1 日（同治十三年十二月二十五日）

沈葆桢完成台湾军务，回抵马尾。

3 月 7 日（一月三十日）

日意格将去欧洲采办挖土机船、轮船铁胁、新式轮机，沈葆桢奏请派魏瀚、陈兆翱、陈季同、刘步蟾、林泰曾随同前往英、法游历。

3 月 17 日（二月十日）

沈葆桢率舰第二次赴台，开始善后始基的治台工作。

3 月 24 日（二月十七日）

沈葆桢奏请改"扬武"号为练船，以长江水师提督蔡国祥暂任督练，拟派英国海军总兵德勒塞为总教习。

5 月 30 日（四月二十六日）

上谕："派李鸿章督办北洋海防事宜，派沈葆桢督办南洋海防事宜。""沈葆桢已补授两江总督，海防紧要，自应迅速到任，以专责成。"

6 月 4 日（五月一日）

第 16 号"元凯"兵船下水。

第 17 号轮船安设龙骨开工，由艺生汪乔年、吴德章、罗臻禄、游学诗等设计。

6 月 18 日（五月十五日）

英国水师总兵（海军中将）德勒塞总教习到任。

7 月 13 日（六月十一日）

文煜函达总署，述靠海关六成税收，入不敷出，无法按月拨给船政费用。

7 月 20 日（六月十八日）

船政经费十分紧张，沈葆桢等奏请拨四成洋税以济船政经费。

7 月 21 日（六月十九日）

第 18 号轮船安设龙骨开工。

8 月 5 日(七月五日)

"元凯"号出闽江口五虎礁试航。

8 月 22 日(七月二十二日)

准户部奏请拨四成洋税维持船政经费。

沈葆桢在台湾完成任务,登上"元凯"号离台,晚停泊澎湖。

9 月 7 日(八月八日)

沈葆桢等奏请派福建按察使郭嵩焘接管船政,请将第 17 号轮船命名为"艺新",第 18 号轮船命名为"登瀛洲"。

9 月 17 日(八月十八日)

沈葆桢奏请改派北洋帮办大臣丁日昌接管船政。

9 月 27 日(八月二十八日)

上谕:命丁日昌督办船政。

10 月 29 日(十月一日)

沈葆桢离马尾,就任两江总督。

11 月 29 日(十一月二日)

总署收到丁日昌信,请派员出国学习开煤炼铁。

12 月 8 日(十一月十一日)

将打铁厂并入拉铁厂,改称铁胁厂,起盖新厂房。

12 月 11 日(十一月十四日)

上谕委丁日昌兼福建巡抚。

12 月 30 日(十二月三日)

户部奏准自光绪二年正月起由闽海关六成项下月拨银 3 万两,四成洋税项下月拨银 2 万两作为船政经费(以后仍无法如数拨付)。

12 月 31 日(十二月四日)

丁日昌奏造船改木胁为铁胁,将打铁厂改为铁胁厂,打铁工序并入拉铁厂。

1876 年(光绪二年)

2 月 5 日(一月十一日)

"扬武"号访问日本。《万国公报》报道日本人感到"艳羡""骇异","殊足壮中朝之威,而使西人望风额庆也"。

3 月 5 日(二月十日)

总署收到南洋大臣沈葆桢及福建巡抚丁日昌函,请照会英使,将在英留学的刘步蟾、林泰曾等人收入英国大战船学习驾驶。

3月9日(二月十四日)

船政学堂增设电报专业,是中国第一所电报学校,聘丹麦大北公司工程师培训学员,招收电报、驾驶新生70多人入学。

3月(二月)

丁日昌派唐廷枢与丹麦大北公司订《抹销原立合同续立条约》《通商局延清丹国电线公司教习学生条款》。

船政接管福州至马尾的电线。

3月28日(三月三日)

第17号轮船"艺新"号下水。

4月1日(三月七日)

命吴赞诚以三品京堂候补督办船政。

4月(三月)

上旬,英舰"田凫"号(H. M. S. Lapwing)来马尾,英皇家海军爵士寿尔参观船政,写道:"它们的技术与最后的细工可以和我们英国自己的机械工厂的任何出品相媲美而无愧色。""这个造船厂和外国任何其他造船厂并没有多少区别。"时船厂员工约1600人。

5月21日(四月二十八日)

吴赞诚抵马尾,5月23日接任。

5月26日(五月四日)

总理衙门奏,闽省推行保护船只章程五条,请饬下南、北洋大臣及各省将军、督、抚晓谕所属沿海地方通行办理。

6月18日(五月二十七日)

文煜奏,筹议《救护洋面中外船只遇险章程》业经照准,请饬各省一体遵行。

6月23日(闰五月二日)

总署收吴赞诚文,报告船政总考工李凤苞丁忧回籍。

木胁兵船"登瀛洲"(第18号)下水。

7月10日(闰五月十九日)

汪乔年、吴德章驾驶"艺新"号出洋试航,"船身坚固,轮机灵捷"。德克碑承认"中华多好手,制作驾驶均可放手自为。"

第19号轮船安设龙骨开工。

8月(六月)

船厂燃料紧张,清廷批准沈葆桢在基隆开采煤矿。船政雇英国人在基隆钻出第一个煤井,采的煤"与外国上等洋煤相埒",节省了向外国购买的费用(1878年正式投产)。

9月2日(七月十五日)

第一艘铁胁轮船"威远"号(第20号)在二号船台安设龙骨开工。

10月23日(九月七日)

吴赞诚奏调按察使衔候选道叶廷春来厂任总监工(原总监工叶文澜调任)。

11月7日(九月二十二日)

丁日昌病中上奏,推荐张成、吕翰、刘步蟾、林泰曾、蒋超英5人,"才皆可用"。主张"自行培养将才,方为经久之计"。

12月2日(十月十七日)

第19号轮船"泰安"号下水。

年底(十一月中旬)

出国参观学习的刘步蟾、林泰曾、陈季同回国,魏瀚、陈兆翱仍留法国学习。

1877年(光绪三年)

1月13日(光绪二年十一月二十九日)

李鸿章、沈葆桢奏,派李凤苞率福建船政学堂学生39名分赴英、法学习制造与驾驶,学习三年。派李凤苞为华监督,日意格为洋监督。

3月15日(二月一日)

何璟到福州任闽浙总督。

3月31日(二月十七日)

监督李凤苞及日意格率领船政第1届学生出洋留学。

5月15日(四月三日)

第一艘铁胁轮船"威远"号(第20号)下水。

5月(四月)

丁日昌派电报学堂学生苏汝灼、陈平国勘测台湾府城至旗后、至安平的电线线路,后来架设了电线。

7月29日(六月十九日)

第二艘铁胁轮船"超武"号(第21号)安设龙骨开工。"所有铁胁、铁梁、铁龙骨、斗鲸及所配轮机均系华工按图仿造",与"购自外洋者一辙。"

9月19日(八月十三日)

美国"佛兰牌利"号夹板船在兴化(莆田)长屿洋面遇风沉没。"艺新"号(管驾许寿山)救出洋人韦士客拉等19人。

10月(九月)

增派艺徒张启正、王桂芳、任照、吴学锵,叶殿铄等5人随斯恭塞格赴法国学习。

12 月 8 日（十一月四日）

斯恭塞格率艺徒 5 人抵法国马赛,安排入船厂、铁厂,学习绘图及制造铁甲。

1878 年（光绪四年）

1 月 20 日（光绪三年十二月十八日）

吴赞诚上《制船养船经费两绌折》,船政欠解 50 万两,挪用又 20 余万两。恳请将四成所余 40 万两尽数拨济船费。本年六成项下欠解 12 万两,恳饬闽海关于四成项下照数拨凑。并请派候选道王葆辰接任船政总监工（原总监工叶廷春辞职）。

6 月 19 日（五月十九日）

第二艘铁胁轮船"超武"号（第 21 号）下水。

7 月 12 日（六月十三日）

第三艘铁胁轮船"康济"号（第 22 号）安设龙骨开工。

9 月 24 日（八月二十八日）

吴赞诚上奏,浙江巡抚杨昌濬请代造船两号赴浙巡缉,前已派出"元凯"号,拟再拨"超武"号前往。

10 月 15 日（九月二十日）

沈葆桢奏请派遣第二批船政学生出国留学。

1879 年（光绪五年）

2 月 8 日（一月十八日）

吴赞诚奏:船政经费更为困难,四年来共欠 68 万两。旨下,交户部速议。

2 月 28 日（二月八日）

两江总督沈葆桢就闽厂经费困难事提出"移闽厂之船就南洋之饷"。江南轮船不足,多拨几艘赴江南应用,养船费于南洋水师经费项下开支。

7 月 6 日（五月十七日）

命李成谋即赴福建、台湾一带总统水师,先行练成一军,归南洋大臣节制。

著李鸿章、沈葆桢妥速筹购铁甲及水雷。

7 月 20 日（六月二日）

第三艘铁胁轮船"康济"号（第 22 号）下水。

沈葆桢奏请拨足船政经费,还清旧欠,"以壮军声而扶窘局"。

7 月 25 日（六月七日）

部议规定修船要立限。吴赞诚奏修船无法立限,风涛险恶,人力难施,有的可以数年不修,有的却要一修再修。

第四艘铁胁轮船"澄庆"号(第 23 号)安设龙骨开工。

7月(六月)

严宗光(严复)在英法学习,吴赞诚因船政需要人才,将其调回担任学堂教习。

8月19日(七月二日)

自同治十三年七月初一日至光绪三年十二月止,船政开销(含制船、养船、修船、中外员工薪费)共 1633532.862979 两。

9月27日(八月十二日)

《新报》《字林西报》等刊载 9 月 9 日"船政试用电灯"的消息,同文馆学生把它译成中文送到总署,这是中国人自己的发电。

10月22日(九月八日)

上谕准吴赞诚辞职。派前直隶按察使黎兆棠督办船政事宜。

11月19日(十月六日)

准沈葆桢奏,查照出洋章程,继续抽选人才往英法留学。

12月12日(十月二十九日)

上谕:船政造船务需精益求精,此次李鸿章定购的快船(指向英国订购的巡洋舰"超勇""扬威")将来如能仿造,才有裨于实用。同时催促各省海关速筹海防经费。

12月18日(十一月六日)

沈葆桢病逝。

12月(十一月)

留欧学生魏瀚等回厂工作,将办公所改为工程处,以魏瀚、陈兆翱、郑清濂、吴德章、杨廉臣、李寿田为总司(总工程师)。

是年兴办电报:从福州至上海、广州的福沪线、福广线,福州至各县架设专线;另一线从福州达马尾、川石、长门、三都。

1880 年(光绪六年)

1月1日(光绪五年十一月二十日)

彭楚汉奏,遵旨统带船政轮船"万年清""扬武""威远""济安""振威"五船齐集厦门训练。操演地涉及基隆、澎湖、厦门,以后每月轮流到三地演习。

1月9日(光绪五年十一月二十八日)

"康济"号驶出闽江口试航。

3月29日(二月十九日)

李鸿章上《议购铁甲船折》,要求闽厂停造寻常木船,专造快船。

4月4日（二月二十五日）

"康济"号驶抵上海交付招商局。此前,派唐廷枢来闽将"康济"号按商船式样改修(增高船面一层,分别改拓客舱、货舱、煤舱)。计划航行上海、香港线。

4月24日（三月十六日）

李鸿章奏请奖赏英国、法国教授中国留学生出力人员,奖给他们宝星、金牌,授与官衔,以鼓励他们继续教导中国留学生。

4月28日（三月二十日）

李鸿章函黎兆棠,拟设天津水师学堂,请饬严宗光赴津充教习,并寄闽厂练船及后学堂章程供参考。

4月（三月）

李鸿章创办大沽船坞,请饬罗丰禄为总办。

第一批留学生蒋超英、萨镇冰等学成归国。

5月1日（三月二十三日）

黎兆棠等请饬南洋大臣协款20万两,供闽厂仿造快船经费。过去拨船给各省多为无偿使用,黎兆棠提出一种使用方式:南洋用船由南洋拨款。

5月15日（四月七日）

上谕著李鸿章预筹铁甲养船费用银110万两,饬令游击刘步蟾到船政"抽选轮机生徒、舵工、水手等60人前往伦敦,上船练习"。

5月（四月）

方伯谦、林永升、叶祖珪学成回国。

朝廷下令船政精简人员,停办艺圃。

8月19日（七月十四日）

李鸿章上奏:"中国驾驶兵轮船学堂,创自福建。北洋前购蚊子船所需管驾、大副、二副、管理轮机、炮位人员,皆借才于闽省、往返咨调,动需时日。"要求准予筹办天津水师学堂,调吴赞诚主持。

10月22日（九月十九日）

第四艘铁胁轮船"澄庆"号(第23号)下水。

1881 年（光绪七年）

1月27日（光绪六年十二月二十八日）

船政与福州将军、督、抚上奏,先后出洋学习的学生26名,艺徒9名在国外学习数、理、化、造船、轮机、鱼雷、铸铁、炼钢、枪炮、军事、船图、采矿,有的随外国舰只出洋实习,期满著有成绩,请分别奖励出力人员。

4月13日(三月十五日)

何璟等联名上奏,船政已成船23号,其中"安澜""大雅"已在台失事,"康济"拨招商局,"万年清"拟改为练船,"登瀛洲""靖远""澄庆"拨江南,"伏波""元凯""超武"拨浙江,"镇海"拨天津,"湄云"拨牛庄,"泰安"拨山东。留闽兵船七号:"福星"驻海坛,"飞云"驻澎湖,"振威""济安"驻厦门,"艺新"驻福宁,"扬武""威远"驻罗星塔。商船"永保""琛航""海镜"往来台湾作运输用。

5月(四月)

李鸿章开办天津水师学堂,调吴仲翔总办学堂及练船事宜。

6月(五月)

詹天佑(美国耶鲁大学土木工程系铁路专修科毕业班)等回国,入船政学堂学习驾驶(一年结业)。

8月26日(闰七月二日)

台风暴雨拔树倒屋,船厂福靖后营兵房倒塌8间,健丁营棚屋概被打倒,前后学堂及一些车间、火药库围墙受到不同程度的破坏。

9月11日(闰七月十八日)

福建巡抚岑毓英商准黎兆棠,拨"琛航""永保"二船来往闽台渡送官兵文报,并允许搭客载货。

9月17日(闰七月二十四日)

船厂为解决经济困难,准商民贩运货物搭船政船只前往各口。设福州基隆线,"按五日往返,连环开行"。"永保"首次搭客数十名,由福州开往基隆。

10月28日(九月六日)

左宗棠改任两江总督。

11月9日(九月十八日)

第一艘铁胁巡洋舰"开济"号(第24号)安上龙骨,由魏瀚监造,吴德章、李寿田、杨廉臣设计,"新估算绘图六百余纸,制模二千余件"。

黎兆棠奏请拨款17万两制铁甲。附片奏"万年清"号年久窳败,过长、过高,不便作兵船用。春间已令学生"改为商船、练船之式,以便两用"。

12月2日(十月十一日)

李鸿章奏,由船政学堂选送学生10名,赴英、法学习。

12月(十一月)

南洋大臣刘坤一解到快船经费4万两。

华监督许景澄、洋监督日意格带领译员吴德章、学生李鼎新等10名学生前往德、法学习,次年1月抵达。

1882 年（光绪八年）

3 月 12 日（一月二十三日）

李鸿章函黎兆棠,以留美幼童外语已精熟,华文太浅,现拨归后学堂,严立规矩。二三年后,水师稍入门径,仍可再派出洋。提出各口兵轮须令常行出洋操练,请由船政咨商各省督抚勉力为之。

7 月（六月）

船政后学堂驾驶第 8 届詹天佑、宋文翔等 16 人毕业。

9 月 11 日（七月二十九日）

黎兆棠与何璟、张树声、卫荣光、彭玉麟、左宗棠等会商后上疏,请求添造轮船以资调度。

9 月 29 日（八月十八日）

《申报》报道,船政去年设水雷所,今春试爆一枚,"但见烟腾水上,未闻声震河中","现已封闭,不再施工"。

11 月 11 日（十月一日）

船政三年前派人出国采购的机器、水缸、铁板、钢件,即刻到厂,开始添招工人,准备造快船。

1883 年（光绪九年）

1 月 22 日（光绪八年十二月十四日）

黎兆棠奏称,北洋要造 2 艘快船,南洋要造 5 艘快船,共 7 舰,提出"亟须添造大石坞可修吃水深一丈八尺（5.7 米）之船者"。

第一艘铁胁巡洋舰"开济"号（第 24 号）下水。

3 月 25 日（二月十七日）

免去黎兆棠船政职。任命张梦元督办船政事宜,赏给三品卿衔。

8 月 15 日（七月十三日）

张梦元上奏,船政应开拓,不宜停办,只有"添厂地、添工匠、添料件,而后制船速,成船多"。经费"尚须加添,庶几展拓规模,日有起色"。

9 月 27 日（八月二十七日）

"开济"号试洋,风平浪静,每小时可行百余里,逆风逆水,每小时可行九十一里余,定九月二十二日开往南洋,听候验收遣用。

张梦元因"开济"系外洋新式,与前轮船不同,奏请奖励出力人员。奉旨"准其择尤酌保,毋许冒滥"。

10 月 9 日(九月九日)

钦命翰林院侍读学士何如璋督办船政事宜。张梦元改任广西布政使。

11 月 2 日(十月三日)

船政与督抚上奏,续聘外籍教师邓罗、迈达。前学堂洋教习德尚因病回国,由留学生郑清濂兼制造教习。后学堂新聘教习师丢瓦(四月到校)因水土不服,请辞,由魏瀚兼管轮教习。

12 月 11 日(十一月十二日)

法国议会通过拨 2000 万法郎军费、增兵 1500 名的提案后,令司令孤拔率部进攻越南北圻清军,中法战争正式开始。

12 月 29 日(十二月一日)

何如璋接任船政大臣。

1884 年(光绪十年)

4 月 17 日(三月二十二日)

德国人税务司德璀琳将法国谈判代表福禄诺的信转给李鸿章。法国借口越南中法交战向中国索取赔款,准备占领沿海地方为质押品。德璀琳劝李鸿章妥协。

5 月 7 日(四月十三日)

何如璋奏:去年闽海关仅送来 20 万两,与应送 60 万两数目差距甚大,"时局艰危,需船孔急,唯有协筹经费,力图开扩,庶足壮海军之规模,立自强之根柢"。提出:开采福州穆源铁矿(自制钢铁),添机扩厂,仿造铁甲,购造船坞等四件大事。

5 月 8 日(四月十四日)

清政府为应付法国的挑衅,派翰林院侍讲学士张佩纶会办福建海疆事宜,准其专折奏事。

5 月(四月)

船政对原购买船厂左边英商船坞,展大开深。

7 月 4 日(闰五月十二日)

张佩纶到福州与将军穆图善、总督何璟、巡抚张兆栋讨论福建防务。

7 月 7 日(闰五月十五日)

法总理茹费理及法国海军部电法驻华公使巴德诺及舰队司令孤拔,派舰前往基隆、福州。

7 月 14 日(闰五月二十二日)

闽浙总督何璟允许两艘法舰(借口游历)开进闽江,停泊马尾。马尾形势紧张。

7 月 18 日(闰五月二十六日)

船政奏:法船聚泊马江,敌情叵测,请即调各省兵船来马尾协助防守。

谣传法国限清廷 7 月 20 日答应赔款,达不到目的,即进攻马尾。船政学堂洋教习、船厂洋职工纷纷逃离马尾。马尾紧急备战。

船厂埋设火药,准备敌人登陆时炸毁,工人们反对,抽起引线。

7月19日(闰五月二十七日)

法舰又开进两艘。

李鸿章电张佩纶:"法领事林椿有廿八日期满即进攻马尾船局。"法国决心占领马尾船厂作为索赔的筹码。张佩纶半夜冒雨进驻马尾船厂。

7月25日(六月四日)

法增调大兵船来马尾,完成控制闽江口的军事部署。

7月27日(六月六日)

清廷有些高级官员主张炸毁马尾船厂,使法国人无所窥伺。总理各国事务衙门众大臣联名上奏,反对毁厂,主张保护船厂。

李鸿章电总署,主张撤退弃厂。

7—8月(闰五月至六月)

船厂抗战意志昂扬,日夜备战,赶筑炮台、炮架、制子弹、火药、捍雷、地雷及横江铁链,阻船木簰等。

8月4日(六月十四日)

张佩纶上《密陈到防布置情形折》,分析法军不敢登陆,陆上有清兵二千人,比法兵多数百,法军不敢深入,仍主张先发制人,担心法舰纷来,抵挡不住,表示"所将水步两军誓当与厂存亡,决不退缩,以贻朝廷羞也"。

军机处电穆图善等人,要他们"以镇静为主","勿滋事端"。

8月9日(六月十九日)

总署电请张佩纶等讨论毁厂备战。张佩纶等打电报请示:机器笨重,无法掩埋,事先毁厂反影响备战。"署既以毁弃见商筹划,纶随机应变如何?"

8月16日(六月二十六日)

茹费理电巴德诺:"我们刚发电致海军提督,如你接到中国否定的回答,他应于知照外国领事及船舰后立即在福州行动,毁坏船厂的炮台,捕获中国的船只。福州行动后,提督将即赴基隆,并进行他认为以他的兵力可做的一切战斗。"

8月22日(七月二日)

何如璋令人连续两夜密埋地雷,令陈世职于开仗时点燃引信,炸毁船厂(23日开仗,陈中炮而死,未执行)。

法海军部令孤拔攻击福建水师,破坏马尾船厂及沿海防卫设施。

8月23日(七月三日)

下午1时56分,法国战舰向中方舰队开火,马江海战爆发。中方在清廷不许先发制人被动挨打的局面下,损失惨重。

8月24日(七月四日)

法舰用大口径舰炮继续攻击马尾及马尾船厂,工厂从上午10时至下午在炮火燃烧中。法兵企图登陆,我伏兵四起,猛烈还击,法舰退泊罗星塔下。

8月25日(七月五日)

法舰退离罗星塔、闽安、亭江等地。

8月30日(七月十日)

法舰退出闽江口。因战争出走的工人逐渐回厂,开始打捞沉船中的大炮(后安置于闽江口至马尾各炮台),抢修船厂。

9月2日(七月十三日)

马江战役,由美国回来的留学生英勇作战,美公使函总署建议今后仍照常办理幼童出洋事。

9月7日(七月十八日)

奉上谕三品卿衔翰林院侍讲学士张佩纶着以会办大臣兼署船政大臣(何如璋等战败受到处分)。

9月12日(七月二十三日)

法国远东舰队司令孤拔从马祖海面向法国海军部发出马江战役作战报告称:在海战中"我方损失惨重,10人身亡,其中有一人是军官,48人受伤,其中有6人是军官"。报告还称中方伤亡人数是庞大的数字,估计伤亡人数应该有2000至3000人。

9月25日(八月七日)

战后一个月来,船厂工人昼夜加班恢复工作。学堂学生配合船厂工人加紧制造武器。工厂恢复的进度甚快,开始正常生产。

10月3日(八月十五日)

何如璋将船政档案、经费、原材料及公章等移交给张佩纶。遵奉慈禧太后懿旨,由4万两善后费(奖马江战役有关人员)中拨出1万两为阵亡将士抚恤金。

10月(八月下旬)

詹天佑应张之洞咨调到广东博学馆工作。

10月23日(九月五日)

张佩纶奏整饬局章,拟提升沈葆桢之孙一等轻车都尉沈翊清为总司稽查。

11月1日(九月十四日)

闽乡绅联名上书新任闽浙总督杨昌濬,请向上反映甲申海战中张佩纶的罪过。

11月14日(九月二十七日)

奉旨免去张佩纶会办船政职务。

11 月(十月)

留德学生陈才镝回厂任鱼雷工程总司。

12 月 11 日(十月二十四日)

吴仲翔函沈翊清,中有:"倘蒙幼帅(指张佩纶)赐电,请用伯潜(陈宝琛)抄本电码,则不密自密矣。"此时马尾电讯已采用密电码。

12 月 14 日(十月二十七日)

左宗棠抵福州,筹备海防,调查马江战役经过。

12 月 18 日(十一月二日)

"横海"铁胁船(第 25 号),马江海战时在船台被击伤,经修复后本日下水,沈翊清主持下水仪式。

1885 年(光绪十一年)

1 月 28 日(光绪十年十二月十三日)

张佩纶革职,进京听候查办,上谕以裴荫森署理船政大臣。

1 月 31 日(光绪十年十二月十六日)

接受中法马江之战失败的教训,左宗棠、杨昌濬、张佩纶奏请于德国购买鱼雷艇及鱼雷。招募自广东回闽的陆汝成主持试制水雷。

2 月 27 日(一月十三日)

据《申报》统计表,船厂全部行政人员 181 名,其中留学生占 13 名,船政毕业生 17 名。

3 月 11 日(一月二十五日)

左宗棠奏请开发福州穆源铁矿,自炼钢铁,开拓马江船厂,兴工铸炮,以图久远。提到近二十年西洋炼铁铸炮进展情况,主张以向外买炮的钱发展自己的枪炮军事工业(6 月 19 日上谕交李鸿章等讨论,9 月收到各大臣奏折,多主张办学堂、炼铁、制炮、造船,以巩固国防)。总理船政宜仍用文员,请饬吴仲翔回船政办事。

6 月 21 日(五月九日)

上谕:马江海战失败,"惩前毖后,自以大治水师为主。船厂应如何增拓……然当时仅就一隅创建,未合全局通筹,现应如何变通措置……著李鸿章等妥议奏办"。

7 月 5 日(五月二十三日)

左宗棠等应留学归来的科技人员请求,奏请试造 3 艘双机钢甲新式兵船,由提调道员周懋琦绘图,"以魏瀚、郑清濂、吴德章监造船身,陈兆翱、李寿田、杨廉臣监造船机,确有把握","如虚糜工费,甘同科罪"。

7 月 6 日(五月二十四日)

上谕:左宗棠等筹办海防廿余年迄无成效,即福建所造各船亦不合用,所谓自强者安在?此次请造钢甲兵船三号,著准其拨款兴办,惟工繁费巨,该大臣等务当实力督催,毋得草率偷减。

7月12日(六月一日)

鱼雷厂动工起盖,留学生陈才锐回厂担任监造。

7月14日(六月三日)

左宗棠病逝于福州皇华馆。

7月17日(六月六日)

裴荫森奏,已购买英商美那二枝半桅夹板船一号,以作练船,名曰"平远",由厂修改备舱,添备各件。

7月19日(六月八日)

裴荫森奏学堂空地添置洋式楼房、学舍各40间,上下隔作80间,马限山顶旧洋房24间重新修缮,作赖格罗、李家孜等寓所。张佩纶任内购电机全副,另于船政公署内盖洋房1座,作电报房。

十年来海关积欠达240余万两,裴荫森奏请饬地方官拨给制船、养船经费。

7月30日(六月十九日)

船政奏请添造3艘铁甲船。李鸿章认为,以此敌西国之铁甲舰,恐万万不能。

7月31日(六月二十日)

杨昌濬等奏请增拓船厂,试造双机钢甲兵船,修筑金牌、闽安等炮台。已委派人员在长门附近划鳅港增建炮台1座,安炮5门。"闽安南北岸为省城二重门户",明暗各炮台已修复。金牌炮台被毁,在估修中。

8月11日(七月二日)

李鸿章上奏,建议闽厂仿造穹甲快船及鱼雷艇等。闽厂"规模略具,糜款已逾千万,弃之可惜","请派得力人员"讲求制法,宽筹用费,添置大刨、大钻、大汽机、大石坞等项,则快船、雷艇必能仿制,铁舰亦可修理,较他处赤地新立者省费实多。

8月21日(七月十二日)

中法海战中"永保"沉没,无从打捞;"琛航"已捞出,需要大修;沉搁林浦的"伏波"已修好。

船政上奏派"伏波"往台湾供台防差遣。

10月24日(九月十七日)

成立海军衙门,以醇亲王奕譞总理海军衙门事务。

11月24日(十月十八日)

陆汝成制成子母水雷,能击飞九层木簰。

第6号铁胁船安设龙骨开工。

船政上奏马江之战兵商两绌。裴荫森到任后约明船厂专造兵轮,"永不准再造商船"。

12 月 23 日(十一月十八日)

"镜清"快碰兵船(第 26 号)下水。船上安装照明用的电灯,以及风机、鱼雷、格林炮等。

1886 年(光绪十二年)

3 月 13 日(二月八日)

出使德国大臣许景澄奏请"福建船厂宜改造新式轮船"(钢甲舰),"宜开拓规模,广营新制,以为自强根本。"

3 月(二月)

派魏瀚往英、法、德国等参观造船厂,购"龙威"钢甲舰用的材料。

4 月 6 日(三月三日)

清廷派 33 人出国留学(第 3 届),其中船政学堂学生 29 人,其余 5 名由天津水师学堂选送。

5 月 10 日(四月七日)

上报将第 1 届留学回国的郑清濂,魏瀚等人加官,分配工作。

将第 2 届留学回国的黄庭、王廻澜等上报奏请奖励。请旨预先奖励第 3 届留洋学生。

7 月 2 日(六月一日)

船政后学堂驾驶班学生林葆怿等七人结业,被派往北洋水师练习,今日起行。

船政鱼雷厂已建成,由陈才锐主持仿造鱼雷。

8 月 11 日(七月十二日)

"镜清"快船由罗星塔开到白犬岛一带试洋。裴荫森同邓罗及二名英国海军官员参加检验。

8 月(七月)

裴荫森扩充艺圃,扩大招生名额,增筑校舍,提高师资待遇。

9 月 24 日(八月二十七日)

向德国购买的新式鱼雷艇一艘("福龙"号,功率 1597 马力)到厂,派陈才锐、陈兆翱验收,准备仿造。

9 月底(九月初)

魏瀚回国后,请自制穹甲船、鱼雷船等,自制的每艘仅 53 万两。比外购的省 10 万两。有的省 12 万两,又省运输费用。

10 月 15 日(九月十八日)

"寰泰"号(第 27 号)巡洋舰下水。

12 月 7 日（十一月十二日）

仿制先进双机钢甲兵船安设龙骨开工,由魏瀚备料监造,标志着中国造船开始进入全钢船时期。

1887 年（光绪十三年）

2 月（一月）

基隆煤矿在中法战争中受到破坏,产量无法满足船政及各地需要。台湾、南洋水师、船政三方各出股本 2 万两,另筹商股 6 万两（共 12 万两）,用于恢复基隆煤矿,使日产量到达 100 吨,船政用煤得到缓和。

4 月（三月）

裴荫森奏请在马限中坡、后坡建护厂炮台两座（光绪十六年十一月前完工）。

5 月 1 日（四月九日）

于马限山前坡及中间筑护厂炮台一座,扩建前年张佩纶筑的炮台,"用铁钞木平铺七层,内嵌螺丝巨钉,填以三合土"设掩体,放克虏伯大炮一尊。

5 月 30 日（闰四月八日）

张之洞电裴荫森,请协造四轮,须能驶至北洋,规格可放大,船体用钢皮。次日裴复电同意。

8 月 3 日（六月十四日）

张之洞奏调吴仲翔往广东总办水陆师学堂事务。

8 月 6 日（六月十七日）

"广甲"号（第 28 号）下水。

8 月 30 日（七月十二日）

"寰泰"快船由罗星塔出航,到马祖试洋,速度超过"镜清""开济"。

10 月 6 日（八月二十日）

船政调海关"飞捷"号离马尾,次日抵沪尾（淡水）,接通川淡海底电缆。

12 月（十一月）

派吴德章等在罗星塔办新船坞（青洲石坞,即一号船坞）,着手修筑木桥（通济桥）,横跨均竹（君竹）港,连通罗星塔与马尾。

12 月 31 日（十一月十七日）

双机钢甲兵船"龙威"号（第 29 号）下水。

1888 年（光绪十四年）

2 月 1 日（光绪十三年十二月二十日）

"广庚"号（第 31 号）安设龙骨开工。

2月5日(光绪十三年十二月二十四日)

船政上报担任造船的魏瀚、郑清濂、吴德章,制造轮机的陈兆翱、李寿田、杨廉臣等6人工资不及洋监工三分之一。他们确有"奇才异能",不亚于洋员,请每月各加工资30两。皇帝朱批交户部讨论。

裴荫森附件奏留洋教习法员迈达,英员邓罗、李家孜、赖格罗。

2月13日(一月二日)

船政电达张之洞,原定半价造船,户部不允,广东定造4舰须全价付款。船政拟"广甲""广乙"制造后,按从前惯例,无偿拨给粤防,"广丙""广丁"每舰造价20万两,广东如能承受,请粤方上奏,细节由魏瀚前往商量。

3月17日(二月五日)

上谕:"福建按察使裴荫森著开缺以三品京堂候补督办福建船政事宜。"裴以藩司当船政大臣,船政领导无形中降了格,工作比前任更难于开展。

4月10日(二月二十九日)

张之洞电裴荫森停造"庚""辛""壬""癸"四舰,"甲""乙""丙""丁"四舰上奏后再商议。

6月23日(五月十四日)

广东订制的8艘兵船,粤官民捐款80万两已汇到,不够之数请求报销。部议两次均不准,船政无力负担,裴荫森奏将协造费用增至53万两(半价),请立案。

11月28日(十月二十五日)

罗星塔新船坞木桩打好,在砌坝口中。

船政建成电灯房一座,购进通用电灯机器一副。

后学堂重视科学实验,拨银1000两,添购物理化学仪器。

裴荫森与两广总督张之洞、广东巡抚吴大澂联名奏请协造船只,终于批准兴办。

11月(十月)

盖马限山前坡护厂洋式炮台。

12月17日(十一月十五日)

上谕:以丁汝昌为北洋海军提督、林泰曾为北洋海军左翼总兵,刘步蟾为右翼总兵。

1889年(光绪十五年)

2—4月(是年春)

裴荫森整理历届船政大臣奏稿,后付印,书名《船政奏议汇编》(初编54卷,实42卷)。

5月15日(四月十六日)

"龙威"钢舰试洋。

5月30日（五月一日）

钢胁兵轮"广庚"号（第31号）下水。

6月17日（五月十九日）

船政学堂因经费无着，酝酿停办。两广总督张之洞来电："船政学堂因节省经费、裁撤学生，闻所学多已就绪，弃之可惜。粤设水师学堂，正需人学习，请择材堪造就、学经四五年者咨送三四十人来粤，可否？望电复。"

7月4日（六月七日）

裴荫森电复张之洞："驾驶、管轮两班学生经陆续传到，考选材堪造就，在堂已经三年者，约定三十余人，拟酌给盘川，日内附轮咨送。"之后，送走30多人，船政学堂陷于停顿状态。

8月11日（七月十五日）

船政奏《闽厂经费奇绌，请另筹解济折》，原定闽海关六成洋税项下，月拨5万两。去年、前年每年仅拨4个月，本年茶季不旺，税收更少，请求拨款，以免停工。

9月9日（八月十五日）

外文《字林西报》报道，9月9日福州船厂由外洋买到电光灯器一套，在钦差公署后墙（莺脰山下）试验发电。电光灿目，吸引许多镇民围观。9月23日《北华捷报》也作报道。

10月20日（九月二十六日）

"龙威"号抵上海，展轮时曲轴折损。

11月4日（十月十二日）

"广丁""广辛"两船安上龙骨。

洋教习斐士博赴沪检查"龙威"号，认为曲轴用铁制，负荷过大，应改为钢制。其他机件"毫无弊病"。船政请旨将陈兆翱、李寿田、杨廉臣摘去顶戴，仍令其加意修理。

11月（十月）

新任两广总督李瀚章奏请闽厂协造的轮船暂缓建造。

1890年（光绪十六年）

2月24日（二月六日）

船政上报请允派员专驻罗星塔船坞督促开工。"龙威"号经检查系急于合拢，工人安装定轴托中心偏位。十二月修理完竣，出海试航正常。请求将被摘顶戴各员开复顶戴。

4月20日（三月二日）

裴荫森奉令调京工作，船政事务着闽浙总督卞宝第兼管。裴荫森管束不力，局务废弛，上谕卞宝第整顿船政。

5月(四月)

北洋于刘公岛设水师学堂,遴聘一批马尾船政毕业生前往教书。

6月22日(五月六日)

"龙威"号拨给北洋水师,改名"平远"。

6月23日(五月七日)

李鸿章登"平远"号试洋,通过验收。他认为"魏瀚、陈兆翱等虽在外洋学习制造,并监造铁甲船工,稍有心得,而初次试造钢甲兵舰有此规模,已属难得,若遽绳以万全无弊,是阻其要好之心,人才何由奋兴,制造何由精进"。

9月16日(八月三日)

"广乙"号(第30号)下水。

11月28日(十月十七日)

卞宝第奏广东定制的"广丁"轮,大件轮机即将完竣。李瀚章请求缓办,但已用去1.3万余工,请求改为本厂自造,改名"福靖"(第33号)。如以后广东执行原议,当另备新料制造,以免厂务停顿工人星散。

11月30日(十月十九日)

"广乙"出海试航,稳定灵敏。

是年,严复任天津水师学堂总办。

1891年(光绪十七年)

3月25日(二月十六日)

奕劻等奏请将新海防捐款挪用于颐和园工程(颐和园自开工以来每年挪用30万两),又将各省筹建海军巨款利息拨归建园使用,严重影响马尾船政的发展,使马尾船厂经费拮据,处于风雨飘摇之中。

4月11日(三月三日)

"广丙"号(第32号)钢质鱼雷快船下水。

8月9日(七月五日)

奉旨,准已故大学士左宗棠、原两江总督沈葆桢于福州船厂、学堂附近建立合祠(左沈二公祠),列入祀典。

11月26日(十月二十五日)

卞宝第奏船政经费困难,请解决。本月,卞宝第向北洋借款10万两作船坞经费。

12月22日(十一月二十二日)

船政制造舰船在沿海布防情况：天津大沽——"威远""康济""镇海"；辽宁牛庄——"湄云"；烟台——"泰安"；南京——"靖远""登瀛洲"；宁波——"超武""元凯"；台湾——"伏波""海镜"；闽江口——"艺新""琛航"等。

1892 年（光绪十八年）

1 月 19 日（光绪十七年十二月二十日）

卞宝第奉旨晋京陛见，船政大臣由福州将军、闽浙总督兼署。

2 月 20 日（一月二十二日）

卞宝第交卸回乡，闽浙总督谭钟麟兼理船政。

卞宝第奏"经费支绌异常"，举光绪十五、十六两年，连闰月共 25 个月，实际只解到 4 个月，欠解 21 个月。

10 月 28 日（九月八日）

《北华捷报》载，船政裁减近 600 名低级职员和仆人，每月节省 1 万两。

1893 年（光绪十九年）

1 月 20 日（光绪十八年十二月三日）

"福靖"号（第 33 号）鱼雷快船下水。

8 月 11 日（六月三十日）

《北华捷报》载，新船坞已于六月三日（7 月 15 日）完工，此坞可容纳北洋最大铁甲船（7500 吨）。

9 月 29 日（八月二十日）

谭钟麟奏请委福建即补道杨正仪总办船政。

12 月 16 日（十一月九日）

"福靖"号（第 33 号）试洋。

是年，林纾与王寿昌在马江储材馆译成《巴黎茶花女遗事》，由魏瀚在福州刻印发行，售出万余册，对社会影响很大。

1894 年（光绪二十年）

1 月 14 日（光绪十九年十二月八日）

"建靖"号（第 34 号，后改为"通济"号）安上龙骨。

9 月 17 日（八月十八日）

北洋海军 10 艘军舰与日本舰队 12 艘大战于黄海，"经远""致远""超勇""扬威"等舰沉没。北洋海军10艘军舰中有9个管驾出身于船政学堂。他们英勇战斗,"致远"管驾副将邓世昌抱定"与日舰同沉"的决心,在船身沉没之前,"奋勇鼓轮,直向日舰'吉野'冲去",不幸中鱼雷沉没。"经远"管驾副将林永升有进无退,发炮攻敌,激水救火,"依然井井有条"。"超勇"管驾参将黄建勋誓死作战,与舰俱亡……甲午战役,船政毕业学生中慷慨牺牲的还有陈策、蔡馨书、翁守瑜、林履中、郑文恒、黎晋洛、刘荫霖、陈景祺、张海鳌、郑文超、刘昭亮等。

11月(十月)

黄海海战后,"镇远"号触礁受伤,左翼总兵管带林泰曾自杀。

1895年(光绪二十一年)

2月12日(一月十八日)

日本海陆军围攻刘公岛,丁汝昌殉难。10日刘步蟾已服毒自杀。

3月12日(二月十六日)

谭钟麟调任两广总督,边宝泉接任闽浙总督。

4月12日(三月十八日)

钢胁快船"建靖"(第34号)下水,后改作练船。

5月(年四月)

严复在天津《直报》上连续发表政治论文《论世变之亟》《原强》《辟韩》《救亡决论》,提出资产阶级民主思想,影响巨大。

9月25日(八月七日)

两江总督刘坤一奏请整顿船政。

1896年(光绪二十二年)

5月11日(三月二十九日)

御史陈璧奏请派员调查船政实在情况。

边宝泉疏请简派精核廉干的大员来闽接办船政。

船政无法维持,曾招商承办,无人招揽,请取消招商。

8月16日(七月八日)

杨正仪代表边宝泉向裕禄移交船政关防。

福州将军裕禄兼管船政,上奏负责将"额解之款竭力筹设,期济工用"。

8月(七月)

法国知道中国整顿船厂,决定插手。法公使电总署:"中国如果整顿船政,其国家极愿选荐名手相助办理,现令其国兵船官卜玳来闽晤商。"

9 月 21 日(八月十五日)

新任提调前直隶候补道徐建寅到厂工作。

裕禄组成以提调徐建寅、杨正仪、总稽查沈翊靖、工程处道员魏瀚为主的班子,整顿船政。

10 月 10 日(九月四日)

法国军官卜玳、法驻闽领事高乐待在马江船政衙门与裕禄等签署合同——“福州船政局订请法国造船监督合同简明约章”。此次系由两国政府代表签订,提高了法国人在厂的权力,规定法国单独插手船政(兼管学堂),不提正监督隶属于船政大臣。薪水每年正监督6 万法郎(4 法郎合银 1 两),监工 3 万法郎,矿师 2.6 万法郎,绘图员 1.92 万法郎。

10 月 19 日(九月十三日)

裕禄上奏《察看船政新造船坞筹办善后事宜》,罗星塔船坞设备已有抽水机、拉船机、起卸船物机器(起重机)及修船应用机器。

1897 年(光绪二十三年)

1 月 1 日(光绪二十二年十一月二十八日)

清廷聘请法国人任正监督、聘厂首、绘图员、书记官各一人,以 5 年为期,应聘日期由本日起计。据合同后来又增聘匠首等二批共 15 人。

2 月 14 日(一月十三日)

法海军派二等监工杜业尔来闽任船政正监督,矿务监工达韦德来厂为厂首,随带监工华尔第(德籍)、绘图员李嘉乐、书记官伯乐等法人离开马赛,起程来华。

4 月初(三月初)

船政学堂扩大招生范围,准 20 岁左右“举贡生员”报考。前学堂招 80 名,学制定为六年:一、二年学数学入门、几何入门、格物浅语;三、四年学数学、理解代数、平面几何、立体几何、八线算术、几何画法、重学、格物入门、化学入门;五、六年学高等代数、几何、代数、重学、微积分、化学格物,各年级每日兼学汉文。

艺圃分艺徒学堂、匠首学堂,各三年制。艺圃招取艺徒 60 名。

4 月 19 日(三月十八日)

铁壳商船“福安”号(第 35 号)下水。

6 月 2 日(五月三日)

派知府吴德章(前学堂第 1 届)为留学生监督,沈希南(后学堂第 14 届)为翻译,率前学堂旧班学生施恩孚、丁平澜、郑守钦、黄德椿、林福贞、魏子京等留学法国,卢学孟留学比利时。

9 月 25 日(八月二十九日)

裕禄函总署,船政选派学生 6 人(第 4 届)前往法国学习 6 年。

1898 年（光绪二十四年）

3 月 4 日（二月十二日）

船厂开始制造鱼雷快舰，紧急吁请朝廷匀款接济。

裕禄调任四川总督。四川开矿需要人才，奏请将沈翊清送部引见后调往四川工作。

4 月 7 日（三月十七日）

第一号新式鱼雷快舰安设龙骨开工。

4 月 22 日（闰三月二日）

严复译的《天演论》出版（1895 年译成），以"物竞天择，适者生存"等思想，唤起国人救亡图存。

4 月 30 日（闰三月十日）

简派福州将军增祺任船政大臣。

7 月 28 日（六月十日）

光绪帝诏各省如数解拨福建船厂经费："国家讲求武备，非添设海军、筹造兵轮无以为自强之计。"要求各省如数解拨款目给福建船厂，"不准托词延宕"，号召"君臣相感以诚，同维大局"。

各省分别承担 5 万—30 万两拨款，包括出使经费 30 万两，淮盐督销局 12 万两，共 188 万两。船政出现生机。

8 月（七月）

"吉云"号（第 36 号）拖船下水。

8 月 23 日（七月七日）

徐建寅赏三品卿衔，调任督理农工商总局。提调一缺由沈翊清暂行接办。

徐建寅在船政期间写成《测地捷法》一卷，呈送皇帝，奉旨"留览"，是福州第一部近代测绘专著。另著《兵学新书》16 卷 20 万字，由张罗澄作序，《叙》中称："人诵其著作，咸称救世奇士。"

8 月（七月）

美国"西能达"大夹船、法国兵船及"蔼和"商船均因风损坏，先后入罗星塔一号船坞修复。

9 月 14 日（七月二十九日）

光绪帝接见道员严复，垂询办海军开学堂及变法事。

11 月 2 日（九月十九日）

增祺奉上谕，各省筹拨船厂经费解交部库，前所拟备料造船事暂缓进行。

12月7日(十月二十四日)

慈禧下达懿旨,拱卫北京军队饷银由福建船政经费项下动用。(以后各地协饷不足,多请由此经费项下拨用)

12月11日(十月二十八日)

上谕准增祺所奏,将各省押解到部的35万两内留下15万两为船政造鱼雷快舰之用。仍准于闽海关及洋税项下每年拨出60万两应用。

1899年(光绪二十五年)

1月29日(光绪二十四年十二月十八日)

"建威"号(第37号)鱼雷快舰(猎舰)下水。增祺、魏瀚、沈翊清以及陈宝琛、陈璧等20人出席下水仪式,合影留念。

4月8日(二月二十八日)

增祺奏报,船政对外修船收费办法:100—300吨收费150元。300—500吨收200元,500—600吨收250元……1000吨以上,每吨加收银4角,按吨递增。南北洋及各省官船不收槽坞租价,中国商船及各国兵商船均按此收费。去年修费及上槽费计洋4387.34元,归入正款。

4月27日(三月十八日)

慈禧太后召见叶祖珪、萨镇冰(甲午战败被革职)后,下达懿旨:"前北洋海军副将叶祖珪著开复革职处分",并加赏提督衔。副将衔补用参将萨镇冰著赏加总兵衔。

8月10日(七月五日)

闽浙总督许应骙兼管船政。在此之前福州将军善联曾经兼管船政几个月。

船政代法国殖民地东京(西贡)制造小轮船,每艘价银21000元,应补船政厂租机器等费4200元。上送"代法国东京(西贡)制造小轮章程"。

10月31日(九月二十七日)

提调沈翊清率随员林攀桢(林则徐曾孙)、王麒、许崇智等25人前往日本阅操(参观军事演习),顺便参观军事学校、造船厂、军舰等。

1900年(光绪二十六年)

3月3日(二月三日)

新式猎舰"建安"号(第38号)下水,舰型设计与"建威"号相同。

3月(二月)

福州将军善联再次兼管船政。

5 月 4 日(四月六日)

浅水巡洋轮船(巡逻艇)"安海"号安设龙骨开工。

6 月(五月)

"建翼"号(第 39 号)下水。

8 月 27 日(八月三日)

许应骙再次兼管船政,沈翊清代善联移交(善联第二次免予兼管)。

11 月 17 日(九月二十六日)

第 4 届留学生学习已 3 年,因经费困难,许应骙奏请准予全部撤回。

1901 年(光绪二十七年)

1 月 25 日(光绪二十六年十二月六日)

浅水巡洋轮船(巡逻艇)"安海"号下水。

6 月 4 日(四月十八日)

许应骙辞兼船政职,上疏推荐福建将军景星兼管。

1902 年(光绪二十八年)

3 月 7 日(一月二十八日)

景星以自己不懂西洋科学,无法兼顾船政,请破格提拔沈翊清担任大臣。请拨款以便按期遣返杜业尔等人。反映:原约自制鱼雷快艇两艘,小鱼雷艇一艘,杜业尔竞向外洋购买,提调管不了他,船厂时受挟制,动辄由法公使出面干预船政。

4 月 10 日(三月三日)

命沈翊清会办船政事宜。

6 月(五月)

"建翼"号(第 39 号)鱼雷艇下水。

8 月 4 日(七月一日)

船政学堂招考学生 70 名入学,添聘外籍教师,使用本校毕业生为助教(帮同课导)。迈达仍教数学,达韦德兼教化学,伯乐兼教测量,那戴尔兼教驾驶、天文。

8 月(七月)

北洋"海筹""海琛"二舰在罗星塔船坞修竣,次第开往上海,修前曾动员人力开挖船坞前淤泥。

9 月(八月)

杜业尔用船政名义,私人揽造汉口华法立兴公司商船 3 艘(后退造 1 艘),未经估算先行动工,收对方工料银 195000 元。

11 月 15 日（十月十六日）

法公使吕班照会外务部,说明杜业尔代造商船的好处。

是年,杜业尔就厂中工料凑制成小机船"济川"（功率 29 千瓦）"祥云"（功率 44 千瓦）二艘。

1903 年（光绪二十九年）

3 月 23 日（二月二十五日）

直隶总督袁世凯奏请将萨镇冰破格擢用。上谕萨镇冰以水师总兵记名简放。

6 月（五月）

鱼雷快舰"建翼"号试洋。

6 月 27 日（闰五月三日）

上谕广西候补道魏瀚赏给四品卿衔,着会办船政事宜。

8 月 4 日（六月十二日）

崇善奏请将"建威""建安"二舰归南洋水师使用。请派人来闽验收。

据本年正月外务部称:闽厂欠地中海船厂之款已归庚子赔款之内,但杜业尔称二舰炮价 86000 余法郎不在内。此项暂悬,则欠款已清。

9 月（八月）

魏瀚经过充分调查,掌握杜业尔滥用私人、淆乱厂章、贪污冒领、勾结洋商廉价揽制商船等材料,将其遣撤。

杜业尔向法国驻北京公使控告魏瀚。魏瀚将支销各项稽查清楚,说明杜业尔浮开 50 万两,由我驻法公使送达法政府。法政府在铁证下,将杜业尔撤退回国,另派法员柏奥镗为总监工。

10 月 18 日（八月二十八日）

船政大臣崇善、会办船政大臣魏瀚与总监工柏奥镗、福州法领事高乐待签订《洋员续订合同简明约章》,确定了船政大臣的领导权,学校由大臣管理。

1904 年（光绪三十年）

6 月 15 日（五月二日）

崇善奏请船政开厂鼓铸铜元,拟将废置多年的鱼雷厂（因经费困难而停产）改为铜元厂,将盈利补贴船厂开支。请调沙县知县高凌汉破格任船政提调（提调应由道台担任）。

6 月（五月）

铜元局总办知府马景融在鱼雷厂旧址发电,供夜间铸币照明用。

魏瀚反对铜元厂喧宾夺主,把船政变成铸币厂,与崇善意见不合,被参离开船政。

"江船"安上龙骨。

6 月 22 日(五月九日)

聘法员竺蒲匏为船政制造监工。

7 月 12 日(五月二十九日)

铜元局开工,计划每日夜生产 160 万枚,今日生产 10 万枚。

9 月(八月)

杜业尔去后,遗留下华法立兴公司商船款 19.5 万元未还事,经外务部派浙江宁绍台道高英,会同法国上海总领事达籁来闽复查,经反复辩论,退还 19.5 万元,另给利息 4 万元了事。

1905 年(光绪三十一年)

6 月 15 日(五月二日)

以首届出洋学生郑清濂会办船政。

10 月 30 日(十月三日)

商用江船("宁绍"号,第 40 号)下水。

1906 年(光绪三十二年)

1 月(光绪三十一年十二月)

前学堂制造班第 6 届李世中等 25 人、后学堂驾驶班第 17 届李孟斌等 7 人、管轮班第 9 届周光祖等 5 人毕业。

3 月 12 日(二月十八日)

为了防止营私舞弊,部议奏定新章,船政应将采办物料原订合同清单一起送检。

12 月 18 日(十一月三日)

崇善奏陈船政利弊,请将船政归南、北洋会筹管理。

1907 年(光绪三十三年)

2 月(一月)

御史陈璧赴闽粤等地清查铜元局,查出内情,上本参劾。总办马景融"私挪官项",诈骗商款,请旨先行革职,并将马庆祺、张启正一起革职。"参观厂屋,半就圮毁、机器霉锈、材料散蚀、腐败情形,实堪诧异。"高凌汉"招权纳贿,工于朦蔽",请旨革职。

奉旨停办铜元局(船政负债累累,以后变卖"江船"才还清债务)。

5 月 21 日(四月十日)

崇善请派杨廉臣（前学堂第 1 届）为船政提调，参革马庆祺。

6 月 17 日（五月七日）

清廷准"暂行停办"船政。

8 月 21 日（七月十三日）

外务部奉旨，准由度支部拨给闽厂遣散洋员、洋匠费用 5 万两。

10 月 15 日（九月九日）

闽浙总督松寿兼理船政。松寿领到 5 万两遣散费，准备如期遣散洋员。

1908 年（光绪三十四年）

2 月 26 日（一月二十五日）

松寿奏，船政尚有未了工程，"江船"号尚未完工，未便全行停办。准就原厂原款设法整顿。

1909 年（宣统元年）

2 月 19 日（一月二十九日）

清廷派肃亲王善耆、镇国公载泽、陆军部尚书铁良和提督萨镇冰筹备海军。

4 月（三月）

广东水师提督李准派"伏波""琛航""广金"各舰前往西沙群岛，在西沙立主权碑。

9 月（八月）

海军大臣载洵、萨镇冰出洋，挑选学生随同往英国学习制造船炮。

1910 年（宣统二年）

2 月 19 日（二月十日）

清廷命严复、伍光建、魏瀚、郑清濂为筹办海军事务处顾问官。

8 月（七月）

海军大臣载洵、萨镇冰等一行来马尾视察船政，住储材馆。省文武百官前来迎接，沿路铺红地毯，仪式隆重。

1911 年（宣统三年）

4 月 1 日（三月三日）

海军部派刘冠雄、王开治赴闽调查船政，后来刘冠雄报告"该厂尚属可用"，但清廷已无力恢复。

兴办船政 45 年（1866—1911），共用银 1921 万余两：其中造船 40 艘用银 852 万余两，建筑费 211 万余两；筹备费 64 万余两，行政管理费 558 万余两，教育经费 67 万余两，养护船只费用 146 万余两,赔垫铜元局 23 万余两。

11 月 7 日(九月十七日)

闽新军协统许崇智(后学堂第 15 届)派专人送信给船政提调杨廉臣,介绍各地海军军舰起义情况,请参加革命,派舰防止洋屿水师旗兵(约 800 人)上省对抗。杨廉臣令水师营管带(营长)吴少岩派 20 名营兵登上“威凤”巡逻艇监视江面。

11 月 9 日(九月十九日)

革命党人郑祖荫派程拱宸、林步云到船政求援,杨廉臣令吴少岩率部 200 名带去大部库存弹药前往福州参战,打败旗兵。闽浙总督兼总理船政松寿吞金自尽。

1912 年

1 月 1 日

南京临时政府成立,孙中山为临时大总统,黄钟瑛(后学堂第 11 届)为海军总长。

1 月

民国初建,船政由福建都督节制,改名为福州马江船政局,以林颖启为局长(辞不就),沈希南为副局长。

2 月

沈希南代理船政局长。船政学堂公开招生 180 人。

4 月 18 日

孙中山乘“泰顺”号从上海南下,19 日由“元凯”舰护航抵马尾,晚上住宿船政局储材馆。

4 月 21 日

下午,孙中山从福州返回马尾,参观船政局各厂房。晚上出席欢迎会,发表重要演说,赞誉船政“足为海军根基”,号召“兴船政以扩海军”。

5 月

海军学堂新招学生 180 名入学。

8 月

免沈希南职,以魏瀚为船政局局长(辞不就)。派前清候补道杨执中为局长,不久辞职。任命司法人员翁浩为局长。

海军部设编译处,以严复为总纂。

10 月 15 日

福建镇抚使岑春煊、都督孙道仁电请将船政局改由部管,请任命魏瀚、林颖启为正副局长。10 月 25 日由临时大总统任命。

11 月

翁浩辞职,萧奇斌继任船政局局长。工厂陷于停顿。以变卖厂中废铁废材充当经费。

1913 年

6 月 7 日

海军部呈大总统,请将福州船政局、海军及制造学堂、广东黄埔水师学堂收归部辖,并饬财政部拨款接用(两校修缮堂舍、添备图书器具需 6 万元,常年经费需 12 万元)。

10 月

刘冠雄来闽裁兵,将船政局收归部管。袁世凯任命郑清濂为局长,总监工刘懋勋为副局长,经费由闽海关划拨。造币厂机器北运移交财政部。海军部就近重点发展上海江南造船所。

船政学堂从船政局中分出,设 3 个独立学校:前学堂改为“福州制造学校”,后学堂改为“福州海军学校”,艺圃改为“福州海军艺术学校”;绘事院改称“船政局图算所”。

11 月 2 日

南洋巡阅使、海军总长刘冠雄来马尾,电国务院,请与财政部从长计议。解决船政局开办费问题。

11 月 6 日

郑清濂随刘冠雄回闽,就任船政局局长。

12 月 24 日

国务总理兼财政总长呈文大总统,船政经费,“盐款有关债约。未便率予挪移”,“盐款十万元作为津贴地方军队帮同缉私一节,实属碍难照准”。大总统批“据呈已悉”。船政局经费无法解决。

1914 年

袁世凯命海军总长刘冠雄筹备生产飞机、潜艇,变卖前清在美国订造未交付的“飞鸿”军舰,得 30 余万元作为经费。

1915 年

是年春

海军学校校长、船政局副局长、练营、鱼雷营各营长、海军医院院长等职改为荐任职(民国官员分特任、简任、荐任、委任四种)。

魏瀚率员生魏子浩、陈绍宽、韩玉衡、俞俊杰、陈宏泰、李世甲等 13 人赴美学习飞机、潜艇制造技术。

9 月 25 日

海军部呈请更调造船所长、局长。江南造船所所长陈兆锵暂时调任马江船政局局长,郑清濂调部任用,第一舰队轮机长王齐辰调任江南造船所所长。大总统下令,任命陈兆锵为"福州马江船政局局长"。

10 月 13 日

陈兆锵于 10 月 4 日晋京引见后，于 12 日抵马尾。本日，郑清濂移交木质关防及文卷册籍等。

是年冬

船政局购买罗星塔沿江余地（包括引港商人楼房），疏浚江边积淤。将闽海关铜币厂旧址建筑艺术学校，添招新生两班，分习英法制造等学。

是年，留英学生巴玉藻、王助、王孝丰、曾诒经 4 人奉命转入美国学习航空工程（2 年后回国）。

1917 年

3 月

海军部准海军学校校长王桐的请求，改建海校。

6 月

福建督军李厚基设福建制造局，扩建炮、步枪、机关枪、枪弹、炮弹和无烟火药等厂，从福州船政局、徐州、汉阳兵工厂抽调大批技术人员前往支援。

萨镇冰任海军总长，程璧光为海军总司令。

程璧光同第一舰队司令林葆怿（后学堂第 9 届，留英）率"海圻""海琛""飞鹰""永丰""永翔""豫章""同安""舞凤""楚豫""福安"等舰赴粤拥护孙中山，组织护法政府。

7 月 15 日

内阁改组，刘冠雄重任海军总长。

出国（英、美）学习飞机、潜艇的员生先后回国。回国员生于大沽、上海、福州等地择址筹建飞潜学校。据汇报，马尾地方最为合适。国务院决定派员赴闽筹办。

国务院通过设"福州海军飞潜学校"，以陈兆锵兼校长，余笃伍为学监。由留学归来的巴玉藻、王孝丰、王助、曾诒经担任飞机制造专业，陈藻藩、叶芳哲担任船体制造专业，黄承昶、袁晋担任轮机制造专业。

是年，海军学校驾驶两班并入吴淞学校，后编入烟台海校第 12 届（60 名）与第 13 届（54 名）。

是年，"海鸿"炮艇下水。

1918 年

1 月

船政局成立飞机制造工程处。以巴玉藻为主任，王孝丰、王助、曾诒经为副主任，着手制造水上飞机。设木胁、铁壳、合拢等车间,工人约200人(后发展至300人左右),以原铁胁厂为工场。

7月

艺术学校招生120名,分甲乙丙三班,以船政局工务长曾宗瀛(前学堂第2届)兼校长。

11月

"海鸪"浅水炮艇下水。

萨镇冰出任海军总长。

是年,飞潜学校代表甲班朱心庄、乙班蔡仁清、丙班陈畴、丁班林清,秘密开会成立"海军飞潜学校自治会"。制造学校推举阮国贤,航海学校推举陈国梁,艺术学校推举黄乃发,分别酝酿成立学生自治会。各校学生上街宣传抵制日货。

第一次世界大战中,海军部令制造学校丁、戊两班改习德文,拟送德留学。1918年德国失败,只好将丁戊两班改习英文送烟台海军学校学航海,学生有叶可钰、郑国荣、孟绪慕、翁礼涵等。

1919年

4月

福建督军兼省长李厚基拖欠船政局拨款,船厂工人仅余1000多人,被分为两班。每班干半个月,歇半个月。

6月

在抵制日货运动中,马尾海军学校、飞潜学校、制造学校学生为声援福州被捕的学生会同学,在桥南集会,荷枪实弹向李厚基示威。

船政局派船接甲班罢课学生到马尾谈判,不得结果,仍送回福州。

7月上旬

海军部派司长曾宗巩来马尾改组学校,撤校长、佐理官、学监、总教官、军需官及部分教官的职,派沈觐宸(筠玉,前学堂制造第6届)代校长。罢课学生大部分转学或就业,六十人中仅二三十人回校。

7月中旬

海校宣布开除罢课为首学生,欧阳推、黄曾樾等10人(差4个月结毕)自动休学,后黄曾樾、雷化文、冯作舟等3人赴法勤工俭学。甲班与乙、丙两班合并,丁、戊两班转入航海科,改读英文。

8月15日

飞机制造工程处制成我国第一架"甲型一号"双桴双翼水上教练机,1920年初由杨仙逸介绍华侨蔡司度试飞,因驾驶经验不足,失速侧滑坠水,机毁人存。

1920 年

5 月

飞机制造工程处制成"甲型二号"飞机,由英国人试飞,飞行正常。

6 月

海校轮机班方伦、黄以燕(后学堂第 12 届)等 31 人修业期满。总统派曜威将军李鼎新(后学堂第 4 届)参加毕业典礼。

10 月

王孝丰率领学员曹明志、吴汝夔、陈泰耀、刘道夷等往菲律宾学习飞行,沈德燮、江元瀛、蒋逵等往英国学飞机制造。

艺术学校校长曾宗瀛病故,以船政局工务长马德骥兼校长。对外招生 80 名。

1921 年

1 月

曹明志、陈泰耀、刘道夷、吴汝夔等四人回国,陈、刘二人到福州船政局任航空员。不久,陈泰耀被调往北京南苑航空教练所任飞行教练官。1922 年飞行时被学员撞机,坠毁死亡。大总统黎元洪亲书"名垂竹帛"以赠,萨镇冰为撰墓志。

2 月

"甲型三号"双桴双翼水上飞机制成,用作教练机。

3 月

曹明志、吴汝夔到马尾飞潜学校担任飞行教练。

1922 年

1 月

飞机制造工程处制成"乙型一号"双桴双翼水上飞机。

大总统徐世昌以水上飞机造成,局长陈兆锵督率有方,将授勋五位,其制造出力之主

2 月

福州制造学校代校长兼总教官沈觐宸卸职,派陈藻藩代校长。

是年夏

船政局派陈大咸为艺术学校校长(后陆续由马诩昌、萨本炘继任)。

是年,船政局购 150 基罗(千瓦),100 基罗电机及发动机各一部,成立电灯厂,各厂(车

间)停用蒸汽机。电灯厂允许马尾商民用电,马尾居民第一次使用电灯。

1923 年

是年春

王助、巴玉藻等设计出世界上第一个水上浮机站,解决飞机存放起飞等问题。

6 月

船政局呈请将飞机制造工程处划归海军总司令公署管辖,未获准。下半年才批准,改名称为"海军马尾飞机制造处"。军学司请将制造、飞潜、艺术三校合并,部令交总务厅复议。

马尾成立航空教练所,聘俄国人萨芬诺夫为教练官,培训飞行员。

福州飞潜学校制造飞机专业学生陈钟新等 17 人毕业。

1924 年

1 月

飞潜与制造学校合并,海军部派杨树庄协助办理。

2 月

飞潜学校造船专业学生郭子桢等 19 名结业,派往船政局见习(8 月毕业)。

制成"海鹰一号"双翼水上飞机。

4 月

飞机制造处制成"丙型一号"双桴双翼水上飞机。

制造学校学生陈赞汤等 31 人奉令转学烟台海军学校。

5 月 27 日

萨芬诺夫带学员驾驶"海鹰一号"海岸巡逻飞机作飞行训练,飞机离水,尾翼断裂落水,后座萨芬诺夫遇难,部发一万元抚恤金。

9 月

海军制造、飞潜两校毕业学生,自发组织"马江海军制飞两校毕业生同学会"。

11 月

船政局经济无着,省军阀勒令停办。陈兆锵力争,又收归海军部管辖。部派刘贻远接管,将原有一千左右的工人裁减约一半。

1925 年

4 月

"丙型二号"飞机制成。

7 月

海军学校轮机班李贞可等 23 人结业。

海军学校招生,添设军用化学一班。

台风侵袭,船政局制造飞机处机棚倒塌,压坏"乙型一号""丙型二号"飞机。

9 月 12 日

陈兆锵回任江南造船所所长,遗缺由工务长马德骥暂行兼任,飞潜学校校长由总教官黄承赈兼代。

11 月

北京海军部调飞潜造船班毕业生 10 人,造机班王荣瑸等 13 人到江南造船所工作。

是年,罗星塔船坞处设海军铸币厂,铸出银质辅币,从日铸 10 万枚增至 30 万枚。

是年,从飞潜学校毕业生中挑选出 6 人留英,2 人留美,学机械制造、飞机制造和海关业务。

1926 年

3 月 10 日

陈兆锵、马德骥、袁晋、曾诒经、王助、巴玉藻、沈觐宸等 71 人发起筹备"海军制造研究社"。

4 月

制成"江鹳"水上教练机,功率 120 马力,试飞顺利。

5 月

船政局改称"海军马尾造船所",局长陈兆锵调离,以工务长马德骥为所长,每月经费 2 万元。造船所以修理舰船为主要业务。

海军制造、飞潜二校并入福州海军学校,仍用飞潜学校名义办完航空班三届。

8 月

海军练营从烟台移设马尾。

是年,海军部派人来马尾检查所制飞机,达到设计要求,飞行正常。

是年,沈觐宸复任海军学校代校长。

是年,福建省政府设立银元局,铸造银元,一切业务委托造船所管理。

1927 年

1 月

海军学校第 1 届轮机班李贞可等 23 人毕业。

飞机制造处制成"江凫"飞机,发动机功率 120 马力,用作教练机。

3 月

造船所为解决经济困难,在长乐县龙门高氏宗祠设立"海军长乐莲柄港溉田局",以马德骥为局长。

4 月 10 日

马江制、飞两校毕业生研究社假飞机工程处办事室开第一次筹备会,改社名为"海军制造研究社",推举陈兆锵为临时主席,王助、沈觐宜(来秋)、王超、周葆燊、陈钟新、杨福鼎、郑寿彭七人为章程起草委员。

4 月

制造处制成"江鹭"双桴双翼水上教练机。

5 月 1 日

海军制造研究社在来复轩召开成立大会,推萨镇冰为名誉社员,陈兆锵以社执行委员资格,照章为社主席。

9 月 20 日

飞机制造处制成"戊"型三号双翼水上飞机。

9 月

海军制造研究社出版社刊《制造》第一卷第一期,16 开铅印本,130 页,定价 0.2 元,是中国最早的工业技术专刊,早期的自然科学刊物。

1928 年

3 月 16 日

袁晋任海军马尾造船所所长。

1—4 月

海军制造研究社于 1 月 11 日,2 月 29 日,3 月 14 日,4 月 11 日分别召开 4 次常会,宣读 4 篇论文。在 3 月 14 日第 13 次常会上,议决各社员担任审查名词分组办法,将审定应用科学名词列为社务,订出审定科学应用名词细则。

5 月

军阀张宗昌驻兵烟台海军学校,该校师生全体南下,并入马尾海校。

6 月 28 日

飞机制造处将"海鹰"一号改制成"海鹰"二号飞机。

10 月

派飞潜学校航空班二届毕业生许成榮、李利峰等 9 人往中央陆军军官上海航空班肄业,1931 年 7 月毕业。

派巴玉藻往柏林参观万国航空展览会,顺道往英法两国考察飞机工厂。

是年，"海军马尾飞机制造处"改名为"海军制造飞机处"，去掉"马尾"二字，"飞机"与"制造"顺序颠倒，正副主任改称正副处长。

1929 年

是年春

艺术学校学生王助（福州人，与制造飞机处副处长王助同名）等反对不合理的考试制度，全班被开除。

3 年 1 日

巴玉藻英法考察带病回来，当日早上 6 时 30 分在马尾逝世。

3 月 29 日

制造飞机处制成"海雕"双翼海岸巡逻机。

莲柄港工程全部完成，受益地达 6 万亩，缓和了当地干旱的威胁。耗款 105．7 万元。

6 月 1 日

王助离马尾往杭州就任中美合办的中国航空公司总工程师。

6 月 30 日

巴玉藻去世后，以曾诒经为制造飞机处处长。

9 月 1 日

造船所因工程减少，经费不足，本月起每周工作五日，工资随着下降，工人生活更为困难。

1930 年

4 月 14—17 日

海校招航海、轮机两班学生，在南京举办第 1 届全国招生考试（后录取孔繁均等 100 名入学）。

4 月 21 日

晚 7 时，马尾大火，主要街道（新街铺、后街铺）全部烧毁，仅山边部分民房幸存。大火给船厂部分工人一个沉重打击，船厂生产受到影响。

5 月 5 日

夏孙鹏率领海校新生 100 名离南京乘"靖安"号来马尾，本日开课。本学期将注音符号列入课程。

8 月 1 日

海校甄别考试（新生入学学习后分班时考试），部派总务司长李世甲监考，淘汰 8 人，余编入航海、轮机两班。

8 月 16 日

海军在水鱼雷营内设无线电班,派李世甲在艺术学校考取刘宜伦等 16 名,社会志愿生陈传成等 12 名,本日乘"通济"舰往南京,18 日上课,课程达大学初年级水平。

8 月

海军练营本届毕业练兵 62 名,送南京配发各舰使用。

"江鸿"莱提拖式双桴水上教练机制成。后由许成棨驾驶飞往南京晋见海军部代部长陈绍宽。

9 月 23 日

陈绍宽代部长与英驻华大使蓝溥森签约,为马尾海校聘请英籍二教官。

9 月

海军部令练营从明年开始招足练兵 1000 人,每月须毕业 50 人。海校毕业生陈洪、孟汉鼎、张大澄、李慧济等与海军学员曾国晟、姚玙、叶可钰、何希琨等赴日留学,学习鱼雷、海军军需等。

10 月

马尾制成"江雁"号莱提拖式双桴双翼水上飞机。马尾制造处自 1918 年 8 月至此,共制造飞机 15 架。

11 月

派学员韩廷杰等 4 人,航海练习生周伯焘等 6 人出国学习。

练营扩建营舍。练兵增额,增二等练兵、二等轮机兵各 400 名,本年底可毕业 40 名,明年 3 月可毕业 47 名。

12 月 31 日

海军部决定将马尾制造飞机处移江南造船所,各种物件装箱一千余只,月底装载妥帖,由"靖安"船运出。

1931 年

1 月

海军部令马尾海军飞机制造处续制飞机两架。

6 月 16—17 日

海军部向全国(包括南洋侨生)招考航海、轮机学生,18 日发榜,招取 100 名。

6 月 20 日

海军部招收的新生由"通济"舰送往马尾海校学习,22 日到达。

7 月 1 日

日前,海军部任命杜锡珪上将为福州海军学校校长。

10月

马尾飞机制造处并入上海江南造船所。

12月

“福州海军学校”改称“海军学校”,另发新公章。原校长杜锡珪调部任高级顾问,仍兼管海校。

1932年

4月27日

留英学生邓兆祥、陈瑞昌、林祥光、陈赞汤、高如峰、林准(林遵)、陈书麟、林夔、程法侃、蒋兆元、林溁等入英国格林威斯大学肄业。

5月6日

海军部指定“应瑞”“通济”等5舰各派士兵2名,“靖安”“永健”等16舰各派1名,共26名到海军练营学习枪炮,今日开课。

6月1日

海校第1届无线电班刘宜伦等29人毕业,被分配往各电台、舰艇实习。

7月2日

海军部次长兼第一舰队司令陈季良到海军学校监选,将去年招收的普通班学生按品貌、体格及功课成绩选出刘震等37人为航海生,王麟等36人为轮机生。

9月3日

《福建民报晚报晚刊》载:“马尾造船所因工程减少,经费不给,于九月份起每周五日工作制。”工人工资“进一步减少,生活更加困难”。“三五匠徒,蓬首垢面,菜色凄凉,或向阳以曝背,或扪螽而清谈。闻已数月,不发新工资。”

11月17日

马尾造船所工人罢工索薪,厂方答应加些工资。复工后,得海军部电令开除为首的工人数名。

11月19日

马尾造船所因国民政府财政恐慌,工人从1200人减至300人,每天工作时间延长到11小时,每星期停工两日,不发工资,积欠工资达3个月。到此海军部突然宣告停办造船所,《工农报》用“经济总崩溃下马尾造船厂全部停工”的标题报道此事,后因各方反对,仍继续生产。

11月

艺术学校经费困难,部令李孟斌设法维持。李孟斌与袁晋发起成立校董会,拟改为“马江私立中学”,在新校未成立前,仍以艺术学校为名。

船厂因经济无着,下令遣散学徒,120名学徒贴出标语、静坐办公室反遣散,工人给予支持。厂方允发还押金,打出修业文凭仍予遣散。

1933 年

2 月

海军部公布马尾造船所组织编制:所长为少将级,所内设工务处、文书股、会计股、广储所、陆地工巡队、水面工巡队。厂内备有"吉云""江驮"二拖船,"祥麟""祥云"二小火轮。

10 月

马尾造船所所长袁晋因病免职,派李孟斌兼任。李以非素习工程请辞。调原厦门造船所所长韩玉衡代理。

11 月 30 日

闽变发生。日前,海军学校校长杜锡珪率全校师生离开马尾,乘船北上,今日抵南京,暂住水雷营,31日上课。

留英学生林祥光、陈赞汤、高如峰、林夒、程法侃、蒋兆庄、林遵等8人学成回国。

12 月 23 日

闽变失败,李孟斌率舰队回防马尾。

12 月下旬

马尾海军学校在南京水雷营举行期考。29日继续上课。12月28日,杜锡珪病逝于上海。

1934 年

1 月 1 日

马尾造船所工务长叶芳哲调往江南造船所。

2 月 1 日

海军学校训育主任黄显淇率领全体师生乘"新铭"轮于1月29日离开南京,今日到马尾,第二日继续上课。

航海生龚栋礼、薛奎光、陈庆甲、刘永仁、高举、陈兆荣等6人由沪乘轮前往意大利留学。

本月,李孟斌调任海军学校校长,后派李世甲接任要港司令。

2 月 21 日

韩玉衡接收马尾造船所,各厂、所、坞破败不堪,器材散失甚多,海军部为"搏节开支",每月仅拨经费8000元,船厂处于衰落中。

3 月

海军部扩建罗星塔船坞。

7 月 10 日

海军部创办海军大学,培训在职舰长,陈绍宽兼校长,以李世甲兼教育长,派中校技正陈秉瑄等人到马尾筹建校舍。

海军大学聘请国外专家为教官,由日本海军大佐寺冈讲军事学,海军法律顾问信夫讲国际公法。

9 月

海军部规定:甲申、甲午二战役纪念办法,本月 17 日为甲午战役纪念日,由驻闽海军人员在马尾昭忠祠公祭。部派马尾要港司令致祭,岁以为例。

10 月 1 日

南京海军部向全国招生,招海军学校航海班新生,共录取陈简、何澄石等 50 人。30 日报到,由"通济"舰送来马尾学习。

11 月

海军大学规定各舰长入学时带公费二成为交际费,其余留舰上使用。损害了舰长的利益。林元铨等 23 个中校以上舰长联名向国民政府主席林森呈文控告(仅 2 个中校舰长不参加)。林森将呈文转行政院长汪精卫办理,汪精卫转给陈绍宽自行处理。

11 月 28 日

陈绍宽以自己未孚众望,无法指挥下属,请求辞职,部务由陈季良代理。

12 月 26 日

陈季良调动林元铨、高宪申等人职务以示惩处。

1935 年

1 月

海军界公议,拟将艺术学校改为私立职业学校,派造船所工务长萨本炘兼校长,将学校迁到前海军司令部(海军大学)旧址,继续上课。

3 月 6 日

陈绍宽在行政院慰留与海军将领要求下返回南京任职。原设马尾的海军大学改在南京草鞋峡海军水雷营开讲,舰长到校听课,课后回舰(抗日战争爆发后停办)。

是年春

在英商废船坞旧址扩建新的船坞(二号船坞),去年报部批准,今春开工。

8 月 1 日

福建省教育厅准将海军艺术学校改为私立勤工初级机械科职业学校。聘马尾造船所工务长(总工程师)萨本炘为校长。设校董会,以萨镇冰为名誉董事长,陈绍宽为董事长,李世甲为常务董事,陈季良、陈兆锵、陈训泳、林国赓、陈培锟、叶龙骧为董事。

8 月 24 日

勤工新生入学试验,招普通科 40 名。

10 月 10 日

海军全军第一届联合运动会在马尾海军学校大操场举行,大会由陈绍宽任会长。海军各舰艇机关共 36 个单位派出选手 1000 余人参加,竞赛项目有田赛、径赛、全能、游泳、水球、足球、篮球、排球、网球等。

1936 年

4 月 9 日

上午二号船坞开坞,中央特派员陈肇英、省主席陈仪、绥靖司令李延年等 200 多来宾出席典礼。李世甲代表陈绍宽致训词,由两位姑娘剪彩。"江宁""正宁"二炮艇开彩进坞。

5 月 21 — 22 日

海军部统一招考在南京下关海军体育场举行,录取新生 100 名(下旬全体新生由"通济"舰带往马尾,入海军学校学习)。

7 月 20 日

勤工学校改称私立勤工初级工业职业学校,设机械、电机、船工图算三科。聘许孝煜为教务主任兼电机科主任,杨福鼎为轮机科主任,李志翔为船工图算科主任。

8 月 24 日

勤工学校第二次招生,共招 3 班新生 87 名。

10 月 10 日

勤工学校第 1 届普通科毕业典礼,原艺术学校学生 16 人毕业。

10 月

海军航海练习生陈曙明等 22 人修毕舰课,派往"应瑞"舰见习。

在英学习的黄王进、陈长钧毕业,部令转意大利学习。

11 月 3 日

海军部批复:海校学生郑练简等 30 人违反校规,全部开革,校长李孟斌记大过一次,报呈军事委员会备案。郑练简后以小队长无法调动同学,但本人已到场为理由补发毕业证书。

1937 年

4 月

派第 6 届航海班练生邱仲明、林濂藩、何树铎、欧阳晋、刘纯巽、廖士桐、刘震、卢如平、蒋菁、王国贵等 10 人赴德学习潜艇。

5 月 1 日

《勤工校刊》创刊号发行,铅印 16 开 156 页。勤工学校二周年校庆,马尾海军负责人及教育厅厅长郑贞文等参加庆祝会。

7月7日

日本在北平卢沟桥发动战争,中国奋起抗战。在英国庆贺英皇加冕的副使陈绍宽闻警回国备战。

7月15日

福建省教育厅准"勤工"设高级机械科,改为五年制中学。校名去"初级"二字,增设高级航空机械科。

7月16日

郎鉴澄(烟台18届)、黄廷枢(海校航海2届)、韩兆霖(航海3届)、林遵(烟台18届)赴德留学。

8月11日

福建省教育厅颁发新公章"福建省马江私立勤工工业职业学校钤记"到校,13日启用。

8月17日

"勤工"招收高中三年制新生60名、五年制新生及插班生73名。

9月1日

"勤工"校务会议决定抗战期间暂迁鼓山廨院上课。3日起迁校,13日上课。

9月

海军学校迁鼓山涌泉寺上课。

马尾造船所、海军马尾修械所、海军火药库等单位重要物资陆续疏散到南平马站、黄台、峡阳和顺昌洋口等地。

12月底

海校"海啸""突击"等读书会成员田里,何进、何澄石、黄炎、赖坚、黄汉基、何康等十多人,故意罢考,争取除名,举"海军学校流动宣传队"旗帜,从南平,经江西武汉进入延安。

1938 年

2月

月底,赖坚、田里、何进等人进入延安"抗日军政大学""陕北公学"。

4—5月

马尾造船所赶制水雷,完成第一批定雷100枚。6月,日机炸毁铸铁车间时定雷已转移他处。

5月12日

"勤工"决定再度迁校,派教师林鸿祺等前往尤溪县寻勘校址。

5月31日

18时,日机三架盘翔马尾上空,轰炸亭江江面的"抚宁"号炮艇,投弹四枚,"抚宁"被重创,20时沉没,电信员陈传涝等9人阵亡。

6月1日

6时30分,敌机7架飞马尾散发传单,轰炸停泊螺洲的"楚泰"军舰。14时,敌机17架在马尾投弹21枚,造船厂广储所、发电所、轮机厂(南侧厂房)、锅炉厂、枪炮厂、帆缆坞、理化室、家具房、电话交换所均被毁。

6月10日

勤工学校内迁尤溪县,第一批员工运载图书、仪器、机器,从福州启行。

6月12日

敌机34架于下午1时30分侵入马尾,轰炸马尾及罗星塔,计炸死平民10人、炸伤9人,海军造船所铸铁车间、钟楼、海军医院以及勤工学校物理、化学、生物3实验室均被炸毁或炸坏。

6月20日

"勤工"在福州、南平、闽清招考新生,取三年制高中新生30名,五年制50名,8月1日又招考新生。

6月

海军学校由鼓山内迁湖南湘潭,师生分批出发,后再迁至贵州桐梓。

是年,马尾造船所在南平县峡阳镇设后方办事处,于溪中庙设储存所,厂中重要机件多疏散运存庙中。

1939 年

1月

"勤工"学校在尤溪县城内严家祠设立工厂,解决学生实习问题。留英学生郑昂、常香圻、萨师洪、高光暄、魏济民学成回国。

7月

留德学生林遵、龚栋礼等一行19人回国。

海军学校第7届航海班陈心华等15人校课结业(6月底),7月被派往木洞镇学习枪炮。

勤工学校改称"勤工高级工业职业学校"。本年度招收五年制造船科,航空机械科,机械科各一班,三年制机械科一班,共300多人。

12月

海校航海班葛敦华、陈在和等17人修毕校课,调木洞镇学习枪炮。航海练习生陈心华等15人改赴辰溪水鱼雷营学习水鱼雷。

在德国监造船只的徐振祺(飞潜 2 届)、林惠平(管轮 12 届)、王荣瑸(飞潜 3 届)及留德的林祥光、程法侃(烟台)、苏镜潮(管轮 1 届)、程璟(管轮 14 届)、陈尔恭(管轮 13 届)同时回国。

1940 年

1 月中旬

日机轮番滥炸、扫射马尾,马尾造船所中弹百余枚(每枚 500 磅)各车间受到严重摧毁。工人 30 多人遇难。

7 月

勤工学校三年制高级航空机械科陈伯勋等 34 人毕业。其中 14 人由福建省政府送往成都空军航空机械学校深造(后大部派往美国学习)。五年制电机科杨鸿清等 9 人毕业,被送往闽江下游轮船公司实习。

8 月

海军学校第 6 届轮机班奉部令改为第 10 届航海班。该班有学生张振亚等 18 人。

1941 年

4 月 20 日

日本侵略军进犯福州,李世甲下令焚毁海军司令部及联欢社,将船厂未能迁离的笨重机器自行破坏。下午马尾沦陷。

4 月下旬

前海军司令、海军学校校长李孟斌附敌,担任福州维持会会长,大汉奸汪精卫派伪海军上校曾伟拉拢一批海军渣滓、退职上校饶鸣銮、郑沅、在职中校陈天经等前往南京任伪职。

6 月 9 日

尤溪县土匪包围勤工学校,意图夺枪(事先枪已疏散进城),被抓走几位教师(后放还)。学校与当地官绅关系紧张,决定第三次迁移。

6 月 10 日

勤工学校全校师生从尤溪县城出发,步行前往沙县,12 日抵沙县,然后乘船往南平、将乐,在将乐县高滩(高唐)设临时校址。

6 月

日军强迫造船所工人拆卸机器,老工人胡桂不肯拆卸,被打死。

海校第 7 届航海班陈心华等 15 人毕业,第 8 届航海班陈在和等 17 人在辰溪继续学习鱼雷,第 9 届航海练生卢振乾等 23 人修毕校课,16—26 日考试后,被派往木洞镇学习枪炮。

9 月 3 日

日军准备撤退,炸毁罗星塔新船坞船闸,破坏闽江口阻塞线。焚毁马尾船厂厂房。

9 月 4 日

福州光复。傍晚,海军陆战队到达马尾,马尾光复。海军闽江江防司令部移设马尾。

11 月 15、16 日

海军第 5 次全国招生考试。后招取罗绮、刘和谦等 28 人入海校甲班,吴伟荣等 40 人入海校乙班。

1942 年

1 月

桐梓海校招收新生两班 60 名。此时校长高宪申、训育主任周宪章。

2 月

"勤工"五年制高级机械科陈其洲等 20 人在将乐高滩毕业。

3 月

海军第 6 次全国招生,招收轮机学生王家骧等 64 人到桐梓海校。

6 月

海校航海班第 9 届学习水鱼雷课程,第 10 届学习枪炮课程均结束。两班合并,在辰溪海军水雷制造所学习舰课一年。

1943 年

3 月

海军第 7 次全国招生,招取航海班王士吉等 68 人,轮机班王俊昌等 71 人,进入桐梓海校,组成第四班、第五班(后来第四班定为第 13 届航海班,第五班为第 7 届轮机班)。此时训育主任为邓兆祥。

6 月

海校第 9 届、第 10 届航海班合并学习航课结束,第 9 届航海班 23 人由海军总司令部分配到各布雷队工作,第 10 届航海班到辰溪水鱼雷营学习水鱼雷课程。

7 月

福建省交通局委托勤工学校培育汽车中级人才,备驾驶、修理汽车之用,办汽车机械科,招收 40 名新生,学制为高中三年,学生由公家按月发给食米。

福建省政府令勤工学校制造滑翔机一架,送永安(战时省会)展出。

11 月

军事委员会经考试选派 26 名海军军官前往英国"参战学习"。其中海军总司令部派出 21 人,大多是海军学校校友。

12 月

海校第 10 届航海班 10 人,水鱼雷课程结束,由海军总司令部派往各炮台工作。

1944 年

1 月

海军学校造舰班王衍球、王绥瑄等 10 人毕业。

2 月

勤工学校受省教育厅委托办"福建省立林森高级商船职业学校",本月招收航海、轮机两科学生 100 人。一个学校两面牌子,均由陈钟新任校长,聘李修镛为两校教导主任。

3 月

桐梓海校招进新生 50 名,组成第六班,定为第 14 届航海班。

10 月 5 日

马尾第二次沦陷。日本侵略军设司令部于马尾,驻兵于造船所等处。

10 月

海军总司令部第 8 次全国招生,招取刘宣、王伟民(升)等 52 人,编入海校学习。

马尾造船所奉令改为马尾造船所保管组。

是年,造船所每月维持费用仅 2500 元,一片衰败。本年第 25 集团军从厂中刮走废铁、铁工具各 1000 吨。

1945 年

5 月 19 日

上午日军撤离马尾前,埋炸药炸毁海军学校、海军练营、勤工学校、望楼、海军官员宿舍(20 号洋楼),放火将机关学校宿舍烧成废墟。船厂中发电厂、拉铁厂、一号船坞均被炸毁。

下午收复马尾。

7 月

勤工学校五年制机械科一班在将乐高滩毕业。

9 月

勤工、商船二校迁回马尾,校舍已被破坏,临时搭盖草棚,部分暂设罗星塔大王宫及校友李荣官(之南)宅。

11 月

造船所仅剩下三十几个工人,派阙华伯为"保管主任"。厂中残余废钢烂铁、汽油筒、木材等多被人盗卖,举目荒凉。

1946 年

1 月

海军学校迁往重庆山洞海军总部旧址,改称"中央海军军官学校"。

勤工学校毕业三年级造船科学生一班(28 人)。

6 月

海校第 11 届航海班罗绮等 22 人校课结业,转往青岛海军训练团实习。训练团主任林祥光(1947 年海军训练团改组为海军军官学校,校长魏济民)。

是年夏

福建省教育厅令勤工、商船二校合并,改称"省立航空机械商船职业学校"(简称高航),设航空机械、造船、航海、轮机等科(原勤工学校机械科、电机科并入省立高工),学制分三年、五年两种,属中级专科学校。校长仍由陈钟新担任,以阙鉴坚为教务主任,朱心庄为事务主任,汪继泗为训育主任,添招三年制航海、轮机两班新生共 100 人。

12 月

海校由重庆山洞迁至南京下关,并入新创办的海军军官学校。1947 年 1 月各班学生分散到由美国赠送的"峨嵋""太康""太平""永顺""永定""永胜""永宁""永兴""永泰"等中字号大型登陆舰,由英国赠送的"伏波"以及日本降舰"长治"上见习。

1947 年

5 月

海校第 11 届航海班邱奇、刘和谦等 22 人在青岛海军军官学校毕业。

6 月

分散到各舰见习的海校学生,召回到青岛海军军官学校继续学习。除第 12 届航海班和第 6 届轮机班学生单独组成见习生班实习外,其余三班学生分别插入学生总队 38 年班、39 年班和 40 年班学习。

马尾造船所奉令恢复,原保管组及海军要塞保管组合并为造船所筹备处。

7 月

高航造船、航海、轮机、航空机械等科各有一班学生毕业。

高航招收五年制航空机械科、造船科、三年制航海科、轮机科,每班各 50 人。

8 月

正式恢复马尾造船所,以张传钊为所长。

1948 年

是年初

张传钊计划将造船所建成"海军兵舰修配厂",从上海运来日本赔偿的 43 部机器,打下建厂基础。

4 月

海校第 12 届航海班王熙华、文干(黄慧鸿)等 28 人、第 6 届轮机班吴挺芳、陈心铭等 24 人在青岛海军军官学校毕业。

至此,海军学校共毕业航海班学生 12 届 253 名,轮机班 6 届 105 名,造舰班 1 届 10 名,军用化学班 1 届 10 名。

8 月 28 日

马尾造船所上报修复计划("工作概况"),拟修复第一号船坞及船槽,修建厂房,恢复电光厂,准备从南平峡阳仓库搬回发电机,马达、各种电表配件及常用材料(约 30 余吨)。

是年,台湾省拨日本零式战斗机一架,教练机一架供"高航"教学使用。

1949 年

4 月 23 日

国民党海防第二舰队、第五巡防艇队及第一机动巡防队各一部由舰队司令林遵率领于南京笆斗山水域起义。其中林遵、吴建安、戴熙愉、欧阳晋、王熙华等均出身于海校,水兵多出身于马尾海军练营。

4 月

中共党员谢筱西,马尾海军前练营营长叶可钰奉派回福州,挽留海军元老萨镇冰、陈绍宽及将领陈宏泰、李世甲、方莹、刘孝鋆、韩玉衡、杨廷刚、蔡世滨、陈景芗等留下参加建设人民海军。

8 月 1 日

国民党政权退往台湾,下令把马尾造船所机件迁往台湾左营。

8 月

上旬,桂永清派张传钊重来马尾,要把船厂机器拆运往台湾。工厂工人拒绝拆卸机器。军方用金钱收买、开枪威胁,开除工人阮宝钟等 9 人,都不奏效。终因解放大军压境,逗留马尾、从各地退下的大量残兵及家属,纷纷抢船逃台,大部机器物资运不出。

8 月 16 日

中国人民解放军解放马尾。

商船"隆顺"号、挖泥船"千早"号,起锚不及,留在港内。马尾海军、马尾造船所、高航等单位机器、军用物品、粮食等均来不及运走。报载:"码头上尽是辎重,各种军用物资、武器弹药。"

9月

马尾不断遭受飞机轰炸,高航决定暂迁往福州上课。南迁至厦门的青岛海军军官学校,迁往台湾高雄左营。

9月30日

福建省军管会在原省参议会旧址召开留榕海军人员座谈会,参加者有萨镇冰等100多人。张鼎丞、韦国清等领导出席并讲话。

10日

马尾船厂工人参加支前,在福建沿海建立流动工厂,抢修解放军兵船、战艇。造船所机件迁出,剩下一座空厂。

11月

高航13个班级从马尾迁往福州鼓东路原佑民小学及庆城寺、闽王庙等处上课,后又租善化坊民房一处。余7个班级仍留马尾罗星塔,设分校。

12月

高航、航海5届毕业42人,轮机6届毕业51人。

第一章 机 构

  中国是一个海陆兼具的文明大国。东临浩瀚的太平洋,海岸线北起与朝鲜交界的鸭绿江口,南至与越南交界的北仑河口,长达 18400 公里。若把全部岛屿的海岸线计算在内,海岸线的长度达 32000 公里,海域管辖面积 300 多万平方公里。中华民族的先民们在旧石器时代就创造了原始的水上交通工具——筏子,继而"编木为筏""刳木为舟,剡木为楫""以海为田",靠海洋补充食物,与海洋打交道。中国成为世界上最早开始航海活动的国家之一。

  海洋,哺育了中华民族的丰富智能,创造灿烂的海洋文明。在以洋流、季风与人力为航海动力的时代,无论在船只建造的规模,还是在航海能力、航海技术的掌握方面,中华民族都创造了木质帆船时代的典范。在商代就诞生了以加工材料建造的木板船;在春秋战国时期,出于水战的需要,就建造有"大翼""中翼""小翼""突冒""楼船""桥船"等古战船。秦汉集六国造船技术之大成,建造了"艑""艇""舻""舫""斗舰""斥候"等轻舟巨舸,通江达海。宋元明时期,无论是内河船还是航海船,都有了一定的制式,同时指南针开始应用于航海,航海木帆船有福船、广船和沙船三大船型,其中以大福船最具代表性。

  欧洲的工业革命为世界航海业带来了"蒸汽发动机"技术,航海事业进入了蒸汽动力时代。封建王朝的闭关锁国,使中国政治制度和科技远远落后于西方。清道光二十年五月(1840 年 6 月)英国侵略者凭借其船坚炮利发动了鸦片战争,自此中国国门洞开。随着鸦片和商品的汹涌侵入,外国来华船舶频繁地驶进广州、上海、厦门、福州、宁波等口岸,应运而生是外商在各通商口岸开办修造船业。率先创办船坞的是大英轮船公司(Peninsular And Oriental Steam Navigation Co.)驻广州的代表约翰·柯拜(J. John Couper),他于道光二十五年在广州黄埔长洲开办柯拜公司(Couper's Company),雇用一批中国人为大英轮船公司等几家轮船公司修理船只。同年,英国人在福州马尾山麓下的中岐和厦门两地各设立船舶制造厂。紧随其后的是美国商人詹姆斯·诺维(James Rowe),他于二十六年三月在广州创办长洲船坞公司(Danes' Island Dock Company),美国麻萨诸塞州塞林(Salem, Massachusetts)商人汤马斯·肯特(Thomas Hunt)于三十年在广州黄埔创办旗记船厂(Thos

Hunt & Co.），美国商人创办的伯维公司（Purvis & Co.）于咸丰二年（1852 年）在上海创办修船厂，英国商人社团于三年在广州黄埔长洲创办于仁船坞公司（Union Dock Company）修造小型巡船，英国苏格兰商人莫海德（David Moorhead）在上海浦东白莲泾建立董家渡船坞（Tung-Ka-doo Dock），英国商人密契尔（A. Mitchell）在上海浦东创办浦东船厂，美国商人包德（M. L. Potter）于四年四月在虹口下海浦创办上海船厂（Shanghai Dock Yard），英国商人柯拜的儿子约翰·卡杜·柯拜（John Cardew Couper）与美国人汤马斯·肯特于八年五月合资在广州黄埔长洲坪岗创办"录顺船坞（Looksan Dock）"，英国商人在上海创办上海船厂（Shanghai Dock Yard，又称"E. A. Reynolds 船厂""Reynolds & Collyer 船厂"），英国商人于七年在香港创建阿伯丁船坞，英国商人霍金斯（E. Hawkins）于九年在上海虹口杜那普船坞附近创办祥安顺船厂（Shanghai New Dock），英国商人福士特于十一年三月在福州马尾莲花潭创办"福建造船公司"（俗称福州船坞），美国商人在广州黄埔创办旗记铁厂，英国商人尼柯逊（A. M. Nicolson）与包义德（G. M. Boyd）投资白银 10 万两于同治元年（1862 年）在上海浦东陆家嘴创办祥生船厂（Nicolson & Boyd Co.），英国商人于二年五月十六日（1863 年 7 月 1 日）在香港黄埔船坞公司（Hongkong And Whampoa Dock Co.），美国商人科而（T. J. Falls）在上海虹口四卡子桥狄思威路创办旗记铁厂（Thos Hunt & Co.），英国商人在上海建立浦东船厂（C. M. Drew），美国商人佛南（S. C. Farnham）于三年八月廿七日（1864 年 9 月 27 日）在上海虹口外虹桥（现上海远洋运输公司所在地）创办耶松船厂（S. C. Farnham & Co.），英国商人于同年十二月二十日（1865 年 1 月 17 日）在广州黄埔与九龙创办仁船坞公司，英格兰人莫尔海于四年在上海浦东创办火轮船厂，英国商人于光绪九年（1883 年）创办伍德船厂，沙逊集团于十六年创办瑞镕船厂，德国商人奥斯特于二十八年九月初八日（1902 年 10 月 9 日）在青岛设立船坞工艺厂……

　　近代造船工业是世界各主要国家科技水平乃至综合国力的体现。中国近代工业，发端于 19 世纪 60 年代，以造船工业为先导。中国近代造船工业的产生，是经过两次鸦片战争后，随着西方列强以其坚船利炮轰开中国大门后，中华民族灾难的加深，清王朝统治阶级内部的有识之士开始推动"师夷长技以制夷"的自强运动，来回应"铁甲船时代"的到来，利用官办、官督商办、官商合办等方式发展近代造船工业，以增强国力。最早官办船舶建造是同治四年五月初二日（1865 年 5 月 26 日）李鸿章在上海创办的江南机器制造总局，开始试造轮船；最有影响的是五年六月初三日（1866 年 7 月 14 日）闽浙总督左宗棠在福州马尾创办的船政，引进外来科学技术。随后各地方大员先后在广州、天津大沽、旅顺、上海等地创办船坞，建造轮船。

　　船政包括造船（含制造火药、鱼雷、大炮、机器及后来的水上飞机）、办学（船政学堂及后来的海军系统学校）和整顿水师三个方面，马尾因此成为中国工业的重要发源地，也成为近代教育的发祥地和近代海军的摇篮。同治五年（1866 年）创办至光绪三十四年（1908 年）

造船厂停办,40 余年间,船政不仅是中国最大的造船基地,更是当时远东最大的造船厂,船政下设锤铁厂(锻造车间)、拉铁厂(轧材车间)、水缸铸铜厂(动力车间)、轮机厂(制造锅炉车间)、合拢厂(安装车间)、铸铁厂(翻砂车间)、钟表厂(制造仪表车间)、打铁厂(小锻造车间)、锯厂(锯木车间)、造船厂(由 3 个船台组成),以及船政衙门、学校、耐火砖厂等,共造船 44 艘,总吨位 57550 吨,占全国总产量的 82%。造船技术也不断更新,从木壳船到铁胁船,又到铁甲船。

船政机构是近代中国新兴管理体系,具有"中西合璧"浓厚特征,是中国传统封建官僚机构与近代西方技术管理机构的混合体。上层为清王朝政权的延续,下层吸纳与借鉴了近代西方生产经营管理架构。

第一节　管理机构

清同治五年五月十三日(1866 年 6 月 25 日),闽浙总督左宗棠向清廷上《试造轮船先陈大概情形折》,建议在福州马尾设立船政。六月初三日(7 月 14 日),清廷谕旨称:"该督现拟于闽省择地设厂,购买机器,募雇洋匠,试造火轮船只,实系当今应办急务。……所需经费,即著在闽海关税内酌量提用。"七月初十日(8 月 19 日),左宗棠约请法国人日意格同往马尾勘择厂址,选定中岐乡濒江一块土地,宽 448.5 米,长 379.5 米,作为厂址,随即展开征地事务。九月初六日(10 月 14 日),左宗棠调任陕甘总督,离任前向清廷举荐丁忧在籍的江西巡抚沈葆桢主持建厂造船,并请授以重权:"特命总理船政,由部颁关防,凡事涉船政,由其专奏请旨。"十月,清廷准奏,任命沈葆桢为钦差船政大臣,在马尾设立总理船政事务衙门(简称船政)。总理船政事务衙门兼有司法权,其关防(即公章)为"总理船政关防"。至十三年辖有锤铁厂、拉铁厂、水缸厂、铸铁厂、轮机厂、合拢厂、钟表厂、木模厂、铜厂、帆缆厂、锯木厂、砖瓦厂和造船厂(船台)等 13 个工厂(车间)及求是堂艺局、绘事院(又称画院)、艺圃、洋员办公所、水师营、健丁营、和工务、总务等部门。九年舰船相继造成,新组建之轮船水师由船政衙门调度管辖。

1912 年 1 月,船政衙门划归"中华民国军政府闽都督府"节制,改称为福州船政局。1913 年 10 月,船政学堂划归北洋政府海军部管理,前学堂更名为福州海军制造学校;后学堂更名为福州海军学校;艺圃改为福州海军艺术学校;绘事院改为福州船政局图算所(1916 年因经费支绌而停办),仍归福州船政局建制。1918 年,增设海军马尾飞机制造工程处。1926 年,福州船政局改称海军马尾造船所。1928 年 9 月,海军马尾飞机制造工程处改称海军马尾飞机制造处,1931 年 10 月,该处并入上海海军江南造船所。1949 年 9 月,海军马尾造船所由中国人民解放军福州军事管制委员会接收。

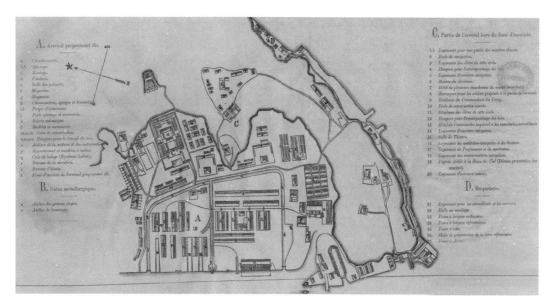

船政全图

一、总理船政事务衙门

(一)衙门的设置

同治五年(1866年)根据闽浙总督左宗棠的奏议,在马尾创设总理船政事务衙门。总理船政事务衙门是清政府负责海军、海防并实施新式舰船建造和新式教育的中央直属机构。其主要职能是承建新式舰船、实施新式教育、编练新式舰队、开展海上防务等。船政主管官员称船政大臣,协助船政大臣工作的大臣称会办大臣。船政大臣拥有独立行政管理权、军事指挥权、司法权等职权,可专折奏事。衙门在船政大臣之下设数名提调,负责调度船政事务,组织工厂生产,领导各学堂的教育工作。在提调之下设各专职委员,协助提调分管各部门事务。轮船水师设统领具体管理。

船政衙门是船政大臣办公议事的场所,又称官署、衙署、使署,建成于同治六年(1867年)夏。衙门分三进,为头门、仪门和大堂,木质结构。衙门前有官厅池,两侧竖有旗杆。大门画有门神图,前置1对石狮,雄居左、雌居右。头门、仪门、大堂等处有沈葆桢亲撰门联。头门楹联为:"且漫道见所未见,闻所未闻,即此是格致关头,认真下手处;何以能精益求精,密益求密,定须从鬼神屋漏,仔细扣心来。"仪门楹联为:"以一篑为始基,从古天下无难事;致九译之新法,于今中国有圣人。"大堂楹联为:"见小利则不成,去苟且自便之私,乃臻神妙;取诸人以为善,体宵旰勤求之意,敢惮艰难。"慈禧听政期间,门前两只石狮换位安置,雄居右,雌居左。民国期间,船政衙门改为海军警备司令部,东西辕门各写"江山如旧""堡垒一新"。1938年3月至1944年8月,屡遭日机滥炸毁坏,仅存官厅池(又称放生池)。衙门前一对石狮直至1986年才从地下挖出。

船政衙门

（二）组织与设施

1．组织机构

总理船政事务衙门直辖有船厂、艺局和轮船水师三大系统,机关有总务、工务两大部门。下设诸多分管的官员与职能部门。

（1）船厂

船厂,又称造船厂、闽厂。下设有模厂、铸铁厂、船厂（舢板厂、皮厂、版筑所）、锤铁厂、拉铁厂（轧材）、轮机厂（合拢）、水缸厂（锅炉）、钟表厂（船用仪表）、帆缆厂、储炮厂、广储所（储材所）、砖灰厂、船槽、船坞,史称"十三厂",但实际设置根据造船需要而变动。光绪二十八年（1902年）福州将军崇善兼管船政时,船政有8个所:办公、广储、东考工、西考工、版筑、化学、储材、报销。有16个厂:锅炉（下设汽表厂、炉厂）、轮机（原截铁厂并入）、合拢、皮、模、船、舢板、拉铁、铸铁、铸铜、砖灰、帆缆、铁胁等（下设镀铝厂）。

主要设置有:

船厂,管理监造船身、桅樯、舢板、器具并建盖厂屋及筹度用料、调度工作等事宜。

铁胁厂,管理监造船身、铁胁、各舱铁梁、铁板及筹度用料、调度工作等事宜。

轮机厂,管理监造轮机并各厂机器及筹度用料、调度工作等事宜。

铸铁厂,管理监铸铜、铁机件及筹度用料、调度工作等事宜。

水缸厂,管理监造锅炉、汽管、仪表、向盘及筹度用料、调度工作等事宜。

小轮机厂,管理监造船工,镶配铜铁并修制各厂机器及筹度用料、调度工作等事宜。

拉铁厂,管理监造船身、轮机、钢铁胚件并拉铜、铁等件及筹度用料、调度工作等事宜。

模厂,管理监造铸件、木模并辘饼、索串及筹度用料、调度工作等事宜。

帆缆厂,兼炮厂管理,监造帆缆、起卸重件并验收炮械及筹度用料、调度工作等事宜。

砖灰厂,管理监造耐火砖、煅灰、煅煤及筹度用料、调度工作等事宜。

船槽,管理调度轮船上槽、排日、江干挖土、督趱工作、巡视勤惰等事宜。

版筑所,管理监造炉沟及轮船锅炉、砌砖、船底筑灰及筹度用料、调度工作等事宜。

广储所,管理验收铜铁、帆缆、煤油各料及监守藏储、稽核支放等事宜。

储材所,管理验收制船、盖厂各项木植及监守藏储、稽核支放等事宜。

香港采办分局,管理采办外洋船料、收支料价等事宜。

（2）艺局

艺局,即求是堂艺局,后习惯称为船政学堂。原议学堂两所:法国学堂和英国学堂,后添绘事院、练船学堂、管轮学堂、艺圃四所。至光绪二十三年（1897年）艺圃分设之后,共有八所学堂,即造船学堂、绘画学堂、艺徒学堂、匠首学堂、驾驶学堂、练船学堂、管轮学堂、电报学堂。前四所学法语,用法语教学;后四所学英语,用英语教学。

（3）轮船水师

同治十年（1870年）,"福星"号轮成船后,沈葆桢奏请设立轮船水师。当时已有船政自制的"万年清""湄云""福星"3艘兵舰及外购的"海东云"等舰组成。船政轮船水师为中国近代海军舰队。

轮船水师建有水师营,设有营长,负责管理。

（4）职能处室

船政衙门设有工务、总务两大职能部门。工务部门,下设的主要职能部门:工程处、洋员办公所;总务部门,下设的主要职能部门:文案处、会计处、支应处、报销处。配套设有稿房、银库、发审所、东西考工所、健丁营、医院、食堂、储材馆、天后宫和法国教堂、英国教堂等。光绪二十八年（1902年）福州将军崇善兼管船政时,船政设有6处:总稽查、文案、支应、船槽、船坞、官医。

工程处,主要职能是监造、调度全厂造船事务与工程。

洋员办公所,是洋监督办公的地方。洋监督下设洋总监工,另设外国秘书1名,担负中外交涉文件的翻译、出洋局往来函禀转递,安排洋匠、洋教习工作及发放薪金等工作。洋员办公所洋楼为砖木结构,呈四方形,屋顶设大自鸣钟,具有较典型的法国民居风格。

文案处,负责管理核议各厂所、各轮船、各学堂事宜,厘校工料册卷,办理中外交涉事项。

会计处,负责朝廷拨款与十三厂、绘事院、东西考工所、船政水师等开支全部账目制作。

支应处,负责管理收发制船、养船经费稽核工料数目等事宜。

报销处,负责工程项目、官员差旅、因工伤残乃至亡故之抚恤款项报账与审核。

发审所,负责管理审勘工次、匠徒关涉词讼,兼查保甲等事宜。

东西考工所,负责管理钤束工匠、支放薪银等事宜。

稿房,负责起草电报文稿、来往电文的管理收藏。

银库,光绪二年(1876年)设立,负责保存和管理银两。

储材馆,负责基建材料支应。大规模基建结束后,广储所改建为招待场所,称"储材馆"。

健丁营,负责管理勤杂人员。下设组、队。10人一组,设一组长;5组1队,设一队长。建有营房,实行军事管理。沈葆桢《机器到工已齐并船厂现在情形折》(1869年)称:"佣工杂作是有健丁,日每八九百人,非以兵法部勒,则散而难稽,呼而不应,于是每十人以什长一人束之,每五什长以队长一人束之,特派勤能之武弁统焉。然必寝息有所、灶厕有所、稽查有所,因傍山结垒,略如营房,是为健丁营之设。"

船政天后宫,船政轮船下水及出海祈求庇佑平安的场所。位于马尾区婴脰山坳。同治七年(1868年),船政耗银3082两建成。天后宫面阔约15米,进深约30米,牌楼式门墙,正门上方有青石镌刻"天后宫"三字。宫前是长方形外围石栏杆的月台。正殿供天后,殿上方有同治御笔墨宝"德施功溥"及"天上圣母"匾。牌位左右两扇小围屏上系陈兆锵书写的天后生平事迹。殿柱上有沈葆桢题赠的直匾。摆设有船政铸造的铜钟、铁鼎。

2. 设施设备

表1-1 1868—1893年船政人数和设备情况表

名 称	建置年份	主要设备和生产任务	职工人数(人)		厂屋或场地面积(平方米)	备 注
			最多人数	通常人数		
绘事院	1868	承绘船身、主机、锅炉以及镶配等总图和分图		39	632.06	
模 厂	1868	设各种锯机、刨机、旋机20余副;制造船模、汽鼓模、各机件模及细木雕刻各工	160	47	1405.5	包括原转锯厂
锅炉厂	1868	设卷铁床、水力泡钉机、剪床、钻床、刨床41副;制造船用锅炉、烟筒、烟舱、汤管、烟管、汽表、向盘等	350	117	2751.32	原名水缸厂
轮机厂合拢厂	1868	设车光机、刨机、削机、钻机、砺石机、螺丝床、钳床223副;制造船用大小机器,制成后先在合拢厂做合拢试验	360	120	3090.4	合拢厂后合并于轮机厂
拉铁厂	1868	设汽锤7架,最大者有7吨,拉铜、钢、铁、打铁炉57座,各类机床51副;拉制铜、钢、铁并打铁等造船所必需各工,并审验钢、铜火候和锤力	386	87	8780.43	包括锤铁厂

名　称	建置年份	主要设备和生产任务	职工人数(人)		厂屋或场地面积（平方米）	备　注
			最多人数	通常人数		
铸铁厂	1868	设铸铁、铸铜大小铸炉 11 座,碾机、风箱、风柜等 23 副;专门提供造船所需之铸铁、铸铜及进行化验铜、铁等	160	50	2683.93	包括原铸铜厂
帆缆厂	1868	制造船上之风帆、天遮、帆索并桅上镶配备绳索,及起落搭架等	70	40	1718.65	
打铁厂	1868	设炼炉 44 座,铁锤 3 个,各重 3 吨;专制船舶修造中各小型铁件			248.18	
钟表厂	1868	制造仪表、望远镜和航海指南针			66.92	
船　厂	1868	设石制船台 1 座,长 90.5 米;木制船台 1 座,长 84.1 米;锯木机 8 座;能起重 40 吨的起重机 1 座;建造木质、铁质、钢质、穿甲、钢甲各式船身,具有 5000 吨船的建造能力				
舢板厂皮　厂版筑所	1868	制造桅、舵并大小舢板 制造皮带和各式皮件 制造船用炉灶、厨房、厕所、各厂烟筒、炉灶及泥水修筑等	1300	150	14537.38	
广储所	1868	收发保管铜、铁、煤炭、机件、油杂等各种材料,有储(木)材所,机房 9 座及储煤场	60	42	5322.32	包括储煤场,面积 1405.4 平方米
储炮厂		收储各船炮械、炮弹、鱼雷各件		2	191.48	
铁船槽	1871	船槽长 98 米,上设机房,拖船机 40 座,大螺丝 40 条,40 匹马力轮机水缸 1 副,可容 1000 吨以上船舶上槽修理	60	37	1608.04	
铁胁厂	1876	设锯机、剪机、钻机、卷房、碾机、刨机 35 副;制造钢铁船胁、船壳、龙骨、横梁、泡钉及船上各钢铁件打造、拗弯、镶配等	700	68	7426.24	
鱼雷厂	1888	订购有国外样器设备 23 项				
船坞（青洲石坞）	1893	设有抽水机厂、机器厂、官厅、丁役房、水手房、木料亭、栈房等,船坞长 128 米,宽 33.5 米,可容纳 8500 吨级以下船舶进坞修理		27	27234.35	

表1-2　1896—1906年船政增添机器设备情况表

年　份	增添设备单位	机器设备	数额(台)	金额(两)
1896		手力验钢拉机	1	
		手力验钢压机	2	3686
		化学药品及器械		9000
1897	船坞	挖泥船	1	3940
		装土船	2	2930
		刮土船	1	190
		因陈勃勃管	1	420
		起重机	1	13370
1898	船厂	方舟	2	15800
1899	各厂	电灯电机	1	5400
		130马力轮机锅炉	1	
		挂壁钻孔汽机	4	
	铁胁厂	泡钉汽机	1	38800
		钻孔汽机	3	
		柳条锯木汽机	1	
		砺石锯木汽机	2	
		卷铁板汽机	1	
		拗铁板手机	4	
		抽水汽机	2	
		钢泡钉炉等	(不详)	
	轮机厂	制旋纹汽机	1	3200
		制螺饼汽机	1	
		移动钻孔汽机	1	
		连环转车钻汽机	1	
	水缸厂	刨钢板汽机	1	
		砺石汽机	2	
		钻孔汽机	2	
		打泡钉水力机	1	
		锅炉	1	11500
	模厂	刨木汽机	1	1400
		刨木起线汽机		
	拉铁厂	65马力锅炉	2	
		抽水汽机	1	9500
	铸铁厂	钢炉	2	2200
		水龙	1	100

续表

年　份	增添设备单位	机器设备	数额(台)	金额(两)
1900	轮机厂	刨旋纹钻汽机	1	2200
		磨钻机器家伙汽机	1	
		制旋纹机	1	
		制钢瓣家伙汽机	1	
	水缸、铁胁厂	通用泡钉电机	2	4200
1901		化学料件		2090
1903	船　厂	锯木汽机	?	7880
	拉铁厂	拉铁槽碾轮	3	1490
		铁圆水箱	3	1100
1905	铁胁厂	130 马力轮机	1	15000
1906	石　坞	新式起重机	1	8600
(合计)			64	163996

(三)船政大臣

船政大臣,船政主管官员,拥有独立行政管理权、军事指挥权、司法权等职权,可专折向皇上直奏。首任船政大臣沈葆桢,官居一品。沈葆桢(1820—1879 年)是林则徐的女婿,也是外甥,榜名振宗,字幼丹、翰宇,侯官(今福州)人。道光二十七年(1847 年)进士,选翰林院庶吉士。同治元年(1862 年),升江西巡抚。五年,经闽浙总督左宗棠推荐,授总理船政大臣。

同治五年九月初六日(1866 年 10 月 14 日)左宗棠调任陕甘总督。为不使船政半途而废,左宗棠接到谕旨后,一面令德克碑到沪约日意格及参与商订合同的福建补用道胡光墉等同来定约,一面想亲自物色大臣人选。适此时沈葆桢因母丧丁忧,在籍守制。左宗棠遂三次造庐商请,并上疏推荐沈葆桢主持船政。九月二十三日(10 月 31 日)左宗棠上奏《派重臣总理船政折》:"再四思维,惟丁忧在籍前江西抚臣沈葆桢,在官在籍,久负清望,为中外所仰,其虑事详审精密,早在圣明洞鉴之中。现在里居侍养,爱日方长,非若宦辙靡常,时有量移更替之事,又乡评素重,更可坚乐事赴功之心,若令主持此事,必能就绪。商之英桂、徐宗幹,亦以为然。臣曾三次造庐商请,沈葆桢始终逊谢不遑。可否仰恳皇上天恩,俯念事关至要,局在垂成,温谕沈葆桢勉以大义,特命总理船政,由部颁发关防,凡事涉船政,由其专奏请旨,以防牵制。"当时,沈葆桢认为"丁忧人员不应与问政事",经左宗棠劝说后,才最后表示:"如果奉旨饬令办理,亦必请俟明年六月服阕后始敢任事,其未释服以前,遇有咨奏事件,可由署藩司周开锡、道员胡光墉详请抚臣代为咨奏。"左宗棠只好于十月初八日(11 月 14 日)复"请旨饬下沈葆桢于服阕后总理船政,未任事之先,所有船局事宜,仍由沈葆桢一力主持"。清政府接到左宗棠前一奏折后,于十月十三日(11 月 19 日)由军机大臣传谕沈葆桢对所有船政事务,著其总司其事,专折奏闻。接到十月初八日(11月14日)第二个奏折后,于十月二十七日(12月3日)又由军机大臣下达旨意,谓:"制造轮船一节,关系中外,事更重于金革,岂得以引避为辞……着仍遵前旨,总司其事,其未释服以前,遇有应行陈奏事件,由沈葆桢知会该督抚代为具奏。"十一月二十四日(12月30日),同治皇帝批准左宗棠所奏的船政章程,钦命"沈葆桢总理船政",并进一步指出:"此次创立船政,实为自强之计,若为浮言摇惑,则事何由成? 自当坚定办理,方能有效。左宗棠所见远大,大臣谋国理当如此。"

沈葆桢在守制之中就参与船政创办的筹议。接事后,一方面让日意格、德克碑回国购买设备,并聘请洋师、洋匠。当时法国造船工业发达,长于制造,所以引进法国的先进技术和设备;英国长于航海,所以聘请英人教授驾驶,各取英法两国之长;另一方面在马尾中岐征购土地,建设工厂、船坞、学堂、宿舍等。左宗棠原订合同设工厂5所、学堂1所,用地200余亩。沈葆桢主办期间加以发展:工厂增至13所,学堂增至6所,用地扩大到600亩。为防海潮,沿江厂地,用土填高5尺,"以钱购土,竟至10数里内无可购者",工程十分艰巨。马尾船政从开创到初具规模,从不懂造轮船到中国能独立自造轮船,沈葆桢苦心经营了9年,主政期间,船政制造"万年清"等船舰15艘,为国家培养了一大批科技人才和海军骨干。

光绪六年(1880年)改钦差船政大臣为督办船政大臣。十年又任命钦差船政大臣。十六年起改由闽浙总督、福州将军兼管船政,并由自己培养的工程技术人员出身的官员会办船政。

船政大臣最初为特简钦差大臣专责其事,得以"专奏请旨",不受地方官吏的牵制,工作开展顺利。由总督、将军兼管督办后,由于他们本身的职务重,工作忙,对船政未能尽心管理;而总办或会办的人员,又须秉承这些封疆大吏的意旨,职权大为削弱。

船政大臣由文官担任,首任船政大臣是沈葆桢,后任是丁日昌、吴赞诚、裴荫森;督办船政有黎兆棠、张梦元、何如璋;总办、会办有杨正仪、沈翊清、魏瀚、郑清濂;兼管船政有卞宝第、谭钟麟、边宝泉、裕禄、增祺、善联、许应骙、景星、崇善、松寿。最后一任为松寿,先后有24人担任船政大臣或会办大臣,其中任职最长的9年,最短的仅数月。最高官衔一品,最低三品。

表1-3 清代历任船政大臣及兼办会办大臣名表

职 衔	姓 名	任职年月	备 注
船政大臣	沈葆桢	1867.7—1875.9	特简
	丁日昌	1875—1876	特简
	吴赞诚	1876—1879	特简,1878年6月署福建巡抚仍兼理船政
督办船政	黎兆棠	1880—1883	特简
	张梦元	1883	福建按察使兼管

职　衔	姓　名	任职年月	备　注
船政大臣	何如璋	1883—1884	后革职
	张佩纶	1884	特简,本为会办福建海疆事宜。8月兼署船政大臣
	裴荫森	1884—1890	初福建按察使兼理,1888年原任按察使开缺
兼管船政	卞宝第	1890—1891	闽浙总督兼管
	谭钟麟	1891—1895	闽浙总督兼管
总办船政	杨正仪	1893	候补道员起用
兼管船政	边宝泉	1895—1896	闽浙总督兼管
	裕　禄	1897	福州将军兼管
	增　祺	1898—1899	福州将军兼管
	善　联	1899	福州将军兼管
	许应骙	1899—1900	闽浙总督兼管
	善　联	1900	复福州将军兼管
	许应骙	1900—1901	复闽浙总督暂行兼管
	景　星	1901—1902	福州将军兼管
	崇　善	1902	福州将军兼管
会办船政	沈翊清	1902—1903	原提调升任
	魏　瀚	1903	新任
会办船政	郑清濂	1905	船政首届出洋学生擢用
兼管船政	松　寿	1907—1911	闽浙总督兼任

(四)员绅

船政衙门员绅即行政管理人员,有船政提调、轮船统领、总监工、洋监督、局员、局绅、委员、委绅等。

1. 船政提调

提调,是提举调度的简称。提调禀承船政大臣命令调度船政事务,是船政大臣的主要助手。首批提调是左宗棠推荐给沈葆桢的夏献纶、吴大廷、胡光墉等3人,继任有周开锡、吴仲翔、周懋琦、杨廷传、吕耀斗、徐建寅、沈翊清、杨廉臣、高凌汉等官员。一般由道员以上的官员担任。光绪三十年(1904年)崇善请调沙县知县高凌汉破格任船政提调。三十三年四月崇善请派杨廉臣(前学堂第1届)为船政提调。杨廉臣于同治七年(1868年)考入船政绘事院,次年因学业优秀被选入前学堂学习,毕业后留船政任职。

夏献纶(1837—1879年),字籋臣,号筱涛、小涛,江西新建人,监生。同治三年(1864

年）随左宗棠入闽，五年署福建汀漳龙道，署福建盐法道，九年至十三年任船政提调。

吴大廷（1824—1877年），字彤云，湖南沅陵人。同治五年九月任台湾道员。七年八月，应沈葆桢奏请至船政任提调。八年监督船政第一号轮船"万年清"到津验收。翌年运京仓粮米10万石到天津。随后，奉调至江南操练局。

胡光墉（1823—1885年），字雪岩，原籍安徽绩溪。同治五年十一月，胡雪岩与日意格、德克碑拟定船政章程，明确船政的主权问题。次年三月，左宗棠派胡雪岩为代表，专程拜访上海法国总领事白来尼，说明中国皇帝支持办船政。经过细心的解释取得法国皇帝拿破仑三世的支持。六月任船政提调。十一月二十六日来到马尾，不久即请假离任。

周开锡（1826—1871年），字寿珊，湖南益阳人。同治三年十二月左宗棠以闽省军政积习相沿，奏调来闽，任延建邵道，并会办通省厘税局务。受继任闽浙总督吴棠诬陷，在沈葆桢抗争下解脱。后专司船政提调之职，具体负责船政的管理和财务工作。七年下半年船政大规模基建结束后，辞职回乡。

吴仲翔（1825—1888年），字维允，福建侯官（今福州）人。同治六年调赴船政办理文案。后任提调，沈葆桢赴台时委任其负责船政工程。光绪十一年（1885年）续任船政提调。

杨廷传（1843—1895年），字惺远，福建侯官（今福州）人。经闽浙总督卞宝第推荐入船政。船政大臣裴荫森委其船政提调，分管船政财务。

徐建寅（1845—1901年），字仲虎，江苏无锡人。光绪二十二年七月上谕整顿福建船政并调徐建寅出任提调。

沈翊清（1861—1908年）字丹曾，号澄园，福建侯官（今福州）人。沈葆桢之长孙。清光绪六年（1880年）入船政，九年承袭一等轻车都尉世职。翌年，充船政总稽查，旋就职同知。二十四年三月，得旨发往四川补用，留充船政提调，后奉命赴日本阅视兵操，著有《东游日记》。二十八年以四品卿衔，充会办四川矿务商务大臣。福州将军景星以船政关系重大，奏请留闽省，擢为会办船政。

2. 轮船统领

同治十年（1871年），沈葆桢奏请设立"轮船水师"，经清廷批准，任命原水师提督李成谋为"轮船统领"。光绪元年（1875年），第二任统领由罗大春接任。当时，船政轮船水师已有自制的"扬武"号巡洋舰等13艘舰艇，外购的"靖海"号炮艇等3艘舰艇，总吨位达1.3万多吨。五年八月，彭楚汉接任第三任统领。

李成谋（？—1892年），字与吾，原湖南沅州芷江人，家境贫寒，身材魁梧，臂力过人。应召入伍后由一名水兵逐步提升为副将、漳州镇总兵、福建水师提督。同治十年为船政轮船水师首任"轮船统领"。

3. 船政总监工

船政设有中方的总监工。叶文澜为首任总监工。光绪二年九月，督办船政吴赞诚奏调按察使衔候选道叶廷春任总监工。三年十二月叶廷春辞职,候选道王葆辰接任。船政学堂自己培养的学生魏瀚、刘懋勋先后担任过总监工。

叶文澜(？—1888年),号清渠,同安县厦门人。少弃学,游海外,通南洋各岛语言。左宗棠以陕甘路粮台委之,升道员加布政使衔。同治六年,受左宗棠举荐,任船政总监工,监督负责"万年清"号等船舰的监造。

4. 洋监督

船政衙门聘请日意格为正监督,德克碑为副监督。同治八年,法国驻福州领事巴世栋搬弄是非,造成日意格与德克碑不睦。德克碑辞去副监督。光绪十二年正月十六日(1886年2月19日)日意格在法国病故,洋监督由帮办斯恭塞格接替。二十三年裕禄兼管船政时,延聘法籍员工,聘杜业尔为正监督。

洋监督,下设洋总监工,首任为达士博。同治八年(1869年),总监工达士博仗势欺人,时时居奇挟制,被沈葆桢撤职。后任为塞比洛。光绪二十九年(1903年)时任船政会办的魏瀚把越权跋扈的法籍正监督杜业尔遣回,与法方重订合同,以柏奥锵为总监工。

日意格,即普罗斯佩·日意格,咸丰十一年(1861年)任宁波中国海关税务司,组织"常捷军",帮助清政府镇压太平军,受左宗棠指挥。同治五年任江汉关税务司。同年应左宗棠之邀,参与筹设船政,延聘法国造船师匠和船政学堂教习。翌年,任船政正监督。

德克碑,即原法国海军大尉保罗·德克碑,也曾建议开办船厂,并愿代为筹划。但因战事,无暇定议。同治五年,在船政任副监督。九年,随陕甘总督左宗棠赴陕西、甘肃,镇压回民起事。

5. 局员、局绅

船政提调,下设有管理船局、艺局的官员,主管官员为局员,非主管官员为局绅。一般由现任或候补知府以上的官员担任。

6. 委员、委绅

委员,部门或某项目的主管官员,船厂和学堂各单位均设有专职委员,稽查工作也有专职委员。委绅是有一定身份的管理官员。一般由现任或候补同知、知县等官员担任。

7. 洋员、洋匠、洋教习

洋员,船政聘用的外国工程师;洋匠,船政聘用的外国技术工匠。左宗棠向清廷上《试造轮船先陈大概情形折》时统称为"西洋师匠"。洋教习,洋员洋匠中从事教学者。同治十二年(1873年),据日意格记载,船政行政管理人员为130名。光绪元年(1875年)船政大臣沈葆桢为船政管理人员向清政府请奖的名单为197名。九年,船政行政管理人员为199人。

二、福州船政局

（一）设置与沿革

辛亥革命后中华民国成立。1912 年，船政归"中华民国军政府闽都督府"节制，改称"福州船政局"，规格降低。1913 年，福州船政局收归北洋政府海军部管辖，其所属学校随之划归并分设。其后福州船政局归海军部管辖，规定船政经费每月三万元，从福建省财政厅上缴中央的国税项下拨用。

福州船政局期间，1918 年，设飞机制造工程处，利用局内部分造船场所及设备制造飞机，有飞机棚厂、装配厂、滑水道等设施。1922 年船政局增设电灯厂（发电厂），配有 150 千瓦和 100 千瓦发电机组各 1 台。1926 年，福州船政局改为海军马尾造船所，所内主要设备有：船台 2 座，一座长 106.7 米，一座长 93.3 米；旧拖槽 1 座，长 103.3 米；60 吨起重机 1 台；船坞 1 座；挖泥船 1 艘，每小时可挖泥 60 吨；拖船 2 艘："吉云"（59 千瓦）、"江驶"（30 千瓦）；小型机动船"祥麟""祥云"等 4 艘；100 千瓦和 75 千瓦发电机、75 千瓦直流发电机各 1 台。此外，还有各种工作母机，交、直流电动抽水机等 30 余台。

1937 年，日本发动侵华战争，海军马尾造船所设施设备大多毁于日机轰炸及入侵日军的破坏和劫掠。1945 年 8 月抗日战争胜利后，后撤山区的部分设备搬回，另从上海等地获得日本赔偿机器设备。1949 年夏，大部被溃败的国民党军队运往台湾左营。

（二）主要负责人

局长、副局长有林颖启、沈希南、杨执中、翁浩、萧奇斌、郑清濂、刘懋勋、陈兆锵等 8 人。

郑清濂（1853—1927 年），字景溪，福建闽县（福州市）人。中国近代杰出造船专家，曾任海军中将级造舰总监。同治六年（1867 年）考入船政前学堂第 1 届，学习轮机制造。十二年（1873 年）毕业。光绪三年（1877 年）选为第 1 届留学生，在法国削浦官学专攻轮机制造，又在仙答佃洋枪厂兼习洋枪制造。六年毕业，又赴英、德、比学习，学成后留德监造定远、镇远等军舰。九年回国，任船政工程处总工程师，升都司（正四品），赏戴花翎，后升副将（从二品），加总兵衔。同年兼任前学堂制造专业主任教官。他先后参与设计、监造横海、镜清、平远等新式舰船工，成就卓著。同年参加设计、修建罗星塔青洲石船坞。三十一年任船政会办大臣，三十三年任汴（开封）洛（阳）铁路总办，翌年改任京汉铁路总监督。宣统元年（1909 年）随萨镇冰等赴欧考察海军，回国后赐工科进士。二年先后任邮传部参议、海军部顾问等职。1913 年，任福州船政局局长，但振兴船政局抱负难以实现，1915 年，辞职回乡。民国时期海军部曾授予海军少将和任造舰总监（中将同等官）。

刘懋勋（1851—1918 年），福建侯官（今福州）人。船政艺圃（称艺徒学堂）一届毕业生，因成绩优异被选派为一届留学生，光绪三年至六年，在法国白海士登官学、多朗官厂和马赛铸铁厂学习机件铸造，成绩考列优等，随即又考察法国有关官厂，回国后在船政任职。

以后长期在船政负责工程技术工作,颇有建树,晋升为总工程师,系著名造船专家。1913年10月,任福州船政局副局长。

陈兆锵(1861—1953年),字铿臣,福建侯官(今福州)人。轮机专家,福州船政局局长,海军中将。光绪元年(1875年),考入船政后学堂,系管轮二届毕业生。毕业后在北洋水师任职,二十年,任定远旗舰总管轮(轮机长),参加黄海海战。甲午战败后,与船政学堂其他毕业一样,无端受贬革,后又起用。三十年,任海天舰总管轮,1912年,授轮机少将,任江南造船所所长。1915年,调任福州船政局局长,1917年,参与创办福州海军飞潜学校,并兼任校长,培养一批水上飞机、潜艇的制造人才。翌年,又参与创办海军飞机工程处,先后制成中国第一批海军水上飞机,获褒奖,晋升轮机中将。1920年,曾主持重建马尾昭忠祠,1926年,兼任福州海军学校校长,并对福州海军各校拥有监督权。同年又调任江南造船所所长,次年辞职回归故里。他一生多有建树,系著名海军轮机专家。1953年逝世,终年92岁。

表 1-4 民国时期历任船政局负责人名表

职衔	姓名	任职年月	备注
局　长	林颖启	1912	以海军将官起用(辞不就)
副局长	沈希南	1912—1913	以造船专家起用,兼摄局长
局　长	杨执中	1913	原系前清候补道员
	翁　浩	1913	原系司法行政人员
	萧奇斌	1913	原系陆军人员
	郑清濂	1913—1914	清末曾会办船政
副局长	刘懋勋	1914—1915	原系船政首届出洋艺徒
局　长	陈兆锵	1915—1926	以海军轮机人员起用

三、马尾造船所

(一)设置与沿革

1926年5月,福州船政局改为海军马尾造船所,后并入海军江南造船所。1928年,飞机工程处改名为海军制造飞机处,正副主任称正副处长。1933年,海军部公布马尾造船所组织编制:所长为少将级,所内设工务处、文书股、会计股、广储所、陆地工巡队、水面工巡队。1935年春,在英商废船坞旧址兴建二号船坞,翌年3月31日竣工,坞长375英尺(114.3米),上向宽61英尺(18.6米),下向宽44英尺(13.4米),深14英尺(4.3米),能承修3000吨级船舶。

1938年6月12日,日本多架飞机空袭马尾,造船所铸铁车间被毁,其他车间都有损坏。1940年,马尾造船所在南平峡阳镇设后方办事处,将发电机、蒸汽机、锯机以及各种机床设备拆迁至峡阳。同年 1 月,日机再次轰炸马尾,造船所厂房多数遭到严重破坏,只有轮机厂、绘事院、铁胁厂、钟楼损坏较小。1941 年 4 月和 1944 年 8 月,福州两次沦陷,日军大肆掠劫机件物资。第二次沦陷后,马尾造船所奉令改为马尾造船所保管组。1947 年 6 月,马尾造船所奉令恢复,原保管组及海军要塞保管组合并为造船所筹备处。

1945 年 5 月 19 日,日军撤退前把马尾造船所的发电厂、拉铁厂、青洲船坞炸毁。抗日战争胜利后,1947 年,南平峡阳的机器设备运回马尾,又接受日本赔偿的机器 43 台。同年 8 月正式恢复马尾造船所,张传钊任所长,他力图将该所作为海军舰艇修配厂,但无所成。1949 年 8 月,国民党政府派军队将能够拆迁的机器设备运往台湾左营。

1949 年 8 月 16 日,马尾解放。9 月,福州市军事管制委员会接管海军马尾造船所。

表 1-5 民国期间福州船政局及海军马尾造船所人员和设备情况表

机构名称	生产任务	机器设备	占地面积(万平方尺)	人员数目(人)	备 注
工程处	调度管理船政工程事务	图件书报仪器等			表内所列工人数,系指工程最旺时而言
绘事院	主持船式测绘、设计事项	各种图具仪器		50—60(员生)	
模子厂	制造舰船、造机模型	各种木机器 21 件	1.51	160	表内所列占地数目,前后有所不同
铸铁厂	铸造钢铁机件、化验钢铁	机器、锅炉 11 座	2.89	160	机件种类名目甚多,不及备考
船 厂	制造舰船、造机木器	一切机器与模厂通用	15.64	15	
铁胁厂	制造钢甲船壳、钢钉、泡钉	大小机件 15 副	7.9	800	表内工作种类多不胜述,仅简略述之
拉铁厂	冶炼钢铁、铜等	大小机件 57 副、炉 57 座	9.5	400	
锅炉厂	制造锅炉、烟筒、管表	大小机件 41 副	30	350	
帆缆厂	造运帆索、帆布	专用手工,不设机件	1.85	80	
砖灰厂	烧炼砖、瓦	只备炉窑工具		(不设固定工)	
合拢厂	机件装配	机器与各厂通用		(不固定)	
轮机厂	轮机合拢、较准	大小机件 223 副	2.32	360	
储炮厂	收储各船炮械、炮弹、鱼雷等		0.21	2	

续表

机构 名称	生产任务	机器设备	占地面积 （万平方尺）	人员数目 （人）	备　注
船坞厂	勘验船舶水底工程	大小抽水机潜水工具		（不固定）	
电灯厂	供应电力、电灯	150公斤电机2副		（固定工） 10人	1922年设立
广储所	收发、保存资料	运输工具	5	120	
飞机工 程处	试验资料、制造飞机	添置工具通用各厂 设备		200—300	
起重机 水坪	起吊笨重机件、材料	设有100米长码头 和40吨起重机			

（二）主要负责人

首任所长马德骥，二任所长袁晋，三任所长韩玉衡，四任所长张传钊。抗日战争胜利后的1947年8月正式恢复马尾造船所，张传钊任所长。1949年8月，国民党政府派军队将能够拆迁的机器设备运往台湾左营，至此历经劫难的马尾造船所仅存断壁颓垣，一片废墟。

马德骥（1889—1965年），字伯良，江西南丰人。宣统元年（1909年）冬南京江南水师学堂第五届轮机班毕业，后赴英国学习造船。同年，清政府派遣郡王贝勒载洵和海军提督萨镇冰赴英、美考察。为了制造潜艇和飞机，船政学堂派23名学生随行去英、美学习制造飞机和潜艇。这些留学生中有叶宝琦、廖景方、曾诒经、王助、王孝丰、巴玉藻、向国华、袁晋、马德骥、叶芳哲等人。1915年，转往美国麻省理工学院攻读舰船制造。1917年，毕业回国。1918年7月22日，授海军造舰少监，10月19日，给予五等文虎章。1920年冬，任福建船政局工务长，并兼代海军艺术学校校长，1921年8月10日，晋升为海军造舰中监。1925年9月12日，任福州船政局局长，同年11月30日晋升海军造舰大监。1927年3月，兼任海军莲柄港灌田局局长，9月26日，任海军福州马尾造船所所长，并兼代海军江南造船所所长。1930年4月21日，任海军江南造船所所长。1935年5月17日，复任江南造船所所长。1943年，在重庆成立中国造船工程学会，就任第一任理事长。1944年11月，任中国海军人员赴美造船服务团团长，到美国的海军造船厂学习新技术和考察海军装备。1945年9月16日，奉派接收江南造船所。1947年5月19日，复任江南造船所所长，8月，兼任海军机械学校教育长。1948年1月1日，获颁忠勤勋章，9月22日，任海军少将，11月，任海军总司令部配件管理处处长。1949年，任国防部部员。后去台湾，1952年10月退役。

韩玉衡（1883—1967年），字仲英，福建闽侯人。光绪三十三年（1907年）毕业于马尾船政后学堂第十届管轮班。宣统元年（1909年）任"应瑞"巡洋舰见习官。1912年7月18日，任海军"应瑞"巡洋舰轮机副。1913年4月17日，授海军轮机中尉。1915年，考派赴美国学习潜艇。同年，魏瀚带驾驶专业学生魏子浩、韩玉衡、俞俊杰、陈宏泰、李世甲、丁国忠、郑跃荣、梁训颖、卢文湘等赴美国学习飞机和潜艇的制造。1916年回国,后在马尾船政局服务。1919年6月6日,升任"海筹"巡洋舰轮机长,9月7日,晋升海军轮机少校,10月14日,给予五等文虎章。1923年2月7日,晋给三等文虎章,4月9日,升任海军上海领袖处暨独立舰队轮机长,9月22日,回任"海筹"巡洋舰轮机长。1925年1月30日,晋升海军轮机中校,7月20日,调任海军第二舰队司令处轮机长。1927年2月,任国民革命军海军总司令部驻南京办事处处长。1928年12月26日,任军政部海军署舰械司机械科科长。1929年11月6日,调任海军编遣办事处军务局轮机课课长。1930年2月24日,调任海军部舰政司机务科上校科长,7月12日,升任厦门造船所所长。1933年2月21日,调任马尾造船所少将所长。1941年5月,调任海军总司令部高级参议。1947年8月20日,任海军少将并予除役。中华人民共和国成立后,1950年11月,任解放军海军司令部研究委员会委员。

表1-6 民国时期历任马尾造船所所长名表

姓 名	任职年月	备 注
马德骥	1926—1927	以原工务长升任
袁 晋	1927—1932	以原工务长升任
韩玉衡	1933—1941	以原厦门造船所所长调任
张传钊	1947—1949	

第二节 生产机构

清同治五年十一月十七日(1866年12月23日),船政动工兴建办公、教育、生活和工厂等设施。船政建筑分两大部分,初无定界,后以围墙相隔。围墙内称坞内,为造船生产主要场所,占地约200亩。西面滨江,南抵马限山麓,北邻马尾市集。七年(1868年)七月,坞内的拉铁厂、锤铁厂、铸铁厂、轮机厂、合拢厂、钟表厂、木模厂、铜厂、帆缆厂、造船厂、锯木厂、水缸厂等13个工厂先后建成。各工厂分别安装有轧机、铸铁炉、锅炉、汽锤、蒸汽机、大直锯、圆锯、钻床、车床和钳床等机器设备。坞外为办公、教育、生活和护卫设施,分布在东侧婴脰山下,建有船政衙门、洋员办公楼、储材馆、学堂及考工所、学生宿舍等,山顶建有护卫船厂的兵营和外籍员工宿舍等。山南麓江边建有砖瓦厂。光绪十年(1884年)中法马江海战中,船政各厂厂房、设备和生活设施遭受法舰重炮轰击,损坏严重。同治七年至光绪十四年,为护卫马尾要塞与船厂安全,先后在马限山中坡及前后坡修建护厂炮台3座。光绪十四年和1914年相继建设一号和二号船坞。1918年,福州船政局增设海军飞机制造工程处,设有飞机棚厂、装配厂及滑水道等设施。1922 年,设电灯厂,添置 150 千瓦和 100 千瓦发电机组各 1 台。抗日战争期间,海军马尾造船所多次遭日机轰炸和入侵日军的掠夺、破坏,所内仅存轮机厂、铁胁厂和绘事院等几座残破的厂房。1949 年夏,部分机器设备运往台湾左营,工厂设施、设备损失殆尽。

1912 年,船政各工厂改属福州船政局管辖。翌年,收归北洋政府海军部管辖。抗日战争期间,船厂大部分人员及部分设备撤往南平峡阳,设南平办事处。马尾厂址两度被日军侵占,机器和厂房多次遭日机轰炸,受到彻底破坏。抗日战争胜利后,工厂设备和人员从南平峡阳迁回马尾,恢复马尾造船所名称。1949 年 9 月,中国人民解放军管制委员会接管该所。

一、船厂

船厂为早期船政的主要生产部门,其分厂(车间)主要有:

(一)"十三厂"

早期设立十三厂,后根据生产需要而变动,有的撤并,有的增加。

1. 锤铁厂(锻造车间),配有 300—6000 公斤汽锤 6 个;锻造舰船大型部件。

2. 拉铁厂(轧材车间),拥有 6 座再热炉,4 台轧机,轧制板材,重型铁件、角铁、小型铁件及铜件;设汽锤 7 架,最大者有 7 吨,拉铜、钢、铁,打铁炉 57 座,各类机床 51 副;拉制铜、钢、铁并打铁等造船所必需各工,并审验钢、铜火候和锤力。

3. 锅炉厂:原名水缸铸铜厂(锅炉车间),设卷铁床、水力泡钉机、剪床、钻床、刨床 41 副;专门制造船上锅炉、烟筒、水管、烟管、汽表和方向盘等。

4. 轮机厂(装配车间),拥有制旋纹汽机、制螺饼汽机、移动钻孔汽机设备各一台,制造船机大小机件;设车光机、刨机、削机、钻机、砺石机、螺丝床、钳床 223 副;制造船用大小机器,制成后先在合拢厂做合拢试验。光绪二十六年(1900 年)新增刨旋纹钻汽机、磨钻机器、制旋纹机与制钢瓣汽机各一台。

5. 铸铁厂(翻砂车间),拥有 11 千瓦动力设备 1 台,除铸铜设备外,还有铸铁炉 3 座,能熔炼铁 15 吨;设铸铁、铸铜大小铸炉 11 座,碾机、风箱、风柜等 23 副;专门提供造船所需之

船政十三厂

轮机厂

铸铁、铸铜及进行化验铜、铁的工作。

6. 钟表厂（经纬仪车间），专门生产经纬仪、光学器械及船用罗经；制造仪表、望远镜和航海指南针。

7. 打铁厂（锻造车间），专制各种船舶修造中小型零部件及船用设备，拥有44座化铁炉和3台300公斤汽锤；各重3吨。

8. 锯厂（机械锯木车间），附有木模厂，设有大直锯、小直锯、圆锯、砺床、钻床、车床和钳床35件；模厂设各种锯机、刨机、旋机20余副；制造船模、汽鼓模、各机件模及细木雕刻各工件。

9. 铁胁厂，设锯机、剪机、钻机、卷房，碾机、刨机35副；制造钢铁船胁、船壳、龙骨、横梁、泡钉以及船上各钢铁件打造、拗弯、镶配各工。光绪二十五年（1899年）新增泡钉汽机、钻孔汽机、柳条锯木汽机、砺石锯木汽机、卷铁板汽机、拗铁板手机、抽水汽机、钢泡钉炉等。

铁胁厂

此外,还有舵厂、帆缆厂、广储所(仓库)等。

(二)设施

1. 船台

同治六年(1867年)九月第一座船台动工,将8—9米长的木桩打入台基以巩固基础,用巨大木材鳞次叠成一座座台垛,以大铁钉固定,计叠55垛。临江最前垛高0.55米,最后垛高5.5米,呈斜坡状,中间贯架巨梁,使之深固不摇。这座长80米的船台于3个月后的十二月三十日竣工。至次年秋,共建成3座船台。另有40吨起重机1台,船台可用于建造龙骨长100米、排水量2500吨的船舶。设石制船台1座,长90.5米;木制船台1座,长84.1米;锯木机8座;能起重40吨的起重机1座;建造木质、铁质、钢质、穿甲、钢甲各式船身,有5000吨船的建造能力。十二月,第一座船台竣工,并正式开始造船,八年五月第一艘木质轮船"万年清"号下水。十年第五号轮船"安澜"号(排水量1258吨,马力580匹)下水,配备首台国产蒸汽机(仿造)。光绪二年(1876年)船政局建成铁胁厂,第一号铁胁轮船(木壳护以铁板)安上龙骨下水。光绪七年开始试制两千吨级巡洋舰,马力达2400匹。十五年造成双机钢甲战舰"龙威"号。从同治八年到光绪二十年共造各种轮船34艘,总计排水量约4万吨,这些船舰中的大部分编进了初具规模的船政、南洋(含粤洋)、北洋三支舰队。

船政船台

2. 船坞船槽

船坞两座。一号船坞位于青洲罗星塔下,船坞是船厂的重要设施。光绪十二年(1886年),船政大臣裴荫森奏准朝廷,择地罗星塔东侧青洲,修筑一座大型船坞。开工后因经费困难数次停工。自十四年始建,至十九年竣工,二十二年投产。坞体为巨大花岗岩石砌成,坞口为大铁闸。轮船可乘涨潮进坞,放下铁闸,再抽水出坞。坞口潮平深10米余,坞长

128 米,宽 33.5 米,深 9.3 米,设有抽水机厂、机器厂、官厅、丁役房、水手房、木料亭、栈房等,可容纳 8500 吨级以下船舶进坞修理。系当时远东最大船坞。

一号船坞

二号船坞为 1914 年购自美商的木船坞改造而成,位于紧邻船政局的东南侧,1934 年重修后,可入坞修 3000 吨级船只。

光绪二十四年(1897 年)新增挖土机船、装土船、刮土船、起重机等。船坞是船厂的重要设施。

二号船坞

船槽构件购自法国,以滑道推移下水,再托顶船舶上岸修理。可分两段,同时拉两船,合一则拉一大船上岸。配有 40 匹牵引机 1 台,槽区盖棚屋 1 座,以遮盖机器。船槽长 98 米,上设机房,拖船机 40 座,大螺丝 40 条,40 匹马力轮机水缸 1 副,可容 1000 吨以上船舶上槽修理。

(三)仓储

创办船政时,设有广储所,供储备材料之用。木材部分依靠进口,运至马尾码头,再由运夫搬运上岸屯集。同治九年(1870年),又在船坞以北一里外滨江浅港设储材厂。钢、铁、煤等物资则存于广储厂。广储厂位于坞外南侧。各厂生产所需材料存用过工料细册。年终逐项盘点造册。

(四)考工所

东、西考工所是工人的集体住所。东、西考工所位于坞外。船政工人约2000—3000人,派员绅统一管理,以防"五方杂处,漫无统纪,易滋事端,栖息无从,亦难号召"。

船政考工所

(五)图算所

负责船舶、武器、土建工程的图纸设计与计算,属绘事院。

二、马尾飞机制造工程处

1913年,选派魏瀚率魏子浩、韩玉衡等14名舰员及在英留学生赴美学习飞机制造;1916—1917年,马德骥、巴玉藻、王助、曾诒经、韩玉衡等相继学成回国。1918年1月,福州船政局增设海军马尾飞机制造工程处,由巴玉藻负责设计,曾诒经负责机务。1919年8月,中国第一架水上飞机"甲型一号"制造成功。1920年,选派沈德燮、江元瀛、蒋拯等留学英国,学习飞机制造,曾明志、吴汝菱、陈泰耀和刘道夷等赴菲律宾航空专科学校学习。1921年4月学成回国,成为中国最早一批航空员。至1930年10月,海军马尾飞机制造处共生产飞机17架,这是中国飞机制造工业的发端。

1914年,第一次世界大战爆发。当时的北洋政府认识到飞机、潜艇的威力,令海军总长刘冠雄安排生产飞机和潜艇,并同意变卖新购进的军舰"飞鸿"号,所得款项30余万元,作为筹办经费。第二年,即派魏瀚、韩玉衡、陈宏泰、李世甲等13人赴美国学习飞机、潜艇制造技术。同时命令在英国留学的巴玉藻、王孝丰、王助、曾诒经4人转赴美国麻省理工学院航空工程系学习。巴玉藻等人原在清宣统元年(1909年)由清廷筹办海军大臣载洵、萨镇冰出洋考察时带往英国，入阿姆斯特朗工学院学机械工程。一行人转赴美国后，入麻省理工学院航空工程系学习。他们聪颖好学，尽管课程相当繁重，成绩仍十分突出，一年多就获准毕业，为麻省理工学院航空工程系第二期毕业生。该系第一期仅毕业2人，第二期也只毕业7人，除2人为美国军方学生外，其余5名都是中国留学生；巴玉藻、王助、王孝丰取得硕士学位，曾诒经已先期转入寇提司飞机制造厂继续学习航空发动机。同年底，民国政府复派郑礼庆、陈绍宽到欧洲观战，并令陈绍宽调查飞机、潜艇制造技术。当时美国航空业虽处领先地位，但也尚在探索发展时期。麻省理工学院为数不多的航空工程系毕业生就成了美国各飞机厂争抢的宝贵人才。巴玉藻等人立志开创祖国航空事业，毅然于1917年回国。此时，袁世凯已死，时任北洋政府海军总长的刘冠雄为图海军实力壮大，仍热衷于飞潜制造，并在福州马尾开办了第一所"飞机潜艇高等学校"。巴玉藻等人归国后，刘冠雄视他们为不可多得的人才，安排他们在飞潜学校担任飞机制造专业教官，共培养三届学生56人，其中有8人选送英美留学，培育飞行员21名。在抓好航空人才培养的同时加快飞机厂筹办步伐。因财政困难，原制造潜艇的计划只好暂时搁置。

飞机的设计与制造为后期重要业务。1918年春，福州船政局成立海军马尾飞机制造工程处，开始试制飞机。1923年下半年，福州船政局飞机制造工程处归海军总司令公署管辖，改名为"海军马尾飞机制造处"。1924年1月，飞潜、制造两校合并。7月，船政局第5架丙型一号双桴、双翼水上飞机制成。功率360马力。至1930年10月，所生产飞机由巴玉藻负责设计，曾诒经负责机务。1931年，海军马尾飞机制造处（1928年9月更名为"海军制造飞机处"）并入江南造船所。1918年2月，福州船政局海军飞机工程处开始试制飞机。制造飞机螺旋桨、机翼内架、尾翼和桴体等均使用福建生产的榆木。为防止木材干裂和变型，将木材割锯成大小适合的木板，使用特制蒸汽烘干炉加以烘干，经拉力、压力试验后待用。机壳用麻布罩面涂油。螺旋桨、骨架等涂上桐油防腐，木桴内涂二道桐油，外壳涂

马尾飞机制造工程处

一道生漆,再涂上磨光漆以减少阻力。对飞机翼体采用沙袋加载法,作抗扭、抗弯试验,以确保飞机安全。这种严格的质量管理方式延续至其并入江南造船所止。

1919 年 8 月,造出第一架水上飞机"甲型一号"。"甲型一号"为双桴双翼水上飞机,即以双桴为撑体,通过水面滑行而升空的飞机。机身为木质铁架结构,发动机购自美国。飞机总重量 1055 公斤,马力 100 匹,时速 120 公里,为双座教练机。甲型水上飞机前后共制成 3 架。1922 年 1 月,造出乙型飞机 1 架,马力 90 匹。1924 年 4 月,制造成功"丙型一号"飞机。该机为拖进式,6 座,装置有机枪 1 挺,可携带 1 具鱼雷或 8 枚炸弹,最高时速 165 公里,续航能力 850 公里,这是中国制造的第一架双翼水上轰炸机。在"海鹰一号"双翼海军巡逻机制成的基础上,1928 年 6 月至 1929 年 3 月,又分别制成"海鹰二号"和"海雕"号鱼雷轰炸机,最大时速 180 公里,最大飞行高度 3800 米,总重量 2500 公斤,海面爬高率每分钟 161 米,装有机枪、火炮各 1 门,携带炸弹 8 枚,还可携带鱼雷。1930 年,制出的"江鸿"号教练机,曾由马尾起飞至湖北汉口,在长途飞行中经受考验。1923 年,海军马尾飞机制造工程处改称"海军马尾飞机制造处"。至 1931 年并入上海江南造船所止,共制造各式水上飞机 15 架;制造的飞机最高时速为 180 公里,最大功率为 360 马力,续航时间最长为 5.5 小时,最大载重量 2.43 吨。另已完工两架双翼水陆变换式(即可在水面或地面起飞)教练机,运至上海江南造船所组装后,试飞成功。海军马尾飞机制造工程处的成立和水上飞机的制造成功,是中国飞机制造工业的发端,在中国飞机制造史上具有重要地位。

(一)飞机棚厂

飞机制造工厂,位于马尾造船厂西北濒江处,将船政局原铁胁厂改建为木作、机械车间,将一个造船台改造为飞机棚厂和装配厂,工人 300 人。并以船厂为基础扩展附近旷地,

飞机棚厂

建成飞机棚厂和装配厂,在临江地段铺设飞机下水道。机械设备方面,因开办初没有专项经费,无法添置机械设备,只得使用造船机器。这些机器均属粗笨陈旧之物,非制飞机专用,故开工后飞机制作须多倚赖手工。

(二)装配厂

巴玉藻等设厂不久即着手试制飞机。他们吸收欧美各航空研究所的最新科研成果,作为飞机各构件的设计依据,并勇于技术革新。制造飞机所需的钢、铝等金属材料及发动机,当时国内不能生产,只得向国外购买;而大量使用的木质材料(早期飞机主体大部分为木质,后来才发展为金属制造),欧美各家多采用白银枞、胡桃木,这些材料也得到国外采购,价格昂贵,运输困难,巴玉藻等决定选用国产木材取代。经筛选质优者反复施以严格的物理试验,认定闽产杉木和白梨木、樟木和白麻栗木完全可以用于飞机制造:杉木质坚韧,与国外白银枞相等,用于制造机身、机翼及机桴主体;白麻栗木质柔韧,易于弯曲,用于制造龙骨等弯曲部分;樟木、白梨木纹细质坚,用作龙骨、框架的加强角。

飞机工程处铁工厂

(三)附属设施

1.滑水道

1919 年 8 月,中国第一架水上飞机"甲型一号"在马尾飞机工程处制造成功。该机机身采用国产榆木,为 100 马力双桨双翼飞机。以水面为跑道,水面建造浮站停靠。浮站利用竹排,依次叠成,上盖木板,两旁系以铁链,抛锚江中,形如方舟,集泊停于一地,浮站上还设有候机室设备,水上飞机有 9 个座位。

飞机从滑道滑入水中

2. 水上机站

1922年,巴玉藻与王助合作,设计出世界上第一个水上飞机库,即水上机站,解决水上飞机水面停置问题。

水上机站

第三节　教育机构

一、船政学堂(求是堂艺局)

清同治五年(1866年),为培养与之相适应的造船技术人员和海军人才,左宗棠提出"开设学堂,延致熟习中外语言文字洋师,教习英、法两国语言文字、算法、画法,名曰求是堂艺局,挑选本地资性聪颖、粗通文字子弟入局肄习",并制定艺局章程。同年,在船政大臣沈葆桢的主持下创办了求是堂艺局,对学制、培养目标、学生待遇、考试制度作了具体规定。

该年十一月五日(12月11日),左宗棠在《详议创设船政章程折》中提出设立艺局"为造就人才之地"。同日又上奏清廷《密陈船政机宜并拟艺局章程折》,进一步阐述:"夫习造轮船,非为造轮船也,欲尽其制造、驾驶之术耳,非徒求一二人能制造、驾驶也,欲广其传,使中国才艺日进,制造、驾驶展转授受,传习无穷耳。故必开艺局,选少年颖悟子弟习其语言、文字、诵其书,通其算学,而后西法可衍于中国。"又指出"艺局初开,人之愿习者少",必须采取"非优给月廪不能严课程,非量予登进不能示鼓舞"的措施。同时提出在"恭呈御览,伏恳天恩俯准照拟办理"的同时,"即饬司刊刻章程,出示招募艺局子弟"。

左宗棠在折中提出的《求是堂艺局章程》规定:

第一条 各子弟到局学习后,每逢端午、中秋给假三日,度岁时于封印回家,开印日到局。凡遇外国礼拜日,亦不给假。每日晨起、夜眠,听教习、洋员训课,不准在外嬉游,致荒学业;不准侮慢教师,欺凌同学。

第二条 各子弟到局后,饮食及患病医药之费,均由局中给发。患病较重者,监督验其病果沉重,送回本家调理,病瘥后即行销假。

第三条 各子弟饮食既由艺局供给,仍每名月给银四两,俾赡其家,以昭体恤。

第四条 开艺局之日起,每三个月考试一次,由教学洋员分别等第。其学有进境考列一等者,赏洋银十元;二等者,无赏无罚;三等者,记惰一次,两次连考三等者,戒责,三次连考三等者斥出。其三次连考一等者,于照章奖赏外,另赏衣料,以示鼓舞。

第五条 子弟入局肄习,总以五年为限。于入局时,取具其父兄及本人甘结,限内不得告请长假,不得改习别业,以取专精。

第六条 艺局内宜拣派明干正绅,常川住局,稽查师徒勤惰,亦便剽学艺事,以扩见闻。其委绅等应由总理船政大臣遴选给委。

第七条 各子弟学成后,准以水师员弁擢用。惟学习监工、船主等事,非资性颖敏人不能。其有由文职、文生入局者,亦未便概保武职,应准照军功人员例议奖。

第八条 各子弟之学成监造者,学成船主者,即令作监工、作船主,每月薪水照外国监工、船主辛银数发给,仍特加优擢,以奖异能。

十一月二十四日(12月30日)清廷批准左宗棠所奏的艺局章程。

船政工程于同治五年十一月十七日(1866年12月23日)全面动工,求是堂艺局也同时开局招生,先行开设英文专业。六年一月十五日(1867年2月19日),署闽浙总督英桂上总理衙门《陈办理船政事》中提到:"于十一月十七日开局,先行鸠工庀材,派委员绅和洋员督同砌岸筑基,缭垣建屋。习学洋技之求是堂,亦经开设,并选聪颖幼童入堂,先行肄习英语、英文。"第一次招考的考题是《大孝终身慕父母论》,严复报名应试。当时他父亲初丧,见此命题文情悲切,为沈葆桢所激赏，"置冠其曹"。严复以第一名被录取。在五年十二月初一日（1867年1月6日）求是堂艺局正式开学。校址暂设在福州城内定光寺（又称白塔寺）、仙塔街。随后又招收法文专业的学生，暂借城外亚伯尔顺洋房开课。从工程刚开始就把学堂视为"船政根本"。首期招收学生105名，开设驾驶和造船专业。六年五月初五（1867年6月6日），迁入新建成的马尾校舍。

学堂设有监督（练船学堂初设督练，后改为监督；艺圃设院首）、洋文秘书、总办文案、事案、书记官、医官、总教习、协教习、专业教习（如驾驶专业教习、管轮专业教习、枪炮教习、帆缆教习、操教习等）、洋文教习（法文教习或英文教习）、中文教习等。

（一）制造学堂

同治六年五月五日，求是堂艺局迁至马尾后，按专业进行分班，因造船专业校舍设在船政衙门南侧前部，遂称为船政前学堂，即制造学堂；因是学法文，用法语教学，又称"法语学堂"。

学堂设有造船和设计专业，目的是培育船舶制造和设计人才。起初由监督秘书博赖（A. Borel）任教，同治七年三月（1868年4月）转由数学教授迈达（L. Medard）和物理、化学教授禄赛（M. L. Rousset）任教。造船专业学制五年，设有算术、几何、透视绘图学（几何作图）、物理、三角、解析几何、微积分、机械学和法语等课程。专业课程有蒸汽机制造和船体建造。学堂重视理论课和实践课相结合原则，凡实习课时学生都要参加数小时的体力劳动，以熟悉工厂工作，逐渐培养指挥工人的能力。有学生10—12人。设计专业旨在训练培养能够绘制生产所需图纸的绘图员，学制五年。开设课程有算术、几何、几何作图、微积分、透视原理、蒸汽机结构和法语等。共3个班、32名学生。优等生毕业后被派往法国学习深造。至光绪三十四年（1908年），计毕业制造班学生7届，共143人。

1913年10月，船政前学堂改称福州海军制造学校。1921年，原船政前学堂招收的最后一届制造班学生35人毕业。

船政制造学堂（前学堂）

（二）驾驶学堂

求是堂艺局迁至马尾后，按专业进行分班，因航海专业校舍设在船政衙门南侧后部，遂称船政后学堂，即驾驶学堂，因是学英文，用英语教学，亦称"英语学堂"。由嘉乐尔（J. Carroll）主持，并由仕记（R. Skey）协助，罗丰禄后学堂毕业后也协助，旨在培养海上航行驾驶人员和海军船长。

船政驾驶学堂（后学堂）

学堂设有驾驶专业，学制五年，开设英语、算术、几何、代数、直线和球面三角、航海天文气象，航海算术和地理，采用英国教材。专业实习课有舰船驾驶和演炮。光绪七年（1881年）前后，增设轮机专业，学制五年，学习课程有算术、几何、设计、蒸汽机结构、操纵维护船用蒸汽机、使用仪表、监分计等。同时，进行实际安装操作，使学生初步掌握管轮的知识和实际经验。至光绪三十四年，驾驶班共毕业学生19届241人。至宣统三年（1911年）轮机班学生共毕业11届545人。

1913年10月，船政后学堂改称福州海军学校。1920—1924年，原船政后学堂招收的最后三届轮机班学生共毕业84人。

（三）管轮学堂

同治七年一月又创办管轮学堂（后并入后学堂）。从香港和上海工厂招收有几年工龄的青年为艺童。艺童已经具有生产铁件和加工铁板的经验，学习期间，先在岸上练习装配80匹马力和150匹马力发动机，再到新建轮船上安装各种机器。

（四）练船学堂

练船学堂是根据沈葆桢"能否成材，必亲试之风涛"的要求设置的。同治九年五月十七日（1870年6月15日），确定船政自造的第3号兵船"福星"号为练船，标志着练船学堂的成立。安排驾驶学堂毕业的学生和从香港英国学堂招来的上等艺童、上船实习和训练，为"练习学生、水手之用"。

（五）绘图学堂（绘事院）

同治六年十二月（1868年1月）增设画馆，后称绘事院（又称绘画学堂），一学船图，二学机器图。沈葆桢认为："中国匠人多目不知书，且各事其事，恐它日船成未必能悉全书之窍要，故特开画馆两处，择聪颖少年通绘事者教之，一学船图，一学机器图，庶久久贯通，不至逐末遗本。"画馆的培养对象是测绘人员，这是船政学堂开设的测绘专业，设于轮机厂之楼上。专业课程学习为3年，收画童39名。课程有法语、算术、几何、几何作图、微积分、透视原理、船体机器绘算概要等，还有一门完整的150号马力船用蒸汽机结构实习课。由于船政要制造7台主机分别配备新造舰只，绘画学堂为此作了精心研究，同时带领学生考察了车间发动机和工具。

绘图学堂（绘事院）

（六）电报学堂

光绪二年二月（1876年3月），船政学堂附设电报学堂。主要培养电报技术人员，开设课程为竖桩、建线、报打、书记、制造电气等。

船政大臣丁日昌派唐廷枢与丹麦大北公司签订《通商局延请丹国电线公司教习学生条款》，聘请大北公司工程师来电报学堂任教习。电报学堂生源一部分来自船政学堂毕业生。如苏汝灼、陈平国等都是第一届制造班学生，另到广州、香港招收懂英语的学生，总共70名学生入学。

英国海军军官寿尔在记1876年福州电报学堂中写道：

在其他革新事业之中，还有一所电报学堂，建设在福州，由丹麦大北公司（The

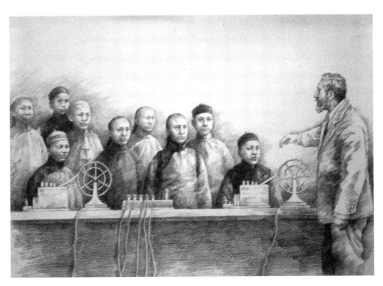

电报学堂

Great Northern Telegraph Co. of China）的工程师们指导。一部分的学生是从香港和广州来的，能说英文，其余是从船政局那些学堂出来的，已有数学的知识。教练是理论兼实际，把对电气原理的相当知识和操使所用机器的方法相结合，俾使学生们适合于电报员的职位。少数最有希望的学生将要受更高的教育，他们将被送到英国大的电报学校、机关去完成学业；在这些英国的学校、机关里，他们将接受电线的安装与维护的教育。最后可以成为电报工程师。这样一个学校的建立，使中国有希望在将来采用电报设施。

电报学堂学生学成后，分配全国各地架设电线、开办学堂、教授学生，为发展中国近代电报信息事业作出贡献。光绪九年（1883年），后学堂停办。

（七）艺圃（艺徒学堂、匠首学堂）

同治七年一月，船政设艺圃（又称艺徒学堂），主要培养生产工人和初级技术人员。艺圃招收15—18岁青少年，开设有算术、几何、几何作图、代数、设计和蒸汽机结构等课，实行半工半读制度。至当年年末，有学生100多名。八年四月，造船专业开2个班，学生增至71名。十年，设计专业第一班转学造船专业，艺圃通过考试，编为4个班。光绪六年四月（1880年5月），清政府严令船政裁员压编，撤销艺圃，并入考工所。十一年，恢复艺圃，但新招艺童"只给饭食，不给赡银，学习3个月，考定留堂者，始行于日给饭食外，月给赡银四两"。

光绪二十三年四月十日（1897年5月11日），福州将军兼管船政的裕禄提出，将艺圃分为艺徒学堂和匠首学堂。他认为"学堂、艺圃等处久未招考新童，宜及时举办"，可以按照法国初级学堂和法国监工学堂的办法，分为艺徒学堂和匠首学堂。他在《挑选生徒入堂肄业并定年限课程片》中写道："艺圃学堂拟分为两学，一为艺徒学堂，一为匠首学堂，课程限

艺圃（艺徒学堂、匠首学堂）

制各以三年为期。初入学堂，按照法国初学学堂办法，学习法国语言文字、数学、几何入门、常用艺学浅义并画法等书。各徒均于每日下午赴学肄业，上午入院学习船身、轮机各种绘事，并时时派赴各厂历练工作，三年之后大考一次，考校所习各业，并令试制匠人手艺器件。其所制精熟者，即予升为匠人赴厂办工，择其优者派入匠首学堂肄业三年，教以稍深艺学，并讲说制造、轮机、汽机、打炼钢铁法度，以为升补匠首管轮之用。技尚未精者，可以分派各厂充当小匠，俟其历练娴熟，再升为匠人。各生徒在学，或性情懒惰不肯勤学，或资质鲁钝于学难期心得者，均随时剔退，另行挑补。现均饬令入学，按章办理。此外并尚挑有年幼聪颖幼童造册存记，令其在家候传，以备后学堂挑补及前学堂艺圃两处鲁钝生徒剔退者之用。"

　　光绪二十三年艺圃分设之后，船政共办有八所学堂，即制造学堂、驾驶学堂、管轮学堂、练船学堂、绘画学堂、电报学堂、艺徒学堂、匠首学堂。这就是船政学堂的学校规模，因是船政所办，所以习惯上被统称为船政学堂。

二、海军学校

　　1912年，船政衙门划归"中华民国军政府闽都督府"节制，改称为福州船政局。当年仍用船政各学堂名义招生180名，分为驾驶、管轮、造船三个专业，各60人。1913年10月，船政前、后学堂划归中央海军部管理，前学堂更名为福州海军制造学校；后学堂更名为福州海军学校；艺圃改为福州海军艺术学校，仍归福州船政局建制。绘事院改为福州船政局图算所（1916年因经费支绌而停办），仍归福州船政局建制。1917年12月，经国务会议通过批准福州船政局设立福州海军飞潜学校。1924年1月，福州海军飞潜学校、福州海军制造学校两校合并。1926年5月，并入福州海军学校。福州海军飞潜学校合并后仍以福州海军飞潜学校的名义办完三届航空班。1930年1月20日，海军部公布《海军学校规则》，校名定为"海军学校"，去掉"福州"二字。4月，海军学校招收航海、轮机两班学生，由海军部举行考试,选取 100 名新生,此为海校全国统招第 1 届。1931 年 7 月,前海军总长杜锡珪上将任海军学校校长。12 月,马尾海军学校正式改称海军学校,新颁校印。原校长杜锡珪调任海军部高级顾问,仍兼管海军学校。1937 年 9 月,因日军轰炸,海军学校迁往鼓山涌泉寺上课。次年 6 月,又迁往湖南湘潭。10 月,海军学校自湘潭移迁贵州桐梓(史称桐梓海校)。1946 年 1 月,海军学校自贵州桐梓迁往重庆山洞海军总部旧址待命。6 月,海军学校航海第 11 届(后编民国三十六年班)学生校课毕业,转青岛中央海军训练团见习。8 月,海军学校航海第 12 届、轮机第 6 届、航海第 13 届、轮机第 7 届、航海第 14 届学生 182 名由重庆抵达南京下关海军训导队,集训三个月后,学生分赴各舰训练。12 月,海军学校奉令与在上海刚创办不久的中央海军军官学校(简称海军官校)合并,迁青岛办学。1949 年,南迁厦门,后迁台湾左营。现在左营海校,仍称"海军军官学校"。学校均设有校长、佐理官、斋务长、庶务长、教务长、教官等。

(一)福州海军学校

1913 年 10 月,船政前后学堂划归中央海军部管理,后学堂改称为福州海军学校,任命王桐为校长。专门培养海军船舰航海(原称驾驶)和轮机(原称管轮)人才,学制改为八年四个月。同年,在全省范围进行首次招生,招生对象为初中毕业或具有同等学力的学生,年龄 13—15 岁。经 3 场考试,首批招收新生 120 名,其中驾驶专业 60 名,轮机专业 60 名。学校对学生的要求十分严格,入学 6 个月后举行甄别考试,不及格者淘汰。每学期期考不及格者退学。被退学开除者须赔偿在学期间一切费用。学生在学期间,课本、文具、制服、膳食、零用钱均由学校发给。

轮机科开设有国文、英文、代数、几何、立体几何、平面三角、球面三角、解析几何、初等微积分、物理、化学、电学、流体力学、材料力学、热力学、机械学、造船原理、副机、机舱管理等 30 余门理论课程。课本均采用英国原版。公共课设有军训、体育、拳术和游泳。游泳不及格者退学。学生毕业后须在舰船上见习 1 年。

福州海军学校

　　1925 年 7 月，福州海军学校增设军用化学专业，培养海军弹药检验人员，学制三年。学生由艺术学校学生中选送。

　　1926 年，福州海军学校与福州海军制造学校、福州海军飞潜学校合并，统称福州海军学校。1943 年，福州海军学校造舰班毕业学生 1 届，共 10 人。至 1946 年，福州海军学校轮机班共毕业学生 6 届，共 101 人。抗日战争期间，该校先迁福州鼓山涌泉寺，后又迁到湖南等地。1938 年 10 月，又迁往贵州桐梓。1945 年，由贵州桐梓迁往重庆。1946 年，并入青岛海军学校。至 1948 年，航海班共毕业学生 12 届，共 253 人。

（二）福州海军制造学校

　　1913 年 10 月，船政前、后学堂划归中央海军部管理，船政前学堂改称福州海军制造学校后，任命陈林樟为校长。仍设置造舰、造机专业，培养设计、制造船体、轮机及飞机的工程师。

　　同年，首次在全省范围招生，报考者达五六千人（一说 2000 人），经 3 场考试（面试、考试和体检），录取新生 60 名，编为甲班。同年扩招 2 个班，分别编为乙班和丙班。学制十年，其中一年为实习，初级三年相当于高中一、二年，中级三年相当于中专，高级三年相当于大学。初级分设内课、外课和中文。内课为数、理、化。外课为体操、器械运动、拳术和射击。中文课以四书为主，辅以《官话指南》；中级为专业课，设高等数学、力学、高等物理、化学、蒸汽机和电机等课程。半天学习，半天实习。主要学习舰艇设计制造以及与海军船舶有关的一般技术。所有学科，包括史地，均采用法文课本。

　　福州海军制造学校学校考试制度严格，计有平常考、月考、期考、年考。考试时，内课、外课和中文并重，期考 1 门不及格者，均可退学。各门各科平均成绩达 60 分者为及格，80 分以上，每增 5 分为 1 级，分别给予 5—10 元（银元）不等的奖金。

　　1915—1916 年，福州海军制造学校相继招收丁班和戊班。1918 年，丁班和戊班学生改学英语，并转入烟台海军学校航海科。1920 年，甲、乙、丙班学生同期毕业。

1903 年烟台“水师学堂”开办，萨镇冰亲拟章程。1907 年，正式命名为“烟台海军学堂”，首任校长为谢葆璋。1928 年并入马尾海军学校。

1926 年,福州海军制造学校与福州海军学校、福州海军飞潜学校合并,统称福州海军学校。

(三)福州海军艺术学校

1913 年 10 月,船政艺圃改称福州海军艺术学校,仍归福州船政局建制,任命黄聚华为校长。专门培养船厂各工种中级技工。1915 年,招收初中文化程度学生 120 名,设英文甲、乙班,法文甲、乙班,学制四年。英文班主要学习英文和数学。法文班学习法文和数学。课程均按全国海军学校规定设置。学校实行半工半读制度,每日上午学习,下午下厂劳动。1918 年,增收学生 120 名,分别选调学生陈振铧等 10 余名,并入福州海军飞潜学校军用化学班,选调学生 30 余名并入福州海军学校航海班。1927 年,设初中班,培养初中程度的社会青年。

海军艺术学校

1935 年,福州海军艺术学校停办,在原址创办福建省马江私立勤工初级机械科职业学校。

(四)福州海军飞潜学校

1917 年 12 月,经国务会议通过批准福州船政局设立福州海军飞潜学校,由福州船政局局长陈兆锵兼任校长。由巴玉藻(曾任美国通用公司第一任总工程师)、王助(曾任美国波音公司第一任总工程师)、王孝丰、曾诒经、叶芳哲、陈藻藩等任教师。

这是中国最早设立的一所培养飞机、潜艇制造专业人才的学校。开设飞机制造、潜艇制造和轮机制造 3 个专业,分别培养飞机设计师、潜艇设计建造和航空发动机、潜艇轮机设计制造工程师。

飞机制造专业课程有热工学、高等数学、蒸汽机、材料力学、材料与处理、动力学、机械零件、机械原理、流体力学、造船原理、实用造船学、飞机结构、飞机制造、航空发动机和气体动力学等;潜艇制造专业课程有材料力学、轮机、电机学、高等数学、锅炉设计、内燃机、液体力学、机械学原理、造船设计及制图等;轮机制造课程有热力学、电机学、高等数学、材料力学、锅炉设计、锅炉构造、实用水力学、船舶结构、金属构造学、汽机制图和轮机制造等。学制八年。分普通、特别和专业三级。普通级学习 2 年 6 个月,主要学习基础课,尤其英语和数学。特别级学习 3 年,主要学习高等学校基础理论课。专业级学习 2 年 6 个月。英文采用原版教材,国文采用四书

海军飞潜学校

海军学校

白语注解及古文选编等为课本。

1924年1月,福州海军飞潜学校、福州海军制造学校两校合并。1925年6月,陈兆锵调离福州船政局,飞潜学校校长职务由总教官黄承赅兼代。

1926年5月,并入福州海军学校。福州海军飞潜学校合并后仍以福州海军飞潜学校的名义办完3届航空班。

1930年1月20日,海军部公布《海军学校规划》,校名定为"海军学校",去掉"福州"二字。4月海军学校招收航海、轮机两班学生,由海军部举行考试,选取100名新生,此为海校全国统招第1届。5月,海军学校航海第1届学生在南京参加毕业考试,海军部代部长陈绍宽亲临监考评卷。

1931年7月,前北洋政府海军总长杜锡珪上将任海军学校校长。12月,马尾海军学校正式改称海军学校,新颁校印。原校长杜锡珪调任海军部高级顾问,仍兼管海校。

1937年9月,因日军轰炸,海军学校迁往鼓山涌泉寺上课。次年6月,又迁往湖南湘潭。10月海军学校自湘潭移迁贵州桐梓。

(五)桐梓海校

1938年10月,海军学校自湖南湘潭移迁至贵州桐梓,史称桐梓海校。

1945年5月19日上午,日军撤离马尾前,埋炸药炸毁海军学校、勤工学校等单位。1946年1月,海军学校自贵州桐梓迁往重庆山洞海军总部旧址待命。6月,海军学校航海第11届(后编民国三十六年班)学生校课毕业,转青岛中央海军训练团见习。8月,海军学校航海第12届、轮机第6届、航海第13届、轮机第7届、航海第14届学生182名由重庆抵达南京下关海军训导队,集训三个月后,学生分赴各舰训练。12月,海军学校奉令与在上海刚创办不久的中央海军军官学校(简称"海军官校")合并,迁青岛办学。

桐梓海校

1949年,中央海军军官学校南迁厦门,后迁台湾左营。现在左营海校,仍称"海军军官学校"。大学本科4年制。下设电机工程系、船舶机械系、海洋科学系、资讯管理系、应用科学系,公共课设外文系、文史系与政治系等。校史中仍以马尾海校为宗。

三、勤工学校

1935年5月,海军艺术学校停办,在原址筹办福建省马江私立勤工初级机械科职业学校(简称"勤工学校")。1937年3月,教育部准"勤工学校"改称福建省私立马江初级工业职业学校。翌年2月,"勤工学校"受福建省教育厅委托办福建省立林森高级商船职业学校(简称"商船学校"),一套班子,两块牌子办学。1946年8月,福建省教育厅令勤工、商校两校合并,改称福建省立高级航空机械商船职业学校(简称"高航学校")。1951年10月,福建省文教厅根据全国院校调整方案,决定"高航学校"停办。

(一)福建省马江私立勤工初级机械科职业学校

1935年5月,福建省马江私立勤工初级机械科职业学校筹办,正式成立前仍用艺术学校名义办学,设有高级航空机械、高级机械、高级电机、高级船工图算四个专业。8月,福建省教育厅批准海军艺术学校改为福建省马江私立勤工初级机械科职业学校,学校设董事会,萨镇冰任名誉董事长,陈绍宽任董事长,李世甲为常务董事。董事会聘马尾造船所工务长(总工程师)萨本炘为校长。1936年3月,由叶心传代理校长。6月20日,勤工学校董事会聘海军学校副教官校陈钟新为校长,一直到1952年"高航学校"停办后离职。

(二)福建省马江私立勤工初级工业职业学校

1937年3月,教育部批准福建省马江私立勤工初级机械科职业学校改称福建省马江私立勤工初级工业职业学校。

(三)福建省马江私立勤工工业职业学校

1938年,福建省马江私立勤工初级工业职业学校改称福建省马江私立勤工工业职业学校,设航空机械科、职工图算科、机械科及电机科,学制三年。

抗战爆发后,1938年6月,福建省马江私立勤工工业职业学校内迁尤溪县朱子祠。

(四)福建省马江私立勤工高级工业职业学校

1939年夏天,福建省马江私立勤工工业职业学校三年制的航空机械科、职工图算科、机械科及电机科学生毕业后,又增招造船科1班、航空机械科1班、机械科1班,均为五年制。此外,还招三年制机械科1班,在校学生300余名。由于改制五年,福建省马江私立勤工工业职业学校的校名改为福建省马江私立勤工高级工业职业学校。教员大多来自飞潜、艺校的校友,师资力量雄厚。

勤工学校

1941年6月，福建省马江私立勤工高级工业职业学校师生从尤溪出发，经沙县、南平在将乐县高滩设校。

1943年7月，福建省马江私立勤工工业职业学校受福建省交通局委托，代办汽车机械科，招新生41人，学制三年。当年，福建省府令福建省马江私立勤工工业职业学校制造滑翔机1架，12月完工。

（五）福建省省立林森高级商船职业学校

1944年2月，福建省马江私立勤工工业职业学校受福建省教育厅委托，创办福建省省立林森高级商船职业学校（简称"商船学校"），实行"一套班子、两块牌子"办学，设有航海、轮机、造船3个专业。1945年，"商船学校"迁回福州，因校址无法解决，于1946年8月，与福建省马江私立勤工工业职业学校合并。

（六）福建省省立高级航空机械商船职业学校

1946年8月，福建省教育厅令福建省马江私立勤工工业职业学校、福建省省立林森高级商船职业学校两校合并，改称福建省省立林森高级航空机械商船职业学校（简称"高航学校"），陈钟新任校长，设航空机械、航海、轮机、造船4个专业，学制三年或五年。1951年10月，福建省文教厅根据全国院校调整方案，决定"高航学校"停办。

民国时期，船政办学体制发生了重大变化，军民分开，中央和地方分设，但同根同源，关系密切，海军艺术学校及以后改设的勤工学校、商船学校、高航学校，都为海军学校、海军制造学校提供生源，实际上仍是海军各学校的预备学校。海军各学校设有3—6个月的试读和甄别考试、重新编班的制度，而从海军艺术学校转入的学生就不用试读和甄别考试、重新编班。勤工、商船、高航等学校的领导和教职员工也大都来自海军各学校。

第四节　军事机构

总理船政事务衙门直辖船局、艺局和轮船水师三大系统，轮船水师是最主要的军事机构。

一、船政轮船水师

鸦片战争前，清朝的旧式水师分为外海水师和长江水师，不是独立的军种，其编制仿效陆军，归各地驻防将军、督抚节制。基本上以营为单位，营以下设哨，哨以下设司。营的统领一般以参将、游击、都司来担任，"辖境虽在海疆，官制同于内地"。水师装备全是木质帆船，一般由指挥船、运输船、战斗船编成。主要任务是"防守海口，缉捕海盗"。鸦片战争后，清廷开始购买、建造新式舰船。同治八年（1869年），船政建造的轮船"万年清""湄云"下水后，开始着手建立轮船水师。

（一）建制

沈葆桢在同治六年（1867 年）指出："轮船下水,则舵工、水勇缺一不行。非徒习惯风涛,尤须熟精枪炮。盖国家之创造轮船,譬诸千金买骏。倘冲锋陷阵不持寸铁,虽有千里之马,安足成功? 现在洋匠尚未至闽,船成尚需时日,拟先调闽中旧撤炮船十只,添练水勇二三百名。未成船以前藉以巡缉近洋,成船以后即可攒甲登舟,驾轻就熟。"在新式战舰未成前,利用旧水师的炮船来训练未来的轮船水师。八年,沈葆桢就着手物色轮船管驾,选拔副将衔游击贝锦泉为"万年清"号管驾。"万年清"上没有外国雇员,从管驾到水手全是国人,船员多从江浙一带招募。同年八月二十六日,"沈葆桢咨呈"附册,有第一号轮船游击贝锦泉造送船上驾驶人等月给薪粮数目清册: 管驾官一员、大副一名、二副一名、三副一名、管队一名、舵工八名、水手头目一名、副头目一名、头等水手二十九名、二等水手二十名、号手一名、副号手一名、鼓手一名、管炮一名、副管炮一名、炮勇一十名、正管轮一名、副管轮一名、三管轮一名、管油三名、管水气表三名、头等升火一十二名、二等升火六名、医生一名、木匠一名,以上共计九十八员名。这是福建轮船水师最早一只舰船的编制。

第二艘"湄云"号下水,由游击吴世忠任管驾。同治九年（1870 年）,"福星"号下水,随着船舰增多,船政大臣沈葆桢上疏朝廷:"请简派轮船统领,以资训练而靖海疆。"九月,清廷下谕正式成立新水师,福建水师提督李成谋兼船政轮船水师统领。由于船政学堂培养的新式人才到任尚需时日,先从旧式水师人员中挑选,"通轮机者令管轮,熟驾驶者委以管驾"。轮船水师将旧水师与新造轮船合为一体,本着成一船练一船之兵,配一船之官的主旨。责成李成谋先行练成一军,以备不虞之需。在"万年清""湄云""福星"之后,每年有二艘船舰下水。船政局新造兵轮和培育的学生相继加入水师,船政轮船水师有了雏形。十二年初,李成谋调任长江水师提督,由福宁镇总兵罗大春接署福建水师提督,并统领轮船水师。由于"养船经费支绌",轮船水师发展缓慢,相应的组织管理制度、人事制度和后勤保障供给设施尚未建立和健全。

同治十三年（1874 年）日本入侵台湾的琅峤事件发生后,清廷意识到海防形势的严峻,总理衙门发动各省督抚讨论海防问题,从而加速了近代水师的建设步伐。同年十一月,清政府签发了江苏巡抚丁日昌拟订的《海洋水师章程》,其主要内容是: 外海水师,专用大兵轮船,以大兵轮船为第一利器。沿海择要修筑炮台,演炮必求其准,守台必求其人,与沿海水师轮船,相为表里。北东南三洋联为一气,拟设北、东、南三洋提督。以山东益直隶,而建阃于天津,为北洋提督；以浙江益江苏,而建阃于吴淞,为东洋提督；以广东益福建,而建阃于南澳,为南洋提督。每洋各设大兵轮六号,根驳轮船十号。三洋提督,半年会哨一次。精设机器局,水师与制造相为表里。拟三洋各设一大制造局。为了加强领导,光绪元年（1875 年）四月,总理衙门决策:"南北洋地面过宽,界连数省,必须分段督办,以专责成,著派李鸿章督办北洋海防事宜,派沈葆桢督办南洋海防事宜。"光绪元年正月三十日沈葆桢奏疏中附清单,"支制造二百五十匹马力轮船一号,并应配机器舢板一号,帆桅舢板五号,小舢板一号⋯⋯支制造一百五十匹马力轮船九号,并应配机器舢板一号,帆桅舢板三十五号,小舢板九号⋯⋯支制造八十匹马力轮船五号,并应配帆桅舢板二十号,小舢板五号⋯⋯"二年,轮船水师舰队初步建成,拥有军舰 11 艘,总号位 9877 吨。其中除"福胜""建胜"两艘系购自美国外,其余皆由中国自造,是一支由中国自办、以中国自制舰船为主的近代海军舰队,舰队建立后,担任沿海重要港口和海面的巡守任务。

虽然清政府筹办三洋海军的方针已定,但限于财力,只能有所侧重。光绪五年(1879年)五月,确定"先于北洋设水师一军,俟力渐充,由一化三"。不久,沈葆桢于两江总督任所去世。从此,海军的一切规划专属李鸿章。为统一近代水师事权,九年,清廷于总理衙门内设立海防股"掌南、北洋海防之事"。这是海军机构建设上一个有力的措施和进步,海防股的成立可视为海军衙门的前身。中法战争,福建海军损失惨重,因缺乏海军经费,无法补充和更新装备陈旧的舰艇,海军建设陷于停滞、没落的状态。

光绪十一年(1885 年),设立总理海军事务衙门,成为海军的领导机构,从此海军成为独立的军种。海军衙门于十四年奏定官制,设提督、总兵、副将、参将、游击、都司、守备、千总、把总、经制外委等官。制定内容完备、条目清晰的《北洋海军章程》。十二年五月,奕譞代慈禧太后出巡检阅,北洋水师参加检阅的有"定远"等十三艘军舰,南洋水师只有"南琛""南瑞""开济"三艘。部分官员提出应该强化南洋,海防原议,俟北洋成军,接办南洋,"水师人才又非陆军可比。南洋各船练习有年,历经北洋调阅合操,已著成效。现在北洋一支业已练成,饷力少纾,南洋自当次第兴办。⋯⋯期早成军,俾与北洋遥为犄角"。但"南洋水师因限于经费,未能扩充,于十八年间筹议变通案内,奏明将各兵轮酌量裁减人数,勉敷巡操,节省饷糈⋯⋯"

据《福建通志》记载,福建海军各号轮船官、弁、舵、水编制如下:

二百五十匹马力轮船:管驾官一员、大副一名、二副一名、三副一名、正管队一名、副管队一名、水手正头目一名、水手副头目一名、头等水手六十名、二等水手三十名。管帆桅头目六名、舵工头目一名、舵工八名、舢板头目一名。正管轮一名、副管轮一名、三管轮一名、管小水缸一名、管油三名、管水气表三名、头等升火一十二名、二等升火六名。总管枪炮一名、管炮头目二名、炮勇二十六名。正号手一名、副号手一名、正鼓手一名、副鼓手一名、铜匠一名、铁匠一名、木匠二名、医生一名。以上官弁舵水人等一百八十名。

一百五十匹马力轮船:管驾官一员、大副一名、二副一名、三副一名、管队一名、水手正头目一名、水手副头目一名、头等水手二十九名、二等水手一十名、舵工八名。正管轮一名、副管轮一名、三管轮一名、管油三名、管水气表三名、头等升火一十二名、二等升火六名。总管炮一名、副管炮一名、炮勇一十名、正号手一名、副号手一名、鼓手一名、木匠一名、医生一名。以上官弁舵水人等九十八员。(管带练兵千总一员、练习水务兵丁四十名,以上官兵四十一员名。)

八十匹马力轮船:管驾官一员、大副一名、二副一名、三副一名、水手正头目一名、水手副头目一名、头等水手一十六名、二等水手一十名、舵工六名。正管轮一名、副管轮一名、三管轮一名、管油一名、管水气表一名、头等升火八名、二等升火四名。总管炮一名、副管炮一名、炮勇六名。正号手一名、副号手一名、鼓手一名、木匠一名。以上官弁舵水人等六十七员。(管带练兵千总一员、练习水务兵丁二十名,以上官兵二十一员名。)

张梦元的《船政奏疏》记载:二百五十匹马力轮船,官弁舵水人等一百一十九员名;一百五十匹马力兵轮船,官弁、舵水人等八十四员名;八十匹马力兵轮船,官弁、舵水人等六十四员名。

光绪十六年(1890年),裴荫森奏疏记载福建船政后期建造二千四百匹实马力"龙威(平远)"钢甲船上官兵编制如下:管带官一员、会带官一员、大副一员、驾驶二副一员、枪炮二副一员、船械三副一员、舢板三副一员、正炮弁一员、水手总头目一员、副炮弁二员、总管轮一员、大管轮二员、二等管轮二员、三等管轮二员、水手正头目六名、水手副头目四名、一等水手一十六名、二等水手二十二名、三等水手二十二名、管旗一名、一等升火一十六名、二等升火一十六名、三等升火六名、二等管舱一名、一等管油六名、三等管油六名、一等管汽六名、油漆匠一名、木匠头目一名、二等木匠一名、电灯匠一名、锅炉匠一名、夫役六名、三等文案兼支应一员、三等医官一员,以上官弁舵水人等一百五十九员名。

(二)防卫

轮船水师舰队建成后,海防形势为之改观,新式战舰的速度与炮火威力,使为患数十载的海盗终于戡平。"从前南、北各洋盗艇出没,自牛庄、天津、江宁、宁波及闽省之福宁、海潭、厦门、台湾,南北分派'湄云''镇海'等船驻扎梭巡,迭获巨盗,海氛稍戢,商旅便之。"轮船水师作为祖国东南海疆的捍卫者,很快就在保卫台湾的斗争中发挥作用,初试锋芒。

同治十三年三月(1874年5月),日本进犯台湾。起因是该年一只琉球船被飓风刮到台湾,船民在牡丹社被杀。日本以此为借口出兵台湾,4艘日舰到台,几千日军相继登陆。清廷非常震惊,认识到"海防一事为今日切不可缓之计",遂任命沈葆桢为钦差大臣办理台湾等处海防兼理各国事务。沈葆桢接受任务后,即调集驻防各地轮船,布防台闽海面。驻台湾的军舰有"福星""长胜""海东云"三艘。不久,"安澜""飞云""伏波""万年青""济安"等舰陆续到闽。各军舰补充炮手,作好临战准备。同年五月,沈葆桢率员乘"安澜""飞云""伏波"等舰赴台。随后,"扬武""安澜""飞云""伏波""靖远""振威""凌风"等船舰集中澎湖进行演习。派"福星"驻台北,"万年青"驻厦门,"济安"驻福州,以固门户。"永保""琛航""大雅"等负责运送军队及军火,还有专门负责通讯联络及探查军情的。轮船水师集中力量应付非常事件,以实力迫使日本侵略者谈判。

光绪八年(1882年)五月,黎兆棠奏闽厂所造兵轮,驻防闽台各口者五:"伏波"驻台湾,"振威"驻厦门,"福星"驻海坛,"艺新"驻福宁,"扬武"驻罗星塔。分驻各省者九,驻天津者曰"威远",曰"镇海";驻烟台者曰"泰安";驻牛庄者曰"湄云";驻江宁者曰"靖远",曰"澄庆",曰"登瀛洲";驻浙江者曰"元凯",曰"超武"。还派遣"济安""飞云"赴粤驻防廉、琼洋面。也就是说在东南海疆都有轮船水师的兵轮在巡洋防卫。此外,还担负着接送官员、通讯联络、追捕海盗、海难救助等任务。

二、海军训练机构

近代战舰是海军活动的最主要平台。钢铁制造,蒸汽动力,配置火炮,有先进的联络手段和保障设施……近代战舰与古代战船有着质的差异。因此,近代海军训练尤其重要。

(一)建制

李成谋为轮船水师的第一任统领。同治十年(1871年)一月,李成谋即率船出洋,周历海岛,勤加操演。二月,闽浙总督英桂奏轮船训练章程十二条:统领外应派分统以专责成;挑选水师弁兵在船练习;弁兵人等技艺精通者分别给予职衔;分泊各口轮船按季互相更调,以期联络;每年春、冬定期操阅以凭陟黜;水手、炮手彼此兼练以求精熟;管驾官每旬合操一次;广搜舆图以资考证;……这应该是中国近代海军最早的训练章程。

海军训练需要经费,由于经费不足,只能采取"分口养船"办法,即把军舰派到各省海口担任防务,军舰的费用由各省分别筹措。但分口养船削弱、影响了海军正常的训练与演习,不利于舰队的发展与实战的需要。同治十一年(1872年),沈葆桢上疏朝廷每月拨出500两银子给李成谋作海军训练经费,规定军舰不管是留在福建,还是分拨外省,统领有责任"逐时校阅",而所需弹药则采取由驻地分别负责供应。十三年,"牡丹社事件"后,清政府虽决心加速海军建设,将重点放在北洋,船政水师因经费不足发展缓慢,水手、炮手裁减了一半,以致无法进行正常的训练。

光绪五年(1879年)九月,清廷任水师提督彭楚汉为轮船水师的第三任统领。彭楚汉上任后,对舰队建设做了一些规划,规定了"月操"制度,训练地点"按月轮回,周而复始",或在基隆,或去厦门,或赴澎湖。当年十一月,彭楚汉即率领轮船水师到澎湖合操,翌年二月,他又带领"济安""扬威""飞云""振威"等舰驶至基隆操演。

同治十一年到中法战争前,轮船水师各舰差使络绎不绝,"寄养"于各省。因"寄养"很难提高舰队的训练水平。彭楚汉逐步补足兵额,认真操练"船政轮船",自成一军,船政统属的舰队范围进一步明确起来。但实际上,轮船水师驻防闽台各基地的舰船数目仍很不固定;十三年为12艘,光绪五年增至16艘,八年又减为7艘,十年再增至15艘。

(二)训练

历任船政大臣都重视海军训练。同治九年(1870年),沈葆桢疏言:"第三号福星船,第四号伏波船告成,本属战舰,利于巡洋,以学堂上等学生移处船中,令洋员教其驾驶,由近而远,以收实效。""窃维船成之后,以驾驶为急务。……而出自学堂者,则未敢信其能否。成材必亲试之风涛,乃足以觇其胆智否。……拟以学堂上等艺童移处其中,饬洋员教其驾驶。由海口而近洋,由近洋而远洋。凡水火之分度,礁沙之夷险,风信之征验,柁舵之将迎,皆令即所习闻者。印之实境,熟极巧生。今日聚之一船之中,他日可分为数船之用。随后新旧相参,践更递换,冀可渐收实效。""令学生十八人驾建威练船,巡历南北各海口。"十年,李成谋率领新建轮船水师驾驶出洋,船政后学堂第 1 届驾驶班学生严宗光(后改严复)、刘步蟾、林泰曾、何心川、叶祖珪、蒋绍英、方伯谦、林承谟、沈有恒、林永升、邱宝仁、邓溥泉、叶伯黎、黄建勋、许寿山、陈毓淞、蔡卓群、陈锦荣等 18 人及后学堂第 1 届第二批张成、吕翰、叶富、李和、李田、邓世昌、黎家本、梁梓芳、林国祥、卓关略等 10 人,登"建威"练船练习,巡历南至新加坡、槟榔屿各口岸,北至直隶湾、辽东湾各口岸。周历海岛,勤加操练。

同治十二年(1873 年),"二月,教习洋员德勒塞驾船南行,先厦门,次香港,次新加坡,次槟榔屿,六月始归,计四阅月。除各码头停泊外,实在洋面七十五日。海天荡漾,有数日不见远山者。有岛屿萦迴,沙线交错,驶船曲折而进者。去时,教习躬督驾驶各练童逐段誊注日记,量习日度、星度,按图体认,期于精熟。归时则各童自行轮班驾驶,教习将其日记仔细勘对。至于台、飓大作,巨浪如山,颠簸震撼之交,默察其手足之便利如何,神色之镇定如何,以分其优劣。其驾驶心细胆大者,则粤童张成、吕翰为之冠;其精于算法、量天尺之学者,则闽童刘步蟾、林泰曾、蒋超英为之冠。臣谨拔张成、吕翰管驾闽省原购之海东云、长胜两轮船,使独当一面,以观后效"。

同治十三年(1874 年)五月,"奏新造轮船前经奏定二百五十匹马力者,额设炮勇二十六名,一百五十匹马力者额设炮勇十名,八十匹马力者额设炮勇六名,当时属图节经费起见。防务吃紧,实属不敷调遣。今拟二百五十匹马力者增五十名,一百五十匹马力者增四十名,八十匹马力者增三十名,即著该管驾官司迅募登舟,逐日练习,以臻娴熟"。

光绪元年(1875 年)二月,"奏闽厂新制兵轮船均经分配炮械,增设勇丁,尤须随时训练,方足以资得力。去年洋务方兴,专派六船驻扎澎湖,朝夕教练,究属一时权宜之计,现拟将扬武改为练船,取熟谙西学,堪以出洋之艺童荟萃其中,募洋将德勒塞为总教习,以精于枪炮帆缆。洋师二人副之,以期日益求精。其余各船除出差外,亦随之合操。俾号令画一,惟轮船一日千里,或由内洋而外海,或由腹地而边陬,非有熟习水务之大员坐镇船中,周历洋面,无以察其勤惰而策其精能。且驾驶之才,曰熟狎风涛,曰精通枪炮,曰晓畅轮机,兹查有记名提督蔡国祥前经大学士臣曾国藩拟派统带轮船,嗣以李泰国违约,轮船发还而止。现拟令暂充督练之任,俟其周巡海上数月,如果于外洋驾驶窾要娴习精通,能诱掖诸艺童,咸折节以取西人之长,无桀骜以蹈西人之习,再奏恳作统领以专责成"。

光绪二年(1876 年)一月,"奏轮船以操练为主,去冬,湄云、飞云、镇海等各兵轮船陆续自北省避冻回南,原在闽省之万年清、济安、靖远、振威、福星等兵轮船均经调集操演,其操演帆索、枪炮,以万年清、振远为优;操演舢板、用桨、用帆各款以济安为优;操演洋枪中靶以靖远、振威为优;操演水雷以镇海为优;除给赏奖励并分别存记功过。外查本厂总监工广东补用道叶文澜慷慨好义,熟谙西法;轮船营务处游击吴世忠练习风涛能耐劳苦,现饬其会督各兵轮船出五虎门外大洋练习,大炮打靶,及学习洋人分操合操之法,并嘱叶文澜细察吴世忠能否胜轮船统领之任,再分别奏明办理。六月,吴赞诚奏各船枪炮扬武中靶最多,飞云次之,济安又次之,而扬武之中靶则水手又不及学生。营务处记名总兵吴世忠驾驶精稳,堪膺督率之任。臣现饬其不时带同各船出洋操练,以期纯熟"。

光绪三年(1877年),"又奏扬武、飞云、济安、伏波、登瀛洲、龙骧、虎威等船先经抚臣丁日昌因台防紧要调赴澎湖驻泊,交记名总兵吴世忠督同操演,并轮流派赴省厦洋面游巡,现准直隶督臣李鸿章咨以赫德所购配三十八吨炮轮船二只,不日即可到闽,请于各船员弁中挑选熟手备充管驾。臣查各船驻澎日久,操练枪炮当有可观,而炮位较巨之船,非精通西法演放有准者,难期胜任。适济安轮船巡抵福州海口,臣拟即乘坐该船于本月二十日前赴澎湖校阅各船操演,选择枪炮较精者留备管驾三十八吨炮轮船,以昭慎重。四月奏三月二十日前赴澎湖校阅,当即调集各船水勇,饬令打靶,大炮中靶以登瀛洲为最,扬武次之;洋枪中靶以扬武为最,登瀛洲次之,伏波、龙骧、虎威等船又次之"。

光绪四年(1878年)二月,"据出洋监督李凤苞、日意格禀称赴英学生刘步蟾上马那杜铁甲船,林泰曾上孛来克珀林铁甲船,蒋超英上狄芬司铁甲船,林颖启、江懋祉同赴西班牙上爱勤考特兵船,黄建勋赴美利坚上伯里洛芬兵船,均能与泰西将士讲求枪炮水雷及行军布阵之法。严宗光、方伯谦、何心川、林永升、叶祖珪、萨镇冰等经总教习好士德验试,评定甲乙,送入格林尼次官学,均习驾驶理法"。

光绪五年(1879年)六月,"奏扬武船系二百五十匹马力,额设并续增共七十六名。……因海防安谧,经费支绌,饬裁三十四名,仍留原额二十六名。其一百五十匹马力之万年清、飞云、济安,八十匹马力之福星、振威等船续经添募者,均于三年间先后裁判撤。现在筹办洋防,更应认真操练,原额炮勇仍不敷调遣,当饬扬威先增四十名,万年清、飞云、济安、威远各先增二十名,福星、振威各先增十五名,责成各管驾官迅募登舟,勤加训练,扬武、威远募补后,即于五月十七、二十一等日先后赴吴淞口合操,臣一面随时察看,缓急酌量添募,以臻周密而壮舟师"。

光绪六年(1980年),"兹查赴英学习驾驶学生蒋超英、林颖启、江懋祉、黄建勋、方伯谦、林永升、叶祖珪、萨镇冰、严宗光、何心川等十名……各生船上课程届满,李凤苞延水师炮队教习苏萃授以炮垒、军火诸学;又延美国水雷官马格斐授以水雷、电汽诸学。蒋超英所造最深,林颖启、江懋祉、黄建勋亦能专心学习,方伯谦、萨镇冰、林永升、叶祖珪均入格林尼次官学,先习行船理法。萨镇冰旋上'们那次'兵船;林永升上'马那杜'兵船;方伯谦先上'恩延甫'兵船,嗣调'士班登'兵船;叶祖珪先上'孛来克珀林'兵船,嗣上'英芬昔孛耳'兵船。均经周历地中海、大西洋、美利坚、阿非利加、印度各洋,于行军布阵及一切战守之法无不谙练"。留学学习驾驶的学生学业有成。

光绪十一年(1885年),船政大臣裴荫森以马尾海战失败为鉴,强调加强海军训练的重要性:"窃查泰西水师章程,凡习驾驶者,先由学堂肄业数年,于天文、罗经、测量、算法粗具根柢,大约年十八九内部以后派入练船,周涉海洋,阅历风沙,演试炮弹,严定年限,按时考试,按资升调,盖海上交绥,非衽席风渚者不能确有把握耳。……马江、石浦诸役,死事、获咎各学生内,有迭经英国水师兵船总统、书院教习甚为褒奖出具切考给凭回工者,乃临事仓皇不能出奇制胜,固由船小力单,形见势绌,要亦各船士卒疏于训练所致。盖练船不但练水手、炮营,即管驾、大二副无不因练成熟,临机决手,此泰西海军尤必多设练船者也。臣等以为诸费可省,练船之费必不能省。创深痛巨之余,惩前毖后,万难再事因循。……查船政前届出洋章程,习驾驶者每年在船仅两个月,现拟咨商北洋大臣大学士李鸿章,请改为每年在船必扣足六个月,冀增功课。……每年春出秋归,学堂所习天文海图证之于礁沙实境是否测算合符,所习枪炮阵法难之于内水疑难是否施放定准。三年为期,与学堂轮番更换,学业愈练愈熟,人才愈练愈多。"

第五节 附属机构

船政衙门除了船厂、艺局和轮船水师三大系统外,还有一些附属机构。如海军联欢社、海军制造研究社等。

一、储材馆(海军联欢社)

海军联欢社是海军联欢活动与对外联络之所,设于储材馆,即原来的储材所。

(一)设置沿革

同治六年(1867年),船政衙门为筹建各厂、学堂及生活区房屋,购买的大批建筑材料运到马尾。七年,进口的机件、钢材一批批运到。为解决材料的藏放保管,设广储所,用于储藏钢铁、机器等,下设储材所,专管收发木料、建材等。随着建筑物的建成,机件也搬进各厂,储材所大部分腾空关闭。随着船政的发展,制造的舰船逐年增加,来往的人员也多起来,需要一个接待场所。于是把储材所稍加装修,用以接待各方来客,改称储材馆。随着海军活动增多与对外联络的加强,又将储材馆改称海军联欢社,是中国最早的海军联欢社。

(二)海军联欢

清末的马尾是个小村,没有文娱活动的场所。船政官员另建一个大楼,穿斗式,飞檐翘角。大厅中建一座戏台,节日时聘请福州各戏班来此献演。平时,船政戏迷自拉自唱;下棋、练功、练武、斗诗都在这里,成为一个俱乐部。此外,还安置一座数十米长的假山,由海蚀石砌成。旁植各种花卉名木,假山上建亭一座,有多种题刻。小径穿行,可登亭休息。平日引水上山,涓涓下流,石润花荣。清雅秀丽,景物如画。这是当时海军联欢之所。

(三)宾客接待

储材馆算是当时比较高级的宾馆,接待来往官员及知名人士。光绪二十三年(1897年),林纾因丧妻悲伤过甚,好友魏瀚邀他来馆小住。当时留法归来的船政学堂教习王寿昌甚好文学,就将他十分熟悉的外国文学介绍给他。二人合作一拍即合,王寿昌口译,林纾笔述,译成《巴黎茶花女遗事》。书出震动中国文坛。宣统二年七月(1910年8月),摄政王载沣视察船政,他从北方乘"联鲸"号,由十余艘军舰护送南下到达马尾。福建省文武百官均到马尾迎接。船政布置马尾街道张灯结彩,摄政王行经之处都铺设红地毯,商民人等夹道欢迎。设行台于船政储材馆。1912年4月18日,临时大总统孙中山解职后,乘"泰顺"号南下。19日,航抵马尾,参观福州船政局,住储材馆。

船政储材馆

二、海军制造研究社

海军制造研究社是中国最早的学术研究团体之一,其社员多是船厂和海军机构的工程技术人员以及科技界的专家、学者。海军制造研究社发起者是陈兆锵、巴玉藻和沈来秋等人。

(一)建制

陈兆锵是马尾船政后学堂第二届管轮班毕业生,曾留学英国,很早就有学外国经验成立研究机构的设想。1918年,海军部学司长李毓臣到福州船政局视察工作时,陈兆锵就与其"曾商同摘取英美之成规,提议建设斯社,以求深造"。当年前后,沈来秋、巴玉藻先后来到福州船政局工作,陈兆锵与他们在成立研究社的问题取得共识,两人就成了发起和具体筹组制造研究社的核心人物。在巴玉藻、沈来秋等的联络下,当时的船政局局长马德骥和工务长袁晋也参加了发起。1927 年 4 月 10 日,在马尾福州船政局飞机工程处办事室召开第一次筹备讨论会,有 29 个发起人参加。会议公推陈兆锵为临时主席,议定研究社名为"海军制造研究社",并推举王助、沈来秋等 7 人为章程起草委员。17 日前他们将起草的章程(草案)分送给与会者。同月 24 日,第二次筹备讨论会在马尾海军联欢社来复轩召开。会议公举陈兆锵为临时主席,通过了章程(草案)并决定在 5 月 1 日召开成立大会。

成立大会上,陈兆锵首先发言:他对当时中国科技落后、归国的留学生没有机会和条件发挥自己才能的状况十分忧虑。认为外国的制造专家"均有组织各专科会社,专为集思广益起见,群策群力,遂有一日千里之势"。只有成立了制造研究社,才能促进中国的舰艇、飞机和其他工业的研究与发展,"凡事不进则退,倘能急起直追,终有发达之一日"。第二个发言的巴玉藻,进一步阐述了科学团体及设备对国家的存亡的重要的关系。他认为人类竞争的工具"在现代是科学知识,是那上了科学轨道的制造的能力,所以,现在一国的强弱完全是看他的科学知识的高下","我们要想海军将来能够在世界上,在国内,立得足,除掉赶紧的走上科学的轨道是没有别的办法的"。成立研究社就是"想尽我们一部分的力量,使海军的制造有一点科学的神",而且"能够在那科学轨道上的制造学问有所贡献"。第三个发言的沈来秋提出研究社进行科研的指导思想与方法,他认为关于海军制造上各种问题的研究应"破除一切界限",要扩大研究范围,要研究"相关的科学","不过其中有主要的,有附属的","现在以制造为目标,其余的就都隶属这个目标之下了"。他主张以科学的方法进行研究,反对脱离实际空谈学理。在大会上发言的还有王助、王超、曾诒经、陈钟新、杨福鼎等,最后发言的是名誉社员萨镇冰。大会通过了《海军制造研究社章程》。《章程》规定研究社的名称为"海军制造研究社",规定研究社的"宗旨"是"本团结精神,研究学术,力谋促进海军制造为宗旨"。还规定了社员资格、社务、组织、职务、社员的义务及权利、社费,等等。大会用不计名投票方式选出十三名执行委员组成执行委员会。其中陈兆锵、马德骥、曾诒经为特务委员,陈大咸、陈钟新为交际委员,沈来秋、巴玉藻为编辑委员。特务委员的任务是:"代表本社对外接洽重要事务。于必要时,得用本社名义,募集基金,或特别捐款",等等。陈兆锵不仅对制造研究社的成立与学术活动起到了重大的推动作用,而且经常在经济上予以资助,当时人称陈将军这位特务委员不是向别人劝募,而是捐献自己的钱。沈来秋、巴玉藻任编辑委员,负责安排社员宣读论文、整理开会讨论记录和编辑《制造》季刊,等等。

(二)活动

在研究社成立后,社员们进行科研与撰写论文以及从事对飞机、舰艇以及其他工业的调查、研究。研究社还定期召开常会(初时每月召开二次)。社员在会上宣读论文和开展讨论。除此之外,他们还在各种会议上发表如何改进社务与活动的意见,开展修改原有的章程与办法的讨论。

海军制造研究社出版的《制造》季刊是向全国和海外发行,影响很大。研究社还进行了一项非常有意义的工作,即审定科学应用名词。在20世纪初,翻译的科学名词极不规范。为此研究社制定了《审定科学应用名词细则》,"细则"明确指出:"审定应用科学名词事项为本社社务之一。"研究社是按学科分组审定的,分成数学、物理、化学、机械、造船、电学、军械、飞机、建筑等九个组,各组由社员自由组合。组员按分工收集、更正、确定、编辑各科的名词,并经过充分论证和讨论,最后经过执行委员会通过汇集刊行。

海军制造研究社自成立后,就主张走出船政局,走出马尾,向全国发展,吸收了江南造船所等各地船厂、工厂、海军机构的工程技术人员和科技界的专家学者为社员,为全国性的学术团体。海军研究社的影响深远,社员研究成果对中国早期的舰艇、飞机制造和其他科技的研究起到了积极的推动作用;海军制造研究社的科研活动使马尾成为舰艇、飞机制造技术研究中心,成为学术研究最活跃的地方。

三、制币厂

船政除制造兵舰、商船外,还曾经两次铸造货币。

第一次铸币活动是在光绪十一年(1885年),闽浙总督杨昌浚、船政大臣裴荫森上疏清廷,请求福建开炉铸钱,并变通钱法。认为"现在钱价日昂,百物因之俱贵",请求清廷"俯念闽省制钱缺乏,民用维艰,准予筹款变通鼓铸,以杜流弊而浚利源,地方幸甚"。可见,光绪年间福建出现"钱荒",市面流通制钱不足,通货紧缩,是福建地方当局奏请恢复铸钱的主要原因。奏折认为直接在船政内铸钱是最便捷的方式。其理由有三:一、有现成的铸币场地,"船政厂屋有余,添炉调匠,无须另行建盖";二、铸币材料铜铅等容易获取,"船料出洋采购,顺途附运铜铅,亦皆便捷";三、具备铸币所需技术和管理人才,"在厂员绅,本以考工为事,并讲求算学、化学,兼思监铸,测算尤精";"厂员之上,设有提调,就近督率稽查,自无流弊"。因此利用船政厂房开办铸钱事务,"通盘筹划,较之城内专设一局,办理尤称简易,经费亦可节省"。同年,船政所铸"光绪通宝"光背机制钱,比原先认为的近代最早机制铜钱——广东铸造的"光绪通宝"背"库平一钱"机制钱还早诞生了四年,因此可以称为"我国近代机器铸造铜钱的鼻祖"。

光绪二十二年(1896年),御史陈璧上《奏为海防善后亟宜变通闽厂章程添设各项机器以开利源而备御侮恭折》,对船政的发展提出具体建议,其一是"饬船政铸洋钱",认为自从福建的正供粮赋变通洋银解库后,海口市易通行洋钱,颇有利可图,"若就船政现成之厂地,少增炉器,事半功倍,所得必赢"。"如果试办得法",所入之利可以补贴船政局经费。三十年五月二日,船政大臣崇善上奏清廷,请求开铸铜元,"查制钱奇绌,各省相同,多以鼓铸铜元相辅而行,以维圜法。闽省设局铸送多年,铜色既佳,流行甚广,阎阊称便。奴才此次亲赴船政阅视,查内有鱼雷一厂,因经费支绌,停造多年。现既空闲,拟即设法筹借款项,添购机器,就此鼓铸铜元。无须购地、建厂,锅炉马力亦可由近厂带用。机器零件,由轮机厂亦能自制。将来仿造鼓铸各项机器,更可愈推愈广。综计现时用款,约止借银十万元,较诸省便益良多。所有厂中一切,均造闽省章程,择派精细廉干之员切实举办。俟有盈余,先行归还借购机器款项,余即留充船厂经费。查海关岁拨船政经费二十四万两,尚不敷用,得此盈余,可以无虞支绌。将来鼓铸扩充,能以盈余巨款,亦可将海关岁拨经费逐渐截止,储备要需。……似此不独便商利民,犹能振兴厂务。实为有益无弊之举"。船政开办之时,清廷曾指定闽海关拨款四十万两作为开办费,以后每月从关税收入中拨款五万两作为经费,不足之处则由厘税补充(同治十二年起,每月经费增至七万两)。但自光绪二年后,闽海关的关税收入开始减少,后来又因闽省水灾为患,商情凋敝,厘税短收,闽海关对于每月拨付船政经费颇感吃力,并逐渐拖欠。从光绪元年至二十一年的二十余年间,闽海关累积拖欠经费达六百余万两,致使船政经费拮据,维持艰难。船政大臣奏在船政内创设铜币局,以铸币盈余弥补船政经费之不足。

光绪三十一年(1905 年)七月,铜币局开办于船政衙门前,称作"闽海关铜币局",附属于船政。这是船政的第二次铸币活动。崇善破格提升沙县知县高凌汉为船政提调,主管铜币局事务。同时委任候选道马景融为铜币局总办,候补知府马庆祺为提调,候选县丞张启正为总监工,具体负责铸造铜元事务。原希望以铸币盈余,补船政经费之不足,但因铜币局管理不善,铜价不断上涨,非但不能盈余,反而严重亏损,不得不停办。

船政的两次铸币活动,开办时间均很短暂,铸造的钱币数量少,流通时间也短。然而船政采用机器铸造货币的实践,为我国货币铸造工艺从传统的手工翻砂铸造向近代机器铸造过渡的有益尝试。

四、溉田局

1927 年,福州船政局设立海军长乐莲柄港溉田局,开山凿渠引闽江水灌溉农田。长乐一边临闽江,一边接东海。靠近东海一边的十年九旱。历史上早有人提出此设想,都因工程难度大未能如愿。1915 年,陈兆锵调任福州船政局局长后,即策划续建莲柄港工程。翌年,陈兆锵派出海军工程技术人员,勘测龙腰山,并制定了工程规划,但因耗资巨大,无力动工。1927 年,陈兆锵已退休,但亲自筹措和劝募建设基金,利用个人的影响和曾在江南造船所担任所长时积累起来的人脉资源,出面替溉田局向江南造船所借款 20 余万元,并以个人的养老金 2 万元作担保押金,让溉田局在裕昌钱庄贷款。当时,其长女陈任君也将自己存在裕昌钱庄的几千元存款和外孙女沈苏积攒下来的压岁钱一并作为借款的押金。有了这笔钱,龙腰山被打通了,从闽江边到东海的水渠修成了,还建起了龙门一级和莲柄港二级的两个抽水站,抽取因闽江涨潮而进入洋门港的淡水,过龙腰山至北山,而后分为左右干渠输送往鹤上、云路及右线的岱岭、沙京等地。首期工程于 1929 年 3 月完成。后来,由于溉田局对灌溉农田的管理存在严重问题,与农民发生了冲突事件,灌溉系统和机器被毁,陈兆锵将军的养老金与其女儿、外孙女的存款都赔进去还债。1932 年 1 月,福建省政府第 142次例会决定改"长乐莲柄港溉田局"为"长乐水利管理处",高兆栋任处长。1935 年,福建省建设厅对莲柄港灌溉工程进行了修复,并安上电动抽水机,引来福州电力公司的电源。但因电力不足,灌溉面积只有 3 万亩。当时灌溉权落到了各地把头手上,水利争斗诉讼不断。1941 年,长乐沦陷,日寇疯狂破坏莲柄港灌溉工程。1948 年再次重修,但能灌溉的面积也不过万余亩。

新中国成立后,党和政府多次拨重款续修该工程。1951 年,首先引古田溪水电来长乐,架设了几十公里的高压输电线路,增设了抽水机,并对灌区内的渠道、涵闸、便桥等进行了整修和配套,延长了左右干渠,灌溉面积增至 8 万余亩。1970 年,政府又投巨资启动莲柄港第二期工程,变涨潮托淡抽水为 24 小时抽蓄水。在营前港口进行前所未有的拦江堵港,兴建了 9 孔跨度近百米的公路桥闸,把闽江淡水引蓄在营前到玉田的广阔港道中;改建了洋门闸,撤除了第一级抽水站,将一级渠道进行拓宽掘深作为引水港;开凿了近千米长,高、宽都达 6 米的龙腰山大隧道,把闽江淡水直接送往东海畔广阔的粮田上,灌溉面积达 13 万亩。1987 年,莲柄港改造工程启动,1988 年完成,抽水机等机器设备全部更新换代。

第二章　产品制造

船政早期所辖的生产机构,称"船政十三厂",生产以蒸汽机为动力的轮船。船政船舶产品的动力推进系统,技术定位为螺旋桨艉部推动,又称暗轮,性能优于之前金陵(南京)、上海所试造的两艘明轮,标志着我国真正意义上的轮船制作之开端。

从同治六年十二月(1868年1月)开工建造第一艘轮船,至光绪三十三年(1907年)清廷下令停止造船,在这一时期,船政制造的轮船,以使用性质来划分,主要有兵商两用船、兵船和商船三大类。以船体材质来划分,有木壳船、铁胁船(铁木合构船)、钢质船之区别,其间体现着我国造船技术的进步。

船政所造第一艘轮船,是在外国技师指导下进行制作,排水量达1370吨,是中国制造的第一艘千吨级轮船。其船体为木壳,蒸汽机购自欧洲,船舶用途为兵商两用,即兼有兵船和商船两项功能。具有同样功能的兵商轮船共建造6艘,其中从第5号轮船起,所用蒸汽机等动力系统为船政轮机厂、锅炉厂自行制造。从第7号轮船开始,船政改变了兵商合用的造船理念,引进国外二等洋舰模式,造出了以海洋作战为主要功能的军舰"扬武"号,排水量1560吨,匹配炮11门。同治十二年(1873年),船政造出排水量1385吨的商用运输船3艘,从此形成了兵船和商船两种类型轮船。

根据船政与洋监督法国人日意格签订的设厂造船合约,从同治八年(1869年)船政铁厂落成之时起算,在五年时间内,外聘洋员要负责造船16艘,后因所造"扬武号"排水量大,以一艘折抵两艘,实为15艘。同时洋员要负责指导船政员工造船,合约规定"包教包会"。在履行合同的最后一年时间里,洋员基本上让华工放手建造,船政员工逐步掌握了近代造船技术。十三年,外聘洋员期满,大部分辞退回国(留3人),船政人员开始自主造船。光绪元年(1875年)由船政学堂毕业生自行设计并开工建造一艘250吨级炮舰,一年后制造成功,标志着船政进入自主造船新阶段。

19世纪70年代,欧美各国已盛行制造铁胁船,即以钢铁和木材混合使用的轮船,钢铁材料主要应用于船体的支撑部分,含龙骨、肋骨及舱室构架,故又称铁胁船(个别文献误称为"铁肋船")。

关注着西方造船技术进步的船政首任大臣沈葆桢,于光绪元年提出并组织实施了铁胁船的建造,促成船政从木壳船向铁木合构船过渡的产品升级换代。第一艘铁胁船二年初开工,所需钢铁构件购自欧洲,同时又聘两位洋员来厂指导。三年四月,首制铁胁船完工并试洋成功。随即制造第二艘,各钢铁构件由厂内新设立的铁胁厂自制。铁胁船的制造工艺明显区别于木壳船,铁工占工程的百分之八十,总工程量比木壳船增加了一倍。八年底,船政造出排水量达 2200 吨、马力 2400、时速 15 海里的铁胁快舰"开济"号,代表了船政铁胁船制造的最高技术水平。船政史上,共制造铁胁船 10 艘,其中 9 艘为兵舰,1 艘为商船。

光绪十三年(1887 年)船政兴工制造钢壳钢甲军舰,以法国新型钢质舰为仿品,设计与监造工作由船政出洋留学回国的工程师承担,所需钢材由于国内不能生产,则向国外购买。钢质舰的制造工艺代表着当时世界上造船技术的新水平。经过两年时间制造,十五年第一艘国产钢质军舰建造成功,排水量 2100 吨,编入北洋海军舰队服役,取名"平远"号。"平远"号钢壳钢甲军舰的造成,代表了晚清时期我国造船技术的最高水平。继"平远"号后,又造出一艘钢壳钢甲舰,之后所造各船大都以钢胁钢壳为主,产品包括炮舰、驱逐舰和鱼雷快舰,以及练习船、商用运输船和客轮等。

从同治六年开工造船至辛亥革命前 40 余年间,船政建造出有序号的舰船 40 艘(不含小型辅助船),排水量合计 47000 多吨。到 1918 年,又建造 2 艘 170 吨级的浅水炮艇。另在 1934 年建造 2 艘内河警用小型巡逻艇。

20 世纪二三十年代,先改名福州船政局再更名为海军马尾造船所,在造船方面没有多少佳品,但在舰船修理上有较多的业务,是这一时期的重要的生产内容。

1918 年 1 月,福州船政局内创设海军飞机工程处,组建了我国第一家飞机制造厂,利用造船的部分场所和设备生产水上飞机。1919 年 8 月造出了第一架双桴双翼水上飞机,至 1930 年底飞机厂迁往上海止,共造出各式水上飞机 17 架(其中两架造出机件后在上海江南造船所内组装成机),船政局成为我国最早的航空产品制造产地。

船政制造舰船,其配套产品包括船用蒸汽机、观通导航设备以及部分武器配备等,从最初的引进仿造,到自行制造,也是产品制造的重要方面。

第一节　舰船产品

一、木壳轮船

船政所造轮船中,第 1 号至第 19 号,船身材料以木质为主,排水量 250 吨至 1560 吨不等。生产技术分仿造和自制两个阶段,产品性能有兵商两用船、兵船和商船三大类型。

同治六年十二月二十四日(1868年1月18日)首制船正式开工,排水量1370吨,是我国制造第一艘千吨级轮船。在外国技师带领和指导下,船政工匠从图纸放样、龙骨安放、船体构造、机器安装各步骤有序进行。建造过程中,工匠们还结合应用了多项我国传统造船技术。八年五月一日午时,时值大潮,新造轮船涂装天蓝色,以纵向滑道下水工艺顺利下水。而后进行水面工程,包括轮机安装调试、帆缆布设、炮位打造安放等,至八月各工程告竣。二十一日开驶闽江口海域试航,各项目指标合格,二十三日完工。随即北上天津,九月底经由三口通商大臣兼直隶总督崇厚登船验收,认可制造合格,并批准命名船号为"万年清"。

船政第1号轮船——万年清号　　　　　　　　万年清号在船台上

第2号木壳轮船"湄云"号,于同治七年十二月(1869年2月)开工,由于有了1号船的制造经验,工程推进顺当。随后各船也按序开工。根据左宗棠的设想,船政制造的轮船应具有兵舰和运输船的功能。但在成船后的实际运用中,两种功能很难兼备,用于作战,因吃水深灵敏度不够,炮位少,用于漕运则容量小,成本高,结论为"兵商两绌"。自第7号轮船开始,沈葆桢奏请分类制造。十年二月,船政技术人员选取法国新型二等木壳巡洋舰为样本,改进设计后开工建造。这艘巡洋舰为船政所造木壳船中之最大,排水量1560吨,主机功率1130匹,时速12海里,于当年年底建成船身下水,命名"扬武"号,次年完工投入使用。自十二年始,船政另行开造四艘1350吨级的商用运输船。从此,船政造船明确区分出兵船和商船两类型产品。

按照雇用洋员合约,自同治八年(1869年)船政铁厂完工之日起,外国技师在5年时间内,应在船政造船16艘。其中"扬武"号船大量繁,以一抵二,实造15艘。同时约定须培训华匠能自主造船,"包教包会"。在履约的第四年起,洋员已基本放手让船政员工自行建造,促成华匠在5年时间内掌握了近代造船技术。十三年外聘的外国技师完成合约陆续回国。光绪元年(1875年)船政学堂制造专业学生绘制出一艘250吨级炮艇设计图,请求制造获准,次年建成下水。这艘命名为"艺新"号的小型木壳炮艇制造成功,标志着船政造船进入自主造船生产阶段。在二年底下水的第19号木壳兵船"泰安"号,是船政制造的最后一艘木质轮船。

船政第 2 号轮船——湄云号

船政第 3 号轮船——福星号

船政第 4 号轮船——伏波号

船政第 6 号轮船——镇海号

船政第 7 号轮船——扬武号

船政第 8 号轮船——飞云号

船政第 9 号轮船——靖远号

船政第 10 号轮船——振威号

船政第 11 号轮船——济安号

船政第 12 号轮船——永保号

船政第 13 号轮船——海镜号

船政第 14 号轮船——琛航号

船政第 16 号轮船——元凯号

船政第 17 号轮船——艺新号

船政第 18 号轮船——登瀛洲号

船政第 19 号轮船——泰安号

二、铁胁兵船

铁胁船即铁木合构轮船,盛行于19世纪中叶。铁胁船以钢铁材料替代天然曲木作为船舶肋骨及内部构架,船体外壳、甲板以及上层建筑仍以木料为主,木料外部辅以铁胁件,轮船坚固性明显提高。在造船技术发展史上,铁胁船是木质轮船过渡到钢铁轮船的过渡性产品。

同治十三年(1874年),沈葆桢率船政轮船水师赴台。事前,他已侦知日本购进两艘铁胁军舰。为增强我方实力,沈葆桢上奏清廷,提出自主建造铁胁船的主张,得到朝廷批准。考虑到铁胁船建造,在技术工艺上与木壳船有较大区别,仍确定以先行仿造的方针。首制船的铁胁构件购自法国,再行聘请二位法籍洋匠来厂指导。同时对厂内现有车间进行改造,增设铁胁厂,专任制造龙骨、肋骨、横梁、泡钉等各铁胁构件,配备打造、拗弯、镶配各工种。

光绪二年七月十五日(1876年9月2日),船政第一号铁胁船开工,工程顺利,第二年四月下水,命名为"威远"号。首制铁胁船长72.3米、宽11.7米、型深5.9米,排水量1268吨,配置购自英国的新式康邦卧式蒸汽机,功率750马力,航速12节,配备舰员110人,炮位7门。成船后,先在厂前江面试行,9月14日正式出洋试航,船政大臣丁日昌随船出航,"察看船身坚固,机器精良","轮机灵捷,适合成法"。前后历经一年,船政造船实现了由木壳船到铁木合构船的产品更新换代。

在第一艘铁胁船即将完工之际,光绪三年六月(1877年7月),船政第二艘铁胁船"超武"号开工。与第一艘铁胁船不同的是,二号船"所有铁胁、铁梁、铁龙骨、斗鲸及所配轮机

船政第20号轮船——威远号(图为在威海卫保卫战中被日军鱼雷艇击沉的威远号)

船政第22号轮船——康济号

左二为船政第23号轮船——澄庆号

均系华工按图仿造,视威远经始时手技较熟"。"超武"号船型仿"威远"号,随后船政续造的"康济"(后改为商船)、"澄庆"铁胁兵船,都是这一制式。"铁胁、铁梁、铁牵及船舱锅炉应用四尺零阔之铁板,均由厂内工匠自制"。特别是锅炉铁板厚达五分三厘,铁板质量及技术要求很高,"平方者务取精良,转折者尤求坚韧",造出的锅炉"工竣验试,能胜火力,不漏汤气,乃称完善",且轮机安装在低于舰船水线位置,有利战斗中轮机的保护。19 世纪 80 年代初,船政遣欧留学深造的学生陆续回国,带回造船新理念,以增强舰船战斗力为着眼点,就是建造大功率巡海快船,即国外的铁木合构巡洋舰。船政制造新式巡海快船,把铁胁船建造推向了一个更高的水平。

船政制造的第一艘铁胁巡海快船取名"开济"号,光绪七年九月(1881 年 11 月)开工,由船政学生吴德章、杨廉臣、魏瀚、李寿田、陈兆翱等监造。在之前所造铁胁船基础上,巡海快船强化了船身的坚固性,铁胁外掩以双重厚木,内重以铁栓,外重以铜栓,两相嵌固。"开济"号船长 85 米、宽 11.5 米、型深 8.1 米、排水量 2200 吨,航速 15 节。主机为一台康邦卧机,功率 2400 马力。该舰机件之多,功率之大,皆为船政创设以来所未有。"开济"号的武备也有改进,全舰前后左右置炮 10 门,每门炮均可旋转,舰首水线下设碰撞装置,用以冲击敌舰。

自"开济"号后,船政又续造了镜清、寰泰、横海、广甲各铁胁快船,制式愈加精良,显示了很高的造船水平。如铁胁快船制造中,不少铁件改用韧性更好的钢件;主机也由二汽缸卧式康邦蒸汽机发展至三汽缸,功率大增。从第二号铁胁快巡海船"镜靖"号开始,"船底两旁添帮龙骨两条,日后船行愈稳而不簸"。"帮龙骨"现称为"舭龙骨",这也是我国造船史上首次应用了减少船舶摇摆度的消摇装置。船政共制造铁胁舰船 10 艘。

船政第 24 号轮船——开济号

船政第 25 号轮船——横海号

船政第 26 号轮船——镜清号

船政第 27 号轮船——寰泰号

船政第 28 号轮船——广甲号

三、钢质舰船

随着钢铁工业的发展,西方国家在 19 世纪 60 年代已尝试使用钢板为船壳材料,后因钢板强度不足又改用铁板为船壳,制造出铁甲舰。十余年后,钢板材质强度性能提高,以钢板制作船壳和甲板的钢质船正式出现。钢板和铁件在轮船制造中混合使用,统称钢铁船,而以钢板为主体的船舶,则又称钢船。

光绪十年(1884 年)中法马江之役,福建水师覆没。有识之士总结战败原因,认为未装备钢铁军舰而总体实力不强是失败的重要成因。十一年,船政大臣裴荫森与督办福建军务军机大臣左宗棠联名上奏,请在船政开造钢质军舰。船政留学生经比对论证,选取法国"黄泉"级钢质舰为蓝本,仿造新式钢壳钢甲炮舰。船政请求批量生产三艘,后朝廷下旨同意建造一艘。

光绪十二年十一月(1886 年 12 月),钢壳钢甲军舰正式兴工制造。当时我国钢铁工业尚未建立,所需钢材大都购自英国。首制钢质舰的设计与监造工作由船政工程技术人员自行承担,"不用洋员洋匠,脱手自造"。该舰于十三年十一月十七日(1887 年 12 月 31 日)下水,十五年四月完工,取名"龙威"号,编入北洋海军后,改名"平远"号。

"平远"号是船政所造舰船中最精良者,舰长 62.5 米,宽 12.6 米,型深 6.8 米,吃水 4.2 米。两重钢底,中间相距 670 毫米。船身前部甲厚 125 毫米,后部甲厚 150 毫米。机舱、锅炉房、弹药舱外的防护装甲,宽 1.53 米,厚 200 毫米。舱面甲板厚 50 毫米。该舰排水量 2100 吨,配新式省煤康邦轮机及推进系统两副,两台主机功率合计 2400 马力,设计航速 14 节。武备方面,设有 260 毫米前主炮 1 门,120 毫米副炮 2 门,120 毫米后主炮 1 门,连珠炮

船政第 29 号轮船——平远号

4 门,鱼雷发射管前后各 2 具。大炮属旋台式,可三面施放。船上还装有探照灯 2 具,用以远照敌船。"平远"号是我国自制的一艘钢铁军舰,代表了晚清时期中国造船技术的最高水平。

　　船政制成钢壳钢甲军舰"平远"号之后,至光绪三十三年(1907 年)清廷下令船政停造轮船,其间所造各船均以钢铁船为主,或钢甲钢壳如"广乙"舰,或钢胁钢壳如"广丙""福靖""通济""福安"各舰,或时速达 23 海里之钢质鱼雷快舰"建威""建安"号。民国初期还造出钢质内河客轮"宁绍"号和两艘 170 吨级的浅水炮艇。

船政第 30 号轮船——广乙号

船政第 31 号轮船——广庚号

船政第 32 号轮船——广丙号

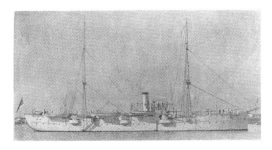

船政第 34 号轮船——通济号

船政第 35 号轮船——福安号

船政第 37 号轮船——建威号

船政第 38 号轮船——建安号

船政第 40 号轮船——江船号（后改
名宁绍号）

四、船用轮机

　　船政制造的船舶动力使用蒸汽机,由蒸汽锅炉和轮机配套而成,因此在生产设施的建设中,轮机厂和锅炉厂是船政核心生产车间。轮机厂配有 200 多台套进口的机械加工设备,用于加工制造蒸汽机各部件。各部件成品后,在西侧厂房合拢组装,因而,西厂房又称合拢厂。

　　船政制造的第一艘至第四艘木质轮船,配备轮机均购自国外。在安装前,船政工匠进行了分解测量,取得数据并绘制出图纸,对构成部件进行仿造。同治十年（1871 年）五月,经过"成胚、车光、刮磨、合拢"等工序,船政造出了第一台二汽缸竖式蒸汽机,功率 580 马力。这台蒸汽机的制作过程,从绘图到成品由外国技师指导,制作加工由华匠操作,其工艺水平不亚于欧洲的产品。第一台蒸汽机制成后,安装在第 5 号轮船"安澜"号上,经试航,"船极灵捷平稳,机器搭配亦均合宜,与购自外洋者无异"。第一台船用蒸汽机的制造成功,初步实现了左宗棠"以机器制造机器,积微成巨,化一为百"的设想,也标志着中国自制的实用蒸汽机在船政诞生。

　　此后,船政新船配备的轮机大都在本厂自制,但在产品升级之际,多以先外购后仿造的方式造出新轮机。第 7 号轮船"扬武"号巡洋舰主机功率 1130 马力,购自英国,船政同时进行仿造,不久也造出同级别的卧式二汽缸往复蒸汽机。光绪二年(1876年),船政开造铁胁船,首制船"泰安"号轮机采用改进型卧式康邦蒸汽机。为快速实现产品的更新换代,"泰安"号的圆形高压锅炉及卧式安邦蒸汽机全套进口,在未安装上船前,技术人员进行了部件拆解绘图,并逐一仿造,顺利地造出了同样式蒸汽机。这台仿造的康邦卧机,安装在第二号铁胁船上,性能达到设计标准,船政的蒸汽机制造又攀上了一个新台阶。

光绪八年(1882年),船政开造2200吨级的铁胁巡海快舰"开济"号,其轮机功率达2400马力,最大负荷可达2800马力。其制作方案为机器部件由进口和厂内自制相结合,整机在厂内组装。"开济"号是船政制造的最大吨位铁胁军舰,轮机性能良好,航速达到16节。十五年船政造出我国第一艘钢质军舰"平远"号,排水量2100吨,动力推动系统采用两台蒸汽机,四座锅炉、双轴推进,合计功率2400马力。整套轮机由船政工程处陈兆翱总体负责设计监造,工程进展顺利取得成功。

船政的船用蒸汽机制造跟上了世界先进水平。但因冶金工业的制约,部件钢料仍采自国外。但轮机厂机械加工能力强,包括曲轴在内的许多船机精密部件,都是厂内加工完成。1903年制造的"建威""建安"号猎潜舰(快速驱逐舰),主机功率达6500匹,其构件虽也是以外购和自制相结合,仍显示了船政轮机制造达到很高水平。

表2-1 1869—1905年船政建造船舶情况表

序号	船名	船长(丈)	船宽(尺)	船深(尺)	吨数	实马力	机式	时速(海里)	质料	人数	下水年月	造价(千两)	船式	炮位
1	万年清	23.8	27.8	16	1370	580	常立式机	10	木壳	55	1869.6	163	兵商两用船	4
2	湄云	16.21	23.4	13	550	320	常卧式机	9	木壳	67	1869.12	106	兵商两用船	5
3	福星	16.21	23.4	14.3	515	320	常卧式机	9	木壳	80	1870.5	106	兵商两用船	5
4	伏波	21.78	35	16.5	1258	580	常卧式机	10	木壳	98	1870.12	161	兵商两用船	4
5	安澜	21.78	35	16.5	1258	580	常卧式机	10	木壳		1871.6	165	兵商两用船	5
6	镇海	16.6	26	14	572	350	常卧式机	9	木壳	67	1871.11	109	兵商两用船	5
7	扬武	19	36	21	1560	1130	常卧式机	12	木壳	147	1872.4	254	兵船	11
8	飞云	20.8	32	16.5	1258	580	常卧式机	10	木壳	147	1872.6	163	兵船	7
9	靖远	16.6	26	14	572	350	卧机	9	木壳	65	1872.8	110	兵船	5

序号	船名	船长（丈）	船宽（尺）	船深（尺）	吨数	实马力	机式	时速（海里）	质料	人数	下水年月	造价（千两）	船式	炮位
10	振威	26	14		572	350	卧机	9	木壳	80	1872.12	110	兵船	5
11	济安	20.8	32	16.5	1258	580	立机	10	木壳	104	1873.1	163	兵船	9
12	永保	20.8	32	16.5	1353	580	立机	10	木壳	55	1873.8	167	商船	1
13	海镜	20.8	32	16.5	1358	580	立机	10	木壳	55	1873.11	165	商船	
14	琛航	20.8	32	16.5	1358	580	立机	10	木壳	55	1873.12	164	商船	
15	大雅	20.8	32	16.5	1358	580	立机	10	木壳		1874.5	162	商船	
16	元凯	20.4	32	16.5	1258	580	立机	10	木壳	98	1875.6	162	兵船	9
17	艺新	18.88	17	13.1	245	200	卧机	9	木壳	45	1876.3	51	兵船	5
18	登瀛洲	20.44	33.5	16.5	1258	580	立机	10	木壳	128	1876.6	162	兵船	7
19	泰安	21.71	33.5	16.5	1258	580	立机	10	木壳	98	1876.12	162	兵船	7
20	威远	21.71	31.1	17.8	1268	750	省煤卧机	12	铁胁木壳	110	1877.5	195	兵船	7
21	超武	21.71	31.1	17.8	1268	750	省煤卧机	12	铁胁木壳	84	1878.6	200	兵船	7
22	康济	21.71	31.1	17.8	1310	750	省煤卧机	12	铁胁木壳		1879.7	211	商船	
23	澄庆	21.71	31.1	17.8	1268	750	省煤卧机	12	铁胁木壳	84	1880.10	200	兵船	6
24	开济	26.58	36	25.3	2200	2400	省煤卧机	15	铁胁双重木壳	183	1883.1	386	快碰兵船	13
25	横海	21.71	31.1	11.8	1230	750	省煤卧机	12	铁胁木壳	84	1884.12	200	兵船	6
26	镜清	26.58	36	25.3	2200	2400	省煤卧机	15	铁胁双重木壳	183	1885.12	366	快船	10
27	寰泰	26.58	36	25.3	2200	2400	省煤卧机	15	铁胁双重木壳	183	1886.10	306	快船	10
28	广甲	21.71	33.7	17.8	1300	1600	省煤卧机	14	铁胁木壳	180	1887.8	220	快船	3
29	平远	19.52	39.5	21.25	2100	2400	省煤卧机	14	钢甲壳		1887.12	524	钢甲兵船	8
30	广乙	22.93	26.4	18.6	1030	2400	省煤卧机	14	钢甲壳		1890.9	200	鱼雷快船	13

续表

序号	船名	船长（丈）	船宽（尺）	船深（尺）	吨数	实马力	机式	时速（海里）	质料	人数	下水年月	造价（千两）	船式	炮位
31	广 庚	14.48	19.2	14.4	316	440	省煤卧机	14	铁胁木壳		1889.5	60	兵船	3
32	广 丙	22.93	26.4	18.6	1030	2400	省煤卧机	13	钢胁钢壳		1891.4	260	鱼雷快船	11
33	福 靖	22.93	26.4	18.6	1030	2400	省煤卧机	13	钢胁钢壳		1893.1	200	鱼雷快船	11
34	通 济	25.27	34.1	25.1	1900	1600	省煤卧机	13	钢胁钢壳		1895.4	226	练船	7
35	福 安	23.8	32.2	24	1700	750	省煤卧机	12	钢胁钢壳		1897.4	200	商船	
36	吉 云	10.4	18.5	8.4	135	300	立机	11	钢胁钢壳		1898.8	56	拖船	2
37	建 威	25.8	26.5	13.5	850	6500	新立机	23	钢胁钢壳		1899.1	637	鱼雷快船	10
38	建 安	25.8	26.5	13.5	850	6500	新立机	23	钢胁钢壳		1900.3	637	鱼雷快船	10
39	建 翼	8.6	10	7.5	50	550	新立机	21	钢胁钢壳		1900.6	24	鱼雷艇	3
40	宁 绍	27.2	42	26	2160	5000	新立机	15	钢胁钢壳		1905.10	370	商船	

注：清代工部营造尺标准，1丈等于10尺，1尺等于32厘米。

第二节　船舶修理

一、船槽修船

船政的船舶修理，有槽修、坞修、航修三种方式。同治九年（1870年），船政铁船槽建成。修船业务也由此展开。铁船槽由铁、木构成，铁构件购自法国。铁船槽以斜度滑道推移下水，再托顶船舶上岸修理。槽长100米、宽50米，分两段组合，配40马力牵引机1台，槽区有棚屋机房一座。可承修2500吨级轮船一艘，或同时牵引小型轮船两艘上槽修理。同年10月3日，船槽投入试生产，拉载"长胜"号轮船上岸维修。10月14日试开中车拉载"福星"号修理，12月21日拉载1370吨级的"万年清"号上槽。在船坞建成之前，船槽是船政修船的主要设施。民国初年，船槽仍可使用，至1933年毁损。船槽修船由是结束。

二、船坞修船

船政应用船坞（又称船渠）修船，始于光绪二十二年（1896年）。十三年十一月，船政大臣裴荫森奏请获准，船政择地马尾罗星塔东侧兴工修筑船坞，十九年坞体建成，以花岗岩垒砌，取名青洲船坞，又称一号船坞。二十二年初坞口铁闸门安装完毕，全坞落成。船坞总长110米，坞宽上部35.8米，底部19.2米，坞深9.8米，可容纳8000吨级舰船入坞修理。

青洲船坞及各配套设施的建设，耗银49万两。考虑到投资成本的回收，船政制定修船价格，对中外船舶开放修理业务。在价格定位上实行了中外有别、军民有别的修船价格。船政试图以修船业务为突破口，改变官办企业指令性的生产模式，自主经营修船业务，取得一定成效。青洲船坞在开坞后的一个时期内，修船经营活跃，不间断接受中外各式船舰入坞修理，陆续接纳"海筹""海琛""海容"各军舰的维修和涂装，也修理过英、法等国兵、商轮船。后因坞口淤积日趋严重，所配置的小型挖泥船不堪胜任，影响了大型船舶的入坞修理。

进入民国时期，船政局造船业务萧条，但修船业务持续进行。1914年，船政局收购了位于船厂南侧马限山下的原英商木船坞，取名为"二号船坞"。该坞修筑于咸丰十年（1860年），已严重破损。经稍作整修后投产，主要开展小型船舶的修理业务。1930年至1934年修理各种舰船近80艘。为进一步拓展修船业务，1935年马尾海军造船所决定翻修二号船坞，形成能坞修2000吨至3000吨级轮船的能力。船坞翻修改造工程于当年3月动工，第二年完工。坞成剪彩当日，即有"正宁""江宁"两艘炮艇入坞修理。1937年7月抗战爆发后，二号船坞和一号船坞多次遭日机轰炸，1941年和1944年又两次遭入侵的日军破坏，失去了修船功能。

在晚清和民国时期，船政修船除上槽修理和入坞修理外，也进行码头泊靠以及江面停航修理，统称航修。航修业务以军船为主。抗战胜利后，国民党海军接收马尾造船所，着手组建"海军兵舰修配厂"，以修理舰舶为本厂的主要功能，建厂计划已拟定，但在1949年建厂机构随同国民军队败退台湾而无果。

第三节　飞机制造

一、机构设置

第一次世界大战中，飞机在军事上的作用初露锋芒，国内各军阀派系也酝酿设厂自制。北洋政府海军部几经考察选择，同意福州船政局局长陈兆锵呈请，认可马尾"地段最宽，足敷展布,而厂所机器尤足"的优势,拟定在马尾设厂造飞机。1918 年 1 月经北京政府国务院批准,船政局内附设海军飞机工程处,组建了我国第一家飞机制造厂。

飞机工程处隶辖福州船政局,委任留学美国并取得航空工程硕士学位的巴玉藻为飞机工程处主任,同学历的王助、王孝丰、曾诒经三人为副主任。海军部计划拨付开办费 5 万元未到位,改由船政局垫支 2 万元用于设厂基建。制造飞机的工场设在船政局西北区域,改造铁胁厂为木作车间和机工车间,改造船台为飞机棚厂和装配厂,在临江地段敷设飞机下水滑道,所制飞机产品定位于从水面起飞的水上飞机。

1928 年 9 月,海军飞机工程处改名海军制造飞机处,归属海军司令部公署直辖,委巴玉藻为处长。此际巴玉藻奉派赴欧洲考察,由王助副处长主持工作,不久辞职。巴玉藻回国后于 1929 年 6 月病逝,曾诒经接任处长职。1930 年,海军部下令马尾飞机制造处迁往上海,并入海军江南造船所,1931 年 10 月完成搬迁。飞机制造厂仍以曾诒经为处长,在上海继续制造飞机至抗战爆发。

二、飞机研制

海军飞机工程处设立不久,即着手制造水上飞机。因开办费不足,新式精细机器无从添置,只得使用造船旧设备。飞机制造许多部件的制作需要手工,工程处从局内挑选技术上等的机械工、钳工、木工和油漆工四五十人,分专业施以培训,固定在各车间工作,另招收年轻学徒二三十人进行专业培训。为让工人对制造飞机有整体的了解,巴玉藻等人还专门为工人授课,讲解简明飞行原理、飞机发动机和机体结构学原理,使这些工人很快成长为我国第一代航空制造业的技术人员。

水上飞机的整体设计由巴玉藻、王孝丰、王助主持,发动机购自美国,由曾诒经负责调试安装。他们认真吸取欧美航空的最新科研成果,作为飞机各构件的设计依据,同时凭借自己的所学理论和在国外的丰富实践经验,勇于创新。制造飞机所需的钢、铝等金属材料及发动机,当时国内不生产,只得购于国外。而大量使用的木质材料,欧美各家多采用白银枞、胡桃木等,如亦向国外采购,价昂且费时,巴玉藻等决定选用国产木材取代。经深入调查国内木材品种,筛选质优者反复施以严格的物理试验,认定闽产杉木、白梨木、樟木和白麻栗木完全可以用于飞机制造。杉木质坚韧与国外白银枞相等,用造机身、机翼及机桴主体;白麻栗木质柔韧易于弯曲,用造龙骨等弯曲部分;樟木、白梨木纹细质坚,用作骨架、框架的加强角。保护木体的桐油、生油漆乃我国特产,其质远胜过舶来品。

除严格选用材料外,飞机制造者还严把试验关。如对翼体,采用了国外各厂通用的沙袋加载法。即以每十磅重的沙袋多件分布翼上,以代表各部位在空中所受压力,作抗扭、抗弯试验,所施沙袋总重量,又数倍于飞机在空中所受压力,以确保飞行安全。

在简陋的条件下生产飞机,困难重重。但飞机工程处的制造者以严谨的科学态度,闯过道道难关,经一年多努力,于1919年8月造出我国第一架水上飞机——"甲型一号",时距美国莱特兄弟1903年首制原始动力飞机仅十余年。鉴于国产飞机的首制成功,北洋政府总统徐世昌发出嘉奖令给予表彰。

三、飞机产品

海军飞机工程处(海军飞机制造处)设厂当年即着手飞机制造,至1930年共制出飞机15架,另有2架已完成部件制作,迁往上海后组装成机。所造飞机共七种型号,以"甲、乙、丙、丁、戊、己、庚"为序号,其中部分飞机另加命名。飞机使用性能,分别为教练机、海岸巡逻机、鱼雷轰炸机。

甲型飞机共造三架,为双桴双翼式水上飞机,发动机功率100马力,整机重量1055公斤,最大时速120公里。配有双座双操纵系统,供飞行教练用。其设计构造注重飞行稳定性及安全系数,起降速度低,便于初学者驾驶。安全系数为八,即飞机在空中可担负八倍于实际压力。飞机前、后座俱有驾驶操纵杆。主、副翼,尾翼,升降舵,方向舵,机身及机桴均以杉木造成。两翼与机身内以钢线牵紧,外蒙麻布。各柱间以钢线纽紧,操纵机构以钢丝绳操纵转动。

甲型一号制出后,于1920年2月进行试飞,首次飞行成功。当天第二次试飞时,因飞

自制的第一架水上飞机——甲型一号

巴玉藻、王助、曾诒经等在"甲型一号"前合影

甲型二号

甲型三号

行员紧张而失速侧滑坠水，机身损坏但发动机完好。工程处使用这台发动机于同年5月又造出甲型二号，试飞成功。甲型三号制成于1921年2月。

乙型飞机是甲型飞机的改进型，机身略小，时速130公里，仅造一架，仍作教练机用。

乙型一号

丙型为拖进式双翼双桴水上飞船，配360马力发动机。设计注重载重量，战时可载重量炸弹。驾驶舱在机翼前方，前、后设有机关枪射击舱，以抵御敌机。平时也可作载客用，可搭乘4人。船身为流线椭圆形。翼下两端各挂一机桴。发动机置在驾驶座后部悬于两翼之间，燃料箱两只安在上、中段。丙型飞机制成2架。

丙型一号双桴双翼水上轰炸机

丙型二号水上轰炸机

丁型式为拖进式双翼双桴飞机。丁型一号设计功能为海岸巡逻机，功率200马力，1924年春制成后，在试飞中失事。1928年改进设计，发动机功率360马力，功能改为长途轰炸及放射鱼雷。驾驶两座并肩，位在机翼之后，驾驶舱背后有炮手舱。机舱与驾驶舱之间安放炸弹舱，底部有一圆洞，炸弹由此以机械按钮掷下。弹舱面积较宽，平时可改为四座位载客，两机桴之撑柱分开，中间无横柱，可从机身下放射鱼雷。丁型飞机制成3架。

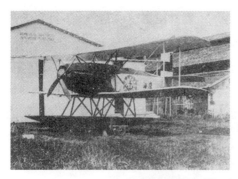

丁型一号拖进式双翼双桴飞机——
海鹰二号

丁型三号双翼海岸巡逻飞船

　　戊型为教练兼侦察水上飞机,翼间单柱拖进式双翼双桴,配120马力三汽缸圆射式气冷发动机。设计特点在构造简单,修理容易。机身除首部安装发动机部分以钢管、钢件构成机座外,其余不用钢件、钢线。机体以四个小方舱构成,撑柱与梁衔接用双层棒木胶连接,以铜帽钉钉牢,抗弯、抗扭性强。机身备有三座,后座两人并肩,双副驾驶操纵,前座为观察员座位,设置有摄影、炸弹瞄准器及炸弹操纵机关。戊型飞机制成4架。

戊型一号双桴水上教练机(江鹈号)

戊型二号双桴水上教练机(江兔号)

戊型三号水上飞机,机前为中巴玉藻、右为王
助、左为曾诒经

己型水上飞机是戊型的改进型,配 165 马力旋风发动机,提高速度及增加航程,为高级教练机。机翼下可悬挂炸弹四枚,由驾驶座操纵投放。驾驶员两人并坐,其后面有一座位,长途飞行中可改为行李箱。机身前部及发动机架系钢管构成,尾翼角度在空中可以调整,飞机飞行时首尾轻重可调节平衡。所有撑柱采用轻质钢管。己型飞机制成 2 架。

己型水上飞机——江鸿号 a　　　　　　　　己型水上飞机——江鸿号 b

庚型飞机为水陆互换双翼机,即机桴和着地轮可互换,具有在水面和陆地升降功能。庚式飞机共造两架,工程同时进行。先在马尾进行设计,并制成机体各部件之大部分,后随厂搬往上海江南造船所,于 1931 年 10 月在新厂完成组装,分别命名为江鹤号(庚一)、江凤号(庚二),使用功能为水陆教练机,兼具侦察机性能。发动机功率 165 马力,时速 100 公里,乘员 2 人,可携带炸弹 4 枚。

庚型一号水陆交换双翼教练侦察机(江鹤号)　　庚型二号水陆两用双翼教练侦察机(江凤号)

海军飞机制造处搬迁至上海后,除组装制造出上述庚型飞机两架外,至 1937 年,还造出水陆两用机、舰载机和陆地飞机 10 架。其中舰载机配置上海江南造船所制造的"宁海"号军舰,取名"宁海二号"。海军飞机制造处在上海期间,还仿造出美国"弗力提"式双翼陆上教练机 12 架。

为解决水上飞机驻泊问题,1922 年巴玉藻、王助联合设计出水上浮动飞机库,交由上海江南造船所制造完成后,移至江西湖口使用。水上飞机库又称浮站,由坞身、棚厂、抽水机及水管道三大部分构成。

表 2-2 1919—1930 年海军马尾飞机制造工程处飞机制造情况表

成机年月	名　　称	型　　式	用　途	功率(马力)
1919.8	甲型一号	双桴双翼水上飞机	教　练	100
1920.7	甲型二号	双桴双翼水上飞机	教　练	100
1920.12	甲型三号	双桴双翼水上飞机	教　练	100
1922.1	乙型一号	双桴双翼水上飞机	教　练	100
1924 春	海鹰一号	双翼飞机	海岸巡逻	200
1924.7	丙型一号	双桴双翼水上飞机	教　练	360
1925.7	丙型二号	双桴双翼水上飞机	教　练	360
1925.12	江鹡	双桴双翼水上飞机	教　练	100
1927.1	江凫(戊一)	双桴双翼水上飞机	教　练	100
1927.4	江鹭(戊二)	双桴双翼水上飞机	教　练	120
1927.9	戊型三号	双桴双翼水上飞机	教　练	90
1928.9	海鹰二号(丁一)	双翼飞机	海岸巡逻	360
1929.3	海雕(丁二)	双翼飞机	海岸巡逻	360
1930.8	江鸿(己一)	双桴双翼水上飞机	教　练	165
1930.10	江雁(己二)	双桴双翼水上飞机	教　练	165
1931.10	江鹤(庚一)	推进式水陆交换机	侦　察	165
1931.10	江凤(庚二)	推进式水陆交换机	侦　察	165

第四节　生产管理

一、生产机构

船政创设之际,因无配套工业的支持,船舶各部件都须厂内自行制造,涉及众多的工种和生产车间。船政生产车间称为厂,主要有锤铁厂(锻造车间),配有 300 至 6000 公斤的汽锤 6 个;拉铁厂(轧材车间),拥有 6 座再热炉、4 台轧机,轧制板材、重型铁件、角铁、小型铁件及铜件;水缸厂(锅炉车间),专门制造船上锅炉、烟筒、水管、烟管、汽管和方向盘等;轮机厂(装配车间),制造船机大小机件;铸铁厂(翻砂车间),拥有 11 千瓦动力设备 1 台,除铸铜设备外,还有铸铁炉 3 座,能熔炼铁 15 吨;钟表厂(经纬仪车间),专门生产经纬仪、光学器械及船用罗盘;打铁厂(锻造车间),专制各种小型零部件及船用设备,拥有 44 座化铁炉和 3 台 300 公斤汽锤;锯厂(机械锯木车间),附有木模厂,设有大直锯、小直锯、圆锯、砺床、钻床和钳床 35 件;造船厂(造船车间),由 3 个船台组成,拥有一个大放样厅,能以实际尺寸绘制船体线型图,配有 40 吨起重机 1 台,可建造龙骨长 100 米,排水量 2500 吨的船舶。此外,还有船厂、帆缆厂、广储所(仓库)和浮动码头等。以上主要生产设施称"船政十三厂",大多在同治七年(1868年)底完工投产。至九年前后,又建成铁船槽用于修船,建成铁坪台即江岸码头,配60吨爬杆式起重机。

对生产机构的管理,设有提调专职负责,各车间(厂)又设有委员管理。光绪六年(1880年),随着留欧学生回国,形成船政工程技术人员队伍。船政设置工程处,分造船、造机两大部分,委任魏瀚、陈兆翱等人为工程处总司,建立了专业的造船工程管理机构,直至清末。民国初年,船政规模缩小,改称福州船政局,局长为行政及生产的总负责人。1926年,福州船政局改称海军马尾造船所,总负责人称所长,均是工程专业人员出身。

二、生产管理

同治七年初,船政开始轮船制造,生产工程由船政雇聘的欧洲技术人员主持,以参与制作和指导船政中国工人为主要职责。生产工艺流程为图纸放样、船体制作、部件安装、滑道下水、码头调试、出海试航各步骤。1—15号船的生产工程由洋员负责,之后所制各船的设计、制造及监理,由华员负责。至光绪三十三年(1907年)共造船40艘,船舶质料由木壳、铁木合构(铁胁船)至钢壳钢甲,技术工艺也大有变化,但建造步骤不变。

1918至1930年,福州船政局内附设的海军飞机工程处(1928年更名海军飞机制造处)制造水上飞机,工程处处长承担飞机制造的管理责任。1924年制作的水上飞机"海鹰一号"(丁一)试飞失事,处长巴玉藻向海军部自请处分。

修船生产早期以修理船政自制的舰船为主,管理纳入船政生产体系。光绪二十二年(1896年)一号船坞建成投产后,船政实行修船业务自主经营,主要体现在修船价格的定码,制定出收费标准。修船管理新模式体现了船政经营管理出现市场化趋向,并以此为开端,带动船舶产品自主经营。二十三年船政聘法国人杜业尔担任正监督,曾承接外船建造,因滥用职权超出经营权限被"立即停工",造船业务因此未实行市场化经营管理。民国时期产品经营出现多样化,除造船和修船生产外,也承接制造机械设备,涉及公路工程和水利工程。管理上初步实行局长(所长)负责制。

三、质量管理

船政早期虽未建立一套独立的质量管理制度,但把质量管理寓于行政管理和监督之中。设计船舶时,均按西法推求船身是否稳固灵捷。建造时洋员、洋匠经验丰富,质量观念较强,"选材必精,稍有瑕疵,概换勿用"。对蒸汽机质量标准要求甚严,"工竣验试,能胜火力,不漏汤气,巧称完善"。安装机器出现故障,监造人员应受处分。船舶试航,应先在坞前"开火试轮,以觇灵钝",然后驶出海面,试验"轮机之坚脆、驾驶之巧拙"。与此同时,有关船身尺寸、马力大小、蒸汽机型号、时速、排水量及蒸汽机转速、锅炉涨力等,都要通过一定的仪器进行检测,以保证质量。

四、成本管理

船政工料核算由工程处负责。由于是官办企业及在职人员缺乏经验,建厂之初对基建工料估价不足,实际基建工程预算超支。从建造第一艘船开始,每造一船大体上都有成本核算。从生产实际情况看,造船成本大致分为"工三料七",所有工料费都按图测估,但难以精确。"万年清"号造价银 16.3 万两,工料费比国外同类轮船高 50%—60%。成本高的原因是:原材料依靠进口,采购及运输费用支出成倍增加;外雇洋员、洋匠,薪金支出较高;造船工人不熟练,工程返工量大。左宗棠对此有所预料,在呈报朝廷奏折中指出:"创始之初,所费必多,不宜过于刻核,任事之人如果工归实济,自然费不虚縻。"在建造"安澜"号轮船时,船政注意节省经费、缩短造船周期,造船成本略有降低,造价银 15.6 万两,较同类船"万年清"号节省银 0.7 万两。

光绪二十三年(1897 年)船政建造新式快舰,成本估算相应增加。洋监督杜业尔估算,建造鱼雷快舰 2 艘,除物料费 39 万法郎外,3 年内每年至少需白银 50 万两。但在实际运行中,采购料月均 8.6 万法郎,洋员、员绅工资伙食,以及钢铁杂料等,月均需银 5 万两,合计每年约银 60 万两。所需经费虽多次通盘核算,但仍出入较大,从中可看出船政成本核算并不精细。

光绪二十六年(1900 年)起,造船成本越来越高。直接原因,一是厂务管理不善,贪污浪费风行。三十一年,船政为增加收入,创办铜元局,但由于经办人弄权纳贿,贿赂公行,办事人员不办事,坐领厚薪,造成机器霉锈、材料散蚀腐烂。二是国际货币比值变动剧烈。船政购买同样进口原材料,所需白银较二十年增加一倍,造船成本增加。三是运输费用增加,拨款渐少,制造日稀,出现人浮于事的情况。民国期间,福州船政局和海军造船所系统成本管理情况不详。

第三章　人才培养

清同治五年十一月十七日(1866年12月23日),船政工程动工兴建,同时对外招生105名。同年十二月求是堂艺局正式开学。六年五月,求是堂艺局迁至马尾新校舍,分前后两学堂。十二月设立绘事院(又称绘图学堂)。七年一月创办管轮学堂(后并入后学堂)和艺圃(又称艺徒学堂,后分为艺徒学堂和匠首学堂)。光绪二年二月(1876年3月)增设电报学堂。至此,船政共设有八所学堂,即前学堂(制造学堂)、后学堂(驾驶学堂)、练船学堂、管轮学堂、绘画学堂(即绘事院)、艺徒学堂、匠首学堂、电报学堂。因都是船政衙门办的,所以习惯上统称为船政学堂。

船政学堂引进的是西方教育模式。前学堂学制造,修法语,设轮船制造、轮机设计两个专业;后学堂学驾驶,修英语,设驾驶、管轮两个专业。并聘任法国人日意格为正监督,与之签订了5年包教包会的合同。各专业学制初定为五年,后有的延长到一百个月,所以有"八年四"之称。各个专业都有比较完整的工程教学课程体系,都设有堂课(理论课)、舰课或厂课。堂课有内、外课之分。内课包括公共课、专业基础课和专业课。公共必修课程有外语(法文或英文)、算术、平面几何等,而《圣谕广训》《孝经》与策论等列为必修课。专业基础课程和专业课程,有的相通,有的则完全不同。这种课程体系打破了封建教育的传统模式,开创了近代教育的先河,是一所按技术分设专业的近代高等学堂。

船政学堂实行教学、训导、行政分开的管理体制。教学工作由聘请来的监督全权负责,训导则由中国员绅负责。学堂实行的是供给制和军事化管理。学生管理由稽查、管理委员负责,派员绅长期住校管理。行政由船政提调负责。财务统一办理,统一核算。

船政的办学体制是厂校一体,统筹兼顾。它既不是厂办学校,也不是校办工厂,更不是厂校联合或合作。监督既管学堂,又管工厂;教习既是教师,又是工程师;学生要"手脑并用,技艺斯通",既学习理论,又参加劳动,并承担生产任务。各学堂各个专业都根据各自的特点安排大量的实习。驾驶专业的学生,先在学堂中学习基础课程和航海知识,然后上练船学堂实习。由于教学与生产劳动紧密结合,船政学堂办了五年之后,制造专业的学生,已有独立制作、管理车间、指挥施工等能力。

船政创办的初衷之一是整顿水师。左宗棠上奏清廷设立船政的奏折就讲到"欲防海之害而收其利,非整理水师不可"。船政造船,主要造的是军舰,武装海军;同时制炮,生产鱼雷,也是为了武装水师。船政学堂培养的人才,主要是造船和驾驶人才,也都是为造舰和水师服务。求是堂艺局章程明确规定"各子弟学成后,准以水师员弁擢用"。中国近代第一支舰队正是从船政开始的。在外人看来,船政造兵船,培养水师人才,更像是海军军事基地,所以,当年的洋监督日意格就称其为"The Foochow Arsenal",即福州兵工厂。

船政学堂还建立起中国留学生教育制度的基本模式。沈葆桢认为洋人来华教习未必是"上上之技","以中国已成之技求外国益精之学"必然事半功倍。他认为"窥其精微之奥,宜置之庄岳之间"。"庄岳之间"即齐国。这是孟子的话,意思是要学好齐国话,就要到齐国去。正是这种指导思想,船政学堂建立了留学制度,由日意格制订留学章程和教学计划,并聘请他为洋监督。确定学制三年,其中一年见习,四个月到各地参观。前后学堂、绘事院、艺圃均有选送。由华洋两监督共同管理。各专业学生除个别外都按对口专业到有关高校学习。

李鸿章曾把船政学堂的培养模式归纳为"入堂、上船、出洋"六个字。把"出洋"即出国留学作为培养人才的重要组成部分,这对于封闭的、科学技术大大落后于发达国家的中国来说,是很有远见的。正是由于建立了留学制度,促成了一批又一批的青年到国外去,使出国留学的青年开阔了眼界,增长了知识,改变了思维,学到了先进的科学技术和管理知识,为加快中国的近代化进程贡献了力量。也正因为有了出国留学,使他们感受到中西方文化的差异。通过对比,了解到差距,促使他们去追求真理,探寻救国良方。纵观近代的风云人物,他们中的许多人是有留学背景的。

船政学堂引进西方先进的教育模式,结合中国实际,实行"权操诸我"的原则,变成自己的东西,形成特色鲜明的中国化办学模式,很多都是开风气之先的。它突破传统,大胆革新,采用契约合作、引进外教、留学深造的培养模式,采取厂校一体化、工学紧密结合的办学形式,形成集普教、职教、成教于一炉的办学体系,实行科技与人文结合、培养爱国情操和人才为本、精益求精、因材施教的教学理念,专业设置与课程体系针对性和实用性强,特色鲜明,成效卓著。实践证明,船政的办学模式是成功的。培养的人才成为社会中坚力量,被誉为科技和海军的摇篮。他们在工业、交通、地矿、外交各领域都作出突出的贡献。《清史稿》评论道:"船政学堂成就之人才,实为中国海军人才之嚆矢。"船政学堂为各地办学提供了榜样,输送了人才,被李鸿章誉为"开山之祖。"

第一节　办学模式

一、包教包会　统一管理

船政引进西方的契约形式,同时纳入船政衙门管理体系。创办初期,左宗棠聘请日意格和德克碑为船政正、副监督,约定以 5 年为期完成一批造船和育才任务,采用高薪雇佣外国技术人员,包教包会,并通过合同方式明确中方和外方在建设期间的职、权、利。

在同治十二年(1873 年)以前,教学管理由洋监督日意格总负责,由洋教习具体负责一个学堂、一科或几科的教学与管理,船政按合同条议进行监督,平时不定期举行抽查考试,主持毕业考试,进行验收。十三年以后,由船政聘请少数洋员任监督、总教习或科教习,仍按所立合同进行承包教学与管理。华人教习、帮教的工作归总教习或科教习按教学需要安排。

船政各学堂各专业具体的教学计划、管理和讲授由主任教师掌管,同时辅以责任和奖惩制度。规定“不得懒惰滋事”“不准私自擅揽工作”“不准私自越躐干预”“该正副监工及各工匠等或不受节制,或不守规矩,或教习办事不力,或工作取巧草率,或打骂中国官匠,或滋事不法,本监督等随即撤令回国”。同治五年五月十三日(1866 年 6 月 25 日),左宗棠在《试造轮船先陈大概情形折》中就提到:“西洋师匠尽心教艺者,总办洋员薪水全给,如靳不传授者,罚扣薪水,似亦易有把握。”管轮教习师丢瓦原是英国海军总管轮官。练船总教习德勒塞原是英国皇家海军舰长,回国后被授予中将军衔,光绪二十二年(1896 年),任英国海军大学校长。由于待遇优厚,合同条议明确并付诸实行,加之学生学习勤奋等因素的促进,他们多数工作有成效,师生关系较融洽。后学堂第一届堂课结业生上练船前,曾集体给教习嘉乐尔写信表示感谢之情,信中说:“我们和你的心仿佛已缝缀在一起,我们觉得不能离开你,如果不表示这些心意的话。”该教习以后病逝任上。有的因表现良好被一再续聘。驾驶教习英国人邓罗于光绪六年(1880 年)应聘到任,九年期满,4 次续聘至十七年回国。造船教习法国人迈达自同治六年到职,除中法战争期间撤离两年外,多次延聘到光绪三十三年以后回国。

对不负责任的洋教习,责任追究。如违反合同条款、非礼虐待学生的被遣返。同治十年(1871 年)十一月,后学堂学生因洋教习逊顺“非礼虐待”为之“哄堂”(罢课)。船政提调夏献纶袒护逊顺,罚为首学生刘步蟾、邱彪臣为小工挑土以示辱,学生哗然。当时沈葆桢在家丁忧守制,不顾禁例,出面处理,将逊顺解雇遣返。光绪二十三年至二十九年,船政聘任法国人杜业尔任监督,由于其专擅跋扈,对学堂教学与洋教习的管理放任自流,也予以辞退。教学不得力者也被解雇,光绪七年,管轮教习理格因“教学未甚得力”被解雇,三十年,管轮教习李家孜,因同样原因被解雇遣返。

表 3-1　船政学堂外籍教师名表（1866—1911 年）

序号	姓名	国籍	任教时间		教授课程	备　注
			到校	离校		
1	曾恒忠	新加坡	1866	1872	英文	
2	曾锦文	新加坡	1866	1872	英文	
3	博赖	法国	1866	1875	兼教制造	洋员办公所秘书聘期延长一年，期满回国
4	禄赛	法国	1868	1875	物理、化学	期满回国
5	迈达	法国	1860		化学、数学、制造	1874 年 2 月期满回国、1878 年 2 月续聘其后多次续聘，1907 年还聘用
6	舒斐	法国	1868	1877.9	轮机制造	延长聘用，期满回国
7	马尔识	法国	1868	1875	兼制造实习课	同上
8	乐平	法国	1868	1875	同上	同上
9	德索	法国	1868	1875	同上	同上
10	卢维	法国	1868	1875	绘事院绘图、数学	同上
11	杰翁达	法国	1860	1875	绘图设计、数学	同上
12	克林	法国	1868	1875	法文、数学、绘图	负责艺圃，期满回国
13	帛黎	法国	1868	1875	同上	同上
14	腊都实	法国	1868	1875	同上	同上
15	力法索	法国	1860	1875	法文、数学、绘图	担任艺圃教学期满回国
16	嘉部勒	法国	1868	1877.6	同上	担任艺圃教学延长聘期，期满回国
17	和排托	法国	1868	1875	同上	担任艺圃教学延长一年，期满回国
18	赛和	法国	1868	1875	同上	同上
19	罗布尔	法国	1868	1875	同上	同上
20	里瓦塞奥	法国	1868	1875	同上	同上
21	嘉乐尔	英国	1867.11 1876.3	1873 1880	航海	主持驾驶学堂教学，二次受聘，1880 年 5 月病故
22	仕记	英国			同上	1873 年在校任教
23	逊顺	英国	1871.2	1871.11	练船教练	侮辱学生，被提前解聘
24	阿务德	英国	1872.5	1877.1	练船枪炮教练	期满回国
25	德勒塞	英国	1872.5	1877.1	练船总教练	同上
26	闵顺	英国	1872.5	1877.1	帆缆教练	同上

序号	姓名	国籍	任教时间		教授课程	备 注
			到校	离校		
27	儒昂索	英国	1872.6	1877.1	水手工艺	同上
28	阿兰	法国	1868		管轮	主持管轮学堂教学工作,1873年还在校任教
29	斯恭塞格	英国	1875?	1871.11?	练船驾驶	1871年引咎辞职 1875协驾扬武练船,1886年接任监督
30	穆勒登	英国	1878.1	1880.5	管轮	期满回国
31	德尚	英国	1878	1880	造船	因病提前回国
32	邓罗	英国	1880.10	1892	航海	1883、1885、1888年分别续聘
33	理格	英国	1880.10	1881.11	管轮	教绩不佳,提前遣回
34	师丢瓦	英国	1883.6	1883.11	管轮	水土不服回国
35	赖格罗	英国	1885.5	1889.11	管轮	1888年续聘,期满回国
36	李家孜	英国	1885.5	1887.11	前学堂物理、数学	1887年11月到广东水师学堂任教
37	裴士博	英国	1887.11	1890.11	同上	接任李家孜,期满回国
38	达韦德	英国	1897.3	1907	矿学、化学	期满回国
39	伯尔	英国	1902	1907	测量	同上
40	那戴尔	英国	1902	1907	航海、天文	同上
41	萨巴铁	法国	1903.5	1908	绘院院绘图设计	同上
42	竺蒲匏	法国	1901	1907	测绘	兼任前学堂艺圃课程1907年续聘

船政衙门对在学堂工作的中外员绅教习均封官赐爵,纳入官僚等级体系之中。原有官阶的均保留,入船政衙门后仍享受原俸禄。洋监督、洋教习等也相应赐予官阶。洋监督日意格,授提督衔,先后赏加一品衔,穿黄马褂,奖一等男爵、一等双龙宝星;德克碑,官至浙江总兵,授提督衔,奖一等双龙宝星。总监工达士博,授予三品衔。驾驶教习邓罗先后被授予五品和三品衔;造船教习迈达先后被授予四品和三品衔;练船教习德勒塞授予三品衔。其他14人授予四品到六品衔。

同治五年十一月初五日(1866年12月11日)左宗棠在《详议创设船政章程折》中就提出:"宜优待艺局生徒以拔人才也。艺局之设,必学习英、法两国语言、文字,精研算学,乃能依书绘图,深明制造之法,并通船主之学,堪任驾驶。是艺局为造就人才之地,非厚给月廪不能严定课程,非优予登进,则秀良者无由进用。此项学成制造、驾驶之人,为将来水师将才所自出,拟请凡学成船主及能按图监造者,准授水师官职,如系文职、文生入局学习者,仍准保举文职官阶,用之本营,以昭奖劝,庶登进广而人才自奋矣。"所以生徒毕业留用,均根据成绩报清廷授予官阶,如陈季同,成绩优秀,提前毕业,授正四品都司。光绪三年(1877年),23岁的严复赴欧留学,授正四品都司。陈兆翱、郑清濂留学回国后,授正四品都司。

同治五年九月二十三日(1866年10月31日)左宗棠奏请派重臣总理船政时就呈请"特命总理船政,由部颁发关防,凡事涉船政,由其专奏请旨,以防牵制。其经费一切,会商将军、督抚臣随时调取"。同年十一月五日左宗棠上奏《详议创设船政章程折》,在船政章程中明确提出"其委绅等应由总理船政大臣遴选给委",以明确了船政大臣的权限。同时也提出洋员应分正、副监督。"日意格、德克碑各有所长,臣前折曾陈及之。现经上海总领事自来尼以日意格通晓官话、汉字,办事安详,令德克碑推日意格为正监督,德克碑为之副。咨商允洽,均无异词。一切事务仍责成该两员承办。"

同治五年十一月二十四日(1866年12月30日)上谕同意左宗棠所奏详议船政章程及授权的请求,指出:"沈葆桢总理船政,其未服阕以前,遇有船局事宜,由英桂等陈奏,服阕以后,由沈葆桢会同该督抚陈奏,均著仍列左宗棠之名,以期始终其事。"明确了船政大臣有权直接向皇帝具奏的权限。沈葆桢丁忧期间由英桂等陈奏,丁忧以后,由沈葆桢会同该督抚陈奏,同时仍列左宗棠之名。上谕还准许"如有可用之才,即由沈葆桢酌委",事实上是给与船政大臣任用员绅的人事权。

对洋监督,上谕也明确"所议优待洋员,酌定程限,甚为周妥,均著照所请行",批准日意格为正监督,德克碑为副监督,教学与制造等一切事务责成该两员承办。还明确规定洋监督是在船政大臣领导下开展工作的。

根据左宗棠的奏折,清廷上谕:"其所议优待洋员,酌定程限,甚为周妥,均著照所请行。若五年限满,洋员教有成效,即著照所议加赏,以示奖励。其官日意格、德克碑勤劳既著,忠顺可嘉,尤当优加赏费,并著英桂等存记。俟五年后,中国工匠如能按图监造,自行驾驶,即著奏闻,候旨破格于原定赏银之外,再给优赏。"船政对在学堂工作的中外文武官员,包括中外教师实行褒奖制度,由船政大臣奏准,分别给予升职、晋级、加薪、发给奖金、授予金牌宝星和顶戴等项奖励。同治十三年(1874年),外国技术人员和教师合同期满,按聘用合同规定,奖给白银6万两。另外奖给正、副洋监督各白银2.4万两,以昭大信。

同治十二年十月十八日(1873年12月7日),沈葆桢《船政教导功成请奖洋员匠并筹犒银回费折》称,同治九年二月间曾奏请在轮机创造就绪后,恳将中、外出力人员择优奖励,奏旨允准在案。"自本年六月起,该监督日意格逐厂考核,挑出中国工匠艺徒之精熟技艺、通晓图说者为正匠头,次者为副匠头,洋师傅与全图,即不复入厂,一任中国匠头督率中国匠徒放手自造,并令前学堂之学生、绘事院之画童分厂监之。数月以来,验其工程,均能一一吻合,此教导制造之成效也。后学堂学生既习天文、地舆、算法,就船教练,俾试风涛,出洋两次,而后教习挑学生二名令自行驾驶,当台飓猝起、巨浪如山之时,徐觇其胆识,现保堪胜驾驶者已十余人。管轮学生凡新造之轮船机器皆所经手合拢,分派各船管车者已十四名,此教导驾驶之成效也。"因此报请赏给正监督日意格一等男爵,再加一等宝星(在勋章上嵌珍宝称宝星,分为五等,每等三级);赏给副监督德克碑一等宝星。驾驶教习英国人邓罗奖给二等宝星。造船教习法国人迈达赏给二等宝星。练船教习德勒塞赏给一等宝星。其他14人奖给金质或银质奖章。

对工作得力的各学堂监督、委员、委绅也给与奖励。如光绪五年(1879年),委绅工部员外郎林泂淑、分发试用通判董敬箴、选用知县王宣辰、尽先补用知县黄维煊、候选县丞金仁杰、选用县丞林宪曾、监生汤金铸因稽查学堂,教督出力得奖。十一年,稽查委员候补知府严良勋"督课精勤",前学堂兼绘事院管理委绅钟大昆,吴征驹"品粹学优,足资表率",委绅举人范继馨"认真劝导,兼善防闲",后学堂兼管轮学堂管理委员大挑教职沈辉宗"于西学外兼示汉文义理,足资矜式",委绅举人林宗开"诱掖后进,悉心化导",给予奖励。

船政学堂实行教学、训导、行政分开的管理体制。教学工作由聘请来的监督全权负责。同治五年十一月初五日,左宗棠奏报以法人日意格、德克碑分任船政正副监督,负有对各学堂教育监督之责,但不得干预学堂的行政、人事管理。有的未正式任命为监督,但实际主持学堂的日常教学工作。前学堂、培养造船人才,聘请法籍教师任教,由法籍技术人员负责学校的教学管理。后学堂、培养海军人才,聘请英籍教师任教,由英国海军教官任监督。

训导则由中国员绅负责。各学堂均设有管理委员、稽查、训导人员,并常川住局,即长期住校,对学生实行昼夜严格管理和思想控制,以规范学生言行。训导原则有三:

一是为防止学生思想西化,在聘雇外国工程技术人员和教师合同中,明确规定外籍人员对学生只有教导之责,无管理之权,不得干预船政事务,将学堂置于船政大臣和船政提调的牢固控制之下,保证权操诸我。洋教习除在教学时间与学生在一起外,其他时间相互隔开,有单独的洋楼和生活空间,学生被划定在狭小的活动范围内,受到严格纪律约束,与洋教习不能相互交流思想或谈论政治问题。

二是严格规定学堂管理委员、稽查、训导人员长期住校,实行严格管理,培养忠君爱国思想和勤奋学习校风。并以学堂训导人员的以身作则对学生进行潜移默化,培养良好的道德操行。

三是规定凡休息时间,静诵《孝经》、圣谕,由船政提调到各学堂严督各生默写,并成为学堂之通例。

行政管理工作由船政提调分管。船政前后学堂、绘事院、艺圃配备的管理委员和稽查,负责各学堂的日常行政管理。先后在前学堂担任管理委员的有7名文官,在后学堂担任管理委员的有6名文官,到光绪十三年(1887年),后学堂管理委员剩下2人,后又增派2名官员任管理委员。在绘事院先后任管理委员的有 3 名官员。艺圃配有稽查委员,协助船政提调和船政监督管理和考核艺徒的工作和学习。

后勤管理工作由总务部门负责,下设庶务、医务、食堂等工作部门和配备若干名杂役(工友)人员。船政各学堂师生实行供给制,由学校统一免费办理伙食,师生分开就餐,中、外教师各有食堂。学生堂课毕业后上船实习期间,单独配备炊事人员,伙食标准比在校内高 1 倍。

船政学堂没有自己的财务会计机构。经费开支由船政衙门统一负责。车间实习由各个工厂负责。舰船实习既练船由船政衙门统管,由练船学堂负责。

虽然教学、训导、行政分开,但由于船政衙门的统一领导和实行包教包造的办法,教学与制造均由洋监督负责管理与协调,因此教学工作均能有条不紊地进行。

船政学堂实行分人分工管理。一是人员分别管理。洋教习由日意格管理,中国员绅教习由提调管理。二是责任不同、待遇不同。洋监督、洋教习是包教包会,其工资明显高于中国员绅教习的工资。洋监督日意格、德克碑月薪均 1000 两,而船政大臣月薪才 600 两。洋教习月薪 200 两,续聘或兼职再加 50 两。而中国教习分为 10 两、11 两、16 两、17 两、18 两、22 两、36 两等不同等次。与洋教习相差 7 —25 倍。洋工匠月薪 100 两,中国技工 8 —12 两,相差 8 倍多到 12 倍多。奖励更为不同,合同期满,奖励两位洋监督 24000 两,奖励洋教习洋匠 60000 两,而中国员绅教习就无此奖励。三是吃住分开,日常管理分开。洋监督日意格、德克碑建有单独的洋楼,其他洋员也住洋楼。洋匠首则建有洋匠首房,洋匠则建有洋匠房。还配套建有洋员办公室、医院、食堂和法国教堂、英国教堂。而中国工匠则住中国匠房,其建筑造价和装修均远远不能与洋房相比。日常管理十分严格,中外员绅分别管理,互不干扰,互不串通。

二、厂校合一 工学结合

船政实行的是工学紧密结合的厂校合一体制。船政衙门同时设有船局与艺局,但既不是厂办学校,也不是校办工厂,更不是厂校联合或合作;而是规划统筹,难解难分:监督既管学堂,又管工厂;教习既是教师,又是工程师;学生既学习,又参加劳动,承担生产任务。

船政学堂重视实践性教学环节,包括实验、厂课、舰课、毕业实习、社会实践等教学形式和教学阶段。在日意格的策划下,船政学堂建起了物理、化学、气学、电学等一系列实验室供学生上实验课用,实验课由外籍教师负责指导。光绪八年(1882 年)前,基本完善了上述实验室,十年和二十七年两次添购实验仪器和实验用品。

厂课实习包括校内实习上场(厂)和分赴各地工厂实习两方面。造船学堂学生每日半天由外国教师带领进厂实习;绘图学堂学生每天花几个小时学习测绘船图或机器图;管轮学堂实践性教学以厂课为主,重点了解蒸汽机各部构造;艺徒学堂学生每天上午上两节课,其余时间分别到各厂(车间)跟班实习。

由于是厂校一体,各个专业都能根据各自的特点安排大量的实习:如制造学堂的造机专业有蒸汽机制造实习课,造船专业有船体建造实习课。每门实习课每天要进行数小时的体力劳动:如设计专业,三年学习期间,有八个月的工厂实习。管轮专业,先在岸上练习发动机装配,再到新建轮船上安装各种机器;驾驶专业的学生,先以五年时间在学堂中学习基础课程和航海知识,然后上练船学堂学习,用二年和更多的时间学习"一个船长所必须具备的理论与实际知识"的航海术以及海战、射击术和指挥。

由于教学与生产劳动紧密结合,船政学堂办了五年之后,制造学堂的学生,已有独立制作、管理车间、指挥施工等能力。光绪元年(1875年)开工建造的第17号"艺新"轮船,就是由第一届毕业生吴德章、汪乔年等设计监造的,此为"船政学堂学生放手自制之始"。此后建造的船舶绝大多数由毕业留校学生自行设计监造。驾驶专业学生,原定于五年之内,须达到能在近海航行的要求,而实际上他们早在"练船学堂"学习期间,就扬威日本并远航南洋各国。船政学生"八年四"毕业后,大都能胜任管驾、管轮、大副等职,并逐渐造就成为中国近代的航海家和海军将领。

第二节 教学管理

一、专业设置

(一)船政学堂

同治五年十一月五日(1866年12月11日),左宗棠提出求是堂艺局的培养目标和专业设置。他说"通船主之学,堪任驾驶",实际上就是培养能自造舰船、船用机械设备的工程技术人才,以及能独自近海和远洋航行的船舶驾驶人员。六年五月(1867年6月),求是堂艺局搬到马尾后,专业教师陆续到校任教,专业方向和培养目标相对固定下来。

造船学堂设造船和造机两个专业,培养造船工程师和造机工程师。学制初创时暂定为五年,但实际毕业时已延长至七年。到了光绪二十三年(1897年),学制复定为六年。

驾驶学堂设航海驾驶专业,培养具有近海和远洋航行理论知识的舰(船)长(称管带)、大副(称帮带、副管驾或帮带大副)及舰(船)指挥官,分别称驾驶(二副),枪炮大副(枪炮官)、鱼雷大副(鱼雷官)等。学制暂定五年,其中堂课原定三年,航行实习和舰上兵器(枪炮、鱼雷等)使用、编队运动、战术等舰课为二年。

管轮学堂设航海管轮专业,培养舰船轮机管理专业人才,包括总管轮(轮机长)、大管轮、二管轮等,学制与驾驶专业一样,但需既上舰课和又上厂课。

练船学堂设实际航海专业,培养具有近海和远洋实际航行能力的舰(船)长(称管带)、大副(称帮带、副管驾或帮带大副)及舰(船)指挥官,学制二至三年。

电报学堂设电报专业,培养电报技术人员,学制一年。

绘图学堂(绘事院)设船体测绘专业和机器测绘专业,培养船体测绘和机器测绘技术人才。优秀毕业生可升入造船学堂学习(制造学堂第1、2届艺童均有从绘事院的画童转入)。

艺徒学堂(艺圃)设船身、船机、木匠、铁匠4个专业,培养船身、船机、木匠、铁匠等造船技术工人。学制为五年。

匠首学堂设船身、船机、木匠、铁匠4个专业,培养船身、船机、木匠、铁匠等造船技术监工。光绪二十三年三月,艺圃分为艺徒学堂与匠首学堂,学制分别为三年,由艺徒学堂艺徒择优升入匠首学堂,培养高级技工(匠首或技师),优秀者可任监工(工程师)。

(二)海军学校

1. 福州海军学校

1913年10月,船政后学堂改称为福州海军学校后,仍设置驾驶、轮机专业,专门培养海军舰船航海(原称驾驶)和轮机(原称管轮)人才,学制改为八年四个月。1925年7月增设军用化学专业,培养海军弹药检验人员,学制三年。1941年,航海第9、10两届学生临近毕业,体检时分别有9名和8名目力不佳,本应照章退学,但念他们材堪可造,改办为造舰班,只设置专业课程,学习三年,有12名学生入班学习。

2. 福州海军制造学校

1913年10月,船政前学堂改称为福州海军制造学校,仍设置造舰、造机专业,专门培养设计、制造船体、轮机及飞机的工程师。学制延长到十年,其中一年为实习,初级三年相当于高中一、二年,中级三年相当于中专,高级三年相当于大学。

3. 福州海军艺术学校

1913年10月,船政艺圃改称为福州海军艺术学校,开设英文班、法文班,专门培养船厂各工种中级技工。学制为四年。学校实行半工半读制度,每日上午学习,下午下厂劳动。

4. 福州海军飞潜学校

1917年12月,经国务会议通过批准福州船政局设立福州海军飞潜学校,开设飞机制造、潜艇制造和轮机制造3个专业,分别培养飞机设计师、潜艇设计建造和航空发动机、潜艇轮机设计制造工程师。学制为八年。分普通、特别和专业三级。普通级学习两年六个月,主要学习基础课,尤其英语和数学。特别级学习三年,主要学习高等学校基础理论课。专业级学习两年六个月。

(三)勤工学校

勤工学校开设普通初中科,技术教育设机械、航空机械、电机、船工图算、造船等专业,培养上述专业中级工程技术人才。船工图算只办2届后就停办。

商船学校设航海与轮机专业,培养水(海)运中级人才。后临时增设部办造船专业,培养造船经建人才。

高航学校成立后,保留航空机械、造船、航海与轮机4个专业,机械与电机停办,学生转入福建省马江私立勤工高级工业职业学校。

二、课程设置

(一)船政学堂

前、后学堂各专业教学计划分为堂课(理论课)、舰课或厂课(实践课)。堂课又分为内课、外课和中文三部分,其中以内课为重点,内课包含文化课、专业基础课和专业课。

前学堂开设造船和造机专业,堂课课程设置如下:

内课:算术、几何、解析几何、物理、三角、微积分、机械制图、力学、机械学、船体设计与建造、法语等。

外课:体育与军训,体育包括田径、游泳等;军训有队列、枪械使用等(1872年后废除学弓箭)。

中文:四书五经,课余默诵《孝经》《圣谕广训》等书籍。

在教学计划安排上,在基础教学阶段和进入专业教学阶段,结合厂课实习,半天堂课,半天厂课,直至毕业。

光绪二十三年(1897年),前学堂造船和造机专业学制改为六年,模仿欧洲工科上等学堂(高等专科学校)的课程设置安排教学计划。

第1—2年开设数学、几何、物理等;

第3—4年开设数学、代数、平几、立几、几何画法、重学、物理、化学等;

第5—6年开设高等代数、几何、微积分、物理和设计、制造专业课。

课程设置和教学安排明显分为文化课、专业基础课和专业课三级制教学。每学期每日均安排中文和外语课。

后学堂开设驾驶与管轮专业,在课程设置上也有内外课与中文课之分,外课和中文课与前学堂制造专业安排基本相同,内课不同。驾驶专业内课开设;算术、几何、代数、三角、物理、化学、高等数学、天文、地理、航海数学、英语、地文航海等。教学计划安排专业基础课和专业课在3年半内教完课程,连同其他课程,堂课5年结束,举行大考,随后转入练船学堂学习舰课和航行训练。管轮专业内课开设:算术、几何、代数、三角、物理、化学、力学、机械制图、机器结构、机器和仪表操纵使用、英语等。教学计划安排堂课之外还有厂课实习,进入专业教学阶段,堂课与厂课交替进行,并结合船政自造舰船进行机舱设备的安装实践,最后还安排一定时间进行航行实习。

练船学堂的航海训练课程分驾驶与管轮两部分,驾驶专业主要是,每日做航行日记交教官阅校,练习测量天体、定船位,作海图作业;管轮专业主要是参加机舱值更,熟悉机舱设备,学会操纵管理、日常维护和常见故障检修。

电报学堂学习竖桩、建线、报打、书记、制造电气等课程。

绘图学堂(绘事院)开设算术、几何作图、法语、船体结构与制图、机器结构与制图等课程。教学上安排法语每天上午和晚上各2节课,理论课和实习课并重。

艺徒学堂(艺圃)各工种班级课程设置要求教会学生看懂图纸,按图加工,会计算机器、船体各部分体积、重量及职业工作所需要的操作技能。教学安排上实行半工半读,工多于读。课程设置有算术、几何、图形几何、代数、绘图学、机械图说、"解析机器"和法语等。同治七年(1868年)第1学年安排每天下厂跟班劳作(实习),晚上7时至9时上课。第2学年起,每天上午上2节课,其余时间下厂实习,晚上上一个半小时的课。

分为艺徒学堂、匠首学堂后,课程限制各以三年为期。初入学堂,按照法国初学学堂办法,学习法国语言文字、数学、几何入门、常用艺学浅义并画法等书。各徒均于每日下午赴学肄业,上午入院学习船身、轮机各种绘事,并时时派赴各厂历练工作,三年之后大考一次,考校所习各业,并令试制匠人手艺器件。其所制精熟者,即予升为匠人赴厂办工,择其优者派入匠首学堂肄业三年,教以稍深艺学,并讲说制造、轮机、汽机、打炼钢铁法度,以为升补匠首管轮之用。技尚未精者,可以分派各厂充当小匠,俟其历练娴熟,再升为匠人。

(二)海军学校

船政前后学堂和艺圃分别改为福州海军制造学校、海军学校、海军艺术学校后,其课程设置和教学计划作了相应改进与完善。1917年创办的福州海军飞潜学校也基本采用制造学校教学模式,加以发展变化。上述4所海校,除海军艺术学校实施中等职业技术教育外,其他3所施行大专工程或军事技术教育。

1. 福州海军学校

福州海军学校航海与轮机专业按八年四个月学制安排教学计划,五年校课,三年舰课,三个月试读(入学甄别)。校课分为内、外课和中文课三部分。航海专业内课设有:英语、初等数学、高等数学、物理、化学、地理、历史、力学、磁力、天文学、海道测量、气象、航海学等课程。航海学还包括舰船操纵、避碰、航海仪器、单舰航行、编队运动等。外课有军操(队列、投弹、射击、单兵战术动作、班排指挥、条令条例等)和体育(田径、体操、球类、器械运动、拳术、游泳、划船等)。外课以游泳为重点,每年安排在农历夏至至白露(6—10月份)之间每天下行游泳,定有严格的标准和超标准优厚奖金。中文包括四书五经、《史记》《古文观止》、汉语拼音和公民课的党义、法律顾问、经济概要、三民主义、政治浅说等。整个校课阶段,以内课为重点,成绩优异者,有丰厚奖金。

海军学校轮机专业规定校课为六年半,厂课为一年半,入学试读期三个月。校课同样有内、外课与中文课之分,外课和中文课与航海专业相同。内课开设英语、初等与高等数学、地理、历史、物理、化学、力学(动、静、水、热力学)、机械制图、应用力学、机械学、冶金学、锅炉学、蒸汽机(往复机与透平机)、内燃机、电气工程、电气设备、辅机、热处理、机舱管理、锅炉制造、造船大意等。

航海与轮机专业新生入学试读期开设党义、语文、修身、算术、英语等课程,然后举行、甄别考试,确定去留和进行专业编班。

2. 福州海军制造学校

海军制造学校教学计划安排十年,分为初、中、专科(或高级)三级,初级三年,相当于大专程度,毕业实习一年。在三阶段教学中,课程设置分为内课、外课和中文三部分。

初级阶段内课有:数学(算术、代数、几何、三角)、物理、化学、历史、地理、法语等普通中学文化课程。

中级阶段内课有:三角、高等数学、力学、高等物理、化学、蒸汽机、电机、机械制造等中、高等普通学科和专业基础课。在中级教学阶段,还安排下厂实习,上午厂课,下午校课。

高级阶段内课有:舰船设计与制造(一年),飞机设计与制造(二年),期间兼学内燃机、蒸汽机、电机的设计与制造等专业课程。

制造学校的外课开设军操与体育,军操包括队列、投弹、射击、单兵战术、军事条令条例等。体育包括田径、体操、球类、器械运动、拳术、游泳等。中文包括四书五经、《史记》《古文观止》、官话指南。公民课(政治理论课)也包括在中文课范围内,公民课设有:政治浅说、法律顾问、经济概要、职业指导等课程。

3. 福州海军艺术学校

海军艺术学校按普通科与职业技术科安排教学计划,普通科(三年)开设初中文化课,主要有语文、外语(英语或法语)、公民、算术、代数、几何、三角、物理、化学、历史、地理等。职业技术科(二年)开设船工图算、机械加工、船体装配等制造工艺课,实行校课厂课并重,半工半读。在课程设置和教学计划安排上比艺圃严密,且考虑到按海军部规定的各中、高级海军学校初级教学阶段的要求与标准安排教学计划,以便学生转入高一级海校学习时,课程设置能够相互衔接,这是学生在专业教学阶段陆续转入海军学校、飞潜学校等各海校学习的重要原因,名副其实成为海军预科学校。

4. 福州海军飞潜学校

福州海军飞潜学校各专业教学计划按八年安排,分为普通、特别、专业三级教学阶段,教学时间分别为二、三、三年。每级课程设置分为学科(包括内、外课)、厂课、中文(称国文)三部分,外课、中文与制造学校教学科目相似,中文开"四书白话注解",古文选编等科目。普通级内课开设英语、数学、物理、化学、历史、地理等文化课,教学计划上安排半天校课,半天下厂实习车、钳、铸、锻等工艺课。特别级教学计划安排开设专业基础为主;专业级教学阶段,按专业培养方向设置课程。原有 5 个班,甲班(第 1 届)学飞机制造,乙班(第 2 届)学潜艇制造,丙班(第 3 届)学轮机制造,丁班学潜艇驾驶,戊班学轮机管理。丁、戊两班进入专业级教学阶段前,合并为1班,转入海军学校学习轮机专业。专业级教学计划与课程设置参照美国麻省理工学院等工科大学的课程设置。

飞机制造专业开设热工学、高数、蒸汽机、材料力学、材料与热处理、动力学、机械零件、机械原理、流体力学、造船原理、实用造船学、飞机结构与设计、航空发动机、气体动力学等课程。

潜艇制造专业开设材料力学、轮机、电机学、高数、锅炉设计、内燃机、流体力学、造船原理、实用造船学、机械原理、造船设计与制图等课程。

轮机制造专业开设热力学、电机学、高数、材料力学、锅炉构造与设计、内燃机设计与制造、实用水力学、船舶结构、金属学、蒸汽机设计与制造、机械制图等课程。

飞潜学校名义办的飞行员训练班,第一届4名学员有2名来自飞潜学校甲班毕业生。因此,教学起点高,校课2年,安排教授飞行专业理论课。飞行训练2年,分别安排在上海或厦门飞行训练班进行。

福州海军各校在教学管理上比船政学堂时期已有显著而全面的进步,制定严格教学计划和教学进度表,排定周课表,要求各专业考官严格执行教学计划。教学计划管理由专业科主任教官负责,副教官和协教官听从主任教官的安排。教学计划管理严格,教学计划上安排上游泳课,几乎是风雨无阻按计划进行。外课中的室外体育课,遇到雨天,则改为军操课,极少改上内课。而且要求各科教官严格执行教学计划,不得更动和走样。

福州海军学校的实习教学计划,由接受学生实习的单位按教学要求制定,海军学校不参与管理。航海专业学生的舰课一般由海军部鱼水雷营等单位组织海校学生舰课训练班,也安排一部分军事学科的理论课。轮机专业学生的厂课由指定的海军工厂负责实施教学实习。上述负责舰课和厂课实习计划管理和实施的单位直接向海军部负责,接受海军部军学司的指导和监督。航海、轮机学生的航行实习由专设的练习舰或指定的其他军舰负责组织实施。

(三)勤工学校

勤工至高航学校各专业课程设置如下:

三年制普通科开设:公民、语文、英语、代数、几何、三角、物理、化学、中国历史、中国地理、外国历史、外国地理、图画、音乐、体育、童子军训练等初中课程。

三年制机械科(招初中毕业生)开设:一年级为公民、语文、英语、代数、几何、三角、物理、化学、军训、制图、工作法、外国历史、外国地理、力学、实习;二年级增开音乐、高等数学、水力学等,结束大部分文化课;三年级增开电工、工程材料、机械、锅炉、电气工程、汽车学、材料试验、蒸汽机、电机工程等专业课程。

五年制机械科(招收高小毕业生)开设:一年级为公民、语文、算术、英语、代数、卫生、音乐、生物、图画、中国历史、中国地理、体育、童子军训练、工作法、实习;二年级增开几何、三角、物理、化学、力学、机床、制图等,结束生物、算术、图画等课程;三年级增开机械、军事训练等科目,结束童子军训、卫生、中国历史、中国地理等课程;四年级增开高等数学、水力学、工程材料、电工、电磁学等科目,结束音乐、外国历史、外国地理等课程;五年级增开锅炉、蒸汽机、柴油机、电气工程、汽车学等专业课,上学期结束大部分文化课和专业基础课。

三年制航空机械科开设:一年级为公民、语文、英语、音乐、外国历史、外国地理、代数、几何、三角、物理、化学、制图、体育、军事训练、工作法、实习;二年级增开高数、机械、力学、热机、机床、航空概要、航空发动机、电磁学、工程材料等基础课和专业课,结束部分文化课;三年级增开电气工程、蒸汽机、内燃机、飞机工程、航空仪器、电工、工业经济、飞机制图、空气动力学等专业课,上学期结束部分文化课和专业基础课。

六年制(1946年前为五年制)航空机械科开设:一年级为公民(1949年改为政治)、语文、英语、中国历史、中国地理、算术、代数、音乐、体育、卫生、图画;二年级增开代数、几何、三角,结束图画科;三年级增开物理、化学、外国历史、外国地理,结束中国历史、中国地理、卫生等课程;四年级增开动物、实习等科目;五年级增开高数、制图、机床、机械、机构学、材料强度、应用力学、飞机概要、空气动力学、热机、航空发动机、电工等基础课和专业课,结束外国历史、外国地理、理化、动物等课程;六年级增开飞机工程、航空仪器、飞机制图等,结束机床、机械、材料、力学、机构学等科目。

三年制电机科开设:一年级为公民、语文、英语、物理、化学、代数、几何、三角、制图、音乐、体育、军训、实习等;二年级增开高数、机械、原动机、电工、电磁学、工作法、工程材料等基础课;三年级增开力学、水力学、航空概论、电机工程、电厂、电力输送、无线电等专业课,上学期结束部分文化与基础课程。

五年制电机科开设:一年级为公民、语文、英语、算术、生物、卫生、图画、中国历史、中国地理、体育、童子军训练、工作法、电磁学、制图、实习;二年级增开代数、几何、物理、外国历史、外国地理、机械,结束算术、生物、卫生、图画等科目;三年级增开三角、化学、机床、军训,结束中国历史、中国地理等课程;四年级增开高数、电工、力学、工程材料、原动机、电机工程等,结束外国历史、外国地理等课程;五年级增开水力学、无线电、电厂、电力输送、电灯(电器)等专业课,结束数、理、化文化课和机械、电工等基础课。

三年制汽车机械科(收高中生)开设:一年级为公民、语文、英语、军训、代数、几何、三角、物理、化学、工作法、制图、实习;二年级和三年级增开高数、力学、汽车概论、蒸汽机、电工、机械、汽车工程、汽车发动机、运输学、工厂管理、材料试验等基础课和专业课;二年级结束文化课程;1944年又决定增开汽车驾驶与道路维修。

三年制轮机科(原定四年,1946年改为三年)开设:一年级为公民、语文、英语、中国历史、中国地理、代数、几何、三角、物理、化学、音乐、体育、军训、机械、海运、工作法、制图、钳工、操艇、实习;二年级增开航海概论、外国历史、外国地理、高数、电工、急救法、往复机、内燃机、锅炉学、力学、船员职务等,结束中国历史、中国地理等部分文化课;三年级增开电机、水力学、轮机、蒸汽机、造船学、冶金、热处理、电气工程、轮机实习,结束部分文化课和基础课。

六年制轮机开设:一年级为公民、语文、英语、中国历史、中国地理、音乐、图画、体育、算术、代数、物理、植物、军训、实习;二年级增开几何、卫生;三年级增开动物、三角、化学、外国历史、外国地理,结束植物、中国历史、中国地理等科目;四年级增开工作法、制图,结束动物、卫生课程;五、六年级课程安排与三年制二、三年级相同。

三年制航海开设:一年级为公民、语文、英语、代数、几何、三角、物理、化学、制图、中国地理、外国地理、急救法、帆缆、信号、操艇、音乐、体育、军训、航海概论、实习;二年级增开高数、球面三角、商业地理、外国地理、船舶驾驶、船艺、力学、无线电、轮机学等,结束中国地理等课程;三年级增开气象、避碰、航仪、造船大意、气象、地航、天航、内燃机、货运、海道测量、船员职务、海上保险等,上学期结束部分文化课和基础课。

六年制航海科开设:一年级为公民、语文、英语、童子军训练、中国历史、中国地理、算术、代数、植物、音乐、图画、体育;二年级增开几何、物理、动物;三年级增开三角、化学、外国历史、外国地理、军训,结束动物、植物、中国历史、中国地理、图画、童子军训练;四年级增开机械、制图等基础课;五、六年级课程与三年制二、三年级相同。

勤工、商船、高航三校所办的船工科,造船科课程设置相近,按学制,教学计划分为三年和五年,文化课、基础课与机械科相同,教学进入专业阶段开设船体结构、船体制图、船用机械、造船原理、电机、实习等专业课。1944年停办船工科,只办三年制造船科。

从勤工至高航学校,1936—1949年6月,各专业普遍开设公民课与军训课。1949年9月,以政治课取代公民课,取消军训课。1941年,学校迁高滩办学时,各专业低年级普遍开设生理卫生课,普及生理卫生和防病知识,1945年搬回马尾后停开,1946年起,六年制各专业开设动、植物课。1948年上报三年制停开中国历史、中国地理课。

三、实践教学

(一)船政学堂

实践性教学也是船政学堂的特色之一,它包括实验、厂课、舰课、毕业实习、社会实践等教学形式和教学阶段。船政学堂历来重视实践性质的教学环节。

1. 实验课程国内首创

沈葆桢认为这是"格致关头",不要说见所未见,闻所未闻,一定要认真下手,"精益求精,密益求密"。在日意格的策划下,船政学堂建起了物理、化学、气学、电学等一系列实验室。实验室供学生上实验课用,实验课由外籍教师负责指导。光绪八年(1882年)前,基本完善上述实验室。十年和二十七年又两次添购实验仪器和实验用品。

2.厂课实习与跟班劳动结合

厂课实习包括校内实习上场(厂)和分赴各地工厂实习两方面。

造船学堂学生每日半天由外国教师带领进厂实习。制造第1届由法国工程师舒斐讲解轮机构造;在技师(称匠师)乐平指导下,由技师马尔识讲解船身构造;工头德尚讲授调节蒸汽机的操作知识。在整个专业教学阶段,学生通过有计划的下厂进行系统的现场教学和参加动手实作,逐步学会舰船和轮机及相适船用设备的设计、绘图、放样、加工、装配、调试等实践技能,熟悉各厂(车间)生产过程,学会组织指挥工人进行生产。

绘图学堂学生学习测绘船图或机器图,每天花几个小时对一部150马力船用蒸汽机各零件进行仔细观察与测绘,学会绘制蒸汽机所有部件加工图,详细说明各种蒸汽机设计图,学习船图的学生到生产现场,参加船体设计制图、船台放样、船壳加工、装配等方面实习,逐步达到能独立测绘各种船图。

艺徒学堂学生每天上午上2节课外,其余时间,由法国教师克林、帛黎、腊都实、马尔识、力法索、嘉部勒、和排托、赛和等人带领,分别到各厂(车间)跟班实习,根据法国工程技术人员交流的各种船图或机器图,按图施工,制作和指挥工人施工。同治十二年(1873年),艺圃学生接受全面技术考核,独立放手自造,所有工程均已一一吻合,获得中外人士好评。

管轮学堂实践性教学以厂课为主,管轮第一届学生入学前有的已当过铁工,懂得一些基本操作技能,实习课重点是在外国教师阿澜指导下分解熟悉蒸汽机各部构造,学习设计、绘图、加工、组装、调试知识和技能。从同治八年至十二年十一月,管轮学生在教师和法国技术人员带领下,先后参加船政建造的万年清、湄云、福星、伏波、镇海、靖运、琛航等7艘舰船发动机和其他机舱设备的安装工作。在此之前,曾在陆上安装、调试一台150马力和一台80马力蒸汽机,在外购的华福宝、海东云船上各安装一台锅炉。通过实习,管轮一届学生有6名胜任船厂技师工作,有14名可任船上管轮,其他学生经航行实习后,也可担任管轮工作,取得明显实习效果,为以后各届生实习提供借鉴和采用。厂课实习1—2年,航行实习1年,逐渐成为定例,列入学制内。

3.航行实训严定课程,稽核日记

驾驶学堂以堂课为主,较少组织实习教学。学生毕业后,进入练船学堂进行船上实习和远航训练。同治十年五月(1871年6月),驾驶第1届学生堂课结束大考后,集中两年多时间进行船上实习和远航训练。十一年冬和十二年春夏,在英国海军教官率领下,分别乘练习船北上浙江、上海、烟台(原称燕台)、天津、辽宁牛庄附近海面和南下厦门、香港、新加坡、槟榔屿附近洋面而折回。让学生经受风浪,锻炼胆识,熟练驾驶技术。在远航训练中,每日做航行日记交教官阅校,练习测量天体、定船位,作海图作业。在南下训练回程途中,教官让学生轮流驾船航行,十三年至光绪二年(1876年),驾驶第2、3届学生堂课毕业或临近毕业,将他们移入扬武号轻巡洋舰,又将已舰课毕业分配在福建水师各舰任职的驾驶第1届生召集上舰,组织规模更大,海区更广的远洋训练,派英国海军军官德勒塞为总教官,率舰远航于新加坡、槟榔屿、日本各海口而返回。

光绪十一年(1885年),鉴于马江海战教训,决定加强驾驶学生的航行训练和海上战术操练,船政大臣裴荫森指出:"马江石浦诸役,死事获咎各学生内有暨经英国水师兵船总统、书院教习,甚为褒奖,出具切考给凭回工者,乃临事仓惶,不能出奇制胜,固由船小力单,形见势拙,要亦各船士卒,疏于训练。"裴荫森还认为驾驶学生在学堂学习数年后,约在18、19岁派入练船实习,并"严定年限,按时考试"。"赴船肄业,严定课程,稽核日记。"制定"由近及远,东则日本、高丽各洋,南则新加城、槟榔屿各埠,北则旅顺大连,环海参崴,西则印度洋、红海、地中海,每年春出秋归,冬出夏归。三年为期,与学堂轮番更换,学业愈练愈熟,人才愈练愈多",使驾驶学生能获得较强航行能力和作战指挥能力。

光绪十二年(1886年),为节约经费,将驾驶第9届8名学生(其他5名学生留学)送到北洋水师威远号练船上实习,3年为期。事后,驾驶(航海)专业学生堂课毕业后,均须经舰课3年训练。管轮学堂学生船上航行实习重点是参加机舱值更,熟悉机舱设备,学会操纵管理、日常维护和常见故障检修,为毕业后上船独立工作打下基础。

(二)海军学校

船政后学堂改为福州海军学校后,规定学生校课毕业后须进行舰课训练3年合格者才能毕业。舰课训练由海军部(或总司令部)军学司统筹安排,由海军练习舰队和水鱼雷营等单位接受学生的舰课训练,组织学生参加舰课训练班、枪炮、水鱼雷、通讯训练班,进行讲授有关理论课和实操演练,然后上舰航行训练1年,合格者才能毕业。训练中还要求学生每天写日记,完成测100个不同天体位置,参加制定航行计划、测定舱位和海图作业。通过实习,熟悉舰上上述战斗部门的战斗组织、平时与战时的勤务值班、训练,本部门战斗装备的使用、维护等知识和技能。还要熟悉在各种情况下单舰航行、单舰战斗行动(对空、对海、对岸)、编队航行、编队战术、护航等战术、技术知识,具有初级军官应掌握的组织指挥能力。学生管理考核归承担训练的单位负责。

海军学校轮机专业学生实习分为厂课与毕业后舰上航行见习1年。厂课实习也采取类似制造学校的实习管理制度,不同的是由各海军工厂工程技术人员进行重要课题的技术指导,海军部军学司组织考试。

船政前学堂改为福州海军制造学校后,实习管理严格、完善。规定学生在中级学习阶段,每天进厂实习半天,轮机厂6个月,合拢厂与锅炉厂各三个月,主要学习车、铣、钳、刨等金工工艺;木模厂、铸铁厂各三个月,学木工、造型、翻砂工艺;拉铁厂、铁协厂各3个月,学锻造工艺;船板厂、帆缆厂各3个月,学习制作工艺;船厂3个月,学看船图和放样。在实习期间,由熟练技术工人随时指导并进行评分,教官到厂结合课题进行辅导。专业级教学

海军学校学生操练

结束后,集中时间毕业实习1年,重点进行舰船与飞机的设计、绘图、建造等环节的实践活动,考核合格者发给毕业证书,分配工作。规定实习时由技术工人进行指导并评分,学校教官结合课题进厂辅导。

海军飞潜学校规定学生在普通级教学阶段组织实习,每天上午上课,下午进厂实践,要求学生掌握金工工艺。以后两个教学阶段,结合教学内容组织相应的课题实习。经常进船厂或飞机工程处,参加设计与建造舰船、飞机的实践活动,提高动手能力。飞潜学校乙班学习潜艇建造,时当北洋军阀统治时期,政局混乱,内战不断,经费困难,无可能建造潜艇。因此,只能改学飞机和舰船建造。

上述三所海校规定学生实习时,厂号第一响换工作服,第二响集合点名,第三响由值日生带队入厂,分赴指定实习岗位,认真操作,遵守厂规。

海军艺术学校学生实行半工半读,厂课实习重于校课。学生实习由学校呈送计划,福州船政局核准,组织学生入厂实习,在技术工人指导下,跟班劳作。实习内容由单一工种扩大到多工种,从基础工艺到生产产品操作,由浅入深进行系统技能训练。实习期间接受车间管理和考核。由于学生从普通教学阶段进入职业技术教学阶段时,各海校生额不足,多数学生先后整班转入海军各校学习,未能完成预定的实习任务。

（三）勤工学校

海军艺术学校改为私立勤工学校后,保持艺术学校理论与实践并重的教育原则,各专业各年段学期均安排实习课,并随学期教学计划下达。学校注重突出生产实习地位,自始至终安排不同工种、由浅入深的实习课,培养"手脑并用"中级人才。

实习教学由教务处制定计划,各专业科具体组织实施,由专职实习教师进行实习指导与管理,并规定各科专业教师定期到实习现场进行指导。学生各学期的实习是有内容、产品数量等指标的考核体系,它规定每个学生都要学会木工、金工、机械等工种的基本工艺操作。学生毕业前实习课在校内实习工场实习为主。毕业后派赴各地工厂、企业,结合今后工作岗位进行 1 年实习。

商船和高航学校陆上各专业保留勤工学校的实习管理办法，水上专业毕业后，分赴省内外航运公司船上实习。

1946 年，福建省教育厅公布《工业职业学校学生利用工厂设备实习办法》（简称《实习办法》），用以指导协调厂校之间学生实习的安排。学校也按此规定加强对学生赴厂实习的管理。实习办法要求：

工业职业学校未设工厂或已设工厂，而设备不全者，得请求利用所在地方公私营同性质之工厂设备，供给学生实习。学校利用所在地工厂供学生实习，应将工厂基本情况，连同学生实习科目、日期、人数等报教育行政机关，转请工厂主管机关核准。实习计划核准后，学校应与工厂根据设备状况，商定进行实习方法，并以不妨碍工厂生产为原则。学生在实习时，应受工厂负责人指挥，与工人同样工作，并严格遵守一切厂规。学生曾在工厂实习者，毕业时（实习期满），该工厂得优先录用。学生利用工厂设备实习时，所需特殊材料，其经费由学校负担。

高航学校为加强对上船实习学生的管理工作，制定《毕业生船上实习规则》，要求：本校为增进航海轮机两科毕业生海上实习效能起见，特定本规程。本校航海、轮机科毕业生在船上实习除遵守海上习惯外，对于本规程应切实遵守。本校派船实习生在舱位关系暂行分组实习，每组 3 人，航海科 2 人，轮机科 1 人，依毕业成绩换次轮流。凡有志实习之毕业生于接到通知书 3 天内亲自到校填志愿书，逾期以弃权论。由校聘请实习导师一员督率实习生实际训练。实习生在船上实习期间，一切生活均归实习导师监督指导。在停泊时间，如有登岸游览，应向导师请假。实习生各备航行（航海科）或机舱（轮机科）日记簿 1 本，以备填记航海应记事项；并各备笔记簿 1 册，记载实习心得；每日送请导师核阅，以备学校考查，作为实习成绩考核标准之一。每组实习时间暂定 2 个月，期满由实习导师依据各实习生操行勤惰及实习成绩评定等级（操行占 30%，成绩占 40%），报请学校发给实习证书。实习生在船上一切实习操作应服从导师指挥，所有动作除关于学业研讨经导师认可外，不得随意，以致妨碍船上航行工作。实习器材由导师商请船上酌量供应，不得任意取用。实习生膳食由船上照一般船员同等供给。实习生在船上不得携带违禁物品或私存买卖货物及搭客。实习生如有违反本规程各项规定，按其情节轻重，由导师报请学校予以停止实习或退回毕业证书之处分。

海军艺术学校改为勤工学校后，1935 年 11 月，海军部指令马尾造船所，准勤工学校学生在所内各车间实习。学校也逐步创造条件，设置独立实习工场，扩充实习设备。1938 年内迁尤溪和再迁将乐办学时，分别建立包括木工、钳工、车工、铸工等简易实习工场。抗战胜利后，学校迁回马尾，再设立实习工场。几经搬迁，几番周折，实习器材散失、破损颇多，一度影响过学生的实习，但在师生的共同努力下，坚忍不拔，每次迁校后都能尽快恢复实习设施，因陋就简组织实习，取得较好实习效果。

　　勤工、商船、高航三校各专业从入学至毕业,每学期都安排生产实习项目 2—3 项,由初级向中级,由简单到复杂,由半成品至成品阶段展开,制造出的产品供自用或出售。1936—1938 年,学生实习自制木质家具 95 件、课桌 120 张、课椅 80 张、档案箱 15 个、办公橱 3 个,供学校办公或教学使用。学校搬迁尤溪和将乐时,学生所用的床架、床板、家具也是就地取材,通过实习加工出来。

　　学校在组织学生教学实践活动中,也承揽当地的枪械、机械修理业务。1944 年 7 月,学生实习绘制飞机图样两套,赠送集美初中,供制作飞机模型。抗日战争时期,全国开展募集滑翔机运动,用于对日作战。学校师生自制大型滑翔机模型一架,捐送全国航空委员会,运至福建战时临时省会永安市展出。

　　商船学校、高航学校水上各专业学生在毕业前也无条件安排航行训练。学生毕业后,由学校与用人单位联系安排毕业实习 1 年。毕业生个人也可直接与用人单位联系实习。毕业生在实习期间,由用人单位供给膳食、往返路费,发给部分生活补贴,但不发工资。实习期满,经录用后转为正式职员。解放战争后期,部分毕业生毕业后即失业,联系实习单位较为困难,也有少量毕业生联系自费实习。

　　勤工和高航学校陆上专业毕业生实习单位先后有福建炼油厂、招商局、特种企业股份有限公司所属铁工厂、电工厂、工艺厂;福建公路局、马尾和厦门造船所、闽江水电工程处、龙岩、永安、南平等地发电厂及福州电气公司等工厂、企业。1945 年收复台湾后,相当多毕业生前后到台湾航业有限公司,基隆、高雄、马公船厂,基隆港务局等单位实习并被录用,至今仍有 200 多位校友在台湾。

　　高航学校水上专业(航海与轮机)学生毕业后,也须经 1 年海上航行后,才被用人单位正式录用。接受毕业生实习单位主要有中国油轮公司、闽江下游轮船公司、福建渔业公司、民生(船务)公司、华通轮船公司、新瑞安轮船公司等。毕业生上船实习,还要进行船员适任证书考试,由交通部广州航政局福州办事处负责考试和发证工作。毕业生一般需在 500 总吨以上船舶见习 1 年,经船员证书考试合格后,才可以正式担任船上职务。

四、学业考核

(一)船政学堂

1. 平时考核

　　船政学堂艺局章规定:"开艺局之日起,每 2 个月考试 1 次,由教习洋员分别等第。其学有进境考列一等者,赏洋银 10 元;二等者,无赏无罚;三等者,记惰 1 次,两次连考三等者,戒责,3 次考三等者,斥出(开除)。其 3 次连考一等者,于照章奖赏外,另赏衣料,以示鼓励。"还规定学生今后学业有成,准予晋升水师指挥官;能学成工程师、船(舰)长者,即任命为工程师或船长,并按外国工程师、船长薪金标准发给工资(后来实际未施行),特加优擢,以奖异能,将学堂季考与奖罚及今后晋升使用结合起来,鼓励学生刻苦学习。随后新生入学堂须先经考核,择其文理明通、资质纯厚者,以待叙补。光绪十一年(1885年),更明确规定新生入学经3个月试读,考试合格后才转为正式生。

历任船政大臣也重视学堂学生的平时学业考试和操行考核,每当上任伊始,都要到学堂考察,督导生徒,分别升降。仅制造第1届先后招生或从绘图学堂择优转入共105名,至同治十一年(1872年)临毕业时只剩下39名。同年2月,沈葆桢在《船政经费支绌折》中提到,船政名学堂共有学生300多人,其中前、后学堂有140多名,驾驶与制造专业已堂课毕业或临近毕业有72名,在校生中还有驾驶第2、3届和制造第2届学生70多名,至毕业时只剩下91名,还学习2—3年,中途退学30余名。

绘图学堂和艺徒学堂平时考试同样十分严格。绘图学堂第1届招生44名,除择优转入造船学堂制造第1届10名外,而毕业时只剩余22名,其余都是中途季考、期考中被淘汰。光绪十一年起,规定前、后各学堂规定学生入学试读3个月内,只给饭食,不给赡银,考定留校学习者才发给赡银。十一年十二月,复办艺圃时,规定新生,工食银减半(由每日1钱5分减为7分5厘),随时察看,学艺有进,向行加给,于培植人才之中,仍寓撙节经费之意。从十四年起,凡考试成绩另列特等一项,经考列特等3次者,除照章奖赏外,月加赡养银1两;再考列特等3次者,月再加银1两,以此类推。艺徒学堂学生学艺精通者,按考核成绩加银,以加至每日工食银1.9钱为度(月支工食银5.7两)。

船政各学堂平时考试结果都张榜公布成绩名次,连毕业学生名单也按毕业成绩次序排列。

2. 毕业考试

驾驶学堂的学生完成规定的修业,经考试合格,准予毕业,毕业考试当时称大考。驾驶第1届学生同治五年(1866年)和六年间先后入学,七年五月举行大考。

管轮学堂和造船学堂、绘图学堂,堂课教学与厂课教学是互相交替进行的,毕业考试合格者,表明堂课和厂课都完成修业,符合标准,准予毕业并分派工作,管轮学生派赴舰上见习。

1920年福州海军学校第12届轮机学生毕业合影

3.练船毕业考核

练船学堂学生在航行训练中,由外国海军教官随时地进行考核,逐日稽核日记(犹如批改作业),观察学生驾驶水平和风涛搏斗的胆略及指挥水手能力。航行训练结束,由教官作出全面比较与评价,作为学生舰课训练毕业的依据。同治十二年(1873年),洋监督日意格呈船政大臣关于学堂教育成果报告书中,对练船学堂的练童作了如下的评价:

(1)(驾驶第1届)14名军官已经受过管带军舰作长程航行所应有之理论上及实验上的教育。

(2)(驾驶第1届)12名军官也已经受过同样的理论上及实验上的教育,但尚未有过在学校教师目击下管带轮船的机会。

(3)(驾驶第1届)9名军官已经受过航海理论上的教育,但他们所受专业的实际训练嫌不够(以上计35名)。

(4)驾驶学堂现有的(驾驶2届萨镇冰等)15名学生中,有9名将有很好的成就。

(5)(驾驶第1届)有3名学生已经担任工作,其中2名担任教师,1名担任翻译官。

(6)(管轮1届)14名学生已以机械员的名义派在各船上工作,尚有7名在等候派用中。

办学后期,舰课毕业也举行考试,如最后一届学生于宣统元年(1909年)校课毕业,经1年多上舰实习后,于宣统二年三月在上海由筹备海军处(不久改为海军部)组织考核,试卷评分列为上等1名和中等1名,各给奖励,共9名合格,有1名不合格退回后学堂补习。

海军学校轮机第2届乙组学生合影

海军学校航海第3届学生合影

4.厂课考核

船政学堂各制造专业和管轮专业,堂课毕业前后,都经长时间厂课训练,艺圃和管轮专业尤为突出。管轮专业同治十二年(1873年)已毕业,有14名任船上管车,直到十三年,还在参加自造舰船机舱设备的安装实习。沈葆桢在同治十二年十月十八日上《船政教导功成吁恳奖励折》,其中提到:"管轮学生,凡新造之轮船机器,皆所经手合拢,分派各船管车者已14名。"说明管轮学生毕业后仍参加生产实践活动,进行厂课训练。同一奏折中又提到:

"自本年六月起(闰六月十二日),该监督日意格逐厂(车间)考核,列出中国工匠、艺徒(艺圃学生)之精熟技艺,通晓图说者为正匠头,次者为副匠头,洋师(法国技术人员)付与全图,即不复入厂,一任中国匠头督率中国匠徒,放手自造,并令前学堂之学生,绘事院之画童,分厂监之。数日以来,验其工程,均能一一吻合。此教导制造之成效也。"按艺圃创立,招生开学,至十二年已达5年,经堂课毕业,并经较系统的厂课训练与实际考核。同年日意格在呈送沈葆桢关于学堂教育成果的报告书中结论部分,分为轮机部分、船身制造及船上装备部分、驾驶部分。前两部分报告如下:

(1)轮机部分

①(前学堂)7名青年受到堪任场长(类似车间主任)的理论上教育;如若船厂仍按过去所做的工程继续制造轮机的话,他们有能力担任指挥之资。其中1名学生堪任下列各班的教师。

②(前学堂)21名青年,在继续学习1年或1年半后,将可达到上述各人同样成就。在合计以上和人中,有24人(指制造1届),在继续深造下,可以成为工程师。

③(绘事院)24名学生拥有了图绘轮机的很高实验,其中8名,在继续学习下,可以成为学习班班长。

④(艺圃)87名艺徒曾经在学堂上课,各拥有他们的职业上很高的实验,并能按图工作。他们之中,有53人,如若继续深造,将能达到担任场长的程度,其中最聪颖的甚至可以成为工程师。

⑤186名工匠和艺徒,都能够按图工作。

(2)船身制造及船上装备部分

①(学前堂)9名学生能够按1艘木质轮船的估算表执行工作,计算出它的容积、航行的情况,制出船身及船帆的图案,在模型厅中定船型并督其执行。这些学生中,有7名在继续进修中,可以成为工程师。

②(艺圃)14名艺徒知道绘图,他们圆满修毕木工一课,而能在模型厅绘出船型。其中9名在继续进修之下,可以成为木工匠头。

③(艺圃)6名匠头能够在模型厅中绘出船型,并能指挥船身及船上装配的工作。

④58名工匠及艺徒能够按照授予他们的图样,执行船身的工程,或船上装配的工程。

报告书最后指出:"在没有欧洲人员的支援下,船厂能够按照迄今已经仿制的款式继续制造轮船及轮机。那些轮船的款式计有7种,万年清型、湄云型、优波型、安澜型、扬武型、镇海型、永保型。轮机方面,计有两型,不过只在细节上彼此有些不同,而在制造的一般原理上并无二致。以上系前学堂制造1届和绘事院船图、机器图测绘专业1届及艺圃1届造船、造机等专业学生在厂课训练中的考核成果。"

(二)海军学校

1913年,船政前、后学堂改为福州海军制造学校和福州海军学校后,平时考试次数之多、监考之严,比起船政学堂有过之则无不及。制造学校1912年招收第1届学生60名,

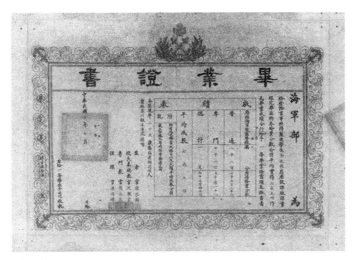

福州海军制造学校 1921 年为学生金廷槐颁发的毕业证书

经 1 年大、小考试 5、6 次,甄别后只剩 22 人,至毕业时只剩 12 名,另有 5 名肄业。而且考试名目繁多,有平常考、月考、季考、期考和年考。期考与年考极为严肃,由海军部派舰队或要港司令、司长或中校以上资深舰长为监考官,并带一批监考人员到校,身着全套礼服,佩戴军刀,连夏天也不例外。学生列队点名,逐个接卷入场应试,每人 1 桌。试卷由海军部军学司命题,密封后由监考官带来,监时圈定考题范围,连校长和主任教官都不知道试题内容。考场内秩序井然,鸦雀无声。每班监考人员众多,有的班学生不足 30 名,监考人员有 10 多人。考场规定很多,若有违反,轻者以零分计,重者勒令出场或者开除,不留情面。考试分为内课、外课、中文(也称汉文或国文)三科,实际每科包括若干课程,如内课就有外语、数、理、化和专业基础课等。考试结果也分三榜公布,80 分以上者,给予奖励,每增 5 分为一级,每级再加奖 5 元,有得奖 20 多元的。每一科各门课程平均分数 60 分为及格,该科某门课程一直不及格,其他门课考好,平均达及格线也不要紧,可以继续升级学习至毕业。三科中有一科平均不及格者予以退学,因无班可降,无级可留,不用功学习,绝对不行。

海军学校与海军制造学校血缘相通,平时考试情况基本相同,1930 年海军在《海军学校规则》中明令规定每月终举行月考。期考由学校报计划经海军部批准并派员监考。海军学校所不同的是培养舰上军官,外课中的游泳教学与考试特别重视,因之游泳期考特严。每年农历白露前后,单独举行游泳考试,海军部以中校舰长任监考官,游泳考试在外课评分中所占比重较大,成绩优劣直接影响到外课成绩,考不好也退学,游泳成绩优异者,单独给予奖金,多者达 20、30 元。另外,新生入学经 3 个月试读,甄别考试决定去留,正式编班学习。

海军飞潜学校平时考试分为学科(含内、外课)、厂课(实习课)和中文三部分。三部分

林遵（中立者）在福州海军学校当队长时与葆桢队学生合影

桐梓海校时训育主任邓兆祥（右 3 ）与学生合影

平均及格以上者可继续学习,平均不及格者也照章退学。学校还把平时操行表现与学业成绩挂钩,记小过者总平均成绩扣去5分;2次小过记大过1次,记大过者扣去平均成绩10分,唯一特别照顾的例子是学校组织2名学生学鼓号,当军乐队使用,早、中、晚课余3次练习,较为辛苦,若期考、年考总平均成绩差几分,可以酌加几分,凑成及格、继续学习至毕业留校当号兵。

海军艺术学校招生后实行6个月试读,举行甄别考试,按成绩确定去留,正式编班上课,课程按相当于初级海校普通课程标准设置,参照海军学校制度组织平时学业考试。每班新生有50人左右,经2—3年学习、考试,只剩约半数学生,多数是整班转入海军各校继续学习。

海军学校航海专业采用后学堂驾驶专业的做法,在校修完全部理论课,考试合格者准予校课毕业,轮机专业也采取航海专业的做法,在校6年半完成理论课教学,考试合格后也称校课毕业,随即转入厂课学习。海军学校航海与轮机专业校课毕业考试科目是全部在修课程,由海军部命题,派人员监考,气氛严肃紧张。通过考试关很不容易,一旦考试合格,即标志着正式进入海军行列,能施展平生抱负。

海军制造学校和飞潜学校各专业及海军学校军用化学专业属陆上专业(飞行班例外),其校课、厂课教学互相交叉进行,飞潜学校直接将在校修业分为学科(即校课)与厂课两大部分教学内容,校课毕业即学科与厂课都毕业。其特点是校课与厂课都纳入学校教学计划内,以学校施教为主。海军学校航海与轮机专业校课毕业后,学生离校进行舰课和厂课实习已不是学校的教学任务。制造与飞潜两校校课毕业同样要考全部修业课程,考场纪律比期考、年考还严。

　　海军学校舰海专业舰课教学与实习各阶段结束时，都要举行理论考试和实操考核。如1932年6月，舰海第3届练生龚栋礼等学完枪炮、鱼雷课程，参加考试。9月，龚栋礼等与舰海第4届练生共24名移至"通济"舰练习舰课。11月，又移至"应瑞"舰练习。1933年3月，舰海第4届练生刘荣霖等在南京草鞋峡"辰字号"鱼雷艇上试射鱼雷，接受考核。1936年8月，航海第6届练生邱仲明等上通济舰上练习。1939年，航海第7届陈心华等在四川木洞镇舰课训练结束，举行考试并在辰溪上进行布、扫雷演练考核。舰课毕业的学生，派赴海军各舰或作战单位见习。抗日战争时期，舰课训练时间有所缩短。

　　海军学校教学实习主要依赖练习舰和造船厂，实习、实验设施较少。实验设施和教具主要有物理、化学实验室（设在阶梯教室内），有天文钟3架，天文表7个，六分仪10架，磁罗经1台，以及灯光、旗号等。学校内迁桐梓后，也未添置像样的实验器材与教具，只购置部海图和绘图板，原有的理化实验器材在迁校中已部分破损。

　　海军制造和飞潜学校也同样依靠造船厂和海军飞机制造工程处进行教学实验和实习活动，两校均无完整的实验设施。

　　到海军学校时期，轮机专业明确规定校课毕业后厂课训练1年半，着重从理论和实践上继续学习舰用动力装和机械设备的设计修造、检试及舰船结构与修造等方面的实际技能，其厂课训练比后学堂更系统，要求更高，标准更严。厂课考试合格再举行毕业考试，毕业后再经舰上见习1年才正式委派工作。

　　海军学校、制造与飞潜学校、艺术学校同样也无单独生产实习设施，仍利用船政局、飞机制造工程处的生产设备来完成实习教学任务。海军学校只有供教学用的枪炮、鱼雷、水雷实物陈列室和船模室，无法实操；轮机专业有1台能用的旧内燃机，这些实物也毁于抗日战争的战火中。

　　福州海军学校未配实习船，毕业生舰上实习由海军练习舰队负责。练习舰队成立于1913年，毁于抗日战火中。练习舰队先后有"通济""肇和""飞鸿""应瑞"等训练舰。1939年，海军总司部又临时指定民权舰为训练舰。抗日战争胜利后，校课毕业的学生分散到作战舰船上实习，从此未设专司训练的练习舰。

海军学校学生毕业留影

海军学校

（三）勤工学校

勤工学校成立后,校方着手制定学籍管理规定,包括学业成绩考查办法、入学、休学、转学、退学等细则,当时学生因病、因事、家境困难者等情况退学者较多。1939年,福建省政府颁发《中等学校管理规则》,学校据此修订学生学业成绩等级标准、转学、休学、复学、退学和优良学生奖励标准等学籍管理规定,主要内容有：新生或插班生,入学时必须持有原校正式毕业证书、学籍证明、成绩册,临时证件无效。新生在原校修业或毕业考试不及格科目,必须在省教育厅组织的当年初、高中会考中参加不及格科目的补考,未补考或补考不及格者应予退学或跟班试读,试读者无正式学籍。学生违反校纪,分别给予记小过、大过、退学或开除处分。规定有下列之一者给予退学或开除：1.每学期旷课达30小时以上者；2.每学期所修学科不及格达1/3以上者；3.严重违反校规又屡教不改者；4.患严重疾病不适于坚持学习者；5.操行评定丁等(不及格)者；6.参加游行示威罢课者。

勤工、商船、高航一般都有明确规定月考、季考制度,但平时抽考很多。1945年规定每星期六下午为抽考时间,抽考学科不得事先通知,教师在考试前确定。采用临时指定参加抽考的专业、年段、班级。期考和年考要事先制定计划,报教育厅审批并派监考官到校监考。期考科目为该学期所开设的课程,考1/3科目,不及格者应留级或休学,待有级可留时才复学。为省部主管部门代办的班级举行期考,还要邀请其派员到校监考。

高航学校航海(驾驶)与轮机专业学生,校课毕业后,虽无规定船上继续训练年限,但须经1年见习期才可以正式参加高级船员适任证书考试,实际是另一种形式的"舰课"训练与考试,且是通过规格更高的国家考试。

第三节　学生管理

一、招　生

（一）船政学堂

船政学堂的学生都各有其称呼。在船政前、后学堂学习的学生称之为"艺童",在练船学堂学习的学生称之为"练童",在绘画学堂即绘事院学习的学生称之为"画童",在艺徒学堂即艺圃学习的学生则称之为"艺徒"；只有在各学堂学习毕业或留学生回国分配工作后,才称之为"学生"。

同治五年十一月十七日(1866年12月23日),船政求是堂艺局开局招生。招生对象不分汉、满等民族,凡年13—16岁,无论举贡生员、官绅士庶出身,均可报考。时逢科举未废,报考者并不多,因而年龄又放宽至12—20岁。招考前,招生布告在福州及马尾等地大街小巷抬眼可见。招考程序有三：目测、堂考，最后体检。第一次招考由在家守制的首任船政大臣沈葆桢亲自命题，考生只需写一篇作文，题目为"大孝终身慕父母"。是次，严复（宗光）考取第一名。招考的试题还有"车战议""为才须学而论""子路、曾皙、冉有、公西华侍坐"等。新生入学时，规定必须"取具其父兄及本人甘结"，即画押担保，取具其父兄及本人的保证书，保证在校学习年限内不告请长假，不改习别业，以取专精。

从同治五年至七年，前学堂制造专业先后招生 105 名；从同治五年至八年，驾驶 1 届先后招生 100 人。

为了招收到有一定英语基础的生源，船政学堂于同治六年（1867 年）年派人到香港英国学堂招收邓世昌等 10 名粤童入学，单独编班上课，称"外学堂"。光绪十年（1884 年）船政学堂再度派人到香港招生，孙中山当时 18 岁，在香港皇仁书院读书，也报了名。后来由于中法马江海战爆发，无法成行。于十二年入广州博济医院学医。

宽进严出的制度使得船政前后学堂从同治五年（1866 年）至宣统三年（1911 年）的 45 年办学中，只毕业 500 余人，而事实上先后招生人数大约是毕业人数的 2—3 倍。也就是说，如果一个班分为九等：上上、上中、上下、中上、中中、中下、下上、下中、下下，只有中上以上的学童得以毕业。

前后学堂不是每年招生的，而是 2 年或 3 年招生一次，共招 9 届，随后即停止招生。

船政学堂从创办起，规定学童 3 次连考被列三等，即给予斥单（退学通知书）。由于学童入学 3 个月经月考被退学者甚多，从而逐渐形成试读制度，即新生入学后试读 3—6 个月，试读期满即进行甄别考试，决定去留，重新编班。前、后学堂各专业的各届学童在入学后的 1—2 年内随时淘汰并补充新生，如制造第 1 届到同治六年（1867 年）一月只剩 12 名学生，七年三月又补充学童至 26 名，到十二年又增至 39 名，其中 10 名是从绘事院第 1 届学生中挑选出来转入制造专业学习，并重新编为 3 个教学班。同理，绘事院和艺圃也须历经多次甄别考试后再次编班。

光绪二十三年四月十日（1897 年 5 月 11 日），福州将军兼管船政的裕禄提出将艺圃分为艺徒学堂和匠首学堂："各生徒在学，或性情懒惰不肯勤学，或资质鲁钝于学难期心得者，均随时剔退，另行挑补。现均饬令入学按章办理。"招生时还挑选年幼聪颖幼童造册存记，令其在家候传，"以备后学堂挑补及前学堂艺圃两处鲁钝生徒剔退者之用"。

新生录取后还有仍热衷于仕途，或视航海为畏途者，如"李景光，字宗欣，年十三，应马江船政学堂，既而寄来家书求退学，专攻中文……力于经史"。入学后，因学习跟不上或因病退学较多，在第二、三年又陆续招生，补足生额，或者从绘事院选送优秀生学习制造专业。

同治六年八月初八日（1867 年 9 月 5 日），沈葆桢在《察看福州海口船坞大概情形折》中称，他于上任第三天"就马尾甄别法学艺堂，随及英学艺童……其续招入局者，先局门考校，择其文理明通，尤择其资质纯厚者，以待续补"。各学堂在首批招生时，留有备取名额，建立生源后备制度。从五年至七年，前学堂制造专业先后招生 105 名，其中有 10 名是七年从绘事院第1届第1班转入的。十二年,制造第1届105名学生中病故6名,退学60名,在校生只剩39名。驾驶第1届从同治五年至八年,先后招生100人。

池仲佑主编的《海军大事记》中,引用严复的话说:"当是时,马江船司空草创未就,借城南定光寺为学舍(定光寺俗称白塔寺),同学仅百人,旋移居马江之后学堂。"这一届学生中严复、叶祖珪系同治五年招收,刘步蟾、林永升、黄建勋、林泰曾、方伯谦、邱宝仁等为六年招收,许寿山系七年招收。驾驶专业聘请英国海军教官,采用英文教材和用英语上课。六年派人到香港英国学堂招收10名粤童入学,其中粤童张成系八年入学,其余多为六年和七年间入学,驾驶第1届毕业时只剩33名。

绘事院同治六年十二月(1868年1月)创办时,第1届招生44名,同年冬,有10名学生转入制造专业第1届,至十二年毕业时,只剩二个班22名学生。

管轮学堂第1届学生多数招自上海、香港等地的铁工,具有一定的实践技能,外省子弟较多,从第2届起,新生中闽童占多数。

艺圃招生对象为船政各厂(车间)年15岁以上,18岁以下有膂力有悟性的学徒。从同治七年一月二十四日(1868年2月17日)创办至同年六月二十三日(8月11日),陆续招生100多人。这一天,沈葆桢在《机器到工已齐并船厂现在情形折》中说:"据日意格前称:华匠与洋匠,器用不同,言语不通,事事隔阂。况素谙绳墨者类皆中年以往,心气耗散,往往不能探赜通微,请各厂分招十五以上,十八以下有膂力悟性者,或十余人或数十人,俾易教导,名曰艺徒,现在所招已及百余人,又不能无以矜束,于是复有艺圃之设。"至十一年三月,艺圃在校生已达140多名。

船政学堂原定招生为60名,后陆续开办管轮、绘事、艺徒学堂,各学堂又连续招生。至同治十一年,前后学堂在校生已达140多名,绘事院20多名,艺圃140多名,计300余名,其中前学堂制造专业招生8届,第2届学生入学时间在同治八年至十年间,个别学生最迟在光绪三年才入学,如李芳荣系同治八年入学,陈才鑅同治十年三月由绘事院转入,而古之诚于光绪三年才从绘事院转入。后学堂驾驶专业在同治十一年前招生3届,其中驾驶第2届于八年招生,第3届十年招收,第2、3届学生在光绪元年九月初三日(1875年9月30日),与驾驶1届毕业生同上"扬武"号巡洋舰出海远航训练。

光绪元年后,船政各学堂招生虽无定例,但也陆续招生。一般是在老班毕业或临近毕业时招收新生,具体招生数记载不全,学习至毕业的人数仅是招生数的1/2或1/3。有记载的招生年份、人数、专业如下:光绪元年招收驾驶第4届和管轮第2届,二年,在吴赞成刚接替丁日昌任船政大臣不久,于六月初十日上奏中称"后学堂老班学生(指第2、3届)已上扬武练习,在堂皆年来(指1年前)新招,内惟林占熊、唐佑、许兆箕、邝聪、陈燕年(伯涵)等(皆驾驶4届学生)颇得算学门径"。二年一月十九日,上报派同知唐延枢、黄达权往香港招收具有英语基础的新生40名,计划派归后学堂学习驾驶。二月十五日,从香港和本地共招收新生 70 多名,其中 32 名进入刚开设的电报学堂(电气学塾)学习,余下学习驾驶专业(系驾驶第 5 届)。二年至四年,驾驶专业招收第 5—7 届,制造专业只招收第 4 届,管轮专业也只招收第 3 届 29 名新生。

船政后学堂在光绪七年(1881 年)前,驾驶第 1—8 届和管轮第 1—3 届都向香港广东地区招收新生。同年香港总督尼沽说:"每年(香港)有 40 多名最好的中国学生被福州船政局和中华帝国海军引诱去。"四年,选粤童 8 名,闽童 21 名入后学童学习管轮专业(系管轮第 3 届),内有 4 名本系船政轮机厂艺徒,向习法文,现令兼习英文。这届学生中的郑文恒系福建长乐县人,毕业后任北洋水师致远巡洋舰大管轮(舰长邓世昌),在甲午战争中阵亡,原毕业名册漏列。七年五月,同文馆选派留美幼童詹天佑等 16 人回国后来未分配工作,派入后学堂学习驾驶专业 2 年,其中詹天佑回国前已从美国耶鲁大学土木工程系铁路专业毕业,获学士学位,其余均未大学毕业。

光绪八年十二月(1883 年 1 月),前后学堂在校生为 100 名,绘事院 10 名,电报学堂 6 名,艺圃 62 名,共有 178 名,至九年十月初三日,船政大臣张梦元奏折称:"至两学堂(指前后学堂)肄业(毕业)学生,除续批出洋肄业(学习)及派赴闽省南北洋各练船外,臣到工后,即出示招考,遵取材质聪颖之幼童百二十名,分实两学堂肄习,督令各监督、教习严密课程,认真教导。现合新旧各班学生计之:前学堂学生共四十七名,后学堂驾驶学生共七十一名,管轮学生共三十一名。"此时前后学堂老生还剩 29 名,新生 120 名,11 月前陆续毕业 76 名,其中有制造第 3 届,驾驶第 6、7、8 届和管轮第 2、3 届。新生编为制造第 4 届,驾驶第 10 届,管轮第 4 届。同年底,在校的艺圃学生 62 名也结业,表明他们是在六年前入学的。十一年(1885 年),清廷提出大治水师,加强海防,为船政各厂和学堂的发展带来转机。同年六月初八日,船政大臣裴荫森奏称招收幼童 100 余名入堂,先教以语言文字,俟半年后,再行甄别去留;这批新生分为驾驶第 11、12 届,管轮第 5、6 届。

(二)海军学校

1912 年,前、后学堂仍沿用旧校名,已经 6 年未招生(光绪三十二年招管轮 11 届为清末最后 1 次招生)。沈希南(驾驶第 14 届)任福州船政局副局长代局长职,决定第一次向全省公开招生,报名学生达数千人,生源遍及闽东、闽南、闽西及海外华侨子弟。招收对象为13—16 岁少年,初中文化,分三场考核录取。第一场考点设在福州林则徐祠堂(南后街),以身材外貌取人,初取 2 千多人。第二场考点设在福州三牧场高等学堂(今福州一中),写策论(即作文)一篇,题目为"见贤思齐焉",录取千人。第三场又设在林则徐祠堂,进行认真体检和握力试验,最后录取 180 人,备取 50 人。制造、驾驶、管轮三个专业各录取新生60 人,学制均为八年四个月,分班时采用抽签办法,分班后若双方自愿,还可以互调专业。

1913 年 10 月,前学堂改称为福州海军制造学校,后学堂改称为福州海军学校,两校归海军部直辖。制造学校同年春、秋各招 1 班新生,每班 50 人,编乙、丙班。新生多数为海军军官和地方官吏保送子弟入学,入学日期不同,可以随时插班或退学,学制改为十年,制造学校生额定为150人,新生入学后经几次考试,淘汰较多,甲班在当年只剩20多人,全校生额不满。1915年和1916年又各招1班新生,编为丁、戊班,也属保送生和插班生。

福州海军学校改名后,原驾驶专业校课定为6年半,厂课1年半,其余4个月为入学试读3个月和毕业后休假1个月。在校生除1912年各招1班航海与轮机外,于1913—1914年,招收60人为航海第2届。1917年春,招收轮机第2届,报名人数达500人,初取100人,甄别考试淘汰三分之一。

1915年,海军部接管交通部吴淞商船学校,将南京海校移入,改称吴淞(高级)海军学校。烟台海校定为初级海校,学制三年,毕业后调往吴淞海军学校再学习两年。福州海军学校航海第1届傅成等60人和航海第二届冯家琪等54人于1918至1919年先后调入吴淞海军学校学习至毕业,编为烟台航海第12届和第13届。1920年,吴淞海军学校又复归交通部办吴淞商船学校,海军学校教师调往烟台,同时从广东、福建海军学校调入学生,其中航海第17、18届分别从福州海军制造学校丁、戊班51名学生和福州海军学校新招收的航海第2届31名学生转入。

1918年北京政府海军部制定并公布《海军学生考选单程》,各海校招生工作走上规范化。该单程规定年满14岁至16岁的未婚青年可以报考,由各省行政长官选送。

《海军学生考选章程》如下:

中华民国七年十月十七日(1918年10月17日)部令公布

海军学生由各省行政长官依本章程所定考格,拣各该管地方生童,按期送沪报考,并将选定各生履历先行咨部。考选海军学生之期间及名额,应由部临时酌定,并先期咨行各省,一面登报通知。考格:

<甲>身家清白,不入外国籍者;

<乙>年龄已满十四岁至满十六岁尚未完娶者;

<丙>身体健壮,无暗疾,目不近视,能辨颜色者;

<丁>国文通顺,能作浅近论说者;

<戊>曾习英文读本第一、二集者;

<己>曾习算学、比例、代数加减乘除者。

考选学生由临时组织考选委员会,并将各省咨送学生汇编名册交由该会于考选地点举行考试。考选委员会应以上级海军军官一个为会长,以学校总教官一人、海军部秘书一人、军医官二人及其他委员若干人为会员,均由海军总长临时指派之。考选委员会附依照第三条规定之考格办理外,所有与选学生应再加面试,务以口齿爽利、精神灵敏者为合格。侨民子弟如愿应考者,应呈请驻扎处之本国公使或领事官,依本章程所定考格拣选,按期分别咨呈外交部转送与考。海军中等官以上之官佐,得准以合格之子弟一人呈部保送考

海军总司令部第六届新招学生合影

选,惟每员只以保送二次为限。海军官佐中,如遇有阵亡或因公殒命,有事实可以证明者,其子嗣如果合格,准由该家属呈部应选。前两条之规定,虽不在考选期间,得准其随时呈送,由部考核,果系合格,交司存记,如遇学校中有相当之额缺,准予插班,以示优异。

送考各生,均应于部定考选日期前,携带四寸相片一张,径赴考选委员会报到,逾期概不收录。其往返川资、寄宿等费,除依本章程第一条选送各生由各该省行政长官等给外,其余均由自备。凡送考生学生经录取后,即在考选地点听候派船载送赴校。送考各生之父兄或其监护人,须将部定表式亲笔填写,交由该生俟录取后带校存案,以备便于通信及校对笔迹之用。

本章程自公布日施行。

福州海军学校坚持船政学堂的老传统,从艺圃直接选调生源。福州海军艺术学校也就成为福州海军学校的生源储备基地。福州海军学校自航海第1、2届输入吴淞海军学校后,在校生只剩轮机第1、2届(原管轮第12、13届)。1920年前后,开始从福州海军艺术学校选调学生。至1926年,陆续调入航海第1—4届,轮机第1—3届,其中航海第2届陈赞汤等31人于1924年4月奉命转入烟台海军学校学习,与烟台海军学校招收的部分学生合编为航海第18届,1928年9月毕业时还剩19名,另11名系烟台自己招收的学生,计毕业30名。1924年4月,航海第2届转走后,同年7月,海军学校根据海军总司令杜锡珪的指示,在南京组织第1次全国招生统考。考生多由海军军官保送子弟参加考试,考试科目有语文、数学、英语、语文科等,作文1篇,题目为"学而时习之"。录取新生40名入学,编为航海第2届。随后又从艺术学校调入航海第3届。1926年从艺术学校再选刘荣霖等30多人转入海校,编为航海第4届。学生从艺术学校转入海校轮机1—3届时间分别均在1920年、1922年、1925年7月,海军学校增设军用化学专业班,学生也从海军艺术学校转入。

1927年,国民党政府定都南京后,于1929年成立海军部。海军部于1930年1月陆续公布《海军学校规则》和《海军部招考学生委员会规则》,其中对新生的考取和入学都作了具体规定。

《海军部招考学生委员会规则》如下:

中华民国十九年一月三十一日(1930年1月31日)部令公布

第一条　本委员会承海军部长之命办理考选海军航海、轮机学生事项。

第二条　本委员会由海军部长指派委员若干人组织之。

第三条　本委员会置下列各股：考试股、测验股、审查股、庶务股。

第四条　考试股掌理关于各门学科命题、监考及评分事项。

第五条　测验股掌理关于测验学生目力、体格事项。

第六条　审查股掌理关于学龄资格及保送来历之审查、登记事项。

第七条　庶务股掌理关于通信并布置考场、编发试卷及其他筹备事项。

第八条　本委员会系临时组织，考试蒇事时即撤消之。

本规则如有未尽事宜，得随时修正之。

同年 4 月，福州海军学校由海军部组织全国统招新生，招生对象为年龄 16 岁左右、初中文化程度、身体健康、视力好、无色盲、体重达 80—90 磅(约 35.6—40 公斤)、身家清白的青少年。生源遍布海内外。全国各地侨务委员会、海军中校以上军官(抗日战争时期放宽至尉官)、地方官绅均可保送子弟直接送部应试。考试分为各省初试和海军部复试。各省初试取 20 名送南京复试，保送生名额在分配给各省的名额内列出。

福建自设船政学堂以来，成为航海和海军人才聚集的省份，保送子弟和乡亲引荐应试人数多，考入福州和全国其他海校也较多。如 1937 年全国第 4 届统招时，福建考生达 600多人，经体检和初试后送 60 多人赴南京参加复试，往返路费考生自理，福建考区主考官为马尾海军司令李世甲海军少将。

南京部考时，海军部长陈绍宽海军上将亲任主考官，率一批考官对考生逐一严格面试。部试科目除省试科目外，还考中文、英语、数学，中文(作文)题目为"忠义为爱国之本"。文考各科成绩达 80 分以上者，才参加面试和体格复查，录取文考成绩好、身体健康、五官端正、无口吃现象、无鸭板脚的新生入学。1930 年至 1944 年，海军学校共统考招收新生 8 届14 个班，计 666 名，其中航海 10 个班(第 5—14 届)，航海第 10 届由轮机第 6 届 18 名学生于 1942 年 7 月改为航海班，次年 12 月毕业。轮机 4 个班(第 4—7 届)。海军学校与青岛海军官校合并后，1947 年和 1948 年秋分别统招 1 届新生，对象为高中毕业生，学制四年，实施大学本科学位教育，且航海、轮机专业兼习，毕业后可任指挥官，也可任技术军官。

1941 年，航海第 9、10 届有 12 人临毕业时因视力不佳，转入另组建的造舰班学习。

1917 年底创办的福州海军飞潜学校于 1918 年初开始招收新生入学。新生从福州海军艺术学校英文甲、乙两班各转入 50 人。这批学生均为海军军官和地方官吏保送的子弟，编为飞潜学校甲、乙班；同时在福州公开招收具有初中毕业或同等学力新生 50 名，编为丙班。同年夏天，又招收新生 100 名，编为丁、戊班。这两班学生于 1924 年前剩 62 名转入福州海军学校学习轮机专业，编为轮机第 3 届(原管轮第 14 届)。

1924 年，飞潜学校与制造学校先合并(实际上是制造学校校舍破旧，因发洪水倒塌，暂迁福州海军飞潜学校上课，校舍未修，一再拖延，等于并入福州海军飞潜学校）。1926年，两校又并入福州海校，仍以飞潜学校名义办完航空班第3届，生源从本校或其他学校毕业生中挑选入学，如陈长诚、揭成栋系飞潜学校毕业生，何健系制造学校毕业生。

福州海军制造学校、海军学校、飞潜学校，除1947年后的青岛海军军官学校外，招生仍沿用船政学堂的幼年制，但生源质量较过去高，开始全国统招后，生源分布广，质量进一步提高。福州海军各校历年招生人数（不含航空班和军用化学班）具体统计如下：

1912年2月，在前后学堂公开招生的同时艺圃也招收一批新生，具体人数不详，其中有徐君薰等，系这年2月考入艺圃，1917年7月毕业。

艺圃随着前后学堂的更名，也改称为福州海军艺术学校（简称艺校），恢复艺圃早年的5年制，归福州船政局管辖。1912年，艺校在船政局内挑选优秀学徒黄乃发等20多名入学。仍采用半工半读，晚上自修，不授课艺。1914、1915年又陆续招生，招收高中毕业至初中程度新生入学，学生增至70多名，分为甲、乙、丙三班，开设文化和初级工程课程，每周下厂实习2天，其余时间上课，甲乙班学法文、丙班学英文。1916年初在福州公开招收初中生50名入学，编为英文乙班，原丙班改为英文甲班。此时学制定为五年，每班学生40—50名。

1916年春，艺校新校舍落成使用，翌年添招初中程度新生200名，编为甲、乙、丙、丁、戊五班。1918年初，英文甲、乙、丙班拨归刚成立的福州海军飞潜学校，又新招120人入学，编为甲、乙、丙三班。1919年甲班王荣瑸等20多人又补充入飞潜学校。1920年，艺校招生80人。1920年前，法文甲、乙两班毕业。1921年后，艺校继续招生，在学生临毕业前多数转入海军学校学习航海、轮机、军用化学专业和转入海军南京无线电班学习通讯，1930年前直接毕业人数不多。1927年最后一批学生转入海校后又陆续招收新生，其中王助等学生于1929年春反对不合理考试制度，全班被开除。1930年至1935年春，陆续招收甲至癸8班学生300多人。1935年春决定取消春季班，举行甄别考试，翁亨樵等7人成绩优良，从庚班（初三上学期），跳班编入乙班（初三下学期），其他庚班学生编入辛班（初二下学期）。同年7月，己班以前的6个班全部毕业，余下辛、壬、癸3个班约120转入刚成立的勤工学校学习。

自1913年至1934年秋，艺校招生人数约在千人以上，而直接毕业只有数十人，多数转入海军学校等学习。

民国时期，福州海军各校基本继承船政各学堂新生试读3个月，并列入学制内的传统制度。试读期在于培养军人风纪初步养成和鉴别其品行、文化程度等，经过试读期的考试合格者海校才正式录取，取得军籍。有的专业班级经6个月试读，甄别考试后重新编班和确定届数，出现同时入学、早半年或迟半年毕业的现象，如1941年11月68名新生甄别考试后，文考成绩好的28名编为甲班，列为航海11届，1946年1月毕业，另40名新生编为乙班，列为航海第12届，1948年4月才毕业。乙班学生中还有高孔荣等16名系1943年4

月招收的68名新生中,择其文考成绩较好的编入补充,其余52名学生编为航海第13届。1931年6月,由海军部统招新生100名入海校学习,送到马尾入学后考试编班淘汰5名,至10月新生甄别考试时只录取82名,编为3个班。1934年10月招收航海新50名,入校后举行考试编班淘汰2名,剩下48名编为航海第7、8届两班,分别于1939年6月、12月毕业。

从海军艺术学校转入的海校新生,等于从初级海校转入高级海校学习,没有预科阶段的试读和甄别考试,直接编班授课。

福州海军制造、飞潜学校新生入学后,同样有一定的试读期(相当于预科阶段),如制造学校第1届新生60名,经1年试读后,只剩下20多名。随后制造学校陆续招收4个班,新生出入较多,允许其随时退学或入学插班学习。

福州海军艺术学校虽无明确规定入学试读期,但入学后仍有一定复验时间,包括交验各种证件和鉴订入学保证书,然后取得正式学籍。对证件不全者或临时证明者,只能跟班试读。对证件齐全或毕业会考不及格科目补考合格后,才能转为正式生,取得学籍。

福州海军学校1930年由海军部核定生额为240人,分为8个班,其中航海6班,轮机2班。实际上在校学生人数未达定额,只保持在150—200名之间。

福州海军制造学校生额从招收初中生60名,至1916年共招生5个班,生额近200名,随后停止招生,在校生人数逐年有所减少,基本维持在150名以内。

福州海军飞潜学校只办了8年,共招收5个班,最多时生额达200多名,随后因淘汰等原因,降至150名左右。

福州海军艺术学校1915年前在原艺圃旧址办学,只能容纳学生百人左右。1916年,学校迁入在马尾铜元局旧址盖好的新校舍内,可容纳150—200人。1918年,艺校新校舍让给飞潜学校办学,搬回旧校舍上课。因此艺校在校生只维持百人左右。

(三)勤工学校

1935年7月,艺术学校停办。辛、壬、癸等三个120人转入刚成立的私立勤工学校继续学习。同年8月24日,勤工学校招收普通科(即初中班)新生40名,招收对象为高小毕业生。学制三年,年龄10—16岁。

1936年3月,招收机械科新生39名,学制五年(三年初中文化课,二年职业技术课)。同年7月,定为初级工业职业学校。除机械科外,增设电机,船工图算(造船科)。招收新生146名,学制也是五年。

1937年,学校开始招收初中毕业生,学制三年,新生年龄13—20岁。也招收插班生(系其他中学转校生)。五年制系初中学历,三年系高中学历。插班生需正式学历、学习成绩,原转校证明,学校利用全省中、小毕业生会考时招生或组织本校教师分赴各地举行考试招生。1944—1945年,福建仍处于抗日战争环境下,交通不便,经教育厅决定,将招生简章和名额等材料寄到各地县分别委托南平、建阳龙岩、莆田、晋江、惠安等县政府代考代招新生，福州市及邻县由学校直接派人招生。三年制招生科目为公民（政治）、语文、英语、理化、史地，专业需面试和体检。1944 年，学校招生简章规定，凡是参加全省初中毕业会考，总平均成绩达到 70 分以上者，由各县具函保送，面试入学。1938 年后，学校每年接受将乐、南平、建瓯的等县中学直接保送的优秀初中毕业生入学。抗战时期还面试接受"战时儿童保育院福建分院"的毕业生。以及第三战区（包括福建在内）战时失学青年（持有学历证明和复员证书等条件）和从军青年（持有学历证明和复员证书等条件）面试入学。上述零星招收的新生均为插班生，随时按其学历编入专业低年级学习，不得编入毕业年级学习，新生每班人数 50 名左右，最多达 70 多名。

1943 年 7 月，勤工学校增设汽车机械科，招收唯一一届高中毕业生 41 名入学，学制三年。1944 年 2 月，设立商船学校，招收初中毕业生四年制（后改为三年制）航海、轮机新生各 50 名，入学前病亡 1 人。

自 1935 年至 1951 年，勤工、商船、高航三校每年分别招生，其中三年制共招生 1419 名，5 年制 1630 名，招插班生 674 名，学制、专业或班级人数不命的有 295 名，计 4018 名（不计艺校转入 120 名）。另外，1946 年后造船科招生人数不详（缺档案材料）。

1944 年，世界反法西斯战争节节胜利，中国的抗日战争也渡过最艰难时期，为培养战后经济建设人才，4 月 9 日，福建省政府签发训令，要求勤工学校增招造船机械等 5 个部办或省办经建班，新生全部享受免费入学，供给伙食等公费生待遇当年招生 607 人，为学校招生历史上最多年份。

勤工至高航生源分布以福建籍尤其福州及郊县青少年学生为多，外省籍学生少，且是家居福建而入学。如 1943 年在校生共 594 人，只有广东籍学生 2 人，江西 2 人，安徽 1 人，江苏 1 人，浙江 4 人。

1952 年夏，高航学校停止招生，并入他校。

1935 年勤工学校成立后，改变过去单纯培养军用人才的局面，人才培养向社会，就业路广，学校办学规模逐渐扩大。随后又办起商船学校，培养民用航海人才，办学规模进一步扩大。勤工和高航在校生流失较严重，在前后招生 4010 余名新生中，同期先后退学、休学 1500 人左右（只统计当年 1 个学期），实际不止此数，转学 200 多人，只复学近 300 人，加上学习跟不上中途退学或者被勒令退学人数，只毕业生 1600 多人，占招生人数的 1/3。在自动退学的学生中，包括家庭经济困难的，提前就业，因病，因事，病亡，转学，抗战志愿从军的，新中国成立时参军、参干，从事公安工作等原因，约有 20% 的学生复学。以 1942 年下学年为例，有 99 名学生退学，其中家庭困难的 45 人，因病 32 人，因事 22 人。另有转学 10 人，同期复学 11 人，纯减少 88 名。1946 年，勤工、商船合并为高航学校，停办电机和机械专业两科学生 87 人，转入省立高工学校。

二、日常管理

(一)船政学堂

船政学堂实行的是"权操诸我"的学生管理模式。学生入学后,日常的学生管理以创办之初制定的《求是堂艺局章程》8 条为主要依据。其日常管理方面的主要规定有:

艺童入学从船政衙门开印日(一月四日)开始,到封印日(十二月二十四日)回家,即春节放假 10 天(十二月二十四日至一月四日)外,均要上学。每逢端午节、中秋节各给假期三天。礼拜日,不给假。也没有寒暑假。实际每年在学时间为 349 天,按现在高等院校的校历安排,船政学堂一学年等于现在的 1.4 个学年。

艺童每天早晨起床,晚上休息,按作息时间进行。上课时间要认真听教习、洋员训课,不准在外嬉游,致荒学业;不准侮谩教师,欺凌同学。艺童患病的医药费用,均由学堂发给。患病较重者,由监督察验,确实是病重的,送回本家调理,病痊后即行销假。艺童免费食宿。艺童每月给银四两,俾赡其家,以昭体恤。艺局内宜拣派明干正绅,常川住局,稽察师徒勤惰,亦便剽学艺事,以扩见闻。其委绅等应由总理船政大臣遴选给委。

1867 年 11 月 7 日,英籍航海教官嘉乐尔到马尾任英国学堂监督,拟订学堂管理规章制度,其中规定放 1 个月暑假和 8 天春、秋节假,未被采纳,其他管理内容与求是堂艺局章程大同小异,基本被采用,作为艺局章程的补充。在学生请假方面,照顾到中国的风俗习惯,除有节假外,准学生请病假、婚假、丧假。而嘉乐尔制定的规章中不准学生请婚丧假。船政学堂学生日常管理由船政大臣和提调委派的学堂稽查、管理委员负责,并在校内住宿,便于考察与管理。

条文内容如下:

(一)学生父母必须保证该生留校学习 5 年,时间从工厂车间开工时算起(指船政铁厂 1869 年 2 月 11 日起算,法国工程技术人员 5 年内包教中国工人并作为各专业第 1 届学制的依据);学生如不遵守学校规章,将提到监督那里,给予退学处分。

(二)从 7 月中旬一直到 8 月中旬,学生有 1 个月假期,另加中秋节 8 天。

(三)除假期外,学生不能回家,不管家里有什么事。星期天,从中午到晚上,学生父母(或亲戚)可以到学校看望他们。如果学生病了,其父母可以到学校医务室探望。

(四)学生每 3 个月要通过总监工和监工的 1 次考试,根据每个学生的表现情况给予奖惩。

(五)学生有 2 个月试验期,2 个月之后,根据他们的能力,决定是否被学校录取。被录取的学生年龄不能大于 20 岁。为了不妨碍学习,最好是未婚。

(六)休息时间必须确定,学生应该遵守执行。

(七)学生由学校供养,他们每个月发 5 两薪金。当他们掌握了所教的欧洲语言时,根据他们的学习时间(年限),他们的薪金将增加3—5两;如果他们学习不专心,这个奖金将被扣发。

(八)由中国官员负责学校的治安工作,处罚犯错误的学生,这可以使学生家长放心,知道他们的孩子还是在中国人的手里。

(九)任何1个学生由于家里人的结婚或死亡等原因,在学习期间请假,他跟不上别人,可以说他不能再算是在校生。

针对嘉乐尔提出的规章制度,沈葆桢亲笔写下了十条意见:

第一条　学堂以铁厂开工之日起限五年,自为稍宽时日以期必成起见,可行。学生有不遵章程者,随时斥退,亦可行。

第二条　伏日给假,原为体恤学生起见,但较之原定章程,转多间断,宜仍照原定章程;多一日之功,便速一日之效。

第三条　除年节外,不准回家。礼拜日准父母亲戚看视。有病,验实方准回家医治。俱属可行。惟父母之丧,断不能不给假百日。

第四条　三个月考验一次,分别赏罚,与原定章程相符。可行。

第五条　学生肄习两月后,察看再定去留。入学者不得过二十岁,并须未娶之人。可行。

第六条　眠食读书,各有一定时刻。可行。

第七条　学生月给五两,所费固属无多,惟左宫保已定四两在先,外议并不嫌少,可不必纷更。此后学成一层,每月加给银一两;又学成一层,每月再加给银一两。以资鼓励可也。

第八条　学生不肯尽心习学,交委员酌量资罚,以释疑惧,此议极好;应由贵衙门出示晓谕,咸使闻知。

第九条　学习全在专心致志。婚丧准假,虑其假托,具见办事认真,期于必成之意。惟婚可假,丧必不可假,查验涉虚,可以重治其罪。且人闻父母之丧,哀痛昏迷,几不欲生,何能肄业,虽留之堂中,无益也;徒使造谣言者,谓一入学堂,便不知有父母,则体面人家子弟必裹足不前,是以此层断不能不通融办理。若虑给假者,学业参差,先生难于一一指授,则已得先生指授之学生,即可以教未得先生指授之学生。况人之资质灵蠢不同,即学习均无间断,长进者自长进,生疏者自生疏,断不能全无参差之理,所赖朋友互相观摩,补先生所不能遍及者耳。至遭亲丧事不常有,数十人中,不过一二人。如数十人学皆有成,仅此一二人以作辍而废,于大局固无碍也。

第十条　学生拼出数年辛苦,可以获利,可以传名,自不得不严加约束,其图片刻偷功者,委员随时戒责。

沈葆桢还说,以上十条"如属可行,除已见原定章程者,毋庸重复示知外,其为原定章程所未及者,应由贵衙门补行示谕。至原禀所称,学生应招家中体面并已通中华文字之人。……所称请旨赏成功之人以较大官职。朝廷用人之际,当亦允行也"。

按照艺局章程和沈葆桢、嘉乐尔制订的管理规章,学生成绩优异者,可增加赡养银,如光绪九年(1883年),前学堂在校生34名,其中1名月赡养银最高为9两;后学堂驾驶学生44名,最高月赡养银6两;管轮学生18名,最高月赡养银11两;回华补习学生(指驾驶第8届)4名,有2名月赡养银各9两,2名各7两;报务学生6名,有2名月赡养银各20两,2名各16两。前后学堂当年在校生116名,每名平均月赡养银5.08两;还有每人每天饭食银7分5厘,每月2.25两。绘事院学生享受前后学堂学生待遇,后学堂驾驶管轮学生上船实习时,饭食银加倍。艺圃学生不发赡养银,每人每天发给1钱5分工食银,最高每天1钱9分。每月工食银为4.5—5.7两。当时船政各分厂和各学堂一般工人月薪才4—6两,学生的伙食标准和补助(赡银)与工人工资差不多,并长期持续下来,形成船政学堂兴学育才的一个主要特点。

各学堂学生在校内集体食宿,统一作息。艺圃学生在白天劳作后,晚上上两节课。同治八年(1868年)底,改为增加每天上午第1—2节上课。学生课余活动较少,晚上各自在宿舍内复习功课,学堂委员和稽查随时督察学生的学习和言论表现,违规者轻者斥责或处罚,重者责令退学。在旧中国科举未废、封建教育盛行的环境下,各专业学生奋发刻苦学习,每年都要通过几次严格的考试才能学习至毕业。

光绪十年(1884年),中法马江海战后,船政各学堂学生管理曾一度松懈,存在"考核生徒,不无徇滥,而泰西机巧日辟,船政经费支绌,不免因随就简,狃一得以自封,愉惰宽疲,后学堂尤甚"。因此,决定对各学堂进行整顿,包括于十一年决定"复设艺圃以多招艺徒,改定章程"(作者按:1886年1月14日上报正式复办)。并规定从当年开始,新招学生,只给饭食,不给赡银,学习3个月(试读期)后,考定留堂者,始行于日给饭食外,月给赡银4两。艺圃新生日只给工食银7分5厘,比过去减半,当时物价1斤大米约银1分6厘,每日工食银够买4—5斤大米。对艺圃学生随时察,学艺有进,再行加给。

光绪十三年(1887年),船政学堂学生管理又规定每3—4月考试1次,另列特等一项,学生考列特等3次者,照章奖赏外,月再加赡钱1两;再考列特等3次者,月再加赡钱1两,以此类推。在校生不满3年者,不得列入特等。还规定艺圃学生"必技艺精良且通洋文绘算者,始足以膺出洋留学之选"。还采用北洋水师学堂一些科学的管理制度,以补船政学堂疏漏。

(二)海军学校

海军学校、制造学校、飞潜学校新生一入学,就实行军队的供给制,按军队日常制度进行管理,又具有一般学校的管理特征,学生伙食方面是4菜(3荤1素)1汤或3菜2汤,8人一桌;1946年后改为1人1份餐食的分食制。每月发给少量零用钱,初年级每人每月大洋 3 元,中年级 6 元,高年级 10 元,抗日战争困难时期,为海军人员强壮体质,每月伙食标准银元 7 元增至 8 元,早餐增加供应馒头。服装方面统一着海军学员上士(即士官)制服,戴大沿帽,扎武装带。每年发白帆布夏服 2 套;白帆布鞋 1 双,黑皮鞋 1 双;冬季呢制服 1 套;2 年发呢外套大衣 1 件。还发给运动服,夏季背心 2 件,冬季卫生衣裤 1 套。此外,还发给浴巾、游泳衣裤等生活用品。规定学生一律理光头,1930 年后改理平头,不准蓄长发。每半个月理发 1 次,每周洗澡 1—2 次,学校配有理发匠,建有浴堂,免费理发、洗澡。住宿方面,学生每 6 人住 1 间寝室,每人配 1 张书桌和凳子,用电灯作照明。要求学生每天整理寝室内务,被子叠成方块,生活和学习用品排列整理。抗日战争爆发后,海校内迁,生活与住宿条件比在马尾时差。

海校学生的每日作息制度是 5 点或 5 点半(冬季 6 点)起床早点名,20 分钟后出操(跑步、打拳、队列操等),或者体育锻炼 30 分钟;7 点半早餐,8 点集合举行升旗仪式,由各班级轮流担任仪仗队,着制服,全副武装,班长佩戴指挥刀喊口令,号兵吹军号,整个升旗仪式约需 10 分钟。升旗后至 11 点 20 分上 4 节课。11 点半午餐,下午 1 点 20 分至 4 点半上 4 节课。星期六下午只上 2 节课,桐梓时期每天下午也只上 2 节课。下午下课后晚餐前进行体育锻炼或兵操训练。下雨天射击训练或实弹打靶。下午 5 点半晚餐;晚上 7 点至 9 点在寝室自修。不得自由活动,由学监和学生队长(班主任,由教管兼任)随时察看监督。自修完毕进行晚点名,1930 年前学生站在各自寝室门口点名;后改在内操场集中由值日队长点名。

海校与船政学堂一样,不放寒暑假,上学期期考成绩张榜公布后,7 月 1 日即转入下学期学习,之间只间隔 3—4 天。平时不准学生请假回家,未经学监或队长批准,私自出校门者要记小过。每星期日不上课,上午 10 点前进行卫生扫除和内务整理;10 点后举行校阅,检查学生军容风纪,要求服装整齐,皮鞋和铜扣要擦亮。午餐后至下午 5 点放假,但活动范围在以能听到军号的距离(约 2.5 公里)内,学生一般在马尾街(桐梓时多在县城内)附近活动,家居福州学生也偶有回家探望家人,学校暂迁鼓山时,学生节假日休息时多数登山游览,也有夜间私自登山观赏月光山色。凡星期日私自回家或夜间出校者,一经发现,都要记小过 1 次,放假后晚餐前点名,不在者即记小过,无需申辩。记小过 3 次者记大过,3 次大过即开除。

海军学校门禁森严,学生亲属和校外人员一律不准入内参观,大门口有武装警卫值勤,亲属来校探望学生,只能在大门边接待室(会客室)见面,如吕美华(新中国成立后任人民海军西安舰长,毕业名册上未见列名)伯父吕超系国民政府主席的参谋长,从四川远道来马尾探望也不准入校内。再如航海第 10 届何康同学父亲何燧系军长,亲属来校时也不准入内。学校管理严格,秩序良好,公私财物从未丢失过。

海军学校学生管理由训育处统一负责,下设学监(1936 年改为队长制)分管各班级,各班学生期考第一名任班长,协助学监或队长管理本班学生。以后又改为老班优秀生担任新班班长(即学生小队长)。再挑选1名学生任学生总队队长。1934年前由航海第5届卢国民(1930年入学)任学生总队长。随后有轮机第4届王先登和夏新等同学任总队长。

1936年6月10日晚,轮机第4届因校课毕业,晚上聚餐后才回校。晚点名时因下雨,不肯到操场列队点名,以违反校规论处,全班33名学生有30名被开除。只有夏新、吴宝锵、云惟新3名同学外出带新班学生,才幸免于难。班长郑练简以其系学生小队长,无权调动学生,且已到场为由提出申诉,获准后补发了毕业证书,后在福建公路局工作。同月20日,郑练简等30名同学在英籍教官克礼及亲友资助下乘船赴南京请愿;7月,船政学堂驾驶第2届毕业生、海军宿将萨镇冰也另行赴京替学生求情。但是11月,国民政府海军部军学司还是下达了开除海校30名学生的决定,并呈军委会备案。事件震动了全军,使海校学生终身引以为戒。从此以后,海校增配本校早期毕业生或留学生担任学生各班级队长,加强对学生的监督、管理与控制,避免类似事件的再次发生。同年10月16日,福建省政府决定在县政训班内附设轮工班,收录海校被开除学生,训练3个月后派各工厂实习9个月,再分派工作,实习期间每月各予津贴20元(银元),有18名入班参训,另12名非闽籍学生由江阴海军电雷学校收容,作为该校第1届轮机班,于1937年3月毕业。这30名学生中直接毕业的有吴宝锵、陈瑞涛、冯(李)辉;另有罗孝武、谢忠谋、杨竞寰、夏新(后留美学造舰)、方惟贤(后赴美受训)、朱尧曾(后留美学汽车)等6名经补训后,取得正式军籍。

福州海军艺术学校学生日常管理基本采用海校的管理办法,学生入学后,由学校供给食宿、军装、书籍、学习用具和生活用品,理发、洗澡免费,一律穿斜纹布中山装、戴军帽、穿黑皮鞋。学生每日都有严格的劳作、学习、生活作息制度,试读6个月经甄别考试后才正式录取。

1927年后,福州船政局经费困难,生产停滞,大批解雇工人,艺术学校停供学生缮费,乃至收取学费和入学交保证金每人60元。1934年,福州船政局改称马尾造船所,酝酿裁撤艺术学校。1935年春,学校决定取消春季班,庚班(初三上期)成绩较好学生升入己班(初三下期),成绩较次学生降入辛班(初二下期),庚班学生反对合并,于4月下旬罢课数日,被开除20多名。7月,艺术学校停办。

(三)勤工学校

1935年8月,艺术学校改为私立勤工学校,隶属地方教育系统,采用地方的学校管理模式,学生如年放寒假和暑假,建立学生班级组织,每班配班主任,负责学生日常管理,病归训育处统一管理。学生入学后,所有费用自理,所交学费约占学校正常经费开支的30%,包括学费、灯火费、卫生费、体育费、实习材料费、书籍费、军团费(指童子军和三青团组织活动费)等。享受公费生待遇的学生面交上述费用,按学习成绩和品行等级还可以享受助学金,免费提供住宿。

勤工学校时期,办学困难较多,学生生活艰难,住宿、卫生条件差,战争环境下数次迁校,学生频繁退学或调整专业等,给学生管理带来困难。1946年,省、部办经建班造船科因助学金被拖欠数月而发生罢课,随着国民党发动内战、经济条件每况下降。物价飞涨,时局动荡也给学生正常管理工作带来较大冲击,但从勤工到高航学校,学生的学习性目的明确,学习刻苦用功,抗战胜利后搬马尾,借用公私房屋办学,学生集体住宿,拥挤在宿舍内煤油灯进行晚自修,学生中较少违规行为,被退学的学生大数系政治性缘由,如参加反内战、反迫害反饥饿斗争的游行罢课活动而被扣以违反校规受退学处罚。学生管理中不许抽烟、不许喝酒,也不准下馆子。在1941年抗日战争最困难时期,由学校给予一定的生活补贴,助其完成学业。因此,学生普遍自觉的遵守校规校纪,专心致志求学。

学生膳食管理由本人自带食米,食堂代为蒸饭,汤菜自购。为改善生活,在内迁尤溪、将乐时,自办农场、养猪、种菜、碾米、还集资办起小卖部,出售生活和学习用品等,培养学生艰苦奋斗、勤俭节约、热爱劳动的美德和生活自理能力艰苦环境下的应变能力。

三、军事训练

(一)船政学堂

船政学堂在外国人看来,就是一所军事院校。日意格称其为"兵工厂",英国外交部称其为"水师学院"。显然,船政学堂除具有一般院校的日常管理特点外,有着突出的军事管理特点。

船政学堂的军事管理主要体现在军事教育与训练,以及军队供给制方面,军事训练以后学堂为主。学生堂课毕业后派往福建水师实习舰课,接受军事教育与作战训练。同治十一年(1872年)前,将练习弓箭列为教练科目。同年八月二十二日,上谕准沈葆桢关于"所有船上之官、弁、兵、勇,应恳准其免习弓箭,俾专心训练枪炮,精益求精"的奏折,同意水师官、弁、兵、勇专学枪炮,免习弓箭,在练船上实习期间,一律按军队要求进行管理,直至毕业以后任职。

(二)海军学校

从福州海军学校到艺术学校,均属于海军教育系统,全面实行军队制式管理,除严明军纪,服从命令,令行禁止,遵章守纪,奖罚公正外,还强调教官的以身作则,风范育人,循循善诱、培育军人风度的一面,使学生养成良好组织性、纪律性。

福州海军学校与制造、艺术、飞潜学校,学生从入校至毕业,都实行军事管理,要求纪律严明,服从上级,行动整齐划一,着装统一,按军营制度进行作息,生活严肃、紧张,体现出浓厚的军营气息。学生入学后就接受军事爱国主义教育。尤以甲申(马江)、甲午(黄海)海战失败为国耻。随后有计划组织严格的军事训练,每周举行校阅,以检查和巩固学生军事管理成果。海校的学生军事管理由训育处组织实施,以学生队(班级)为单位进行。学生除国家规定的法定节假日外,一律不放假和准假,严格遵守军队请销假制度,更不放寒暑假。不经批准,课余不准外出,节假日不准回家。学生必须学完校课和舰课毕业后,前后8年多才享受1个月休假待遇。学生在校内,还需按军队礼节礼貌进行相互交往,尊敬教官,言行上丝毫不得越轨,处处培养军官风度,养成军人良好生活习惯。对违反校规军纪的学生,轻者罚立正、关禁闭或其他相体罚及受处分,重者取消军籍,开除出校。

(三)勤工学校

勤工学校成立后沿用海军艺术学校的军事管理办学对学生进行管理。1937年3月1日,学校奉命编为中国童子军2460团,凡是年不满18岁的学生一律加入童子军,接受童子军训练。年满18岁的(法定从军年龄)学生,接受军训。军训由福建军管区司令部或海军马尾港司令部派现役军管担任;在将乐时由建(瓯)延(平,即今南平)师管区派军管担任军事教官,其工资、福利待遇由原单位支付。参加军训学生要编入当地战时国民民兵组织,1941年受军训学生人数269人、受童子军训练有335人,1945年参加军训由222人。同年初,受过军训的部分学生自愿报名参加中国远征军,准备赴缅甸、印度等国配合盟军与日军作战。参加兵役登记的学生有近百人。

勤工学校的学生军事管理除接受战时军训处,后进行战时后方动员宣传和后方勤务活动,随时准备参军参战,消除敌特,进行防空疏散和战伤抢救等训练。学校还对学生进行抗日军事教育和爱国主义教育,激发学生接受军事管理的自觉性。学生的日常行为仿照军队的要求进行,每日统一穿校服(童子军服),遵守作息制度,宿舍内务宿舍整洁,不经请假,不得离校外出等规定,坚持严格的军事管理制度使勤工、商船学校培养出一大批有作为的人才。

第四节 留学深造

船政学堂的留学教育是船政教育的深化与发展,也是船政教育的重要组成部分。它开创了中国近代学生留学教育的先河,奠定了中国留学生的留学方式和基本制度。虽然同治十一年(1872年)就有幼童留美,但留美幼童并未完成预定计划,其目的也不够明确、不够具体,实际上并不是很成功的。从中西文化交流的实质性成效看,从高等学府选派和建立留学生教育制度看,真正建立起中国留学生教育制度的基本模式并沿袭下来的是船政学堂。船政留学生背负国家期望,为了窥视西方"精微之奥",于"庄岳之间"苦学西方先进科学技术,学成归国,成为国家的栋梁之材,为中国近代的经济发展和社会进步、为中西文化的交流做出了不可磨灭的贡献。英国军官寿尔高度评价船政的留学,他说:"这事(指船政学生留洋)已经办了,我们不久就要看到结果,因为一个巨大的变化已在目前,当这些青年带着旷达的眼光和丰富的西方学问回到中国时,一掬酵母将在中国广大的群众之中发生作用,这对于整个人类将不能没有影响。"

一、留洋章程

(一)船政生徒出洋肄业章程

同治十二年九月二十九日(1873 年 11 月 18 日),船政监督日意格给船政大臣沈葆桢呈送了《关于船政学堂教育成果的报告书》。在报告书中,日意格阐述了组织学生留学欧洲的主张。他认为:"中国还未呈现出一个足以训练出工程师的工业环境。""只有到欧洲去,他们才能从研究各种各类的工程中得到了经验,而且他们在那边求学的时间至少需要 4 年。"他的报告书最后说:"到 1874 年 2 月,我们所负的责任将终止(指聘请法国师匠 5 年包教中国人员学会造船驾驶的合同规定期满)。关于各学堂的学生及艺徒所受的教育,我自认为有义务站在中国所将取得利益的立场上,而认为让我所指出的那些学生继续深造,必定可以得到可靠的成果。……这种珍贵的种子若任其分散或不加以播种,那无异于将那些教师们,尤其是学生们,历尽艰辛的努力,而历时 7 年的耕耘所得到的果实整个抛弃了。"

日意格报告书的观点显然是正确的。一、光凭洋教习的教学是不够的,他们没有时间也没有办法让学生们的技术提高一步;二、中国还没有出现一个足以训练出工程师的工业环境,必须到国外去;三、只有到国外深造才能了解工业上的最新进步;四、船政学子们继续深造,可以得到可靠的成果,否则,历时 7 年的耕耘将前功尽弃。

同治十二年十月十八日(1873 年 12 月 7 日),沈葆桢在《船工将竣仅筹善后事宜折》中阐述了派遣船政学堂毕业生留洋深造的重要性和必要性。他指出:"中国员匠,能就已成之绪而熟之,断不能拓未竟之绪而精之。……欲日起而有功,在循序而渐进,将窥其精微之奥,宜置之庄岳之间。"沈葆桢还认为,洋人来华教习未必是"上上之技","选通晓制造、驾驶之艺童,辅以年少技优之工匠,移洋人薪水为之经费,以中国已成之技,求外国益精之学,较诸平地为山者,又事半功倍矣"。主张"前学堂,习法国语言文字者也,当选其学生之天资颖异学有根底者,仍赴法国,深究其造船之方,及其推陈出新之理。后学堂,习英国语言文字者也,当选其学生之天资颖异,学有根底者,仍赴英国,深究其驾驶之方,及其练兵制胜之理"。显然,沈葆桢赞同日意格报告书的观点,并提出了"窥其精微之奥,宜置之庄岳之间"的重要论断。同时,他还分析了组织学生留学的可行性:一、船政学堂学习制造、驾驶之艺童已经毕业,已通晓制造、驾驶之艺,艺圃毕业的工匠年少技优,可堪造就;二、这些艺童和工匠,用在中国已学成的技术,再到外国精益求精,定能事半功倍;三、把给洋人的高薪用来作为派遣留学生的费用,从经济上算也是可行的(原议留学 5 年,约需白银 40 万两,而上海同文馆幼童留美 15 年则需费 120 多万两);四、沈葆桢在折中还分析道:"三年、五年后有由外国学成而归者,则以学堂后进之可造者补之,斯人才源源而来,朝廷不乏于用。"

同治十二年冬,船政大臣沈葆桢奏请船政学堂学生出国留学的奏折由总理衙门交左宗棠、李鸿章、李宗义等大臣广议奏,均表支持。

正当多数重臣取得一致意见,赞成派遣留学生之时,日本侵略者并吞中国藩属国琉球后,又借口两年前琉球进贡使团从中国返回,误入台湾高山族居住区,被误杀多人一事,挑起侵台事件,清廷急令沈葆桢督军防卫台湾,部分船政学堂毕业生随军出征,派遣留学生事暂被搁置。

光绪元年一月三十日(1875年3月7日),在派遣留学生方案未实现前,日意格奉命赴欧洲采购挖土机船、钢材、机器等,沈葆桢派魏瀚、陈兆翱、陈季同、刘步蟾、林泰曾等5名学生,随同日意格赴欧游历,实为进修学习,成为成批派遣留学生的前奏。

沈葆桢在《报明艺童随日监督出洋片》中奏道:"臣等于上年十二月初一日附片,奏陈船厂应办挖土机船、轮机、铁胁新式轮机等件,请饬洋将日意格归国采购,奉旨允准,当即钦遵办理。……恰日意格西归之时,重洋万里,前导有人,生徒等正宜乘便偕行,涉历欧洲开扩耳目,既可以印证旧学,又可以增长心思,所有采办各件就近先考究其机关,到地便不难于安置,似非无益。而充选者择之必精,庶所费轻而易举。因于前学堂内派出魏瀚、陈兆翱、陈季同等三人,后学堂内派出刘步蟾、林泰曾等二人随同日意格前往游历英吉利、法兰西等处,俟机船、铁胁、新机采购既便,仍随日意格同归。"

光绪元年四月二十六日(1875年5月30日),沈葆桢补授两江总督兼南洋通商大臣,由丁日昌继任船政大臣,仍兼福建巡抚。九月二十八日,沈葆桢离马尾赴江宁(今南京)上任。十月十二日,丁日昌抵马尾就任船政大臣。沈、丁两人调任新职后,派遣留学生旧事重提,奏报留学生刘步蟾、林泰曾已安排在英国高士堡学堂学习,建议照会英国驻华公使,请其转告英国政府,准其上英国海军大战舰实习1—2年。二年三月,日意格奉召返华。十一月中旬,陈季同、刘步蟾、林泰曾先行回国,魏瀚、陈兆翱两人仍留在法国工厂学习制造。二年五月日意格到马尾后,经沈葆桢力荐,内定为留学生洋监督,奉命起草留学章程。同年八月二十五日,李鸿章致函总理衙门,在《议选员管带学生分赴各国学习》函中,谈到决定派遣留学生的经过:前船政大臣沈幼丹(葆桢)奏请于前后学堂选学生分赴英法两国学习制造、驾驶,拟定日意格评议章程,旋经总署议复,令仿照赴美国学习技艺章程酌量变通办理,奏请饬下南、北洋大臣会商熟筹,期于有利无弊。……丁雨生(日昌)接办船政,选次函商。以前后学堂学生内颇多究心测算、制造、驾驶之人,报需遣令出洋学习,以期精益求精,不致半途而废。沈葆桢亦屡次函催,电调日意格回华商办,力荐候选郎中李凤苞,堪以会同管带学生出洋。日意格回华陈述在欧见闻,提到日本派留学生在英国战舰上学习,派遣留学生之举,实为中国海防根本,不能再拖延等。

光绪二年十一月二十九日(1877年1月13日)直隶总督李鸿章等上《闽厂学生出洋学习折》,明确了船政学堂选派留欧学生事宜:

奏为选派华洋监督率领闽厂学生出洋学习，以储人才而重防务，恭折仰祈圣鉴事。

窃臣葆桢前于同治十二年十一月奏陈船工善后事宜折内，请于闽厂前后学堂选派学生分赴英、法两国学习制造驾驶之方及推陈出新练兵制胜之理，速则三年，迟则五年，拟令船厂监督日意格详议章程，经总理衙门议请敕下南北洋大臣会商熟筹等因。奉旨：依议。钦此。钦遵在案。旋因台湾有事，倥偬未及定议。上年臣等筹议海防折内，于出洋学习一事，断断焉不谋同辞，及臣日昌、臣赞诚先后接办船政，察看前后堂学生内秀杰之士，于西人造驶诸法多能悉心研究，亟应遣令出洋学习，以期精益求精。臣等往返函商，窃谓西洋制造之精，实源本于测算格致之学，奇才迭出，月异日新，即如造船一事，近时轮机铁胁一变前模，船身愈坚，用煤愈省，而行驶愈速。中国仿造，皆其初时旧式，良由师资不广，见闻不多，官厂艺徒虽已放手自制，祗能循规蹈矩，不能继长增高，即使访询新式，孜孜效法，数年而后，西人别出新奇，中国又成故步。所谓随人作计，终后人也。若不前赴西厂观摩考索，终难探制作之源。至如驾驶之法，近日华员亦能自行管驾，涉历风涛，惟测量天文沙线、遇风保险等事，仍未得其深际。其驾驶铁甲兵船，于大洋狂风巨浪中，布阵应敌，离合变化之奇，华员皆未经见，自非目接身亲，断难窥其秘钥。

查制造各厂，法为最盛，而水师操练，英为最精。闽厂前堂学生，本习法国语言文字，应即令赴法国官厂学习制造，务令通船新式轮机器具，无一不能自制，方为成效。后堂学生，本习英国语言文字，应即令赴英国水师大学堂及铁甲兵船，学习驾驶，务令精通该国水师兵法，能自驾铁甲船于大洋操战，方为成效。如此分技学习，期以数年之久，必可操练成才，储备海防之用。至学生中有天资杰出，能习矿学、化学及交涉公法等事均可随宜肄业。惟人数既多，道里辽远，非遴选贤员，派充监督，不足以资统驭，而重责成。

查有三品衔候选道李凤苞，学识闳通，志量远大，于西洋舆图、算术及各国兴衰源流，均能默讨潜搜，中外交涉要务，尤为练达，实属不可多得之才。以之派充华监督，必能胜任。至访询各国官厂、官学，安插学生，延请洋师，仍应有情形熟悉之员，联络维持，主客方无隔阂。臣葆桢原奏所称正一品衔闽厂监督日意格，前已回国，经臣等催调来华，商办一切，该员久裹船政，条理熟谙，于船厂学生情谊亦能融洽，以之派充洋监督，必可胜任。六月间，李凤苞、日意格二员来津禀商，臣鸿章适有烟台之役，即携该员等同往，饬令筹议章程。滇案结后，曾将该员等所议各节钞送总理衙门核夺。兹经臣等再四讨论，复与李凤苞、日意格切实核减，学生员数以三十名为度，肄习年限以三年为度，责以成效，严定赏罚，出洋经费分年汇解，约共需银二十万两。此项经费必应筹定有着之款。臣鸿章前议由闽省额拨南北洋海防项下酌提动用，先尽厘金拨解，厘金不敷，即在闽海关四成洋税项下就近凑拨。旋准福州将军臣文煜咨称：闽关四成洋税暂无存款,俟第六十五结届满,再行核数拨解等因。新授闽浙督臣何璟过保定时,臣与面商一切,亦深以为然。兹由臣日昌函致臣鸿章议定,由闽省厘金项下筹银十万两,闽海关四成洋税项下筹银五万两,船政经费项下匀拨银五万两,是此项二十万之数,均已议有着落。查照分年汇解章程,第一年七万三千两有奇,第二年六万两有奇,第三年五万八千两有奇,并游历及应支教习修金等费,随时核计拨汇,闽力虽甚拮据,必能酌量缓急,以符定议。应请于海防额饷内作正开销。

查西洋各国,各以中国遣人赴彼学习为和好证验。前派幼童赴美国,英使即有该国大书院极多,将来亦可随时派往之语。秋间滇案议结时,臣鸿章面告威妥玛,以拟遣学生赴英学习,该使允俟总理衙门知照到日,转致我国外部。九月间,威妥玛回国过晤,臣复与商明照办。惟该国兵船定例稍严,闻日本近时已有七人在英兵船学习。臣在烟台阅视洋操,即见有日本武弁在英国铁甲船随同操演。今议学生分班送往,又有郭嵩焘等驻英商办,当无碍难之处。至法使白来尼屡以日意格办船有效为言,此举亦该使所深愿。现拟令该监督等率同学生,于明年正月启行,应请敕下总理衙门迅速分别知照英、法驻京大使,令其转达本国,妥为照料。臣鸿章于本年三月间,因洋员李劢协回国之便,派令武弁卞长胜等七人同赴德国军营学习兵技,当时未派监督,心甚悬念。此次李凤苞出洋,饬令该员按三个月一次,由轮车驱赴德国,兼查卞长胜等功课,并请总理衙门酌量照会德国驻京公使一体知照办理。近自同治十二年筹遣幼童赴美学习之后,上年日意格回国,臣葆桢遣学生数名随往游学,本年臣鸿章又遣卞长胜等赴德学习。此次又派李凤苞等率领学生分赴英、法两国。从此中国端绪渐行,风气渐开,虽未必人人能成,亦可拔十得五,实于海防自强之基,不无裨益。

随后上谕则"钦此钦遵",从此,船政学堂派遣留学生计划历经三年,终于尘埃落定,一锤定音。

《船政生徒出洋肄业章程》如下:

奏派华洋监督各一员,不分正副,会办出洋肄业事务。俟挈带生徒到英、法两国时,两监督共同察看大学堂、大官厂应行学习之处,会同安插,订请精明教习指授;如应调赴别厂或更换教习,仍须会商办理。其督课约束等事,亦责成两监督,不分畛域。如遇两监督分驻英法之时,则应分投照顾。其华员及生徒经费,归华监督支发;洋员、洋教习及华文案经费,归洋监督支发;每年底由两监督将支发各数会衔造报,凡调度督率每事必会同认真探讨,和衷商榷,期于有成。万一意见不合,许即据实呈明通商大臣、船政大臣察夺。

选派制造学生十四名,制造艺徒四名,交两监督带赴法国,学习制造。此项学生既宜另廷学堂教习课读,以培根柢,又宜赴厂习艺以明理法,俾可兼程并进,得收速效,以备总监工之选；其艺徒学成后，可备分厂监工之选。凡所习之艺均须极新极巧；倘仍老样，则惟两监督是问。如有他厂新式机器及炮台、兵船、营垒、矿厂应行考订之处，由两监督随时酌带生徒量绘。其第一年除酌带量绘外，其余生徒可以无须游历。第二第三年约以每年游历六十日为率，均不必尽数同行，亦不必拘定时日。

选派驾驶学生十二名，交两监督带赴英国学习驾驶兵船。此项学生，应赴水师学堂先习英书，并另延教习指授枪炮水雷等法，俟由两监督陆续送格林威次、抱士穆德大学院肄习，其间并可带赴各厂及炮台、兵船、矿厂游历，约共一年，再上大兵船及大铁甲船学习水师各法，约二年定可有成。但上兵船之额，可援日本送肄业之例，陆续拨尤，分班派送五六人，其未到班者，仍留大学堂学习。既上兵船，须照英国水师规制，除留辫发外，可暂改英兵官装束。其费由华监督归经费项下支给，内有刘步蟾、林泰曾二名，前经出洋学习，此次赴英，即可送入大兵船肄业。

制造生徒赴法国官学、官厂学习，驾驶学生赴英国格林威次、抱士穆德学堂并铁甲大兵船学习，应请总理衙门先行分别照会驻就之英、法公使咨会本国外务院，准照办理。其英国学习各事，或再由中国驻英钦差大臣就近咨商办理。两项学生，每三个月由华洋监督会同甄别一次，或公订专门洋师甄别，并由华监督酌量调考华文论说。其学生于闲暇时，宜兼习史鉴等有用之书，以期明体达用。所有考册，由两监督汇送船政大臣转咨通商大臣备核。其驻洋之期，以抵英法都城日起，计满三年为限；未及三年之前四个月，由两监督考验学成者送回供差。其中若有数人将成未成，须续习一年或半年者，届时会同禀侯裁夺。总以制造者能放手造作新式机船及全船应需之物，驾驶者能管驾铁甲兵船回华，调度布阵丝毫不籍洋人，并有专门洋师考取给予确据者，方为成效。如一切办无面效，将监督议处。

制造驾驶两项学生之内，或此外另有学生原学矿务、化学及交涉公法等事者，由两监督会商挑选，就其才质所近，分别安插学习，支给教习修金，仍由两监督随时抽查功课，令将逐日所习详记送核。亦以三年为期，学成后公订专门洋师考验确实，给有的据（文凭）送回供送。

两监督及各项生徒自出洋以迄今回华，凡一切肄习功课，游历见闻，以及日用晋接之事，均须详注日记，或用药水印出副本，或设循环簿递次互换，总以每半年汇送船政大臣查核，将簿中所记，由船政抄咨南北洋大臣复核。或别国有便益新样之船身、轮机及一切军火、水陆机器，由监督随时探明，觅取图说，分别绘译，务令在洋生徒考究精确，实能仿效；一面将图说汇送船政衙门察核。所需各费作正开销。

各项生徒如遇所订教习不能认真指授，或别有不便之处，应随时诉明华监督，会同洋监督察看确实，妥为安置。若生徒无故荒废，不求进益，有名无实，及有他项嗜好者，均由两监督会商分别留遣严究，其员生每月家信二次，信资及医药费作正开销,或延洋医,或延驻洋钦使之官医,或应另请派拨医生,均于到洋后酌定,万一因攻苦积劳,致有不测之事,则运回等费,作正开销,并给薪费(抚恤费)一年半,仍酌量情节禀请附奏,以示优恤。如有闻讣丁忧者,学生在洋守制二十七日另加恤赏,饬该家属具领。

此次选派生徒,应由监督溯查考绩,详加验看。如有不应出洋,滥收带往,不能在官学官厂造就以致剔回者,其回费由监督自给。倘生徒赴洋后,有藉词挟制情事因而剔回者,即将挟制实在情形禀请,抵华后查明惩究。如咎不在监督者,仍开报回费;实系因病遣回者,不在此例。

两监督和衷会办,当互相觉察,万一华监督有敷衍塞责等情弊,而洋监督不行举发,或洋监督有敷衍塞责等情弊,而华监督不行举发者,咎各相等,查有挟同确据,即分别照会咨行随时撤换,不必俟三年期满。如果事事实际,生徒多优异者,将两监督专折奏请奖叙。

此次所议章程总以三年学有成效为限。若三年后,或从此停止,或另开局面,均由船政大臣、通商大臣会商主裁,外人不得干预。

船政学堂第1—3届留学生均由国内指派华、洋监督各一名负责带队出国,第4届留学生只派华监督一名,不配洋监督。留学生在国外学习期间的管理和考核,以留学生监督为主,驻外领事馆协助。遇有外事交涉,由领事馆出面办理。

表3-2 在皇家军舰服役的外国军官部分名单一

LIST OF FOREIGN OFFICERS SERVING IN HER MAJESTY'S SHIPS.				
Name.	Rank.	Nation.	Ship.	Date.
Funaki Rentaro .	Midshipman	Japancse .	Sultan .	18 June 76
Yendo Kitaro	Midshipman	Japancse .	Turquoise .	6 Oct 77
Tomioka Sudayasu .	Caet . .	Japancse .	Audacious .	29 June 76
Don Alvaro Bianchi .	Lieutenant .	Chilian .	Alexandra .	10 July 77
Don Albert Silvo Palma	Lieutenant .	Chilian .	Minotaur .	10 July 77
Don Policarpo Toro .	Lieutenant .	Chinese .	Black Prince .	10 July 77
Lew—Poo—Chin .	Sub—Lieut .	Chlian .	Minotaur .	14 Aug 77
Lin—Tai—Tsan .	Sub—Lieut .	Chinese .	Black Prince .	14 Aug 77
Chung—Cheow—Ing .	Sub—Lieut .	Chinese .	Defence .	14 Aug 77
Wang Kien Shoon .	Sub—Lieut .	Chinese .	Bellerophon .	7 Nov 77
Kuang Mow Tye .	Sub—Lieut .	Chinese .	Agincourt .	7 Nov 77
Lin Ying Khe . .	Sub—Lieut .	Chinese .	Agincourt .	7 Nov 77

表中第7人至第12人姓名依次为刘步蟾、林泰曾、蒋超英、黄建勋、江懋祉、林颖启,军阶均为海军中尉。

表 3-3 在皇家军舰服役的外国军官部分名单二

LIST OF FOREIGN OFFICERS SERVING IN HER MAJESTY'S SHIPS.				
Name.	Rank.	Nation.	Ship.	Date.
Don Alvaro Bianchi .	Lieutenant . .	Chilian . .	Alexandra . .	10 July 77
Fang Peh Kien . .	Sub-Lieut . .	Chinese .	Spartan . .	4 Aug 79
Lin Yung Sing . .	Sub-Lieut . .	Chinese .	Minotaur . .	12 Aug 78
Yih Choo Kwee . .	Sub-Lieut . .	Chinese .	Invincible . .	8 Mar 79
Soh Ching Ping . .	Sub-Lieut . .	Chinese .	Monarch . .	12 Aug 78
Xui Tuan Surawongse .	Midshipman .	Siamese .	Northampton .	25 Sept 79
Fu Rao Hiroshi . .	Midshipman .	Japanese .	Temeraire . .	4 Feb 79
Gljuin . .	Sub-Lieut . .	Japanese .	Triumph . .	16 Aug 79
His Imperial Highness *Arisugawa Takihito*	. .	Japanese .	Iron Duke .	8 Aug 79

表中第 2 人至第 5 人姓名依次为方伯谦、林永升、叶祖珪、萨镇冰，军阶均为海军中尉。

（二）法学章程与英学课序等

同治十二年十一月七日（1873 年 12 月 26 日），沈葆桢首倡派遣船政学堂学生留学奏折中，曾说："臣奉旨后，尚须与日意格及生童人等，坚明约束，详议章程，必事事得理之所安，而后人人于心有所恃。"

同治十三年二月十九日（1874 年 4 月 5 日），沈葆桢致总理衙门函中指出："此次议赴泰西，固应变通沪局章程，而求其精善。今拟法学办法，来日肄业工厂，每年复以两个月游历各国各船厂铁厂，以增长其见知，庶四五年可以炼出全才。惟获效速则需费必增，谨作每年用度大略，另列奉览。至到国驾驶之学，每年均在学堂，亦以二个月赴大兵船上阅看练习，如建威之闽童等，其成功年限，想不逾二年，定堪胜任矣。"沈葆桢和其他大臣议复函商，并聆听日意格汇报章程起草情况，最后定下"法学章程"和在法学习的"艺童课序""艺徒课序"及留学英国的"英学课序"，随函寄给总理衙门。留学章程和课序是船政学堂留学生在国外学习最基本的规章制度，其中英学课序包括管理制度、学制、学习内容、留学生和外国教师待遇等。

船政学堂第 1、2 届留学生按照英学课序规定，每名学生每年赡养银为 200—240 两，实际每名每月支银 16 两。光绪十二年（1887 年），当船政学堂第 3 届留学生在英法学习期间，由于清廷守旧派的牵制和反对，借口经费困难，留学生每人每月赡养银减少 4 两，改为每月支银 12 两，部令原多支银要如数缴回，因船政大臣裴荫森一再奏议反对，才得免予追缴原发的款数。

船政学堂第 1、2 届留学生无论制造、驾驶专业，留学年限都是三年。光绪十二年第

3 届留学生驾驶、管轮学习年限仍为三年,制造专业改为六年。实际第 3 届制造专业留学生也只学习五年,因经费困难,提前 1 年结束学业回国。第 4 届留学生原定学习六年,至二十九年才期满回国,也因经费困难提前三年结束学业,于二十六年回国。

1. 法学章程

同治十三年制定了《法学章程》,其主要内容有:

在法国地方,各学生应合住一所。委员亦住其间,以便稽查。有遇惩责学生事件,归委员办理。学生在屋,遇有他事出门,应向委员说明,准而后行。其每日到厂到工,或委员或洋教习均应往返领带。礼拜日不到厂,上半日在屋读书,下半日或委员或洋教习领带出门散步。学生所住之屋,要离大厂不远,并应挑水土洁好地方,以免久住生病。每三个月由监督甄别一次,其名册分数寄呈船政衙门察验。学生遇有病恙,应请外国医员为其诊视。学生住房,应设外国雇理三四名洒扫侍应。各学生寄致家信,彼此来复,每月计各四次,其信资由局发给。每年两月到西洋各国观看学习,委员、洋教习均应偕行。出洋学生万一水土不服,难期久住,应斟酌剔回,其遗缺应请由闽送补。所开洋教习束金,系就学生三十名以内算,如增出五名,岁应加束一千元,增出十名,岁应加束二千元。每年驻洋委员将一年用费册报船政衙门,倘正款有余,仍涓滴归公,若正款实有不敷之处,由委员随时禀报衙门补给。赴洋后年复一年,若闽局以此举办有成效,更议广招学生及增习他学,监督及委员等理应效劳,其薪水均应仍照向额,不得因事繁请增。

2. 艺童课序

第一年学习　重学统论、画影勾股、水力重学、汽学、化学、轮机制造法、法国语言、画图。

第二年学习　轮机重学、材料配力之学、轮机制造法、水力重学、化学、五圣(金)学、房屋制造法、法国语言、画图。

第三年学习　轮机重学、轮机制造法、挖铁、煤学、船上轮机学、铁路学、法国语言、画图。

以上三年,各学生合同习学,所有重学统论,计可学完,以后分就各厂练习工艺,三年后拟分习三厂,一分造船厂,一分轮机水缸厂,一分枪炮厂。

3. 艺徒课序

第一年,画影勾股、算学、代数、勾股、画学、法国语言。

第二年,画影勾股、重学统论、汽学、画图、法国语言。

第三年,重学统论、制造轮机学、水力重学、轮机重学、汽学、化学、画图、法国语言。

以后四年五年,分各厂学习工艺,其分习之厂,拟同艺童。

4. 英学课序

《英学课序》规定:

驾驶练童赴英国学习,期拟二年。九个月内在英国学堂,地名期梨眦士(格林威茨),学天文、画海图学、汽学、水师战法、英国语言。九个月后赴英国操炮船,地名博士程德,学各炮各枪炮操法,约六个月工夫。再在该处学画海图之学,约三个月工夫。嗣后又赴英国水师营,分派各童到各兵船学习四个月。前项学堂并兵船地方,应由驻京公使咨会英国总理衙门分赴学习,请先由中国总理衙门照会驻京英公使办理,估拟用费清单:

学生赴英法学习,每名每月房租伙食约番二千元。

法英书籍纸笔家伙信资医费各杂用,每月约番三百元。

每年游历法国各厂、英国兵船,洋教习并委员、学生,每月每名费用约番三百元。

英法教习二、四员教学约二十、三十名,每年束金共约番四千元、六千元。

英法学生,上等者每年每名赡养银二百四十两,次等者每年每名赡养银二百两。

学生出洋时,每名给予行装并逐年添补衣服银二百两。

监督一员,薪水照船政原额,每月一千两。

监督办公费用,每月约二百两。

委员赴法英各拟二员,每员每月薪水二百两。

监督往返川资,每次五百两。

委员并学生往返川资,每人每次法三百五十元,英四百元,匠役每名每次法二百四十元,英三百元。

酌带厨子、剃头并裁缝等匠,法英各四名,每人每月工伙约番十六元。

(三)民国时期的留学生规则

民国初期,海校留学生也配有留学生监督,统一管理和考核分散在各军事学校等留学单位的留学生。1918年11月22日,北京政府海军部公布《驻外公使馆海军武官管理留学生规则》,对留学生的管理由监督管理过渡到驻外海军武官管理。此后,海校留学生出国时,未配留学生监督。同年12月22日,公布赴《英美海军留学生规则》。这也是规范管理留学生制度,包括规定留学生接受驻外海军武官管理,留学生应遵守的纪律、留学生待遇、转学专业规定等。驻外海军武官每年都要向海军部报告留学生学业、品行、抵达、起程回国情况。留学生学成回国后,还要接受海军部考察,然后分配工作。驻外海军武官管理留学员生规则具体如下:

中华民国七年十一月二十二日(1918年11月22日)部令公布

第一条 驻外公使馆海军武官依海军武官简章第十条规定,对于海军留学员生之管理照本规则行之。

第二条 海军武官对于留学员生之一切行为均有督察之责,其有不遵约束者应呈海军部惩罚。

第三条 海军武官应随时考察留学员生在学情形及其考试成绩,照第一表填注,按期报部。

第四条 海军武官于留学员生毕业时,应将其品行、学术之优劣,照第二表填注报部。

第五条　海军武官于留学员生毕业回国,应先期报部,并照第三表填注,交由该员生带归呈部,听候考验。

第六条　海军武官遇有留学员生事务关于外交者,应商请驻使主持办理。

第七条　凡关于管理留学员生事项所用电报、旅行、交际各费,以及给予留学员生之医药费,均应按照单据实报实销,但每年统计不得过英金二百五十镑。

第八条　海军武官每月应将关于管理留学员生所用一切款项之收支清册连同收据呈报海军部。

第九条　以上各条如应行增订删改之处,得由海军武官体察情形随时呈部核办。

第十条　本规则自公布日施行。前公布之英、美海军留学员生暂行规则即废止之。

二、留学派遣

船政学堂派遣留学生对象,是身体健康、专业学有根底、天资颖异对英法语文文字基础好、德才兼备的优秀学生,如前学堂魏瀚,系考试第 1 名,通晓英法语言。再如后学堂驾驶专业罗丰禄,全班成绩最优,同治十年(1871 年)堂课毕业后,即被指定为学堂助教,教授新班学生,留学时又兼任翻译员。船政学堂 4 次成批派遣留学生,选择对象主要是造船与驾驶毕业生,管轮毕业生只有 2 名,重点培养造船工程师和海军各级指挥官。

(一)首批派遣

由日意格任洋监督、李凤苞任华监督,以 3 年为期,前后学堂、艺圃学生共派遣 30 名,前往英法两国留学。总理衙门函告英、法两国驻华公使,嘱其转告本国政府,对中国留学生委为照料。光绪二年十二月十三日和十六日(1877 年 1 月 26 和 29 日),总理衙门分别收到英法公使照会,同意函告本国政府照顾船政留学生。三年三月十七日(1877 年 4 月 30 日),由监督李凤苞、日意格率领随员马建忠,文案陈季同,翻译罗丰禄,制造学生 12 名,驾驶学生 12 名,艺圃学生 4 名,连同文案、翻译 2 名毕业生内,计 30 名乘船政"济安"号轮船离马尾赴香港,换乘外轮前往法国,三月二十四日(5 月 7 日)抵达法国马赛。随后又送艺圃 5 名毕业生随船政监督帮办斯恭塞格赴法国留学,九月动身离马尾,十一月初四日(12 月 8 日)抵马赛。以上学生 35 名及已在法国实习的魏瀚、陈兆翱 2 名,计 37 名为船政学堂第 1 届留学生,加上非船政学堂毕业的

船政第一批部分留欧学生

随员马建忠,留学生共有38名。

第1届留学生前学堂制造1届有魏瀚、陈兆翱、郑清濂、林怡游、李寿田、吴德章、杨廉臣、陈林璋、罗臻禄、池贞铨、林庆升、梁炳年、张金生、林日章、陈季同等15名,正好是全班毕业考试成绩的前15名学生。后学堂驾驶1届留学生有罗丰禄、何心川、蒋超英、刘步蟾、方伯谦、林泰曾、严复、林永升、叶祖珪、黄建勋等10名。驾驶2届有萨镇冰、林颖启、江懋祉等3名。艺圃1届留学生有裘国安、陈可会、郭瑞珪、刘懋勋、张启正、王桂芳、任照、吴学锵等9名。

(二)第二批派遣

船政学堂首批留学生派出后,沈葆桢认为"海防根本,首在育才,闽局出洋生徒,应予蝉联就学,以期后起之秀,而备不时之需"。于光绪五年九月二十日(1879年11月3日),时任两江总督的沈葆桢又上呈《续派学生出国学习折》。在奏折中,沈氏详陈派遣留学生之好处。他认为:

> 立法必求可久,储才不厌其多。……计此后闽厂成船日多,管驾之选日亟,而厂中方讲求新式机器,监工亦在需才,统计生徒分赴英法者,仅30余人耳,所需之数何止数倍,非源头活水,窃虑无以应汲者之求。

> 闽局前后学堂尚有续招各生,其中不乏颖异之才,于西学已窥见门径者,以之接续派往,就已成之绪,收深造之功,取多用宏,事至乃有以应之,或谓责令学成而归者,以新得牖后进,亦可望日起有功。

> 不知西学精益求精,原无止境,推步制造,用意日新,彼既得鱼忘筌,我尚刻舟求剑,守其一得,何异废于半途。因其已新者,而日日新之,又日新之,诚正修齐治平之功如是,即格致之功何莫不如是。

> 照前届出洋章程,接续择才,赴英、法就学,俾人才蒸蒸日盛,无俟借资外助,缓急有以自谋,大局幸甚。

沈葆桢提出续派留学生建议得到清廷的重视,光绪五年十月二十二日(1879年12月5日),清廷谕军机大臣等:"学堂、练船出洋诸举,皆为预储将才,尤当扩充精选,以备异日之用。"十一月十四日(12月26日),沈葆桢在任上去世,续派留学生事又被耽搁。直到七年十月十一日(1881年12月2日),李鸿章才奏请由船政学堂送10名学生赴英、法学习。同年十一月(1881年12月),10名学生在监督许景澄、日意格及翻译吴德章(第1届留学生)带领下,离马尾赴国外,十二月(1882年1月)抵英、法两国。

第2届留学生有前学堂制造2届学生王庆瑞、李芳荣、魏暹、陈才锴、王福昌、王回澜、陈伯璋、黄廷等8名和驾驶4届留学生李鼎新、陈兆艺等2名。

(三)第三批派遣

光绪十一年十月(1885年11月),船政大臣裴荫森会同南北洋大臣奏请续派学生出国留学,迅速得到批准。十二年三月初三日(1886年4月6日),船政学堂与北洋水师学堂联合派出船政第 3 届留学生 34 名。其中船政学堂 29 名,北洋水师学堂 5 名。船政学堂驾驶毕业生黄裳治在北洋水师供职未去。第 3 届留学生中首次派出管轮学生 2 名。第 3 届留学生监督为原船政提调周懋琦,洋监督日意格已于光绪十二年正月十六日(1886 年 2 月 19 日)在法国病故,洋监督由帮办斯恭塞格接替,翻译为李隆芳。

第 3 届留学生有前学堂制造 3 届学生王寿昌、陈庆平、高而谦、游学楷、陈长龄、林藩、李大受、郑守箴、林振峰、卢守孟、杨济成、林志荣、许寿仁、柯鸿年等 14 名。后学堂驾驶 4—9 届学生陈伯涵(燕年)、刘冠雄、曹廉正(廉箴)、陈恩焘、黄鸣球、罗忠尧、邱志范、贾凝禧、罗忠铭、周献琛、郑文英、张秉奎等 13 名,管轮 3 届留学生王桐、陈鹤潭等 2 名。

(四)第四批派遣

自第 3 届学生出国留学后,至光绪二十二年(1896 年),10 多年未派留学生。甲午中日海战后,深感外国造船技术日新月异,中国造船水平与外国先进水平差距拉大,总理衙门和船政大臣力主继续派遣留学生。此时,福州将军裕禄兼任船政大臣,船政学堂毕业生魏瀚负责工程处,决定船政学堂添招新生,改革学制,派遣第 4 届留学生。光绪二十二年十一月奏准"宜精不宜多,限定挑选 10 名,分送英法留学,学制分别以三年、六年为限"。此时,后学堂驾驶 1 届毕业生罗丰禄任驻英公使,电告国内,英国海军学院额满,华生暂不能收。二十三年五月初三日(1897 年 6 月 2 日)第四批留学生终于成行,由前学堂 1 届毕业生吴德章担任监督,后学堂驾驶 14 届毕业生沈希南担任翻译,率领前学堂学生 6 名起程赴法学习。其中将卢学孟调任比利时学习兼任使馆翻译,把自费留学的魏子京改为留法公费生。第 4 届留学生计 7 名,后因经费困难,均于二十六年十月提前回国,其学习的内容和效果大不如前。

第 4 届留学生有前学堂制造 4 届学生施恩孚、林福贞、黄德椿、卢学孟、丁平澜、郑守钦、魏子京等 7 名。光绪二十三年,留学生中的卢学孟原在法国铁路桥官院进修,因工作需要,改赴比利时留学,兼驻比利时使馆翻译。同时经批准出国自费留学的前学堂制造同届学生

中国留学生在德国教官的教示下演练装炮弹

魏子京改为官派公费生,仍学制造专业。

船政学堂时期,除魏子京由公派自费改为官派公费外,全部留学生均为官派公费生,各生在国内的家属还可以支领数额不均的赡养银或薪金。

零星派遣与出国参观学习。光绪二十三年后,船政学堂未再成批派遣留学生。二十五年,清政府海军衙门选后学堂驾驶 15 届学生王麟、张哲培赴日本留学,改学陆军。至 1915 年,北京政府海军部选派后学堂驾驶 17 届学生魏子浩,管轮 10 届学生韩玉衡与其他地方军校毕业生一起赴美国学习,攻读当时堪称世界尖端技术的飞机、潜艇制造专业。在前后近 20 年内,船政学堂中晚期各届毕业生参与零星或成批公派或自费出国留学生共有 29 名。

光绪二十三年后,船政学堂虽然停止成批派遣留学生,但利用高级官员出国之机,带领成批学生出国参观学习还是继续进行。二十五年五月,船政提调沈颐清去日本参观秋操,闽浙总督决定从船政学堂学生中挑选 6 名同赴日本参观学习,八月从马尾出发,一行 25 人,包括法文翻译张启正(艺圃毕业,第 1 届留法学生)、英文翻译贾凝禧(后学堂毕业,第 3 届留英学生),船政学堂官派公费留学生王麟、张哲培、华承德、许崇仪、许崇智、冯耿光,公派自费留学生林启、刘崇杰、沈永清。华承德以下 7 名,毕业名册未列名。只有其中许崇智 1 名在二十八年又被选派留日,改学陆军。三十一年毕业,回国后任陆军上将。沈颐清带领这批学生参观秋操后,借机参观成域陆军学校、军医学校、骑兵学校、横须贺船厂、"富士号"军舰等,留学生留下继续学习,其余人员于同年十一月初八日(12 月 10 日)回国。

光绪三十一年,海军筹备处派学生赴英留学,包括船政学堂学生许建廷、李国堂 2 名。宣统元年(1909 年),筹办海军大臣戴洵和副手萨镇冰(后学堂毕业)出国考察。挑选船政学堂学生叶宝琦和王助、巴王藻(后兼任飞潜学校教官)等 23 名学生出国留学。这批留学生学成持有国外大学文凭回国,还须经海军部考核后才能分配录用,开创留学生双重考核的先例,成为民国时期留学生回国录用的惯例。

船政学堂毕业自光绪元年遣赴欧洲游历起,至 1916 年最后 2 名学生学成回国止,在 41 年间,陆续派遣出国留学生计 111 名,其中有多人留学 2 个国家以上。

光绪二十五年五月,沈颐清赴日本参观秋季军事训练演习,闽浙总督决定从船政学堂在校生中挑选 6 名同赴日本参观学习。9 月 27 日从马尾出发,一行 25 人中包括 3 名自费留学生林启、刘紫杰、沈永清,属于公派自费生,但船政学堂毕业名册未见其名,故未列入留学名册中。

表 3-4　船政学生留学国别

国别	法国	英国	德国	美国	比利时	西班牙	日本	合计
人数	64	33	4	2	2	2	4	111

(其中有 7 名留学 2 个国家以上,按留学 1 个国家统计人数)

（五）民国时期的派遣

1923年11月,福州海军制造学校毕业生蒋弼庄、汪培元,经北京政府海军部批准,自费赴法国留学,为福州海军各校首批留学生。

1929年,南京国民政府海军部又恢复有计划成批派遣留学生的做法,至1938年,除1932年未派学生出国外,每年都选派一批学生赴国外留学。留学人员刚从海校毕业尚未正式任职者称学生,已毕业若干年、有正式军职者称学员。1938年后,国内处于抗战时期,中断派遣留学生。1946年,派出最后一批海校造舰班毕业生出国留学。至此,海校(含转学吴淞、烟台海校)共有毕业生120名先后出国留学,其中有10多人系二次出国学习。

（六）民国时期留学生选拔

1929年,国民政府海军部成立后,留学生对象根据同年4月9日国民政府颁的陆海空军留学条例第4条规定从严挑选,由海军部统一组织考选。1938年前,海军部考选留学生主要从(福州)海校毕业生中择优选送,此时国内其他海校已先后停办,符合留学条件且在役军官当时属海校毕业生居多。

1929年11月,海校航海1届陈瑞昌、陈书麟、蒋兆庄等3名和航海第2届(即烟台海校航海第18届又称寄闽班)陈赞汤、林祥光、林溁、林夒、林遵、程法侃、高如峰等7名,海校航海第2届转烟台海校周应聪,制造学校转烟台校欧阳宝、陈大贤等3名现役军官,计13名被海军部考选为中华民国海军首批留英海军学生(员)。南京国民政府海军部1929年6月成立后,考虑到第一世界大战后科学技术日新约的变化,决定继续培养航海专才,于7月确定向英国派遣20名留学生。这20名中,学员8名,学生12名。学员8名是周宪章、周应聪、华国良、张鹏霄、杨道钊、高光佑,和上述的欧阳宝、陈大贤。学生12名是由海军部直接考选的6名,即上述的陈瑞昌、林祥光、陈赞汤、高如峰、林遵、陈书麟;东北舰队的4个名额由于与苏军作战,无学生可派,该由海军部在考选备取的人选中确定,即上述中的林夒、程法侃、林溁、蒋兆庄4人;广东舰队的2个名额,因无学生可派,该有舰队副官陈香圃、鱼雷艇副长邓兆祥递补。

1930年,考选航海1届陈洪,航海第2届周伯焘等6名,飞潜学校杨元墀等3名及海校轮机第3届郑海南等3名计13名学生留英。随后,在抗日战争爆发前,陆续派遣学生赴英、美、德、法、意、日等国留学。

抗日战争爆发后,为了抗衡日本的海上优势,打击其嚣张气焰,海军部计划向德国订造一批潜艇,急需培养使用和维修人员,将在英国留学的部分留学生和从国内增派留学生赴德深造,准备参与监造和接收潜艇,组建潜艇部队。从国内派出的有苏镜潮、李孔荣、陈尔恭、程璟、林惠平、欧阳晋、刘震、卢如平、蒋菁、王国贵、陈景文等,又派出原留英已回国任职的林祥光、林遵、程法侃等赴德学习潜艇。又将在英国和意大利海军学院学习航海和炮艇的郎鉴澄、黄延枢、龚栋礼、薛奎光、陈庆甲、刘永仁、高举、郑天杰、韩兆霖等调往德国学习潜艇。1939年，德国与意大利、日本结成法西斯轴心国，发动第二次世界大战，拒绝向中国提供潜艇，以免威胁到日本的海上生命线，这批赴德学习潜艇的留学生，奉命陆续离德，回国参加抗日战争。

抗日战争胜利后，海校留学生主要学习的国家由英国转向美国，以学习新式舰船、雷达、发动机、汽车等制造技术为主。航海与轮机管理采取舰上一对一短期培训的办法。1945年，国民政府海军开始接受美国赠舰。同年由海校航海4届毕业生魏济民中校等率领官兵900多人赴美受训，在迈阿密海军训练营接收1年训练，军官分航海与轮机两个班，共70名。1946年，这批受训官兵接收美舰8艘，由海校毕业生、驻美副武官林遵中校任舰队指挥官。7月，舰队驶抵南京。1948年，海军选调官兵约300名，在青岛海军官校举办接舰训练班，结业后赴美接舰，由海校毕业生、驻美军事代表团高如峰海军少将主持交接舰仪式。

1945年，海军组织招募700多名学生组建赴英接舰参战学兵总队，11月，结业200多名赴英受训接舰。1946年，海军在沪、宁、渝招考500名学生，集中军训。年底由海军上校邓兆祥（原海校训育主任）、中校郑天杰（海校航海第2届）率领下，赴英受训数月后，接收重庆号巡洋舰和灵甫号护卫驱逐舰，于1948年5月，驶回国内。

海校毕业生赴美受训参加接舰的有：江叔安（原名江澜）、李后贤（原名李光）、林鸿炳、曾辉华、邓光涤、陈心华、陈在和、陈以谋、苏鹗、方振、李作健、马须俊、周正光、钱燧、雷树昌、曾幼铭、雷泰元、林蛰生、黄肇权、秦和之、张俊民、潘绪韬、林巽道、云维贤、陈鸣铮、伍桂荣（伍蓉）、聂显尧等。赴英受训的有：刘耀璇、饶翟、甘敏、周方先、王廷栋、徐君爵、童才享、张奇骏等。由于受训期长短不一、学习科目不同等原因，这些受训人员未列为留学名单。

海校留学生在英海军实习阶段，一般分赴较先进的大型战斗舰，如航海第1届留学生陈瑞昌、蒋兆庄、陈书麟分别在伊丽莎白号和索夫林国王号战列舰上见习，前者排水量3万多吨，7.5万马力，后者排水量近3万吨，4万马力。装备15英寸（1英寸=25.4毫米）口径主炮，舰上还装备有鱼雷、飞机、防雷、防毒设备等。留学生还参加英海军地中海和大西洋舰队的战斗巡航、攻防演习鱼雷、大炮装备无意教授，遇到留学生提问，均搪塞过去。留学生回国后，面对国内落后而弱小的海军，难以施展抱负。

民国时期，海军制造学校毕业生汪培元、蒋弼庄首开公派自费留学风气，1923年11月经海军部备案，前往法国学习制造专业。1929年，海军飞潜学校毕业生马德树、周亨甫经批准自费赴英国学习。1934年6月，飞潜学校毕业生陈长钧经批准，自费赴英国固敏船厂学习，1936年10月转赴意大利工厂实习，学成后即回国，自费留学中途由自费生改为公费生。

此外,海军制造学校学生欧阳推等人,在 1919 年罢课事件后,离开学校,自费赴法属殖民地赴南河内留学。因资料不全,这些学生尚未列入留学生名册中。同时,这些留学生不属于公派自费生之列,民国海军部也不承认其为海军留学生。

表 3-5　民国时期学生留学国别

国别	英国	德国	美国	日本	意大利	法国	荷兰	合计
人数	74	17	15	8	3	2	1	120

（上述留学生中有 19 人又第 2 次留学,其中 1 人留学 3 个国家,均以第 1 次留学国家统计人数。）

三、留学管理

(一)留学监督

光绪二年十一月一十九日（1877 年 1 月 13 日）,船政学堂第 1 届留学生出国前,北洋大臣直隶总督李鸿章奏陈派遣船政学堂留学生事宜,将筹议船政学生出洋章程及经费数目,分缮清单,恭呈御览,仰恳饬下总理衙门核准施行。附清单中的“选派船政生徒出洋肄业章程”,实际着重于管理方面,首先规定华、洋两监督的职责;其次确定学生的培养目的和学习年限、专业,第三规定考核、管理办法及生徒有关待遇和奖励办法;最后指出留学生派遣与管理由船政大臣、（南、北洋）通商大臣会商主裁,外人不得干预。

船政生徒出洋肄业章程规定:奏派华洋监督各一员,不分正副,会办出洋肄业事务。俟挈带生徒到英、法两国时,两监督公同察看大学堂、大官厂应行学习之处,会同安插,订请精明教习指授;如应调赴别厂或更换教习,仍须会商办理。其督课约束等事,亦责成两监督,不分畛域。如遇两监督分驻英法之时,则应分投照顾。其华员及生徒经费,归华监督支发;洋员、洋教习及华文案经费,归洋监督支发;每年底由两监督将支发各数会衔造报,凡调度督率每事必会同认真探讨,和衷商榷,期于有成。万一意见不合,许即据实呈明通商大臣、船政大臣察夺。章程规定:

选派制造学生十四名,制造艺徒四名,交两监督带赴法国,学习制造。此项学生既宜另廷学堂教习课读,以培根柢,又宜赴厂习艺以明理法,俾可兼程并进,得收速效,以备总监工之选;其艺徒学成后,可备分厂监工之选。凡所习之艺均须极新极巧;倘仍老样,则惟两监督是问。如有他厂新式机器及炮台、兵船、营垒、矿厂应行考订之处,由两监督随时酌带生徒量绘。其第一年除酌带量绘外,其余生徒可以无须游历。第二第三年约以每年游历六十日为率,均不必尽数同行,亦不必拘定时日。

选派驾驶学生十二名,交两监督带赴英国学习驾驶兵船。此项学生,应赴水师学堂先习英书,并另廷教习指授枪炮水雷等法,俟由两监督陆续送格林威次、抱士穆德大学院肄习,其间并可带赴各厂及炮台、兵船、矿厂游历,约共一年,再上大兵船及大铁甲船学习水师各法,约二年定可有成。但上兵船之额,可援日本送肄业之例,陆续拨尤,分班派送五六人,其未到班者,仍留大学堂学习。既上兵船,须照英国水师规制,除留辫发外,可暂改英兵官装束。其费由华监督归经费项下支给,内有刘步蟾、林泰曾二名,前经出洋学习,此次赴英,即可送入大兵船肄业。

制造生徒赴法国官学、官厂学习,驾驶学生赴英国格林回次、抱士穆德学堂并铁甲大兵船学习,应请总理衙门先行分别照会驻就之英、法公使咨会本国外务院,准照办理。其英国学习各事,或再由中国驻英钦差大臣就近咨商办理。两项学生,每三个月由华洋监督会同甄别一次,或公订专门洋师甄别,并由华监督酌量调考华文论说。其学生于闲暇时,宜兼习史鉴等有用之书,以期明体达用。所有考册,由两监督汇送船政大臣转咨通商大臣备核。其驻洋之期,以抵英法都城日起,计满三年为限;未及三年之前四个月,由两监督考验学成者送回供差。其中若有数人将成未成,须续习一年或半年者,届时会同禀候裁夺。总以制造者能放手造作新式机船及全船应需之物,驾驶者能管驾铁甲兵船回华,调度布阵丝毫不藉洋人,并有专门洋师考取给予确据者,方为成效。如一切办无面效,将监督议处。

制造驾驶两项学生之内,或此外另有学生原学矿务、化学及交涉公法等事者,由两监督会商挑选,就其才质所近,分别安插学习,支给教习修金,仍由两监督随时抽查功课,令将逐日所习详记送核。亦以三年为期,学成后公订专门洋师考验确实,给有的据(文凭)送回供送。

两监督及各项生徒自出洋以迄今回华,凡一切肄习功课,游历见闻,以及日用晋接之事,均须详注日记,或用药水印出副本,或设循环簿递次互换,总以每半年汇送船政大臣查核,将簿中所记,由船政抄咨南北洋大臣复核。或别国有便益新样之船身、轮机及一切军火、水陆机器、由监督随时探明,觅取图说,分别绘译,务令在洋生徒考究精确,实能仿效;一面将图说汇送船政衙门察核。所需各费作正开销。

各项生徒如遇所订教习不能认真指授,或别有不便之处,应随时诉明华监督,会同洋监督察看确实,妥为安置。若生徒无故荒废,不求进益,有名无实,及有他项嗜好者,均由两监督会商分别留遣严究,其员生每月家信二次,信资及医药费作正开销,或延洋医,或延驻洋钦使之官医,或应另请派拨医生,均于到洋后酌定,万一因攻苦积劳,致有不测之事,则运回等费,作正开销,并给薪费(抚恤费)一年半,仍酌量情节禀请附奏,以示优恤。如有闻讣丁忧者,学生在洋守制二十七日另加恤赏,饬该家属具领。

此次选派生徒,应由监督溯查考绩,详加验看。如有不应出洋,滥收带往,不能在官学官厂造就以致剔回者,其回费由监督自给。倘生徒赴洋后,有藉词挟制情事因而剔回者,即将挟制实在情形禀请,抵华后查明惩究。如咎不在监督者,仍开报回费;实系因病遣回者,不在此例。

两监督和衷会办,当互相觉察,万一华监督有敷衍塞责等情弊,而洋监督不行举发,或洋监督有敷衍塞责等情弊,而华监督不行举发者,咎各相等,查有挟同确据,即分别照会咨行随时撤换,不必俟三年期满。如果事事实际,生徒多优异者,将两监督专折奏请奖叙。

此次所议章程总以三年学有成效为限。若三年后,或从此停止,或另开局面,均由船政大臣、通商大臣会商主裁,外人不得干预。

船政学堂1—3届留学生均由国内指派华、洋监督各一名负责带队出国,第4届留学生只派华监督一名,不配洋监督。留学生在国外学习期间的管理和考核,以留学生监督为主,驻外领事馆协助。遇有外事交涉,由领事馆出面办理。

(二)留学教习

船政学堂留学生在英法学习期间分别在该国延聘一批专家任教,并得到不少外国人士的热心支持与帮助,如法商李保帝,捐款存部,专备中国学生5名在法京(巴黎)中学堂肄业4年之用,担任教授中国留学生的科技专家和海军军官,认真教导,细心辅导。第1届留学生监督李凤苞说:"官学、官厂各员尽心指授,不分畛域,不支薪费。"第1届留学生教师包括原在船政练船任教官的英国海军军官逊顺等。从奖励教导中国第1届留学生的英法教师名单中可以看出,这批教师多数系该国海军或理工院校毕业后,曾担任教学工作,富有实践经验和学术造诣较高,享有盛誉且职务和地位都较高,第1届留学生教师名单如下:

表3-6　第1届留学生英国、美国教师名表

姓名	国籍	职务	官衔或学位
好士德	英	格林官学总监督	二品衔
逊顺	英	抱士穆德厂收发船表	副将
蓝伯脱	英	格林官学教师	格致举人
劳敦	英	格林官学教师	格致举人
欧般	英	格林官学天文教师	制造学士
掌孙	英	海图教师	学士
义欧	英	汽机教师	格致举人
戴柏	英	格林官学格致教师	
尔兰诺得	英	格林官学格致教师	
苏哲尔	英	水师炮学都司	
马格斐	美	水雷官	

表 3-7　第 1 届留学生法国教师名表

姓名	职务	官衔或学位
马的奴得式内	海军部总理员弁并水手人等	水师提督
萨把贴	总理水师各厂事务	事务提督
多布类	格致院长,巴黎地图局副总办兼矿院总	一品衔
都朋	监督	二品衔
舒有	矿院总稽查	总兵
勒摩奴	水师一等总监工,官学总监督	二品衔
布德米	马赛腊孙船厂总办	二品衔
卡那美	政治院总办	副将
瑞乃德	水师总监工	
孟格非埃	科鲁苏民厂监办	
奥礼武	汕萨芒制厂督办,前工部尚书(部长)	
罗甫	制造监工矿学教师	
基尔德	科鲁苏民厂监工	
李余尔	矿院官学教师	
奥赛尔	矿院官学教师	三品衔
腊根	马赛船厂监督	三品衔
拉飞德	腊孙船厂监督	
毕庸	科鲁苏民厂副总办	
舒爱把士德	汕萨芒厂副总办	
芳舒	地中海船厂巴黎副总办	
基尔	地中海船厂巴黎总稽查	
郎格内	前赛隆官学监督	三品衔
马丹美	赛隆官学监督	三品衔
佳臬	水师总监工,削浦官学副监督	参将
奥滨	水师副监工,削浦官学教师	
古士亥	水师副监工,多朗厂教师	
腊依德	水师副监工,前白海士登教师	
布拉	水师副监工,前削浦教师	
比俄	水师副监工,削浦教师	
福果阿芒	水师副监工,削浦教师	
福果阿贝	律师	算学举人
古新	教师	
萨巴里	多朗厂总监工	

　　船政学堂第2届至第4届留学生的外国教师由学生留学国家的海军部或工部与中国留学生监督和中国驻外使馆会商聘请,具体名单不详。

　　船政学堂时期零星留学生,不再指派留学生监督,由中国驻外使馆统一管理,留学单位和聘请外国教师由使馆通过外交途径解决。

　　教师不支薪费,只给少量补贴。船政学堂第1届留学经费预算中,安排英、法两国教师分别2名和4名,每年酬金分别为番银4千和6千元,其费用较低,外国教师主要是兼职,这一小部分费用实际上是补贴,多数外国兼课教师不支薪金,不领补贴。第1届留学生每年组织游历和参观学习,预算中的游历费大部分支付路费,只有一小部分支付延聘现场指导的外国技术员的酬金。第3届留学制造学生每名延聘教师酬金每年银180两。

　　第4届留学生经费中延聘教师酬金,6年共洋平银7千多两,占全部费用10.8万两的十分之一不到。

　　精神鼓励,及时褒奖。光绪六年三月十六日(1880年4月24日),船政学堂第1届留学生学成先后回国后,根据中国驻德公使兼留学生监督李凤苞的建议,李鸿章奏准对第1届留学生和工作人员及外国教师给予奖励。在奏折中说:"(外国)官学、官厂各员尽心指授,不分畛域,不支薪费,似宜格外奖励。其向支薪水之另延教习,邦同指教,均属出力,亦应酌予奖赏。西国崇尚宝星,荣于华衮,而能邀他国宝星者,尤以为荣,中国在洋之委员、生徒,既传习其交涉、驾驶、制造各事,拟请恳恩酌量等差,赏给宝星,颁发功牌,苟有续派生徒,则鼓舞之以得其日后真传,苟无续派生徒,则酬报之以免其终身德色,非但有益于肄业,抑且有益于邦交。"经过与洋监督日意格往返函商,严加删减,决定给予英、法两国官学、官厂督办、总监督马的努得式内等10名,官民各厂、校总办、监督孟格非埃等13名分别奖赏头等、二等宝星(嵌有珍宝的金质勋章)。他们调派生徒,延订教导,卓有勤劳,大半不支薪水。给予拉飞德等7名奖赏三等宝星,还有英法官学教习和另聘教习佳桌等8名,奖赏四品军功并3钱重鋆金赏牌(金质奖章),欧般等10名奖赏五品军功并3钱重鋆金赏牌,以资鼓励。第1次奖励英法教师和出力人员共41名,名单如下:

　　　　法国海部总理员弁并水手人等水师提督马的奴得式内,法国海部总理水师各厂事务提督衔萨巴帖、法国格致院长巴黎地图局副总办并矿院总监督一品衔多布类,法国矿院总稽查二品衔都朋、法国水师一等总监工官学总监督总兵衔舒有、英国格令官学总监督二品衔好士德、法国政治院总办二品衔布德米、英国抱士穆德厂收发船表副将衔逊顺、法国水师总监工副将卡那美、法国科鲁苏制厂督办瑞乃德,以上十员,拟请赏头等金宝星。

　　　　法国汕萨芒制厂督办前工部尚书孟格非埃、英国格林官学教习格致举人兰伯脱、英国格林官学教习格致举人劳敦、法国马赛腊孙厂总办二品衔勒摩奴、法国马赛制厂监督二品衔奥赛尔、法国腊孙制厂监督三品衔腊根，以上六员，拟请赏二等金宝星。

法国科鲁苏制厂副总办拉飞德、法国汕萨芒制厂副总办毕庸、法国地中海巴黎副总办舒爱把上德、法国地中海厂巴黎总稽查芳舒、法国前赛隆官学监督基尔、法国赛隆官学监督三品衔郎格内、法国水师总监工削浦官学副监督三品衔马丹美，以上七员，拟请赏三等金宝星。

法国水师副监工削浦官学教习参将衔佳枭、法国水师副监工教习多郎学生奥宾、法国水师副监工前教习白海士登艺徒古士亥、法国水师副监工教习白海士登艺徒腊依德、法国水师副监工前教习削浦学生布拉、法国水师副监工教习削浦学生比俄、法国律例师前教习肄业随员福果阿芒、法国算学举人前教习肄业随员福果阿贝，以上八员拟请赏四品军功并三钱重鋈金赏牌。

英国格林官学天文教习欧般、英国海图教习掌孙、英国制造学士汽机教习义欧、英国学士格林官学格致教习戴柏、英国格致举人格林官学格致教习尔兰诺得、英国水师炮学都司苏哲尔、法国制造监工教习矿学生奥礼武、法国科鲁苏监工前教习艺徒罗甫、法国矿院官学教习基尔德、法国矿院官学教习李佘尔，以上十员，拟请赏五品军功并三钱重鋈赏牌。

光绪六年十二月二十八日（1881年1月27日），船政大臣、福州将军、福建督抚等大臣联名奏请奖励留学生修业卓有成绩者及参与管理留学生出力人员。七年一月十九日，李鸿章奏报留学生在洋学习情况，请予出力人员叙奖，对有3年以上劳绩的中外工作人员如华监督（二品顶戴、三品卿衔、记名海关道）李凤苞赏戴花翎；留闽补用都司陈季同，拟请免补本班，以游击仍留原省补用，并赏加副将衔（从二品），候选主事罗丰禄，拟请以同知不论双单月归部选用，并赏加四品衔；曾奖给三品衔一等宝星前船政副监督洋员斯恭塞格，拟请赏给总兵衔（正二品）；洋员高氏耶，拟请赏给三等宝星，并加四品军功，俾资观感而策后效。

光绪二十三年（1897年），船政大臣裕禄在奏报派遣第4届留学生的附清单里，提到按照以往奖励外国教师的成案，第3届留学生奏定奖励给外国教师勋章、奖章折算白银为1000两，第4届留学生只有六名，拟定奖给外国教师勋章、奖章折算白银预算为243两，在第6年发奖，因这届学生提前3年回国，奖励是否落实不详。

船政学堂第2届至第4届留学生的外国教师由学生留学国家的海军部或工部与中国留学生监督和中国驻外使馆会商聘请，具体名单不详。

（三）民国时期留学生管理

民国初年，福州海校与其他地方海校留美学生比较集中，由魏瀚任留学生监督负责管理留学生。1915年后,魏瀚告老回国,留学生由驻外使馆按留学生管理规则统一进行管理。因此,留学生教师由留学国家的官办学校和工厂负责延聘教师,一般都聘请该国学术水平较高的校内外专家任教。

民国时期,海校留学和赴国外留学,采取由留学生个人领取学费,到该国某个学校入学时,按规定标准缴学费,教导留学生的外国教师由接受留学生的院校支付酬金。

(四)教学实习

船政学堂第1届留学生在法国的魏瀚、陈兆翱、郑清濂、陈林璋、梁炳年、吴德章、杨廉臣、李寿田、林怡游入多郎官厂;池贞铨、张金生、林庆升、林日章入科鲁苏民厂,以上均学习舰船或轮机制造。光绪四年(1878年),在官厂、民厂学习的学生又送入巴黎矿务学堂,二年后完成学业经考试合格,发给监工官凭,又游历法、比、英船厂。随后调吴德章,杨廉臣赴卢爱里和布呵士各炮厂学习制炮;郑清濂、林怡游赴汕答旧洋枪官厂专习验料炼造诸法,四个月后完成学业,事半功倍。罗臻禄入汕答旧学堂学习矿务,马建忠、陈季同入政治学堂,学习外交与法律。艺徒郭瑞珪、刘懋勋、裴国安入白海十登官学学习,随后到多郎厂学习,由总监工古新、萨巴里指授、陈可会、叶殿烁考入监工学堂,随后陈可会入腊县船厂实习,刘懋勋入马赛铸铁厂实习,裴国安、郭瑞珪入马赛木模厂,均学习制造技艺。续到的艺徒张启正先入匠首学堂学习设计船身,随后入腊县船厂实习,王桂芳等4人入白代果德汕萨穆铁厂,学习绘图及制造铁甲等技艺,复派入赛隆艺学攻习轮机和化验等专业。赴英留学的刘步蟾上马那杜铁甲船,林泰曾上李来克珀林铁甲船,蒋超英上秋芬司铁甲船,林颖启、江懋祉赴西班牙上爱勤考特号兵船,黄建勋赴美国上伯里洛芬号兵船,他们学习西方国家海军枪炮、水雷及行军布阵之法。严复、方伯谦、何心川、林永升、叶祖珪、萨镇冰等6名,经总教官好士德测验,评定甲、乙等,送入格林尼次官学(即格林威治海军学院)学习驾驶专业。罗丰禄入伦敦之琴上官学学习气学、化学和格致等学科。第二年(1879年),严复续留海军学院学习一学期,方伯谦、何心川、林永升、叶祖珪、萨镇冰学完理论课程,分赴各兵船实习,在大西洋、地中海一带巡航训练,对海上用兵布阵及攻守之法无不熟练。

第1届留法制造学生完成学业后,郑清濂又到德、英、比等国学习枪炮制造专还兼习矿务、枪炮、钢铁冶炼、物理、化学、外交、法律等专业、学成后陆续回国。留学学习驾驶的13名学生,在9名先后入海军学院学习,除严复外,其余8名完成理论课后经海上实习,考核合格,刘步蟾、林泰曾先行回国,何心川因病、严复因需任教而提前于光绪五年回国,其余于光绪六年回国。

通过入学考试进入英国格林威治皇家海军学院的严宗光（后改名严复，第一排中坐者）、方伯谦（右二排站立者第2人，因其祖病逝留须）、何心川（第四排中立者）、叶祖珪（严复左侧）、萨镇冰（第三排中偏左第二人）

船政学堂第2届留学生陈才锜、陈伯璋赴德学习鱼雷制造，陈伯璋因买试药负债过多自杀，陈才锜于光绪十年九月（1884年11月）学成回国，任船政鱼雷厂总工程师。魏瀍因病于十一年提前回国；王庆端在国外病故。其余留学生在英、法、德历经官学、官厂、民厂、兵船、海口要隘学习和实习，学习营造（工程建筑）专业的，能测算绘制和监造台堡守城、沿海防御设施；学习枪炮专业的，能熔铁炼钢，铸造枪炮；学习弹药专业的，能制造和检验弹药；学习制造专业的学会新式舰船、轮机设计与监造，学习驾驶的对兵船驾驶、武器使用、讲求博览，理法兼精，学有专长，于十二年回国。其中黄庭、王回澜任前学堂教师，王福昌任船政翻译，李芳荣于8月从驻日本领事馆派出监造钢甲。

船政学堂第3届留学生有13名驾驶学生，14名制造学生，管轮学生2名。其中赴英留学的陈恩焘、贾凝禧、周献琛3名学习测绘海图和铁甲兵船驾驶；刘冠雄、黄鸣球、邱志光、郑文英4名和北洋学生4名学习枪炮使用和铁甲兵船驾驶，王桐学习兵船轮机管理，陈伯涵、曹廉箴2名和北洋学生1名学习水师、兵船、算学、格物等专业；张秉奎、罗忠尧、陈寿彭3名学习水师、海军公法、捕盗公法、英国语言文学等专业；陈庆平、李大受、陈长龄、卢守孟4名学习制造专业。赴法留学的郑守箴、林振峰2名学习制造、算学、化学、格物；林藩、游学楷、高而谦、王寿昌、柯鸿年、许寿仁6名学习万国公法和法语专业；陈恩焘、贾凝禧、周献琛先上英海军训练舰实习，巡航东南亚、欧洲、澳洲。尔后，陈恩焘入法国海图衙门（海图局）学习；贾凝禧学习鱼水雷并上丹麦雷号兵船见习；周献琛再赴糯次安伯伦号铁甲兵船见习。以上3名经考试合格发给文凭、刘冠雄、黄鸣球、邱志范先上英海军枪炮练船实习，复入武力士炮厂学习枪炮鱼雷；王学廉、郑文英先入英海军学院学习算学、格物、水机、水汽学等学科，又上枪炮练船实习枪炮操练与使用，成绩考列二等，陈伯涵、曹廉箴在英海军学院学习二年，代数、三角、圆锥学、重学、动学、水学、微积分、杂学、算学、物理、化学、汽机学、图学等科考试成绩均列上等，又赴遇尼耳及金上哥利士两书院学习1年，所学益精，书院给予奖励证明。张秉奎、罗忠尧学习拉丁文字和英国法律、海军捕盗公法，皆深知旨要。陈庆平、李大受在法国工部大书院学习开河筑堤、造桥、铁路工程等专业，皆能设计，该书院监督称他们可胜任桥路总工程师之职。陈长龄、卢守孟入法国海军部制造大书院学习舰船和轮机制造专业，均有收获。郑守箴、林振峰考入法国学部（即教育部）娜蛮大书院学习数学、物理专业。林藩、游学楷、高而谦、王寿昌、柯鸿年、许寿仁考入法国学部律例大书院学习，成绩均考列上等，考试不及格只杨济成一人。学生罗忠铭被提前撤回。第3届驾、管轮留学生于光绪十五年（1889年）学成回国，制造学生于十七年学成回国，完成学业共27名。另外北洋学生5名于十五年回国。

第4届留学生施恩孚在法国船机官院学习制造专业；丁平澜、郑守钦、黄德椿、林福贞、魏子京先后在法国铁路桥官院和卢衣学堂两校学习制造专业。卢学孟先在法国，随即赴比利时学习船机制造专业。他们于光绪二十六年九月二十六日（1900年11月17日）提前学成回国。

随后，船政学堂毕业生在清末民初留学的大部分学习当时较为先进或尖端科技，如飞机、潜艇、无线电等专业，也有转学陆军专业的。

表3-8　学生留学专业结构统计表

专业	造船	轮机	冶炬	矿务	铸锻	鱼雷艇	驾驶
人数	14	19	4	3	2	3	21
专业	海测	数理化	法律	营造	枪炮	弹药	鱼水雷
人数	2	5	11	2	5	1	4
专业	路桥	飞机潜艇	无线电	天文	陆军	合计	
人数	8	2	2	1	3	111	

以上各专业还包括兼学其他专业或学科，如轮机专业包括轮机管理与制造，驾驶专业包括舰艇武器使用与海军战术等学科，数理化专业的学生兼学制造，读法律兼习外交。各专业学生都兼习一国或数国语言文字。

（五）民国时期留学内容

民国初期，海军学校留学生除学习航海和轮机专业外，重点学习飞机、潜艇建造和潜艇、快艇驾驶、鱼雷制造等专业，其留学专业分布如下表。

表 3-9　民国学生留学专业结构统计表

专业	潜艇建造	潜艇驾驶	航海	轮机	造舰	快艇	军事后勤	机械
人数	6	11	64	11	16	3	1	1
专业	飞机制造	政治经济	冶金	枪炮	汽车	雷达	海道测量	合计
人数	1	1	1	1	1	1	1	120

上述留学生以学习第 1 专业进行统计,部分留学生学习第 2 甚至第 3 专业,如学造舰专业兼习天文,成为中国著名天文学家。学航海专业学生兼学潜艇驾驶专业有 10 名,兼学鱼雷 3 名,兼学枪炮、通讯、造舰、雷达、文书各 1 名。

(六)考核奖励

船政留学生"深知自强之计,舍此无可他求,各怀奋发有为,期于穷求洋人秘奥",出国之后,均能刻苦攻读,成效显著。第 1 届留学生,成绩颇为优异的有魏瀚、陈兆翱、郑清濂、林怡游等人,而且郑清濂在削浦官学的毕业会考中名列第一。在白海士登官学求学的艺徒郭瑞硅、刘懋勋、裴国安则"均列优等"。驾驶学生中成绩优异的有刘步蟾、林泰曾、严宗光、蒋超英、方伯谦、萨镇冰等人。严宗光先在抱士穆德肄业,后入格林尼次官学,"考课屡列优等"。清外交官薛福成在出使西欧时对这些留学生的评价也很高,认为陈兆翱、魏瀚"为最出色,可与法国水师制造监工并驾齐驱",刘步蟾、林泰曾"足与西洋水师管驾官相等,均堪重任",严宗光可为"传授生徒之资,足胜水师学堂教习之任",萨镇冰、叶祖硅、林永升"勤敏颖悟,历练甚精,均胜管驾官之任"。第 2 届留学生对所学功课亦"莫不详求博览,理法兼精","各具专长,或为前届学生所未备习,实足以仰备国因材器使"。第 3 届留学生中,虽然制造学生杨济成"考不及格",但其余学生均"莫不尽探奥妙,各具专长,较之前届学生,亦学业较邃,创获实多,当此倡练海军之时,得此有用之才,洵足仰备国家器使"。特别是陈恩焘、贾凝禧"文武兼资,最为出色",刘冠雄、黄鸣球、邱志范、郑汝成等"考试皆屡列高等"。

船政学堂留学,对有成绩的率领留学生出国的监督、文案、翻译等工作人员和生徒学业品行优异者,每 3 年由国内奏请奖励,并作为成案。光绪五年十一月八日(1879 年 12 月 20 日),刘步蟾、林泰曾、魏瀚、陈兆翱学成回国,李鸿章等大臣奏请给予重用并奖励,认为:"刘步蟾颖迈英俊,林泰曾沉毅朴诚,魏瀚果敢精进,陈兆翱思力精锐,均于驶船、制船窥窍,外洋内港施用异宜,确能发其所以然之妙,洵为学有心得,堪备驱策。……准予破格从优奖励,该驾驶学生留闽补用都司(正四品)刘步蟾、林泰曾,制造学生尽先都司陈兆翱,均请以游击(从三品)留于闽省尽先补用,并请赏戴花翎;又制造学生六品衔选缺后知县尽先选用县丞魏瀚,请免选本班以知县分发省分补用,并请赏戴花翎。"不久,南洋大臣沈葆桢选派刘步蟾、林泰曾和因病于 2 月提前回国的何心川等 3 人,担任南洋水师向外国定购的 4 艘炮舰舰长,另 1 艘舰长也从随后回国的留学生中选任。魏瀚、陈兆翱 2 人任船政工程处总工程师。

光绪十二年四月七日(1886年5月10日),第2届留学生提前2个月全部学成回国,只有李芳荣1人临时任驻日使馆翻译,船政大臣裴荫森引用成案,奏请奖励留学回国学生,指出这批留学生"莫不备具专长,或为前届学生所未备习,实足以仰备国家因材器使"。请对华监督李凤苞、许景澄、洋监督日意格、翻译吴德章(第1届留学生)和留学生给予分别奖励,以资鼓舞而劝将来。同时奏请对第3届留学制造,年限为6年的留学出国满3年时,即学驾驶学生学成回国之日,由华、洋监督考察制造学生,按名出具切实考语,备文呈送国内,予先汇案请奖。十六年闰二月八日(1890年3月28日),船政大臣裴荫森奏准奖励第3届34名(内有北洋学生5名)留学生和留学工作人员,其中包括办理学生出国事务的魏瀚、李寿田、吴德章等人,按异常劳绩给奖。

船政学堂第3届留学生提前回国后,未予单独奖励。随后,零星留学生也不再实行褒奖制度。

对留学生在国外学习期间,因病去世或意外事故伤亡,按定例给予抚恤。如前学堂制造第1届学生梁炳年,第1届留学生法国,患病后仍奋发攻读,延误治疗,抢救无效,病逝法国,在奖励第1届留学生时,船政大臣吴赞诚保奏给予抚恤。第2届留学生王庆端在法国巴黎桥路工程官学堂学习时,腕部生疮开刀,得败血症不治而亡;陈伯璋在德国刷次考甫水雷厂实习时,自费购置水雷试药作实验,负债过多,驻德公使李凤苞未能及时给予帮助,悲愤下割动脉身亡。第3届管轮留学生陈鹤潭在英国高士博白尼学堂和英格兰造船厂学习轮机和造舰,得病后仍坚持学习,终因病重去世。前学堂第3届留学生林志荣刻苦学习,得咯血病,在法医治未见好转,提前回闽,终因病重身故。留学生因病经留学生监督和驻外使馆批准提前回国的有第1届驾驶学生何心川,第2届制造学生魏暹,第3届驾驶学生陈恩焘。光绪五年(1879年)因国内工作需要,第1届驾驶学生严复奉召回国,任船政学堂教官。翌年,调北洋天津水师学堂任总教官。还有第3届留学生罗忠铭在外表现不佳被提前撤回。

四、留学经费

(一)经费筹措

同治十二年(1873年),船政学堂留学生经费问题,沈葆桢指出:"经费有难与沪上(即上海同文馆)一律者,用洋人宜养其廉,且英、法两国,以一人兼顾,故(洋监督)日意格拟仍以船政薪水(月支银千两)与之。员绅以诗书起家,义当为国宣力,但行者、居者,俱有资粮,万里长征,更无难色,故薪水只居沪上之半。沪上生徒发蒙伊始,故川资、用费外,无赡家银两。闽局生徒艺成之后,月或十余两,或八九两,其家借以举火者,历有年所,今长行数万里,不能不加赡银。其从师之费,笔墨书籍之费游历观摩之费,游历观摩之费,亦与初发蒙者迥异。然沪局欲以十五年,将前之有余,补后之不足,闽局欲以五年计功,亦相埒耳。"他指出如按派遣幼童赴美留学成案变通筹集留学经费,应考虑到学业起点、学习年限、培养目标等不同,即船政学堂留学生每人每年费用高于同文馆留美学童,但因学制只有3—5

年,比幼童出洋留学计划 15 年短得多,船政学堂学生留学以 30 名计,学习 3 年,约需白银 20 万两左右。原计划留学人数较多,约 5 年为限,约需白银 40 万两。而上海同文馆幼童留美 15 年则需费 120 多万两。相比之下,经费节省多,人才培养见效快。

在经费筹集上,沈葆桢说:"再承垂询出洋经费由何处筹提,查船政岁入(白银)六十万两,每年造兵船二只,约需四十万两,学生经费、修厂经费、各员绅薪水、各书差工食、水师口粮及一切杂费,约需十万两;以十万两为出洋经费,甚足敷用。……季帅(左宗棠)创议造船时,原未虑及养船,现局中自养者……资薪岁十余万,煤炭岁数万,经费在外,此船政所以不支也。"在船政经费困难情况下,仍决心从船政造船、养船和台防经费中筹集留学经费。光绪二年十一月二十九日(1877 年 1 月 13 日),李鸿章论船政学堂学生出洋学习时说:"将华洋员杂费、教习薪资、往反舱费逐加核减,经费已省其半。复与申明约束,责以成效,严定赏罚。……约计三年用二十万,闽中筹措稍易。"同日,沈葆桢会同李鸿章等大臣上奏:"出洋经费分年汇解,约共需银二十万两,此项经费必应筹定有著之款。……议定由闽省厘金项下等筹银二十万两,闽海关四成洋税项下筹银五万两,船政经费项下均拨银五万两。是此项二十万之数,均已议有着落,查照分年汇解章程;第一年七万三千两有奇,第二年六万两有奇,第三年五万八千两有奇,并游历及应支教习修金等费,随时核计拨汇,闽力虽甚拮据,必能酌量缓急,以符定议,应请于海防额饷内作正开销。"

(二)经费开支

光绪三年(1977 年),船政第 1 届留学经费第 1 年费用在出国前由华洋监督承领番银 7.35 万两,带往国外使用。留学生和工作人员所需各项开支标准按法学章程和英学课序中的规定执行。

表 3-10　第 1 届留学经资历预算表

年限\\项目	第一年	第二年	第三年
华洋人员经费(两)	26200	26200	26200
制造学生膳宿费(两)	3890	3040	3040
外国教师工资(镑)	800	800	800
驾驶学生膳宿费(镑)	2520	2208	1920
外国教师工资(镑)	400	400	
船上实习费用(镑)	2088		
路费(两)	9930	4965	4965
游历费(镑)		1740	1740
小计(两)	73563	60519	58567
总计(两)	192649		

在留学经费预算中,不包括留学生赡养银,按英学课序规定,每名留学生每年赡养银为200至240两不等,由学生成绩优劣决定,比在国内学习赡养银或刚毕业参加工作时薪水要高,这部分赡养银由船政制造费——行政人员工资项下列支,由留学生家属按月具领。学生出洋时,每名给予服装费200两,也列入预算,由船政制造经费项下开支。同年10月,又增5名艺圃学生赴法留学,实际费用超过20万两。

船政学堂第2、3届留学生费用及预算经费,均按第1届成案执行。第2届留学生10名,留学费用10万两,人均标准比第1届略高。第3届留学生34名(含北洋5名),留学费用30万两,人均费用也高于第1届。

第4届留学经费,光绪二十三年五月初三日(1897年6月2日),兼船政大臣裕禄奏称:"于光绪二十二年十二月二十三日奏奉朱批:'依议,钦此。'……就前学堂旧班学生中,逐加考选,拣选得施恩孚、丁平澜、卢学孟、郑守椿、林福贞等六名,均在学堂肄业有成,人俱聪颖好学,堪以拣选出洋,拟请即以该六名赴法国、入该国各大学堂练习制造新法。……至学生出洋经费,除赴英国之后学堂学生暂不出洋可以从缓议外,其选派前学堂学生在洋六年,一切需用款项,应查照第三届成案核算拟定。……统计此届学生出洋六年,应用款项约七一七洋平银十万七千余两。"这些费用包括:

学生行装,谨查历届奏定,每名五十镑,此届六名共三百镑。

监督在外洋安插生徒,查阅功课来往路费。谨查第三届奏定,六年支数不得逾三千二百镑,此届学生六名,拟照数核减,支给六年共合八百镑。

学生房租修膳杂费,谨查第三届奏定,每名年支一百四十四镑,此届六名,六年共含五千一百八十四镑。

学生游费,谨查第三届奏定,制造生六年,各游历四次,每名每次约五十镑,此届六名,拟定为游历三次,每名每次五十镑,三次共合九百镑。

学生另延教习修金,谨查第三届奏定,制造生十四名,每年约七百镑,此届按六名算,每年三百镑,六年共合一千八百镑。

学生另给外洋衣资,谨查第三届奏定,制造生每名共四十镑,此届六名,六年共合二百四十镑。

学生添购书籍图件等费,谨查第三届奏定,制造生每名约五十镑,此届六名,六年共合三百镑,又第三届另有学生回华,购买书籍存船政衙门备考,约五百镑一项,此届拟将此款节省。

电报信资及医药等费,谨查此款历届成案,均系实用实报,作正开销,无预先估计之数,照第三届用过数目,制造生十四名六年,驾驶生二十名三年,共用过一千九百二十镑。此届六名,仍应实用实报,六年支数不得逾四百八十镑。

以上八款系查照第三届出洋奏定镑款,按此现定额名,照核开列,共计一万零四镑,以第三届出洋时,金锭价核之每镑六圆一角,合七一七洋平银四两三钱七分三厘七毫,共应七一七洋平银四万三千七百五十四镑四钱九分四厘八毫。近年金镑日见价昂,按其现在时价,每镑七两一钱四分合算,即需七一七洋平银七万一千六白七两六分,较前增至十分之四,此后仍恐再长,值此经费支绌之时,岂可漫无限制。现拟不计金镑时价,仍照第三届出洋时所用银数,概行按银核给,以示限制。此届六名,照现定银数六年,共合支七一七洋平银四万三千七百五十四两四钱九分四厘八毫。

兹将此届该八款应支银照列于后:

学生行装每名合银二白一十八两六钱八分五厘,六名共七一七洋平银一千三百一十二两一钱一分。

监督在洋,安插生徒,查阅功课来往路费,六年合七一七洋平银三千四百九十八两九钱六分,分年给领。

学生房租修膳杂费,每名年支银六百二十九两八钱一分二厘八毫,六名六年共七一七洋平银二万二千六百七十三两二钱六分八毫。

学生游费,六年各游历三次,每名每次合银二百一十八两六钱八分五厘,六名六年共七一七洋平银三千九百三十六两三钱三分,分第二至第五年给领。

学生另延教习,修金每年合银一千三百一十二两一钱一分,六年共七一七洋平银七千八百七十二两六钱六分。

学生另给外洋衣资,每名合共银一百七十四两九钱四分八厘,六名六年共七一七洋平银一千四十九两六分八厘,分第二、第四两年给领。

学生添购书籍图件等费,每名合共银二百一十八两六钱八分五厘,六名六年共七一七洋平银一千三百一十二两一钱一分,分第一第三两年给领。

电报信资及医药费实用实报,六年支数合共不得逾银二千九十九两三钱七分六厘,分年给领。

以上八款共计七一七洋平银四万三千七百五十四两四钱九分四厘八毫。

监督费用如下:

监督翻译薪水,谨查第三届奏定,华洋监督各一员,各每年支银七千二百两,翻译兼支应一员,年支银一千二百两,三员六年共支七一七洋平银九万三千六百两。文案由监督自理。此届拟派监督一员,年支银七千二百两,翻译兼管支应一员年支银一千二百两,两员六年共合支七一七洋平银五万四百两。因此此次监督只一人,事务殷繁,文案由监督派入办理,其薪水由监督薪费项下列支。

监督办公所杂费,谨查第三届奏定,华洋监督办公所杂费年支银二千四百两,六年共支七一七洋平银一万四千四百两。此届拟派华监督一员,照数减半,应年支银一千三百两,六年共合支七一七洋平银七千二百两。

　　监督翻译往返路费,谨查历届奏定,华洋监督及随员翻译文案,坐上等舱位,每员每次约番五百三十元,合银三百八十两,火车费及各杂费在内,两员往返共支七一七洋平银一千五百二十两,此届监督一员,翻译兼支应一员,路费查照现在法国轮船公司来单内开,由沪至马赛船价,每员每次三百六十两,外加火车费及各杂费银一百两,计四百六十两,两员往返共合支七一七洋平银一千八百四十两,往费起程照发回费,分第五第六两年给领,其文案一员往返路费即按照学生舟车二等舱位,由监督薪水项下开支。

　　学生往返路费,谨查历届奏定,学生各坐二等舱位,每名每次约番三百二十元,合银二百二十九两四钱四分,火车费及各杂费在内,按六名额数核计,往返共支七一七洋平银二千七百五十三两二钱八分。此届学生六名,查照现在该公司来单,轮船二等舱位价每名每次二百三十五两,外加火车费及各杂费七十两,计三百零五两,六名往返共支七一七洋平银三千六百六十两,往费启程照发回费,分第五第六两年给领(以上路费因镑价昂贵,故该公司寄来船费单内所开银数较从前增多)。

　　奖赏洋教习宝星金牌,谨查第三届奏定,银一千两,以十四名六年,二十名三年科计,此届六名六年应合支银二百四十三两,在第六年给领。

　　以上五款系查照第三届出洋奏定,银款按以现定额名照核开列,共计六年七一七洋平银六万三千三百四十三两,连前八款七一七洋平银一十万七千九十七两四钱九分四厘八毫,至其中各项用款除薪费外,或有应为互相增减之处,俟到洋后货凭监督详察情形,酌核办理。

表 3-11　第 4 届留学生经费预算单

项目	年限	第一年	第二年	第三年	第四年	第五年	第六年	合计
监督	工资	8400	8400	8400	8400	8400	8400	
	办公费	1200	1200	1200	1200	1200	1200	
	路费	920				460	460	
学生	路费	1830				915	915	
	服装费	1312	524		524			
	临时路费	583	583	583	583	583	583	
	房租费	3778	3778	3778	3778	3778	3778	
老师工资		1312	1312	1312	1312	1312	1312	
图书费		524		787				
医疗通信费		349	349	349	349	349	349	
学生参观费			984	984	984	984	984	
洋员奖章费							243	
合计		20208	17130	17393	17130	17981	18224	108066

第 4 届留学经费因增派(自费改公费)1 名留学生,实际费用有所增加。再之原番平银 3.6 两兑换 1 英镑,当第 4 届留学生在国外学习时,英镑升值,而留学费用又以英镑结算,所以实际费用比预算要多。光绪二十六年(1900 年),国内未能按时汇出经费,学生被迫结束学业提前回国,实际在国外 3 年,共花去约 6 万两白银。

船政学堂 1—4 届留学生共派出留学生 89 名(含北洋 5 名和随员 1 名),人均留学费用近 0.8 万两,随后又有 30 名学生先后零星出国留学其费用未作统计。

(三)民国时期留学经费

1913 年 3 月 7 日,北京政府海军总长刘冠雄关于派遣留学员额呈文中有关留学经费如下:留学英、美、法学生经费(按每生计),学费每员每月 16(英)镑;书籍、衣服等费,每月 30(英)镑。留学日本学生经费,学费每月日币 40 元;书籍、衣服等费:每月日币 40 元。演习费(2 次):每次每员 30 元。赴欧美路费:每员 60(英)镑。治装:每员 60(英)镑。赴日路费:每员日币 100 元。

1918 年前,海校留学生经费按刘冠雄呈文所列项目和标准由海军部支付,此后,留学经费按同年海军部修订的"英美海军留学员生规则"中有关条文执行,项目更详细,经费标准亦有所提高。

1929 年,南京国民政府海军部公布《陆海空军留学条例》,未对留学经费作出明确规定,基本上还是执行 1918 年制定的经费开支标准,但留美学生每年自交 100 元学费,余下由公家补贴。

民国时期海校留学生出国留学时,基本是带薪留学,除了享受海军部规定的各项待遇外,尚有一份薪金留给国内家属支领。

第五节　培养成就

船政学堂不仅在培养我国最早的航海人才方面取得卓越成效,为中国近代海军准备了各级将领和驾驶人员,在军事航海制造方面发挥了重要的作用,而且培养了一批科技、军事、外交、文化、经济等方面的人才,成为近代活跃在中国社会上的一支重要力量。这批毕业生和留学生,作为当时中国新型的知识分子,他们的思想观念和知识结构,既不同于旧式科举出身的封建知识分子,也不同于辛亥革命时期的资产阶级知识分子。他们中的一些人后来成为先进的知识分子,对近代中国的影响深刻而且广泛,在 20 世纪初期中国的思想、文化、军事、外交、科技、教育等领域都产生了重大影响。

一、兵舰制造与监造人才

从同治七年(1868年)至光绪三十三年(1907年),船政共计建造大小兵舰、商船40艘。这一时期国内建造50吨以上的舰船总数仅48艘,总吨位57350吨,而船政就建造40艘,吨位为47350吨,这两项分别占全国的83.33%和82.56%。1890年,中国组建有北洋、南洋、广东、福建4支水师,共有舰船86艘,其中44艘是向外国购买的,42艘是自己建造的,这42艘中有30艘是船政建造,占总数86艘的34.88%,占自制42艘的71.43%。

船政建造的舰船中大多数是由毕业留校和留学回国返校任职的学生自行设计监造,据统计有18艘之多。这些留校学生中魏瀚、陈兆翱、郑清濂、吴德章、杨廉臣、李寿田等人的成绩最为卓著。光绪二年四月十日(1876年4月27日)船政大臣丁日昌在《第十七号"艺新"轮船下水片》中指出:"臣查闽厂自经始迄今共成一十七艘,'海镜'以下等船虽系工匠放手自造,皆仿西人成式,唯艺童吴德章等独出心裁,克著成效,实中华发轫之始,该艺童等果能勇猛用功精进,当未可量。"留校学生监造的舰船有"镜清"号、"寰泰"号、"广甲"号、"平远"号、"广乙"号、"广庚"号、"广丙"号等各类兵商轮船和巡洋舰。

船政毕业生和留学生还到其他船厂或机器局任职,推动当地的造船业和机器制造业的发展。光绪六年三月(1880年4月),罗丰禄任李鸿章奏请开办的大沽船坞总办。十六年,魏瀚主管广东船坞。十五年,郑诚被调往广东,对"广金"兵轮的试造进行"常川测量校定,以臻精密"。在船政任监工的首届留学生陈林章,先后调往浙江、山东两省办理机器局事务。十年,船政留学生刘冠南任刘公岛机器厂帮办,辛亥革命后一度被任命为江南造船所所长。

船政培养出来的这些科技人员,除了在本国造船厂任要职外,还被派往国外,监造南北洋水师订购的各种军舰,改变了以前完全受制于外国军火商的局面。光绪六年(1880年),船政第1届留学生刘步蟾、魏瀚、陈兆翱赴德国,监造"定远"舰和"镇远"舰。十二年,船政第1届留法学生张启正、船政第2届留学生林鸣埙、陈和庆赴英国,监造"致远"舰和"靖远"舰。同年,船政留法学生曾宗瀛、船政第1届留法学生裴国安、黄戴赴德国,监造"定远"舰和"来远"舰。二十二年,船政留英学生程璧光、船政第3届留英学生卢守孟、船政第1届驾驶专业毕业生林国祥、船政第2届管轮专业毕业生黎弼良、陈镇培赴英国,监造"海天"舰和"海圻"舰。同年,船政留学生曾宗瀛、船政第2届制造专业毕业生林鸣埙赴德国,监造"海筹"舰、"海容"舰和"海琛"舰。1912年,船政第9届驾驶专业毕业生林葆怿、船政第1届驾驶专业毕业生李和、船政第2届管轮专业毕业生黎弼良赴英国,监造"肇和"舰和"应瑞"舰。1912年,船政第7届驾驶专业毕业生李国圻、曾瑞琪、郑贞能、黄显宗赴日本国,监造"永丰"舰和"永翔"舰。

二、矿冶交通与电信人才

19 世纪 80 年代后,洋务运动的开展也推动了民用企业的发展,开始出现矿业、铁路、电报等新兴产业,其中大部分的技术人员都是船政毕业生或留学生。船政在 19 世纪 80 年代后就计划自行炼钢,开采福州附近地区的煤矿,船政首届留学生林庆升、池贞铨、林日章等发现了福州穆源煤矿。光绪二十三年(1897 年),船政第 3 届留学生杨济成参与厦门湖头的勘探活动。二十四年,船政学生再次到古田、穆源一带勘探以期开采。同时,各省先后向船政调用学矿务的船政毕业生和留学生。八年四月,盛宣怀"奉前署北洋大臣张饬派矿务学生池贞铨随同赴烟台查勘铅矿,以备制造铅弹而佐军国需要。当即率矿务学生池贞铨、委员冯庆镛等弛抵烟台。于六、七月内勘得登州府属宁海州、霞县、招远县俱产铝矿"。林日章既呈"开采、淘洗、锻炼、提银"工艺方案,被任为监工,"督令妥筹试办。"十五年,张之洞任湖广总督,决定在湖北办汉阳铁厂,选调船政学生张金生、池贞铨、游学诗三人。十六年,张之洞命徐建寅带领张金生、池贞铨到湖南邵阳、新华复勘煤矿并准备开采。三十三年,池贞铨和沈瑜庆合作投资 20.8 万元,创办赣州铜矿。几年间,"闽厂学生分赴衡州、宝庆、辰州、永州等府,暨毗连鄂境之四川夔州、陕西之兴安、汉中等府,毗连湘境之江西萍乡、贵州青溪等县,查勘煤铁,并委赴素产煤铁之山西省泽、潞、平、孟等处采取煤铁各式样,以资比较考证"。

铁路工程建设也有不少船政学生参加,他们在汴洛、广九、京汉路的勘测、修筑和管理方面都起到重要作用,其中郑清濂尤为突出。京汉铁路由比利时手中收回自办后,郑清濂几乎独当一面。当时邮传部奏称:郑清濂"品端守洁,不染习气,熟谙路政,兼精工程艺学,拟即派充京汉铁路总办,以之节制华洋各员,督饬修养诸工"。由于清政府腐败,路工亦"甚病废弛"。宣统三年(1911 年),郑清濂愤而以"请假"名义辞去总办之职。而由光绪十一年(1885 年)留法船政学生王寿昌任会办。

在铁路建设方面,詹天佑更为出色。他承建的京张铁路,于宣统元年九月(1909 年 10 月)在南口举行通车典礼,中外来宾云集,前来观看者达万余人之多。邮传部尚书徐世昌在通车典礼上高度赞扬说:"本路之成,非徒增长吾华工程师之荣誉,……将来自办之铁路,继兴未艾,必以京张为先河。"詹天佑创造中国铁路史之奇迹,举世闻名。

根据文献记载,20 世纪初在各路局任要职的船政学生有:光绪三十二年(1906 年),李大受任京汉路养路副总管;卢守孟任京汉路行车总管。三十三年,高而谦任京汉路总监督。三十四年,郑清濂任京汉路总监督。宣统三年,王寿昌任京汉路会办。1916 年,曾毓隽任京汉路局长。光绪三十四年至 1923 年,丁平澜任正太路总办局长。1912 年,卢守孟任陇海路局长。光绪三十三年,郑清濂任汴洛路总办。三十四年,丁平澜任汴洛路总办。宣统元年,魏瀚任广九路总办。吴应科任沪宁路总办(时间不详)。宣统三年,郑诚任京绥路总办兼京张路会办。光绪三十三年,陈庆平任漳厦路总工程师,王回澜任副总工程师。1920 年,关庚麟任粤汉路督办。

在陆上铁路发展的同时,水上交通也有长足的发展,船政建造了 8 艘商轮,推动了近代民用航运业向前迈进。同治十一年十一月清廷总理衙门批准李鸿章《试办招商轮船折》,对其中所奏船政"间造商船,招领华商领雇"一事准让其"妥筹办理"。于是,李鸿章便试办轮船招商局,招商局向船政承领"福星"轮,还无偿借出"永保""海镜""琛航"三轮船,为招商局采购粮米和石材北运天津。后船政又建造一艘最大的商轮"康济"号,再由招商局向船政"承领揽运",往返航行于上海与香港之间。船政建造的"永保""琛航"等轮船,定期往返于福州与台湾之间,既运送官兵,也"准搭客,且准运货",与"商船无异"。而"海镜"轮则往返于福州与烟台等地"附搭客货"。所以,当时海关对"永保""海镜""琛航"三轮船则按商船纳税。

中国电信事业发端当首推光绪三年在闽台间铺设海底电缆。同治十三年,日本借牡丹社事件派兵入侵台湾。首任船政大臣沈葆桢临危受命,率轮船水师赴台处理台湾事务,他深感军务紧急,电信重要,便奏请朝廷要自设闽台海底电缆,后又提出自己培养电信人才。继任的船政大臣丁日昌在船政学堂附设电报学堂。到光绪七年,共培养电信人员 140 人。十二年,开始实施闽台海底电缆铺设工程,福建巡抚丁日昌奏准由船政首届制造专业学生苏汝灼、陈平国"专司其事"。他们用自制的"飞策"号轮船铺设海底电缆,在闽台各方的共同努力下,从福州马尾川石岛到台湾淡水的海底电缆铺设成功,全线长 117 海里。三十三年二月十五日(1907 年 3 月 28 日),邮传部尚书岑春煊奏称:"臣部创设伊始,百端待理……苦无提纲絜领之员,以资佐理"。他首推船政毕业生和留学生,如魏瀚"在丞、参上行走";丁平澜"调部差委,以备任使";陈寿彭"以主事补用";郑守钦"调归臣部差遣";林怡游也被预保丞、参。邮传部分设丞政厅和参议厅,下设多个部门。船政学生为中国电信事业的发展作出了突出贡献。

三、军舰管驾与指挥人才

从同治五年船政学堂创办,到宣统三年底,前后 45 年共毕业学生 650 名,成为近代中国海军的骨干力量。同治十二年,沈葆桢破格提拔船政学生吕翰和张成任舰船管带。之后,又委派驾驶第 1 届毕业生 10 多名到福建水师任驾驶官,这些学生逐渐晋升为舰长或大副。同年,管轮第 1 届又有 14 名毕业生被派往福建水师各舰船任管事。光绪五年,福建巡抚、船政大臣丁日昌认为:"海战则另择出洋学生之拨优胆壮而又忠爱笃实者为统领,似更有裨实际。"六年,李鸿章提出"目下带船将才固少",唯船政学生"可堪造就","可备将来统带快船、铁甲之选"。此后,船政学生很快被选拔到各地水师任重要将领,如福建水师有吕翰、张成、许寿山、梁梓芳、沈有恒、李田、陈毓松、叶琛、陈英、林森林、谢润德、丁兆中、梁祖勋,广东水师有林国祥、李和、黄伦苏,南洋水师有蒋超英、何心川,北洋水师有刘步蟾、林永升、叶祖珪、邱宝仁、邓世昌等。此外,至十五年,除上述将领外,仅驾驶第1届毕业生在各地水师任管带的还有叶伯鋆、方伯谦、林泰曾、陈毓松、林承谟、郑溥泉、叶富、黎家本、李和等。

船政学堂培养出来的学生,许多人成为近代中国海军的重要将领,在反侵略的海战中,不仅表现出高度的爱国主义精神,还展示出较高的军事指挥才能。光绪十年中法马江海战中,"福星"号中弹着火,管带陈英大声疾呼:"食君之禄,当以死报,今日之事,有进无退。"战至阵亡舰沉,"英美观者均称叹不已"。二十年中日甲午海战中,中军副将、"致远"舰管带邓世昌见形势危急,为掩护旗舰,率舰开足马力全速冲向日舰"吉野"号,不幸中敌鱼雷,壮烈牺牲。再如此次黄海大战中,当提督丁汝昌受重伤后,右翼总兵、"定远"舰管带刘步蟾代之督阵指挥,变换进退,"炮击日舰西京丸中之","轰击日松岛督舰几沉之"。

曾任海军总长、总司令的船政毕业生有:

叶祖珪(驾驶第1届),光绪三十年(1904年)总理南北洋水师,清朝廷授振威将军。

萨镇冰(驾驶第2届),1917、1919、1920年三次任海军总长,1922年,授肃威将军(上将)。

蓝建枢(驾驶第3届),1918年任海军总长,1921年授海军上将。

刘冠雄(驾驶第4届),1912、1917年两次任海军总长兼海军总司令,1912年授海军上将。

李鼎新(驾驶第4届),1921、1922年连任海军总长,1917年授曜威将军(上将)。

程璧光(驾驶第5届),1917年任海军总长,同年到广州任护法政府海军总长。

林葆怿(驾驶第9届),1917年任海军总长。

黄钟瑛(驾驶第11届),1912年任海军总长兼海军总司令,同年授海军上将。

四、洋务与外交人才

船政毕业生或留学生中有一批人后来成为近代中国外交界的新型人才,成为主张依靠外国援助开办近代军事工业的洋务派得力的外交人才。这些人作为近代新型的知识分子,在国际外交活动中崭露头角,他们或任驻外使馆、海军机关、机器局的翻译,或参与外交活动和涉外事务的交涉。如光绪二十二年至二十八年(1896—1902年),罗丰禄同时任中国驻英国、比利时、意大利公使。二十二年,罗丰禄陪同李鸿章参加沙皇尼古拉二世的加冕典礼,参加中俄《御敌互相援助条约》(即《中俄密约》)的谈判。在德国,罗丰禄参加李鸿章与德国宰相俾斯麦的会见。在英国,谒见维多利亚女王,获赐"罗稷臣丰禄爵士"封号。又如同治十二年,陈季同受清朝廷委派出访英、法、德、奥四国。光绪元年,陈季同自学英、法、德、罗马、拉丁的文字,尤其精熟法国政治与《拿破仑法典》。三年,陈季同任驻德、法参赞,代理驻法公使兼比利时、奥地利、丹麦、荷兰四国参赞,成为当时欧洲外交界的活跃人物,与俾斯麦、甘必大等德、法政界要人关系密切。中法战争期间,陈季同还参加与法国划分中越边界的谈判。再诸如魏瀚,在留学期间曾任法国皇家律师公会助理员,并获得法学博士。二十九年会办船政,曾运用外交法律同洋监督杜业尔的专权进行斗争,迫使法国政府调回杜业尔。王寿昌,1898年京汉铁路兴建时任总翻译,在与法国借款交涉中,王寿昌"力顾主权",运用近代国际外交知识减少国家损失。京汉铁路建成后,他被调任汉阳兵工厂厂长,为湖广总督张之洞所器重,经理对各国事务。1912年回福建,任福州交涉司司长,负责对外交涉事务。他在与外国人交往时,言行得体,不失人格和国格,备受称赞。郑清濂(京汉路总监督)、李大受(京汉路养路副总管)、卢守孟(京汉路行车总管)等人,在宣统元年收回京汉路的交涉中,面对比利时"要求挟制,迭发难端",他们"随时随事竣拒"。尤其是郑清濂还具体清理比利时公司经手的各项文卷、账目,顺利地收回路权。

从事外交活动或参与对外事务交涉的船政毕业生或留学生,对推动洋务运动、对近代中国社会、经济、文化、外交等方面的发展都做出积极贡献。如丁平澜、陈庆平、王回澜等人在铁路建设和路权交涉方面都发挥积极作用。其他任外交工作的还有:高而谦,光绪三十四年任外交部右参议,宣统元年任外交部左丞。李荣芳,船政第2届留学生,曾任驻法参赞官署翻译。郑诚,光绪七年任驻美使臣郑藻如的翻译。

五、中外翻译与中西融通

船政毕业生在留学过程中,为窥视西方"精微之奥",于"庄岳之间"如饥似渴地学习西方先进文化。西方先进文化大大开拓了他们的视野,使他们的思想发生了深刻变化,他们积极介绍西方先进文化以开民智。船政留学生在介绍西方先进文化同时不忘传播中国文化,还力争做到中西文化的融会贯通。

思想理论方面,严复是最有代表性的一位。甲午战后,严复痛感民族危亡日重,开始探索研究新兴资产阶级理论,寻找救国道路。光绪二十一年在天津《直报》发表第一篇政治论文《论世变之亟》,提出资产阶级"平等、自由"等观念,之后又连续发表《原强》《辟韩》《救亡决论》等论文,提倡开民智、鼓民力、新民德,批判"君权神授",提出"天赋人权"理论。对梁启超、康有为、谭嗣同等维新派人物产生了重要影响。二十四年,严复翻译的英国赫胥黎的《天演论》正式出版,提出"物竞天择,适者生存"的进化论思想,唤醒人民救亡图存,反对顽固保守,倡导新学,废除科举,实行变法革新,主张建立君主立宪制。《天演论》的问世,震动了整个中国的思想界,影响极大,意义深远。同年6月,光绪皇帝下诏变法,7月召见严复,询以新政大事。维新变法失败后,严复又陆续翻译出版《原富》《群学肄言》《群己权界论》《名学》《法意》《名学浅说》等著作,系统介绍西方资产阶级思想。严复是中国近代杰出的启蒙思想家,为推动中国近代社会向科学与民主方向的发展,提供了思想理论基础。他是毛泽东列举的在中国共产党诞生以前向西方国家寻求真理的四位代表人物之一。

文学艺术方面，外国文学《茶花女》的译本在近代中国文学界影响最早最深。光绪二十三年，王寿昌留学法国毕业回国任船政学堂法文教习，他向来访的林纾介绍了法国小仲马的名著《茶花女》，两人深为小说情节所感动，便商议合译这本名著。王寿昌口译 1 小时，林纾笔录 3000 字。王寿昌不仅精通法语，而且汉语造诣颇深，口译动情，催人泪下。林纾虽以文言笔录，心随情移，曲曲以赴，脱手成篇。不到半年，全书译完，定名为《巴黎茶花女遗事》，两人分别署以"晓斋主人"和"冷红生"笔名。二十五年二月，由魏瀚出资在福州首版发行。这本法国文学名著译本"国人见所未见，不胫走万本"，小说风靡全国，先后出现 20 多种版本。严复曾赋诗曰："可怜一卷茶花女，断尽支那荡子肠。"可谓当时读者的真实写照。这本具有反封建意义的文言小说，有力地推动了西方进步文化在中国的传播。此外，诸如陈寿彭翻译的《格致正轨》《八十日环游记》，罗丰禄翻译的《海外名贤事略》《贝斯福游华笔记》等都颇有影响。

科学技术方面，光绪十五年，陈寿彭留法毕业回国，二十三年开始从事译著。他的译著《中国江海险要图志》，原书为英国海军海图官局所辑，用以英国侵略中国之需，是英国人从道光二十五年（1845 年）至光绪二十年陆续在中国沿海进行测量，积累大量第一手资料编辑而成。书中关于我国沿海沿江的港湾、岛屿及地理、气候、风向、潮汐等资料无不详备。此书不但让近代"有志之士乃得据是书以考形势险要之所在，不至兴望洋之叹"。而且至今仍不失为对海防、航运、地理、气候学等有参考价值之书。陈寿彭还"用化学法蒸百花为露以酿酒，味美香"。把西方科学技术应用于我国酿酒工艺。此外，同届留法学生郑守箴翻译出版《喝茫蚕书》，介绍欧洲先进的选种育蚕方法。

中学西传方面，近代第一人当为陈季同。他在法、德等国的使馆工作多年，熟悉欧洲各国社会的文化和生活，他精通法、英、德、罗马、拉丁等文字，写了许多介绍中国现状和中国文学的法文作品，如《中国人自画像》《中国人的戏剧》《中国娱乐》《中国拾零》《黄衫客传奇》《一个中国人笔下的巴黎人》《中国故事》《吾国》等，还用法文写了一部以中国问题为题材的喜剧《英勇的爱》。因此，陈季同在法国文坛享有盛名。陈季同晚年主持官报局和翻译局，除翻译"法国书数种"外，还以法文翻译中国儒家典籍以及古典文学名著《聊斋志异》，并"刊于巴黎"，"西国文学之士，无不折服"。

中西融通方面，船政留学生运用在西方所学知识和所见所闻著书立说，还写了不少文学类的随笔或见闻录。如在欧洲从事多年外交工作的马建忠，精通英文、法文、希腊文、拉丁文，他把外文的文法引入古汉语文法的研究中，形成自己对古汉语文法的独立见解，撰写成《马氏文通》，开辟了近代古汉语文法研究的新领域。又如陈季同所写的《西行日记》和《三乘槎客诗文》，记述了欧洲风土人情、社会现状，开扩了国人的眼界。陈寿彭的《太平洋诸岛古迹考》，利用留学期间航行太平洋的机会，对新几内亚以东诸岛进行考察，"可补吾国史志所未及者"。再如王寿昌刊行的《晓斋诗文稿》《晓斋笔记》《晓斋遗稿》等，均有留欧所感。一些船政留学生还将在外国所学的航海知识和亲历亲闻编辑成书,如《旗灯通语》《要隘形势地理图说》等,为近代中国海军建设提供相关知识,也起到向国人宣传普及海洋知识的作用。

六、对外交流与世界影响

促进世界航空业的发展。船政留学生毕业后,发挥自己掌握的科学知识,在国外多有建树,成就突出的如巴玉藻、王助等。宣统元年,巴玉藻和王助分别以优异的成绩选赴英国留学,他们学的是机械专业,但他们对航空飞行非常感兴趣,并有所研究。1912 年,他们两人曾凑足两英镑跟随一名英国飞行家作了一次飞行。虽然这是他们第一次上蓝天,但却是他们一生航空事业的开始。1915 年,他们来到美国,先后考入寇提斯航空学校、麻省理工学院研究飞机制造。1916 年,他们取得航空工程硕士学位,并被举为美国自动机工程学会会员。巴玉藻被寇提斯飞机公司聘为设计工程师,后又被通用飞机公司聘为总工程师。王助被新成立的太平洋飞机公司(波音公司前身)聘为总工程师。同年,王助为该公司设计、监造了第一架飞机,奠定了该公司的经济和技术基础。1991 年,波音公司为纪念王助对波音公司的贡献,特颁发奖状并在王助曾经任教的台湾成功大学航太所设立讲座。

为世界反法西斯战争作贡献。在第二次世界大战最紧张时刻,1943 年 6 月和 10 月,分别有 74 名和 26 名海军青年军官被选到英、美两国海军部队接受培训并参战,他们中多为马尾海军学校毕业,先后参加了围歼德国军舰的大海战和诺曼底登陆,作战勇敢机警,无一伤亡,为第二次世界大战的胜利做出贡献。1944 年 6 月 6 日,美、英联军在法国西北角的诺曼底登陆,开辟了欧洲第二战场,这是第二次世界大战中世界反法西斯力量在欧洲战场取得决定性胜利的开始。直接参加诺曼底登陆作战的马尾海军学校毕业生有 11 人,他们是葛敦华、江济生、官明、叶于沪、伍桂荣、郭成森、刘馥、孟汉钟、龙家美、王民彝、张钰。参战的中国海军青年军官作战勇敢机警,如当时在英国海军远程护航舰队"肯特"号重型巡洋舰任少尉副值更官的郭成森,当德国潜艇来偷袭时,他眼疾手快,迅速按响警铃,全体舰员采取紧急措施,躲过了德国潜艇的偷袭。因之,郭成森受到舰长的赞誉。

在中西文化交流的舞台上,历史给船政学子提供了极好的机遇。赴欧留学使他们能站在更高的层面来审视中国,在引进西方先进文化的同时,他们也积极地向西方大量介绍中国的先进文化成果。陈季同就是一位中西文化交流的杰出代表。光绪三年(1877 年),陈季同在中国驻英、法、德等国使馆任职,不久,他成为当时欧洲外交界的活跃人物,与俾斯麦、甘必大等德、法政界要人关系密切。同时,他经常出没于欧洲上层社会的沙龙,并在各种文化场合作有关中国的讲座,积极参与当地的文化生活。十年起,他出版的多种法文著作,先后被翻译成英、德、意、西、丹等多种文字,获得了西方公众的广泛关注,让西方人开始比较深入地了解中国人,也为西方打开一扇了解真正中国的窗口。

第四章 文 物

　　船政文物分建筑、军事设施、碑刻、故居、墓园等五类,其中建筑 27 处、军事设施 12 处、碑刻 19 处、故居 11 处、墓园 8 处,共 77 处,还有可移动文物若干件。

　　船政文物的主要特点:一是价值较高,77 处中各级文物保护单位占 33 处,其中全国重点文物保护单位 12 处,省级文物保护单位 5 处,市区县级文物保护单位 16 处。二是面广分散,分布马尾、福州城区、长乐、连江闽江口各地,乃至贵州桐梓。三是涉及人物众多,船政主持官员前后 33 人,职员最多时 3672 人,前后毕业学生 5564 人,含前后学堂 22 届 1048 人,海军学校 714 人,船政系列学校 3802 人。在《福州市志》入传人物 604 人中,船政人物就占 68 人,占 11.25%。但主体文物保存偏少。船政衙门被毁,主车间十三厂大多毁于抗日战争时期;主产品——军舰都毁于中法马江海战;前后学堂、储材厂(海军联欢社)等毁于 1949 年后。

　　船政文物的现状:马江昭忠祠和烈士墓于 1983 年大规模修复,辟为"福州马江海战纪念馆"。钟楼于 1984 年修缮,恢复原样。绘事院于 1986 年修复,辟为马尾造船厂厂史陈列馆。一号船坞于 2001 年修复,翌年由海军司令部拨来一艘猎潜艇供参观。轮机厂于 2006 年重新修复,作为马尾造船历史陈列的一部分。马尾中坡炮台、严复故居和严复墓也相继修复开放。以上均为全国重点文物保护单位。省级文物保护单位电光山炮台、刘冠雄故居已经修复。市区县级文物保护单位英国副领事馆、梅园监狱、圣教医院、杜锡珪故居、黄钟瑛墓等也已修复。其余各级文物保护单位都已保存,正在逐步修复中。

第一节 建 筑

一、马尾地区

(一)轮机厂

轮机厂即装配车间,专任制造全船大小机器。位于马尾区马尾造船厂内,坐东朝西,方

轮机厂

位角 260°。面阔 21.5 米,进深 60.2 米,占地总面积 2400 平方米,由轮机厂和合拢厂两个部分组成。同治六年(1867 年)建造,由法国工程师设计,是具有明显欧洲近代厂房风格的单层砖木铁结构建筑。轮机厂建筑材料来自厦门的优质砖块,房屋地基选用造船厂附近山上的石头,坚固横梁购自新加坡,跨度超过 20 米;由船政自行铸造的 120 根重 2500 公斤的铁圆柱支撑。轮机厂为双坡顶,三角山花立面,拱卷落地门窗,墙厚 0.8 米;清水红砖外墙,一顺一丁砌造。两排各 15 根铁柱将厂房分为三开间;铁柱间连以铁拱桥,柱头支撑三角支架,屋面重量承压在支架上。车间内配置车、刨、削、钻、钳等各类机床二百多台,主要制造轮船的机件和合拢校准。合拢厂是两排各 5 根铁柱将车间分成三开间,柱头上架以工字形钢梁,上铺方木横梁、木地板。同治十年制造出中国第一台 150 匹马力的船用蒸汽机。轮机厂在中法马江海战中损毁严重,后重修;1938 年 6 月 1 日,南车间被日军飞机炸毁,现剩北车间和合拢厂。20 世纪七八十年代,在原厂房上面加高一层,安上玻璃,以增加亮度,仍为马尾造船厂主要车间之一。2006 年重新修复,同年 12 月 23 日辟为马尾造船历史陈列馆对外开放。1988 年公布为马尾区文物保护单位,1991 年 4 月公布为福建省文物保护单位,2001 年列为全国重点文物保护单位。在世界各国船厂中,轮机厂已极为罕见。

(二)绘事院和合拢厂

绘事院(亦称"绘画学堂")于同治六年十二月设立,培养设计船、机样式和绘制图纸人才,也是中国最早的船舶设计机构。位于马尾区马尾造船厂内,坐东朝西,方位角 260°。船政大臣沈葆桢上奏时指出:"造船之枢纽不在运凿挥椎,而在图画定式,非心通其理,所学乃属皮毛。""故特开画馆二处,择聪颖少年通绘事者教之,一学船图,一学机器图。"原暂设在栈房(仓库)中,后因仓库拥挤在合拢厂屋面梁架上另设一层阁楼,作为绘事院。初名"绘事楼画馆",有三四十人在此"承绘船身、船机"。四面开窗,窗高棂亮,是理想的图纸设计和绘制场所。整座建筑清水红砖外墙,一顺一丁砌造;外立面墙设壁柱,檐口叠涩出两层石边;封护檐式四坡顶,条石压脊,四周环建女墙。中法马江海战中损毁严重,重修。1986 年绘事院辟为马尾造船厂厂史陈列馆。1988 年公布为马尾区级文物保护单位,1991 年 4 月公布为福建省文物保护单位,2001 年列为全国重点文物保护单位。在世界各国船厂中,合拢厂与绘事院这类建筑物已极为罕见。船政学堂是中国最先创设的新式学校,开近代科技教育之先河。船政学堂各建筑大都毁于日军侵华战火,绘事院的留存,是见证中国新式教育开端的唯一实物建筑。

(三)铁胁厂

铁胁厂专任制造钢铁船胁、船壳、龙骨、横梁、泡钉以及船上各钢铁件打造、拗弯、镶配各工。位于马尾造船厂内,坐南朝北,方位角 5°。光绪元年(1875 年)福建巡抚兼船政大臣丁日昌将旧拉铁厂改造为铁胁厂。二十四年福州将军兼船政大臣裕禄因铁胁厂"年久欹侧,亟须修理。议乘修理之时,即用厂存钢铁、料件,照西法易以铁架",改建为铁构架厂房。1918 年,福州船政局内创设了中国第一家飞机制造厂——"海军飞机工程处",将铁胁厂让出,作为飞机制造的木作间和机工间。抗日战争期间多次被轰炸,1944 年仅存屋架;现马尾造船厂仍在使用。厂房东西走向,由南、北两座联体车间组成,内设 3 排、每排 15 根"工字型"铁柱支撑,柱子根部埋入洋灰拌碎石颗粒地面,起固定作用。柱头承重支撑三角铁架,屋顶建构在三角铁架上;铁板条之间用泡钉(铆钉)固定。一对铁制凹槽轨道贯穿南、北车间,轨道上安置一辆手推式运货车;轨道与南车间外的铁轨呈垂直交叉,便于运输重物。铁胁厂是船政建筑的重要组成部分,是中国最早的近代西式铁构架厂房、最早的飞机制造厂车间,因而是国内重要的近代工业遗产,具有很高的文物价值。

(四)船坞

船坞有一号船坞和二号船坞。

一号船坞又称青洲石船坞、新船坞,位于马尾区罗星山下东青洲。坐西北向东南,方位角 160°。船政初创只设有一船槽,供修船之用。随着造船增多及吨位不断增大,船槽不敷使用。光绪九年十二月(1883 年 1 月),福建按察使张梦元督办船政,即上奏朝廷,提出拓厂、添机和修造大船坞的计划。次年 5 月,新任船政大臣何如璋规划发展船厂,也把修造船坞列入计划。后因中法马江海战爆发,计划暂搁。十二年署理船政大臣裴荫森奏请在罗星塔下修建船坞,以便勘修北洋、南洋、浙洋、粤洋、台湾各处兵船,强调此事"实难再缓",总理海军衙门大臣以"目下经费竭蹶,实难为继"为由再次搁下。翌年,裴荫森与船政道员提调杨正仪、船坞道员提调沈翊清经过多次勘测,便在罗星塔东侧下方先动工再上奏修建石砌船坞。由吴德章等技术人员参加监造。十五年八月,闽海关不能按时拨给船政经费,船坞工程费用左右支绌,又暂停。后海军衙门令船政"分工兼办",裴荫森与兼管海关的福州将军汇商后,决定在海关六成项下原拨给船政的经费中拨出 6 万两,作为按年筹办船坞的经费。十六年二月廿七日船坞复办,于十九年六月廿二日建成,计用银 49 万两。船坞还设有抽水机、机器厂、官厅、丁役房、水手房、木料房等,总占地面积达 3000 平方米。时船政工作人员朱宗炳在位于一号船坞右侧的罗星山东麓岩壁上题"云屏"题刻,文:"余于癸巳秋奉公,船坞大工告成,见峭壁当窗,云屏列坐,时有云气往来,爰书数言,以志鸿爪云尔。光绪十九年仲冬,琴川朱宗炳题。"光绪三十年船台改建石料,并造船屋。1934 年扩建。从坞顶到坞口外侧长 111.0 米,内侧长 101.7 米,上沿最宽处 35.8 米(底宽 19.2 米),有效深度 7.6 米(总深 9.8 米)。该坞除供福建水师维修使用外,曾接受修理"海筹""海琛""海容"等军舰,还对外承接修船业务（光绪二十五年，为美国西能达夹板船、法国兵舰、商船维修），是当时远东著名的大船坞之一。1941年日军撤退时炸毁船闸，潮水自由进出，坞底泥沙越积越高，坞旁设施尽毁。1949年后荒废。2000年6月，福州市马尾区建筑设计室完成《马尾清代船坞挡墙修复工程方案》。7月，福建省人民政府、福州市马尾区人民政府共投入近100万元资金修缮船政一号船坞。2001年，福州市文物局组织专人对一号船坞进行清淤、考古，马尾区政府主持修复。次年，海军司令部拨来一艘猎潜艇，供人参观。1988年公布为马尾区级文物保护单位，1991年4月公布为福建省文物保护单位，2001年列为全国重点文物保护单位。

光绪二十二年（1896年），船政为了改变官办经营模式，以一号船坞为营业单位，开始承修中外船舶。船政试图以此为突破口，"开自然之利"，培育市场经济，进而整体扭转官办企业僵化的经营模式。囿于历史的局限性，一号船坞的经营活动虽然取得一些成效，却未能持续下去。但一号船坞的市场化经营，对近代中国官办企业经营模式的变革与转换，产生了很大的影响。

二号船坞位于马限山西侧山脚马尾造船厂内。原为咸丰十年（1860年）英商修建的天裕船坞，转卖给美商。1913年，福州船政局局长郑清濂报请海军部，向美商购得旧坞址。1933年在旧坞上重新设计，扩建新船坞工程，由所长韩玉衡筹划，公务员黄聚华任总监工，利用旧材，于1935年动工，翌年3月完工，同年4月9日举行开坞典礼，"江宁""正宁"两炮舰进坞开彩。为有别于青洲旧船坞，命名为二号船坞。船坞长114.3米、上宽18.6米、下宽13.4米、深4.4米。后经1964年、1997年修复、扩建，使用至今。

（五）铁水坪

位于马尾造船厂内，即造船厂码头，船舶下水后泊靠并进行后续工程的重要生产设施。铁水坪建成于同治九年（1870年）前后，以船厂铸造的每根重达2500公斤的圆铁柱支撑梁架，上铺厚木板，形成铁坪台，具有强大的承载能力。至今仍遗存两个60吨吊机机座，以及数十余根、每根重达二三吨的铸铁支撑柱，见证着当年船政造船设施的完整性和牢固程度。光绪十年（1884年）七月三日中法马江海战中，铁水坪是法军重炮轰击的重要目标。三十三年因板柱朽坏，更换新式起重机连吊架，并添建机器房一间，共用银8600余两。1941年4月22日，日机轰炸，铁水坪60吨起重机及铁吊杆被破坏。1973年在原址上建了沿用至今的造船舾装码头。铁水坪建筑涉及多项工程技术，体现了船政基础工程的建设能力。

铁水坪

（六）官厅池与石狮

船政衙门也称"节使署"，建于同治六年，坐东北朝西南，依序为官厅池、左右辕门、门楼、大堂、后堂等。门楼为五开间，正门上方挂一直匾，上书"船政"，前立旗杆、石狮各一对，左、右各建一座八角亭。大堂与后堂之间连以过道覆龟亭，两侧披榭。光绪八年（1882年）七月，福靖后营洋枪教习、守备朱得桂因小事打死勇丁林国桢，受到官府庇护，引起农

船政官厅池

民、工人罢工，拆毁船政头门，推倒东西辕门。后船政大臣黎兆棠将朱得桂斩首，事件得以平息，受损衙门八月修复。民国时期，船政衙门改为海军警备司令部。左、右辕门分别书"江山如旧""堡垒一新"。抗日战争爆发后，海军撤出马尾时，自行烧毁衙门。仅留船政衙门遗址，1956年为福马铁路所横穿。但尚存官厅池和船政石狮基本完好。官厅池位于马尾造船厂内，花岗石砌造，长方形，长33.6米、宽21.1米，环砌石栏杆。衙门前一对石狮是当年由福州著名的澳门路蒋源成石铺打造。用青石精工细雕而成，雌雄一对，造价146两银子。雄狮高2.26米，宽0.75米，深1.45米；雌狮高2.10米，宽0.75米，深1.35米。巨口美髯，威武生动，是百多年的文物。原安放在船政衙门前，1986年从地下挖出，先置于马尾造船厂东门，后移至北门，现置于轮机车间前。

船政衙门石狮（雌）（雄）

（七）钟楼

位于马尾区马尾造船厂内，坐东北朝西南，方位角230°。船政早期聘有洋监督（总工程师）和一批来自欧洲的工程技术人员，盖了多座欧式楼房提供洋员办公和居住。

钟楼（民国旧照）　　　　钟楼　　　　钟楼顶部

其中洋员办公所安放一架自鸣钟，便于洋员和船政人员作息。民国后，设号兵，用军号来调整员工上下班，但报时仍以时钟为准。为方便员工观看钟点，1926 年由福州船政局局长陈兆锵设计，继任造船所所长马德骥组织施工建一座钟楼，次年完工。钟楼具有浓郁的法兰西风格，平面呈方形，共五层，通高 18.2 米。第一、二层各四根边长 0.56 米的方形钢筋水泥柱；第一层曾作为总务办公室，楷书"总务处"三字犹存；第二层起四面边沿饰铁艺栏杆；第三、四层向内收分，四边设廊，廊内砌墙，四向开拱券门洞；五层四面墙上原来各镶圆形大时钟一面，时钟由造船所仪表车间精制，直径 1 米，现存圆窗。楼顶八角形，安装南北指向标和风向标。1939 年被日机多次轰炸，钟楼受损，机械钟被毁。1984 年经修缮，钟楼基本恢复原貌，但未安装上时钟。1988 年公布为马尾区级文物保护单位，1991 年 4 月公布为福建省文物保护单位，2001 年列为全国重点文物保护单位。

（八）船政天后宫

　　船政天后宫位于马尾区马尾镇婴脰山西北麓，是船政轮船下水及出海祈求庇佑平安的场所。坐东北向西南，方位角 235°。马尾旺岐古有天后宫。同治五年（1866 年）船政创办后，船政大臣每月要进旺岐天后宫行香一次，由于道路窄小，路程颇远，因此奏请清廷准在船政公署衙门后婴脰山上海拔 52.4 米处另建天后宫。七年始建，同年夏落成，共耗银 3082 两。鼓山涌泉寺派来奇量和尚为住持。天后宫面阔约 15 米，进深约 30 米，牌楼式门墙，正门上方青石匾镌刻"天后宫"三字。宫前是长方形外围石栏杆的月台。庭

船政天后宫

从婴脰山看天后宫

前排列福建船政铸造的重约 425 公斤的铜钟,宫外平台上有重约 600 公斤的铁鼎。正殿供天后,殿上方有同治御书墨宝"德施功溥"及"天上圣母"匾。殿柱上有沈葆桢撰书的楹联"地控制瓯吴,看大江东去滔滔,与诸君涤虑洗心,有如此水;神起家孝友,贯万古元精耿耿,愿后世立身行道,无愧斯人。"殿前青石浮雕盘龙。正殿横梁是从泰国运回用作龙骨的柚木。正殿两边有石级通左右知客厅。殿后有石砌的魁星台。其后有香积厨和方丈室。1929 年,天后宫改为林孝女祠。抗日战争后,宫中文物严重遗失,宫前松林被砍伐。20 世纪 50 年代,铜钟和铁鼎散失。福州二十四中学校址曾一度设在宫内。1971 年拆天后宫建马江中心小学校舍,仅余正殿天后龛座等。1989 年又建马尾教师宿舍楼一座,宫已面目全非。2006 年 10 月,马尾区政府投入巨资在原址重建船政天后宫,2008 年初建筑主体工程竣工。2009 年 4 月 18 日举行揭牌仪式暨开光大典,并对游人免费开放。重建后的天后宫坐东北朝西南,由门埕、门楼、戏台、两侧酒楼和钟鼓楼、拜阁、正殿、魁星阁等建筑组成。

(九)储才井

储才井位于马尾区联安路上。传为沈葆桢所凿,又称钦差井。储材井原是储材馆门前的一口井。同治五年(1866 年),船政设木料储藏所,用来储放木料等;大规模基建结束后,改建为招待场所,称"储材馆",取"广储人才"之意。光绪二十年(1894 年)林纾住在这里与王寿昌共同翻译了法国小说《巴黎茶花女遗事》。1912 年 4 月 21 日,孙中山来马尾时,由铁水坪登岸参观船槽及轮机、锅炉、拉铁、铸铁、铁胁各厂,晚到储材馆会宴,赞扬船政"足为海军根基"。民国初年,船政局在储材馆范围内修建"海军联欢社",为两层砖木结构建筑,有十四间房屋,每间约 8 平方米。前方大厅两旁排列十八般武器,再前为庭院,左右各开四扇大门,沿门廊种植梅树等。1941 年,海军当局执行"焦土抗战"政策,联欢社烧毁,仅存储材井。原储材井井壁与井栏为圆形,直径 1.1 米,深 3.2 米。1963 年重修,井壁改为方形。井旁有一株高大的"钦差榕",相传为沈葆桢所植。

储才井与钦差榕

(十)粤东山庄

粤东山庄是船政广东籍员工为家属探亲而集资兴建的。位于马尾区马尾镇婴脰山,坐西北朝东南,方位角140°。前后两栋欧式风格建筑,坐西朝东。前座两层楼房,面阔12米,进深14.3米,檐口高7.2米。砖木结构,外墙清水青砖,歇山顶,屋顶环建女墙。过道设在房子中间,两旁住房,南侧五间,北侧四间、中设楼梯。前、后座建筑之间隔小天井。后座为单一层建筑,面阔12米,进深10.2米。民国初年改建。

粤东山庄前座

粤东山庄后座

(十一)马尾天主堂

马尾天主堂位于马尾区婴脰山东麓。原为船政法籍工匠集资建造的。光绪八年(1882年),他们期满回国时,将此教堂赠给天主教会。十一年创立马尾天主堂。二十九年船政的法籍监督兴建新教堂。新教堂坐西朝东,自南向北依次由男修院、主教堂、女修院三组建筑组成。男修院为欧式风格两层楼房,砖木结构,面阔16米,进深14米,拱券门窗,洋灰(水泥)罩面。现已部分倒塌,亟待修复。主教堂,砖木结构,清水青砖墙体。由神父楼、祈祷厅和祭台、门楼、祭衣房等相连建筑组成。神父楼,面阔 9.8 米,进深 16 米,檐口高 9 米,封护檐式四坡顶。祈祷厅与祭台平面呈"凸"字形,双坡顶。祈祷厅面阔 23.5 米,进深 11.4 米,脊檩高 7.5 米。大门朝东开,高大门楼中空仅一层,内顶高 10.2 米,下为拱门,门额匾书"天主堂",往上依次为拱窗、圆窗、三角山花和十字架。祭衣房是神父、牧师的更衣室。女修院由南楼、中楼、北楼三栋组成。原先均为两层楼,新中国成立后北楼改建成三层楼。三栋楼一字排列,楼与楼之间连以走廊;各开间的窗户开向东侧,房门开向西侧的走廊。楼上走廊开窗,楼下走廊拱券柱廊,共 30 拱洞,总长 83.6 米。

马尾天主堂

女修院

祈祷厅与祭台

(十二)海底电缆遗址

光绪十三年(1887 年),台湾巡抚刘铭传决定铺设沪尾(淡水)—川石水线,全长达 117 海里,由英商怡和洋行承包,船政电报学堂毕业生参与敷线工作。同年 4 月重新勘测,6 月电缆运抵台湾,7 月以"飞捷"号炮艇作为水线船开工铺设,9 月竣工,10 月 11 日投入使用、营业。中日甲午战争后,台湾被迫割让给日本,这条电线改由日本人管辖。日本人委托大东电报公司代经营福州与台湾的电报业务。1930 年底大东电报公司在华的特权到期,理应收回。但国民政府交通部暗中与大东电报公司续约延长 14 年期限,激起福州电信员工的强烈反对。在请愿等斗争方式无效情况下,电信工会代表于 1931 年 5 月 1 日凌晨 6 时砍断川石岛一端的线头,自此两岸电信电缆中断。现遗址尚在。

海底电缆川石段

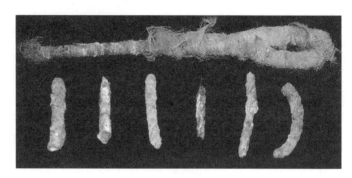

海底电缆

（十三）马江昭忠祠

马江昭忠祠俗称"阵亡祠"，位于马尾区马限山东侧山麓，坐西北朝东南，方位角130°。光绪十年为祭祀中法马江海战中牺牲的烈士，署理船政大臣张佩纶奏请清廷修建昭忠祠。同年，清廷降旨在马限山东南麓"九冢"墓园东侧建祠，12月由新任船政大臣裴荫森主持修建，于十二年冬竣工。《特建马江昭忠祠碑》记载："祠负山面江，广八丈有三尺，深减九尺，五楹并列，巍然奂然。"1920年海军当局及船政学堂校友募捐重修，添建戏台、楼阁、花厅、回廊等。1934年将甲午中日战争中阵亡的福建籍将士入祠奉祀。并在西侧另建一座木结构的两层楼休憩厅，祠后盖3间平房。1963年，福州市人民委员会拨款，由福州市文物管理委员会按照福州市鼓楼区温泉建筑社负责测绘、编制修缮方案组织重修。"文化大革命"期间破坏严重，祠内曾作为制鞋工场。1983年国家拨款近60万元，由福州市文管会大规模重修昭忠祠，抬高地面近2米，以避水患。现昭忠祠面阔25.5米，进

马尾昭忠祠

昭忠祠正厅神龛

深 35.4 米,占地 900 多平方米。牌楼式门墙,两翼八字墙,辟三扇拱券门。正门上嵌"昭忠祠"石匾和"奉旨祀典"石额,两侧门上分嵌"雷雨""日星"石匾。进正门,三面回廊,中为天井。原戏台现改建为重檐歇山顶、面阔五间的前殿。祠厅为硬山顶,面阔五间,进深五柱。同时,将昭忠祠与马江海战烈士陵园、马限山中坡炮台等建筑群合辟为"福州马江海战纪念馆"。1988 年添建"追思亭"。1961 年公布为市级文物保护单位;1984 年列为省级文物保护单位。1996 年,偕马江海战炮台、昭忠祠,由国务院列为全国重点文物保护单位。

(十四)甲申中法马江海战烈士墓

甲申中法马江海战烈士墓位于马尾区马尾镇昭忠路昭忠祠内,坐西北朝东南,方位角140°。光绪十年中法马江海战结束后,闽江沿岸军民自发组织打捞阵亡将士的遗体,就近掩埋在马限山东南麓沿江处,先后形成九冢,冢前各立"忠冢"石碑。1920 年由时任福州船政局局长陈兆锵主持,合九冢及福州船政局船坞旁的一批烈士遗骸并为一丘,墓碑亭盖用舰板焊成,饰以铁艺花纹。陵园内广植荔枝果树,并有专人看护。1963 年福州市文物管理委员会组织重修。"文化大革命"期间破坏严重,烈士陵园成为水泥预制板工厂。1983 年

马江海战烈士墓旧影

马江海战烈士墓

烈士墓旧碑

再次维修墓葬。墓前立一对石望柱。沿墓道登 6 级石阶到墓埕。墓埕中央建石碑亭,用花岗石依旧模样打制成,雕花拱顶;墓碑立于碑亭内,竖刻 2 行楷书"光绪十年七月初三日,马江诸战士埋骨之处",阴刻,字径 0.12 米;须弥座基础,座台四边的石栏杆饰以锚链图案。封土呈长方形,四坡顶,花岗石砌墙,洋灰(水泥)盖面,四周环立石望柱,锚链绕连。1961年公布为市级文物保护单位;1984 年列为省级文物保护单位。1996 年,偕马江海战炮台、昭忠祠,由国务院列为全国重点文物保护单位。

(十五)英国副领事署(洋教习寓所)

英国副领事署位于马尾区马尾镇马限山西南麓,坐北朝南,方位角 171°。欧式单层建筑,砖木结构,平面呈"凹"字形。五口通商后,英国殖民者先在福州仓山设立英国领事馆,同治九年又在马限山建造英国副领事署,作为领事馆人员及英国海员俱乐部。十三年船政大臣沈葆桢重金赎买英国副领事署产权。光绪十一年(1885 年)修缮后作为新任英籍教习赖格罗、李家孜寓所。1992 年列为市级文物保护单位。2001 年 9 月,福州市古代建筑设计研究所完成测绘修缮方案。2004 年经福州市文物局批准,马尾区文化体育局主持完成修缮工作。9 月陈列展出《福州近代外交史》。

英国副领事署(洋教习寓所)

该署奠基石

(十六)梅园监狱

梅园监狱又称马限监狱,位于马尾区马限山中坡东麓。同治九年英国殖民者以追捕海盗为名,在马限山建造关押中国渔民、民众的监狱。监狱为欧式建筑,坐西北朝东南,分地上、地下两层,占地面积 310 平方米。地上牢房为砖木结构,有办公室、狱卒值班室、

梅园监狱 监狱地牢

监视房、牢房、犯人活动厅等。牢房共 6 间,左右分列,每间约 8 平方米,墙体高处开一小铁窗通风。地下牢房原为建筑地基架空层,后用于关押囚犯。西、北两面靠山体岩石,东、南两面砌筑两重石墙,石墙之间为不足 1 米宽的 L 形甬道。牢门开在甬道深处、离地 1 米高的地方。牢门高 0.9 米,宽 0.6 米,仅够一人爬进。牢内分里、外两室,外室宽 4.5 米,内室宽 4.0 米,均进深 5.2 米,北墙上各开一扇极小的窗户。地牢阴暗潮湿,空气污浊,关押于此的犯人死亡率高。1992 年列为市级文物保护单位。2001 年 9 月,福州市古代建筑设计研究所完成测绘修缮方案。2004 年经福州市文物局批准,马尾区文化体育局主持完成修缮工作。

(十七)圣教医院

圣教医院位于马尾区马尾镇马限山西南麓,坐东向西,方位角 300°。光绪二十七年(1901 年)创办,医疗对象是外轮船员、中国病员,兼理外轮检疫工作。医院为欧式砖木结构,分门诊病房楼及院长公寓两区。由美国教会所办,创办人梅医生,是美国驻福州领事馆代理

圣教医院

医院院长公寓

事。医院初期占地约 13 亩,建筑面积约 1100 平方米,是砖石结构的平房。梅医生晚年多病,聘请美国人方济霖当院长,方院长还向马尾海军借地盖房(立有"借用海军官地碑"),先扩建一座平房做门诊部,继而将砖石结构的病房加高一层,成为二层病房楼。在日本侵华期间遭受破坏,伤痕累累,山上的院长楼屋顶曾被炸弹炸塌。1944 年 10 月侵华日军第二十三旅司令部曾设在该医院内。次年方济霖退休回美国,聘王仲方为院长。1948 年门诊部加高一层。1951 年 12 月 27 日,闽侯专区卫生科科长袁万彩等代表福建省人民政府接管马限圣教医院,改名福建马江医院,属全民所有制医院;1963 年改名为福建市马江医院。1986 年马江医院迁往上岐。1988 年医院门诊等处移交给福州轮船公司,作为厂房。门诊病房楼依山势而建,数栋一至二层的楼房以走廊相连,青砖外墙,室内铺设木地板。

院长公寓位于马尾区马限山中坡东麓。单层建筑,坐东北朝西南,占地面积 280 平方米,外墙罩洋灰(水泥)刷白,正立面七根大方柱,方柱间开落地门,屋内为木板地面。1988 年医院门诊等处移交给福州轮船公司;院长公寓交由马尾区人民政府建设局园林处管理。现院长公寓产权属福州马江海战纪念馆。并于 2004 年在建筑内开展《船政精英》陈列展览。1992 年列为市级文物保护单位。

(十八)鼓山船政铁塔

民国时期,马尾造船厂在鼓山涌泉寺大雄宝殿前捐造一对铁灯塔。

(十九)西禅寺船政铁塔

怡山西禅寺大雄宝殿前的旧铁灯杆,因年久损坏,1937 年马尾造船厂为其捐建铁灯塔。

(二十)船政官街建筑群

随着船政建设开始,紧邻船厂的北面自然形成商贸街,服务船政员工。1930 年 4 月 19 日,马尾大火灾,从官道到旧道,新街铺至后街铺 300 余间全被烧毁。灾后,为配合船

鼓山铁塔

西禅寺铁塔

政周边建筑特色,由马尾海军部、船政局按原规模统一重建,于1932年建成。楼上住家,楼下店铺,砖木结构。现存五座,楼层2—3层,具有典型的民国时期中西合璧的建筑风格,为福州船政局及周边居民提供商贸服务,是船政文化的延伸。

(二十一)潮江楼

潮江楼("马江会议"旧址)位于马尾区前街,福州市人民政府挂牌保护的历史纪念地。潮江楼始建于清末,初时开茶楼,后兼办旅社、菜馆。1930年毁于火,重建为二层砖木结构建筑,面阔三间,进深六间,明间为大厅堂和楼梯。1926年秋冬,王荷波来马尾组织工人运动时居住于此。同年11月30日,王荷波代表中国共产党与国民党、海军三方代表召开"马江会议",达成协议,迎接北伐军顺利入闽。

船政官街建筑群

潮江楼

（二十二）闽安协台衙门

闽安协台衙门位于闽安村东,福建省文物保护单位。始建于宋代,为监镇卫;元为巡检司;明洪武初即设闽安巡检司,是明朝在东南沿海设立的最早巡检司之一,也是当时重要的海关关口。顺治十五年(1658年),清政府在巡检司原址上建闽安协台衙门(巡检司迁建到闽安古城西门口),设副将,下辖水师营汛约1500人,负责闽江、闽海和台湾、澎湖的防务。每年巡防台湾一周,路线为高雄—花莲港—钓鱼岛—基隆—淡水—台中—高雄。协台

闽安协台衙门

衙门又理海关,是重要的对台"武口"关卡(清代文武口稽查制度将关卡分为文口和武口。武口以军队为主,文口以行政机构为主),由汛塘的弁兵承担对台船只的人和货的稽查。清康熙二十七年(1688年)随着台湾的统一、沿海的平定,闽安协台衙门下辖的左、右营将士正规应制轮戍台湾。中法马江海战期间,闽安协台衙门作为闽江第二道重要防线的指挥所,负责闽安口闽江两岸的炮台及岸防。协台衙门为保存较好的清代早期衙署建筑,坐南朝北,现占地1768平方米,由北往南依序是照壁、门楼、天井东侧门房和西侧监狱、仪门、正堂、覆龟亭、二堂等。门楼与仪门均面阔三间,进深三柱;正堂面阔五间,进深六柱,穿斗减柱造,双坡顶;二堂面阔五间,进深三柱。庭院内置宋元祐六年(1091年)石盂、道光二十二年(1842年)镌刻的"英军犯顺厦门报警碑"等。

(二十三)福州戍守台湾将士墓群

　　福州戍守台湾将士墓群又称虎头山清军义冢,位于闽安村虎头山东北麓,系清军墓葬群。同治十三年(1874年)日本侵略台湾,沈葆桢率领清军援台御敌。阵亡或染瘴疫病死

虎头山清军义冢碑

虎头山清军义冢

的清兵归葬于此。墓坐西南向东北,面阔 13 米,进深 11.5 米。三合土墓埕,冢前立"义冢"石碑,高 0.85 米,宽 0.42 米,厚 0.12 米,碑文阴刻竖写"义冢。同治岁次甲戌,冬十月吉日立"。"义冢"碑后埋葬 135 位清兵遗骸,每位一圹,井然排列,横、竖各 12 行,三合土封土。封土前各立一小墓碑,高 0.37 米,宽 0.24 米,厚 0.08 米,花岗石质,上刻英烈的姓名、籍贯。1992 年列为区级文物保护单位。2009 年列为省级文物保护单位。

二、福州市内

(一)于山法雨堂

于山法雨堂位于鼓楼区于山白塔寺内,福州市文物保护单位。清道光年间(1821—1850 年)重建,2008 年重修。坐北朝南,面阔五间,进深七柱,歇山顶。同治五年十二月初一日(1867 年 1 月 6 日)求是堂艺局(船政学堂)开学,因校舍尚未建成,暂寄白塔寺法雨堂上课。五十多年后,《海军大事记》弁言中引用严复的回忆:"当是时,马江船司草创未就,借城南定光塔(即白塔)为学舍,同学仅百人,学旁行书算其中。晨夜'伊毗'之声与梵呗相答。距今五十许年,当时同学略尽,屈指殆无一二存者。回首前尘,塔影山光,时犹呈现于吾梦寐间也。"

于山法雨堂

(二)闽海关

福建船政资金来源于闽海关的固定拨款。同治五年(1866 年)由闽海关拨款 40 万两开办经费,以后每月拨款 5 万两。十三年以后闽海关拨款日渐减少,严重制约了船政的发展。闽海关办公楼和海关巷的海关宿舍楼位于仓山区泛船浦,均为欧式两层建筑,分别于 2004 年和 2008 年因南江滨路建设被拆,现拟在附近按原样重建海关办公楼。另有两座海关宿舍楼分别位于仓山区立新路两侧,还有一座海关副税务司公馆位于仓山区烟台山乐群路。

仓山立新路5号闽海关宿舍

仓山立新路6、8号闽海关宿舍

仓山乐群路海关副税务司公馆

三、长乐地区

（一）三江口水师旗营阵亡烈士陵园

三江口水师旗营阵亡烈士陵园位于琴江村西的鲤鱼山顶。2000年因修建道路,将原散葬在附近的中法马江海战烈士及戍边殉职将士的遗骨归葬到一起,修建了三江口水师旗营阵亡烈士陵园,现称"八旗英烈园"。墓碑通高255厘米,宽82厘米,厚12厘米,楷书阴刻竖读汉、满两种文字,汉文为"皇清福州三江口水师旗营中法战役阵亡烈士戍边殉职官兵暨眷属冢"。墓碑后面是圆仓形封土,高1.6米,直径4米。

（二）抗法烈士纪念堂

抗法烈士纪念堂位于长乐洋屿村闽江边的西岳庙旁。水师旗营将士在中法马江海战中共牺牲129人。战后,民众在江边的西岳庙旁举行公祭,后在西岳庙旁建祠祭祀。祠原名"忠魂堂",1984年改建为"抗法烈士纪念堂"。纪念堂内后墙上挂着一块当年祭祀时留下的木牌,墨笔竖写"三江口水师旗营抗法阵亡将士位",上款小字"清光绪甲申年七月初三日"。左侧为抗法烈士纪念堂,右侧为西岳庙。

八旗英烈园

抗法烈士纪念堂

四、贵州桐梓

金家楼，贵州省文物保护单位。1938年10月海军学校自湘潭移迁贵州桐梓，租用城东金汉初为其母新建不久的"节孝祠"作校舍（实未收租金）。"金家节孝祠"为欧式风格三层楼房，砖木结构，师生俗称"金家楼"。学校租用后，又在楼前、楼侧增修了图书馆楼（二层）、操场、附属楼等建筑。1946年1月海军学校自贵州桐梓迁往重庆山洞海军总司令部旧址待命。

金家楼

第二节　军事设施

一、海岛防线

黄霞寨炮台

位于连江县闽江口粗芦岛东南的黄霞山顶。始建于顺治十三年(1656年),道光、光绪年间重修。炮台西南—东北走向,平面布局呈"回"字形,以杂石块垒砌成墙,墙高约1.5—2米;外墙长约25—27米,宽约10—12米;内墙长约15米,宽约8米;内墙的炮台中央垒堆直径约3米的圆形石堆,作为营寨的制高点。炮台后面遗存有约70平方米的营房基础。

黄霞寨炮台遗址

二、长门防线

电光山炮台

长门电光山炮台今称长门炮台,位于连江县琯头镇长门村,福建省文物保护单位。建于光绪十六年(1890),光绪三十年废撤。炮台建于电光山顶,海拔81米,圆形堡垒式要塞,东西79.6米,南北98.7米,面积约7500平方米。围墙为花岗石基础,三合土夯筑墙体,厚0.8米,高6.5米。围墙北侧开一小门,西侧开正门,石阶路通山下。炮台分为高、低两层平台。进西侧正门为低台,左、右两侧顺着围墙弧度各建两排营房,其中一排营房靠在围墙上。营房尽头为掩体,现存地基。中间空地为练兵校场。校场上20级台阶来到高台,建有两处露天明炮位和望楼、掩体、运兵坑道等。由石墙、三合土顶盖砌成的望楼和掩体居中,左右两侧圆弧形旋转炮位,相距16.3米,各安放一门28生克虏伯后膛炮。炮位的三合土地面铺设圆形铁导轨,铁导轨直径7.1米;南炮位外径16.3米、内径9.5米,北炮位外径16.6米、内径9.5米;三合土胸墙高1.6米,厚2.9米。炮位防护墙前方(东侧)是壕沟,宽9.1米,用以滑落敌弹。壕沟边沿筑土牛(有垛口的胸墙,作为火炮掩体,也是围墙的一部分)。北炮位左后侧开凿斜

长门电光山炮台西侧正门

长门电光山炮台

坡运兵坑道与低台北侧的掩体相通,坑道高 2.3 米,宽 0.8—1.1 米,通行无碍。

金牌山炮台

金牌山炮台位于琅岐岛凤窝村金牌山,马尾区文物保护单位。始建于康熙五十七年(1718 年),道光二十九年(1849 年)重建,光绪九年(1883 年)修建江岸暗炮台,尚未竣工即毁于中法马江海战。次年重修江岸炮台和山腰明炮台,以后又添建山顶明炮台。整个炮台由山顶、山腰、江岸 3 个露天明炮台组成。主炮台位于山顶,海拔 154 米,由两个炮位和练兵较场、营房等组成。两个炮位圆弧状胸墙相连,三合土夯筑,高 1.4 米,厚 1.3 米,东炮位内径 7.2 米,西炮位内径 7.8 米,炮口朝北偏西的闽江出海口。炮台后侧为练兵较场,较场东边营房现存地基和残墙。山腰炮台留存约 5×7 米的椭圆形基座遗址。江岸炮台现改建成水产养殖场。

金牌炮台山顶主炮台的两个炮位

金牌炮台山顶炮台营房残墙

烟台山炮台

位于琅岐岛凤窝村海拔 220 米的烟台山顶,距金牌炮台约 1 公里。光绪九年始建,未竣工即毁于马江海战。光绪二十六年重建。炮台为露天明炮台,由两个炮位和地下掩体等组成。炮位的圆弧状胸墙相连,三合土夯筑,高1.4米,厚0.8米,内径11.5米,炮口朝向北偏东的闽江出海口。胸墙前沿挖有壕沟。炮台后侧有一座约6平方米三合土顶盖的小型地下掩体。

三、梅花港防线

崖石炮台

崖石炮台又称文石炮台,位于长乐市潭头镇文石村外临海小山顶上。始建于道光二十二年(1842年),光绪十三年(1887年)重建。露天明炮台,面海一字排列,长约100米,东南—西北走向,建有4个炮位,三合土夯筑。自东南起,第一炮位为方形,边长约11米,炮位右后侧建有三合土顶盖的弹药总库,高约2米,面积约20多平方米,修有暗道与第一、二炮位相通;第二、三、四炮位平面呈圆形,第三炮位后侧建有弹药洞。

烟台山炮台

崖石炮台

四、闽安防线

北岸南般炮台

北岸南般炮台又称亭江炮台,位于马尾区亭江镇南般村,福建省文物保护单位。始建于顺治十四年(1657),光绪六年(1880)、十二年、二十年多次重修增建。炮台占地3000多平方米,由山顶主炮台、山腰前沿炮台、江边平射岸炮台、山后弹药库和运兵暗道等组成,形成山顶、山腰、山脚层层配置,有前沿,有纵深,相互支援,梯次部署的立体防御体系。山顶主炮台建于光绪二十年,位于海拔20米高的小山顶,三合土地面和胸墙,胸墙高1.8米,厚3.3米;炮台为半圆形,通宽25.4米,内径18.2米,进深10.2米;炮位紧靠前面的胸墙,前为下陷式圆形架炮坑,直径3.4米;后为同心圆环形导轨槽供大炮旋转使用,槽宽0.1米,直径11米,安放一门21生克虏伯后膛炮。东、西两侧胸墙上各建2窟方形弹药洞。炮位后建有坑道与后山脚弹药洞、掩体相连。

南般炮台

山顶主炮台前方的山腰悬崖边建有左、右两座前沿炮台,左炮台略高于右炮台。其建造法与南岸炮台的道头炮台一样:先从悬崖的顶部向下凿挖出露天大坑,然后再往临江的峭壁凿挖洞穴,作为炮位。左炮台挖有2个炮洞,右炮台4个炮洞,洞高1.5米、宽0.8米、深3.6米。左、右前沿炮台之间有暗道相通,三合土顶盖。

江边平射岸炮台位于主炮台山脚下西侧的江岸边,三合土棱堡式护墙,通面阔47.9米、高4米、进深12.2米、墙厚2米、顶盖厚1.2米。4个炮位分别置80磅弹阿姆司脱郎后膛炮1尊、120磅弹阿姆司脱郎前膛炮2尊、12生克虏伯后膛炮1尊。火炮射孔为八字形,扩大了射界,缩小了被弹面,射孔宽1.1米、高2.3米。炮室呈八字形,前小后大,便于操作火炮。炮位后面是三合土顶盖的掩体通道,现顶盖已有塌陷。

后山脚挖弹药洞一座,洞门宽 1.6 米,高 1.6 米;洞内宽 2.1 米,高 2.1 米,深 3.9 米。山后建三合土掩体,长 7.2 米、宽 6.6 米、高 3.1 米,建有暗道与前方炮位相通。

南岸炮台

南岸炮台又称象屿炮台,位于长乐市猴屿乡象屿村,长乐市文物保护单位。始建于顺治十四年,光绪六年、十二年、二十一年多次重修、增建,共有南雁、道头、东口、雁边四个炮台。现存东口平射岸炮台和道头前沿炮台的一部分。

南岸炮台

东口平射岸炮台位于闽江岸边,城门式三合土护墙,通面阔 12.9 米,高 3.7 米,顶盖厚 1.3 米。护墙内设 2 个炮位,用厚墙隔开。炮室呈前小后大的八字形,射孔宽 2.3 米、高 1.7 米;炮室进深 2.4 米,后部宽 6.2 米,高 2.4 米。炮位后侧的西峭壁脚挖有 4 个小山洞,山洞上方的峭壁上留有一排人字形直径 10 厘米的小洞,是穿插房子檩木的小洞。小山洞疑为储放弹药之处。炮位后面留存一间三合土夯筑的掩体,顶盖已毁。据当地老人介绍,紧临炮位西侧的小丘上原有岸炮台,现已被毁,民房搭建其上。

道头前沿炮台建于光绪十二年(1886),建在临江悬崖上,其建造法如下:从江边的悬崖顶部向下凿挖出深 2.2 米、进深 5.8 米、面阔 12 米的大坑,然后再往临江的峭壁凿挖 4 个并列的洞穴,作为炮位。炮位高出江岸 7 米。炮洞高 1.4 米、宽 0.9 米、进深 4.7 米,从西至东 4 个炮洞朝向分别为指北针 340°、0°、10°、20°,炮台大坑内的岩壁上留下许多大木柱痕迹,柱径 23—35 厘米不等,推测大坑顶部建有较为牢固的屋顶。炮台东侧岩壁上挖有弹药洞,洞口宽 0.7 米,洞深 2.2 米、高 1.0 米。炮台西侧石台阶通往后山。

圆山水寨

圆山水寨位于闽江江心大屿岛上,占地约 24 亩。相传是明代戚继光所建,顺治十三年(1656 年)郑成功部重修,毁于中法马江海战。大屿岛西北侧是一块平坦的小高地。

据百年前的旧照片和绘画,原水寨的城垣及道路盘山而上,炮台建在山顶高地上。现高地上留存少数石垒和营房的地基、残墙。山下是官兵的营房和练兵较场,现存一小段护岸石墙。

圆山水寨(1884 法国《画报》)

圆山水寨西北侧高地

五、马尾防线

马限山炮台

马限山炮台位于马尾区马限山,由上坡、中坡和下坡三座炮台组成。

上坡炮台位于马限山上坡山顶东南侧。光绪十年(1884 年)开工,十四年建成,为露天明炮台。现存圆弧状炮座,直径 7 米,炮座下尚有铁板、铁架等,原安放 1 尊 21 生克虏伯后膛炮。

中坡炮台位于马限山中坡山顶,全国重点文物保护单位。始建于同治七年(1868 年)。露天明炮台,炮口朝东南方向。初建时安放 1 尊 21 生克虏伯后膛炮和 2 尊 12 生克虏伯后膛炮。中法马江海战中被毁,战后重修,安放 2 尊 12 生法华司后膛炮。炮台面阔 34.3 米,进深 21.6 米,三合土夯筑。中炮位安放 1 尊 21 生克虏伯后膛炮,大炮前半部分固定在偃月形台座上,台座中间埋设 3 根锁炮座的枕木。左、右炮位分立 12 生法华司后膛炮,炮位形制基本相同,均长方形,左炮位面阔 6.6 米,进深 8.6 米,基座高 1.6 米;右炮位面阔 6.7 米,进深 8.9 米,基座高 1.6 米。大炮放置在圆形铁导轨上,导轨锁在枕木上。

光绪十二年建的下坡炮台,中间建圆式嵌铁轨旋转炮位,两旁各建 1 炮位,炮台后建弹药库 1 所。现已毁。

马限山上坡炮台

马限山中坡炮台

马限山下坡炮台

罗星山炮台

始建于顺治十三年,毁于中法马江海战。两座炮台分别位于罗星山东麓山腰和东北麓山腰。现已毁。

六、其他防线

魁岐炮台

魁岐炮台位于马尾区魁岐村,福州市文物保护单位。光绪十年建,现存两座炮台。主炮台三合土夯筑,圆弧形岸炮台,设 1 个炮位,内径 6.7 米,高 4.6 米,厚 1.5 米。道头炮台仅剩 1 个三合土隔堆护墙。

濂浦炮台

濂浦炮台又称林浦炮台,位于城门镇绍岐村江边,仓山区文物保护单位,建造时间未详。炮台由六个实心隔堆组成,三合土夯筑。其中东南方向由四个隔堆组成一组弧形护

濂浦炮台

墙,设三个炮口。炮口宽 0.9 到 1.0 米不等,呈前窄后宽的八字形。西北方向由两个隔堆组成,其中一个隔堆因地基塌陷,向江岸方向下滑 10 米。隔堆平面呈不规则的四、五、六边形,立面呈梯形,高 2.2—2.4 米、底宽 2—3 米、厚 1.8—2.8 米不等。

表 4-1　闽江下游炮台一览表

	炮台名称	位置	简介	现状	炮型	炮数
海岛防线	寨尾炮台	川石岛芭蕉尾	不详	不详		
	黄霞寨炮台	连江粗芦岛东南侧	顺治十三年始建,嘉庆八年(1803 年)重建,由回字形内外两道石墙、营寨中央圆形石墙、寨后的营房等建筑组成。	差		
	熨斗岛(福斗山)炮台	连江粗芦岛南侧福斗山脚海边(妈祖庙前)	光绪十一年(1885 年)建。暗炮台 1 座,设 2 炮位,铁筑炮门,重 3450 斤。明炮台 1 座。炮台后侧左边建弹药库 1 间,开暗道与暗炮台相通。炮台右边临海一侧建围墙,围墙内建官厅、兵房各 1 座。	消失		
	壶江岛炮台	连江壶江岛北侧	同治年间(1862—1874 年)建,光绪十年马江海战前重修。炮台面向闽江主航道一字排开,条石、三合土砌筑。张佩纶在奏章《防护船局并省防情形折》中提到,拟置克虏伯炮 2 门。	消失	克虏伯炮	2
	划鳅山炮台	连江长门口外官岐村划鳅山麓	光绪十年建,一说光绪十一年在道光旧炮台基础上重建,光绪二十年重修,三合土露天炮台。与划鳅港炮台呈上、下两排横列。勇 58 名。	差	初建时置 24 生克虏伯后膛炮	1
					80 磅弹阿姆司脱郎后膛炮	2
					光绪二十六年置 15 生克虏伯后膛炮	2
长门防线(北岸)	划鳅港炮台	连江长门口外官岐村闽江北岸	光绪十年建,光绪十三年重修,与划鳅山炮台呈上、下两排横列。大炮安放在合抱大树底下,敌舰难以发现准确炮位。三合土露天明炮台,南侧 5 炮位安放 5 门 120 磅弹阿姆司脱郎前膛炮,北侧偃月形炮位安放 1 门 21 生克虏伯后膛炮。炮台前土筑斜坡,用以滑落敌弹;炮口隔堆下砌暗兵房 15 间,弹药房和弹药库各一所。炮台围墙内还建有兵房、官厅、望楼、敌楼等建筑。勇 62 名。	消失	120 磅弹阿姆司脱郎前膛炮	5
					21 生克虏伯后膛炮	1

续表

	炮台名称	位置	简介	现状	炮型	炮数
长门防线（北岸）	射马（又名射马干）炮台	连江长门村电光山外侧的马鞍山麓	道光年间林则徐倡建。光绪十一年重建,光绪十三年重修。建有3炮位,炮位前筑隔堆,堆下筑弹药洞。建有围堤、官厅、兵房、弹药库等。光绪十六年电光山主炮台建成后,考虑到敌火炮攻击电光山炮台,敌弹可能波及,改作观察台使用。勇40名。	消失	21生克虏伯后膛炮	1
					17生克虏伯后膛炮	1
					370磅弹法华士前膛炮	1
	长门炮台	连江官岐村桃源岭	明天启五年（1625年）始建,初建时仅长门口北岸江边几座连环土炮台。清道光年间和光绪三年（1877年）重建,具备要塞规模。毁于中法马江海战,光绪十一年重修。重修后建有明炮台4座,计有半月形嵌圆铁轨6处大炮位。暗炮台1座,2炮位;还有隔堆、石堤、弹药洞、暗道、官厅、兵房、望楼、更楼、敌楼等。勇100名。	消失	21生克虏伯后膛炮	1
					17生克虏伯后膛炮	6
					土炮	数门
	长门礼台	连江长门校场边龙头山上	光绪七年（1881年）建,除具备炮台功能外,兼作为庆典或国外军舰进口时鸣放致敬的礼台,置2门号炮。相传马江海战中有一门缺角大炮击伤法舰,人称"缺嘴将军",每年春节为它披红结彩。官兵定编163名。	消失	21生克虏伯后膛炮	1
					17生克虏伯后膛炮	4
					5生7克虏伯快炮	4
					15生、12生炮	5
	七娘湾炮台		归电光山炮台兼管。勇10名。	消失	120磅英国老炮	1
	电光山炮台	连江长门村电光山顶（原名长门后山）	光绪十六年建。为长门主炮台。露天明炮台,设2处28生克虏伯后膛炮大炮位。民国时增建三合土顶盖的二层建筑。抗战时遭日军战机轰炸,燃烧弹击中炮台,弹药库爆炸,顶盖、兵房、掩体等倒塌、烧毁。官27员,勇120名。	较好	28生克虏伯后膛炮	2
					12生克虏伯后膛炮	1
					80磅弹阿姆司脱郎后膛炮	2
	长门水雷营	长门右侧码头	光绪十六年建,安装电控水雷和旱雷。光绪二十六年装雷失慎,炸毁营房及器械颇多。之后修整了营房,但未添购布雷、试雷器械。	消失		
	下塘寨炮台	连江琯头	不详	消失		

	炮台名称	位置	简介	现状	炮型	炮数
长门防线（南岸）	獭石炮台	琅岐凤窝村金牌山下往东一里多	光绪十年建明炮台1座，圆式旋转炮盘2位；建有弹药洞、暗道、兵房等。勇30名。	消失	110磅弹阿姆司脱郎前膛炮	1
					80磅弹阿姆司脱郎前膛炮	2
					12生克虏伯后膛车炮	3
	金牌炮台	琅岐凤窝村西的金牌山	始建于康熙五十七年（1718年），光绪九年修建江岸暗炮台，尚未竣工，毁于中法马江海战，光绪十一年重修江岸炮台和山腰明炮台，后又添建山顶明炮台。江岸炮台有明、暗各1座炮台。暗炮台有4个炮墩，3位圆式嵌铁轨旋转炮盘，明炮台圆式炮盘1位。建有弹药总库1间、弹药小库2间、石护堤、绕至半山腰围墙、官厅、兵房、漾月池等。山腰明炮台建有1处圆式嵌铁轨旋转炮位及官厅、兵房、弹药洞等。山顶明炮台建有2炮位及官厅、兵房、校场等。勇70名。	较差	150磅弹回德准前膛炮	1
					70磅弹英国后膛旧炮	2
					40磅弹英国后膛旧炮	1
					12生克虏伯后膛车炮	3
	金牌鱼雷台	金牌山麓	1928年建。	消失	奥地利白头350毫米口径鱼形钢雷	
	烟台山炮台	琅岐镇凤窝村烟台山顶	光绪九年始建，未竣工即毁于马江海战。光绪十六年重建，露天明炮台，三合土砌造，两座圆形炮位。	较差		
	烟墩山炮台	琅岐	光绪二十六年（1900年）建。	消失		
梅花港防线	崖石（又称文石）炮台	长乐潭头镇文石村外临海小山顶	道光二十二年始建，光绪十三年重建。露天明炮台，建有4炮位，其中3位是圆式嵌铁轨旋转炮位，前筑灰土护堆，护堆下建弹药暗洞，炮台后建弹药总库以及官厅、兵房、炮台围墙等。	一般	21生克虏伯后膛炮	2
					17生克虏伯后膛炮	1
					12生克虏伯后膛炮	1
					土炮	3
	龙山寺炮台	长乐潭头镇文石村龙山寺山麓	为崖石炮台的辅助炮台，明炮台1座，圆式炮盘3位，炮台地基用条石和三合土砌筑，前筑灰土护堆，炮台内的蓄水池通过小沟与外濠相连。另建有暗兵房、弹药库等。	较差		

	炮台名称	位置	简介	现状	炮型	炮数
闽安（北岸）防线	东岐炮台	亭江镇东岐村道头	1938年建，2炮位，相距50米，水泥基座，木构炮楼，以马口铁盖顶，漆黑色，1941年4月被日军炸毁。	消失	12生克虏伯膛炮	2
	沪屿（又称铁门、锁门）炮台	亭江镇亭头村与南般村之间	暗炮台，毁于中法马江海战，光绪十一年重修，"以废炮植之为干，形如铁城……台内设炮位三处，铁炮门三对"，建有护台壕沟、圆式围墙、官厅、兵房、弹药库、操练场等。光绪二十年于西面添建1炮位。	消失	120磅弹阿姆司脱郎前膛炮	3
					光绪二十年添置70磅弹回德准前膛炮	4
					光绪二十年添置土炮	13
	北岸（又称南般）炮台	亭江镇南般村	顺治十四年至顺治十五年始建，光绪六年重修，毁于中法马江海战，光绪十二年修复，光绪二十年添建主炮台。主炮台为露天明炮台，建在小山顶，设置1门21生克虏伯后膛炮。从山腰临江岩壁下凿左、右两处前沿炮台，连以三合土暗道，共朝江开凿6个炮洞。江边平射岸炮台共4炮位，棱堡式三合土护墙。左边筑实心隔堆4个、3炮位、平台1处、1炮位。炮台外绕围墙，内建军械所、官厅、兵房、演武厅、操坪、山后掩体、暗道、弹药库等。	较好	80磅弹阿姆司脱郎后膛炮	1
					120磅弹阿姆司脱郎前膛炮	2
					12生克虏伯后膛炮	1
					光绪二十年置21生克虏伯后膛炮	1
					光绪二十年置铜铁土炮	15
	闽安东门外土炮台	闽安村江边	不详	消失	土炮	8
	田螺湾炮台	亭江田螺村江边	毁于中法马江海战。	消失	旧杂式炮	8
	红山临时炮台	马尾红山村	抗战时置。	消失		
闽安（南岸）防线	南岸炮台	长乐猴屿乡象屿村	始建于顺治十四年，光绪六年、光绪十二年、光绪二十一年多次重修增建。暗炮台位于东侧，开3个炮洞，炮台后面环筑土堡。往西依次建明炮台（平台）3座，第一座筑隔堆2个，第二座筑圆式隔堆12个，安炮11门，第三座筑八字隔堆5个，安炮4门。炮台依山筑雉堞堡墙，墙西建敌楼、东北隅建望楼，山顶建弹药库，堡中还建有官厅、兵房、操演场等。	差	12生克虏伯后膛炮	3
					80磅弹阿姆司脱郎后膛炮	1
					120磅弹阿姆司脱郎前膛炮	1
					土炮	14

	炮台名称	位置	简介	现状	炮型	炮数
	圆山炮台	长乐航城镇大屿岛	始建于戚继光,顺治十三年郑成功部重修,毁于中江马江海战。	差	土炮	
	琴江炮台	长乐琴江村	大鲤鱼山炮台位于营盘外西北大鲤鱼山,炮山炮台位于营盘内东侧小鲤鱼山顶。	消失	土炮	
马尾防线	罗星山炮台	罗星山东麓和东北麓	始建于顺治十三年,毁于中法马江海战。两座炮台分别位于罗星山东麓山腰和东北麓山腰。	消失	8生克房伯车炮	3
					野炮	3
					土炮	6
					(8 —10磅)小型炮	8
	前坡(上坡)炮台	马限山上坡顶东南侧	光绪十年开工,光绪十四年建成。露天明炮台,3炮位,炮台后面建有避炮洞,炮台北向建弹药库1所。现存圆形炮座遗迹,炮座下尚有铁板、铁架等。	差	初建时置,后移置他处:21生克房伯后膛炮	1
					120磅弹阿姆司脱郎后膛炮	2
					光绪十四年置12生法华司后膛炮	2
	中坡炮台	马限山中坡顶	始建于同治七年,光绪十年马江海战后重修,为露天明炮台,安炮位3处,炮台后面建有避炮洞、更房、卡楼等建筑。	较好	初建时置:21生克房伯后膛炮	1
					12生克房伯后膛炮	2
					光绪十一年置12生法华司后膛炮	2
	后坡(下坡)炮台	马限山南麓山腰	光绪十二年建,中间建圆式嵌铁轨旋转炮位,两旁各建1炮位,炮台后建弹药库1所。	消失	初建时置,后移给闽江下游的炮台:24生克房伯后膛炮	1
					80磅弹阿姆司脱郎后膛炮	2
					80磅弹阿姆司脱郎后膛炮	5

续表

	炮台名称	位置	简介	现状	炮型	炮数
	中岐山炮台	马尾中岐山脚沿江	明炮台,炮台后面建有避炮洞。	消失		
	马尾五座炮台	马尾造船厂及周边	不详	消失		十余
其他防线	魁岐炮台	马尾魁岐村鼓山西麓	明炮台2座,前后毗连。暗炮台2座,前台2炮位,后台六角隔堆3个,安炮2门。炮台后右边挖藏兵暗洞,左边挖暗道与弹药暗洞相通,建有官厅、兵房等。	差		
	狮鼻嘴炮台	马尾魁岐村鼓山西麓	与魁岐炮台毗连,平台式炮台,筑六角隔堆10个,弹药库、兵房各1所,炮台前挖有壕沟。	消失		
	濂浦炮台	仓山区城门镇绍岐村江边	由六个实心三合土隔堆组成,其中四个隔堆构成一组弧形防护墙,另两个隔堆一组。	一般		
	中洲岛炮台	仓山区中洲岛北岸	不详	消失		
	烟台山炮台	仓山区烟台山顶	不详	消失		

第三节　碑　刻

一、碑　铭

(一)船政官界碑

同治五年(1866年)筹办船政初期凿刻的官界碑原有多通,均为花岗岩质,规格不等。立于马尾区马限山梅园监狱旁边的船政官界碑,花岗石质,高194厘米,宽26厘米,厚20厘米;竖刻楷书"船政官界"四字,字径13厘米。

(二)船政大臣示禁碑

花岗石质,高131.5厘米,宽30厘米,厚13.5厘米。碑首楷书竖刻"船政大臣示",字径8厘米;碑文纵4行,每行11字,字径4厘米,楷书竖刻:"山上竹木,栽植多年,不准砍伐。无论军民人等,如敢不遵约束,私行斫取,许即指名禀究,定即从重惩办。毋违,特示。"马尾造船厂展品。

船政官界碑　　　　　　　　示禁碑

（三）御制晋曾太子太保两江总督沈葆桢碑

光绪五年（1879年）十一月六日，沈葆桢卒于两江任上，光绪七年清廷追赠太子太保，谥文肃。碑文如下：

朕闻炳信誓于丹书，帝王所以彰美报，镌勋庸于翠琬，国家所以重劳臣。况复星钺牙旗，久作东南之镇，岂但金刀玉树，感深俊杰之亡。尔原任两江总督沈葆桢，冶峰擢秀，歧海溯源，龙泉配其渊深，鹊印佩其忠孝。珥彤鹤御，廷中惊辨瞷之才；削简乌台，间左起避骢之谚。洎剖虎符而领郡，适蛾寇之围城，婴土山地道之危，极负汲悬炊之险。出钗钏而犒士，饮血登埤；执羽扇以挥兵，扬风走敌。运奇谋则九攻九拒，荡重围而再合再开。業業雄城，燕飞不度；峨峨黑冢，貉过安从。浙闽之襟带依然，吴楚之烟尘以靖。用擢监司于赣右，俄超开府于豫章。隙马悬鱼，杜属吏苞苴之馈；左餐右羂，苏疲盯锋镝之余。而且张密网以捉奔鲸，设周陆而罗逸兽。劳稽勋簿，冠九品而特晋头衔；爵计武功，继五等而同延世赏。属国有造舟之政，咨汝为作楫之臣。技献远夷，赖重译者七万里；功高横海，资利涉者亿万年。斗舰初装，已扫鲲身之妖雾；戈船才试，坐清鹿耳之腥涎。鸥鹭怀我好音，鸾骉贡其新乐。朕诞膺宝箓，嗣守丕图。念维扬为都会之雄，起安石慰苍生之望。冠准掌北门之管，异域倾心；严武拥西蜀之旄，属城慑息。幸逐还鸿而述职，方识真卿；何承锡马而归藩，遽歌桑户。眷怀已逝，实轸予心。赠以少海之崇衔，赐以太常之嘉谥。缋馨香于俎豆，爰酬柱石之勋；列嗣续于冠绅，庸作箕裘之劝。俾光黄壤，略慰丹诚。于戏！矢鞠躬之素愿，尔惟知尽瘁弗遑；顾继任之乏才，朕深叹用贤未竟。抚兹丽石，重贲褒纶，无替钦承，永昭恩宠！光绪七年。

（四）特建马江昭忠祠碑

光绪十二年（1886 年）由奉旨主理建昭忠祠之事的福建按察使兼署理船政大臣裴荫森立。碑宽 89 厘米，高 225 厘米，厚 17 厘米。马江海战纪念馆展品。碑首篆书"特建马江昭忠祠碑"，字径 10 厘米，碑文纵 18 行，满行 44 字，字径 1.5 厘米。碑文如下：

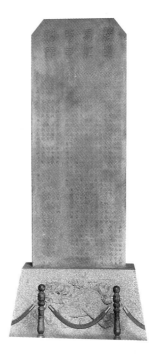

特建马江昭忠祠碑

皇上御极之十年，法人侵越南不得逞，而以巨舰袭闽之马江。马江上拱省会，下瞰虎门，同治间设船厂于此，其险要足守也。两军相持，兼旬未决。秋七月乙巳，日方中，潮涨，风暴起，夷酋猝发巨炮，我师遂挫，将士歼焉。乌乎，岂非天哉！然是役也，诸船誓死苦战，炮弹所及，夷艇叠洞，其酋亦负重伤，卒及于死。故丑虏夺气，越日尽遁，其所以屏蔽省门者，厥功亦甚伟矣。事定，诸大吏据实入告，请于马江建专祠，以妥毅魄。

制曰：可。其冬，荫森来权是职，既度地分瘗忠骸，乃鸠工庀材，建祠于马尾山之麓。祠负山面江，广八丈有三尺深减九尺，五楹并列，巍然奂然。其外则一墙正耸，群峰蜿蜒奔赴，若有灵旗来往于其间，亦登临者所不胜其慨叹也。中堂祀栗主十有二，曰总兵衔、平海营参将高腾云，曰都司衔、五品军功陈英，皆以鏖战最力。

特旨追赠者：曰参将衔、都司吕翰，曰都司衔、千总许寿山、叶琛、梁梓芳，曰蓝翎都司蔡接、蔡福安，曰蓝翎守备张启贤，曰守备衔、千总李来生，守备衔、五品军功林森林，曰闽安营千总陈猛，皆奋勇致身，部议优恤者。东西配飨各二十有四人，皆船中弁目，而练童、医生、差弁祔焉。两庑祀阵亡兵士七百三十有六人，虽辉庖贱役，苟能以死报国，亦得附名于其次，凡以励忠也。夫男儿死事，其刚大之气浩然归于太虚，身后之庙食何计焉。然忠义所激，其足以动人歌泣者，往往必入庙瞻拜，而后慊于人心。况圣天子轸念忠烈特旨予祠，其摩钝立懦之意，尤足为后来劝哉。既落成，乃文其丽牲之石，并系以铭曰：马江黯黕，形若坠坎。石莲挺苕，犯者孰敢。封狼蹈险，虎视耽耽。炮火吐焰，天震地撼。我军踔踔，猛于虓阚。风逆雨甚，致熸九舰。糜躯碎颔，生具铁胆。龂齿无玷，断胆非惨。皇恩瀎湛，立庙山陬。钟铿鼓絃，金题锦賮。海若长憺，蚩尤永敛。铭词我鑿，过者其览。

光绪十二年岁在丙戌仲冬之月，船政使者阜宁裴荫森撰并书丹。

（五）马江昭忠祠碑

《马江昭忠祠碑文》收录于《裴光禄遗集》。碑文如下：

呜呼，马江一战，将士之死亦烈矣哉！光绪甲申，法夷争界渝盟，称兵海上，先扰台北，寻以敌舰袭马江。七月三日，潮暴长而风雨骤至。敌艇先发，我军失利，将士赴难者逾千人。事闻，皇太后颁内帑以恤，皇上优诏赠秩有差，且旌诸祠，煌煌乎，昭忠盛典也。夫为人臣者，职无大小，禄无厚薄，执干戈，卫社稷，忠之属也。如是者，可以不朽矣。

先是，同治丙寅，湘阴左文襄公督闽，奏设船厂，习轮船，旨报可。旋移节西陇，荐侯官沈文肃公继其事。越五年，功告成，其立学堂，育水师人才，尤以忠义之气相激发。膺是选者靡不炼心胆，尚节概，桓桓有敌忾风；虽于铁舰鱼雷战阵之学，或犹有精、有未精也，而患难固大可用哉！

夫国家可百年言和，不可一日忘战，能战然后能和，能和将无事于战矣。欧洲炮火日益横烈，其俗狡而好利，悍而不畏死，而心思专一，法度机妙，是为致强之由。学西学者必尽西人所长，中国聪明才力，且百倍之，而持志正直，沐之以礼义，寄之以腹心。旦暮有事，将痛苦切肤，而慨慷赴之，斯则其气可恃也。且战危事也，水火深且烈也。其时炎夏郁蒸，面目焦冥，昼夜戒备，惊涛叫吼，辟历列缺，瞬息万变，是不能测其冒矢儦狡之所至，而汹汹奔命，肉薄酣飞，其衔忠扶义，若不知其危而蹈之弗避者；又若明知其危而甘之如饴者，其意不可深思耶？嗟夫！是足以耀当时而示后世矣。

马江山麓，赤土平旷。荫森来摄使命，度地而相阴阳，鸠工以庀材木。远瞰澄江，浩气奔赴，悬峰中流，一塔屹立，海风泠泠，松楸苍苍，瞻瞩彷徨间，犹仿佛魂魄之去来也。祠祀管带官七人，祔弁勇舵工凡若干人。封忠骨于右，缭以石垣，勿使冲潮汐而湮榛芜也。祠成日，率僚士奠而落之；刻文于石，以志不朽，且宣朝廷表章忠义，振励士气至意。俾后之人感发兴起，咸仰体圣天子居安思危之心，而有勇知方将永为异族惮也。则古者不战之战，其若是也夫！

（六）甲申、甲午两役合祀马江昭忠祠碑

1922年甲午闽籍死难将士栗主入昭忠祠，陈兆锵撰并书。黑页岩质，长78.5厘米，宽44.4厘米，厚1.5厘米。马江海战纪念馆展品。碑文纵28行，满行23字，字径1.1厘米。全文如下：

甲申、甲午两役合祀马江昭忠祠记

昔韩昌黎尝至睢阳，亲祭于其所谓双庙者，及观李翰所为《张巡传》，称其详密，而以不为许远立传为恨。庙并立而传独阙，识者且不平。若夫同仇敌忾，其死事之烈，前后如合涂轨。前者堂庑恢闳，鼓钟祼荐，其后者烟销雾灭，曾不得香火一龛。

如长老诗人犹为湖山生色,此其不平孰甚耶!清光绪甲申中法之役,裴樾岑使者既为立祠泐石矣。越十年,甲午又有中日战事,则尤痛苦而不忍言者也。北洋海军创于合肥李文忠公,公深谋远虑,亟以添船置械请于朝,部臣梗之。日人乘我之懈,岁增余皇,假助韩剿乱为名,窥伺我藩属,侵夺我主权,截击我兵舰。于是军心愤激,而有大东沟之战。夫以舰炮之众寡坚脆论,我军万无幸胜之理。既已臣力告竭,国殇累累,犹能指挥却敌,收合余烬者,盖士气之勇与阵法之变,足以寒敌人之心也。诏令退守威海,威海所恃而守者,南北岸炮台耳。台为他军所守,而龙庙台先入于日人之手。我军三面受敌,又牵掣于朝旨,不能越雷池一步,出而横海再战。敌攻愈急,我守愈力,相持三月,屡挫敌锋。卒以外援不至,坐困重围。其统兵者则多深明大义,见危授命,此其志节校之甲申诸先烈,顾何如耶!乃以日星河岳之灵,而无俎豆馨香之报,垂三十载,未闻有议及之者。今蓝季北将军督同兆锵,募修马江昭忠祠。因念兹事,联名以两役合祀请诸政府。奉令报可。其改缮之事,仍令兆锵董之。以今岁夏历八月十八死难之日,奉栗主以进。其时忧愤自殉,暨夫庚子拒敌被难者皆传之,昭公道,重同气也。夫人生遭际,迟速有命,而身后之显晦,则亦有数存焉。寝假马江旧址,荒顿犹昔,举者且废,遑问其他。而展转相乘,卒使后先辉映,为吾党光,冥冥之中,殆有主宰欤?

民国十一年壬戌八月,长船政事、闽县陈兆锵谨识。

甲申、甲午两役合祀马江昭忠祠碑

(七)晋江杨廷玑墓志铭

晋江杨廷玑墓志铭记载了中法马江海战中杨廷玑捐款洋银五万枚佐军之事。黑页岩质,宽69.5厘米,高32厘米,厚1.9厘米。阴刻楷书,纵28行,满行12字,字径1.9厘米。

晋江杨廷玑墓志铭

(八)重建马江昭忠祠碑

1920年海军总司令蓝建枢令福州船政局局长陈兆锵主持重建马江昭忠祠,8月完工,陈兆锵撰写一篇碑文,吴玉田镌。黑页岩质,共有两块碑,第一块碑已毁,第二块碑尚存。长84.4厘米,宽46.2厘米,厚1厘米。碑文纵25行,满行19字,楷书字径1.3厘米。碑文如下:

(上残缺)坍,曾唐人秦人之视伍相展季之不若,其何说之辞。于是首捐俸钱,稍稍与津沪工商各家相劝募输者,响赴一匄,万金其不殚者,繄我军中人集赀益之。以土木之役命兆锵,阅五月而岁蒇事。其为墓也,昔分九垄,今聚一邱。涂墼劫巩,护以短垣,取其守卫校易耳。其为祠也,岩然崇堂,蜿然修廊,重门屹堞,顿易旧观。东偏筑层楼,以供游眺,有所延恋,则可慰荒寂。更拓地植果木,储为祠产。此固诸先烈在天之灵所默为感召,抑非蓝公提倡之功,乌克臻此哉!顾或者谓要离烈士,有墓谁除,中山功臣,其鬼已馁,从来忠于一姓未有享于千祀者。斯举也,不邻于迂,即病于矫。嗟夫!吾国自唐虞以后,化官天下而家天下者久矣,相延三千余年,至今日国体始为一变。自商迄清,其间不知几经战事,为国捐躯之士,论古者不得目为枉死。中法之役,以对内言,则为一姓效力;以对外言,则为一国效力。

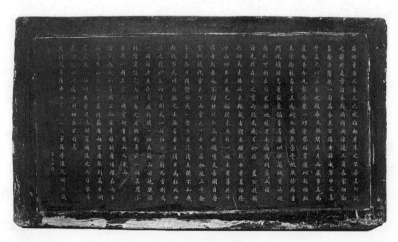

重建马江昭忠祠碑

夫使身履行间,一挫其锋,而怔挠脆怯,颠蹶窜踣,乞为囚虏之不暇,则负于一姓其罪小,负于一国其罪大,国家何贵于此人哉!而诸先烈不知有国,不知有身,虽捐糜顶踵,在所不恤。浩然正气,如日星河岳,历劫不磨,然则万古纲常,岂与一姓同兴耶!兆锵深愿后之人,皆能本蓝公之心以为心,则相垂不朽矣。民国九年庚申七月长船政事后学陈兆锵谨识。吴玉田镌

(九)重建马江昭忠祠捐款碑

1922 年立,碑文分上下两部分。上部分详列捐款人姓名、数目;下部分详列"重建马江昭忠祠并配列各项实用价目"。黑页岩质,长 79.7 厘米,宽 42 厘米,厚 0.8 厘米,纵 70 行,满行 35 字。马江海战纪念馆展品。全文如下:

重建马江昭忠祠捐款列左:徐大总统令饬发帑辅助修葺费洋五千元;黎大总统捐洋三千元;海军总长刘冠雄、海军总长萨镇冰各捐洋一百元;海军部次长刘传绥、海军总长李鼎新、海军部次长徐振鹏各捐洋二十元;海军总司令蓝建枢捐洋一百五十元;海军部秘书司长王兼知、沈璇庆、陈思焘、林葆纶、吴绂礼、李景曦、郑宝菁各捐洋一十元;海军部技正、参事、秘书、科长何启椿、刘华式、徐兴仓、吴振南、谢葆璋、高稔、陈保棠、陈王向、唐文源、杨征祥、郑诚、薛昌南、王锐、郑友益、丁士芬各捐洋五元;海军部科长、副官、科员哈汉仪、余燮梅、池仲佑、周光祖、陈灿、罗之彦、刘勋名、唐伯勋、林鉴殷、谭其濂各捐洋三元;海军部科长、副官、科员方阜鸣、杨梦熊、汤文城、罗璟、荣志、陈复、马家麟、吕富永、黄健元、林继荫、刘蕲、魏丰、郭则涷、傅顺、林文彧、刘永谦、施廷干、林敬烺、杨逾、周为桢各捐洋二元;海军部科长、副官、科员刘俊杰、常森、陶钧、林大良、常书诚、张承愈、尹祚干、沈奎、萧宝珩、魏春泉、姜鸿澜、徐祖善、林振华、孟慕超、施金璋、刘镇藩、曾光亨、陈昉、戴锡瑶、李毓麟、宋建勋、郑耀庚、吴龙图、严以瀛、王庆璋、从文田、丁祖庚、郑颖孚、陈君涛、叶可松、蓝道生、郑贞来、许文贞、翁斌衡、王正辉、吴煊各捐洋一元。

海军舰队捐洋三千元;海军第一舰队司令林建章捐台二百元;海军吉黑舰队司

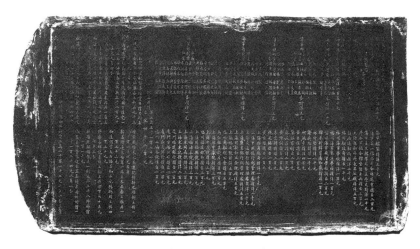

重建马江昭忠祠捐款碑

令王崇文捐洋一千元；靖安军舰全体官佐士兵捐台三百元；大沽造船所所长吴毓麟捐洋五百元；江南造船所捐洋二千元；福州船政局捐台一千元；福州海军学校捐洋一百元；福州海军制造学校捐洋一百元；福州海军飞潜学校捐台二百元；韩参将锦家属和宠捐洋一百元；林守坚捐洋一千元；谢蔼聰捐洋一千元；柯鸿年捐洋四百元；黄奕住捐台三百元；陈振家捐台二百元；林菽庄捐洋二百元；黄仲训捐台二百元；李宣韩捐洋二百元；施光铭捐台一百元；黄秀烺捐台一百元；上海招商总局捐洋一千元；上海中国银行总管理处捐洋一千元；上海交通银行总管理处捐洋一千元；上海盐业银行总管理处捐洋五百元；上海同新和五金号捐洋五百元；上海福安号捐洋五百元；福州商船总公会捐台五百元；马江裕昌钱庄捐台四百元；上海陈宝瀛号捐洋三百元；上海申茂号捐洋三百元；福州福建银行捐台捐洋三百元；上海周福兴号捐洋二百元；上海福源泰号捐洋二百元；上海朱同森号捐洋二百元；上海朱东记号捐洋二百元；厦门福建银行捐台一百元；厦门电灯公司捐台一百元；厦门鼎美洋行捐台一百元；福州王协泰号捐台一百元。以上共捐洋二万三千一百七十一元，台伏四千二百元。

重建马江昭忠祠并配制各项实用价目列左：重建正座全座土木石油漆各工料共九千三百一十一元七角五分；新盖西边重楼花厅一座后面祠园丁住宅一所土木石油漆各工料共三千八百九十五元九角四分；新盖东边楼屋并厨房戏房及厕所共一座土木石油漆各工料共二千五百七十五元；砌造洋灰缝石忠坟一台并围墙铁门及坟前石牌亭等项共二千五百一十一元八角七分；配造甲申、甲午诸先烈及士兵玻璃神龛并土座及神主神牌等土木石油漆各工料共一千三百三十元零一分五厘；坟前栽种果木并造肥料斛及培树土料一百一十六元五角；新盖坟边果殖仓一所土木石各工料共一百二十二元；砌造祠前大石路并砌石水塍码头工料四百三十九元；将乐石牌记并镌工拓工共四百七十五元七角三分，新购点铜锡祭具一副大小二十八件的价一百一十元；添置并修整陈设各器具椅桌等件的价一千一百二十四元八角一分；以上各项统并合共的价二万二千零一十二元六角一分五厘。民国十一年七月勒石

二、题　刻

（一）左宗棠题刻

左宗棠题刻

位于连江县青芝山玉佛洞前山路旁的左宗棠题刻"半岭天风有啸声，左宗棠"，行楷，纵2行，正文字径12厘米，落款字径3.5厘米。

（二）沈葆桢题刻

位于鼓山绝顶峰南坡,南向。草书,正文字径 78 厘米,旁款字径 10 厘米。文:乐善不倦 同治五年为净空大和尚三主之庆,钦差头品顶戴沈葆桢书。

（三）金刚濯足

萨镇冰题刻"金刚濯足",位于长乐航城镇石龙村象山脚金刚腿上部。金刚腿陡立闽江下游南岸,又称"仙人脚""龙脚石",长数十丈,腿下悬空,如巨人濯足江滨,平时海淡水至此分界,潮水涨不到脚跟。它是闽江天然航标。

陈兆锵题刻

（四）蒋山青处

陈兆锵题刻"蒋山青处。辛酉秋月,陈兆锵题石",位于中法马江海战烈士墓后的马限山麓,正文行楷,字径 65 厘米;落款楷书,字径 12 厘米。

（五）渊渟岳峙

刘冠南题刻"渊渟岳峙",位于马限山南侧。是马尾最大的摩崖石刻。竖行楷书,字径 1 米多。1964 年山崖崩塌,题刻毁坏。

（六）铁石同心

李鼎新题刻"铁石同心"位于马尾马限山东坡,楷书,高 60 厘米,47 厘米。落款"壬戌孟秋,李鼎新题"。

李鼎新题刻

张斌元题刻

（七）仰止

张斌元题刻"仰止"，位于马尾区马限山东南麓，字径 83 厘米。落款"民国十年十月，张斌元题"，字径 18 厘米。

李世甲题刻

朱宗炳题刻

（八）幽深

李世甲"幽深"，题刻位于马尾区罗星山东麓，字径 30 厘米，落款"凯涛"，字径 7.5 厘米。

（九）云屏

"云屏"题刻位于一号船坞右侧的罗星山东麓岩壁上，光绪十九年（1893 年）船政工作人员朱宗炳题。"云屏"字径 79×96 厘米。左侧行书纵 5 行，满行 10 字，字径 24 厘米。原文："余于癸巳秋奉公，船坞大工告成，见峭壁当窗，云屏列坐，时有云气往来，爰书数言，以志鸿爪云尔。光绪十九年仲冬，琴川朱宗炳题。"

（十）鹤寿

杜锡珪题刻"鹤寿"，位于马尾天后宫旁婴脰山崖壁上，马尾区文物保护单位。正文"鹤寿"楷书，高 53 厘米，宽 40 厘米；上款"辛未双十节"（1931 年 10 月 10 日），下款"杜锡珪书"，字径 5 厘米。

杜锡珪题刻

第四节 故 居

一、沈葆桢故居

沈葆桢故居位于福州市鼓楼区三坊七巷宫巷,全国重点文物保护单位。沈葆桢于同治年间购置明代旧房,经修葺后居住。故居坐北朝南,占地面积2000多平方米。中轴主院落共四进,进与进之间的过道连以覆龟亭,院墙间隔。前为门头房,面阔三间,进深三柱,穿斗式木构架,双坡顶;大门口有檐楼,下有门廊,开六扇门,正中设插屏门;第一重高墙石框大门,过石框大门是一进扛梁大厅,面阔五间(明三暗五),扛梁减柱造木构架,双坡顶;二、三进主座均面阔五间,进深七柱;过三进覆龟亭,后天井为四进倒朝楼。楼双层木结构,五开间,楼下卧室,楼上藏书。主座西侧隔墙有两个跨院,从南到北依次为花厅、书斋、签押房、厨房等,既自成院落,又相连通。

沈葆桢故居

二、严复故居

严复故居在福州有两处。一处为严复祖居,人称"大夫第",位于福州市仓山区盖山镇上岐村,全国重点文物保护单位。严复少年丧父后曾在此居住了一段时间。祖居为明代建筑,坐北朝南,占地面积745平方米。门廊、两侧披榭和主座合围成一进院落,主座面阔三间,进深五柱,穿斗式木构架;一、二进间隔院墙,中开石框门;二进布局与一

严复故居

进相同，主座面阔三间，进深七柱；二进西披榭面阔两间，进深一间，为严复少年生活、读书之处。

另一处严复故居位于福州市鼓楼区三坊七巷中的郎官巷，全国重点文物保护单位。故居是时任福建省督军兼省长李厚基为严复购得。严复从1920年回福州到次年病逝，居住于此。故居占地面积625平方米，坐北朝南，精致的卷棚门罩下是石框门，门框前后分别是凌波门和串扇大板门；门后三面回廊，廊下天井，主座面阔三间，进深五柱，穿斗式木构架，马鞍式山墙；后天井两侧披榭。花厅位于主院落的西面，有小门与主院落西廊通连；花厅主座为民国式两层楼，楼下敞厅，楼上单间，前后走马楼（走廊式阳台）；后天井旁有楼梯上二楼，北侧建有两间小平房。严复住在花厅，楼上卧室，楼下书房、客厅。

三、杜锡珪故居

杜锡珪故居位于福州市鼓楼区道山路41号，福州市人民政府挂牌保护的名人故居。建于清乾隆间，光绪及民国初期重修。原建筑坐北朝南，1994年因道山路改造，改建为坐西朝东。入门见插屏门，前、后主座均面阔三间，进深五柱，穿斗式木构架。

四、萨镇冰故居

萨镇冰故居位于福州市鼓楼区朱紫坊26号萨氏民居，系萨氏祖居，也以"萨镇冰故居"挂牌，全国重点文物保护单位。前临安泰河，后通府学弄。明代始建，清代多次重修，占地面积2080平方米，坐南朝北，共五进。临街门头房面阔三间，明间开六扇大门；门头房与一进院落间隔院墙，一进院落三面环廊，廊下天井，主座面阔五间，进深七柱，穿斗式木构架；二、三进主座均面阔三间，进深七柱；四、五进坐西朝东，四进为面阔三间的两层藏书楼；五进为

杜锡珪故居

书房,面阔三间,进深七柱;西封火墙开小门通花厅,建有假山、鱼池、六角亭、客厅等。

　　仁寿堂位于福州市鼓楼区冶山东麓,鼓楼区文物保护单位。1946 年萨镇冰回榕后不久居住于此,直至去世。1938 年 1 月,陈兆锵、陈培锟等人集资购得此地段马氏宅翻新修建,名"仁寿堂",为萨镇冰八十献寿。仁寿堂占地面积 240 平方米,坐西朝东,背靠泉山依崖而建,土木结构,两层楼,每层 6 间,环以走廊,南侧石阶上下。1952 年萨镇冰过世,其儿子回福州为其料理丧事后,即将该堂捐献给人民政府。

五、刘冠雄故居

　　刘冠雄故居位于福州市鼓楼区三坊七巷宫巷 11 号,福建省文物保护单位。始建于清乾隆年间,光绪及民国时期大修。是福建省督军、省长李厚基为感谢刘冠雄的栽培之恩赠

刘冠雄故居

送的。刘冠雄的兄弟居住于此。占地面积1800多平方米,坐南朝北。主院落门头房清水青砖外墙;一、二进主座均面阔三间,七柱出游廊,穿斗式木构架,马鞍式山墙;后天井有一倒朝房,后门可通吉庇路。两进游廊东侧均开一小门与花厅相通。花厅是民国时期建筑风格。南、北各有一座两层楼阁,楼阁之间是精巧别致的花园,有鱼池、假山、花树、拜月亭等。

六、蓝建枢故居

蓝建枢故居位于福州市鼓楼区三坊七巷吉庇巷。清代建筑,民国时期有修葺。故居由前院落、花厅、后院落组成,建筑面积1029平方米。前院落坐北朝南,门开吉庇路,进门厅左拐过第二道石框门为一进;一进主座面阔三间,进深七柱;二进主座面阔三间,进深四柱。前院落东侧为花厅,由南、北两座楼组成,南座面阔三间,进深四柱;北座面阔两间,进深四柱,旁开走廊通北面小花园。后院落坐东朝西,门开南后街,进大门三面环廊,廊下天井;过院墙,回廊和主座围成一个院落,主座面阔三间,进深七柱;主座后是两座双层民国风格砖楼。

蓝建枢故居

七、陈兆锵故居

陈兆锵祖居位于福州市鼓楼区朱紫坊47号,他在此度过童年和少年。祖居建于清初,嘉庆、光绪年间重修。占地面积2000多平方米,坐南朝北,共三进,前为门头房,一、二进院落均由天井、左右披榭和主座组成,一进主座面阔三间,进深七柱,穿斗式木构架;二进面阔三间,进深五柱;西侧有小门通向花厅,花厅面阔三间,进深五柱。

鼓楼区法海路6号陈(兆锵)将军府。20世纪20年代陈兆锵购置并重建,占地面积3500平方米,坐北朝南,并排两大院落。东院落为主建筑,进大门三面环廊,廊下天

陈兆锵祖居

井,主座面阔三间,进深七柱,穿斗式木构架,陈兆锵卧室在西次间;二进天井两侧建两层披榭,主座面阔三间,进深五柱;三进存留天井。小门通往西院落,前座花厅,后座为中西合璧风格的五间排两层木构楼房,进深五柱。花厅与楼房之间的花园植有当年陈兆锵引进的国外树种。

八、陈绍宽故居

陈绍宽故居位于福州市仓山区城门镇胪雷村,福州市人民政府挂牌保护的名人故居。始建于1921年,由陈绍宽出资,其父陈伊犁主持兴建。占地面积2500多平方米,坐北朝南,依序建有围墙、门楼、天井、左右披榭、主座、后院等。厨房附建在西侧后部。门楼为民国建筑风格,外墙刷海军蓝,面阔五间,进深三柱;天井两侧是面阔两间的披榭;主座面阔五间,进深五柱,穿斗式木构架;后院由小天井、左右披榭和后座组成,后座面阔五间,进深两柱,

陈兆锵法海路故居

陈绍宽故居

明间为祭厅。正座西侧现存占地面积6亩的花园,有大鱼池、泮池、花果林木和六角凉亭等。1946,陈绍宽回到家乡就居住于此。

九、方伯谦故居

方伯谦故居位于福州市鼓楼区朱紫坊48号,福建省文物保护单位。始建清初,光绪年间由方伯谦购置后重修,占地面积1000多平方米。坐南朝北,门头房马头墙高耸,中开六扇大门。门头房与一进院落间隔院墙。故居共三进。一进院落三面环廊,廊下天井,主座面阔五间,进深七柱,穿斗减柱造木构架。二进主座面阔五间,进深七柱出游廊。二进东隔墙有小型通道,通往三进大厅。进与进之间有墙相隔,庭院过道用覆龟亭连接。第三进是双层楼房,楼上为藏书阁,楼下为子弟读书处。花厅位于主院落东侧。建筑的门扇、窗槛、花格等用楠木制成,精工细雕。

方伯谦故居

十、李世甲故居

李世甲故居位于福州市鼓楼区鳌峰坊路 40 号,福州市人民政府挂牌保护的名人故居。故居前临鳌峰书院,背靠于山,清代建筑。并列两座院落,坐南朝北。1952 年福州师范学校以一万大洋购得东院落。李世甲住在西院落,前为门头房,一、二进主座均面阔三间,进深七柱,穿斗式木构架,双坡顶,马鞍式山墙;三进是 1947 年建造的民国风格两层青砖楼,四坡顶,每层前后各 1 间,共 4 间。楼上为李世甲卧室、书房。2010 年就李世甲故居一、二进,仿鳌峰书院部分建筑重修。

李世甲故居

第五节 墓 园

一、沈葆桢墓

沈葆桢墓位于福州市鼓楼区洪山镇梅亭村北,是沈葆桢夫妇与父母、兄弟合葬墓,福州市文物保护单位。墓占地面积 230 平方米,坐北向南,三合土夯筑,平面呈"凤"字形,四级墓埕,面阔 11 米,进深 20 米。龟背形封土,墓碑左右断缺,残存中间主体部分,高 85 厘米,宽 60 厘米,竖刻楷书"皇清诰封资政大夫沈丹林公,偕配林夫人,长男按察司衔、九江道幼丹公,长媳林夫人,次男已",断碑缺失部分文字猜测是"酉年拔贡滨竹公,次媳陈夫人寿域"。1988 年 12 月,福州市文物管理委员会进行全面修缮。

沈葆桢墓

二、严复墓

严复墓位于福州市仓山区盖山镇上岐村,全国重点文物保护单位。清宣统二年(1910年)严复为归葬亡妻王氏而令其长子严伯玉监造。并亲自书写墓碑"清侯官严几道先生之寿域"及"惟适之安"横屏。墓坐西南朝东北,平面呈"风"字形,三级墓埕。三合土龟背形封土,前立青石墓碑。墓柱为金瓜顶,飞龙盘柱。两侧立卷书石围屏。1921年严复病逝归葬于此,陈宝琛撰写墓志铭。铭曰:"旗山龙渡岐江东,玉屏耸张灵此钟。绛新籀古析以中,方言扬云论谭充。千辟弗试千越锋,昔梦登天悲回风。飞火怒扇销金铜,鲸呿鼍跋陆变江。氏见犹阅世君非蒙,咽埋归此万年宫,文章光气长垂鸿。"

严复墓

三、萨镇冰墓

萨镇冰墓位于福州市鼓楼区洪山镇火烽山麓,福州市文物保护单位。萨镇冰逝世后,合葬于其父萨怀良墓中。墓坐北朝南,平面呈"风"字形,三合土夯筑。青石墓碑,上刻楷书"雁门,清怀良萨公乔梓寿域,光绪乙酉年孟冬吉旦立"。墓道碑立于山下,高308厘米,宽125厘米,厚18厘米,纵5行,每行14字,楷书"中国人民政治协商会议首届全国委员会委员、中央人民政府人民革命军事委员会委员、中央人民政府华侨事务委员会委员、福建省人民政府委员会委员萨镇冰先生墓道"。碑左侧边刻"萨镇冰委员附葬怀良先生墓",右侧边刻"公元一九五二年四月"。

萨镇冰墓

四、陈季同墓

陈季同墓位于福州市西郊原厝村,陈季同墓与其弟陈寿彭与夫人薛绍徽合葬墓并排,相距 10 米,坐北向南,三合土夯筑。陈季同墓建于清光绪二十三年(1897 年)。碑文楷书"福城,皇清诰授振威将军敬如陈公寿域。光绪丁酉年,季冬吉日立"。陈寿彭夫妻合葬墓建于 1911 年,碑文楷书"清中宪大夫、邮传部主事、壬寅科举人逸儒陈公偕德配薛恭人寿域。宣统辛亥年,仲春吉旦立"。

陈季同墓

五、罗丰禄墓

罗丰禄墓原在福州市北门外崎上村,后迁葬于福州三山陵园。墓碑楷书竖刻"清罗太僕墓",前立一对石虎。神道碑方首抹角,浮雕双龙护"皇清",碑身下截小部分断缺,现已补雕。碑文纵2行,楷书"诰授荣禄大夫、钦差出使英义比国大臣、太僕寺卿、稷臣罗公墓"。

罗丰禄墓

六、郑清濂墓

郑清濂墓位于福州市仓山区城门镇黄山村凤山北坡。平面呈"凤"字形,龟背形封土。墓碑楷书"凤山,海军造舰总监景溪郑公寿域"。

郑清濂墓

七、黄钟瑛墓

黄钟瑛墓位于福州市洪山镇梅亭村金牛山北麓,福州市文物保护单位。原墓建于清光

黄钟瑛墓

绪二十九年(1903年),是黄钟沣、黄钟瑛生前为其父母营造。黄钟瑛兄弟等逝世后也归葬于此。原墓为花岗石和三合土结构,9个墓室,五层墓埕,三重护墙。封土前立墓碑及供桌,两侧竖碑刻。1984年因建设需要墓地被征用,遗骨由黄钟瑛后代取出待葬。1988年8月由人民政府拨款在原墓区左后侧约700米处重建,1990年3月竣工。现墓葬坐南朝北,平面呈"凤"字形,青石墓碑,上刻黄钟瑛及其父母、兄嫂等10人姓名。墓前竖黄钟瑛神道碑,汉白玉石,高142厘米,宽62厘米,楷书竖刻"中华民国海军总长兼海军总司令赞侯黄公之墓园"。

八、叶祖珪墓

叶祖珪墓位于福州市鼓楼区洪山镇梅亭村,鼓楼区区文物保护单位。建于光绪三十一年(1905年),坐东北朝西南,平面呈如意形,三合土夯筑,五级墓坪。封土前立墓碑,楷书竖刻"清广东水师提督桐侯叶公乔梓",墓碑两侧各立3幅石屏。第一级墓坪上保存有石

叶祖珪墓

羊、石虎和石柱。墓前立《钦赐祭文》碑,高328厘米,宽62厘米,方首抹角,碑首浮雕双龙戏珠,篆额"钦赐祭文"。碑文纵5行,楷书:"皇帝谕祭军营病故前任广东水师提督、总理南北洋海军事务叶祖珪之灵。曰:鞠躬尽瘁,臣子之芳踪;赐恤报劳,国家之盛典。尔叶祖珪性行纯良,才能称职,方冀遐龄,忽闻长逝,朕用悼焉。特颁祭葬以慰幽魂。呜呼,宠锡黄垆,庶沐匪躬之报;名垂青史,聿昭不朽之荣。尔如有知,尚克歆飨。头品顶戴、陆军部尚书衔、闽浙总督臣松寿谨书。"右侧护坡镶有一块边长50厘米的正方形青石碑,碑文"光绪三十二年五月初七奉上谕遣官致祭"。

第六节　可移动文物

一、船政建筑构件与设备

1.奠基石与耐火砖

原十三厂的奠基石,刻有外文字母。耐火砖是砌造铸铁炉的耐高温砖头,长约22厘米,宽约10厘米。现收集嵌砌于绘事院旁的墙上。

船政奠基石与耐火砖

2.同治十年车床

同治十年(1871年)福建船政制造,长365厘米、高132厘米、宽65厘米,导轨平面高94厘米,导轨间距30厘米。20世纪90年代从福建省古田县私人作坊征集时还在使用。中国船政文化博物馆展品。

同治十年车床

二、军械

1. 火炮

德国克虏伯 75 毫米舢板炮：全长 193.5 厘米，炮口外径 14.4 厘米，膛径 8.3 厘米，方形炮闩，边长 21.5 厘米。中国船政文化博物馆、马江海战纪念馆和马尾造船厂均有陈列。

英国阿姆司脱郎 8 生后膛炮：1873 年造，全长 193.5 厘米，炮口外径 14.5 厘米，膛径 8 厘米；炮尾宽 21 厘米，高 21.5 厘米，内径 17 厘米。陈列于马尾造船厂。

德国克虏伯 75 毫米舢板炮

英国阿姆司脱郎 8 生后膛炮

12 生后膛炮：全长 265 厘米，炮口外径 20 厘米，膛径 12.5 厘米；炮尾外径 28 厘米，内径 17 厘米。中国船政文化博物馆、马尾造船厂均有陈列。

英国阿姆司脱郎 12 生后膛炮：1873 年造，全长 250 厘米，炮口外径 24.7 厘米，膛径 12.3 厘米；炮尾外径 23.5 厘米。中国船政文化博物馆和马尾造船厂均有陈列。

12 生后膛炮

英国阿姆司脱郎 12 生后膛炮

英国阿姆司脱郎 15 生后膛炮：1873 年造，全长 256 厘米，炮口外径 21.5 厘米，膛径 14.5 厘米；炮尾外径 38.2 厘米（含炮栓为 42.5 厘米），内径 14.5 厘米。罗星山公园、马江海战纪念馆、马尾造船厂均有陈列。

英国阿姆司脱郎 15 生后膛炮：1876 年造，全长 307 厘米，炮口外径 19.5 厘米，膛径 13 厘米，炮尾外径 34 厘米。陈列于马江海战纪念馆。

英国阿姆司脱郎 15 生后膛炮

英国阿姆司脱郎 15 生后膛炮

一千五百斤铁炮：全长 210 厘米，炮口外径 26.5 厘米，膛径 10 厘米。陈列于罗星山公园。

一千五百斤铁炮

2. 枪械

法军步枪：全长 111.2 厘米，宽 15 厘米。枪管长 77.3 厘米，口径 1.9 厘米。

法国步枪

鸟铳（一）：全长 111.5 厘米，宽 15 厘米，厚 3.8 厘米，枪管长 95 厘米，口径 1.2 厘米。

法军十三响枪：全长 26 厘米，宽 19 厘米，厚 3 厘米，枪管长 21.5 厘米，手柄长 13 厘米。

鸟铳（一）

法军十三响枪

鸟铳（二）：全长 121 厘米，宽 18.5 厘米，厚 3.2 厘米，枪管长 110 厘米，口径 1.0 厘米。

鸟铳（二）

清军步枪（洋屿水师旗营）刺刀：长 52.5 厘米，宽 6.5 厘米，枪口环口径 2.2 厘米。

清军步枪（洋屿水师旗营）刺刀

清军步枪刺刀：长 50.5 厘米，宽 6.5 厘米，枪口环口径 2.2 厘米。

清军步枪刺刀

清军腰刀及铜销环：长 53 厘米，最宽处 3.6 厘米。

清军腰刀及铜销环

三、档案

1. 账簿

船政局账簿：福建省博物院展品

船政局账簿

2. 月薪清册

"万年清"船员月薪清册

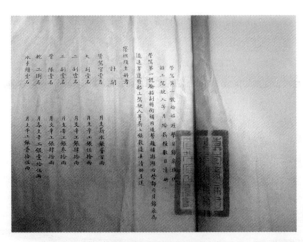

"万年清"轮船员月薪清册

3. 福建省会善后总局档案

福建省会善后总局记录马江海战伤亡的档案

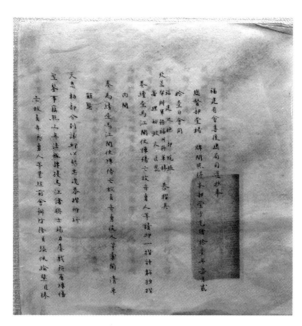

福建省会善后总局记录马江海战伤亡的档案

福建省会善后总局准建马江昭忠祠的档案

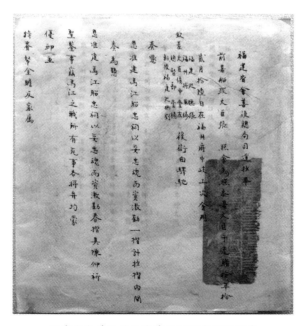

福建省会善后总局准建马江昭忠祠的档案

第五章　文　献

第一节　奏折　诏书

左宗棠：试造轮船先陈大概情形折

（同治五年五月十三日）

奏为谨拟购买机器、募雇洋匠、设局试造轮船，先陈大概情形，恭折，仰祈圣鉴事。

窃维东南大利，在水而不在陆，自广东、福建而浙江、江南、山东、直隶、盛京，以迄东北，大海环其三面；江河以外，万水朝宗。无事之时，以之筹转漕，则千里犹在户庭；以之筹懋迁，则百货萃诸厘肆。匪独鱼、盐、蒲、蛤足以业贫民，舵艄、水手足以安游众也。有事之时，以之筹调，发则百粤之旅，可集三韩；以之筹转输，则七省之储可通一水。匪特巡洋、缉盗，有必设之防；用兵出奇，有必争之道也。况我国家建都于燕，津、沽实为要镇。自海上用兵以来，泰西各国火轮、兵船直达天津，藩篱竟成虚设，星驰飚举，无足当之。自洋船准载北货，行销各口，北地货价腾贵。江浙大商以海船为业者，往北置货，价本愈增。比及回南，费重行迟，不能减价以敌洋商。日久销耗愈甚，不惟亏折货本，浸至歇其旧业。滨海之区，四民中商居什之六七，坐此阛阓萧条，税厘减色，富商变为窭人，游手驱为人役，并恐海船搁朽。目前，江浙海运即有无船之虑，而漕政益难措手，是非设局急造轮船不为功。

从前，中外臣工屡议雇买代造，而未敢轻议设局制造者，一则船厂择地之难也；一则轮船机器购买之难也；一则外国师匠要约之难也；一则筹集巨款之难也；一则中国之人不习管驾，船成仍须雇用洋人之难也；一则轮船既成，煤炭、薪工，需费不赀，月需支给，又时须修造之难也；一则非常之举，谤议易兴，创议者一人，任事者一人，旁观者一人，事败垂成，公私均害之难也。有此数难，毋怪执咎无人，不敢一纾筹策，以徇公家之急。

臣愚以为：欲防海之害而收其利，非整理水师不可。欲整理水师，非设局监造轮船不可。泰西巧而中国不必安于拙也，泰西有而中国不能傲以无也。虽善作者不必其善成，而善因者究易于善创。如虑船厂择地之难，则福建海口罗星塔一带，开漕浚渠，水清土实，为粤、浙、江苏所无。臣在浙时，即闻洋人之论如此，昨回福州，参以众论，亦复相同，是船厂固有其地也。如虑机器购觅之难，则先购机器一具，巨细毕备。觅雇西洋师匠与之俱来，以机器制造机器，积微成巨、化一为百。机器既备，成一船之轮机即成一船，成一船即练一船之兵。比及五年，成船稍多，可以布置沿海各省，遥卫津、沽。由此更添机器，触类旁通。凡制造枪、炮、炸弹、铸钱、治水，有适生民日用者，均可次第为之。

惟事属创始，中国无能赴各国购觅之人，且机器良楛，亦难骤办，仍须托洋人购觅，宽给其值，但求其良，则亦非不可必得也。如虑外国师匠要约之难，则先立条约，定其薪水，到厂后由局挑选。内地各项匠作之少壮明白者，随同学习。其性慧、夙有巧思者，无论官、绅、士、庶，一体入局讲习，拙者、惰者随时更补。西洋师匠尽心教艺者，总办、洋员薪水全给；如靳不传授者，罚扣薪水，似亦易有把握。如虑筹集巨款之难，就闽而论，海关结款既完，则此款应可划项。支应不足，则提取厘税益之。又，臣曾函商浙江抚臣马新贻、新授广东抚臣蒋益澧，均以此为必不容缓，愿凑集巨款以观其成。计造船厂、购机器、募师匠须费三十余万两，开工集料、支给中外匠作薪水，每月约需五六万两。以一年计之，需费六十余万两。创始两年，成船少而费极多，迨三、四、五年，则工以熟而速，成船多而费亦渐减。通计五年，所费不过三百余万两。五年之中，国家捐此数百万之入，合虽见多，分亦见少，似尚未为难也。如虑船成以后，中国无人堪作船主，看盘管车诸事，均须雇请洋人，则定议之初，即先与订明，教习造船即兼教习驾驶，船成即令随同出洋，周历各海口。无论兵弁各色人等，有讲习精通，能为船主者，即给予武职千、把、都、守，由虚衔荐补实职，俾领水师，则材技之士争起赴之。将来讲习益精，水师人才固不可胜用矣。且臣访闻浙江宁波一带，现亦有粗知管驾轮船之人，如选调入局，船成即令其管驾，似得力更速也。如虑煤炭薪工，按月支给所费不赀，及修造之费为难，则以新造轮船运漕而以雇沙船之价给之。漕务毕，则听受商雇，薄取其值，以为修造之费。海疆有警，专听调遣，随贼所在，络绎奔赴，分攻合剿，克期可至。大凡水师，宜常川住船操练，俾其服习风涛，长其精力，深其阅历，然后可恃为常胜之军。近观海口各国所驻兵船，每月操演数次，俨临大敌，遇有盗艇，即踊跃攫击，以试其能，所以防其恶劳好逸者如此。且船械机器，废搁不用，则朽钝堪虞，时加淬厉，则晶莹益出。故船成之后，不妨装载商货，藉以捕盗而护商，益可习劳而集费，似岁修经费无俟别筹也。

至非常之举，谤议易兴。始则忧其无成，继则议其多费，或更讥其失体，皆意中必有之事。然臣愚，窃有说焉：防海必用海船，海船不敌轮船之灵捷。西洋各国与俄罗斯、美利坚数十年讲求轮船之制，互相师法，制作日精。东洋日本始购轮船，拆视仿造未成，近乃遣人赴英吉利学其文字，究其象数，为仿制轮船张本。不数年后，东洋轮船亦必有成。独中国因频年军务繁兴，未暇议及。虽前此有代造之举，现复奉谕购雇轮船，然皆未为了局。彼此同以大海为利，彼有所挟，我独无之。譬犹渡河，人操舟而我结筏；譬犹使马，人跨骏而我骑驴，可乎？均是人也，聪明睿智相近者，性而所习，不能无殊。中国之睿智运于虚，外国之聪明寄于实。中国以义理为本，艺事为末；外国以艺事为重，义理为轻。彼此各是其是，两不相喻，姑置弗论可耳。谓执艺事者舍其精，讲义理者必遗其粗，不可也。谓我之长不如外国，藉外国导其先，可也。谓我之长不如外国，让外国擅其能，不可也。此事理之较著者也，如拟创造轮船，即预虑难成而自沮，然则治河者虑合拢之无期，即罢畚筑，治军者虑藏役之无日，即罢征调乎？如虑糜费之多，则自道光十九年以来，所糜之费已难数计。昔因无轮船，致所费不可得而节矣。今仿造轮船，正所以预节异时之费，而尚容靳乎？天下事始有所损者，终必有所益。轮船成，则漕政兴、军政举，商民之困纾，海关之税旺，一时之费，数世之利也。纵令所制不及各国之工，究之慰情胜无，仓卒较有所恃，且由钝而巧，由粗而精，尚可期诸异日，孰如羡鱼而无网也。计闽、浙、粤东三省通力合作，五年之久，费数百万，尚非力所难能。疆臣谊在体国奉公，何敢惜小费而忘至计。

至以中国仿制轮船，或疑失体，则尤不然。无论体失而求诸野，自古已然，即以枪炮言之，中国古无范金为炮，施放药弹之制。所谓"炮"者，以车发石而已，至明中叶，始有"佛郎机"之名，国初始有"红衣大将军"之名。当时得其国之器，即被以其国之名，谓"佛郎机"者，即"法兰西"音之转，谓"红衣"者，即"红夷"音之转，盖指红毛也。近时洋枪、开花炮等器之制，中国仿洋式制造亦皆能之。炮可仿制，船独不可仿制乎？安在其为失体也。

臣自道光十九年，海上事起，凡唐、宋以来，史传、别录、说部及国朝志乘、载记、官私各书，有关海国故事者，每涉猎及之，粗悉梗概。大约火轮船之制，不过近数十年事，于前无征也。前在杭州时，曾觅匠仿造小轮船，形模粗具，试之西湖，驶行不速，以示洋匠德克碑、税务司日意格，据云大致不差，惟轮机须从西洋购觅，乃臻捷便。因出法国制船图册相示，并请代为监造，以西法传之中土。适发逆陷漳州，臣入闽督剿，未暇及也。嗣德克碑归国，绘具船式、船厂图册，并将购觅轮机、招延洋匠各事宜，逐款开载，寄由日意格转送漳州行营。德克碑旋来漳州接见。臣时方赴粤东督剿，未暇定议。德克碑辞赴暹罗，属日意格候信，彼此往返，讲论渐得要领，日意格闻臣由粤凯旋，拟来闽面订一切。臣原拟俟其来闽商妥后，再具折详陈请旨，因日意格尚未前来，适奉购雇轮船寄谕，应先将拟造轮船缘由，具实驰陈，伏乞皇太后、皇上圣鉴训示。

至设局、开厂、购料、兴工一切事宜，极为繁重，俟奉到谕旨允行后，再当条举件系，恭呈御览。合并声明。谨奏。

清廷批准兴建马尾船政奏议的诏书

同治五年五月十三日拜发，奉上谕：

左宗棠奏现拟试造轮船，并陈剿捻利用车战各折片，览奏均悉。中国自强之道，全在振奋精神，破除耳目近习，讲求利用实际。该督现拟于闽省择地设厂，购买机器，募雇洋匠，试造火轮船只，实系当今应办急务。所需经费，即著在闽海关税内酌量提用，至海关结款虽充，而库储支绌，仍须将此项扣款，按年解赴部库，闽省不得辄行留用。如有不敷，准由该督提取本省厘税应用。左宗棠务当拣派妥员，认真讲求，必尽悉洋人制造驾驶之法，方不致虚縻帑项。所陈各条，均著照议办理，一切未尽事宜，仍著详悉议奏。至所陈剿捻宜用车战等语，捻踪剽疾异常，飘忽靡定，日前鲍超曾有拟用独轮车放炮之奏，能否合用制胜，尚未据该提督续陈。行军之道，全在因地制宜，将来仍须谕令曾国藩斟酌办理。所论调派习战营官，令赴豫秦一带，挑选土著散丁，练成队目，赴甘听用之处，事属可行，即著该督遴选得力营员，奏明调派，另折奏复。陈筹议洋务事宜，著留中。将此由五百里谕令知之。钦此。

左宗棠：派重臣总理船政折

（同治五年九月二十三日）

奏为请旨简派重臣总理船政，接管轮船局务，以便开局试办，恭折驰奏，仰祈圣鉴事。

窃维试造轮船兼习驾驶一事，臣详加谙度，始敢据以入告。钦奉谕旨允行，比即缄知原议之洋员日意格，令转告德克碑，速来定议。时日意格方充江汉关税务司，得信来闽，一面缄寄德克碑，德克碑时方在安南海滨也。

日意格七月初十日来闽后，臣与详商一切事宜，同赴罗星塔，择定马尾山下地址，宽一百三十丈，长一百一十丈，土实水清，深可十二丈，潮上倍之，堪设船槽、铁厂、船厂及安置中外工匠之所。议程期、议经费、议制造、议驾驶、议设厂、议设局，冀由粗而精，由暂而久，尽轮船之长，并通制器之利。日意格立约画押后，候德克碑未至，返沪见法国总领事白来尼，画押担保。八月二十七日德克碑自安南来闽，臣出示条约，无异词，惟虑马尾山下土色或系积淤所致，未能径决。臣比令开掘取验，泥多沙少，色青质腻，知非淤成，德克碑乃信其真可用也。正议令其到沪见白来尼，并约日意格及始议之按察使衔福建补用道胡光墉等同来定议。缘此事系德克碑、日意格两人承办，非齐来面订不可定约，臣亦非俟条约订定，不敢率行陈奏也。九月初六日奉到恩命，调督陕甘。时德克碑正在臣署议事，比即令其遄赴宁波,约日意格。据称日意格江汉关税务司已经辞退,惟向例须三月始能离任,恐不能同来,臣谓日意格已经面议画押,即不偕来亦可。惟该洋员到总领事白来尼处画押后,须速来此,以便面订移交后任。德克碑即觅轮船于十三日赴沪,大约十月初旬内外始可回闽也。

臣惟轮船一事,势在必行,岂可以去闽在迩,忽为搁置?且设局、制造一切繁杂事宜均臣与洋员议定,若不趁臣在闽定局,不但头绪纷繁,接办之人无从谘访,且恐要约不明,后多异议,臣尤无可诿咎。臣之不能不稍留两、三旬,以待此局之定者,此也。

惟此事固须择接办之人,尤必接办之人能久于其事,然后一气贯注,众志定而成功可期,亦研求深而事理愈熟。再四思维,惟丁忧在籍前江西抚臣沈葆桢,在官在籍,久负清望,为中外所仰,其虑事详审精密,早在圣明洞鉴之中。现在里居侍养,爱日方长,非若宦辙靡常,时有量移更替之事,又乡评素重,更可坚乐事赴功之心,若令主持此事,必能就绪。商之英桂、徐宗幹,亦以为然。臣曾三次造庐商请,沈葆桢始终逊谢不遑。可否仰恳皇上天恩,俯念事关至要,局在垂成,温谕沈葆桢勉以大义,特命总理船政,由部颁发关防,凡事涉船政,由其专奏请旨,以防牵制。其经费一切,会商将军、督抚臣随时调取,责成署藩司周开锡不得稍有延误。一切工料及延洋匠、雇华工、开艺局,责成胡光墉一手经理。缘胡光墉才长心细,熟谙洋务,为船局断不可少之人,且为洋人所素信也。此外尚有数人可以裨益此局者,臣当咨送差遣,庶几制造、驾驶确有把握。微臣西行万里,异时得幸观兹事之成,区区微忧亦释然矣。至此事系臣首议试行,傥思虑未周致多疏漏,将来察出,仍请旨将臣交部议处,以为始事不慎者戒。谨沥悃驰陈,伏乞皇太后、皇上训示施行。谨奏。

左宗棠:详议创设船政章程购器募匠教习折

(同治五年十一月初五日)

奏为详议创设船政章程,饬洋员回国购机器、募匠来闽教习,恭折,仰祈圣鉴事。窃臣前议习造轮船,曾将应办情形及请简总理船政大臣接管、筹发购器、募匠银两各缘由,业经迭次陈明。

臣于交卸督、盐两篆后,驻营城外东教场,严装以待洋员之至。本月二十三日,道员胡光墉偕日意格、德克碑来闽,据日意格等禀呈保约、条议、清折、合同、规约各件,业经法国总领事官自来尼印押担保,臣逐加覆核,均尚妥洽。所有铁厂、船槽、船厂、学堂及中外公廨、工匠住屋、筑基砌岸一切工程,经日意格等觅中、外殷商包办,由臣核定,计共需银二十四万余两。船槽尤为通局最要之件,应用法国新法,购办铁板运来船厂,嵌造成槽。此外一切局中应用什物,由护抚臣周开锡委员估置。日意格、德克碑俟厂工估定,即回法国购买机器、轮机、钢铁等件,并购大铁船槽一具,募雇员匠来闽。一面开设学堂,延致熟习中、外语言文字洋师,教习英、法两国语言文字、算法、画法,名曰求是堂艺局,挑选本地资性聪颖、粗通文字子弟入局肄习。并采办钢铁、木料,一俟船厂造成,即先修造船身,庶来年机器、轮机运到时,可先就现成轮机配成大小轮船各一只。此后机器、轮机可令中国匠作学造,约计五年限内,可得大轮船十一只、小轮船五只。大轮船一百五十匹马力,可装载百万斤,小轮船八十匹马力,可装载三、四十万斤,均照外洋兵船式样。总计所费不逾三百万两。惟采买物料一切,有此月需多、彼月需少者,势难画一。应将关税每月协拨兵饷五万两,划提四万两归军需局库另款存储,以便随时应付,而前后牵计,仍不得逾每月四万之数,以示限制。

抑区区之愚,有不敢不尽者。兹局之设,所重在学造西洋机器以成轮船,俾中国得转相授受,为永远之利,非如雇买轮船之徒取济一时可比。其事较雇买为难,其费较雇买为巨。臣德薄能浅,不足为其难,又去闽在即,不能为其难。当此时绌举盈之际,凡费宜惜,巨费尤可惜。而顾断断于此者,窃谓海疆非此,兵不能强,民不能富,雇募仅济一时之需,自造实为无穷之利也。于是则虽难有所不避,虽费有所不辞。然而时需五载,银需二百数十万两,事属创举,成否未可预知。幸而学造有成,纵局外议论纷纷,微臣尚有以自解,设学遣未能尽洋技之奇,即能造轮船不能自作船主曲尽驾驶之法,则费此五年之时日、二百数十万之帑金,仅得大小轮船十六号,机器一分,铁厂、船槽、船厂及各房屋,虽所造轮船较寻常购买各色轮船精坚适用,而估计所费多于买价一倍,于大局仍少裨益,责以糜帑,咎何可辞?凡此皆宜预为绸缪而不能预为期必者。故此局之定,爱臣者,多以异时咎责为臣虑,局外阻挠为臣疑。即日意格亦盲此时局面既更,势难兼顾,如欲停止,愿将已领之银仍即缴回。臣答以事在必行,万无中止之理。但愿一一谨守条约,尽心经画,共观厥成,如有差谬,当自请朝廷严加议处而已。察看人情尚可望其有成。合将日意格、德克碑会禀条约、条议、清折、合同、规约,照钞咨呈军机处、总理各国事务衙门存案外,谨胪举船政事宜十条,另缮清单,恭呈御览。谨会同兼署闽浙总督臣英桂恭折具奏,伏乞皇太后、皇上圣鉴训示施行。谨奏。

清单:

谨将船政事宜胪列十条缮具清单,恭呈御览。

——洋员应分正、副监督也。日意格、德克碑各有所长,臣前折曾陈及之。现经上海总领事自来尼以日意格通晓官话、汉字,办事安详,令德克碑推日意格为正监督,德克碑为之副。咨商允洽,均无异词。一切事务仍责成该两员承办。

——宜优待艺局生徒以拔人材也。艺局之设,必学习英、法两国语言、文字,精研算学,乃能依书绘图,深明制造之法,并通船主之学,堪任驾驶。是艺局为造就人才之地,非厚给月廪不能严定课程,非优予登进,则秀良者无由进用。此项学成制造、驾驶之人,为将来水师将才所自出,拟请凡学成船主及能按图监造者,准授水师官职,如系文职、文生入局学习者,仍准保举文职官阶,用之本营,以昭奖劝,庶登进广而人才自奋矣。

——限期、程期分别酌定也。轮船一局,实专为习造轮机而设。俟铁厂开设,即为习造轮机之日。故五年之限,应以铁厂开设之日为始,一面造铁厂房屋,一面购运铁厂机器。计自法国购运来闽,约须十个月、十一个月不等。日意格、德克碑两员回国后,一员约五个月带船厂洋匠来闽,开船厂、造船槽,一员俟机器等件齐备,交铁厂洋匠管解起程后,先乘轮船来闽,约八、九个月可到。

——定轮机马力并搭造小轮船也。大轮船轮机马力以一百五十匹为准,除拟买现成轮机两副外,其余九副皆开厂自造。铁厂造轮机颇费时日,船厂配造成船较为迅速。恐船厂闲旷,虚縻辛工,因议于大轮船十一只外,另购八十匹马力轮机五副,其式与外国梗婆子兵船相近,乘船厂闲工,加造小轮船五只。

——饬洋员与洋匠要约也,洋人共事,必立合同。船局延洋匠至三十余名之多,其中赏罚、进退、辛工、路费,非明定规约,无以示信。已饬日意格等拟定合同、规约,由法国总领事钤印画押,令洋匠一律遵守。

——宜预定奖格以示鼓舞也。洋员及师匠人等须优定奖格,庶几尽心教导,可有成效。现已与日意格等议定五年限满,教习中国员匠能自按图监造,并能自行驾驶,加奖日意格、德克碑银各二万四千两,加奖各师匠等共银六万两,计共定奖格银十万八千两。如果有成,则日意格、德克碑之忠顺尤为昭著,应更恳天恩再加奖励,以示优异。

——购运机器等件来闽须筹小费也。各项器具、物件由外洋运载来闽,非按洋法包扎,恐多损坏,非交洋行保险,难免疏虞。此项包扎、保险银两已一并议给。

——凡需用纹银之项应准开销银水也。闽省通行银色,向较江浙、广东为低。番银到闽,无论官民皆不辨花样,但用铁錾烙印,以辨真假,行之他省、外洋,即减锃色。船局支发各款,除在闽境采办物料无庸补水外,其采买洋料等用款,应将补水银两作正开销。

——宜讲求采铁之法也。轮机、水缸需铁甚多,据日意格云:中国所产之铁与外国同,但开矿之时,熔炼不得法,故不合用。现拟于所雇师匠中择一兼明采铁之人,就煤、铁兼产之处开炉提炼,庶期省费适用。此事须临时斟酌办理。

——轮船中必需之物宜筹备也。轮船中应用星宿盘、量天尺、风雨镜、寒暑镜、罗盘、水气表、千里镜、玻璃管以及垫轮机之软皮即音陈勒勃等件,现饬日意格等回国探问制造器具价值,如所费不过数千金,即由日意格等筹购一分,并酌募工匠一人同来一并教造。

左宗棠:密陈船政机宜并拟艺局章程折

(同治五年十一月五日)

窃惟轮船为泰西独有之秘,彼之雄长岛夷、垄断互市之利者,所恃在此。法国君臣欣然愿以其秘输之中国,盖亦有故。法国商船较诸国为最少,其争利之见淡于英。法又与英国本非同教，英习耶苏，法习天主，仇隙素深，其暂时依违其间不敢立异者，特以英吉利首与中国通商，法乘之后，不欲显与为难耳，而其不甘久居英夷之下，实在意中。现在日本习造轮船，亦系法国韦而宜监督。是其欲广轮船之制以夸主为名，仍不外好胜争利之本性可知。英国商船最多，深恐中国学成挠其生计，又阴谋叵测，必欲以此傲我所无。据日意格所述，赫德昨次晤面之语，已情见乎词。但借用新法之论，既白彼启之，今我借法自强，伊不能别有异说耳。如此后英国仍思设计阻挠，造谣惑听，或从旁妄议者，请婉谢之，概置勿论。如果轮船学造已成，夺彼所恃，彼将弭耳帖伏，不敢妄有恫喝矣。臣前附片密陈不可惜费、不可欲速之说，正以稍存惜费、欲速之心，彼即将乘机间阻，不可不预防也。法国既乐为我用，正可引而进之，为将来远树外援之计，此尤机不可失、时不可再者，惟我皇上熟筹之。

夫习造轮船，非为造轮船也，欲尽其制造、驾驶之术耳，非徒求一二人能制造、驾驶也，欲广其传，使中国才艺日进，制造、驾驶展转授受，传习无穷耳。故必开艺局，选少年颖悟子弟习其语言、文字，诵其书，通其算学，而后西法可衍于中国。艺局初开，人之愿习者少，非优给月廪不能严课程，非量予登进不能示鼓舞。谨拟定艺局章程，另缮清单，恭呈御览，伏恳天恩俯准照拟办理。臣一面即饬司刊刻章程，出示招募艺局子弟，仍饬逐加构选，方准报充，以昭慎重。

至轮船既造，必有得力水师方无赘寇之虑，则沿海水师尤宜实力训练，此又不可不预为筹及者。臣愚昧之见，是否有当，谨具折密陈，伏乞皇太后、皇上圣鉴。谨奏。

附清单：

谨将拟定艺局章程，缮列清单，恭呈御览。

——各子弟到局学习后，每逢端午、中秋给假三日。度岁时于封印日回家，开印日到局。凡遇外国礼拜日，亦不给假。每日晨起后、夜眠前，听教习洋员训课，不准在外嬉游，致荒学业。不准侮慢教师，欺凌同学。

——各子弟到局后，饭食及患病医药之费，均由局中给发。患病较重者，监督验其病，果沉重，送回本家调理，病痊后即行销假。

——各子弟饭食既由艺局供给，仍每名月给银四两，俾赡其家，以昭体恤。

——开艺局之日起，每三个月考试一次，由教习洋员分别等第。其学有进境、考列一等者，赏洋银十元，二等者无赏、无罚，三等者记惰一次。两次连考三等者戒责，三次连考三等者斥出。其三次连考一等者，于照章奖赏外，另赏衣料，以示鼓舞。

——子弟入局肄习，总以五年为限。于入局时取具其父、兄及本人甘结，限内不得告请长假，不可改习别业，以取专精。

——艺局内宜拣派明干正绅，常川住局稽察师徒勤惰，亦便剽学艺事以扩见闻。其委绅等应由总理船政大臣遴选给委。

——各子弟学成后，准以水师员弁擢用。惟学习监工、船主等事，非资性颖敏之人不能。其有由文职、文生入局者，亦未便概保武职，应准照军功人员例议奖。

——各子弟之学成监造者、学成船主者，即令作监工、作船主，每月薪水照外国监工、船主辛工银数发给，仍特加优擢，以奖异能。

清廷批准船政章程的诏书

（同治五年十一月二十四日）

左宗棠奏详议船政章程并艺局章程，各开单呈览，及晓谕日意格等各折片览奏均悉。此次创立船政，实为自强之计，若为浮言摇惑，则事何由成？自当坚定办理，方能有效。左宗棠所见远大，大臣谋国理当如此。其所议优待洋员，酌定程限，甚为周妥，均著照所请行。若五年限满，洋员教有成效，即著照所议加赏，以示奖励。其官意格、德克碑勤劳既著，忠顺可嘉，尤当优加赏费，并著英桂等存记。俟五年后，中国工匠如能按图监造，自行驾驶，即著奏闻，候旨破格于原定赏银之外，再给优赏。届时甘肃必早底定，朝廷不难令左宗棠赴闽共观厥成。该督等可传谕日意格、德克碑，俾其专心教习，毋稍疑惑。其余所议各条，亦属妥协，并著照所议办理。左宗棠虽赴甘省，而船局乃系该督创立，一切仍当预闻。沈葆桢总理船政，其未服阕以前，遇有船局事宜，由英桂等陈奏，服阕以后，由沈葆桢会同该督抚陈奏，均著仍列左宗棠之名，以期始终其事。另片奏船局经费不敷银两，请于续拨银两内动用等语，著照所请。所有前项不敷银七万两，即于续拨闽海关每月五万两内支用，著英桂如数筹拨，毋许迟误。道员胡光墉既据左宗棠历试可以相信，即著交沈葆桢差遣。其补用道叶文澜、同知黄维煊，著准其留闽，并候补经历徐文渊，均交沈葆桢差遣。军功贝锦泉熟习洋务，堪作船主，自应破格录用，即著以都司留于福建水师，尽先即补，并赏加游击衔。此后如能奋勉立功，并著沈葆桢等再请优奖，用资鼓舞，其余如有可用之才，即由沈葆桢酌委，务当虚心访求，以期集事。……左宗棠业经启程，船局事务，沈葆桢自当专心经理，英桂、吴棠、周开锡亦当和衷商酌，于日意格等，加意笼络，勿稍膜视。……

沈葆桢：察看福州海口及船坞大概情形折

（同治六年八月初八日）

奏为察看福州海口及船坞大概情形，恭折具陈，仰祈圣鉴事。

窃臣于六月十七日驰赴马尾莅事，业经奏明在案。随接见在事员绅，咨询一切。并驾轮船周览上下形势，知马尾一区，上抵省垣南台，水程四十里，下抵五虎门海口，水程八十里有奇。自五虎门而上,黄埔、壶江、双龟、金牌、馆头、亭头、闽安皆形势之区,而金牌为最要。自闽安而上,洋屿、罗星塔、乌龙江、林浦皆形势之区,而罗星塔为最要。马尾地隶闽县,踞罗星塔之上流,三江交汇,中间港汊旁通长乐、福清、连江等县,重山环抱,层层锁钥,当候潮盛涨,海门以上岛屿皆浮,潮归而后洲渚礁沙萦回毕露,所以数十年来外国轮船、夹板船常泊海口,非土人及久住口岸之洋人引港不能自达省城。道光末年,地方大吏筹备海防,但载石凿舟以塞林浦上流,竟割重重天险而弃之。臣询之海滨土人,至今犹共以为非策也。船坞在马尾山麓,地曰中岐。但就其一方地势而言,大江在前,迆南而下,群峰西拱,状若匡床,中间坦处,旧本村田,去年购买归官,始圈为船坞,计地周围四百五十丈有奇。客冬以来,招集民夫,洼者平之,低者垒之。虑田土之积弱难胜也,沿坞密钉木桩以固之。虑海潮溪汛不时骤至也,沿坞各增五尺以防之。坞外三面环以深濠。既藉通运载之船,亦可泻积淤之水。坞内滨江者为船槽,若铁厂、轮厂、机器之厂、斫木之厂、架木之栈房,皆参列其后。余尚有从前未经商定之件,宜俟洋将到闽,续行分别筹商措置。坞外之东迆北,为臣及办事各员绅公所,外列外国匠房三十间,周以砖垣,如鳞之次。外国匠房之左为法国学堂,后缀生徒下处三十间,其制略如匠房之式。又左为英国学堂,其生徒下处同之。下近江浒,则煤厂在焉,上倚山麓,则中国匠房在焉,循麓再上,山之左肋可以眺远。臣饬前驻楚军五百人,因地筑垒。不特可揽船厂全局,沿江上下数十里,风帆、沙鸟如在几前。稍下则监督日意格所居也。在臣公所之右者有外国医生寓楼、匠首寓楼。其与日意格山楼对峙者,则副监督德克碑之屋。下为官道,将抵江岸划为官街,以便民间贸易。一切土木,或已经完工,或已有三、四分至八、九分不等。辰下畚锸雨集,斤斧云从,计日课功,屈指可数。此船坞内、外之大概情形也。

臣又维船政根本在于学堂,因于六月十九日就马尾甄别法学艺童,随及英学艺童。既因其勤情分别升降,复定章程,每日常课外令读《圣谕广训》《孝经》,兼习论策,以明义理。其续招入局者,先局门考校,择其文理明通,尤择其姿质纯厚者以待叙补。盖欲习技艺,不能不藉聪明之士,而天下往往愚鲁者尚循规矩,聪明之士非范以中正必易入奇邪。今日之事,以中国之心思通外国之技巧,可也,以外国之习气变中国之性情,不可也。且浮浇险薄之子,必无持久之功,他日于天文、算法等事,安能精益求精,密益求密?谨始慎微之方,所以不能不讲也。

采办一节,似易实难,不患美材之难求,而患人心之苟且。向来官场习气,以浮冒搪塞为能,船政之兴,尤视为利薮。去年以来,承办铜铁、木料、煤炭者非无其人,然用商贾有时扰累之弊甚于官司,用官司有时侵渔之端甚于商贾,驯至劣幕、奸胥交通,市侩、鬼蜮丛生,是以民间置货尚有精良,一属公家,便多赝鼎。明知国帑之当重,竟敢于糜国帑,明知要工之不可误,竟敢于误要工,言之实堪痛恨。臣迩又闻向来外国船材、煤炭多运自缅甸、暹罗,现虽遣员先于近处采干搜岩,他日恐仍不免取材荒裔,重洋辽迥,更防不胜防,任非其人,糜费虽多,仍归无用。拟乘此发令之初,明罚敕法以警其余。人心畏法而后弊窦可除,良材毕至也。

至船厂之兴固须收罗工匠,轮船下水则舵工、水勇缺一不行。非徒习惯风涛,尤须熟精枪炮。盖国家之创造轮船,譬诸千金买骏,倘冲锋陷阵不持寸铁,虽有千里之马安足成功?现在洋匠尚未至闽,船成尚需时日,拟先调闽中旧撤炮船十只添练水勇二三百名,未成船以前,藉以巡缉近洋,成船以后,即可擐甲登舟,驾轻就熟,此臣近日考校学堂、分饬采办及招募水勇之情形也。

宋晋:船政虚耗折

(同治十年十二月十四日)

闽省连年制造轮船,闻经费已拨用至四五百万,未免糜费太重。此项轮船将谓用以制夷,则早经议和,不必为此猜嫌之举,且用之外洋交锋,断不能如各国轮船之利便,名为远谋,实同虚耗。将谓用以巡捕洋盗,则外海本设有水师船只,如果制造坚实,驭以熟悉沙线之水师将弁,未尝不可制胜,何必师船之外更造轮船转增一番浩费。将欲用以运粮,而核其水脚数目,更比沙船倍费。每年闽关及厘捐拨至百万,是以有用之帑金,为可缓可无之经费,以视直隶大灾赈需,及京城部中用款,其缓急实有天渊之别。此在国家全盛时帑项充盈,或可以此创制新奇示斗智角胜之用,今则军务未已,费用日绌,殚竭脂膏以争此未必果胜之事,殊为无益。且闻制造原归帑项,而一切采买杂料皆须委员四出办理,即官为给价,民间亦不无扰动。闻历任督臣吴棠、英桂、文煜亦多不以为然。江苏上海制造轮船局亦同此情形。应请旨饬下闽浙、两江督臣将两处轮船局暂行停止,其每年额拨之款,即以转解户部,俾充目前紧急之用。

左宗棠:船政自强要著折

(同治十一年三月二十五日)

窃臣于三月初十日钦奉二月三十日密谕:"前因内阁学士宋晋奏制造轮船糜费太重,请暂行停止。……"跪诵再三,敬仰我皇上于慎节经费之中,仍切思患豫防之念,钦感难名。

窃维制造轮船,实中国自强之要著。臣于闽浙总督任内请易购雇为制造,实以西洋各国恃其船炮横行海上,每以其所有傲我所无,不得不师其长技以制之。其时英人威妥玛、赫德有借新法自强之说,思藉购雇而专其利,美里登、有雅芝等亦扬言制造耗费,购雇省事,冀以阻挠成议。幸赖圣明洞鉴，允于福建设立船局，特命沈葆桢总理船政，而后群喙息而公论明。臣于具奏后旋即去闽，然于船政一事则始终未敢惹置也。

西征以后，叠接沈葆桢、周开锡、夏献纶缄牍，皆称船政顺利，日起有功。第一号轮船"万年清"驶赴天津时，华夷观者如堵，诧为未有之奇。臣时于役畿郊，目观其事，私怀幸慰尤深。

嗣是率作兴事，成效益臻。臣原奏自铁厂开工起限五年内造成大小轮船十六只。计闽局自八年正月铁厂开工，至今已造过九号，为时尚有三年。纵限内十六号轮船未能悉数报竣，然亦差数不远，此时日之可考者也。

试造之时，本拟由浅入深。近来船式愈造愈精，原配炮三尊者今可配炮八尊，续造二百五十匹马力轮船竟配新式大洋炮十三尊，此成效之可考者也。……

文煜、王凯泰奏称"较外洋兵船尚多不及"，臣未见其原奏，不知所称不及外洋兵船者何事，无从悬揣。惟文煜等既于造成轮船称其灵捷，又以拨给股商为可惜，是已成之船非不适用，数百万之费非虚掷也明矣。其称尚多不及外洋兵船者，亦只就目前言之，并非画地自限，谓此事终应让能岛族也。泰西各国之各造轮船，始事至今阅数十年，所费何可胜计。今学造三年之久，耗费数百万之多，谓遂能尽其奇巧无毫发憾，臣亦不敢信其诚然。然则闻岛人议论，金谓中国制造驾驶必可有成，而闽局地势之宜，措置之当，索图传览，糜不叹服。亦足证明前功之有可睹，后效之可必期也。

至制胜之有无把握，此时海上无警，轮船虽成未曾见仗，若豫决其必有把握，固屑无据之谈。但就目前言之，制造轮船已见成效，船之炮位、马力又复相当，管。驾、掌轮均渐熟悉，并无洋人羼杂其间，一遇有警，指臂相联，迥非从前有防无战可比。此理势之可考者也。

谕旨局内浮费如何减省，窃维船局经费一款，臣于同治五年奏请试造轮船时，议于闽海关结款先提银四十万两为创始之用，系专为购器、募匠、买地、建厂之需，当初撙节确估，原虑支销不足，厂后增拓厂基，添购机器料物，用工日多，需费日巨，视原议增至一倍有余。嗣复于洋税项下每月拨银五万两，自五年十二月起至九年八月止，共二百三十万两，自九年九月起至十年十二月止，共八十五万两。据闽局开报各项用款，有因开创之始不得不从宽估拨者，有因购办外洋物料商贾居奇，不得不按照时价以广招来者；亦有趁价值平减豫购备用者。局中工匠人数较原议日有增加，如铁厂船厂工匠一千六百名，后渐增至二千名；铁厂原只五处，后添至八处，艺局学徒原只六十名，后添至一百四十余名等类。工料既以求精而加，经费自以宽筹而绌，势有固然。惟匠作技艺熟习而精或可期其速，外洋物价争趋而贱或可期其减，夏献纶上年总办局务，曾禀节减经费银数万两，此后有无可节之费，臣相距太远，无从悬揣。大约工作之事，创始为难，工作之费亦惟创始为最巨。即如仿造轮船，必先建生铁厂、水缸厂、火锯兼模厂、熟铁兼铜厂、轮机兼合拢厂、拉铁厂、槌铁厂、钟表厂、帆厂、陶厂、舢板厂、铁船槽等各项工程，以应一船之用。各工既毕，量材分厂，并力凑办，庶机器相联,工作无间,船成而费亦省,各项工程既均因造船而设,其费自应汇入船工销算,创造伊始,百物备焉,故始造数只所费最多。以船工之行,凡轮船各具均须修造齐全,色目既多,款项甚钜也。迨接续造作,则各项工程无须再造,经费专用之船工,而经费亦日见其少。此时造船虽仅数号,而经费已逾臣原估三百余万之数,良由工料、马力既较臣原估之数有增,而又将创始各项工程经费一并计算之故耳。

以臣愚见揣之,闽局已成及将成轮船约共九号。闻十一号、十二号之番木亦已购备齐全,则通工告成所费自少。而现造二百五十匹马力机器实与西洋各国兵船无异,厂中既能自造,将来再增马力,只须增机器,不须增厂,尤为便利。

窃维此举为沿海断不容已之举,此事实国家断不可少之事。若如言者所云,即行停止,无论停止制造,彼族得据购雇之永利,国家旋失自强之远图,隳军实而长寇仇,殊为失算。且即原奏因节费起见言之,停止制造,已用之三百余万能复追乎? 定买之三十余万及洋员、洋匠薪工等项能复扣乎? 所谓节者又安在也? 臣于同治五年奏请试造轮船时,即豫陈非常之举,谤议易兴,事败垂成,公私两害,所虑在此。兹幸朝廷洞瞩情形,密交疆臣察议。成效渐著,公论尚存,微臣得于钦承垂询之余,稍申倦倦不尽之意。否则,微臣虽矢以身家性命殉之,究于国事奚所裨益? 兴念及此,实可寒心。所有福建轮船局务必可有成: 有利无害,不可停止实在情形,谨披沥直陈。

沈葆桢: 船政不可停折

（同治十一年四月初一日）

窃臣于同治十年三月二十一日准福州将军兼署闽浙总督臣文煜咨:"本月十七日承准军机大臣字寄,二月三十日奉上谕:前因内阁学士宋晋奏制造轮船,糜费太甚,请暂行停止一折等因,钦此!"仰见圣主慎重周详力图自强之至意。

伏维自强之道与好大喜功不同,即使中国船炮远胜西国,我皇上断不肯劳师异域,为汉武、唐宗之所为,至自固藩篱,为民御灾捍患,非惟声势所不容已,抑亦复帱所不可遗。

查宋晋原奏称:"此次轮船将谓以之制夷,则早经议和,不必为此猜嫌之举。"果如所言,则道光年间已议和矣,此数十年来列圣所宵旰焦劳者何事? 天下臣民所痛心疾首不忍言者何事? 耗数千万金于无底之壑,公私交困者何事? 夫恣其要挟,为抱薪救火之计者非也。激于义愤,为孤注一掷之计者非也。所恃者未雨绸缪,有莫敢侮御之一日耳。若以此为猜嫌,自碍和议,是必尽撤藩篱,并水陆各营而去之而后可也。

原奏称:"用之外洋交锋,断不能如各国轮船之利,名为远谋,实同虚耗。"夫以数年草创伊始之船比诸百数十年孜孜汲汲精益求精之船,是诚不待较量可悬揣而断其不逮。旋亦思彼之擅是利者果安坐而得之也！抑亦苦心孤诣不胜糜费而得之耶？譬如读书，读至数年，谓弟子当胜之于师者妄也；谓弟子即不如师矣，莫若废书不读，不益妄乎？且各国轮船亦有利有不利，其创之也各有后先，其成之也互相师法，久于其道，熟能生巧者则利，鲁莽从事浅尝辄止者则不利；加意讲求竟之惟恐失之者则利，恃其精巧疏于防范者则不利。此中人事居其半，天事亦居其半。即如厂中新造之"万年清""伏波"轮机购诸外国者也，"安澜"轮机成诸本厂者也。"万年清"船工屡作屡改，"伏波""安澜"渐少更张，而试诸海邦则"伏波"稳于"万年清"，"安澜"稳于"伏波"，前者生，后者熟也。新造诸船，俱用华人驾驶。夫华人驾驶之技，逊于洋人，昭昭也。去年海上台飓辄作，坏夹板船百余号，轮船二十余号，而闽沪两局华人驾驶之船幸保无事，非我皇上震动恪恭之念上格天心乎？勇猛精进则为远谋，因循苟且则为虚耗，岂但轮船一事然哉？

原奏称"捕盗已有师船，运粮不若沙船"。前年浙江成案，师船出则洋盗悍然戕官，轮船出则洋盗弭首就缚。前年运米成案，沙船自沪运津以月计，轮船自沪运津以日计，此其利钝赢绌尚待辨而明哉？

至谓成造船只拨给股商，将其租价以备修理。不知兵船与商船迥别，商船高其顶、广其舱以受客货；兵船则避枪炮、压风涛。敛之惟恐不密。以后兵船界之商人，即不索其租，彼亦不以为利也。

船政采办洋料购自香港，木料购自暹罗者，全与洋人交接，不居奇则幸耳，不受我扰也。当设厂之始，平地水田所需木桩不可胜数，省城木价为之骤昂，且丈尺不敷，因而委员赴上游采办，嗣木商闻风自至，即时停止。台湾曾委员采办樟木，嗣后洋人踵行，亦于前年停止。惟鸡笼之煤炭无日不需办运，亦源源不绝。然价值、水脚，均照民间一体由行公平交易，从无派诸官，累诸民者。

当左宗棠之议立船政也，中国无一人曾身历其事者，不得不问之洋将。其约自铁厂开工之日起，立限五年，成船一十六号，估费三百万。惟中外员匠有生熟巧拙之殊，铜铁木料的贵贱之异，零星物件外国取诸市肆而皆足，中国非一一本厂自造，即购诸重洋，然所估之数不甚相远。以结款四十万为购器，募匠、买地、建厂之需，则昔之所估与今之所需，相去悬绝。专就建厂而论，一椽未立，一瓦未覆，第购民田、钉木桩、培山土，地基甫固而所费已不支矣。盖洋将所见者外国已成之厂，而不知当日经营缔造之艰难。所以臣任事时，即有应办工程应发款项多以前未经议及之奏也。原议铸铁为一厂，打铁为一厂，棋子为一厂，水缸兼铸铜为一厂，轮机兼合拢为一厂，合共五厂；后增拉铁、锤铁、钟表、帆缆、火砖、舢板六厂，又立打铁、轮机分厂，共添八厂。添厂则添机器、添匠徒，并添工费。原议学堂两所，艺童六十名，后添绘事院、驾驶学堂、管轮学堂、艺圃四所，艺童徒共三百余名。臣察看其均系不容已之需，禀遵我皇上"勉为其难，毋得瞻前顾后"之旨，追绳其原估之疏漏而务责其全局之必成，所有添设缘由，均经奏明在案。各厂工九年夏间甫毕后，拉铁、槌铁两厂十年秋间始毕,此微臣办理不善工迟费巨之实在情形也。

夫办理不善,臣百喙难辞。然不当以承办者之乖方,疑创议者之失策。倘因是而废之,机器所值甚巨,发卖无承售之人,存储有看守之费,积月朽蠹,卒亦归于无用。轮船无一岁不修者,数岁则一大修,且须撤换机器,工停而船无可修,则厂废而船随之俱废,然犹曰举已费者弃之耳。骤筹七八十万金遣散不做工之洋人,清还不适用之物价,海关、厘局未必具此巨款,更挪解部之款、协饷之款以应此急需,是省费而费愈迫也,然犹曰一劳永逸耳。外人之垂涎船厂非一日矣,我朝弃则彼夕取,始也以借用为言,无辞以却之也。继必于他处故启衅端,勒赔兵费,而以此为抵,枝节横生,有非意料所及者。且当日左宗棠与洋将坚明约束,各国周知。今无故而废之,一则谓中国办事毫无把握,益启其轻视之心,一则谓中国帑项不支,益张其要求之焰。此微臣所以反复思之,窃以为不特不能即时裁撤,即五年后亦无可停,所当与我国家亿万年有道之长永垂不朽者也。

臣志广术疏,拙于拘积,或兹糜费,夏献纶精核远过于臣,接办以来,无日不兢兢以搏节为念。然用款之巨犹昔,非不痛减,此减而彼旋增,臣交卸时尚有存款,储材尤富,今则截长补短,银垂尽料亦垂尽。海关五万按月解给,且恐万万不敷。欲求减省,或在五年限满洋将遣散后乎?

御侮有道,循已成之法而益精之耳,洋人来中国教习未必非上上之技。去年曾国藩有募幼童赴英国学艺之举,闽中欲踵而行之,以艰于筹费而止。拟限满后,选通晓制造、驾驶之艺童,辅以年少技优之工匠,移洋人薪水为之经费,以中国已成之技求外国益精之学,较诸平地为山者又事半功倍矣。

西法虽千头万绪,要权舆于算学。中法与西法派虽别而源则同,臣尝会同前督臣英桂有请设算学科之奏,部臣因无人可以阅卷议驳。然闻京师同文馆教习李善兰通西学者也,前任山西河东道杨宝臣通中学者也,倘废无用之武科以励必需之算学,导之先路,十数年后人才蒸蒸日上无求于西人矣。

然而外侮之来何能待我?但就已成之船炮训练精熟,未尝不可转弱为强,否则士卒不习,虽极精之船炮亦块然一物耳。前蒙特简福建水师提督李成谋为轮船统领,俾常川训练,惟是训练不能无费,该提督素性廉介,必不思藉润乎其中,而缺瘠家贫,力不足以赔垫。臣旋即丁忧交制,未及奏请,应恳饬下督抚臣,按月筹解五百金为该提督出洋操费。但凡闽局之船,无论留于福建及分拨外省者,统领均须逐时校阅其高下,其药弹等项则拨归何省之船由何省应付,毋令缺乏,纵事变猝发,不至仓皇无措矣。至养船经费,原不在造船所估之中。若虑兵船过多,费无从出,则间造商船未尝不可,亦不患领者之无人。但兵船为御侮之资,不容因惜费而过少耳。

臣丁忧人员,不应奏事。兹奉特旨,饬令与议,不敢引避嫌疑。愚昧之言,自知无当。所有遵旨酌议缘由,理合恭折由驿四百里密陈。

李鸿章：筹议制造轮船未可裁撤折

（同治十一年五月十五日）

奏为遵旨通盘筹画制造轮船未可裁撤仍应妥筹善后经久事宜,恭折密陈,仰祈圣鉴事:

窃臣钦奉同治十一年二月三十日密谕:"前因内阁学士宋晋奏制造轮船糜费太重请暂行停止,当谕文煜、王凯泰斟酌情形奏明办理。兹据奏闽省轮船原议制造十六号,定以铁厂开工之日起立限五年,经费不逾三百万两。现计先后造成下水者六号,具报开工者三号,其拨解经费截止上年十二月止已拨过正款银三百十五万两,另解过养船经费银二十五万两。用款已较原估有增。造成各号轮船虽均灵捷,较之外洋兵船尚多不及。其第七、八号船只本年夏间方克藏工,第九号出洋尚无准期。应否即将轮船局暂行停止,请旨遵行等语。左宗棠前议创造轮船,用意深远。惟造未及半,用数已过原估,且御侮仍无把握,其未成之船三号续需经费尚多,当此用款支绌之时暂行停止,固节省帑金之一道,惟天下事创始甚难,即裁撤亦不可草率从事。且当时设局意主自强,此时所造轮船据奏称较之外洋兵船尚多不及,自应力求制胜之法,若遽从节用起见,恐失当日经营缔造之苦心,着李鸿章、左宗棠、沈葆桢通盘筹画,现在究竟应否裁撤,或不能即时裁撤并将局内浮费如何减省以节经费,轮船如何制造方可以御外侮各节,悉心酌议具奏等因,钦此!"仰见圣主力图自强,规画远大,钦佩莫名。

臣窃维欧洲诸国,百十年来,由印度而南洋,由南洋而东北,闯入中国边界腹地,凡前史之所未载,亘古之所未通,无不款关而求互市。我皇上如天之度,概与立约通商以牢笼之,合地球东西,南朔九万里之遥,胥聚于中国,此三千余年一大变局也。西人专恃其枪炮、轮船之精利,故能横行于中土,中国向用之弓矛、小枪、土炮不敌彼后门进子来福枪炮,向用之帆蓬舟楫、艇船、炮划不敌彼轮机兵船,是以受制于西人。居今日,而曰攘夷,曰驱逐出境,固虚妄之论,即欲保和局、守疆土,亦非无具而能保守之也。彼方日出其技与我争雄竞胜,挈长较短,以相角而相凌,则我岂可一日无之哉!自强之道在乎师其所能、夺其所恃耳。况彼之有是枪炮、轮船也,亦不过创制于百数十年间,而漫被于中国已如是之速。若我固深通其法,愈学愈精,愈推愈广,安见百数十年后不能攘夷而自立耶?日本小国耳,近与西洋通商,添设铁厂,多造轮船,变用西洋军器,彼岂有图西国之志?盖为自保计也。日本方欲自保而逼视我中国,中国可不自为计乎!士大夫囿于章句之学,而昧于数千年来一大变局,狃于目前苟安,而遂忘前二、三十年之何以创巨而痛深,后千百年之何以安内而制外。此停止轮船之议所由起也。

臣愚以为,国家诸费皆可省,惟养兵设防、练习枪炮、制造兵轮船之费万不可省。求省费则必屏除一切,国无与立,终不得强矣! 左宗棠创造闽省轮船,曾国藩饬造沪局轮船,皆为国家筹久远之计,岂不知费巨而效迟哉? 惟以有开必先,不敢惜目前之费以贻日后之悔。该局至今已成不可弃置之势,苟或停止,则前功尽弃,后效难图,而所费之项转成虚糜,不独贻笑外人,亦且漫长寇志。由是言之,其不应裁撤也明矣。

至奉旨询及经费如何减省一节,闽厂相距过远,臣实不知其详。但就沪津机器各局情形推之,凡西人制器,往往所制之器甚微,而所需以制器之器甚巨,机器重大,必先求安置稳固之地,培土钉桩,建厂添屋,不惜工本,积累岁月,而后成其需用器具,缺一不备,则必各件齐全方能下手。而选料之精必择其良而适用者,恰合尺寸,不肯略有迁就,其不中绳墨皆在屏弃之列。又经营构造时有变更,或甫造未成忽然变计。则全料已经拆改废弃。且以洋匠工价之贵,轮机件数之繁,倘制造甚多,牵算尚为合计,若制器无几,逐物以求分析工料之多寡,则造成一器其价有逾数倍者矣。凡造枪炮、轮船等项无事不然,闽厂创始系由法人日意格、德克碑定议立约。该二人素非制造轮船、机器之匠,初不过约略估计,迨开办后逐渐增多,势非得已。其造未及半而用数已过原估,或造更加多而用费转就减省,似属西人制器事理之常,实未便以工部则例寻常制法一律绳之。惟厂工既已粗备,以后不过工、料、薪费数大端,应如何设法节省之处,请敕下福建督抚,臣会同船政大臣沈葆桢随时督饬搏节妥办,省其所当省,而非省其所必不可省,斯于事有济矣。

又奉旨询及轮船如何制造方可以御外侮一节,臣查兵法须知己知彼乃得制胜之要。访闻英国兵船三百六十余只,在诸国为最多,内有铁甲船四十余只。法国先有兵船三百余只,现减至二百四十只,内铁甲船六十余只。美国兵船二百余只,内铁甲船五十余只。俄国兵船三百余只,内铁甲船二十余只。布国兵船仅百余只,内铁甲船六只,现又续筹添造。此皆西洋数大强国势力相埒。其余小弱诸邦,或兵船数十只、百只不等。然而上年布、法之战,法兵败于陆路,虽战船多而坚,且数倍于布,尚无把握,兵事胜败固难言已。大概西洋商船只可运载兵粮辎重,其兵船则分数等,小者曰根驳,舱面置炮数尊,用以哨探巡防。今闽厂所制"万年清""伏波""安澜"等船,沪厂所造"恬吉""操江""测海"等船,大小尺寸虽稍异,总之不离乎根驳式样。至外洋兵船,大者马力或七八百匹,食水至二三十尺,置炮两层至四、五十尊,闽厂尚未试造。现沪局造成第五号船,身长三十丈,机器马力四百匹,锅炉均在船腹水线之下,舱面及两旁两层置炮二十六尊,确系仿照外国三枝桅兵船做法。英国新闻纸称系中国第一号大船,信不虚也。然食水已十九尺,内江浅涸时便虞阻搁。又据沪局道员冯焌光禀称,上年法国有铁甲船至沪,该员登舟察看,船炮坚利异常。本年四月英国铁甲船又至沪,俱泊吴淞江外不能进口,该道等往观,水线之上铁甲厚十寸,内衬木板厚十八寸,船帮均系夹层,中可藏人,即轰破外层而里铁未穿,外水不能灌入,机器、锅炉及两层巨炮均在厚铁甲之中,其首尾铁皮稍薄,水线之下铁皮不过五六分。船内炮位用电气燃放,各炮一时同响。又用汽机轮转起椗,较人力尤为神速等语。此等制作实堪奇诧。盖根驳不若大兵船之坚猛，兵船又不若铁甲船之坚猛，以铁甲船御兵船当之辄糜，况根驳乎。惟船愈坚大则费愈多，今欲我数年创始之船遽敌彼百数十年精益求精之船，不待智者而知其不逮，然就已成者而益求精未必其终不逮也。

中国大势陆多于水，练陆军视练水军尤亟，即使兵船造精非专恃轮船可以御侮。况如天津海口最浅，次则江南之吴淞口，福州、广东进口均有浅处，外洋大兵船、铁甲船势难深入，即长江金陵以上亦不能驶，我之造船本无驰骋域外之意，不过以守疆土、保和局而已，海外之险，有兵船巡防，而我与彼可共分之。长江及各海口之利，有轮船转运，而我与彼亦共分之。或不让洋人独擅其利与险，而浸至反客为主。臣尝督同沪局委员筹议仿造兵船，以该局现造五号为度，不宜更求加大，庶无事时扬威海上，有警时仍可收进海口，以守为战。该局员匠近由英国觅得小铁甲船式样，身短中宽底平，仅置巨炮数尊，其圆活炮台在船中段，食水浅而不能出洋，闻西国用以守口最宜。曾国藩上年曾经奏明仿造，尚未开工、第为御侮之计，则不仿多为之备，彼见我战守之具既多，外侮自可不作。此不战而屈人之上计。即一旦龃龉，彼亦阴怀疑惧，而不敢遽尔发难。若虑制胜无甚把握，而遂自隳成谋，平日必为外人所轻，临事只有拱手听命，岂强国固本之道哉！

惟是国家经费支绌，制造轮船既未可裁撤，必须妥筹善后经久之方。窃查闽厂用费，专指闽海关洋税，每月五万，沪厂用费专指江海关二成洋税，均系拨定专款，应请仍就原款节缩经营，暂无腊另请添拨。惟闽厂洋匠过多，需费较重，若有不足，再由船政大臣等随时奏办。至于养船之费，当分兵船、商船二端。闽厂兵船现议酌拨沿海各省巡防分养，嗣后添造兵船无可分拨，拟请裁撤各省内外洋红单拖缯艇船，而配以自造兵轮船，即以艇船修造养兵之费抵给轮船月费。应请旨饬部：几有议修各项艇船者概予奏驳，令其改领官厂兵轮船，以裨实济。缘红单拖缯等船实不如轮船之迅利，虽费倍而功用亦倍之也。沿江沿海各省尤不准另行购雇西洋轮船，若有所需令其自向闽、沪两厂商拨订制，庶政令一而度支可节矣。

至载货轮船与兵船规制迥异，闽、沪现造之船装载无多，商船皆不合用。曾国藩前饬沪厂再造兵船四只外，另造商船四五只。闽厂似亦可间造商船，以资华商领雇。总理衙门去冬已函商及之。臣前与曾国藩筹议中国殷商每不愿与官交涉，且各口岸轮船生意已被洋商占尽，华商领官船另树一帜，洋人势必挟重赀以倾夺，则须华商自立公司、自建行栈、自筹保险，本巨用繁，初办恐无利可图，若行之既久，添造与租领稍多，乃有利益。然非有熟悉商情、公廉明干，为众商所深信之员为之领袖担当，则商人必多顾虑。自有此议，闻华商愿领者必准其兼运漕粮，方有专门生意，不至为洋商排挤。惟运漕事体繁重，现又无船可雇，自应从缓酌议，将来各商船造有成数，再请敕下总理衙门商饬各省妥为筹办。

抑臣更有进者，船炮机器之用非铁不成、非煤不济，英国所以雄强于西土者，惟藉此二端耳。闽、沪各厂日需外洋煤铁极夥，中土所产多不合用，即洋船来各口者，亦须运用洋煤，设有闭关绝市之时，不但各铁厂废工坐困，即已成轮船无煤则寸步不行，可忧孰甚。南省如湖南、江西、镇江、台湾等处率多产煤,特无抽水机器,仅能挖取上层次等之煤,至下层佳煤为水浸灌,无从汲净,不能施工。诚使遴派妥员招觅商人购买机器,开采价值必视洋煤轻减,通商各口皆可就近广为运售,而洋煤不阻自绝,船厂亦应用不穷。至楚粤铁商,咸丰年前销售甚旺,近则外洋铁价较贱,中土铁价较昂,又粗硬不适于用,以致内地铁商十散其九。西洋炼铁、炼钢及碾卷铁板、铁条等项,无一不用机器。开办之始置办器具用本虽多,而炼工极省,炼法极精,大小方圆色色俱备,以造船械、军器。土铁贵而费工,洋铁贱而得用,无怪洋铁销售日盛,土铁运营渐稀也。近来西人屡以内地煤铁为请,谓中土自有之利而不能自取,深为叹息。闻日本现用西法开煤铁之矿,以兴大利,亦因与船器相为表里。曾国藩初回江南有试采煤窑之议而未果行,诚能设法劝导官督商办,但借用洋器洋法而不准洋人代办。此等日用必需之物,采炼得法,销路必畅,利源自开。权其余利且可养船练兵,于富国强兵之计殊有关系。此因制造船械而推广及之,其利又不仅在船械也。要之法待人而后行,事因时为变通,若徒墨守旧章,拘牵浮议,则为之而必不成,成之而必不久。坐让洋人专利于中土,后患将何所底止耶!

所有遵旨悉心酌议缘由,谨缮折由驿密陈。伏乞皇太后、皇上圣鉴训示。谨奏。

奕訢:船政乃自强之要折
(同治十一年六月二十八日)

臣等溯查同治五年六月,左宗棠首建设局造船之议,前两江督臣曾国藩、直隶督臣李鸿章等又均以力图自强,非精求机器制造轮船不可,臣等意见亦复相同,是以先后议准,期于事之必成。朝廷行政用人,自强之要固自有在,然武备亦不可不讲,制于人而不思制人之法与御寇之方,尤非谋国之遭。虽将来能否临敌制胜未敢预期,惟时际艰难,只有弃我之短,取彼之长,精益求精,以冀渐有进境,不可惑于浮盲浅尝辄止。臣等于船厂未经亲历,实不知其详,惟李鸿章、左宗棠、沈葆桢诸臣虑事周详,任事果毅,意见现已相同,持论各有定识,且皆身在局中,力任其难,自必确有把握,其间造商船以资华商雇领一节,李鸿章、沈葆桢俱以为可行,应由该督抚随时查看情形,妥筹办理。

丁日昌:第十七号"艺新"轮船下水片
(光绪二年四月初十日)

再,去年夏间因南洋弯木购办未齐,一百五十四马力兵船骤难动工。前学堂艺童吴德章、罗臻禄、游学诗、汪乔年等献所自绘五十匹马力船身、机器各图,禀请试造,于五月初一日安上龙骨,取名"艺新",经臣沈葆桢先后奏明在案,计自兴工后,船身则先造样板,机器则先制木模,次第赶工。迄本年二月杪,据船政委员报称,外而板,内而气炉、轮机一律齐备,禀请诹吉下水。臣谨择三月初三日午刻亲临工次,督率在事员绅祭告天后、江神、土神、船神,乘潮纵江,具臻稳善。

船长自前垂线至后垂线计一十一丈八尺八寸,阔自外舷极宽处量应一丈七尺,通深一丈,五尺一寸,吃水深七尺六寸,水缸、机器均在水线之下。辰下当升桅杆、系帆缆、安床爨、上烟通、配气管以及鬃漆等事,一经就绪便可试轮出洋。据船政提调尽先选用道吴仲翔具禀请奏前来,臣查闽厂自经始迄今共成一十七艘,"海镜"以下等船虽系工匠放手自造,皆仿西人成式,唯艺童吴德章等独出心裁,克著成效,实中华发轫之始,该艺童等果能勇猛用功精进,当未可量。

所有"艺新"轮船下水缘由,谨会同两江总督臣沈葆桢、福州将军臣文煜、闽浙总督臣李鹤年合词附片陈明,伏乞圣鉴。谨奏。

奉旨:"知道了。钦此。"

李鸿章等：闽厂学生出洋学习折

（光绪二年十一月二十九日）

奏为选派华、洋监督率领闽厂学生出洋学习,以储人才,而重防务。恭折,仰祈圣鉴事。

窃臣葆桢前于同治十二年十一月奏陈船工善后事宜折内,请于闽厂前、后学堂选派学生分赴英、法两国学习制造、驾驶之方,及推陈出新、练兵制胜之理,速则三年,迟则五年,拟令船厂监督日意格详议章程,经总理衙门议请敕下南、北洋大臣会商熟筹等因。奉旨依议,钦此钦遵在案。旋因台湾有事,倥偬未及定议。

上年臣等筹议海防折内,于出洋学习一事,断断焉不谋同辞。及臣日昌、臣赞诚先后接办船政,察看前、后堂学生内秀杰之士,于西人造驶诸法多能悉心研究,亟应遣令出洋学习,以期精益求精。臣等往返函商,窃谓西洋制造之精,实源本于测算、格致之学,奇才迭出,月异日新。即如造船一事,近时轮机铁胁一变前模,船身愈坚,用煤愈省,而行驶愈速。中国仿造皆其初时旧式,良由师资不广,见闻不多。官厂艺徒虽已放手自制,止能循规蹈矩,不能继长增高。即使访询新式,孜孜效法数年,而后西人别出新奇,中国又成故步,所谓随人作计,终后人也。若不前赴西厂观摩、考索,终难探制作之源。至如驾驶之法,近日华员亦能自行管驾,涉历风涛,惟测量天文、沙线、遇风保险等事,仍未得其深际。其驾驶铁甲兵船于大洋狂风巨浪中,布阵应敌,离合变化之奇,华员皆未经见。自非目接身亲,断难窥其秘钥。

查制造各厂,法为最盛,而水师操练,英为最精。闽厂前学堂学生本习法国语言文字,应即令赴法国官厂学习制造,务令通船新式轮机器具,无一不能自制,方为成效。后学堂学生本习英国语言文字,应即令赴英国水师大学堂及铁甲兵船学习驾驶,务令精通该国水师兵法,能自驾铁甲船于大洋操战,方为成效。如此分投学习,期以数年之久,必可操练成才,储备海防之用。至学生中有天资杰出能习矿学、化学及交涉公法等事,均可随宜肄业。惟人数既多,道路辽远,非构选贤员派充监督,不足以资统驭而重责成。

查有三品衔候选道李凤苞,学识闳通,志量远大,于西洋舆图、算术及各国兴衰源流,均能默讨潜搜,中外交涉要务尤为练达,实属不可多得之才,以之派充华监督,必能胜任。至访询各国官厂、官学,安插学生,延请洋师,仍应有情形熟悉之员,联络维持,主客方无隔阂。臣葆桢原奏所称正一品衔闽厂监督日意格,前已回国,经臣等催调来华,商办一切。该员久襄船政,条理熟谙,于船厂学生情谊亦能融洽,以之派充洋监督必可胜任。六月间,李凤苞、日意格二员来津禀商,臣鸿章适有烟台之役,即携该员等同往,饬令筹议章程。滇案结后,曾将该员等所议各节,抄送总理衙门核夺。兹经臣等再四讨论,复与李凤苞、日意格切实核减,学生员数以三十名为度,肄习年限以三年为度,责以成效,严定赏罚。出洋经费分年汇解,约共需银二十万两。此项经费必应筹定有着之款,臣鸿章前议由闽省额拨南、北海防项下酌提动用。先尽厘金拨解,厘金不敷,即在闽海关四成洋税项下就近凑拨。旋准福州将军臣文煜咨称:"闽关四成洋税暂无存款,俟第六十五结届满,再行核数拨解"等因。新授闽浙督臣何璟过保定时,臣与面商一切,亦深以为然。

兹由臣日昌函致臣鸿章,议定由闽省厘金项下筹银十万两,闽海关四成洋税项下筹银五万两,船政经费项下匀拨银五万两,是此项二十万之数均已议有着落。查照分年汇解章程,第一年七万三千两有奇,第二年六万两有奇,第三年五万八千两有奇,并游历及应支教习修金等费,随时核计拨汇。闽力虽甚拮据必能酌量缓急以符定议,应请于海防额饷内作正开销。

查西洋各国,均以中国遣人赴彼学习为和好证验。前派幼童赴美国,英使即有该国大书院极多,将来也可随时派往之语。秋间,滇案议结时,臣鸿章面告威妥玛,以拟遣学生赴英学习。该使允俟总理衙门知照到日,转致本国外部。九月间,威妥玛回国过晤,臣复与商明照办。惟该国兵船定例稍严。闻日本近时已有七人在英兵船学习,臣在烟台阅视洋操,即见有日本武弁在英国铁甲船随同操演。今议学生分班送往,又有郭嵩焘等驻英商办,当无疑难之处。至法使白来尼屡以日意格办船有效为言,此举亦该使所深愿。现拟令该监督等率同学生于明年正月启行,应请敕下总理衙门迅速分别知照英、法驻京公使,令其转达本国,妥为照料。

臣鸿章于本年三月间因洋员李劢协回国之便,派令武弁卞长胜等七人同赴德国军营学习兵技,当时未派监督,心甚悬念。此次李凤苞出洋,饬令该员按三个月一次由轮车驰赴德国,兼查卞长胜等功课,并请总理衙门酌量照会德国驻京公使,一体知照办理。

近自同治十二年筹遣幼童赴美学习之后,上年日意格回国,臣葆桢遣学生数名随往游学,本年臣鸿章又遣卞长胜等赴德学习,此次又派李凤苞等率领学生分赴英、法两国,从此中国端绪渐引,风气渐开,虽未必人人能成,亦可拔十得五,实于海防自强之基,不无裨益。谨将臣等筹议船政学生出洋章程及经费数目,分缮清单,恭呈御览。仰恳饬下总理衙门核准施行。所有遵员派充华、洋监督,率领闽厂学生出洋肄业缘由,理合会同兼署闽浙总督、福州将军臣文煜,新授闽浙督臣何璟恭折,由驿具陈。伏乞皇太后、皇上圣鉴训示。谨奏。

陆军部奏:遵旨筹议福州船厂事宜折

(光绪三十三年五月初七日)

……查船厂为海军根本,闽厂积弊既深,亟应整顿。前经南、北洋大臣派员前往详查,嗣据复称,该厂机器多系旧式,又无专门工师,加以基址不宜,款项支绌,似宜另图改建等情,是该厂窳败情形,既经南、北洋大臣查勘明确,自应暂行停办,惟船厂关系紧要,将来应否择地改建之处,必须合力通筹,从长计议,方足以照妥慎。现已由调海军提督萨镇冰来京,面询一切机要,细酌妥善办法。至该厂既议停办,则所雇之洋员,自应照该将军所请,由外务部查照合同办理,并由该将军遴员将该厂船坞机器等项,妥为看守保管,以备应用。

附同日上谕:"依议。钦此!"

第二节 文电 记录稿

福建镇抚使岑春煊:请将船政改由部管电

(1912年10月15日)

大总统钧鉴:济密,闽船政局创立数十年,制舰育才成效卓著。从前历由中央简派大员办理,近年经费支绌,局务日就废弛。光复后,经道仁派林颖启充局长,久不到差,而司其事者仍沿旧习,诸多浪费,不得已改委杨执中前往接办,以为收缩节省之计。现杨执中复再三请辞,不能不准。查船政关系国家甚巨,亟宜整顿,本应隶属海军。所有该局局长,拟请改由海军部遴员接管,切实整顿,以收实效。即恳大总统令饬海军部照办。查有魏瀚历充船政局员,荐升会办,在船局前后三十余年,所制兵舰十余艘,学问、经验均属优富,为舆论所推崇,拟请任命为船政正局长。林颖启向在海军,颇能办事,声誉极佳,拟请任命为副局长。于局务前途可冀起色。统希裁夺赐复。

闽镇抚使岑春煊

闽都督孙道仁监印

中华民国临时大总统令

（1912 年 10 月 25 日）

海军总长刘冠雄呈请任命魏瀚为福州船政局正局长,林颖启为副局长,应照准。此令

中华民国海军部关于福州船政收归部有呈文

（1913 年 2 月 14 日）

为呈请事:窃查福州船政应收归部有一案,前准福州孙都督电请接收,并每年由闽认领补助费洋三万元各节,业将收回福州船政常年经费已在二年上半年预算案内专条列明,一月至六月需扩充船政暨船坞经费洋十八万元,又上半年六个月添修费二十万元,呈请大总统鉴核,分别批饬祗遵。于一月二十二日奉批开"据呈已悉。交国务院核议。此批"等因。奉此,一面仍迭次与福州孙都督、张民政长往返电商,请将福州船政暂为维持,俟中央筹有的款,所有全年经费再予全行担任。去后,本日复准福州张民政长来电,以福州全年预算尚不敷款六十余万,承嘱船政暂为维持一节,经迭次开议实为无法挹注。所有补助船政一款,实只能承认洋三万元,并祈迅赐筹款接济,以便开办等因。查天津之大沽船坞,现已收归部有,派本部视察吴毓麟前往接办。俟其详报接收清楚后,再行另文呈报备案。

又,天津海军医学堂亦准直隶冯都督函请接收,并已派员赴津调查。是照海军统一办法,每省船厂、船坞暨学堂凡属有海军性质者,均应统予收回,方符体制。今福州船政系中国海军之权舆,附设前、后学堂所出人才尤不可胜计,亟应早日收回,以便整顿扩充,为全国海军立一基础。若因款绌工停,各厂机件必至朽锈堪虞,学堂学生亦复光阴坐废,将来非费巨款不足以规复旧观。是福州船政经费早一日筹拨,海军即早受一日之益,暗中兼可免无形之消耗。准电前因,理合再行呈请大总统转饬国务院将前呈之案迅于复核,函致财政部查照本部预算之数,筹拨的款过部,以便转发福州船政应用,以重军务,实为公便。谨呈大总统。

大总统批:据呈已悉,交国务院汇核办理。此批。

署船政大臣张佩纶奏请建马江昭忠祠折（摘录）

（光绪十年十二月十五日）

兹据提调道员周懋琦、局绅一等轻车都尉沈翊清等禀报称：马江之战，恤赠总兵广东平海营参将高腾云、追赠都司陈英等，苦守匝月，法人乘潮猝发，我军以旧舰小炮力当大敌，临危致身，钦奉谕旨，奖其誓死苦战，不愧国殇，宜昭肸蚃，请为奏恳特恩，建祠江侧，以资观感，而安忠魂等语。

臣维闽称天险，敌至马江，则我已无险可凭。闽厂新式兵轮，均分隶于南北洋，故船政造船十余年，而不收一船之用。诸管驾等苦守既久，援断寇增，船炮不敌，求臣济师，然激一忠忿，终不退却。其中如高腾云、陈英，则志决神闲，慷慨赴难，学生吕云，练童梁广、杨兆南等，或且自备资斧、辞绝局差，洒泣登舟，不肯苟免，迹其志趣，有足矜者。马江建有水师学堂，为船政储才之所，如蒙表彰往烈，策励后来，既动其复仇雪耻之心，亦定其重义忘身之志，实于海军风气稍有关系。

孙中山先生在马江船政局欢迎会上的演说

（1912年4月21日）

文以解职旅粤，便道过闽，既感闽政府暨社会诸君子欢宴欢送矣。到马江船政局，又荷船政局长沈希南君尽礼欢迎，邀观制造、轮机、铁胁、锅炉等厂十余所，乃知从前船政缔造之艰、经营之善，成船不少，足为海军根基。惜乎甲申、甲午两次挫败，兵船毁失殆尽。而满清政府既不能整顿于前，复不能补救于后，一蹶不振，日趋腐败。今幸民国光复，以此任属之沈君。沈君在欧美习学制造有年，办理必能称职。且当时此局系沈君令祖文肃所创设，从此沈君绳其祖武，勉力进行，兴船政以扩海军，使民国海军与列强齐驱并驾，在世界称为一等强国，则文所厚望于沈君也。

第三节 纪事 说明书

黄维煊：福建船政局厂告成记

同治四年，湘阴左公宗棠奉天子命，总督闽浙。时大憝甫乎，征戍未息，外夷狙伺，乘暇蹈隙，是故战守之资，诚不容一日废也。公于莅任之数月，统筹时局，远谋擘划，以为当今所急，无过海防，海防先务，莫如轮船。往年所需，辄购自外洋，或请其代造，动费巨万，良窳莫辨。是非自为开厂制造，兼铸枪炮，不足以为自强持久之计。然开厂难于择地，择地须近海口，合南、北洋各口而论之，则莫如闽省最为适中，甚得形势。拟于此地，择地开厂，先行试办，俟有成效，更为推广行之。如此，则不独费不外竭，而战守之具亦庶乎有所恃矣。疏奏，报可。

于是相度地势，参考西法，择于闽省马尾江之三岐山下，鸠工庀材，创立兴办。其地山形四围，面临马江，宽可一百三十丈，长一百二十丈，深约十二丈，滨江一段，长广且倍。开槽浚渠，芟除秽积，凸者平之，洼者隆之，纲张目举，规制粗备，朝廷特简前江西巡抚侯官沈公葆桢为船政大臣，以总其权。遂奏请于现任道、府中选派数人，以襄其事，并聘订洋员日意格、德克碑二员，监督匠役；又复选雇中外匠师，招募幼童，俾资工作。

经始于同治五年九月，落成于七年七月，计建造衙、廨、厂、坞、洋房等八十余所。中为节使署，署左分建木料厂十间，前为制造学堂，迤南为日监督洋楼，偏西南为艺圃，为东考工所，迤西为西考工所。中逾一岭，为管轮学堂，别辟一径，通山麓教场附近，山麓则为中国匠房。岭半建洋匠房二所。艺圃之东北亦设木料厂二所，其前为驾驶学堂、洋匠房、通事房。匠房之左为法国、英国两教堂，署右为德监督及洋员洋楼。迤北为洋匠首房。使署前临大池，池前亦建木料厂一所，偏西则为洋匠房。自东考工所、艺圃、通事房、制造学堂与此洋匠房并相接近。外则滨江之地，煤厂在焉，特设栏栅以格之，两边分置铁路，与中贯通，以便运物栅外。正中沿江建船亭六座，均间以船架，后为模厂、转锯厂、截铁厂、打铁厂、钟表厂、船厂；又后近栅门处，则为办公所与行台相连，前置大自鸣钟、号钟各一架，工匠凭以作息者也。船亭之南，建起重道头两处，中设舢板厂。再南为铁船槽，后为收储机器所，又后为样板厂、铸铁厂、轮机厂、合拢厂、水缸厂。合拢厂之上建画楼一所，又后为收储机器所、帆缆厂、炮厂。其水缸厂之南，前后分设广储所四处，安放锤铁物件一所。广储所之南则为拉铁厂、锤铁厂，与西考工所接。前临江口为天裕船坞，坞旁置木料厂三所。迤南为通商局，毗邻英国教堂、各洋房矣。船亭之北亦有栏栅相格，其外亦辟船坞一所，两旁亦置木料厂。坞口为船政水师营。船坞迤北，傍山脚下，别建储材所一，木料厂五，与海潮寺相连属，此外则民房矣。使署背山有径，上适于半岭，建天后宫一所，以期镇慑，以申祈祷。复于署之东偏山岗平衍处，筑立镇海营垒一座，以资护卫。其附近之民舍、洋房等，或居山足，或处江滨，与广间隔，各不相侵，此则创立船政始建时之大略也。

初，左公奏派之员为周寿山、吴桐云、夏筱涛、胡雪岩、叶清渠诸观察，李太守庆霖盐余七人。诸君或有官守，或别有职事，皆不克驻厂亲莅其事。某以不才，猥蒙深任，幸免陨越，得襄厥成。既已绘图立说，以备观览外，复为志其缘起如右。同治九年，闰十月朔日。

日意格：福建船政局初期概况

福州船政选定福州为兴建船厂之地，原因如下：这个港口容易设防，闽江江口小岛星罗棋布，群山环绕，宜于建设炮台，溯江上行十里，两岸的山夹着江，只要布置几个水霄，便能阻止入侵的船只。船厂在此兴建，距省会较近，容易使高级官宪目睹制造，发生兴趣。此处又有重要的海关，船厂的经费容易筹措。泊船处所能停吃水至二十二三尺的船只，因此它的深度正适宜于船厂建造的船只；船厂前即可停泊，对造船很便利。筹划时已经确知本省能供给大量木材及其他原料，可供各工厂之用，台湾产煤，离此不远，工资又很低廉。最后，也是最主要的原因，即筹议创办的人是闽浙总督，船厂设在福州，便于他监督照顾。

船政的基本计划决定如下：

一、兴建工厂与船厂，以修造船舶，并制造船舶所需的各种机器。

二、建立学堂，以训练造船制器的工匠，并训练驾驶人员。

三、雇用外国匠工造船制器，并教导中国工匠、匠首及艺童。

四、修建拉拨（Labat）式船槽一座，以修理船舶。

五、兴建铁厂一座，能将本省所产的铁，以及在中国所能获取的废铁，熔炼并制成铁条铁板。

今将船政各工厂兴建情况简述如下：

铁厂，包括锤铁与拉铁两厂，占地4190平方公尺。锤铁厂有六个大铁锤；船厂自造的7000公斤的单锤一个，法尔蓑（Farsot）式6000公斤双锤两个，2000公斤单锤一个，1000公斤单锤一个，300公斤铁锤两个，又大炼炉16座，小炼炉6座。此厂已制成150匹马力轮船机器的若干部分，包括竖机与螺旋机。此外还制造了舰艇上所需要的许多铁件，如重1300公斤猫头锚等。

拉铁厂有炼炉6座，展铁机4座；一座用展铁板，一座制坚铁与弯铁，一座制小型铁件，第四座制铜件。设有 100 匹马力发动机一座,能锻制厚度在 15 公分以下的铁板,展制直径或海边自 6 公分至 120 公分的长的圆铁条或方铁条;直径或每边自 7 公分至 30 公分的铜条;并能制造包船的铜皮。此厂可昼夜开工,计每年能展铁 3000 吨。

水缸厂占地 2400 平方公尺。厂屋分三部:中间是大厂房,宽 20 公尺,两边有小厂房各一,宽 10 公尺。厂房之一用做铜水缸厂。厂内装有 15 匹马力发动机一座,用以推动鼓风炉并运转两厂的机器。此厂除装配外国运来的水缸、装合船只等工作外,还造过水缸供 150 匹马力轮机之用。

轮机厂分为二部,共占地 2400 平方公尺。至今只有一部在使用,另一部正在逐渐装备机器。此厂主要为制造船只需要的机器,目前每年约能制造 500 匹马力的轮机。厂中装有 30 匹马力发动机一座。此厂已建成 150 匹马力的轮机 7 座;另两座正在建造中。

合拢厂在两轮机厂之间,占地 800 平方公尺。厂的上层有绘事楼,以供工程师打造机器图样。

铸铁厂占地 2400 平方公尺。厂房与水缸厂相似,中间是大厂房,宽 20 公尺,两旁是小厂房,宽 10 公尺。厂中装有 15 匹马力发动机一座,除铸铜设备不计外,厂中有铸铁炉三座,能熔铸铁 15 吨。以往平均每周铸铁 12 至 15 吨,其中包括 150 匹马力轮机的铁件等。它最多时曾一个月内铸铁至 90 吨。

以上四厂都系用上等材料建造。厦门供给了很好的砖,地基系用石砌,采自船政局左近的山中。栋梁系使用新加坡运来的大木料,长达 22 公尺,木料坚度能避免白蚁的啮食。各厂共用大柱 120 根,重各 2500 公斤,支撑着各厂的厂顶。

钟表厂占地 720 平方公尺。分为三部:一为时表制造部,一为望远镜制造部,一为指南针制造部。

打铁厂专制船舶修造中所需的各种小型铁件,占地 2160 平方公尺。厂中有炼炉 44 座,铁锤三个,各重 3000 公斤。另外,还有专制船舶修造中所需的小件装配物和铁锁等物的小厂,占地 510 平方公尺。

此外,还有一座转锯厂,占地 1020 平方公尺,其旁有木器模型厂,占地 1440 平方公尺。后者曾制造三座 150 匹马力轮机木模、250 匹马力轮机木模、7000 公斤铁锤木模,其他轮船工厂所需的各种木模,种类还很多。

造船工厂有船台三座,每座船台左右都有板棚,为工人做工。一座很大的板棚用做模厂,厂中足以画下与船身同样大小的全部规划线。广架起重机,能起重至 40 吨。还有一座铁船槽,以上这些构成了造船工厂的全部主要设备。铁船槽能容龙骨长达 100 公尺,排水量达 1500 吨的船只。

储藏所有两种。有些储藏所在中国人的监管下,用以储藏船政局所需要的各种材料。这些材料通常的调用办法是从各储藏所调来集中于一地,然后按照各厂的需要分配送去。

最后,在局厂以外,建了一座砖窑,制造普通的砖和耐火砖。砖窑旁另有灰窑,制造石灰。

局厂的主要部门面临闽江,三面环以深濠。外国工匠与中国工人住宅宿舍,以及前后学堂,都设在长濠之外。濠上有桥门,夜间关闭,只留中国兵士在内防护。

船政局全部用地计约 600 亩,各工厂、储藏所、煤栈等共占三分之一。

日意格:船政学堂教学状况记

使用法语授课的学校

使用法语授课的学校共有三所:造船学校、设计学校和学徒学校。除此以外,还对各车间智力较优的工人进行特别训练,使他们能达到合同规定的要求,即看得懂蒸汽机或船体设计图纸,并照图施工。

我接下去要介绍上述各校和车间教授课目,谈谈各科的培养目标及取得的成绩。

1. 造船学校

该校于 1867 年 2 月成立,当时有学生 12 名。起初由监督秘书 A. Borel 先生任教,到 1868 年 4 月,转由数学教授 L. Medard 和物理、化学教授 M. L. Rousset 先生任教。移交时有学生 26 名,分为 3 个班,目前有学生 38 名,分为 4 个班。此外,还有 1 名学生已学完了一般课程。

该专业培养目标是使学生能依靠推理、计算来理解蒸汽机各部件的功能、尺寸,因而能够设计、制造各个零件,使他们能够计算、设计木船船体,并在放样棚里实际尺寸划样。我可以轻易证明,上述课程需要学到合同到期后才能完成。如为了计算一个机器零件或船体的尺寸,必须懂得算术和几何。为了照图制造机器零件或建造船体,就得懂得透视绘图学,也就是几何作图。要明白蒸汽机、船体或其他物体所承受的重力、热膨胀力及各种别的自然力,就需要懂得各种物理定律。再有,了解某物体受外力作用下运动时要克服的阻力,以及该物体应该具有的强度,就要有静力学和机械学的知识。要具备上述知识,光懂得算术和几何就不够了,必须还懂得三角、解析几何、微积分。这样才不仅能对一具有具体形状和大小的物体进行计算,还能掌握进行各种运算的方式、方法。因为学生入学时对法语一字不识,所以加上学法语,就使学校预科的学习,更为繁重。最后,为了使学生能把学到的理论知识运用到该厂的实际工作中去,还设置了蒸汽机制造的实习课,由工程师 E. Jouvet 先生任教;设置了船体建造实习课,由总木匠 M. Robin 先生担任指导,由工头 F. Marzin 先生任教。在学校成立的两年中,每门实习课,每天都进行数小时的体力劳动,以便学生熟悉车间的工作,并逐渐培养指挥工人的能力。

2. 设计专业和设计科

设计专业的目标,显然是培养称职的人员,能绘制生产所需要的图纸。该专业由工头 A. Louis 先生任教,并由绘图员 Keidiaon 协助。

任何一个工业企业,设计部门都占有重要地位。阁下曾有机会看到过军械厂需要的大量图纸。我前曾说过,该专业一班的学生都转入造船专业了。剩下二班有学生十一名,三班同样也有学生十一名。

3. 学徒班

设立学徒班的目的是使青年工人能够识图、作图,计算蒸汽机各种形状、部件的体积、重量,并使他们达到在各自所在车间应具有的技术水平。他们上课时间为从晚上 7：30 到 9：00 的一个半小时。从 1868 年 12 月,增加了上午的一个半小时。学习课程为：算术、几何、几何作图、代数、设计和蒸汽机构造课。1870 年 11 月前,学生都由学校按不同车间分片,学习法语。

使用英语授课的学校

1. 航海学校

该校又叫航海理论学校,由 J. Carroll 先生负责,并由 M. B. Skey 先生和罗丰禄协助。除了必须开设的英语课外,课程还包括算术、几何、代数、直线和球面三角、航海天文、航海技术和地理。所有这些学科对航海人员都是主要的。当航海人员看到海岸时,他可以选择几个观测点,用直线三角学测出船只和陆地的距离,而要学会这点,就必须先学会算术、几何和代数。如果要用太阳、月亮和星星导航,就要用天文学知识找出这些天体的位置及运转规律,还要用球面三角学测出它们在地平线上的高度或距离。航海理论使航海人员能利用这些手段、观测方法、测程器的数学,确定他的船只的位置。利用经纬仪,可以知道他所在地点的当地时间同某一著名地方的时差,并由此能知道两地的经度差。最后一点,如果没有一定的地理知识,就不可能环游地球。

2. 轮机学校

轮机学校自成立以来,一直由 W. Allan 先生负责。该校的学生都是由他从上海和香港的工厂中招收的有几年工龄的青年。这些学生在当地都已经具有一定的生产铁和铁板的经验。学习的目标是指导学生掌握蒸汽机的理论的实践知识。首先要学英语,然后学习算术、几何,设计蒸汽机结构,操纵维修船用蒸汽机,使用仪表、盐分计等等。为了使学生能够把学的理论用于实际,组织他们进行实际操作,主要有如下几项：按陆地分别进行 150 匹马力和 80 匹马力蒸汽机的安装,在万年号上安装一台 150 匹马力的蒸汽机,在湄云号上和福星号上各安装一台 80 匹马力的蒸汽机,在深航号上安装一台 80 匹马力的蒸汽机,另一台同型号的安装在靖远号上。还有在华伏波号和海彤云号上安装锅炉。

寿尔：田凫号航行记（节录）

　　1874 年秋天，英帝国战舰田凫号（The Lapwing，774 吨，炮 3 门，160 马力）在得文港（Devon Port）奉男爵魏斯蛮（William Wiseman）司令命令，调入现役。不久以后，它驶过苏伊士运河，向英国驻中国的海军基地开行。1876 年 1 月间，它开到广州，1 月 30 日开往厦门。四月上旬又奉命到了福州，这地方是福建的首府，又是中国一个主要兵工厂的所在地。

　　福州船政局是一位旧时的法国海军上尉日意格（Prosper Giquel）在 1867 年依据与北京帝国政府所订立的某些条款与契约而建立的。船政局在河的北岸，在城的下边约十英里的地方，占了很大的面积。这地方从前是浸在水中的，因为是单纯的稻田，在这里打算兴建任何房屋之先，必须打好坚固的地基，并且把地面提高到满潮标之上，这是一个需要极多劳动与浩大费用的工程。人们很快地克服了这些困难，而且似乎未曾吝惜任何劳动，把工厂建筑在安稳的基础上。人们把钱财阔绰地滥用，从法国买来最新和最好类型的机械与装备，建立起坚牢而宏敞的车间，并且收集了大量造船和引擎的材料。原有职员中，大约有欧洲人 70 名，由日意格任指挥。但是中国方面的意思既然是要使中国人在最后完全负起管理与经营的责任，不再依赖外国人的帮助，那么当然，欧人的数目便被慢慢地削减了。到了 1876 年，这个兵工厂已建造了 17 只船，从 515 吨的船起到一只 1450 吨的运输船止，大小不一；此外又造了一只 1393 吨、250 马力的中型巡洋舰，装炮 13 门，兵员定额是 200 人。在我访问船政局的时候，工人约 1600 人，但是这工人的数目是有起落的。工人由中国工头监工，工头是由船政局的学校训练出来的：据工程师说，这些工头是完全可靠地、和欧洲人毫无差别地能够胜任工作，虽然他们的工作速度也许稍为慢一点。船与引擎的绘图与设计工作，由船政局学校训练的中国制图员担任，不过是在欧洲人的监督下进行的。我首先访问铸造场，那里有好些人在铸造来福式枪的实弹与榴弹，制造船具及船用引擎的各部分的模子。之后，我到机件装配场参观，它是一所绮丽而宽宏的建筑，里头有各式各样、大小不同的旋盘与刨机。所有的机械全都是法国制的。我到时，人们正在把两对 150 马力的船用引擎放到一块儿去。它们是本船政局制造的，它们的技艺与最后的细工，可以和我们英国自己的机械工厂的任何出品相媲美而无愧色。人们把制造的地点和日期写在两边，一边法文，一边中文，看来有些奇异，诚然，那里有许多细小的不适宜的东西刺激着一个陌生人的眼睛。例如，到处都看到工人们支着颜色华丽而光泽的油漆纸伞。又如，当我的眼睛望进一个监工的公事房里的时候，我看见一个肥胖而伶俐的中国人斜卧在一个交椅上，一个理发匠正在替他梳发辫，这使我颇为惊骇。还有一些类似的小事，使参观者记得他不是在欧洲。和装配厂相近又有一所美丽的建筑，里面贮藏着大量的战争物资———堆一堆的惠特窝斯(Whitworh)、克鲁伯(Krupp)和伯拉克黎炮(Blackeley)的实弹与榴弹,一箱一箱的林明敦(Remington)来福枪,好几千枝;两尊带铁架和滑台的伯拉克黎重炮,三四尊克鲁伯,和一打左右的老滑膛枪,此外又有一些格林炮(Gatlings)和一排发射九磅弹的克鲁伯野炮。整个来说,我认为那里所收藏的是很有用的战争物资,可为将来抵御侵略者之用。我觉得把这个丰富武库的内容记录下来,也许将来有用,所以我开始记下各种项目。马上有一位年轻人走来,用很好的英语问我在写些什么。我一想,在当时情况之下,最好的办法就是把我所记录的东西给他看。这真是个极好的主意,因为他虽然会说英语,但是一个字也不会读,所以他哑口无言了,他不再问粗鲁的问题了。在有些车间里,工人们用出自"矫装的轻视"与"沉默的微笑"来对待我的问题。看这种情形,很是可笑。他们看我,虽然是一个英国技工看一个忽然到他工厂去的中国人一样。但是对这些士绅来说,是不可宽恕的,因为他们已经在欧洲人的底下做了几年工作,是应该知道"夷人"的规矩的。

锻冶场是在船政局的最东边。除了很多蒸汽锤而外,还有巨大的卷铁条、铁片的机器和一些熔炉。这些熔炉似乎是新近才装起来的,还不能使用。在河边,有一个美丽而宽阔的码头,可以停靠巨型的船只,它的建筑原则尚不为英国工程师们所喜悦,因为依据这原则,船到码头是侧靠而非尾靠。这是一家法国公司所筑造的,看来是依据一个安全而简单的计划建成的。当时有一艘船靠在码头,所以,我乘此机会上去看看。它是一艘1391吨、150马力的武装运输舰,是船政局建造的,一位官员热烈地欢迎我。他在对他的船不整洁的情况表示歉意之后,请我到各处去看,并且把我介绍给一位中国的工程师。这位工程师英文说得相当好。船的引擎情况良好,什么东西看来都干净,事事都认真而有条理。我再回到甲板上去的时候,看见船长的仆人正在利用晴朗天气晾他主人的长靴。靴是黑缎做的,是相当有趣的古玩。中国的海军军官对这些可笑的东西仍然恋恋不舍。这些东西,在船上是既无用且不美观,不管它们在陆地如何。造船台就在咫尺之间,那里只有一只船在建造中,这船和刚才说的船等级相同,全船从头到尾都是用暹罗运来的麻栗木造的。和这地方相近的地方,还有那些大绘图场和模型室,它们正准备着铸造船用引擎的模子。在毗连着的一些公事房里,有几个中国的制图员在工作着,人们把一些绘得很好的引擎图给我看,在这个房子后边的一个工场里有一些人在做着锉齿。船库和榄房就在很近的地方,人们正在建造墙桁等用的圆材仓库;而且在一个新盖的房子里,人们正在装置一些巨大的锯轮机。整个来说,除了工人之外,这个造船场和外国任何其他造船场并没有多少区别。虽然不像外国造船场那种忙急的样子——这也许是比较可以觉察到的一点。一直到今天为止,这里所建造的船只的类型都是炮舰和运输舰一类,就是便于执行警察职务一类的船,这是很需要的,[安娜]("Anna")及其他案子足资证明。这些船多半是用于担负运载军队、苦力、木头、燃煤和物资这些和平的职务,但是在战争的时候,它们可以很快地挪作战斗用。

这些船全部是用麻栗木做的,但是人们已做了建造"铁骨木壳船"和"复式引擎"的准备工作。中国人已经完全掌握了古老的造船原则。诚然,这里最近造的一艘船——船引擎及所有部分,在建造过程中,未曾有任何外国人的帮忙。虽然我看到了他们的错误,但是他们很令人满意地显示了他们所曾受到有价值的教育,和他们所能独立工作的事项。现在船政局的管理实际上是在中国人手中,据众人所说,目前船政大臣是一位很能干的人,但是他的前任似乎缺少科学知识,因为他曾检查教练舰"扬武"号,当人们把经线仪给他看,告诉他这种仪器不用福州时间的时候,他悲哀地感到迷惑,任何解释都不能使他满意;他就在那里站了一些时候,琢磨这些仪器,但是终归未能获得任何满意的结论。过后,他回到机关室去,更觉得眩乱,他认为人们在把他当傻瓜嘲弄,因为他说,他此前所曾看到的船机关都有一个大轮,而那里没有这么一个轮子,必是哪儿有毛病。

工人是从帝国不同的地方招来的,并住在用高墙隔开的一些住宅区里。为避免杂乱,天黑时,区与区间的交通就被割断了。工资由每天两角五分到三元不等。工人看来是智慧而办事有条理的样子,虽然在体格上不如普通的英国技工,同时,他们又缺少西方的弟兄们所具有的精力与耐力。据人们描述,他们是坚稳而有恒心的。他们不晓得什么是行会,什么是与行会俱来的罢工以及工人与雇主间深刻的仇恨。劳工的剧烈竞争还没有把它必将会有的烙印打在这个美丽国土的恬静的工人身上。一般都承认他们的技术和学习的才能,同时他们简单的嗜好及适中的欲望,使他们能够在外国成功地和西方的手艺人相匹敌。他们在美洲和在英国的殖民地出现,已经在劳动的条件上引起了革命,同时,最近旧金山方面所敲出的警钟也许可以认为是一个信号,预兆中国技工在和西方技工直接竞争时将不可避免地发生冲突。当一天的工作终了摇下班铃的时候,辫发像一条河川流出大门,看来颇有兴味,差不多每个人都带着纸伞,各部门首长则带着扇子,这或者是他们和工人区别之点。如果朴次茅斯(Portsmouth)或得文港的好人们在某一个美丽的黄昏,看到这么一群服饰驳杂的工人从他们的造船所的大门走出,将如何想法,他们将如何的凝视,孩子们将如何奔驰聚观,有若另一世界的居民骤然显现一般!路旁摊棚成列,几个铜钱便可买到几碗热汤,从群众围聚的情形去看,可知该种饮料是许多人所喜爱的。工人的住宅——或是更正确地说,陋舍——几无法与英国技工的模范住宅相比拟。有的工人住宅,实在说,是最悲惨的寓所。

学校是整个机构里重要的部分。它分为英文与法文两类。前一类的组织是:(一)海军学校,(二)实际航行学校,设在走大海的教练舰"扬武"号上(该舰多年由一位英国的上校舰长指挥);(三)工程学校。第一个学校是学习[理论航行]的,课程有算术、几何、代数、三角——平面与球面、天文与航行理论,以及地理。在第三个学校里,学习教程中的科目有算术、几何、画图、机械图说、船用机关的操纵规则及汽力指压器与水速计的用法。法文学校有三个:(一)造船学校;(二)设计学校;(三)艺徒学校。第一个学校聘请了三位教授,教物理、化学和数学。艺徒学校的课程为算学、几何、图形几何学、代数、图画和机械图说。

在我们访问福州的时候，有 17 个学生在"扬武"号船上受训练；他们中间许多是这里最好家庭的子弟或是香港商人的儿子。香港商人的子弟一般来说吃点儿亏，因为他们没受过良好的中国教育。

除了学校之外，还有——或更正确地说，曾有过——一个 [时刻测定学科]，分为三组：（一）测时表（即经线仪）制造组，（二）光学器具组，（三）船用罗盘针制造修理组。整个制度的组织基础有一个特色，就是眼界开阔而完善。这个特色最有力地证明它的天才的创办者兼管理者日意格的才能。同时，人们可以承认，到今天为止，他的努力所获得的成功就是美好将来的征兆。

我们记得，五十年前，中国是完全和西方的国家隔绝的，彷佛它是属于另外一个行星，因此，当我们看到，由于与外面的世界接触的结果，它的一部分高级官员的思想与思维的习惯已发生了令人惊羡的革命，我们不能不觉得骇愕。如果我们的想法是：这种与中国的传统正相背驰的、急速而重要的进步方向，将为一般中国人所接受或是将在某程度上为群众所爱好的话，那我们就错了，因为这个想法是违背历史的教训的，如果历史可作为这些事情的指南针的话。但是将来，这个国家必定要有一些人，能够提高自己的思想，突破大多数人窄狭、顽迷的观点，并拒绝接受旧时代愚昧的偏见和习俗的束缚。这些偏见与习俗经过世世代代的成长，终于变成了一条铁链，束缚着人民的智慧和国家的生活。

中国还需要许多年月才有可能成为一个海军国家，使我们英国感到恐慌或忧虑。中国的海军还在摇篮时代。从中国的士兵数目来说，是不少的，但是军官则还需要培养。纪律只是个虚名，还需要时间去成长，诚如大家所说，中国舰船的纪律是松懈到了极点。军官和士兵，似乎是在一块儿生活，亲昵狎近，这种情况，虽然可获得社交上的欢乐，但是甚难提高军役的精神，或是养成对长官绝对的服从与尊敬的习惯，这种习惯一般被认为是保证战争成功的要件。中国没有海军国的传统，没有悠久的光辉成就以激励忠勇的新行为，它应该忘却它所有关于海战艺术的微少知识，并弯下腰去向它所轻视的那些国家去学习。它应该从其他国家的历史去吸取教训，它应该摧毁那种具有排斥性与盲目性的骄傲，要不然，将来和西方的国家作战，它的军队将遭遇到比以往任何一次的战役都凄惨和可耻的失败。如果单单军队的数目就是力量的话，它的军队将能够比较容易地蹂躏全世界。但是人们都很知道，军队只有人数而没有纪律与组织的话，则不但无用，而且有害，加之，最好的舰队和陆军，如果它们的指挥官缺乏领导的知识与技术，是要被打败的。从中国所拥有的规模庞大的军队去看，中国在军事科学和组织能力方面是可悲地缺乏的，如果不是完全缺乏的话，它的陆、海军将官还需要培养。它有可造就之材么？有的人认为有。他们说，如果中国军队获得适宜的武装与正确的领导，他们将成为我们可怕的敌手，而且正因为他们数目众多，所以诚然将是如此。

王元稚：船政局初期的亲历见闻

（同治五年）冬，左爵帅（宗棠）创船政局，招考艺童。余报名应试，原考首列，复试黜落，题为《车战议》，余方读《日知录》，知车战之原委，言之特详。王荔丹（宜辰）孝廉得阅余卷，亟称于沈文肃公（葆桢）。

六年……六月，文肃公服阕接船政印，召余入学堂延见，甚加奖惜。考学堂诸生童，题为《为才须学也论》，余取冠军，奖洋银十元（中用噬脐语，余偶依《左传》，脐作齐，文肃公掷之，终疑焉。王肖曾明经以不错对。文肃公乃命学堂监督传谕：自认误掷，河海之量，不可及也）。给假乡试，又馈洋银十元，支三个月赡银十二两。

余见学堂师生举动不能如愿，闱后拟不销假。是科首题《子路、曾晳、冉有、公西赤侍坐》，房师梁夫子（景韶，广东举人）阅荐，未谒见。文肃公曾受业于秋龄师，明年召师入船政，时师已接骆氏馆聘，文肃公顾曰："何不推荐王某？"余闻之感激涕零，发愤上书近三千字，痛陈学堂利弊。十二月奉文肃公札，入学堂监督，月薪二十两。

七年戊辰，二十岁。正月初三到船政差所，奉差管理前学堂，以上书多触时忌，为左右用事所不喜。又因厨夫违犯，径禀文肃公，蒙重责枷示。文肃公语沈师曰："我何以坐大堂责周夫，不交委员审办者，以其为某所荐也。"某为文肃公至戚，方用事，声势赫奕。余办学堂事事掣肘矣。四月，洋监督日意格派洋师教余法语，以学堂事繁不得专心学业，改派管理诵堂，余始得韬隐。十二月大考生童，余请考，日夜温习，临场勿慊于心。有谣传余当撤差者，慨然有去志。上禀乞假回浙省兄，讵意文肃公奖余学业勤能，月加薪四两。乞假之禀相遇于途，批难给假三月。

八年……九月，文肃公以翻译承办乏员，令桢臣函速到工，与陈喜人拨贡曾兰生先生同办翻译，除公文外，译成算学、枪炮各书，未刊。

九年庚午，二十九岁。仍办翻译处，七月给乡试假，八月入场，仍未售。……文肃公丁针忧，中旨夺情，勿出，以提调夏观察献纶代摄工务。

十年辛未，三十岁。仍在船政，夏观察阅枪炮书，特奖银六两，以兰生先生出洋他就，裁翻译处，改派管理截铁厂。……

十一年壬申，三十一岁。仍管截铁厂。……后学堂学生以洋教习逊顺非礼虐待，为之哄堂。夏观察怒甚，罚学生刘步蟾、邱彪臣等为小工，在船政担土以辱之。各生愈愤，祸不可解。与罗稷臣（名丰禄，现加卿衔；充驻英公使）谋，代具禀稿上文肃公。诸生哭诉于座，文肃公自丁忧后不问事，此则毅然撤逊顺教习，拟并撤后学堂，令诸生赴英国学，命余率带起程。时日意格在安南，斯恭塞格权任洋监督，以年限未满，裁撤为莫大耻，撰词引咎,文肃公始允之。继令夏观察询元稚曰:"管带学生,当俟异日。若愿早出洋习西学,由船政筹备薪水动用,附江南百二十人以行。"余商之诸友,以附江南非绅非徒,势又孤零,决非计。禀覆文肃公,请俟异日。是为元稚初次拟出洋未成,后之管带学生,仍归之李丹崖观察凤苞。

黄亚炳:福州船政局本事(会记)

一、船政局创办概况

清同治四年(1865年),左宗棠率领湘军由浙入闽,尾追太平军余部李世贤部,是年秋冬间,直追至广东嘉应州(该州当时统属兴宁、长乐、平远、镇子四县,民国时,州治改为梅县),消灭了太平军余部,同治五年正月"班师"。所谓"抚闽疮痍",任闽浙总督之职,居闽省垣福州。左氏在浙江镇压太平军时,自同治二年始,先后得到法国侵略者勒伯勒东、法尔第福(买戍勒)、德克碑等所率花头、绿头、黄头军(即洋枪队)的帮助,攻陷杭州等地,深感洋式新武器之威力。所以左氏在闽时,认为时局较前安定,正是休整与扩充自己实力的时机,并在浙江旧识的法国殖民者的支持下筹建船政局。

盖前同治三年(1864年)时,太平天国的天京(南京)被湘、淮地主军包围,左宗棠原想率军乘势攻城,以图捷足先登,掳掠资财,并获第一巨功。但掌全军大权的曾国藩,要把攻南京城的巨功留给他的胞弟曾国荃,命令各军须待国荃军到后才能攻城。此计划并得到李鸿章的全力支持,而使左氏奈何不得。直到月余后,曾国荃部才沿长江而下。陷城后,国荃剩掠城中资财几十万,并居功第一,实使左宗棠深为怀恨。曾、左挟嫌,互相舌击。左宗棠在任何场合,只要一开口说话,总是狠狠咒骂曾国藩的为人为事(见薛福成《庸盒笔记》),甚至怒容厉声,抱拳搐案。

在左宗棠筹创福建船政局之前,即同治二年(1863年),曾国藩已经派容闳(从小受教会教育,后又留美的高等华人。其《西学东渐记》一书,述及曾办江南制造局事)到美国购买机器,在上海虹口创立"江南制造局"制造枪炮、军火与船舰。左氏为了"人有,已亦有"之旨,便以德克碑、日意格等为后盾,在福州东四十华里的马江中岐乡,创建"福建船政局"。

左宗棠竭力向穆宗保荐福建侯官人沈葆桢为船政大臣。沈葆桢与李鸿章等都是道光二十七年(1847年)进士,是曾国藩得意的四大门生之一。左氏恐其被曾所用,影响自己在闽地位,于是便以师兄和师姑婿(左宗棠系林则徐的门生,沈葆桢是林则徐的次女婿)的关系拉拢沈葆桢。目的是削弱曾氏势力,争取福建地方士绅,巩固自己的地位。

沈葆桢任江西巡抚时,曾疏奏江西筹饷艰难情况,不满于曾氏,因思去职,累辞不准。同治三年(1864年),军情稍缓,始获准请假由江西回福建,刚好丁忧在乡。同治五年,左氏力保沈氏出任船政大臣,同时派日意格等到西欧购买机器。是年秋,陕甘回民反满斗争日炽,左氏被召任陕甘总督,镇压回民。冬,船政局开始择址、购地、兴工基建。

同治六年(1867年),沈葆桢正式出任船政大臣,总理建厂事宜。即任用署福建布政使周开锡和夏献纶、胡光墉等为船政提调,延平知府李庆林和刘国泰等为船政局员,叶文澜为船政监工道员,协助办理厂务。迄同治七年上半年,各厂初步建立并进行生产,管理各厂事务的官绅及人员增至一百多人。

协助建厂的外国人,有法人正监督日意格。向外国购买机器,采办原料及厂内基建、筹划生产等事,都由他承担指导。同治六年九月间,日意格从外洋购买机器回来时,为船厂雇来了一批技术人员和技工。到十月十二日止,所雇聘的总监工达士博、铁山煤山监工都逢、英文教习嘉乐尔、医官尉达乐、匠首(技工)布爱德等人都到齐。同治七年三月,法人副监督德克碑也到达马尾船政局(太平军被镇压后,德克碑所带之黄头洋枪队解散,本人回国,此时再来中国)。

在同治六年九月以前,日意格在外洋未回时,厂中基建事宜,是暂由监工贝锦达(俄罗斯人)主持的,贝锦达计划在船坞处,用土石填一半月形地基,向江心一面建造四座船台,各厂参差建立在各船台之间,以求日后造船各工联系工作之方便。日意格与达士博到后,认为这样布置,日后很容易发生火灾,船台应远离各铁工厂。便在船坞右岸滨临江口处,测地百余丈,建船台四座,在船台的左后方(即船坞后方左岸),测地百余丈,建造铁工厂五所。

至同治七年六月,参加厂内生产的有:锯木工、造船工、冷铁工,刻模(木模)工、铸铁工、铸铜工、水缸(司炉)工,翻砂工、车床工、钳床工等;并招入了十五岁以上、十八岁以下的各工种艺徒一百余人,连基建的木匠、泥匠、石匠及其他佣工、什工等共八九百人,每日在工地工作的有二三千人。为了便于管理,在工人中十人设一"什长",五十人设一"队长",由武弁选充。初期所建栈房、工棚等住宿之所,已不敷使用,且杂乱难管。于是旁山建了"健丁营"。此外,还盖有如下建筑。

工人宿舍:在船坞的右边建东考工所一座,左边建西考工所一座,为工人宿舍。并立作息规程。

仓库:在坞外南侧建一"广储厂",在船坞北里许,滨江浅港之处圈一地,堆叠木材,直到山坳,并驻兵守护,称为"储材厂"。

绘画馆二处:一处是绘画船身构造图样;一处是绘画机器构造画样。同时,招收聪颖少年,由通于画理的人,教授他们学习画图样的技艺。

学堂:为培育人才,使日后不仰赖外人,自己能独立制造与驾驶船舰,在创厂之初(同治六年春),便设立了前、后学堂(前学堂习法文,后学堂习英文),开机器制造与驾驶两科。除专业课程外,还读《孝经》、策论等。

石堤一道:用以防范海潮漫袭,围护各厂房。

以上,是为船政局初期的概况。

二、船政局预建工程和船坞

马尾是海防重要之区,地处闽江下游的中枢。上抵省城南台,水程四十里;下抵长门、五虎,水程八十多里。自五虎、长门而上,黄埔、壶江、双龟、金牌、琯头、亭头、闽安皆形胜之区,而金牌为最要;自闽安而上,洋屿、罗星塔、乌龙江、林浦亦皆形胜之区,而罗星塔为最要。马尾扼踞罗星塔上流、乌龙江与闽江交汇处,港汊旁通长乐、连江等县,形势险要。

船坞建在马尾山麓中岐村一片平坦地方,前临大江,西有群峰拱抱,处在"匡"字形之中。山麓平坦之地,都是田园,同治五年(1866年)由官府购买用地,从中勘出周围四百五十多丈地基,于同年冬兴建船坞。先填平基础,并加高五尺;又沿坞密钉木桩,以防潮汐浸蚀坍塌;环坞背江三面,开浚深濠,以泄积水,又可通船。船坞已成,便在坞右临江处,勘地百余丈,拟建船台四座;坞后左边,勘地百余丈,拟建五所铁工厂。还建起几十间栈房,堆放造船木材等。

在船坞外,东面迤北处,建有船政大臣与各部门的公所,在公所外面,建有洋式的外国匠房三十间。外国匠房左边,建前学堂,在堂后,建洋式学生宿舍三十间,在左,建后学堂,规模同前学堂。近江浒处,建一煤厂。在山麓建中国匠房。沿麓上山,山左驻湘军五百人,筑垒为营。在营房稍下方,建日意格居住楼;与其对峙的是德克碑住所。在德氏住所下面,有官道,由此到江岸一线,被划为"官街"(新形成的市镇),以便民间贸易。在船政大臣公所右边,建有洋医生寓楼,匠首寓楼等。

以上初期工程,都在同治六年完工。

三、建设铁工厂和购运机器设备

开工基建以后,除在当地征购基建材料、工具、劳力外,还从国外雇聘洋匠和购买了一批洋式工具。基建主要有二大工程,就是铁工厂和船台。

同治六年(1867年)十月间,在船坞左后勘地划为五区,建铁厂、水缸厂、打铁厂。铸铁厂、合拢机器厂等五所。所需有砖、瓦、石灰、石屑、细砂,不计其数,围圆八尺、长七丈二尺的巨大横梁一百六十多根(日意格拟以铁柱代,试铸一条,费昂作罢),长二丈三尺六寸至一尺二寸五分各种规格的石条十万多条。巨梁木材,委派刘国泰等到暹罗、三马丹、吻劳呷等处觅购。砖、瓦、石灰及一部分木材,都是由厦门、台湾等地用船运来。厂址基础工程,至同治七年六月间,已半年多时间,墙基的砌垒还未完成。日意格等称合同约定的建厂五年期限,应改从明年(同治八年)正月算起。

厂房未成,向外洋购买的机器,已先后运到,只好先将初期所建栈房、棚房改做机器房。运到的机器记列如下:

同治六年十一月十八日(1867年12月13日),第一起机器由夹板船运来,有火锯、钻铁机、劈铁机、砺轮、磅秤,还有铁片、铁条二百五十吨,在香港购买的花旗木(美国木材)、在泰国购买的暹罗木,也附运到达马江。计搬卸二十余日。

同治七年四月十六日(1868年5月8日),第二起由外轮"马梨阿勒各三丁"号运来铁工厂的大部分设备。最大的有铁水筒三口,每口各广数十围,高近一寻(即口径约八尺),其次有水缸。所有机件,亦搬卸二十余日。

第三起由外轮"法彼尔士"号(比前两船大一倍)运来。有:铁条七千四百二十九条,铁片、铁钉、洋灰、大炮等数百件,机器及零件五百六十三件。最重的二万余斤,小的也有三四千斤。搬卸一个多月,还未搬完一半,而第四起又运到。

第四起由外轮"汪德乃木"号运来机器三万五千多件,重一百零二万四千八百斤。至此,向外国购买的机器设备全部运达工地。

同治七年六月,建成新屋三十五间,作为铁工各厂临时厂房,投入生产。计有:

(一)水缸厂(锅炉厂)。内建一瓦亭,安装水缸。

(二)转锯厂。以一部十五马力的锅炉机为动力,装设大直锯一、小直锯一、圆锯一、砺轮一、钻机一、车床二、钳床三十五。

(三)刻模厂。制做各种木模,以供翻砂之用。

(四)铸铁厂。熔铁炉为反射炉。

(五)铸铜厂。亦用反射炉。铺设一条木轨道,通铸铁、铸铜两厂,以运送铜块、铁块入厂熔化,浇铸机件毛坯。

(六)打铁厂。使用吊槌打制船用各种轮轴机件,

至此,已具有了相当规模和生产基础。

同治八年某月十七日,由外轮"法苏甲里"号运到横梁材料与造船材料柚木,以及铁抄打、马加辘、武结梨、唧咨蚋等地出产的木材一千八百四十余节,石来("喰叻"谐音,即新加坡)板二千七百八十余片。

据有文献可考的资料,正式厂房的落成及完成安装设备,是同治十二年(1873年)秋间。

四、建筑船台和造船情况

第一座船台(可造一百五十匹马力的船体),同治六年九月中旬(1867年10月中)开工,十二月初五日(1867年12月30日)竣工。先在台基上架设云梯,吊挂约七百斤重的铁椎,将二三丈长的木桩打入台基地下与地面乎,使木桩星罗棋布,以巩固台基。然后,在其上以

每距三尺左右,用巨大木材鳞叠成一座座台垛,用长四尺、围四寸的大铁钉,使其结合牢固。每垛底宽二丈五尺,以次递锐而上,至顶巅仅宽五尺、厚一尺三四寸不等(正视如墙,旁视如梯塔)。计叠五十五垛,临江最前垛,高一尺六寸五分,靠坞最后垛,高一丈六尺五寸。中间又贯架巨梁及无数纵横侧支,使互相撑柱,深固不摇,再在上面铺设木板而成一座长二十四丈左右的船台。船台由船坞陆地渐向江心倾迤成斜坡状,使船成后,便于推滑下水。

第二座船台(可造八十匹马力的船体),同治七年十二月初落成。同治六年十二月二十四日(1868年1月18日),在第一座船台上安装龙骨,开工制造第一号船体。

在开工造船之前,把空余栈房,令木匠重新修整,铺上地板,由日意格指挥画匠绘出一百五十匹马力的船体构造图样,凡船身所有斗榫衔接之处,皆有详图,以洋字志其曲直尺寸,令中国匠人一一辨识,俾按图仿造。

第一号船名"万年清",自开工至同治八年五月初一日(1869年6月10日)落成下水,计花一年零六个月时间。因是初次仿制,工人技术不熟练,加上向外洋所购制船木材不能及时运到,造成窝工待料,所以使造船进度迟缓。

日意格在第二三次向外洋购买的造船木材,到同治七年八月间,才由外轮运来第一批暹罗木五百余节。仍不能满足需要,不得不分派人员赶赴厦门洋人船坞购买曲木四十一节、直木一百二十九根以济船胁之需,又派人员赴香港购袖板七十片为船帮,但撮土滑流,随到随尽,仍然是待料窝工。

直至同治七年十月末,所购洋木才陆续运到厂地。十月二十一日,第二起船"麻勒阿立三丁"号(疑即前运机器来的"马梨阿勒各三丁"号)载来曲木二百七十余节,方木一百九十余根,柚板三百六十余片。二十七日,第三起船"安密利"号载来曲木一千二百二十余节,方木二百二十余根,柚板一百九十余片。至此船材已足,便添募省外各匠人,加紧赶造船身及其他零件。十二月初九日,第四起船"悦诺花思得"号载来直木一千七百五十六节,十三日,第五起船"巴奴格"号载来柚木八百零四根。这时第二号船台已建成,八十四匹马力的船体构造图样已绘好,便于十二月二十七日在第二号船台开工建造第二号轮船"湄云"号。由于驾轻就熟,所以工程进度较快,至八月间即完成船体,进行髹漆并安装机器,同年冬下水试航,同治九年完成。

同治八年二月十日,第六起运到;二月二十八日,第七起运到;三月初十日,第八起运到;三月二十九日,第九起运到;四月十二日,第十起运到。凡五起计运来曲、直木与柚板六万六千六百四十六幅地(即立方尺)。

同治八年五月间,第三座船台基桩工程完成,开始叠架船台。同时,进行第四座船台打桩工程。此两座船台都在当年秋,冬间告成,即开始建造第三号、第四号轮船。

到同治十二年(1878年)冬,船政局延设工程已告完成。自同治八年五月至同治十二年上半年已造成"万年清""湄云""飞云""扬武""镇海""振威","靖远""伏波""福星"安澜"永保"海镜"十二艘船舰。同治十三年第十三号"济安"造成;十四号"琛航"、十五号"大雅"亦相继落成下水。至此,日意格与福建船政局所订的建厂造船合约亦届期满。

建厂之初,原约五年期限是从同治六年秋起算,由于材料等困难,日意格否定原议,改从同治八年正月起算,至同治十二年,并约定造船十六艘,计:一百五十匹马力的十一艘,八十匹马力的五艘。后因闽浙总督英桂主张自第七号船起,由一百五十匹马力改为二百五十匹马力。日意格认为工料费要比原一百五十匹马力船只增加一倍,要求以一艘约抵前二艘之数(即一百五十匹马力的舰十一艘,只剩九艘半)。

光绪初,仅维持苟延之势,每两年间出一、二号船,至沈葆桢逝世之前,福建船政局只造成七艘①,加上前十五艘,共计造成夹板式船舰二十二艘。同治十三年(1874年),沈葆桢两度奉旨赴台湾镇压生番,不亲临厂政。光绪二年(1876年)十月赴任两江总督,五年十一月六日卒②。这五年中所造七艘船仍归沈氏功,因为他是经营建厂的第一人,且这时仍未派他人接充。

五、选派学生出洋学习的起始情况

福建船政局建设落成后,清廷官吏认为与洋人合约已满期,趁此遣散洋员,以节约糜费;并主张停止造船,今后只以维护修理已成船舰为主。沈葆桢竭力反对此种主张。他在同治十二年十一月五日(1873年12月24日)所上《船工已竣谨筹善后事宜》一疏中说:"然中国匠徒能放手自造,与遣散洋匠两无妨碍。"但他也认为:"此后为节省经费起见,则停止造船,除修船、养船而外,一切皆可节省",这是不对的。他又说:"惟既绝难续,不免尽弃前功,而鹊巢鸠居,异族之垂涎尤为可虑。若步仍造船两号,则已成之绪,不致中乖。而洋人辛工,岁可省十余万两;然中国员匠能就已成之绪而熟之,断不能拓未竟之绪而精之。"于是,沈氏提出派学生留洋,学习科学,以达到中国人自己能"推陈出新"之目的主张。他向清廷建议说:可以选派船政前学堂习法语的学生,"赴法国,深究其造船之方及推陈出新之理",派后学堂习英语的学生,"赴英国,深究其驾驶之方及其练兵制胜之理"。奏疏上达后,下旨廷议,李鸿章等人都赞成此种主张。嗣后,便由南洋大臣葆桢与北洋大臣李鸿章会同办理派学生留洋学习事宜。

光绪二年十一月间,由南、北洋大臣和日意格、李凤苞等制订了《选派船政学生出洋肄业章程十条》。章程规定设华、洋监督各一员,由李凤苞和日意格担任,监督出洋学生的学习、转学及经济支用之事。出洋学习期限以三年为准(规定后两年中每年可以游历六十

---

① 即"元凯"艺新"登瀛洲"察安"威远"超武"康济"七船。
② 沈葆桢卒于光绪五年十一月十四日,即1879年12月26日。此处有误。

天),经监督考验成绩好的,即可回国供职,而学习未成的,便再学半年或一年。

这次选派船政学生的名额规定是三十名:由前学堂选学生十四名与艺徒四名(有魏瀚、陈兆翱、郑清濂、李寿田、杨廉臣、吴德章等人),到法国学习制造;由后学堂选学生十二名(有刘步蟾、林泰曾、叶祖珪、萨镇冰等人)到英国学习驾驶。在这三十名学生出洋学习的三年中,所需经费是二十万两白银(由闽厘金项下拨十万两,闽海关四成洋税项下拨五万两,福建船政经费项下拨五万两),分三年汇寄:第一年汇七万三千多两,第二年汇六万多两,第三年汇五万八千多两。

一切就绪,这些出洋学生于光绪三年正月,先到香港,由香港乘外轮转道出国。

以上是福建船政学生第一批出洋情况。

此前,北洋大臣李鸿章于同治十一年(1872年)间就派了一批幼童到美国学习(见《西学东渐记》);光绪元年(1875年)又派武弁卞长胜等七人随回国的德人李劢协到德国军营学习军事。当时,英国驻北京大使威妥玛也说英国有许多著名大学校,随时欢迎中国学生留学。

光绪七年(1881年),又从闽省厘金、海关洋税及船政经费项下拨出白银十万两,作为续选福建船政学生出洋学习的经费。原选定前学堂八名、后学堂六名出洋,但因后学堂学生许兆箕等四名先期被召充天津水师学堂教习和"威远"练船教练,不能弃职随行,只剩二名成行,故此批就只有十名学生赴法、英两国学习了。后来,这些学成回国的出洋生,除在各船舰工作外,有很多在船政局内任制造和教学等工作,也有的在天津水师学堂任教。

韩玉衡:福建船政始末记

一、船政兴办的缘起

清代兴办船政,始于同治五年(1866年)。那时太平天国革命运动虽然被镇压下去了,但外交却日感棘手。朝臣以英、法各国所以屡次侵犯中国,无非恃有轮船航海的便利和枪炮的精良,因此感觉到要巩固国防,非建立海军不可,而建立海军,首先要制造新式的轮船.闽浙总督左宗棠议兴船政,奏称:"我国家建都于燕,津沽实为要镇。自海上用兵以来,泰西各国火轮、兵轮直达天津,藩篱竟成虚设,星驰飙举,无足当之。"且自洋船载货行销各国以来,商务减色,漕运困难,他认为"欲防海之害,而收其利,非整理水师不可,欲整理水师,非设局监造轮船不可。泰西巧,中国不必安于拙也,泰西有,而中国不能傲以无也。……彼挟所有,我独无之,譬犹渡河,人操舟而我结筏,譬犹使马,人跨骏而我骑驴可乎?"又说:"轮船成,则漕政兴,军政举,商民之困纾,海关之税旺,一时之费,数世之利也。"并具体指出:"福建海口罗星塔一带,开漕浚渠,水深土实,可为建厂之地。"

他的建议得到载淳皇帝的准许,于是与道员胡光墉等立即开始计划筹备。不久,左氏调任陕甘总督,举荐丁忧在侯官原籍的前江西巡抚沈葆桢主持其事,清廷特简沈为船政大臣,于六年(1867年)六月到任。

二、船政草创的情形

沈葆桢就任船政大臣后,进行筹设船政机构,一切按照左宗棠的原定计划办理。行政人员就福建省的道、府调用,以布政司周开锡、候补道员夏献纶为提调,前台湾兵备道吴大延襄办提调,还有举人王葆辰、吴仲翔、叶文澜等参加工作。草创之初,以法国人日意格、德克碑为正、副监督,负责主持造船管理,并由他们两人先后代雇三十九名技术员工来华,包制包教。造船所用的主要机器、原料,也都是向法国采购的。

船政厂设在马尾的三岐山下,宽一百三十丈,长一百二十丈,离水边十二丈,背山面汇。于同治五年(1866年)九月兴工,奠基时厂地增高五尺以防海潮,至七年七月大部分建筑落成。计建造衙廨、校舍、厂房等八十余所。先后筹设铁厂、铸铁、模子、水缸、合拢、轮机、拉铁、钟表、帆缆、火砖、舢板、打铁等十三个厂,及东西两考工所,驾驶学堂、管轮学堂、绘事院、艺圃等四所,以后继有扩并。

初期船厂的工人,有二三千名,工作约分为锯木、造船、冷铁、铸铁、刻模;铸铜、水缸、翻砂、车床、钳床,以及斫木、版筑、锤石、攻皮等。又有青年艺徒八九百人叫做“健丁”。

三、船政所属的机构

船政所属的机构,在不同的时期中,前后互有扩并。除教育机构及船槽、船坞另行叙述外,兹先将其他机构的名目、规模和职能综述如下:

工程处、办公所

船政创办之初,雇用外籍人员主持技术设计与管理工作,设办公所为洋监督办公之处。到了外籍人员遣散后,改设工程处。两者实为同一性质,同是经理全厂事务、调度工程的最高机构。

绘事院

初名“画馆”。专任造船的图绘、测算、设计工作。初期有测绘生徒四十人。

模厂

专任制造船模、汽鼓模及其他模型工作。其制作场面积一万五千一百二十一方尺,安设各种锯机、刨机、旋机等共二十副。工程最旺时,工人有一百六十名。

铸铁厂

专任造船所需要的铸铁、铸铜及化验铜、铁工作。其制作场面积二万八千八百七十五方尺,安设大小铸炉十一座,其他机件二十三副。工程最旺时,工人有一百六十名。

船厂

专任船身一切工程制造工作。附设舢板厂，皮厂、版筑所，都归其管理。各制作场总面积共十五万六千四百方尺。工程最旺时，工人有一千三百余名。

铁胁厂

专任制造钢铁船胁、船壳、龙骨、横梁、泡钉以及船上各钢铁机件的打造、拗弯、镶配工作。其制作场面积七万九千八百九十五方尺，配置大小机件十五副。工程最旺时，工人有七百名。

拉铁厂

专任拉制铜、钢、铁及打铁工作，并审验钢、铜火候和锤力。其制作场面积九万四千四百六十四方尺，配置大小机件五十一副，大小炉五十七座。工程最旺时，工人有三百八十余名。

轮机厂

专任制造全船大小机件工作，附设合拢厂。机件制成后，先要经过合拢校准。各制作场面积共二万三千二百四十八方尺，配置大小机件二百三十副。工程最旺时，工人有三百六十名。

锅炉厂（原水缸厂）

专任制造船上锅炉、烟筒、烟仓、水管、烟管、汽表、向盘等工作。其制作场面积二万九千六百方尺，配置大小机件四十一副。工程最旺时，工人有三百五十名。

帆缆厂

专任制造船上的风帆、天篷、帆索并桅上镶配各种绳索，以及起重、搭架等工作。其制作场面积一万八千四百九十方尺，不设机器，多用手工。工程最旺时，工人有七十名。

储炮厂

专任收储各船炮械、炮弹、鱼雷等攻防武器，以备配备应用等工作。该厂面积二千零六十方尺，设工人二名看守。

广储所

专任收发和保管铜、铁、煤炭、机件和油杂各种材料等工作。附设储材所，归其管辖，专责收发各种木材。有机房九座，总面积共四万二千一百四十方尺。另有储煤场，面积一万五千一百二十方尺。工作最旺时，工人有一百余名。

砖灰厂

专任烧煅砖、瓦、石灰工作。其场所设在隔山空旷之地。下设砖瓦窑、烧煤骨窑、煅蜃灰窑。除设匠首三人和领班数名外，视业务的需要招雇临时工。

东、西考工所

专任各厂工人的考勤及其他管理工作。并附设工人宿舍数百间。另在山下、山上建立洋楼二十余座,作为外籍师匠的住所。

民国以后,船政组织机构多仍旧贯,在原有的基础上,时有扩充或紧缩,其先后新增设的机构如下:

飞机工程处

1921 年,留学美国习飞机制造专科毕业学生巴玉藻、王孝丰、王助、曾诒经等四人回国,海军部分派来船政局服务。未几,组织飞机工程处,以巴玉藻为主任,进行设计制造飞机。至 1924 年完成海军教练机十八架。该处经费另列预算拨付。1931 年,归并到上海江南造船所。

电灯厂

1922 年,新购一百五十启罗、一百启罗电机及发动机各一部,成立电灯厂。各厂停用马力机,统由电机供给动力,不足时再采用原有汽机动力。夜间发电,除供应海军所属各机构外,准许当地马江区商民按一定规章纳费使用。至 1939 年,电机设备疏散后方,该厂停办。

海军制造研究社

1926 年,成立海军制造研究社,编辑发行学术性季刊,名为“制造”,介绍并讨论有关海军的现代科学问题。

后方办事处

抗战期间,马尾为海防前线,日寇时来窥伺。造船所于战时保持机动状态,随时准备应变。于 1938 年在南平县峡阳镇设有后方办事处,作为疏散的地点。于该镇溪中庙附设储存所,把可能移动的重要机件,拆散运往保存,由工务员黄聚华主持其事。

此外,1919 年,成立福州海军联欢社(为公余联络情感,交换知识的组织)。1926 年,福建省政府设立银元局,铸造银元,一切业务,委托造船所管理进行,成立附属机构。同时承办长乐县莲柄港溉田局一切工程。次年(1927 年),银元局停办,溉田局工程移归福建省政府继续进行。

四、船政的主持人员

福建船政自清同治六年(1867 年)开创,经民国至大陆解放为止,前后凡八十三年,其间机构时有调整,历任主持人员约有三十余人。最初为特简钦差大臣专责其事,得以“专奏请旨”,不受任何地方官吏的牵制,工作开展较为顺利。光绪以后,多由总督、巡抚、将军兼管督办,他们本身原来的职务很重,很忙,对于船政未必十分重视;而总办或会办的人员,又须秉承这些封疆大吏的意旨,因此不免有一定的限制。民国以后,船政局属于海军部管辖,由局变所,规模逐渐缩小,经费也一再减少,但后来主持人员,遴派本途出身者充任,于工程业务较为熟悉。

现将历任主持船政人员;任内简要情况,作概括的介绍。

首任船政大臣沈葆桢在任八年,始终兢兢业业,力谋发展,其所成就,分详于各章中。他调任以后,对于船政仍多赞助,及至病危,亲草"遗折",犹敦敦以船政为念。

丁日昌接事后,曾以养船经费不足,奏请饬地方官筹设支应。在任不及一年,即行引去,举荐顺天府尹吴赞诚代。

吴赞诚在任三年,中间(1878年)奉命署理福建巡抚仍兼理船政,这是船政由地方官吏兼管的开端。选拔船政学生出洋留学自他任内为始。

黎兆棠系前直隶按察使,原亦丁日昌所举荐人选之一。他在任内设计、自制巡海快船。

张梦元以福建按察使兼管船政,在任期间甚短。他对于船政事业的重要性没有认识,没有信心,曾以"经费虚縻"请收束船政。

何如璋以船政为海防根本,万无收束之理,他评议张梦元所请收束,尽弃前功为失计。主张添机、扩厂,仿造铁甲,构造船坞,始办铁沙,估计每年要筹一百二十万两来发展船政的事业。但在任中,以甲申之役,因循致败,与张佩纶先后同被革职。

张佩纶于中法战争爆发前夕,奉派来闽会办船政。曾条陈四事:(一)整饬局章,(二)兼筹军火,(三)拟增炮台,(四)统计船费。又请定购鱼雷艇,以助防守。

裴荫森于张佩纶革职后,以福建按察使署船政大臣,在任五年,颇有建树。如:开始制造钢甲兵船,兴建罗星塔青洲船坞,新设鱼雷厂,充实各厂机件、设备等。时杨廷传(原甘肃肃州府知府)为提调。

卞宝第、谭钟麟先后以闽浙总督兼管船政,时杨正仪总办船政,实主其事。其后闽浙总督边宝泉以无暇兼管,请派大员督办,乃以福州将军裕禄兼管,加以整顿。

裕禄任中,最突出做了一件事,就是与法国订立合同,延聘法籍员工主持制造工程,以杜业尔为正监督,后来引起许多麻烦。时徐建寅(原直隶候补道)为提调。

裕禄调补四川总督,增棋以福州将军兼管船政,调用四川候补道员沈翊清为提调。其后福州将军善联、闽浙总督许应骙各两度兼管船政,继之者为福州将军景星、崇善。这几年中,主持人员更迭至为频繁。

沈翊清在谭钟麟任内,曾总办罗星塔青洲船坞工程,增棋任内升为提调,后以景星举荐擢为会办船政,以资熟手。不及一年,又奉召入京参赞练兵。兼管船政福州将军崇善举荐原总监工魏瀚会办船政,魏瀚把越权跋扈的法籍正监督杜业尔遣回,与法方重订合同,以柏奥铠为总监工,由他引进竺蒲芭为工程师。在事九年。后来魏瀚出国,郑清濂会办船政。

闽浙总督松寿,是清代最后一个兼管船政的人。时杨廉臣为提调。

民国初年(1912年),船政改归省辖,设正、副局长,第一任局长为林颖启,副局长为沈希南,林为海军军官,以船政经费无着,不来就任,由沈兼摄正局长之职。次年,前清候补道员杨执中、司法行政人员翁浩、陆军人员肖奇斌,先后派充局长,他们接任各仅两个月,以无法开展业务,即行引退。

郑清濂清未曾会办船政,1914年复起用为船政局长,刘懋勋副之,原副局长沈希南调为工务长。1915年,郑辞职,沈病死。海军轮机人员陈兆锵接充局长,曾宗瀛为工务长。

陈兆锵做了十一年局长,是船政历届主持人员中在任最久的一个。任内建立飞潜学校,组织飞机工程处,添设电灯厂。

马德骥原是陈兆锵任内接曾宗瀛缺的工务长,到了陈调任江南造船所所长,福州船政局也改名为海军马尾造船所,他升为所长,原工务员袁晋为工务长。任内为福建省政府附设银元局并建立长乐莲柄港溉田局,会同飞机处成立海军制造研究社。

不及一年,马德骥又调任江南造船所所长,遗缺以原工务长袁晋升任,叶方哲为工务长。袁晋做了五年,因经费短绌,辞职未经邀准,擅自"挂冠"而去。

韩玉衡原任海军厦门造船所所长,调补袁晋之缺。当时(1933年)福建人民政府成立,十九路军驻入马尾造船所。他折返厦门与该军参谋长黄强会商,黄邀同他飞回福州,会见蔡廷锴、蒋光鼐二将军,承允将造船所先交海军保管。不久十九路军退出闽省,他调集原有员工,恢复规模,继续舰艇修理工程。时萨本炘为工务长。在他任内,为了从前所建的石坞失去效用,乃设计兴建一座钢筋混凝土的新船坞,为舰艇修造工程弥补了缺陷(详见第六节)。不久,抗日战争开始,由他维持到福州沦陷(1941年)机构撤销为止。

战时,造船所完全受到了破坏,及至日本无条件投降。抗战胜利后,1948年,海军总司令部派张传钊为所长,无法恢复,仅将后方电厂设备运回马尾装设,使电灯复明而已。次年福州解放,张传钊挟货逃往台湾。

五、船政所造的舰船

船政厂于同治六年(1867年)某月开工。初期所造船只,完全都是依靠法国员工的设计与技术造成的,先后六年,期间外人代制了十二艘大小商船、兵船。第一号"万年清"于八年五月下水,它算是用西法首创的中国商船,同年十一月第二号"湄云"下水,则为中国近代海军最原始的兵船了。船政的前、后学堂学生学会了造船、驾船的技术以后,便运用自己的智能与力量来设计制造与操纵驾驶。到了十二年七月,第十三号"海镜"商船下水,同年十二月,又有第十四号"琛航"商船下水。自此以后,截至光绪三十三年(1907年),共计造成大小兵船、商船四十艘。

船只制造的类型,随时都有改进。如质料初皆为木壳,光绪三年(1877年)以后所造的船,改用铁胁木壳,或铁胁双重木壳;至十四年以后,就更进一步改用铁胁铁壳或钢胁钢壳了。机式的装备也逐渐加强,初多用常式立机或卧机,后改用康邦省煤卧机,更进为新式省煤立机或卧机。船式方面则由常式进而为快船,又进而为穹甲船,再进而为钢甲船。

船政前后所造四十号船只,附表(略)。

清代兴办船政,中心任务是造船。到了民国以后,船政的业务转移于修造海军舰艇。所造的船,除于1914年继续完成二千吨的"江船"(后改名"宁绍")一艘外,其余不过限于小型的浅水艇而已。在三十九年中,只造两艘炮艇,一名"海鸿",一名"海鹄",于1917年兴工,后来试航成绩尚佳。先是,当时(1917年)曾计划制造一艘海军测量舰,已经安放龙骨,开始制造汽机,准备实施建造船身工程,但到了1922年,因该项经费一部被挪用而停止进行了。

1934年,承造福建水上警察局"江仪""江风"两艘警艇。

此外,接受各方定制的较大工程,综述如下:1928年,承建福州浚河局新式土扒船一艘,并为合拢机件;1929年,福州浚河局码头船三艘;1934年,承造福州港头造纸厂造纸机全副,照原式仿制,增加该厂原生产率五分之一;1935年,承造福州浚河局浮筒、浮槽多副。在抗战时期,为马尾海军要港司令部制造水雷,增强了闽江江防的装备。

六、船政的船槽和船坞

船政初创时,没有船坞,只有一个船槽,以供修船之用。该船槽系向法国采购铁板嵌造而成,用银三万余两。其作用和船坞相似,但性能较差,只能修理千吨以下的小型船只。船槽分为两段,总长三百二十二英尺,上设机房,总面积七千三百方尺,配置拖船机四十架。工程最旺时,工人有六十名。

船槽不能容纳大船。光绪八年(1882年),福建按察使张梦元督办船政,认为"现在多制快船,且亟须添造大石(船)坞,可修吃水深一丈八尺之船者,以备随时勘(底)修(理),即外国购回之铁甲船修理亦无不可"。十年,何如璋督办船政,也提出建造新船坞的建议。他认为"制船在厂,修船在坞,闽厂旧用铁螺丝船槽,容重仅一千余吨,去年(1883年)制成之'开济'船,即不能修,何况铁甲?大沽与上海先后建坞修船较便,然而港道稍浅,亦不能收纳快船,此事实难再缓。查闽厂左近有英商船坞一所,意欲出售,如能购就,则展大开深,将坞门改制加长便可合用。否则亦须择地筑造,备各船随时验收"云云。

光绪十三年(1887年),福建按察使裴荫森署理船政,才开始着手增筑罗星塔青洲船坞。初计划坞长三十八丈,宽十丈,深二丈八尺,纯用石砌。不久,因经费支绌暂停。十六年复工,至十九年落成。规模较原定计划为巨,凡长四百二十英尺,宽一百一十英尺,当时最大的战舰首推"定远""镇远"两钢甲船,都可以容纳修理。该坞前临大江,坞口潮平深三丈余。附设有抽水机厂、机器厂、官厅、丁役房、水手房、木料亭、机房等,总面积共二十九万三千方尺。船只入坞,分别由各厂派工修理。

民国以后,该船坞渐为流沙淤积,使用上发生了障碍与困难。1930年,计划另建一座新船坞,因经费无着,没有进行。到了1933年,韩玉衡调充所长,鉴于原有船槽前段损坏,后段不堪任重,仅足为二三百吨小船上槽之用,原有船坞在罗星塔的两端,坞后朝北通过一条土堤,与通济桥首尾相距二三千尺,复经小山,始能接通厂地,曲折迂回,交通不便,转运机件多由水道通行,通济桥下积沙成洲,江流转向坞前经过,也把坞前塞满流沙,随挖随积,船只难于进口,该坞简直完全失去效用。船所、船坞本应连成一气,现竟弄成有坞等于无坞,凡遇修理船只,只能顾及外表不能修及水线以下的船体,因而能力减缩不少,势成瘫痪。船坞为造船机构命脉所在,在建筑设备上,有迫切予以改进的必要。次年(1934年),积极擘划,在已成平地的英商废坞旧址,重新设计扩建新坞工程,请准海军部拨给专款,分头筹备进行。

为求节省计,乃以废旧水管、烟管以及旧钢条、铁条、钢索、铁索作为钢筋的代用品,建筑钢筋混凝土船坞,比较坚固耐久;并选择废置锅炉及大水抽、进水小马力机等经过修理后应用。一切计划就绪以后,于1935年春分途开工,新造铁骨柚木壳闸船一艘,新购柚木洋灰木桩等,招匠包工承造挖坞及坞层、坞底打桩,并筑造混凝土各项工程,以工务员黄聚华为造坞总监工。

1936年3月底,新坞全部完工。闸船则已先期完成,下水试验成绩优良。除采用旧机、旧料外,总共用费仅九万五千余元(由海军部先后分期拨款八万元,尚欠料商一万五千元,另筹补偿),开销之省,为始料所不及。推原其故:一为不另请土木工程师,二为全体员工通力合作,妥定配料、配工计划;三为充分利用旧机、旧料。是年四月九日,新坞举行开坞典礼,命名为“二号船坞”(以旧坞为“一号船坞”),以“江宁”“正宁”两炮舰开彩进坞。是坞计长三百七十五英尺,上向宽六十一英尺,下问宽四十四英尺,深十四英尺。

七、船政经费的支应

船政初开办时,以闽海关四成、结款四十万两(银),为建厂购机之用,然不敷甚巨,按月又由闽海关六成洋税项下,解银五万两,名为制船经费。同治十二年(1873年)正月起,又由福建税厘局按月解银二万两,亦名为制船经费,仅解一年而止。此款又名为养船经费。次年,台湾事件发生,并入台防经费,不归船政造报。以后成船渐多,养船经费更感不够。光绪二年(1876年),闽海关以六成洋税项下,不敷拨解,自是年起在六成内,每月解银三万两,四成内,每月解银二万两,全年经费只有六十万两。船只的制造与装备,既日益求精,工料和机器的费用自然预算日增,因此支付更形困难。

六年(1880年),闽海关每月拨解四成一项二万两,且有短欠,因此,造船工程无法开展,不得不力加紧缩,裁遣员工,以节省开支。

二十三年(1897年),复聘用法国人员主持技术管理,所支薪俸数额甚大,行政支出增加,自更影响工程费用。

三十年(1904年),崇善任船政大臣时,兴办闽关铜币局,想把该局的收益,拨充船政一部经费,乃用船政的名义向英商汇丰银行借款三十万两(银)。可是,铜币局成立才几个月,就因舞弊亏本,被御史陈璧参劾而停办了。船政不但没有得到实际上的补益,反要负担这一笔债务。

清代兴办船政四十余年,统计共用银一千九百二十一万余两。其中造船四十艘,用银八百五十二万余两,建筑费二百十一万余两,装备费六十四万余两,行政经费五百五十八万余两,教育费六十七万余两,垫支养船经费一百四十六万余两,赔垫铜币局负债二十三万余两。

这里应该一提的是,光绪二十四年(1898 年)六月,德宗准福州将军兼管船政裕禄奏,以船政所需款项较巨,必须于常年经费外,另筹的款,按年拨解,需银一百八十八万两(续定在内)。计:直隶二十万两,奉天五万两,吉林五万两(续定),江苏二十五万两,安徽五万两,江西八万两,福建十万两,浙江八万两,湖南十万两,湖北十五万两,河南五万两,山东五万两,山西五万两,四川十万两(续定),陕西五万两,甘肃五万两,又出使经费三十万两,淮盐督销局十二万两。是年八月,令各省如数拨解。到了九月又下令"所有前拟制造各船著暂缓购料兴工,俟前项经费积有成效,再行谕旨饬遵"。原定计划就发生了变化。接着过了一个月,西太后更直接下"懿旨",借口"练兵为第一要务",命令该项练兵所需经费,由各省拨解福建船政经费项下动用。于是船政经费新辟的来源,又宣告断绝了。

1912 年,船政改为省辖,归福建都督节制,但经费却没有着落,仅由地方政府零星筹拨,很不稳定。1914 年,船政归海军部管辖,指定由闽省每月拨款三万元为经常费,应用燃料(煤)另由海军部拨给。经费虽然确定了数额,可是并没有按期如数支应。至 1922 年地方政府积欠船政经费达三十余万元,几经交涉,不得要领。先是 1916 年以"南琛"巡洋舰年久腐坏,停用多时,泊在马江,不堪修复,招商拍卖,仅估价十八万元,以后奉准由船政局把该舰的机器、零件及旧料等拆散分别发售,得款共四十五万元。这一笔钱本来备存凑为新建一艘海军测量舰之用。至此,除拨给十五万元筹设海军联欢社、购买上海静安寺路社址外,其余为船政局挪用殆尽,新建测量舰工程因之停止进行。

1924 年,海军部核定船政局经常费每月由部拨给三万元,修造料费另行计算。1926年,船政局改组为海军马尾造船所,机构略为缩小,每月经常费减为二万元。次年,每月经费又减为一万四千元。到了 1933 年,再行重整编制,撙节开支,每月经费核定为八千元,还是由造船所在承受外修工程的盈余项下报销,不够之数,才报请海军部凑拨.而物价指数(主要为米价),较清末兴办船政的时候几乎贵了十倍,造船所每月的八千元经费,不过折合船政初期的八百元而已,一切业务无法开展。

抗战期间,海口封锁,外修工程更形停滞。1939 年,每月经费又缩减为五千元,部分机器(如电机等)拆运后方,疏散费用又多开支。次年,各厂先后悉被日机轰炸,每月经费再减为二千五百元。所属水陆巡防队裁撤,成立后方办事处,全体员工一律减额减薪,几陷于饥饿状态。

八、船政的雇用洋人

清代兴办船政时，曾考虑到不但造船必须延揽外籍师匠，而成船之后的管驾一时也要雇用洋人，不免有种种的困难。左宗棠对于这些问题，认为要"先立条约，定其薪水，到厂后由局抽选内地各项之少壮明白者，随同学习。其性慧夙有巧思者，无论官绅庶士，一体入局讲习，拙者、惰者随时更补。西洋师匠尽心教艺者，总办洋员薪水全给，如靳不传授者，罚扣薪水"。又以"定议之初，即先以订明教习造船，即兼教习驾驶，船成即令随同出洋周历各海口"。后来，船政聘用外籍员工，就是采取这个"包制包教"的方针。

日意格、德克碑是以私人与左氏的关系直接应聘的，并没有通过正式的外交途径，所肩的外籍技术员工，也是由他两人代为选择招致的。原合同的要点如下：

——在五年内，成船一十六号，估价银三百万两。

——正、副监督及技术员工三十八人，月薪银八千九百七十八两。

——五年限满，教习中国员匠能自按图监造，并能自行驾驶，加奖正、副监督银各千两，并加奖各员工共银六万两。

——五年工竣各员工每名另给辛工二月，并另给回费银三百七十八两。

同治六年（1867年）九月，日意格率外籍员工十二人到工。七年三月，德克碑续带外籍员工二十三人到工，加上从前陆续报到者共四十五人，内除暂雇者二名，专教驾驶轮船一名，造风雨表等匠三名不计外，实应三十九人。据当时不完全的资料记载：当时外籍人员中，有总监工达士博，铁山煤山监工都逢，英文教习嘉乐尔，医官尉达乐，及俄罗斯人监工贝锦达等。

到了同治十二年（1873年）六月，我国的学生、员工对于造船的技术，大体已经学会了，能够自行制造和管理，乃于是年十二月遣散所有外籍员工回国。前后五年多期间，共造成大小兵船、商船十二号，另有三号，是我国人员在外籍员工的指导下完成的，合共十五号，与原定合同的成船计划尚无重大距离。

光绪十六年（1890年）以后，由于人事以及经费的关系，船政没有什么进步。二十二年有招商承办之议，欧美各国闻讯，都想承揽，纷纷派员来华，名为游历，到闽参观马江造船厂，实际上是想刺探底蕴，谋取利益。光绪二十二年，清政府通过外交途径，与法国兵船官卜玳商订延聘法国员工来华助理福建船政，计正监督一人，监工一人，矿师一人，绘图员一人，书记一人。议定将来如有应添洋匠，俟正监督到工后，察看情形再定。正监督从法国大制造厂及水师中选择，均以五年为限，五年限满，或复用旧员，或另换新员，或无须再用，届期续议。薪俸每年正监督六万法郎，监工三万法郎，矿师二万六千法郎，绘图员一万九千二百法郎（四法郎折银一两）。

订约后，法海军部选派该国海军制造学校帮教习二等监工杜业尔应聘来华，充福建船政正监督,随带矿师达韦、监工华尔第(德国籍,余均法国籍)、绘图员李嘉乐、书记伯尔等,于二十三年(1897年)二月抵闽。后复由他续雇法籍匠首十人,到工助理。

这次所聘用的外籍人员,都是由法国官方派来的。因为他们有所凭恃,我方船政主持人员不好驾驭,发生许多麻烦。而杜业尔所带来的技术员工,多滥竽充数,去留之权属于正监督,我方不得过问。他们对于工程不能起指导作用,反使厂章纷乱。以前主持制造的中国人员,因受他们的排挤,相率引去,而学生和工人又不愿意盲目地听从外国人的驱使,也纷纷离开工作岗位。因船政积欠他们的薪俸,又积欠由他经手向地中海厂采办机器、原料费银五十万两,杜业尔便以债权者自居,更形跋扈。我方人员难和他们合作,厂务大受影响。

当时兼管船政的福州将军崇善,曾向清政府报告,以"杜业尔应募到华,即由法国家选派,所定合同又复含混牵制,以致使臣领事,得以公然干预,该洋员在厂亦遂为所欲为,如揽造法国浅水小轮,接续经营,漫无限制。又于马限山麓(船厂附近)购地建设教堂,其意何居"等语。在这个时期,法国驻华公使曾向清政府要求福建船政后学堂只聘用法国人为教习。杜业尔也曾要求后学堂改习法文(本习英文)。这些都显示他们意图干涉我国的内政。

光绪二十九年(1903年),魏瀚会办船政,以杜业尔专权霸道,非撤去不可,几经交涉才把他解聘。乃与法国驻福州领事高乐待续订合同,由法方举荐柏奥铿为总督工,竺蒲芭为工程师,以代替杜业尔。减其权限,收回了一部的主权。约定外籍职员任期以四年为限,工人以三年为限。

到了光绪三十三年(1907年)合同期满,法籍员工全体遣散。自此我国的船政之权,才完全掌握在自己手里。

杜业尔主持船政工程六年,只制造"建安""建威"两艘快舰,轮机还是由法国购来的。柏奥键继之主持船政工程四年,也只制造一艘"宁绍"轮船。他们的成绩极为有限,而所开销我国的经费数字却相当可观。这些事实可以说明帝国主义者对我们的"合作",是不怀好意的。

民国以后,船政总算没有外力的干预。但也曾雇用过洋人,就是当前学堂改为制造学校的时候(1913年),聘法国人沙彭为教官。至1919年遣回。

九、船政的教育机构

船政的兴创,于设厂造船的同时,以培养此项科学技术的人员为首要任务。

船政学堂于同治六年(1867年)成立,初名"求是堂艺局",借福州城内神光寺开课;后以厂舍落成,迁回马尾,分别学科,改名前学堂、后学堂。

前学堂习法文,专学制造,后学堂习英文,专学驾驶(光绪二年又复另设管轮一班)。招收稍通英、法语文的学生。当时认为法国的造船学较优,英国的驾驶学较优,因此前学堂教习多由法国人员兼任，后学堂教习则多聘用英国人。学习课程除专门学科外，并重中文，兼读《孝经》《圣谕广训》并学策论。

初期每一个学生按月给予"薪水"四两银的津贴；后来习驾驶学生至十五届以后、管轮学生至八届以后，入学时"自备资斧"，一二年后津贴膳食。

前学堂习制造学生先后毕业八届。计：第一届魏瀚等二十一名，第二届王庆端等二十名，第三届王寿昌等十九名，第四届施恩孚等三十一名，第五届许尚坚等十九名，第六届李世中等二十五名，第七届周葆燊等十名；第八届郭仲铮等三十五名。合共一百八十名。

后学堂习驾驶学生先后毕业十九届。计：第一届罗丰禄等三十三名，第二届萨镇冰等十三名，第三届林履中等八名；第四届许兆箕等二十六名；第五届林邦光等九名；第六届翁祖年等十名，第七届温桂汉等十一名，第八届陈巨庸等十六名；第九届贾凝禧等十三名；第十届林文光等七名，第十一届陈镜澜等十一名，第十二届吴光宗等十三名，第十三届陈尚衍等九名，第十四届沈翅清等十四名；第十五届陈玉璋等五名，第十六届高幼钦等十名；第十七届李孟斌等七名，第十八届林秉衡等十六名，第十九届汪肇元等七名。合共二百四十七名，

后学堂习管轮学生，先后毕业十四届。计：第一届何朝先等二十二名，第二届庞铭世等三十一名，第三届王桐等七名；第四届王孝鸣等十五名；第五届潘琮璋等十名，第六届梁蓉等八名，第七届潘兆清等十名；第八届常朝干等六名；第九届周光祖等五名；第十届韩玉衡等六名；第十一届吴明观等六名，第十二届邱景垣等三十一名，第十三届谢仲冰等二十四名，第十四届江守贤等二十九名。合共二百一十名。

1913年，前学堂改为福州制造学校，后学堂改为福州海军学校，归海军部直接管辖。至1919年，制造学校复并入海军学校，分为驾驶、轮机二班。

习驾驶（航海）学生，先后毕业十届。计：第一届陈瑞昌等二十三名；第二届周伯焘等十八名，第三届龚栋礼等十五名，第四届刘荣林等二十四名；第五届郑昂等三十名；第六届邱仲明等二十七名；第七届陈心华等十五名，第八届陈在和等十六名，第九届卢振乾等二十二名，第十届张振亚等十名。合共二百名。

习轮机学生先后毕业五届。计：第一届李贞可等二十三名，第二届董锡朋等十一名，第三届官贤等十七名，第四届夏新等三名，第五届王麟等十九名。合共七十三名。

海校又设造舰一班，仅办一届，毕业学生王衍球等十一名。后（1928年），又附设军用化学班，仅办一届，毕业学生王衍绍等十名。

当船政初创的时候，沈葆桢以所雇匠工，多中年上下的人，体力既差，学习工程又不易领会，乃由各厂分招十五岁至十八岁有膂力悟性的青年，使较易教导，名曰"艺徒"，专设"艺圃"为管理教育的机构。1913年，"艺圃"改为福州海军艺术学校，黄聚华、陈德隆、刘栋臣等先后为校长。

1917 年，新设海军飞潜学校，由艺术学校学生中选择有初中程度者一百名入校肄业。三年后（1921 年），经过甄别，分为甲、乙、丙三班，自 1923 年至 1925 年，先后共毕业五十六名。计：甲班陈钟新等十七名，乙班郭子桢等十九名，丙班林轰等二十名。因毕业学生无法安排本部门业务工作，乃由海军部派往海军各厂、所服务。该校仅办一届，即告停办。

十、船政学生的出洋

清代，船政学生派赴出洋留学者，前后凡四届。

第一届，光绪三年（1877 年），福建船政前、后学堂学生二十六名，"艺徒"九名，由监督李凤苞及法籍监督日意格率领，带同随员马建忠、文案陈季同、翻译罗丰禄等一行，由福州取道香港出国，赴英、法、美、西班牙各国留学，到达各该目的地后分别入校、入厂学习。计赴英者十三人，严宗光（复）、方伯谦、何心川、林永升、叶祖硅、萨镇冰入格林尼次官校，习驾驶学术，罗丰禄入伦敦琴士官校，学制造学术，罗臻禄入汕答佃学堂，习矿务，马建忠、陈季同（二人均为随行官员）入政治学校，学习交涉律例，刘步蟾在"马那杜"铁甲船实习，林泰曾在"索来克珀林"铁甲船实习，蒋超英在"狄芬司"铁甲船实习，赴法者十八人，梁炳年、吴德章、杨廉臣、李寿田、林怡游入多郎官厂实习，池贞铨、张金生、林庆升、林日章入科鲁苏民厂实习，"艺徒"陈可会、张启正入腊孙船厂实习，刘懋勋入马赛铸铁厂实习，裘国安、郭瑞珪入马赛木模厂实习，王桂芳、任照、吴学铸、叶殿铄入白代果铁厂实习，赴美者一人，黄建勋在"伯里洛"兵船实习，赴西班牙者一人，江懋祉在"爱勤可特"兵船实习。他们于驾驶、制造、轮机、枪炮、营垒、理化、矿务诸学，都获得了一定的知能。至光绪六年学成，全体归国。

第二届，光绪七年（1881 年），福建船政前、后学堂复派学生八名出洋留学。计；赴法者五人，黄庭、王回澜专习营造，李芳荣专习枪炮，王福昌专习硝药，魏瀍专习制造，赴德者一人，陈才锴专习鱼雷，赴英者二人，陈兆艺、李鼎新专习驾驶。至光绪十二年学成，全体归国。

第三届，即于第二届留学生回国的同一年，由福建船政前、后学堂派学生二十四名，同时北洋水师学堂亦派学生十名，共三十四名，由监督周懋琦率领，赴英、法各国留学。其属于福建船政部分，计赴英者十二人，贾凝禧、周献琛专习测绘海图、巡海练船兼驾驶铁甲兵船，黄鸣球、邱志范、郑文英专习操放大炮、枪队阵图、大副等学兼驾驶铁甲兵船；王桐专习轮机，张秉圭、罗忠尧专习水师海军公法、捕盗公法，陈庆平、李大受、陈长龄、卢守孟专习海军制造。赴法者九人，郑守箴、林振峰专习制造、数学、理化，林藩、游学楷、高而谦、王寿昌、柯鸿年、许寿仁专习万国公法，杨济成专习制船。尚有罗忠铭、陈鹤潭、林志荣三人不详。至光绪十六年（1890 年）学成，前后归国。

第四届,光绪二十三年(1897年),福建船政前、后学堂派学生六名赴英国留学,计施恩孚、丁平澜、卢学孟、郑守钦、黄德椿、林福贞等由监督吴德章率领出洋,本来预定在英学习六年,至二十六年因经费支付发生问题,才经三年,就令撤回。

民国以后,留学生出洋归海军部直接统一派遣。其先后学成回国分配福州船政局服务者计有:1919年,留英专习造舰毕业生向国华、陈藻藩,专习造机毕业生黄承贶,专习电机毕业生周恭良等四人,1920年,留美专习造船毕业生马德骥、王超、袁晋、邢契莘、叶方哲五人;1921年,留美专习飞机制造毕业生巴玉藻、王孝丰、王助、曾诒经四人。

十一、船政所受的阻挠

船政的兴办,在我国属于创举,因此不免遭遇重重的困难与挫折。左宗棠在创议时就有"非常之举,谤议易兴,创议者一人,任事者一人,旁观者一人,事败垂成,公私均害"的顾虑,又以"始则忧其无成,继则议其多费或更讥其失体,皆意中必有之事"。果然,不出他所料。

同治六年(1867年),福建船政机构刚刚成立的时候,闽浙总督吴棠就很不高兴。这个新兴的事业,不但不能取得他的合作和协助,而且他利用职权,多方掣肘,暗中搅扰,幸有主持人沈葆桢的毅力和倡议人左宗棠的声望,设法请求清政府把吴棠调走了。

当时船政衙门派员赴古田、太湖等处采购用铁,备用造船原料,福建布政使邓廷楠为了要收受,就借词阻挠,沈葆桢大怒,以钦差的名义,严加申斥。邓把责任推诿于书吏。沈氏下令把该书吏提来,亲加审讯,置之重刑。自后地方官吏才不敢轻视船政了。十一年(1872年),内阁学士宋晋奏称,制造轮船,糜费太重而成船少,请饬暂行停止。案交左宗棠、李鸿章,沈葆桢复议。左等三人力陈当日船政缔造困难,揆以列强形势,造船培才万不可缓。幸而获准,得以继续维持下去。

还有因主持人员对于船政建设没有信心而主张停办的。如光绪九年(1883年),福建按察使张梦元督办船政,以经费虚糜,请收束船政。二十八年,福州将军崇善兼管船政,奏请将船政归南、北洋合筹管理。想把福建船政的专设机构裁撤。

至于帝国主义在华势力,对于福建船政也时加阻挠。如同治六年,福州税务司美理登百计钻营入局,沈葆桢不允;总税务司赫德替他到北京总理衙门活动,要求准其会办,虽然也被拒绝,但却暴露出他们的野心了。又如同治八年,法国驻福州领事巴世栋搬弄是非,造成船政正监督日意格与副监督德克碑不睦。总监工达士博荷借他的势力,时时居奇挟制,被沈葆桢撤职。同年英国驻福州副领事贾禄,要侵占马尾船政厂界建筑教堂。光绪二十一年(1895年),法驻华公使竟要求福建船政后学堂改读法文,我方据理驳斥。从这些事件的发生,暴露出他们对于我国内政的干预和主权的侵犯。

十二、船政所受战争的破坏

福建船政先后受了两度战争的直接破坏，一为中法甲申战争，一为抗日战争。

光绪十年（1884年），法国因侵略越南，在谅山受挫，移兵分扰闽、粤、台湾等处。是年闰一月，法海军提督孤拔率军舰十三艘陆续开到闽江，聚泊马尾江面。8月23日（七月三日）法方竟悍然向我开火，我方被迫应战，大败。大、小兵船被法舰击沉、击毁九艘："福星""扬武""飞云""振威""琛航""济安""永保""福胜"，"建胜"，另"伏波""艺新"两船自行凿沉。以上除"福胜""建胜"两炮艇为美造外，其余均为船政所制造。阵亡官兵七百六十余人。事后，清廷查究战败的责任，督办船政何如璋、会办船政张佩纶及督、抚、将军多人，都受了处分。

这次战争，法兵虽没有登陆，但船局近在咫尺，法舰曾开炮攻击，受到相当的破坏。砖灰厂、合拢厂、绘事院损毁最大，水缸厂、炮厂、轮机厂、铁厂、拉铁厂、砖瓦厂、模厂、前学堂、后学堂、广储所等也受不同程度的损毁。而船槽突出江干，受炮最烈，第五号铁胁船快要下水，被击伤了九十余孔。经过短期的整顿，工程虽告恢复，而元气已经大伤了。

1937年，全面抗战开始。次年三月间，日机三十七架空袭福州后，飞集马尾区狂炸，造船厂的铸铁厂破坏较烈，其他各厂亦有损失。因投弹时适在下班时间，只伤工人数名，死二名。被炸后，舰艇修造工程仍坚持进行，但外修工程陷于停顿。起工时间改在晚后，以策安全。此后日机常来侦察，有时投弹。1938年，所内建筑一座钢筋混凝土防空壕，刚刚完成，还没干燥，就给日机炸毁了。造船所处在战时机动状态，办公处疏散附近村落火肋头乡，后又另设后方办事处于南平县峡阳区。1940年，造船所各厂遭受摧毁性的轰炸，一共中了五百磅炸弹百余枚，破坏至于不可收拾，工程进行也陷于瘫痪。次年，福州沦陷，福建船政结束了它八十余年的历史。

船政厂坞模型说明书

船政厂坞地方：

制船厂设在马尾，属福建省闽县辖境，距省会四十里，距海口六十里。船坞设在罗星塔下，距厂三里，中隔一小山。

船政沿革：

船政创设在同治五年。时发逆平，外交益棘手，欧美之人，不惮数万里踵接而至。其扰粤，扰闽、浙，扰江南、天津，使沿海各省几无宁日，恃有轮船航海之便耳。中兴诸名臣，知中国负海陆国之资格，有陆军不可无海军也，有海军不可无轮船也，制轮船不可无自制之厂也。于是设船政之议起。湘乡左文襄时总制闽、浙,实创是局。相地之宜,以马尾为最。议既定,文襄移督陕甘,举侯官沈文肃以代。斯时,中国于汽机制造之学一无闻见,不能不借才荒裔,聘订法员日意格、德克碑为正、副监督,并法员匠数十人以为导,使国人就而学焉。师其所长,即以立海军之基础。以法国优于制船学,乃觅工师于法:以英国优于驶船学,乃求教员于英。合英、法所长者而组织之。此船政创办之缘起也。

于时购地设厂,日役数千人。虑地力不足以任重也,乃加钉木桩,更填以灰石:虑江岸之易崩圮也,乃砌筑石坝,以遏其横流。又以盖造厂屋、安配机器之需时也,乃先建船台以制船身,购机于外洋,运厂斗合。故同治八年八月,已有第一号“万年清”轮船告成。一面建筑厂屋、学堂,一面续造各式船舰,兴学课工,日不暇给。迨同治十二年六月,华匠徒于制造之技渐能悟会,厂屋机器亦渐臻完备,遂于是年十二月遣散洋员匠回国。计九年之间成大小兵商轮船十五号,洋人所经理全成者十二号,余三号则皆华人完成。之后此续制各船,截至光绪三十三年成船已达四十号。文襄善创,文肃替成,论者交美焉。欧美各国士大夫来华游历者,无不绕道过闽,以一观中国之船政为幸。盖是局关系国家海军之前途甚大,握治国之略者无不著意于此,藉以觇国势之强弱焉。

光绪元年、三年,始派前、后学堂学生并艺徒数十人先后赴法、英两国留学,六年学成,陆续回华。于是制造、驾驶之任,皆以学生任之。其先船舰之制,船身内外皆用木,继乃易木胁以铁胁,后又易木板以铁板,再后则纯用钢胁钢板,且护以钢甲矣。船机则由立机改卧机,且进而用省煤涨力机矣。船式则由常式进而为快船,又进而为穹甲船,且益进而制钢甲船矣。

继文肃之后,总理船政者则有丁中丞日昌、吴中丞赞诚、黎京卿兆棠、张京卿梦元、何京卿如璋、张学士佩纶、裴光禄荫森。裴光禄视事在甲申后,当中法战亭初罢,工次颇受蹂躏,励精任事,百废俱兴,所可纪者甚多。如制造“平远”钢甲舰告成,及添建罗星塔船坞两事,乃其最大者。

光绪十六年裴光禄卸任后,不派专员,由本省疆吏兼管,经费愈绌,致无进步。二十二年间,将有招商承办之议,欧西各国闻之,皆欲揽办,其来闽看厂者络绎,名为游历,实欲窥探底蕴,隐怀叵测,于是有复聘法员整顿船政之举。斯时,系福州将军裕禄留守兼管船政,二十三年以法人杜业尔为正监督,议订合约,权限与日意格略同。时因巨款难筹,只就常费兴制快舰两号,即“建安”“建威”也。岁糜多金之薪俸,所成就者只此,殆亦敷衍羁縻之策而已。正监督以下之洋员匠聘订去留之权,既归于正监督,于是,滥竽充数,不能有所启导,反致厂章淆乱涣散。前之主持制造者,既足以触外人之忌,且无所事事,不得不相率洁身而去。即下至匠徒,亦不乐受其驱遣,皆有他适之志。嗣因挂欠外洋料价、洋员薪金至数十万,五年限满,不克遣退,而洋焰益张。工程之地成为交涉之场,厂务棘手于兹弥甚。时兼管大臣为崇留守善也。二十九年,魏京卿瀚奉命会办船政,以杜业尔专擅,非撤去不可以望整理。惟案关中外交涉，断非仅明中律而不明西律者所可与争，及声明其罪状，布告中外政府而去之，以法监工柏奥镗继其后，减其权限时期，俾就范围，且易于遣散，竭尽智力，去兹外蠹，收回主权。而魏京卿旋即被议去位，舆论惜之，且从此会办大臣一缺亦并裁去。柏奥镗在工四年，其成绩惟一江船，即现售与宁绍公司行驶宁沪之"宁绍"轮船也。柏奥镗等于三十三年八月期满，全数遣回。此后虽无外力之侵，而荡弛之习，实所不免，顾规模具在，整理匪难。

今者国家筹办兴复海军，马尾之船政，高昌庙、黄埔之船坞，均为筹办海军处所统辖，将派大员总理而划一之。马尾船政开办最早，成绩昭著，实中国海军惟一之大制造场也，其影响于工业界、实业界者甚大。爰将厂场缩制模型全具充会场之陈列晶，亦藉以知四十余年之缔造几费苦心，二千余万之帑金非尽虚掷，且其中惨淡经营，原因复杂，尤足以资兵、工、商界之参考研究焉。

船政各厂名目：

工程处办公所，绘事院、模广、铸铁厂，船厂（舢板厂、皮厂、版筑所属焉）、铁胁厂、拉铁厂、轮机厂（合拢厂属焉）、锅炉厂、帆缆厂、储炮厂、广储所（储材所属焉）、船槽、船坞。

船政各厂之能力与其成绩：

工程处办公所：

工程处办公所名为两处，实二而一者也。开办之初，招募法员乃设办公所，为洋正监督办公之地。迨洋员遣散，而船政出洋肄业务生回华，能胜任制造，乃改设工程处。盖用洋员为领袖，则名办公所，用华员为领袖，则名工程处。无非为经理全厂事务，调度工程者办公之处所也。

绘事院：

设在轮机广之楼上，承绘船身、船机、锅炉以及镶配等总图、分图，图成而后，始可按图兴制也。其能力，图画之外，又有兼精测算者。该院面积计六千八百尺方，现有绘生三十九名。

模厂：

专任制造船模、汽鼓模、各机件模以及细木雕刻各工。其能力，须审图理，谙折算，熟悉模型奥窍，辨五金热冷胀缩度。该厂制作场计面积一万五千一百二十一尺方，安设各种锯机、刨机、各种旋机等共二十副。工程最旺时匠额一百六十名，现仅有四十七名。

铸铁厂：

专任船上所需之铸铁、铸铜各机件。其能力须谙图理，明算术，照木模制土模及鼓铸之时辨明火候，考究铜、铁原质。曾铸就重大铁件达三万斤，铜件达一万余斤。该厂制作场面积计二万八千八百七十五尺方，安设铸铁、铸铜大小炉并各炉共十一座，转运重件之将军柱、碾机、风箱、风柜等件二十三副。工程最旺时，匠额一百六十余名，现仅有五十余名。

船厂（舢板厂、皮厂、版筑所属焉）：

专任船身工程。设石制船台一座，长二百九十七英尺；木制船台一座，长二百七十六英尺。凡船身长短广狭、桅舵、舱位、吨载、吃水、速率、中心点度数，均应配算匀称，先绘寸径总图，后绘全船地图，照图制造。曾制成木质、铁质、钢质、穹甲、钢甲各式船身计四十余号，大者容积二千余吨，其能力可制四五千吨之船。所有起盖、镶配亦归该厂管理。设有锯木机八架。所辖之皮厂，则制造皮带并各式皮件，舢板厂则制造桅、舵并大小舢板；版筑所则造船上炉灶并厨房、厕所，各厂烟筒、炉灶及一切泥水修筑各工。该厂各制作场合共面积十五万六千四百尺方。工程最旺时，匠额一千三百余名，现仅有匠丁一百五十名。

铁胁厂：

专任制造钢铁船胁、船壳、龙骨、横梁、泡钉以及船上各钢铁件打造，拗弯、镶配各工。该厂于光绪元年添设。其能力，须审识船身图理，制度、钢铁原质各法。曾制成钢甲，钢铁船身二十余号，小轮船不计。该厂制作场面积计七万九千八百九十五尺方，配设锯机、剪机、钻机、卷机、碾机、刨机共三十五副。工程最旺时，匠额七百名，现仅六十八名。

拉铁厂：

专任拉制铜钢铁并打铁，为制船所必需者。其能力，拉制重大之铜钢铁板、钢铁槽、铜钢铁条等件，打造重大之轮机，并船面镶配钢铁件、转轮轴、车轴、转轮臂、汽饼杆、活轨、前后斗鲸、铁锚、舢板挑锚等件。该厂制作场面积计九万四千四百六十四尺方，安设汽锤七架，其最大汽锤之力则有七吨。此外，拉机、剪机、钻机、旋床、刨床并转运重机之将军柱等大小共五十一副，拉钢铁、打铁各炉大小五十七座。工程最旺时，匠额三百八十余名，现仅有八十七名。

轮机厂（合拢厂属焉）：

专任制造全船大小机器，制成后先在厂合拢试验，故合拢厂属焉。其能力较准中线，旋转顺和，尤须审明图理，通晓进脱、冷暖、压助、嘘吃机关各窍汽力等事。曾制成全船各机件或镶配外购各件合拢成船计有四十余号，各小轮不计。该厂制作场合计面积三万三千二百四十八尺方，安设车光机、刨机、削机、钻机、砺石机、螺丝床、钳床共二百二十三副。工程最旺时，匠额三百六十名，现仅有一百二十名。

锅炉厂：

专任制造船上锅炉、烟筒、烟舱、汤管、烟管、汽表、向盘各工。其能力须审辨钢铁原质，究汽机之理由、大气之涨力以及镶配法度。曾制就各式锅炉成船四十余号，又小轮船锅炉数十号。该厂制作场面积计二万九千六百尺方，配设卷铁床、水力泡钉机、剪床、钻床、刨床共四十一副。工程最旺时，匠额三百五十名，现仅有一百十七名。

帆缆厂：

专任制造船上之风帆、天遮、帆索，并桅上镶配各绳索，以及起重搭架等工。其能力须谙帆缆之制度,登高工作,以及风帆面积、绳索力度。该厂制作场面积计一万八千四百九十尺方,不设机器,以手制为多。工程最旺时,匠额七十名,现仅有四十名。

储炮厂:

专备收储各船炮械、炮弹、鱼雷各件。惟近时制船较少,无新购炮械,只余剔废之旧炮、旧枪、炮弹而已。该厂面积计二千六十尺方,看守丁二名。

广储所(储材所属焉):

专管收发铜铁、煤炭、机件、油杂各料件,储件所专管收发各项木料。盖因船政料件繁多,采办到工时,必须先交该两所点验。其职任须审辨料质之良窳,慎重存储,无使朽坏。该所储料栈房九座,共面积四万二千一百四十尺方;储煤厂共面积一万五千一百二十尺方。广储所长夫工程旺时原额六十名,现仅有四十名;储材所簿夫工程旺时原额二十六名,现仅有二名。

船槽:

各国修船,自有船坞后,多不建设船槽。该槽尚系开办船政时所设,可容一千吨以上之船上槽修理。近因历年已久,损坏之处较多,修槽之费尤巨,未曾大修,力量较小,只用以修理小船,较之入坞殊觉简易。其能力与船坞相仿。该槽长三百二十二尺,上设机房,合计面积一万七千三百尺方,安设拖船机四十架,大螺丝四十条,四十匹马力一副。工程最旺时匠额六十名,现仅有三十七名。

船坞:

制造之学日见增长,前第用船槽拖船离水勘底,今则船身之大几倍于昔,非坞不足以容之。船政从前只有船槽,仅能修千吨之船,光绪十三年裴光禄任船政时,乃添筑船坞于罗星塔,旋因费绌暂停,十六年二月复行兴工,至十九年告成,计建筑费四十九万西。坞身纯用石砌,长四百二十英尺,宽一百二十尺,当时,中国最大之战舰首推"定远""镇远"两钢甲船,是坞足以容之。中国仅有旅顺石船坞,其建筑之费十倍于闽,此则近于东南各省,凡闽、粤、江、浙沿海各兵船修理最便。该坞告成之后,入坞修理者,计有本省各轮船并北洋之"海容""海筹""海琛""通济"等船,又间有外国兵船来修。该坞建有抽水机厂、机器厂、官厅、丁役房、水手房、木料亭、栈房等项,围墙以内计面积二十九万三千尺方。除有船入坞向由各厂派匠办理外,坞内现设匠丁二十七名。

经费:

同治五年开办之初,以闽海关四成结款银四十万西为购器、建厂之用,然不敷甚巨,按月又由闽海关六成洋税项下解银五万两,名为制船经费。十二年正月起,又由福建税厘局按月解银三万两,亦名为制船经费,仅解一年而止,此款又名为养船经费。时台湾事起,并入台防经费项下,不归船署造报。递年成船渐多,养船经费不敷,皆由船政垫支。查同治十三年首次报销造船、购器、盖厂各费已达五百十六万两有奇;垫支养船经费十九万两有奇。此开办时筹款、用款之情形也。

光绪二年闽海关以六成洋税项下不敷拨解,自是年正月起在六成内月解银三万两,四成内月解银三方两,是为船政常年之费仅此六十万两。顾船制日变,工料之价亦日增,随时更有添厂、添机,无非由此支付,已属短绌,乃自光绪五、六年以后,闽海关六成解款,始则批解不全,后竟有全年未解者,积欠三百余万。此后遂只有四成解款,月解二万金,且间有蒂欠不清,计亦短解百十万两,致船政无时不因经费支绌之故,使工务诸形棘手。尚赖光绪八、九年间兴制广东"广甲"各船,并南洋"开济"各船,有江粤协款,藉以免(勉)强支挂,否则愈形竭蹶。所以裁减员绅,遣汰匠徒,时有所闻,皆为搏节计也。二十二年总理衙门覆陈遵议船政一折有云"船政全年经费六十万两,从前但制木质轮船尚堪敷用,现既责令改造铁甲、钢甲,一船之费,动值百十万金,断非月款数万金所能敷用。又况此数万者,又皆不能应手"等语。又云:"船政始于前大学士左宗棠,成于前两江总督沈葆桢,朴实耐劳,实事求是,其所用又多本地寒士,布衣草笠,亲执扑以巡功,故弊绝风清,为各省官厂所仅见。近十余年来,泰西制造日精日新,闽厂出洋回华学生虽不无颖悟之资,能自出图制样,而财力短绌,既不敷添机拓厂,又不敷制料储材。自八、九年制成'衰泰'、'镜清'、'开济'、'平远'各快船后,即得有更新之法,亦因无机无厂,不能如法更制"等语。载稽往牍,具见历来筹款之艰,其足阻制造之进步者,则皆经费限之也。

二十二年复聘法监督杜业尔等,年支薪俸几三十五万佛郎,约合银十万两。所成之船,仅"建威""建安"及一小鱼雷艇。二十九年遣退杜业尔,以法监工柏奥镗继其后,薪俸略减,年支薪俸亦三十万佛郎,约合银八万两。所成之船仅一江船。此固因经费难筹,不得不视款力所及而为之,然岁糜多金无成绩可纪计之左,更无逾于此矣。

三十年崇大臣任内,兴办闽关铜币局,冀以其盈余为船政之费,乃用船政名向汇丰银行借款三十万两。然铜币局仅数阅月即亏折停歇,是款遂无着落。于是船政又复担任铜币局之债务,仅此月款二万金尚须弥补欠项,直至江船售后始得清还。此又船政无端负累,愈形竭蹶之情形也。

兹查历届报销,由同治五年起,至光绪三十三年止,制船四十号,共用银八百五十二万余两,营造厂屋共银二百十一万余两;办造机器并镶配安装共银六十四万余两,雇募洋员薪俸、酬劳、添置修理各厂各机器,并务器具、书籍共银五百五十八万余两,创设学堂、培育学生各费共六十七万余两,垫支养船经费一百四十六万余两,认受铜币局厂屋机器赔垫二十三万余两;共用银一千九百二十一万余两。盖开办以来垂四十余年用救具在于此。若以例诸外国之制造厂,则实未见其多也。

附记:

当甲午以前,北洋海军已粗成立,旅顺、威海卫、刘公岛均足为海军务船、舰根据地,其惨淡经营既已不遗余力矣。乃大东沟一战,竟丧我师,于是战舰全队歼灭殆尽,此固志士所痛心扼腕而不能已也。然以中国地大物博，恢复固属不难，即更加扩充，亦非力有未逮。船政所制各船，一因甲申中法之战，一因甲午中日之战，所余无几。顾曾遭丧败，则战事上之阅历愈深，拣其弊而谋其利，固意中事也。不意制造仅此一厂，而因循怠忽且甚于前。环顾沿海各省，所余仅旧坏数船，此外若北洋之"海圻""海容"等船，仅寥寥数号，不足以成军。年来船政无米为炊，仅仅免于停废，坐令旧日之工师、徒匠散走四方，技术生疏，厂务日靡，究流溯源，则失败之由，固不得尽诿诸人也。

船政建造钢甲船模说明书

制造地方：

福建马尾船政

原料：

此即"平运"钢甲舰①之船式也。钢槽为胁，钢板为壳，外护以钢甲。船身、船桅并配件以及锅炉机器，纯以钢为之，其钢料皆选外洋所产最上等者，派员定购，运厂应用。

制造器具及监造人：

就本厂船台，按图以次制造。镶配大小各胁，掩以钢板，此船厂、铁胁厂所承制者；船机、锅炉或用外洋钢料车光刨干，按图制配合拢，此由轮机厂、锅炉厂所承办者；其余各配件，则由各厂通力合作，各厂所有机器亦足适用。至经始制图监造之人，乃船政出洋毕业生魏瀚、陈兆翱、郑清濂、杨廉臣。成船之后，归入北洋海军调遣。甲午之役与日人交战，屡受巨弹，毫无损伤，较之外购之"超勇""扬威""济远"似有过之，即较之"镇""定""致""靖""经""来"六远，亦无不及也。后为日人所得，日俄之战，该船颇著战绩。

沿革：

船政自制钢甲船惟此一号，实为裴大臣经中、法战事之后，知世界风潮日亟，非墨守陈规所能与各国争长也。时出洋制造各学生综理工程处，历练渐深，成效卓著，遂督饬算绘钢甲图式，估计工料。议者每以费巨难筹，多方阻尼，裴大臣虽不恤人言，而筹款维艰，只能决定试制极小之钢甲船一号。工程处各监造员制图测算，无不竭尽苦心。光绪十五年四月全船告成，试洋时抽水机有小疵，旋即改良。驶赴天津，道经上海，前疵复见，详加考究，始知实因合拢之际，限期急促，匠徒安定轴托中心点与原图稍异，全船机件繁密，漏未察出所致。幸监造员等随同在船，立即修整完善，安抵北洋，以后行驶均无疵病。然有此影响，谤者繁

---

① 该船排水量2100吨，航速14海里。

兴,监造员竟得摘顶处分,而裴大臣亦不久去位矣。

价目:

全船告成所用工料统共银五十二万四千两。

舰体及配件:

全船长十九丈五尺二寸七分。排水量二千一百吨,吃水极深十三尺有奇,速力每点钟十四海里。配克虏伯二十六生后膛炮一尊,十五生后膛炮二尊,十生后膛炮一尊,合乞开司开士连珠炮四尊。船首配探海灯一座,全船均配电光灯,或有议其速率不加者,不知该船本守口钢甲炮舰,排水量只二千吨,而水线带纯甲直至首尾,甲最厚处合八英寸,又益之以二十六生巨炮配于舰首,吃水以十三英尺为限。请试质诸英、法、德制造钢甲舰诸名家,该船只此价值,又有前开限制,能不翼而飞与快船相颉颃否?

附记:

船政创设四十余年,成船达四十号。其中非无推陈出新之制法,当创制"平远"钢甲船时,全系学成回华诸生督率华匠自办,幸竟告成。盖深知海军以钢甲舰为最重要之船,既设船政,则不可不知自制也。果能于此时济以巨款,使各监造员精益求精,其成效必有可睹。乃惑于浮言,绳以文法,无就势利导之热心,又因筹费维艰,安于颓堕,诚足惜也。夫外人创成一器,非弹竭数十年之心力不能精,且有及身不成,后之人继成之者,坚忍成性,不为外议所摇。其用人也专,斯为所用者有所措手,故制造之学,日异而月不同。始由常机思及省煤,旋有康邦之制:由自涨力始而双汽鼓,继而三而四,方谓已极制造之美备矣。讵眼前复创有汽吹自旋机,且有悬空飞行艇,愈出愈奇,进步之速,殆非苟然也。

船政建造鱼雷快舰船模说明书

制造地方:

福建马尾船政

原料:

该船即"建安""建威"鱼雷快舰[①]之式也。以钢槽为胁,钢板为壳,船桅、船机、锅炉及配件皆以钢为之。其钢料系购自地中海钢铁厂、经派洋工师选购运厂应用。

制造器具及监造人:

船身、船机全由本厂自制,锅炉则由地中海制造厂制成,运厂配合。此外,镶配合拢,则各厂通力合作。经始制图监造之人,乃法员杜业尔。船成之后,于光绪二十九年拨归南洋遣用。

---

① 两舰为同型舰,于光绪二十八年(1902年)建成。

沿革：

船政于光绪二十二年聘法人杜业尔为正监督，并延订法监工、法厂首、法匠目等多人来厂，除制成小机船不计外，仅成此两船。

价目：

全船告成所用工料共银六十三万七千两有奇。

舰体及配件：

全船长二十五丈八尺，排水量八百五十吨，吃水极深十一尺五寸，速力每点钟行二十三海里。配十生快炮一尊，六生半快炮三尊，三十七密里连珠炮六尊。船首配探海灯一具，全船均配电光灯、新式暖汽炉、电风扇。

附记：

此种船式，本船内可装放鱼雷，且速力较大，可捉获鱼雷艇，故又可名之曰猎舰。船身较狭，船体重量甚少，取其轻捷、灵速，实为海军全队中必不可少之船。其船式亦近今之最新者。

船政建造快碰船船模说明书

制造地方：

福建马尾船政；

原料：

该船模即船政所制成之"开济""镜清""寰泰"各船之式也。以铁为胁，用双层木壳，船面两旁装炮之处则以钢板为台。全船锅炉、机器及配件钢、铁、木并用。

制造器具及监造人：

由上龙骨起一切均由船政各厂自制，并合拢成船。其拗弯、车光、钻孔、刳平等工，各厂机器均足任用。经始制图监造之人，乃船政出洋毕业生杨廉臣、李寿田、吴德章。成船之后，归南洋遣用。

沿革：

船政前制各船多系木质，且速力仅十海里。光绪三年后，始改用铁胁，而速力亦只十二海里。此种快船本系南洋定制，始改新其式，名曰快碰，因其船首锋锐，可以冲碰敌船也。按是时外国船制，此式已属最新。每点钟行十五海里，亦外洋各快船适中之速率也。

价目：

全船告成，所用工料统共银三十八万六千两有奇。

舰体及武力：

全船长二十六丈五尺八寸，排水量二千二百吨，吃水极深至十八尺三寸，速力每点钟行十五海里有奇,配克虏伯二十一生后膛炮一尊,十五生后膛炮六尊,那腾飞连珠炮六尊。

附记:

近世制造之学日精,船式屡变不定,然不外坚固与快速二者而已。钢甲舰主坚大则武力自强,快舰主灵速则武力较逊。然二者皆具有战斗力,均海军之利器也。船政当光绪八、九年时,出洋各学生自定图式,兴制快碰船,其时盖已力求新异。告成之后,亦能动中规矩,未始非兴办船政之成效也。然距今又二十年矣,此种船式又成老旧矣。此足见世界进步之速,急起力追之不容缓也。

第六章 艺 文

第一节 著 述

左宗棠　《左文襄公全集》

沈葆桢　《总理福建船政奏折》《福建台湾奏折》《沈文肃公政书》（9卷）《沈文肃公牍》6卷、《沈文肃公家书》《夜识斋剩稿》《居官圭臬》《沈文肃公改正课艺》《先考丹林公行述》《先姚林夫人事略》《室人林夫人事略》《饶庄勇公事略》

日意格　*The Foochow Arsenal and Its Results 1874*（《1847年船政学堂及其成就》）、《福州船政学校技术词典》《法汉袖珍词典》

丁日昌　《丁禹生政书》36卷、《抚吴公牍》50卷、《百兰山馆诗集》5卷、《百兰山馆政书》14卷、《百将图传》《律例便览》《持静斋书目》《持静斋藏书记要》

吴赞诚　《吴光禄使闽奏稿汇存》3卷

裴荫森　《船政奏疏汇编》

夏献纶　《台湾舆图》《台湾舆图并说》

李凤苞　《使德日记》，合译《行海要术》3册、《克虏伯炮说》3册、《克虏伯炮操法》3册、《营垒图说》《各国交涉公法》16册

严　复　《沤舸纪经》《政治讲义》；译著有赫胥黎《天演论》，约翰·穆勒《群己权界论》《穆勒名学》，斯宾塞尔《群学肆言》，亚当·斯密《原富》，孟德斯鸠《法意》，甄克思《社会通诠》，耶芳斯《名学浅说》，卫西琴《中国教育主义》，宓克《支那教案论》，白芝洁《格致治平相关论》；《国计学甲部》《计学浅说》《教案近事议义》（三译稿未完成），《富国真理》（未出版）；《鸦乘羊者》（希腊《伊索寓言》）；《侯官严氏评点〈老子〉》《严译名著丛刊》《侯官严民丛

刊》《严幾道文钞》《瘢壄堂诗集》

陈季同	《西行日记》4 卷、《三乘槎客诗文集》、《芦沟吟》、《黔游集》、《学贾吟》；法文著作《中国人自画像》、《中国人的快乐》、《中国人的戏剧》、《中国故事》、《中国娱乐》、《中国拾零》、《亲亲》（又作《君子家居》、《一个中国人笔下的巴黎人》、《吾国》，法文长篇小说《黄衫客传奇》、法文轻喜剧《英勇的爱》；英文著作《中华帝国的古今》（与格雷合著）；译著《拿破仑法典》，贾雨的长篇小说《卓舒及马格利》，雨果的小说《九三年》及剧本《吕伯兰》《欧那尼》《银瓶怨》，莫里哀的《夫人学堂》，左拉的《南丹》《奈依夫人》
罗丰禄	《海外名贤事略》《贝斯福游华笔记》
詹天佑	《詹天佑书信选集》，主编《京汉铁路工程纪要》《华英工程词汇》《京张铁路标准图》
王寿昌	《晓斋遗稿》，译著《巴黎茶花女遗事》（王寿昌口译、林纾笔译）
林　纾	《畏庐文集》、《畏庐续集》、《畏庐漫录》、《畏庐诗存》2 卷、《畏庐论文》、《畏庐三集》、《畏庐琐记》、《畏庐尺牍》、《畏庐遗迹》2 集、《闽中新乐府》、《巾帼阳秋》、《春沉斋论画》、《韩柳文研究法》、《左传庄骚研究法》、《钱卓翁小说》、《蜀鹃啼传奇》、《小儿语述义》、《巴黎茶花女遗事》（合译）、《吟边燕语》（与魏易同译）、《贱史》（合译）、《斐洲烟水愁城录》（译著）。译书 189 种，其中英国小说 100 种、法国 23 种、美国 16 种、俄国 10 种，还有德、日、希腊、挪威、瑞士、比利时、西班牙等国小说 40 种
马建忠	《马氏文通》《适可斋记言》《适可斋记行》
萨镇冰	《古稀吟集》《耄年吟草》《仁寿堂吟草》《庚辰年间吟》
刘冠雄	《凤岗忠贤刘氏族谱》
陈绍宽	《陈绍宽文集》
罗臻禄	《西行课记》
沈翊清	《东游日记》《八省日记》《船政奏议》
沈觐清	《船工记事》
曾诒经	《旧中国海军马尾船政局制造飞机的回顾》
高　鲁	《中央观象台之过去与未来》《星象统笺》《图解天文学》《空中航行术》《积分释义》《相对论原理》《长春历书》《日晷通论》《二十八宿考》《火星与地球》《空中航行术》《最近欧洲外交史》《世界联邦论》《废战计划》
沈觐宸	《海军大事记》《海军编年史》《红楼梦考证》，主编《海军杂志》
吴大廷	《小酉腴山馆主人自著年谱》2 卷、《小酉腴山馆文集》、《福建票盐志略》、《小酉腴山馆文钞》、《小酉腴山馆诗文钞附续篇》

卞宝第	《闽峤輶轩录》《卞制军政书》《卞制军奏议》
何如璋	《管子释疑》36卷、《袖海楼诗》8卷、《使东述略》、《使东杂咏》
张佩纶	《涧于集》、《涧于日记》、《管子注》24卷、《庄子古义》10卷
魏 杰	《闽盐论》、《逸园诗钞》4卷、《逸园诗钞后集》4卷、《鼓山吟草》5卷、《九峰志》4卷、《玉融魏氏迁省族谱》
徐建寅	《兵学新书》16卷、《议院章程》1卷、《测地捷法》、《欧游杂录》、《水雷录要》、《闻克鹿卜厂造炮记》；译著《兵学新书》《化学分原》《汽机新制》《汽机必以》《水师操练》《轮船布阵》；与人合译《造船全书》20卷、《绘画船线》4卷、《航海要术》、《克虏伯炮说》、《英国海军章程》
沈瑜庆	《涛园集》，总纂《福建通志》
梁鸣谦	《静远堂诗文集》8卷、《梁礼堂文集》、《笔记》2卷、《词存》
王崧辰	《思云草堂诗文集》20卷、《老姜随笔》44卷
许贞幹	《淮阴吟草》《遥遥集前后编》《八家四六文注释》
陈寿彭	译著《中国江海险要图志》（英国海军海图官局编）22卷、《万国史略》、《南洋与东南洋群岛志略》、《大东沙岛志略》、《加非考》、《佛罗约》、《格致正轨》、《英国十学校说》、《火器考》，与薛绍徽合译《八十日环游记》（法国儒勒·凡尔纳的科幻小说）、《双线记》、《外国列女传》
贾凝禧	《天文》
叶祖珪	《棋灯通语》2册、《要隘地理图说》2卷
郑守箴	译著《喝茫蚕书》8卷、《法国乡学章程》
黄曾樾	《陈石遗先生谈艺录》《博马舍研究》《慈竹居集》
曾国晟	《华东海岸形势和战术观点见解》
黄廷枢	编撰中国第一本《海商法》教材
叶伯鋆	《自治斋刍言》《英文航海指南》
陈 模	《陈烈士勒生遗集》
陈天尺	《闽谚声律启蒙》《病玉缘》《孟谐传奇》，译著《奈何天》（俄国亚历山大·杜庐著）
林雨时	《备用单方秘集》
林寿图	《黄鹄山人诗钞》《启东录》《华山游草》《榕荫谈屑》
沈觐安	《茧窝残稿》
陈绍宽	《民权与海军之建设》
李世甲	《我在旧海军亲历记》
韩玉衡	《福建船政始末记》

第二节　雅　集

　　船政大臣沈葆桢对于诗词情有独钟，经常在衙署组织诗会，邀请当地诗家折枝唱和。他们以七言绝句与折枝为主，分题限韵，焚香计时，斗蚨赛诗，极一时之盛。1874年，日本侵犯台湾，沈葆桢奉旨率舰队及重兵赴台与日军周旋，迫使日本撤军，顺利回到马尾。次年台湾闹事，沈葆桢第二次赴台。赴台之前，于二月初八、初九两日（1875年3月15、16日）大开吟局。聚集省城及船政诗人日夜吟唱，得诗千首。唱毕下船，鸣炮起航。

　　与会诗人黄嘉尔将历次各人诗作抄录下来。1875年沈葆桢调任两江总督，离开马尾，诗坛盛况难再。庚辰年（1880年）黄嘉尔前往南昌工作，抽空编纂当日诗篇，收入十之二三，成《船司空雅集录》，请著名诗人谢章铤写一篇序言。乙酉年（1885年）谢章铤应江西提学使陈宝琛之聘，掌教庐山白鹿书院，写成序言。当年11月，这书在南昌刻印发行。

　　“船司空”指沈葆桢。司空是古代最高级别的官员，是三公（司徒、司马、司空）之一。清代民间称工部尚书为大司空。沈葆桢当时是赐头品顶戴钦差大臣，权重位尊，负责造船，因此称他为“船司空”。“药阶退叟”是谢章铤的号，他署这个号写序。此时沈葆桢已病故多年，正逢甲申马江战败，“哀涛滚滚，碧血成山”，“太息痛哭之不遑”的时候。

一、船司空雅集录序

　　招十余人或二三十人团聚一处，拈题入韵限时刻更唱叠和，一月数会，一会辄得诗无算，刓劖其尤往者、去来者，续成书至八九集。他省未之闻，唯吾闽最盛，如京师所传《击钵吟》，盖于今数十年不绝响焉。其在福州亦然，但登诸梨枣者少。船政局之初兴也，新创无所依傍，艰难劳苦，日不暇给。而大帅于休沐之隙，仍举吟事。盖以节宣心力并以联洽上下之情，此中有深意在。其后倭夷启衅，东瀛用兵，幸而消弭。大帅自台来归，席未暖，土番滋乱，大帅又渡台去。将行之前两三日，烹羊召客，投辖留宾，连宵达旦，吟讽不绝，斜月在窗，寒风作窣窣响，而磨墨展纸之声与之相应。既而晨鸡屡唱，朝霞射目，如建大赤之旗，宾客皆倦，欲散去，而行辕外材官数十，筛吹鹄立。忽闻炮声大震，双轮争奋，波立电掣，而大帅扬帆出海口矣。一鼓作气，不啻骚坛酣战时也。锤章炼句之中有兵机焉。然而此游戏之作也，境过则忘之，且弃置之。叔希乃独辑成编。甲申相遇于豫章，命为之序。诚以予固当时坐上客也。嗟乎，大帅则骑箕矣。吟侣飘零，再聚何日？时局愈变，时事而愈棘。近者台澎消息,累月不通,而马江上下,哀涛滚滚,碧血成山,青燐如斗,将太息痛哭之不遑,而尚能吟咏哉? 然则此一卷也,谓非景星庆云之不可再现哉。刻之以寄无穷之思焉! 若所作之工拙不足计也。冬十有二月药阶退叟书于长寿僧室。

二、船司空雅集录跋

甲戌倭夷滋事,诏沈公致兵入台。冬,事平来归。乙亥春,以善后复东渡。将行,公大开吟局,聚数十人,得诗数千首。嘉尔备唱酬之末,因窃记其入选诸作,录成此编。其未及录及录而不得主名者,十去七八。本急就斗多之局,阅者亦各随其意为去取,非必为佳章之尽于此也。人影上下,吟声迢递,至今犹悬诸耳目间焉。录既毕,因志其姓名于左(下):

磬栖,尚书沈文肃公也,即枚如序中所称大帅者。欧斋,方伯林公寿图也,时督办福州海防兼稽查船政。枚如,谢阁读章铤也;礼耘,刘同知学畲也,俱在林公幕府。雪沧,杨观察浚也,沈林二公之客也。礼堂、荔丹,梁鸣谦、王葆辰二观察也。幼莲,陈工部宗瀓也。小帆,林太守洞渼也。小彭,刘刺史寿铿也。竹坡,沈淑年;缉臣,黄敬熙,皆令四川,一温江一安县也。缉臣予之从兄也。寿甫,陈承妑,则山西和顺大令也。申季,许肇基;德邻,梁济谦,江南、陕西候补大令也。云图,刘绍纲;文波,施鲁滨;弼士,林毓良,则以大令候选者。竹修,林烺;蓉轩,李锡菜醙尹也。于程,曾兆鹏司训也。叔莘,孟宗伊县佐也。芝田,翁景沂,五品衔也。桐臣,邱孝廉书勋也。喜人,陈选拔纯也。曜臣,黄茂才春熙也,是皆船政任事之人。惟荔丹、喜人则兼襄防务。若丹孙,则沈都尉玮庆;琯樵,则沈吏部咏彤,文肃之子若侄也。

自文肃薨于江督任所,丹孙以毁卒,琯樵不久亦逝。其余诸君或存或亡或里居或散在四方。而嘉尔以庚辰即用需次来江,一转瞬亦已五年矣。晨星相望,夜雨伤怀。语云"极盛难为继",不其然乎? 适豫章当道,延枚如掌教白鹿洞,客邸相逢,流连话旧。嘉尔因出此篇,请为之序而刻之。昔欧公作《归田录》,忆玉堂如在天上。嗟夫! 天下之情异境迁,令人感叹者又何必定在玉堂哉? 乙酉孟春叔希黄嘉尔记。

三、船司空雅集录吟约

诸友齐集后,一人命题,一人限韵,彼此不相谋。每人少者五卷,多者十卷,每卷入钱八百文。作不及额,卷缺钱不缺。每局以一点钟为度,逾限不录。备书手多名,作者随完随缴随誊,以速为贵。誊卷照作者人数,每人各得一分,阅定去取,各随其意,注以元眼花魁各名色。各人阅定后团坐一堂,按所取次第,高声朗唱,并报明此是何名色卷、奖钱若干。奖钱视入钱多少,每分应得若干,报与阅者,听其派给。另设一案,置题名单一纸,派二人专司此单。记明此一唱入钱若干、奖钱若干,皆注明于各名下。赢短不符,惟司单是问。

四、船司空雅集诗选

读 骚

馨栖（沈葆桢）二首

其一

龙门一读悲其志，转借长沙发难端。我过潇湘作猿啸，芙蓉在水楚天宽。

其二

美人香草易摧残，鸩毒能容几凤鸾？省识雪庵投水意，从兹踪迹避骚坛。

欧斋（林寿图）二首

其一

秋兰为佩菊为餐，万古心留一寸丹。后市穷愁多著述，忠君能继左徒难。

其二

楚天风雨洒椒兰，姱凤谁教铩羽翰。未暇校雠王逸注，秋虫啼壁已灯残。

枚如（谢章铤）三首

其一

天欲风诗开变调，故令楚些出词坛。文章自是穷愁好，莫把工谗怨子兰。

其二

反言未必杨雄是，痛饮其如子美寒。山鬼湘君纷出没，美人独立太艰难。

其三

巍巍楚国几骚坛，弟子微言继起难。从此文章感顽艳，如何末派有公安。

礼堂（梁鸣谦）三首

其一

虚荒猎艳恣讥谈，后世皋陶听直难。千载几人知读法，龙门卓识不容刊。

其二

一读舟中投一叶，遗臣悲愤剧无端。美人香草今谁悟，古调翻为靡靡弹。

其三

赘萝盈庭怨茞兰，一篇反复起长叹。谁知三户今余种，争上中兴大将坛。

缉臣(黄敬熙)三首

其一

晞发朝朝向洧槃,扣阍无处路漫漫。从来楚泽多迁客,一字因君一泪弹。

其二

景差唐勒工词赋,未许相持一例看。读罢漫天风雪大,酒肠昨夜为君宽。

其三

三闾祠下暮云寒,手抱遗编泪暗弹。读罢为君一回首,芷兰都作黍离看。

桐臣(邱书勋)一首

行芳志洁语悲酸,百遍流连释卷难。善读几人如贾谊,过湘作赋吊江干。

荔丹(王葆辰)四首

其一

汨罗一死非公道,天意胡为挫蕙兰。我亦狂歌感迟暮,秋风秋雨楚江寒。

其二

水芰江蓠一夕寒,行吟想见泪汍澜。浊醪倒尽孤灯炧,满纸秋声卒读难。

其三

秋山人影挓奇服,暮水兰香坠旧欢。无用续君无用反,古愁浇尽酒肠宽。

其四

变雅以来骚继起,挑灯一读一汍澜。汨罗何处招魂是,萧瑟人间九畹兰。

竹坡(沈淑年)二首

其一

何人宋艳高同摘,一卷幽香吐芷兰。叫出商音满天地,酒痕狼藉不曾干。

其二

曾搴篱菊当朝餐,嚼到梅花齿更寒。自诵离骚千万遍,口香从此又吹兰。

曜臣(黄春熙)一首

文章包孕纯阴气,楚些歌终战国寒。我为作家判消长,七篇《孟子》正阳看。

喜人(陈莼)三首

其一

玉汝还应感上官,竟教哀艳播词坛。当年定令文何在,不是离忧著作难。

其二

澧兰沅芷发长叹，楚些歌残总少欢。我取漆园游戏笔，晴窗合读亦奇观。

其三

一杯浊酒一长剑，起舞酣歌兴未阑。读罢漫天泣风雨，窥窗山鬼夜灯寒。

幼莲（陈宗濂）三首

其一

山鬼无言渔夫笑，湘江终古此愁澜。废书我为发长叹，忠爱从来索解难。

其二

忠孝心求得所安，蛾眉此怨讵无端。放臣逐子同肝膈，我欲因之读小弁。

其三

字字幽香沁芷兰，满拼百遍坐宵阑。掩书一枕得秋梦，湘水无声湘月寒。

于程（曾兆鹏）一首

美人香草结疑团，解读人原自古难。宋玉微词神女赋，昭明知否即蓠兰。

礼耘（刘学畲）一首

四壁虫声月色寒，九歌读罢泪频弹。凄凉不仅灵均感，世路于今亦大难。

小帆（林泂溆）二首

其一

鬼语啾啾山雨寒，掩书三复泪初残。生非忠孝无文字，天为灵均种芷兰。

其二

独醒莫解天心醉，被逐犹容圣世宽。种种畹兰忠爱意，披吟一字一汍澜。

叔希（黄嘉尔）三首

其一

叫开阊阖泪汍澜，展卷令人卒读难。谣诼能教嗣风雅，忠魂何必怨椒兰。

其二

独清见放起长叹，众醉哺糟事亦难。读罢我犹悲浊世，尘埃滚滚起弹冠。

其三

一篇楚些恨漫漫，读罢能教酒胆宽。明月满庭风四壁，湘夫人倘下云端。

晓 钟

馨栖(沈葆桢)三首

其一

楼台深夜犹弦管,关塞寒宵更鼓鼙。佛以次声醒大梦,消沉诸籁养天倪。

其二

忽使霜桥逐马蹄,僧楼斜月向人低。不醒只有淮南鼠,犹抱残经卧佛脐。

其三

剑珮肃然开万户,景阳楼下仗云齐。此声而外无桴鼓,朝有霍光金日磾。

欧斋(林寿图)二首

其一

万家一觉蒲牢杵,震旦都无夜气迷。底事犹倾田窦酒,不知漏尽但如泥。

其二

室生虚白旦将黎,心似禅僧定不迷。君自争鸣吾自哑,漫劳莛击苦相诋。

枚如(谢章铤)二首

其一

霍童石鼓与天齐,破晓钟声下界低。我醉不知狮子吼,悬崖独坐听天鸡。

其二

初阳才到小窗西,忽听疏钟度隔溪。应讶昨宵霜气重,一声无力抱云低。

礼堂(梁鸣谦)二首

其一

短墙月尚柳梢西,土锉烟寒鸡乍啼。一杵前山何处寺,催人襆被逐征蹄。

其二

烟光漠漠犹藏寺,村舍团团渐有鸡。昨夜春光归去未,有人倾耳画阑西。

桐臣(邱书勋)二首

其一

年来山寺寄幽栖,惊睡无烦破晓鸡。怪罢僧楼清杵后,市尘喧到夕阳西。

其二

蒲牢响已僧楼动,高卧头犹拥被低。俀有霜天听晓角,枕戈待旦戍安西。

云图(刘绍纲)二首

其一

宝鼎微烟偎睡鸭,银檐残月落啼鸡。大鸣肯和铜龙滴,余响犹兼铁马嘶。

其二

不同虬箭传宵永,恰与鸡筹唱晓齐。听道声声出长乐,校书有客尚燃藜。

竹坡(沈淑年)二首

其一

移居为厌重城鼓,倦客因愁野店鸡。谁料清眠仍不稳,僧楼一杵又阇黎。

其二

忽于万梦沉酣候,蓦地闻根猛一提。应悟静中起群动,唤他扰扰众生迷。

缉臣(黄敬熙)二首

其一

荒鸡破晓霜团屋,瘦马驮寒月坠堤。搅醒离人初续梦,一声乱落板桥西。

其二

飞出层岩风雨凄,半随残柝半荒鸡。年年破驿昏灯里,催老人才逐马蹄。

荔丹(王葆辰)二首

其一

我佛能先天下觉,一声声为起沉迷。如何费尽山门杵,风雨华胥醉似泥。

其二

一声忽破华胥梦,多谢鲸鱼为警提。我独拊床到天晓,钱王枕与祖生鸡。

喜人(陈莼)一首

衔山落月渐沉西,一杵遥飞到隔溪。余韵泠泠绕松际,晓云欲散万峰低。

叔莘(孟宗伊)一首

沉沉玉漏曙光迷,宝篆香消冷兽猊。三十六宫衾尽启,一声新度景阳西。

于程（曾兆鹏）二首

其一

还乡无梦日栖栖，早起闻声首一低。不送人归送春去，骑驴又过小桥西。

其二

昨宵烂醉直如泥，未入甜乡眼已迷。忽听一声推枕起，东方白否问山妻。

文波（施鲁滨）一首

啼鸡上树月沉西，云外声声坠隔溪。尘想一空诗梦破，十年我爱碧山栖。

曜臣（黄春熙）一首

清晨百八寺门西，曲彔跏趺首正低。大众蒲牢都吼遍，小沙弥梦颂菩提。

叔希（黄嘉尔）二首

其一

何人漂泊如王播，苦向扬州小寺栖。此是清晨警尘梦，曾疑饭后恨阇黎。

其二

记曾兰若小羁栖，夜色初阑玉汉低。一杵诗僧和梦捣，四山霜重月沉西。

灌夫骂座

馨栖（沈葆桢）四首

其一

肝肺权杵不可收，喉间格格几恩仇。陷坚倘向吴军死，颍水长清万古流。

其二

炎凉世界尽悠悠，膝席何为晒未休。君与魏其商供具，倘非市重武安侯。

其三

高皇谩骂古无俦，轻薄儒冠付一溲。倘使将军生帝世，定应封汝醉乡侯。

其四

亦忠亦孝世无俦，如此才宜薄贵游。我唱大招酹卮酒，三挝鼓后倘来不？

欧斋（林寿图）四首

其一

如此门庭如此客，交欢我为魏其羞。才名倘遇陈惊座，沽酒坚他十日留。

其二

断头男子寻常事，炙手权门今古愁。异代步兵独儒雅，但将青白豁双眸。

其三

如闻嚄唶杂欧嚘，一哄嗟同鲁与邹。西汉已开朋党局，不关酒祸起糟邱。

其四

程李无言汲郑愁，易占噬嗑起戈矛。千秋廷论皆局促，对簿何能活酒囚。

枚如（谢章铤）三首

其一

新醅泼地桃花色，烂醉欲挝黄鹤楼。近日灌夫惯如此，不知身世复何仇。

其二

竟累王孙作楚囚，灌夫酒失太无谋。当时早发淮南事，谈笑便为万户侯。

其三

当筵嫚骂岂无由，积忿固知酒气遒。李广无端竟波及，数奇何止不封侯。

其四

不知守口亦招尤，报复人谋更鬼谋。我想武安身痛日，定闻酒气满床头。

礼堂（梁鸣谦）二首

其一

醉骂居然戏骑收，廷评局促太无聊。输他碎步雌声者，日日余鲭饱五侯。

其二

炎凉情态语呷嗫，怒斥遑愁若辈羞。毕竟故人犹避席，汉初风俗未曾偷。

云图（刘绍纲）三首

其一

嫚骂性原效高帝，将军使酒亦何尤。不知骄贵如田蚡，能似曹瞒宽祢不？

其二

抟甫当年方免戮，骂贤迩日又寻衅。魏其愿与同生死，千古知交此断头。

其三

谁知杯酒启仇雠，一骂都教座客愁。将种不如龙种好，朱虚行酒可安刘。

桐臣（邱书勋）二首

其一

不知丞相是何物，叱咤筵前意气遒。田窦灌家总尘土，快人快事已千秋。

其二

骂曹何尝如鼓吏，骂秦亦不似缁流。将军毋乃杀风景，有酒如淮座客愁。

缉臣（黄敬熙）一首

将军终愧保身谋，使酒翻贻赤族忧。饮不尽卮称腹痛，广平风节独千秋。

竹坡（沈淑年）二首

其一

杯觞睚眦仇田相，生死知交误窦侯。自古颍川余怒气，涛声日夜尚争流。

其二

口祸从来婴世网，正平谩骂亦其俦。终嫌仲孺惭文学，颍水何如鹦鹉洲。

荔丹（王葆辰）三首

其一

将军只眼空吴壁，何况当筵事献酬。一骂足伸天下气，女曹呫嗫半通侯。

其二

大狱无端起献酬，将军使酒睨群侯。请田一骂浑然受，藉福真成长着俦。

其三

当筵偶作呶呶语，丞相公然苦按求。赢得窦婴堪合传，人间酒肉慎交游。

喜人（陈莼）三首

其一

附炎籍籍几通侯，舌剑何曾傲效尤。合照朱虚行酒例，座中先取灌贤头。

其二

酒狂难戒兴弥遒，使酒终遭从骑收。同调汉廷谁得似，毋多酌我岸头侯。

其三

诋诃但辱程宫尉，仲孺才粗胆未优。合同淮南奸利事，当筵气慑武安侯。

于程（曾兆鹏）二首

其一

盛气狂言不自由，夫夫醉态迫王侯。巍肩斗酒来樊哙，阶下雄谈胜一筹。

其二

刘伶乐死恣嬉游，阮籍愁穷哭不休。何事灌夫偏好骂，居然有酒可无头。

叔莘（孟宗伊）一首

田窦何如程李流，酣嬉使酒怨终修。汉家外戚多骄横，值得将军一骂不？

曜臣（黄春熙）一首

不有才名惊座留，厉声使气欲千秋。讵知田窦旋销灭，一骂当时亦赘疣。

文波（施鲁滨）一首

众辱将军纵足尤，何曾侵及武安侯。分曹逐捕系居室，倘亦求田旧怨修。

叔希（黄嘉尔）三首

其一

怒气行觞詈列侯，酒边肯作杀身愁。汉王谩骂得天下，不恕人间使酒流。

其二

目中早已藐群侯，使酒行觞怒未休。不值一钱何用骂，灌夫只算酒狂俦。

其三

嗫嚅肯学女儿流，意气筵前迥不侔。到底转为儿女弄，累人弃市魏其侯。

病　僧

馨栖（沈葆桢）四首

其一

卖药曾骑过市驴，沉疴到手便销除。今朝妇孺争相诧，活佛何因未趁墟。

其二

衲裟虮虱破裈蛆，佛火销沉冷木鱼。暗念六尘都忏尽，耽诗口业未曾除。

其三

虎溪莲社故人疏,瓶钵生涯亦恼余。寄托微疴谢俗客,茶烟禅榻梦蘧蘧。

其四

寒偎破衲卧蘧篨,烦恼都捐病未祛。最是禅心禁不得,秋风黄叶打窗初。

礼堂(梁鸣谦)二首

其一

年来卧病闭精庐,欲劚黄精懒荷锄。闻说大苏南海去,自移佛火夜修书。

其二

佛幢尘满人踪少,药火宵寒夜牖虚。连日不曾扶杖出,祇园一雨长春疏。

桐臣(邱书勋)一首

搅睡昨宵憎粥鼓,支床连日歇经鱼。广长舌有青苔色,香积厨空进野蔬。

缉臣(黄敬熙)三首

其一

五更佛火数星疏,禅榻何人问起居。辛苦沙弥谋一饭,隔篱来翦雪中蔬。

其二

何曾佛法病根除,寂寂斋钟与粥鱼。此日殷勤劝餐饭,倘来莲社故人书。

其三

病魔无计与消除,况是闲云懒不如。睡起恹恹敲一杵,松花如雨闭门居。

荔丹(王葆辰)四首

其一

我叹山门日养疴,茶毗绝不鉴前车。病根又自西方种,罂粟花开人趁墟。

其二

宪火沉沉罢木鱼,阿难无梦授方书。如何惯卖葫芦药,不自空山摄起居。

其三

潭龙何处降魔瘴,山鹤时来讯起居。蒼蔔一庭人槁坐,较将贾岛瘦何如?

其四

蒲团已中生平毒,粥鼓难教六气舒。佛印一身差健是,解随坡老日烧猪。

竹坡(沈淑年)一首

贪嗔未去皆魔障，此是僧徒附骨疽。我自修成心上佛，闭门健饭日摊书。

喜人(陈莼)二首

其一

禅床揩拄蒲团破，古寺荒凉香积虚。莲社诗人零落尽，床头谁寄问安书。

其二

茯苓枸杞与山薯，寺后原多药品储。劝汝病躯支锡去，白云深处一扶锄。

幼莲(陈宗濂)二首

其一

寒山古木无人境，著个蒲团画不如。认取癯昙真面目，崚崚病骨瘦于驴。

其二

早空凡想证真如，禅榻支离退院除。料理病身感邻叟，斋厨清晓饷花猪。

小彭(刘寿铿)一首

消灾祈福佛原虚，老此空门病未祛。禅侣苦心私一醮，犹商同伴忏钱醵。

于程(曾兆鹏)二首

其一

采药灵山愿已虚，慵翻贝叶懒敲鱼。从知经卷都无益，悔不岐黄读秘书。

其二

尨火无光芋火虚，瞿禅半榻悄山居。散花天女今何在，不为维摩病一祛。

叔希(黄嘉尔)三首

其一

我佛有灵应解脱，病魔何术为祛除。可怜瘦到如柴骨，半担参苓尚手锄。

其二

消沉粥鼓与斋鱼，烦恼居然未可除。禅榻茶烟诗思苦，年来我亦病僧如。

市 声

磬栖（沈葆桢）五首

其一

目空燕市歌何壮，胯伏淮阴笑亦顽。货殖从兹声价重，传留司马志留班。

其二

半生马策半刀镮，天厚英雄靳一闲。回首屠沽当日地，最喧嚣处最开颜。

其三

财赋东南力已屦，司坊谁与诉疴瘝。似闻阛阓声声咽，市约当将俺答删。

其四

习静林泉鬓已斑，狂歌过市若嘲讪。年来绝不尘嚣厌，倾耳侯生剧孟班。

其五

如此喧呶未肯闲，便知牙侩有神奸。年来回易尤光怪，鬼语人声杂市阛。

礼堂（梁鸣谦）三首

其一

饧箫粥鼓去仍还，冰碗鱼螺短巷弯。听到估衣争唱地，宣南市幕影如山。

其二

黄昏鱼担争论价，破晓租船待启关。搅作红尘声一片，笑人无语是秋山。

其三

市义已无游客智，市名并少曲儒孱。纷纷买菜徒求益，任汝嚣喧一阓间。

云图（刘绍纲）一首

嚣尘莫道无人物，虎啸龙吟出此间。燕筑吴箫何足数，一呼屠狗入秦关。

缉臣（黄敬熙）一首

思量怎肯嫌嘈杂，十载辞家此日还。鲥荔鲈莼来次第，乡音入耳一开颜。

竹坡（沈淑年）一首

生小蜗居欲徙艰，任他尘市苦廻环。一重门判仙凡隔，自把吟声护竹关。

喜人（陈莼）一首

臣门喧更胜尘寰，车马軿阗辏此间。市道诸君方滚滚，避嚣无计合归山。

于程（曾兆鹏）一首

街谈巷议嫌污耳，避俗重门日夕关。只有一声殊不恶，枫亭买得荔枝还。

桐臣（邱书勋）一首

孳孳为利鸡鸣起，万窍难瘖此阓阛。远汝不嫌兼味少，舌根虽淡耳根闲。

幼莲（陈宗濂）一首

阛阓声喧尽闭关，春明旧梦老犹娴。黄埃十丈西山路，队队驼铃互往还。

申季（许肇基）一首

蜗庐小住近通关，扰扰尘嚣日往还。吴市箫声燕市筑，铮铮有否在人间。

荔丹（王葆辰）一首

朝朝墟集闹溪湾，酒券花钱两破颜。张幔又来橦木戏，铜钲答答市儿环。

叔希（黄嘉尔）二首

其一

镜听深闺夜启关，市声愿得叶刀镮。耳边消息分明甚，为告亲人指日还。

其二

结庐倘是陶彭泽，人境无喧心自闲。解此卜居得真趣，嚣尘何地不深山。

山　县

馨栖（沈葆桢）三首

其一

官与名山同位置，摩崖迹共口碑腾。猱獑也识神君意，亲导肩舆辟葛藤。

其二

官如生佛吏如僧，占得名山喜不胜。栖托此间尽鸾凤，莫须更效郅苍鹰。

其三

本自东山一诏征,衙参恍似旧游曾。冷官风味君知否,此是蓬莱第几层?

礼堂(梁鸣谦)二首

其一

开阁峰峦碧万层,炊烟四野白云蒸。年来我即山农长,课雨占晴事事能。

其二

磡田高下熟秋塍,散吏衙回署似冰。闲剖竹符教调水,日来忙到隔溪僧。

桐臣(邱书勋)一首

乱峰环抱城如瓮,睥睨凝烟瘴雨蒸。麦豆丰登薯芋足,农无逋赋不烦征。

云图(刘绍纲)一首

行杖每逢驯鹿至,传呼时有老猿应。松风谡谡琴堂静,吏自清闲岁自登。

缉臣(黄敬熙)二首

其一

蕞尔居然社稷膺,冷厅枯比定龛僧。出山只算在山好,泉水如君浊未曾。

其二

地偏邀客常难至,官冷呼童惯不应。霜后飞来山县满,可无风骨肖崚嶒。

竹坡(沈淑年)二首

其一

晴岚当郭碧光凝,衙鼓樵歌晚欲应。最是劝农春日好,笋舆扶翠上崚嶒。

其二

邨居如螳市如蝇,城邑年来雁户增。昨夜郊氓杀双虎,里胥报趁早衙升。

文波(施鲁滨)一首

画门处处宵防虎,出郭人人晓臂鹰。谁向咸阳徙豪杰,人烟绕遍汉皇陵。

荔丹(王葆辰)二首

其一

坐领岩城自饮冰,巢居无事费催征。山茶已焙山薯熟,完过官粮岁十升。

其二

民驯不用催租吏，昼永从无白事丞。一百里中豺虎静，山花红浸印池冰。

喜人（陈莼）二首

其一

除却放衙无个事，垦荒俾可奏贤能。故人莫讶归山晚，持较归山胜一层。

其二

烦剧原知力不胜，偏隅且喜免趋承。长官倘得逢欧九，我愿环滁一命膺。

于程（曾兆鹏）一首

斗大城池尺柄膺，空衙寂寂冷如冰。使君亦自称尊大，朔望来参有驿丞。

幼莲（陈宗濂）一首

父老时来谈岁稔，吏胥偶一见堂升。好山相对忽如笑，遮莫长官能饮冰。

小帆（林洄淑）一首

部民慈虎亦驯鹰，门客髯农与跛僧。一事自题上上考，宰官奇啸俯孙登。

叔希（黄嘉尔）三首

其一

莫言一饱无余事，勤惰终须仗劝惩。闲与山农话兴废，开荒今到最高层。

其二

闲廊时有抄诗吏，静室稀来白事丞。寄语白云休听讼，近年长吏祇如僧。

其三

雉堞临溪一水徵，萧然衔称署条冰。昨宵报杀南山虎，匝月公堂今始升。

誊录手

馨栖（沈葆桢）五首

其一

弩末怜予十指僵，策文恨汝万言长。洋洋洒洒究蓝本，一样抄胥一样忙。

其二

如此劳劳愿孰偿,眼昏腕脱卧无床。但求掌握多魁首,录事头衔与有光。

其三

年年压线附名场,老眼无光鬓半苍。人去化龙吾作浪,一回囊笔一神伤。

其四

惜墨如金夹袋藏,暗中点窜吐光芒。捉刀大有英雄在,累我埋名为孔方。

其五

一自易书宋滥觞,累朝功令著彰彰。士林佳惠君波及,博得天家米一囊。

欧斋(林寿图)一首

血痕满纸风檐夜,又作朱书一片光。知否呕心辛苦地,莫訾三写芋为羊。

枚如(谢章铤)一首

小窗笔砚却精良,尽日吟诗脱稿忙。那得临池双玉腕,为侬写韵有吴娘。

雪沧(杨浚)二首

其一

每于名列孙山外,选取新充翰墨场。太息此才真负腹,一波一磔学钟王。

其二

别于霹雳模棱外,囊笔居然逐队忙。合祀朱衣作初祖,三年一度近文昌。

竹坡(沈淑年)二首

其一

一篇脱稿抄传遍,在手炉锤百练刚。任汝操觚轻率惯,不曾李杜减光芒。

其二

琐闱甘苦剧分尝,手痒能无见猎狂。簪笔何人侍清秘,抄胥一样有低昂。

礼堂(梁鸣谦)四首

其一

千行官烛墨花香,入手蚕丝吐赤光。添得青蓝颜色好,锁厅誉榜恰重阳。

其二

烂墨争乔时世妆,谁知瞿薛与王唐。可怜印版摹文字,累汝传抄百手忙。

其三

亦有才人冒张禄，思将碑版易文昌。点头终恃朱衣力，不为朱书作作芒。

其四

棘闱别院列蜂房，计日分抄秘百方。忽漏日华天鉴句，书生几辈梦魂忙。

缉臣（黄敬熙）一首

鱼贯传呼气不扬，随人潦倒入名场。此中定有孤寒泪，迸入行间字字香。

幼莲（陈宗濂）一首

环肥燕瘦互评量，豕亥乌焉细审详。有客笔端工点窜，斫轮老手冠班行。

小帆（林洄淑）一首

镜函真面照何妨，暗索从讹本色妆。千古黄金贫女感，丹青潦倒写王嫱。

文波（施鲁滨）一首

不有文章如李杜，何须字体仿钟王。长官一檄传抄急，腕底风行十手忙。

德邻（梁济谦）一首

妙手空空无点墨，灵心炯炯敢雌黄。就中却有麒麟楦，暗索松煤下笔忙。

荔丹（王葆辰）二首

其一

心裁独出十三艺，眼力无讹十八房。多少功名关只字，弄麞伏猎要提防。

其二

毛锥别自试文场，瞑写晨抄日未遑。一例嫁衣勤十指，伴人辛苦逐槐黄。

桐臣（邱书勋）一首

临时也橐三场笔，至少须携半月粮。但是极劳君手腕，不曾稍费汝心肠。

于程（曾兆鹏）一首

橐笔傭书枉自忙，棘闱一例逐槐黄。可怜竖子成名去，忘我秋宵十指僵。

申季（许肇基）一首

一枝秃管替人忙，寒士曾经困此场。我愿生为题榜吏，天门字字姓名香。

小彭（刘寿铿）一首

琐闱文要藉装潢，好手誊珠便擅场。索赠例援皇甫湜，也当一字一缣偿。

琯樵（沈咏彤）二首

其一

合向班超奉瓣香，傭书生事古流芳。几回矮屋思投笔，却又研朱趁夕阳。

其二

一例槐黄逐队忙，替人做嫁感名场。年来我亦抄胥似，幕府青灯写谏章。

叔希（黄嘉尔）四首

其一

但使朱衣头一点，鲁鱼亥豕总无妨。可怜泪渍长安陌，几度空劳手腕僵。

其二

得来善价向赀郎，点铁成金手法良。不见句中真有眼，苦从文海捉迷藏。

其三

腕力谁分上下床，争书楷法揭回廊。夸人一语抬高价，元墨前科手录尝。

其四

画眉多少炫新妆，玉尺何年许我量。偶托书傭浓眼福，饱看时世大文章。

饥 鹰

馨栖（沈葆桢）五首

其一

牢笼豪杰由推食，侧翅随人莫笑渠。只有白鸥晚江里，不曾向客诉无鱼。

其二

月黑榆关天欲雪，崚嶒瘦骨下村墟。数奇也合称飞将，生不封侯食肉虚。

其三

能忍斯饥祸转纾，饱飏疑早伏诛锄。谁知鸿鹄高飞者，圯上先传辟谷书。

其四

平芜千里效驱除，一出风尘夙愿虚。幕燕屋乌饱欲死，俊才如此食无余。

其五

愁胡侧目意何如，枵腹无聊气不舒。天子方今重鸾凤，汝曹搏击计原疏。

欧斋（林寿图）二首

其一

极知所向无空阔，未得随时与扫除。饥饱皆关主恩泽，鸺鹠鹊采鸟漫轻渠。

其二

缩臆垂膺郁未舒，问谁臂尔向郊墟。人间枭獍难为食，息喙何妨老敝庐。

枚如（谢章铤）一首

卓立风前猛有余，饥躯变态竟何如。谁知负尽凌云翮，左睨腐鸱右睨鱼。

雪沧（杨浚）三首

其一

依人生愧下韝初，玉立亭亭一饱虚。自与山中支遁别，羽毛憔悴近何如。

其二

草枯塞北眼慵舒，瘦骨何为尚闭居。生汝勿辜天地意，而今狐兔满丘墟。

其三

古木无花搏击虚，愁开倦眼一欷歔。人间莫问膨脖辈，甘带于今有唧蛆。

云图（刘绍纲）二首

其一

击臂当年饱欲死，脱韝迩日食无余。围场久已长杨罢，又上相如谏猎书。

其二

支遁年来贫已甚，不知神骏近何如。主人晚岁况好道，薄俸都为饲鹤储。

礼堂（梁鸣谦）四首

其一

搏击难施气不舒，平原毛血已无余。纷纷燕鹊今何去，都在朱门深处居。

其二

避风南海遇鹢鶄，与汝相逢各累歔。一为谋栖一谋食，侧身天地苦踌躇。

其三

酸风夜卷医无闻，大雪晓压狼居胥。攓身直上出云际，蒲类海冰无巨鱼。

其四

一饱则飏吾已识，九霄纵汝意何如？英雄诎合寻常待，暮四朝三御众狙。

桐臣(邱书勋)一首

祢生鹗与嵇生鹤，太息弋人心慕馀。汝但目前欠一饱，韦鞲身世总安居。

缉臣(黄敬熙)二首

其一

谁知未出风尘日，一饱人间愿竟虚。至竟摩天有奇翮，肯随燕雀啄阶除。

其二

慈乌哺尚朝朝返，病鹤粮犹日日储。一饱如君竟无分，始知搏击计原疏。

竹坡(沈淑年)二首

其一

金眸玉爪誉非虚，食禄居然鹤不如。饱汝秋风供搏击，阴山蛇虺大于车。

其二

江晚鸥兼芦荻瘦，秋深雁自稻粮储。如君一饱飏何日，莽莽风尘侧翅馀。

荔丹(王葆辰)二首

其一

狐兔年来尽扫除，饿鹰独出意何如？细筋入骨平原笔，恰称当年乞米书。

其二

脱鞲未遂飞飏气，把臂犹为寂寞居。笑汝依人不择地，侏儒囊粟已无余。

幼莲(陈宗濂)二首

其一

当年校猎向穹庐，雨血风毛快扫除。莫怪无人分半菽，将军湖上已骑驴。

其二

中原狐兔已诛除，未脱樊笼气未舒。饿骨崚嶒风雨急，主人茎豆独喂驴。

喜人（陈莼）二首

其一

锻翎无力随风跕，倦眼微开掠地徐。无可奈何乌雀尽，吓伊腐鼠下阶除。

其二

主人折节读书去，无复平原走猎车。豢养渐忘供食料，青耩垂首啄余储。

文波（施鲁滨）三首

其一

但论一饱无余事，狐突纷纷孰扫除。愿汝远飏怜汝附，饥躯身世亦愁余。

其二

敢夸骨相能飞食，玉爪金眸已断糈。知否郅都如汝鸷，年来清俸亦无余。

其三

臣朔年来饥欲死，耩边何怪食无余。羡他独立亭亭鹤，饮啄芝田尚自如。

小帆（林泂淑）二首

其一

尖喉长喙亦魁渠，乌石腥风肆族居。谁识无厌求噬意，年年侧眼望无诸。

其二

英雄生世有穷居，食肉封侯气不舒。莫笑奉先饥肯附，阿瞒枝鹊窘黄初。

申季（许肇基）一首

槁饿空山笑我如，奋飞一击恨终虚。英雄末路知多少，独立苍茫落照馀。

于程（曾兆鹏）一首

饱即思飏计太迂，摩天绝海愿终虚。锦鞲脱去浑无主，古木萧萧毛羽疏。

寿甫（陈承妫）二首

其一

瘦尽翎毛不肯梳，欲求肉食相终虚。黏天捽草空毛血，苦向秋篱掠野蔬。

其二

几点哑哑鸦掠肉，一拳孑孑鹭窥鱼。不凡独具好眸爪，饮啄微禽竟傲余。

叔希（黄嘉尔）三首

其一

凤凰也有啼饥日，何独饥鹰断食初。多少凌云好毛羽，同君一例腹空虚。

其二

丰峻如此饥如此，仿佛王孙失路馀。当世已无人进食，好修毛羽待畋渔。

其三

猎猎西风落日初，电眸闪闪睨林墟，可怜燕雀搏都尽，痴想疗饥鸾凤居。

邮 卒

馨栖（沈葆桢）五首

其一

计吏机锋最可憎，何因闯献肆凭陵。一夫生事关元气，走卒新裁流寇兴。

其二

遥闻铃响马先腾，与汝相依感不胜。夜半军书八百里，平沙无际月如冰。

其三

山程夜雨扶云过，水驿秋风唤渡应。捷足年来何所得？县官喜赐酝三升。

其四

山川形胜志难凭，间道传书阅历曾。献与王师下南越，天怜铁丐使飞腾。

其五

啮足敢嫌石齿齿，险巇见惯谢行滕。驰驱愧我无长策，辜负天书火速征。

欧斋（林寿图）四首

其一

壶关插羽缒崖入，栈道悬铃带雨升。何处邮程最轻捷，官旗唤护过吴兴。

其二

北际南垂燕赵地，剧难亭堠日趋承。邯郸厮养生何幸，夜拥才人晓未兴。

其三

虚馆曾无京兆至，迎宾岂有郑公能。洛阳大贾来车马，留得钱沽酒数升。

其四

向闻走卒知司马，直道如君亦足称。此去若逢泷畔吏，为言韩愈诏重征。

枚如（谢章铤）四首

其一

曾读褒城驿壁记，盛衰时事感难胜。破门老卒头都白，斜睨行人唤不应。

其二

昨日高车驷马过，驿门迎送苦频仍。捶腰老卒三太息，几个头衔冷似冰。

其三

喂马段墙三两曲，飞书山路百千层。忽闻醉尉传呼急，故将宵行过灞陵。

其四

人间万事皆传舍，老卒真如退院僧。出语每关兴废感，马通煨火话孤灯。

雪沧（杨浚）三首

其一

甘泉宫外闻铃警，先缚平沙马背灯。记里从头排日月，羽书亲写字如蝇。

其二

横江津吏汝何乐，一醉不知江月升。笑我年年护估客，五更犹踏马蹄冰。

其三

长亭十里月如棱，计口分粮记斗升。有女莫教嫁陶縠，只能一夜系红绳。

云图（刘绍纲）二首

其一

云片军书连夜递，风行露布四方腾。如今岭海承平久，饱饭驿楼看戍灯。

其二

昔负军符手一灯，人随雁影共飞腾。霜风卷地红旂飑，冒顿前宵解白登。

礼堂（梁鸣谦）四首

其一

井络天彭不可升，军符如火促宵兴。筚桥报断前山雨，首戴文书渡引绳。

其二

风尘奔走发鬅鬙，牛马呼来亦可膺。何似当年吴市卒，闲求佳婿得严陵。

其三

山程水驿都经惯，冒雪冲风独汝能。不及墩台青海戍，驼铃毡帐睡薨腾。

其四

缚裤严装夹毻登毛，出城快步便猱腾。长亭酒媪都相熟，卜汝晡时抵灞陵。

桐臣（邱书勋）一首

县仓荞麦月三升,山驿芒鞋夜一灯。见说州官振邮政,明朝点卯是新丞。

竹坡（沈淑年）三首

其一

劳生自分侪牛马,晓夜征邮苦亦应。侥幸升平稀羽檄,枕鞍时许一蘧腾。

其二

三秋天末感良朋,鱼雁沉沉寄未曾。附汝邮筒上尘骑,梅花时节到应能。

其三

终日邮程蹑骥尾,劳生役役不如蝇。羡他毳幕秋屯者,怒骑平原正放鹰。

缉臣（黄敬熙）一首

萧萧破帽如罢罨,两胫茧缚头鬅鬙。道傍相逢如识我,春明三度来担簦。

荔丹（王葆辰）四首

其一

破铃夜逻更三点,赢马朝糜豆一升。狱卒相怜门卒笑,我饶坐席汝行縢。

其二

征兵征饷军符急,顷刻飞行汝果能。山月沉沉如线路,一肩黄袱一肩灯。

其三

英雄忍辱邮亭下,踯躅平生泪满膺。我亦头衔牛马走,山斋忙杀剡溪藤。

其四

戛戛铃声冉冉灯,山程飞度万千层。蜡丸间道先期至,斗酒传呼犒驿丞。

于程（曾兆鹏）一首

不向沙场争击刺,却来斥堠事奔腾。自知生乏封侯相,升斗官粮仰驿丞。

喜人（陈莼）三首

其一

市司梅福早飞升,军隶狄青亦崛兴。富贵神仙皆走卒,邮亭幻梦到觚棱。

其二

溷身贱役感难胜,厮养城闉一例称。说与同侪聊共慰,曾闻亭长竟龙兴。

其三

一封急檄一长藤,一束轻装一破灯。后驿递回前驿趱,频年忙杀为军兴。

申季(许肇基)一首

披星仓卒裹行縢,羽檄飞驰仗汝能。夜半闻铃眠未稳,槽头马耳亦崚嶒。

幼莲(陈宗濂)二首

其一

窥营夜踏盐池雪,出猎朝乘洱海冰。老作书邮太萧瑟,驿楼一枕梦呼鹰。

其二

军牒官书日夜征,劳劳筋骨感难胜。老兵心事无多祝,原得龙场好驿丞。

文坡(施鲁滨)二首

其一

斥堠无烟补毷登毛,寒梆寂寂睡蒪腾。隔山忽听驼铃近,蹴起疲驴理毳縢。

其二

今之邮卒古亭长,末路英雄隶驿丞。可有沛公三尺剑,山魈不敢夜吹灯。

小帆(林泂淑)二首

其一

驰驱漫说侪胥隶,千古英雄沦落曾。亭长汉高溯初祖,此曾仆仆亦云礽。

其二

一椽亭子侧春塍,匹马停签夜有冰。满地流民风雨急,新图急递过关曾。

丹孙(沈玮庆)一首

少小军兴奔走曾,龙钟老态役犹能。边廷无警文移简,醉卧驿厅唤不应。

琯樵(沈咏彤)一首

弓刀挂壁愧何能,见尽人间尉与丞。但恨卿无青白眼,不堪竟以步兵称。

叔希(黄嘉尔)二首

其一

人生天地皆邮寄,万里须教眼界增。莫以劳劳笑厮卒,风尘我亦发鬅鬙。

其二

多事人间有文字,奔驰累汝息何曾。近来一线遥传电,瞬息能教千里应。

思用赵人

馨栖(沈葆桢)六首

其一

纵使君王照覆盆,夕阳虽好亦黄昏。赵奢死去相如病,谁把兵书细与论。

其二

将心士意喻无言,百战何难报主恩。只用市人翻破赵,淮阴千古绝尘奔。

其三

如此要言信不烦,晋阳可但忆家园。高光当日从龙者,多半英雄沛与宛。

其四

听谗深怨武灵孙,黯黯难消故国魂。料得长平坑卒日,家居废将叫天阍。

其五

艰苦亲尝见夙根,邯郸回首几寒暄。君看胡地嘶风马,蔫鸶甘依贺六浑。

其六

楚人且使灵均怨,何怪将军忆故园。赵不用君君用赵,一如兰芷爱湘沅。

欧斋(林寿图)二首

其一

长平坑后几生存,得当犹思一报恩。公幸不归归已晚,乐徐西北半颓垣。

其二

谗人交构亦何言,归去深虞狱吏尊。但愿补边容补拙,老臣终使戴君恩。

枚如(谢章铤)三首

其一

今日并无奢与括,将才优劣更难论。黑衣有缺何人补,十丈牙旗大帅门。

其二

邯郸降卒孰招魂,矍铄雄心满塞垣。忍学苏秦相六国,黄金白璧走权门。

其三

将军自古间谗言,不独伏波薏苡冤。乐毅走燕君走楚,何尝邱首尽忘恩。

雪沧(杨浚)四首

其一

沐猴楚俗非吾侣,垂老何心媚李园。忆否当年婴与臼,报恩尚有赵孤存。

其二

赵州部伍几生存,十日平原旧酒樽。不羡孟姚琴一曲,荧荧只恋美人恩。

其三

坑尽长平四十万,破燕拔赵锐犹存。习兵四战孰如赵,深我长思乐间言。

其四

相如既死无知己,赵括何心竟负恩。矍铄平生好身手,回头阋与独声吞。

云图(刘绍纲)一首

衰老非关遗矢冤,无功用楚复何言。人情末路思乡土,不尽英豪出雁门。

礼堂(梁鸣谦)二首

其一

郭开若死相如在,漳水应教迓北辕。太息尉文留片土,白头赵卒长儿孙。

其二

但论宾客诚何恋,部校应知念旧恩。君欲用人人用间,黄金困汝老潇湘。

桐臣(邱书勋)二首

其一

逋臣忍说新知乐,垂老犹怀旧主恩。每饭不忘在巨鹿,岂徒叶落欲归根。

其二

三户亡秦人有言,如何仕楚未追奔。赐环纵遂将军愿,只合邯郸深杜门。

缉臣(黄敬熙)二首

其一

四十万人同日死,长平回首阵云昏。将军纵有归来日,部曲何堪半九原。

其二

中山士卒几声吞,不独将军恋主恩。此是黄金堪铸者,得归何只璧犹存。

竹坡(沈淑年)一首

一为楚将偏无用,老我英雄向孰论。昨夜嘶风起班马,故交梦过蔺君门。

德邻(梁济谦)一首

寿春未死邯郸在,复用奚关恋主恩。到底赵亡名将尽,千秋卓识著龙门。

荔丹(梁鸣谦)一首

完璧当年归蔺相,绣丝何处吊平原。天涯知己都零落,浊酒邯郸有泪痕。

幼莲(陈宗濂)二首

其一

长平一战全军覆,赵括居然出将门。等是赵人随所用,英雄太息复何言。

其二

一从反使肆蝇樊,回首云山隔雁门。底事信平思故国,仇家尚有郭开存。

喜人(陈莼)一首

信是山西多出将,千秋印证信平言。后来解用仍无敌,唐祖龙兴亦太原。

文波(施鲁滨)一首

晋用楚材犹可霸,一为楚将尚何言。三河年少分明在,李牧防边忍杜门。

蓉轩(李锡荣)一首

将兵我笑君才短,去赵何缘恋旧恩。莫谓南风长不竞,楚军营制遍中原。

于程(曾兆鹏)一首

指臂思收岂易言,将军抚髀断乡魂。平原公子空多客,揖客胡为不到门。

弼士(林毓良)一首

解识频年魏楚奔,旧人零落感湘沅。汉文一例思君切,曾与冯唐抚髀言。

丹孙(沈玮庆)一首

爱士君如爱子弟,戴恩士亦父兄尊。赵州万帐儿郎梦,夜夜魂犹恋郢门。

琯樵(沈咏彤)一首

一自繁阳负罪奔,将军无地与酬恩。不知旧卒思君否,荷戟年年戍太原。

叔希(黄嘉尔)一首

回首御秦坚壁日,故乡英俊尽云屯。伤心异国鸣孤掌,犹自登高望雁门。

子卿胡妇

馨栖(沈葆桢)八首

其一

不羡阏氏配可汗,甘心囚服侍南冠。胡儿也解重名节,笑杀文姬赎阿瞒。

其二

故人已作单于婿,异地秋宵月共圆。多事上林传雁信,累人毡帐赋离鸾。

其三

去帷莫作生妻谤,结发诗曾万古看。胡妇且贞况荆布,天成眷属表忠肝。

其四

节旄秃尽肯耽欢,无限深心报国殚,博得胡姬传汉种,他年保塞劝呼韩。

其五

河梁绝不涕汍澜,良会非难仗节难。君是汉臣吾汉妇,生儿无计附归鞍。

其六

羝羊未乳且盘桓,如此姻缘万古难。绝塞忽开梁孟局,齐眉韵事话楼兰。

其七

亲摩伏剑旧时瘢,细述孤忠报可汗。万里胡天肠断处,羝羊乳后唱离鸾。

其八

可汗竟许君归去,君有归期妾亦安。君到玉门试回首,穷荒古井不波澜。

欧斋(林寿图)四首

其一

沉沉雁杳姑缯壁,戢戢羊归荡姐坛。如此婿乡真落拓,琵琶权作瑟琴弹。

其二

持节依然守旧官,不须厮养叹邯郸。贰师纵作单于婿,降将只宜妾妇看。

其三

马通拨火被池寒,一枕鸳鸯慰未单。谁识同床偏异梦,朝天万里汉长安。

其四

天以凌烟畀此老,未妨胡汉一家看。单于稽首称甥婿,元鼎君臣共结欢。

枚如(谢章铤)四首

其一

女床绝海竟栖鸾,命妇威仪本汉官。只是累年毡与雪,婿乡生计太艰难。

其二

胡婢能生阮遥集,清才磊落冠朝端。我知通国归来后,将母情深倘挂冠。

其三

菩萨鬘边镜影悄,胡笳拍底酒杯宽。东床留得汉家种,夺婿瑶光似此难。

其四

单于便是氤氲使,卫律能成撮合欢。便有阏氏好颜色,羝羊不乳亦何安。

雪沧(杨浚)二首

其一

穹庐何幸留人种,坦腹新闻选汉官。十九年来降将泪,有家终不似长安。

其二

乌孙公主琵琶老,紫塞昭君环佩寒。同是天家旧亲串,合婚又报婿呼韩。

云图(刘绍纲)一首

阏氏山下月团圞,照见穹庐镜里鸾。却笑羝羊都不乳,怎如雪窖梦徵兰。

礼堂(梁鸣谦)四首

其一

妆成椎结胡沙样,咽断旄毛碛雪团。别向人天联眷属,穹庐仍是梦长安。

其二

胡沙扑面北风酸,挏酒胡姬劝夜阑。十九年中唯汉月,照君塞外小团圞。

其三

琵琶出塞泪频弹,瀚海孤臣赘婿欢。一样边庭儿女事,教人啼笑两为难。

其四

有婿居然是汉官,毡庐何计缔新欢。节旄落尽羝羊老,马湩调酥劝加餐。

桐臣（邱书勋）一首

怪君尚有爱根盘，十九年中共笑欢。何事生妻帏竟去，半闻胡地已栖鸾。

缉臣（黄敬熙）一首

风雪毡帏梦不单，竟从持节缔新欢。一时部落齐捅酒，佳婿威仪是汉官。

小彭（刘寿铿）二首

其一

李陵竟作匈奴婿，苦节何如属国难。我羡蛮花具青眼，纵留汉种辨忠奸。

其二

天南地北久团圝，喜汝归乡别汝难。摧落节旄亲手续，好留针线到家看。

荔丹（王葆辰）二首

其一

麒麟阁上汉衣冠，相隔胡天路淼漫。昨日佳儿声问至，开函先道母平安。

其二

此日王嫱误延寿，后来蔡女赎曹瞒。大难妇得中原耦，鸳结从今变帨鞶。

幼莲（陈宗濂）二首

其一

合卺穹庐得地宽，蛮花秀色或堪餐。少卿交谊深如许，有妇应联姊妹欢。

其二

才人多少嫁邯郸，得俪孤臣梦亦安。羝乳余生甘啮雪，亲调膻酪劝加餐。

德邻（梁济谦）一首

羝羊汉节两相看，旁有胡姬为整冠。莫道星宫坐磨蝎，居然照命得红鸾。

芝田（翁景沂）一首

权借羝羊上聘单，葡萄美酒合杯欢。乔妆也学汉宫样，几朵蛮花插鬓丹。

寿甫（陈承妫）一首

氇帐如云夜已漫，笳声四起月酸寒。剧怜雪窖孤臣泪，犹为蛮花博一欢。

竹坡(沈淑年)二首

其一

沉沉雪窖镜飞鸾,上有旄头汉月寒。妾自丝萝郎铁石,鸳鸯虽好梦终单。

其二

和亲已误君王议,辞妇孤臣亦大难。侥此鸳鸯伴冰雪,一衾汉月镜台看。

叔莘(孟宗伊)二首

其一

不随卫李脱囚冠,啮雪吞毡大窖寒。莫以钟情议盛节,苏卿原有铁心肝。

其二

胡鬟高映汉臣冠,窄袖斜依毳幕寒。君自恋君妾恋婿,一般忠爱两般看。

喜人(陈莼)二首

其一

如君甘作忠臣妇,啮雪吞毡共耐寒。他日随儿归上国,日碑有母合齐观。

其二

不圆啮雪吞毡日,尚有余情结合欢。千古问谁同调订,黎涡忠定可齐观。

申季(许肇基)一首

牧罢羝羊赋合欢,红妆何凝存心丹。少卿也娶单于女,佳话终难一例看。

曜臣(黄春熙)一首

节旄送别虏廷寒,胡汉相思泪暗弹。寄语燕支山莫夺,留些颜色再来看。

弼士(林毓良)一首

归来轻骑入长安,持节新辞雪窖寒。金帛仅将通国赎,亏他拜母别离难。

竹修(林烺)一首

冰天雪窖缔新欢,生女威仪配汉官。不识丈人峰孰是,居然得婿胜呼韩。

蓉轩(李锡棻)一首

黎涡辽海情何恨,人欲全空自古难。至竟生还旄节在,蛮花应鉴铁心肝。

小帆(林泂淑)一首

使星闰月两团团,大漠箫声慰凤鸾。太息琵琶笳拍苦,才人厮养怨邯郸。

文坡(施鲁滨)一首

毳幕求凰一曲弹,天荒地老结新欢。后来别有胡儿嫁,多谢黄金赎阿瞒。

于程(曾兆鹏)一首

有儿膝下足承欢,秃节同归计大难。却怪李陵书漏笔,可无附雁诉离鸾。

琯樵(沈咏彤)二首

其一

一簇蛮花宝髻攒,牧羊归后笑颜欢。低头更把卿卿唤,大泽朝来寒不寒。

其二

雪海冰天影不单,怪他巨眼识忠奸。频频夸向胡妃说,夫婿头衔是汉官。

叔希(黄嘉尔)二首

其一

汉臣未肯降胡虏,胡女偏能嫁汉官。一十九年各分手,归胡归汉两心安。

其二

画眉合以羊毫笔,举案唯余饘酪餐。冠剑丁年好夫婿,雪毡毳幕有余欢。

第三节　诗　会

一、折枝诗会

折枝诗是福州地区诗歌园地里的一朵奇葩,它始于何时,已难确考。据成书于清咸丰年间的钱塘施鸿保所著《闽杂记》和李家瑞所著《停云阁诗话》以及清道光二十八年莫友堂著的《屏麓草堂诗话》,其中就载有闽人嵌字与分咏之诗钟作品,不过当时还没有用"诗钟"或"折枝"的名称。据考证,目前能查到的最早的诗钟作品是陈寿祺作于嘉庆年间的"足、之"七唱:"亭馆春深花睡足,池塘烟重柳眠之。"折枝诗在福州流行以后,甚得人们喜爱,许多著名人士如林则徐、沈葆桢等均乐为此,并流传许多佳句。如林则徐"窗、夜"一唱:"窗虚权借月为榻,夜静每闻风打门。"沈葆桢"白、南"六唱:"一声天为雄鸡白,万里秋随朔雁南。"陈宝琛"花、子"二唱:"梅花虽瘦无寒相,松子初生便大材。"被广泛传抄的是沈葆桢"天、我"五唱:"海到无边天作岸,山登绝顶我为峰。"这对子常被误认为是林则徐所作。随着福州人宦游外地,折枝诗也推向全国各地。北京、南京、上海、厦门各地,都有吟社组织。同治、光绪年间,"诗钟"传入台湾。光绪十二年(1886年)唐景崧任分巡台湾兵备道后,在台南道署创立斐亭吟社,在台北布政使署创立牡丹诗社。他留有"诗钟"专辑《诗畸》,收录"诗钟"4000余联、律诗200余首,载有"诗钟"凡例9条,列台湾"诗钟"作者62人。"诗钟"还被介绍到海外。光绪十六年,外交家陈季同的法文著作《中国人的快乐》在法国出版,书中详细介绍了"诗钟"盛行的情况,并摘录佳作,他称诗钟"天真无邪"。

二、侗社诗会

1926年,船政建立60周年之际,马尾船政局及海军界人士,为纪念船政大臣沈葆桢把折枝诗种子撒在马尾这片土地上,马尾诗社——侗社倡议用"船政"为眼字征诗,后征诗范围扩大,改为"马江"二字,商定为第六唱,借葆大店旧址大开吟局,诗人与来宾济济一堂,从午后唱到第二天得诗三千余首,汇集成《侗社诗刊》一册,是马尾最早的折枝诗刊本。吴樵笑、林绮赓为正取词宗,萨镇冰、巴玉藻等为捐取词宗。岁序迁流,星移物换,旧刊本已很难寻到。

唱诗会得诗三千余联,正取捐取共十七门词宗评选,元句有:

陈笃初:颇忧网罟搜江尽,谁恤鞭挝杀马多。

陈省吾:后庭丽则春江白,炙輠旁支白马谈。

杨莲沅:栈道雪晴留马迹,草堂雨歇纳江声。

王子瑜:物色当求名马外,居停常满大江间。

林弼卿:世汗幸有家江净,民瘵宁容我马肥。

陈伯冶:繁忧欲效沉江死,独行真成货马行。

沈剑知:何曾立派沧江水,一任离群独马身。

陈问宸:双泪英雄收马汗,一腔忠孝作江声。

沈剑知:人多充隐沧江贱,世尚佳兵老马危。

陈惠民:养冲不溢澄江度,好逞多穷劣马材。

施节宇:郊劳殊恩加马上,宸游佳话满江南。

陈泽观:此行事或家江谅,可诣人惟我马知。

陈笃学:到晓不疲随马月,当晴难隐隔江山。

杨莲沅:人先明月来江上,诗共梅花落马前。

陈剑篁:最宜濯世沧江水,颇似哀时老马声。

蔡梦周:舵楼坐雨空江夜,栈道盘云匹马秋。

陈惠民：名纸骄多乘马客，钓竿阅尽过江人。

三、萨镇冰九十大寿诗会

1948 年萨镇冰九十大寿，举行"高、远"六唱诗会，是近代"诗钟"最隆重的一次活动。参与的作者近千人，得诗钟万余卷，二十门评取，发唱历二日一夜。萨老自作句有："欲平物价唯高压，滥出金圆岂远图。"陈海瀛所撰寿联"山本吉祥，诗人高会；堂称仁寿，将军远名"，因诵诗地点在吉祥山，萨镇冰居所名"仁寿堂"，又隐含"高、远"二字，此联悬挂在诗坛两旁。

第四节　诗　词

左宗棠

癸巳燕台杂感之一

世事悠悠袖手看，谁将儒术策治安？国无苛政贫犹赖，民有饥心抚亦难。
天下军储劳圣虑，升平弦管集诸官。青衫不解谈时务，谩卷诗书一浩叹。

癸巳燕台杂感之三

西域环兵不记年，当时立国重开边。橐驼万里输官道，砂碛千秋此石田。
置省尚烦它日策，兴屯宁费度支钱。将军莫更纾愁眼，中原生计亦可怜。

癸巳燕台杂感之四

南海明珠望已虚，承安宝货近何如。攘输喾俗同头会，消息西戎是尾闾。
邧小可无惩蚩毒，周兴还诵旅獒书。试思表饵终何意，五岭关防未要疏。

癸巳燕台杂感之五

湘春门外水连天，朝发家书益惘然。陆海只今怀禹迹，阡庐如此想尧年。
客金愁数长安米，归计应无负郭田。更忆荆沅南北路，荒村四载断炊烟。

感事之二

司马忧边白发生，岭南千里此长城。英雄驾驭归神武，时事艰辛仗老成。
龙户舟横宵步水，虎关潮落晓归营。书生岂有封侯想，为播天威佐太平。

感事之三

王土孰容营狡窟,岩沮何意失雄台。痴儿盍亦看蛙怒,愚鬼翻甘导虎来。
借剑愿先卿子贵,请缨长盼侍中才。群公自有安攘略,漫说忧时到草莱。

感事之四

海邦形势略能言,巨浸浮天界汉蕃。西舶远逾师子国,南溟雄倚虎头门。
纵无墨守终凭险,况幸羊来自触藩。欲效边筹裨庙略,一尊山馆共谁论?

题顾超《秋山无尽图》

行尽秋山路几重?故山回首白云封。阿超知我归心急,为画江南千万峰。

吴桐云西来且喜且恼,出册索题,漫书二绝句

其一

浩荡风尘使节边,敌巢回首意茫然。五年一觉清凉梦,茶事香初海国天。

其二

双清心迹拟名臣,朔雪炎风见在身。且蹴昆仑令西倒,再寻诗酒老湘滨。

崇安道中和同征诸子(用原韵)二首

其一

直从瓯海指黄河,万里行程枕席过。道出中原宸极近,胆寒西贼楚声多。
尖叉斗韵看题壁,竞病联吟更荷戈。回首四年泥爪迹,明当出峤意如何?

其二

百二阳关河,邮程次第过。扪碑知字少,怀苦觉诗多。
杀贼仍书檄,降羌任倒戈。安危仗君等,于意定云何?

秋日泛舟泉湖作

我心如白云,舒卷无定着。身世亦如此,得泊我且泊。
昔岁来兰州,随槎想碧落。黄河横节园,牛女看约略。
以槎名其亭,南对澄清阁。走笔题一系,乡心慰寂寞。
今我访酒泉,异境重湖拓。杖通出新泉,堤周三里廓。
洲渚妙回环,树石纷相错。渺渺洞庭波,宛连湘与鄂。
扁舟恣往还,胜蹑□□展。邦人诧创见,旁睨喜且愕。

吾党二三子，时复举杯杓。频年南风竞，靖内先戎索。

出关指疏勒，师行风扫箨。强邻壁上观，弭伏一邱貉。

老我且婆娑，勉司北门钥。桓桓夫子力，盛美吾敢掠？

西顾幸无它，吾归事钱镈。水国足鱼稻，笋蕨耐咀嚼。

梓洞臬柳花，况归有丘壑。一觞酹飞仙，有酒盈陂泺。

不饮酒不溢，十日饮不涸。仙来笛悠扬，我来歌且谔。

丰年醉人多，仙我共此乐。他年傥重逢，一笑仍夙诺。

沈葆桢

寄林夫人渔梁旅舍写怀（十一首）

其一

满地干戈此送君，间关万里一朝分。只因肠断天南路，不敢回头望白云。

其二

旅馆孤灯梦不长，鸡声无赖月凄凉。定知南浦销魂夜，百倍梁鸿忆孟光。

其三

两地关心行路难，雁书何日报平安。万重山色斜阳里，数到溪桥第几滩？

其四

此去高堂进寿卮，承欢佳妇胜佳儿。独怜宦海飘蓬客，欲问归期不自知。

其五

珍重休教风露侵，十年辛苦已曾禁。不须更织迴文锦，秋月春花共此心。

其六

忽闻犬吠便心惊，望眼如穿万里程。一穗残灯人不寐，夜深独自听车声。

其七

生生世世许同心，一刻休论十万金。身似鸳鸯分不得，寒宵况是病中禁。

其八

狮江喜鹊弄新晴，报道云骈下玉京。恼杀羽书何太急，盈盈一水不胜情。

其九

记否春风乍暖天，莲花朵朵上吟肩。西窗旧事从头话，辜负蟾光几度圆。

其十

转眼江城玉笛声，锦标得意数归程。天台有路人重到，莫使榴花碍客行。

其十一

别来新梦太分明，说与君知君莫惊。君处春来又春去，人间天上几书生。

送林惠常师南归

世变关心意不平,绛帏终夜侍谈兵。九重宵旰忧群盗,三窟经纶羡钜卿。
庙算即今容败将,天心终古爱苍生。底须惆怅江南路,百万黄巾识姓名。

丁日昌

有感

一弓小辟读书岩,蔓草疏茅手自芟。敢诩史长才学识,难尝世味苦酸咸。
此时说梦终无益,他日知谁果不凡。惟有旧巢双燕子,依依向我尚呢喃。

途中杂咏之一

尽日肩舆踏翠苔,瘦牛猴尜各崔嵬。奇峰乱插愁天破,飞瀑奔流恐石开。
村酒不妨留客醉,高云难得出山来。岭梅曾识诚斋面,冷落人间不受埃。

藏书(题目为编者所加)

仓颉昔造书,群鬼哭天禀。累积千万轴,陶铸众生禀。
潢池忽兴波,焚毁逾十稔。琅嬛付一炬,见者泪辄饮。
我时苦搜罗,如吸杯底沉。百宋在一廛,往往得神品。
此中真有粟,岂复植麻苴。

秀才牙

秀才牙,何咨嗟,有语不能宣,有口不能哆,颊边鲜血如麻。借问血何来,秀才哽咽惊且
呀。左顾右盼视猥役去,始敢一一陈疵瑕。自言有田五十亩,连年水旱成疮痂。春间既完
粮与省,夏完本色毫无差。岂知尚有饭食钱,外费反比内费加。答应稍犹夷,粮差双目怒如
蛙。一拳初若公孙舞剑器,再拳又似渔阳挝。三拳四拳无厚入有间,不觉齿血并落如飞花。
粮差打罢鸣得意,吾之爪如何尔之牙! 呜呼! 粮差爪,秀才牙。

新郎锁

新郎谁,花寨李。郎年十八娘十五,一双白璧照秋水。明日艳服正亲迎,忽听琅珰响有
声。劈头且把新郎锁,拖手拽足横横行。旁观鼓噪千声喊,风号云垂天暗暗。书差惊恐弃
新郎,急急报官为夺犯。官闻报,声如雷,速雇五百壮勇入乡如喧□。马前吹鼓角,马后飘
尘埃。白须老人十十五五焚香道旁擎酒杯。泣陈去年儿婚被差锁,不意今年侄婚锁又来。

自家钱粮已清数,但余穷丁绝户无人催。官怒目,民眉蹙,但听声声呼拆屋。上官草奏报治安,下官带兵住乡曲。累累乡老锁项来,何人肯听一路哭。呜呼! 一室报婚百室荒,劝人且勿作新郎。

吴大廷

送陈右铭出都

君今复此别,吾党更何人。渺渺千秋业,茫茫百感身。
微言艰独讨,高义向谁陈。余亦欲归去,湖西愿结邻。

常州

四百年前旧里门,扁舟经过惨离魂。道旁瓦砾余荒市,劫后荆榛蔽废村。
游宦已抛三径去,先畴曾有几人存。伤心谱牒无寻处,空见前途战垒屯。

天津

万古渔阳郡,东流枕九河。地形雄碣石,水势接滹沱。
瀛草依京近,寒潮入夜多。庚申今几载,薄海尚悲歌。

题顾亭林先生诗集后

胜朝吴下一诸生,毕世栖栖旅客情。高蹈自希庞隐士,传经未让郑康成。
昂藏大志期追古,忧患余年尚论兵。即诵诗歌亦奇健,犹能吐气截长鲸。

严 复

送陈彤卤归闽

四十不官拥皋此,男儿怀抱谁人知? 药草聊同伯休卖,款段欲陪少游骑。
君来渤海从去春,黄尘埃壒愁杀人。末流岂肯重儒术,可怜论语供烧薪!
嵌奇历落不称意,高阳酒徒兀然醉。长躯八尺两颐丰,高谈慷慨忧时泪。
平生贱子徒坚顽,穷途谁复垂温颜? 当年误习旁行书,举世相视如髦蛮。
问君秋水剪双眸,何独异我稠人稠? 无双岂独楚王信,千秋无复文信侯。
君今长揖告我行,南风欲挂孤帆轻。闽之东门温泉温且清,荔阴如见挥巨觥。

甲辰出都呈同里诸公

中国山川分两戒,南岭奔腾趋左海。东行欲尽未尽时,盘薄嶙峋作奇怪。

幔亭拔地九千尺,一朵芙蓉倚天碧。建溪流域播七府,未向邻封分一滴。

江山如此人亦然,学步羞称时世贤。旧学沉沉抱根柢,新知往往穷人天。

共道文章世所惊,谁信闽人耻为名。入门见嫉古来有,黄钟瓦釜皆雷鸣。

忆昔戊己游京师,朝班邑子牛尾稀。即今多难才需杰,郭张陈沈皆奋飞。

孤山处士音琅琅,皂袍演说常登堂。可怜一卷茶花女,断尽支那荡子肠。

诸君且尽乘时乐,酒盏诗钟恣欢谑。君知国有鹤乘轩,何必神惊燕巢幕!

乾坤整顿会有时,报国孤忠天鉴之。但恐河清不相待,法轮欲转叹吾衰。

自惭厚糈豢非才,手版抽将归去来。颇似庐芩结精舍,倘容桐濑登钓台。

长向江湖狎鸥鸟,梦魂夜夜觚棱绕。岂独登临忆侍郎,还应见月思京兆。

题八大山人画本

世间群鼠正纵横,不道狸奴闭眼睛。独踞高高更何说,羡君安稳啜残羹。

戊戌八月感事

求治翻为罪,明时误爱才。伏尸名士贱,称疾诏书哀。

燕市天如晦,宣南雨又来。临河鸣犊叹,莫遣寸心灰。

送郑太夷南下

西市多新鬼,南天少故人。与君同应诏,此别太惊神。

国论浮云变,封疆割肉匀。宁关儿女意,歧路泪沾巾。

九月行看尽,长途应苦寒。回风悲落日,游子感衣单。

长策虚三练,殊恩剩一官。还将千种意,收拾卧江干。

何嗣五赴欧观战归出其纪念册子索题为口号五绝句

其一

太息春秋无义战,群雄何苦自相残。欧洲三百年科学,尽作驱禽食肉看。

其二

汰弱存强亦不能,可怜横草尽飞腾。十年生聚谈何易?遍选丁男作射鹏。

其三

泂漩螺艇指潜渊,突兀奇肱上九天。长炮扶摇三百里,更看绿气坠飞鸢。

其四

牛女中间出大星，天公如唤世人醒。三千万众膏原野，可是耶和欲现形。

其五

由来爱国说男儿，权利纷争总祸基。为忆人弓人得语，奈何煮豆亦燃其。

赠林畏庐

左海畸人林畏庐，早年补柳遍西湖。数茎白发看沉陆，无限青山入画图。
尽有高词媲汉始，更搜重译续虞初。饶他短后成齐俗，佩玉居然利走趋。

以渔洋精华录寄琥唐山春榆侍郎有诗见述率赋奉答

九陌风鸣尘堀堁，南郭隐几今丧我。长安作梦垂十年，梦想阳崎山一逻。
文书引睡睡复醒，万事不理任懒惰。河阳宗伯今词宗，赠我新诗堪已瘅。
为言昭代录诗人，疑让新城居上座。士林沾丐三百年，蒋袁杭厉皆细琐。
平生结习觑文字，扬榷新诗吾亦颇。文章派别几人存，大抵修辞禁淫诐。
李杜光芒万丈长，坡谷九天纷咳唾。如星五纬流四渎，议论欲到吾知叵。
请言在昔明中叶，群公模拟或太过。虽然法上几得中，要于风雅未为左。
何来东涧恣抨击，一钱不值同骂座。渔洋崛起应新运，如麐独角推一个。
譬彼射者得正鹄，稍嫌力薄愁官笴。文人相轻自古然，又被赵纪加切磋。
降兹谈艺遍湖海，若个解衣旁薄赢。西昆靡靡江西粗，公安竟陵更幺麽。
小子何莫学夫诗，敢问师资谁则可。吾云要在士卓识，一任纷拏众口哆。
斯文如女有正色，岂事涂泽徒为大。横空盘硬亦非难，欲为排奡在贴妥。
取径爱好似未害，他日湘帆随转柁。清新俊逸殆天授，著眼沈郁兼顿挫。
双丸头上忽忽过，风轮谁挽蚁旋磨。勿云衰叔少和声，《三百篇》皆发愤作。
能收一物寄孤赏，横流亦足娱寒饿。高歌青眼望后生，比似螟蛉祝果赢。
忽蒙佳什誉过庭，语重情深谁敢荷。君家自有谢超宗，池上凤毛众所贺。

怀阳崎

不反阳崎廿载强，李垞依旧挂斜阳。鳌头山好浮佳气，碕角风微簇野航。
水鸟飞来还径去，黄梅香远最难忘。何从更作莼鲈语，东海如今已种桑。

诗，用琥韵说

昔者鲁东家，太息关雎乱。紫色杂蛙声，何由辨真滥？
文章一小技，旧戒丧志玩。泯泯俗尘中，持是聊自浣。

譬彼万斛泉,洄洑生微澜。奔雷惊电余,往往造平淡。

每怀古作者,令我出背汗。光景随世开,不必唐宋判。

大抵论诗功,天人各分半。诗中常有人,对卷若可唤。

捻花示微旨,悟者一笑粲。举俗爱许浑,吾已思熟烂。

论书

上蔡始变古,中郎亦典型。万毫皆得力,一线独中行。

抉石抡猊爪,奔泉溯骥程。君看氾彗后,更为听江声。

用古出新意,颜徐下笔亲。细筋能入骨,多肉正通神。

北宋推能手,东坡定后身。如闻跛守骏,妍貌不妨颦。

哭林晚翠

相见及长别,都来几昼昏。池荷清逅暑,丛桂远招魂。

投分欣倾盖,沉冤痛覆盆。不成扶软弱,直是构恩怨。

忆昨皇临极,殷忧国命屯。侧身求辅弼,痛哭为黎元。

大业方鸿造,奇才各骏奔。明堂收杞梓,列辟贡玙璠。

岂谓资群策,翻成罪荞言。衅诚基近习,祸已及亲尊。

惝怳移宫狱,呜呼养士恩。人情方翕訾,天意与偏反。

夫子南州彦,当时士论存。一枝翘国秀,三峡倒词源。

荐剡能为鹗,雄图欲化鲲。杨谭同御席,江郑尽华轩。

卿月辉东壁,郎星列井垣。英奇相楮柱,契合互攀援。

重译风皆笡,中兴势已吞。忽惊啼晚鸩,容易刈芳荪。

古有身临穴,今无市举幡。血应漂地轴,精定叫天阍。

犹有深闺妇,来从积德门。抚弦哀寡鹄,分镜泣孤鸳。

加剑思牵犬,争权遇偾豚。空闻矜庶狱,不得见传爰。

投畀宁无日,群昏自不论。浮休齐得丧,忧患塞乾坤。

上帝高难问,中情久弗谖。诗篇同乘杌,异代得根原。

莫更秦头责,休将朕舌扪。横流看处处,只合老邱樊。

送沈涛园备兵淮扬(四首取二)

其一

忠孝名家沈隐侯,分巡弭节向扬州。楹书庭训皆成宪,锦缆牙旗得上游。

一约共传支半壁,三年行见少全牛。未能出饯成邂逅,惟有离情逐水流。

其二

尚亿垂髫十五时，一篇大孝论能奇。谁言后死无穷感，渐负先生远到期。
得志当为天下雨，流年已似手中蓍。春申浦口春无际，独对繁花有所思。

赠熊季廉

一十九稘初告终，抟抟员地趋大同。神机捭阖纵变化，争存物竞谁相雄？
大哉培根氏告我，即物观道冥纤洪。至人先天戒凝滞，高下体合如张弓。
从其后鞭向仁寿，岂假食苦师蓼虫。三皇五帝各垂法，所当时可皆为功。
蚩蚩之氓俾自治，奚翅洲渚浮艨艟。及其已过尚墨守，无益转使百弊丛。
矧今天意存混合，殊俗异种终棣通。是时开关用古始，何异毛氄当炉烘。
履而后艰常智耳，如惩弗慭宁自憷。四百兆民皆异种，卒使奴隶嗟神恫！
所以百千万志士，争持建鼓挝顽聋。贤愚度量几相越，听者一一褒耳充。
胶胶扰扰何时已，新旧两党方相攻。去年北方致大祸，至今万乘犹尘蒙。
亦知天心未厌乱，南奔避地甘长终。岂意逃空得謦欬，知交乃遇四五公。
就中爱我最真挚，屈指先数南昌熊。心期浑欲忘彼此，圭角相遇加磨礱。
人生行止不自诡，扁舟又欲随南风。临行执手无所赠，惟有真气如长虹。
横流他日傥相遇，窃愿身道双加丰。

和江叔海韵

七岁江头见好春，谁今晚节傍风尘？撑肠那有五千卷，脱颖仍随十九人。
高咏怜君诗笔健，剧谈应共岁华新。元宵莫惜炉头醉，河汉疏星渐向晨。

避暑鼓山

老病难禁住火城，今朝失喜作山行。千层石磴经阶级，十里松风管送迎。
潮落沧江沙出没，云开岩岫月分明。可怜济胜今无具，笠纠鞿轻廿载情。

灵源洞

幽绝灵源洞，清游得未曾。摩厓纷往记，说法自神僧。
阁接闻思近，斋犹听水称。何当山雨后，据石看奔腾。

效西崑体与琥同作梅，得清字

松风亭上晚风清，忽地虬枝映月明。可是弄珠游汉水，若为吹笛过江城。
高标倘许吾同调，仙骨曾修定几生。怊怅孤山偕隐约，莓苔饥鹤不胜情！

兰,得风字

长遣佳人老谷中,绿章吾欲叩天公。肯从蕙叶分多碧,常共荷檀斗逆风。
入室已无香可觉,佩帏输与艾能充。灵均去后哀芳草,九畹离披类转蓬。

竹,得徐字

何年鸾尾坠清虚,化作人间水竹居。有客到门来得得,一心咒笋长徐徐。
梢新幸喜无人剪,发短何堪对汝梳。安得霜竿落吾手,扁舟南去老桐庐。

菊,得来字

筵土分苗取次栽,花开重九映尊罍。东篱雨后蛩声起,南国霜前雁影来。
佳色已邀陶令赏,落英犹费楚臣才。如何独自怜胡广,一饮寒潭便耇鲐?

陈季同

吊台湾(四首)

其一

忆从海上访仙踪,今隔蓬山几万重。蜃市楼台随水逝,桃源天地看云封。
怜他鳌戴偏无力,待到狼吞又取容。两字亢卑浑不解,边氛后此正汹汹。

其二

金钱卅兆买辽回,一岛居然付劫灰。强谓弹丸等瓯脱,忍将锁钥委尘埃。
伤心地竟和戎割,太息门因揖盗开。似念兵劳许休息,将台作偃伯灵台。

其三

鲸鲵吞噬到鲲身,渔父蹒跚许问津。莫保河山空守旧,顿忘唇齿藉维新。
蓬蒿满目囚同泣,桑梓惊心鬼与邻。寄语赤嵌诸父老,朝秦暮楚亦前因。

其四

台阳非复旧衣冠,从此威仪失汉官。壶峤而今成弱水,海天何计挽狂澜。
谁云名下无虚士,不信军中有一韩。绝好湖山今已矣,故乡遥望泪阑干。

和范肯堂述怀(八首)

其一

眄到塞乌头已白,归来依旧负华年。海天无际时开眼,裘马何须与望肩。
托钵生涯惟客舍,荷锄活计有人田。可怜半壁黄金筑,旋转乾坤孰大贤。

其二

一跌泥涂衣尚沾，空言才量比人兼。未怀良玉足先刖，不赐明珠口亦箝。
华发丝丝将白尽，雄心寸寸欲灰渐。山林惟恐难深密，髀肉能生且让廉。

其三

两部虾蟆总恼公，筝笆洗耳水云宫。窥墙无复来邻女，失马争相惜塞翁。
割爱宝刀今赠子，投闲囊笔昔从戎。家庭传舍浑难辨，一夜乡心几处同。

其四

葡萄酒久佐餐毡，旌节凋零志尚坚。顿失威仪逢汉使，遥迎椎髻忆胡天。
万言且自吟风月，一粟由他混陌阡。草木二三同腐感，那堪泽畔读骚篇。

其五

蛮触纷纷自古争，鸿毛今似泰山轻。宣威荼火殴乌合，变色风云竖白旌。
早定三分宁蜀守，竟亏一篑负山成。伤心桑梓偏怜鬼，卧榻鼾声最动情。

其六

趑趄伊谁慷慨征，盗铃掩耳迹终呈。尘生边塞天无色，云掩长空月失明。
伴食惟知讥宰相，进言循例哭书生。楼船都付鲸吞尽，雉堞何如万里城？

其七

朝野鸡鸣已失时，艰难端赖老成持。空言毕竟归何补，前事而今更可师。
天下安危原有数，强邻罪责岂无辞。补牢好趁亡羊日，虎视眈眈不可知。

其八

不供刍豆马难腴，伏枥哀鸣纵识途。负负徒呼尝抚腹，真真苦唤几披图。
身无羽翼飞腾阻，眼见沧桑景物殊。漫把酒诗供潦倒，果能消此杞忧无。

台北衙斋读长恨歌

海上仙山望飘渺，鸿都羽士漫相寻。上穷碧落云都障，下视长安雾已深。
七夕有盟犹在耳，六军不发最伤心。君王掩面知无奈，血泪应沾翡翠衾。

读喆甫宝拙盦诗集题后

琳琅珠玉读连篇，相对浑忘路八千。可惜掣鲸好手段，竟教隐豹卸仔肩。
后车京洛仙何羡，前席长沙涕尚涟。今日共怀同父感，吾宗慷慨箭离弦。

袁翔甫大令以诗稿见赠率成一律以谢之

海外归来又七年，鱼龙变幻讶桑田。柏林高和今陈迹，杨柳楼台老谪仙。
虎穴同探成底事，龙门在望最流连。贾生不作长沙哭，镇日行吟手一篇。

舆夫吟（二首）

其一

跬步皆山地不平，狼牙剑锷石峥嵘。屦穿衣敝寒侵骨，踝肿肩穿喘有声。
野店五更偎藁荐，邮亭一饭下椒羹。长嗟口腹劳人舌，重复难明释此生。

其二

冬晖何短路何赊，日日行行渐离家。宿雨餐风何艰苦，剥肤失足不胜嗟。
水寒无渡褰裳涉，岭峻难登俯首爬。可恨吏胥犹倚势，鞭棰信手落交加。

铁

骨格铮铮产自天，含藏蕴蓄几经年。屈伸不畏炉锤巨，磨炼能同金石坚。
披甲勇当千炮雨，作舟功在一轮烟。只因欲化逢时器，费尽经营细烁煎。

煤

深山伏处黑盈堆，多事趋炎力士来。世界光明凭吐气，心肠铁石亦成灰。
干霄屡变风云色，赴火常偕杞梓材。龙麝漫夸香臭判，可能唐苑著花开。

困虎

纷纷落叶起腥风，变色争谈气象雄。缘木未能负牙爪，出山不觉入牢笼。
身虽受困豪犹斗，臂看搏来健有功。寄语犬羊休藐视，斑斑我是大毛虫。

步镇远府全太守韵寄青溪饶大令星帆（四首）

其一

游骑青溪偶结邻，荆州得识宰官身。温公以后谁生佛，子骏而来又此人。
治法蒲鞭威久著，宣勤花县政常新。最难仰体怀柔意，域外也同入幕宾。

其二

一家中外已无邻，指臂原能佐此身。何可守株空待兔，不妨成事暂因人。
多方图治筹常运，不惮求精器尚新。水陆莫非王土下，轴轳江海已来宾。

其三

虎穴亲探与鬼邻，五千道路一吟身。大公几辈能无我，中国而今尚有人。
饭每不忘恩泽厚，面犹未洗泪痕新。他山自昔能攻错，何事殷勤问主宾。

其四

未遑朝食有强邻，攘臂何妨不顾身。姑借楚材为我用，敢将刀柄授他人。

深尝方识莲心苦，依旧谁云花样新。用夏由来夷可变，岂教夺主效喧宾。

见洋人游历有慨

吾华昔派人游历，五大部洲多足迹。　金钱浪费成效无，未见归来能树立。

分投各省去为官，豸袞章身鹤顶冠。　名利兼收良有以，国家强弱卿何干。

忆在欧洲为乡道，手书欣向廷臣告。　万千讬付为招呼，相期最可三年报。

不图海外甘蜗居，远游犹复计锱铢。　川资都入私囊里，塞责惟闻译一书。

外人侮笑又何惜，掩耳盗铃非今日。　内官坐拥钟鼎多，外官何必超群识。

相沿积习误因循，强邻遂笑秦无人。　海东之役是明验，朝朝洗面泪痕新。

西人游历求实事，不徒奔走空来去。　周谘博访求通商，至再至三至于屡。

归装满载汪洋间，珍饈物产无等闲。　以我有余补不足，西人长技在他山。

方今国用处奇绌，成败攸关在一决。　励精图治能自强，姑息苟安知必绝。

地不爱宝正其时，勿使山灵笑我拙。　我因游历发咨嗟，天下何曾真一家。

帝座非遥客星近，腹中休使膝纷加。

跳　月

正月元宵夜三五，苗蛮群作跳月舞。　男吹芦笙女振铃，引凤求凰如法古。

预遴平壤作月场，男皆软服女饰妆。　回翔宛转舞终夕，调笑谑浪双轻狂。

并肩角逐直到晓，村鸡既鸣犹携手。　归家野合旋分飞，生子方能系萝茑。

聘资盈缩视媸妍，宰牛醵酿拜皇天。　掘地为炉冬代被，爨炊牲畜同房眠。

又有犵家姿首饶，褶裙廿幅长围腰。　发蒙青巾足蹑履，孟春对月亦相跳。

彩布五色编成毹，跳酣掷向欢者头。　私奔不禁嫁乃绝，聘钱多少数耕牛。

龙家之苗名狗耳，妇髻如螺圆上指。　男人衣白女衣斑，富佩药珠贫薏苡。

春时立木为鬼竿，男女旋跃择所欢。　既奔须以牛马赎，通媒再作撮合山。

马镫龙家在宁谷，发杂马鬃尖笠覆。　妇人缁布作高冠，状如马镫一簪束。

装饰虽殊跳月同，芦笙十二竹雌雄。　逐声应节生逸态，桑间濮上古遗风。

畴昔余乘海上槎，目迷五色眼生花。　西人跳舞恒达旦，灯烛辉煌月不华。

洋女妖娆多有致，露胸袒臂裙拖地。　疾徐高下舞旋风，凤管鸾笙鸣角徵。

双双蝴蝶效婆娑，玉肩相接踵相摩。　香汗涔涔尤妩媚，衣香扇影多轻罗。

中西相距三万里，言语不通服饰异。　独于男女之大伦，跳舞合欢能一理。

范当世

赠陈季同五言绝句十首

其一

世上皆安乐,而君独苦辛。明明日月照,莫辨汝为人。

其二

史迁七十传,独服李将军。桃李不言者,名声天下闻。

其三

陈汤一树奇,百谤犹能理。无命复摧之,尘埃老吾子。

其四

子有一樽酒,与之忘死生。胸中已无物,身后亦无名。

其五

何哉今人言,智出庸人下。彼固落拓人,我非狂痴者。

其六

风俗庶民事,于今逮缙绅。言言从所授,邑邑自相循。

其七

日惨天茫茫,人间定何世! 吾当宽论人,子弗进苛例。

其八

平心论吾曹,谁能补时局? 所争在有志,岂必定无欲?

其九

时王欲侯汝,宁知汝凄怆。此意人不闻,有闻亦资谤。

其十

哦诗以送日,好丑率吾指。方知此道宽,无人横相訾。

林寿图

夜过松风堂

婆娑老树话南迁,但见秋清水极天。远火渔多僧独坐,大江风定月中悬。
苍龙蜕委禅栖后,朱鸟魂销落叶前。借与蒲团怯世虑,不知换劫是何年。

巡防夜直

幕府秋高夜气清,牙旗鼓角静风声。薄寒借酒销残蜡,细火烹茶送短更。
但使将军宽揖客,未妨老卒伴书生。看星拟挟威弧矢,料识天狼不敢明。

病中梦登拱宸楼

北斗阑干接上层,病魂蓬岛忽飞腾。登楼秋老半山月,近水星明初夜灯。
人影破窗呼欲出,虫声落叶静相生。游仙一枕吾堪慰,苦被晨鸡唤日升。

福州郡馆上元灯事甚盛余以园直未赴

良夕此孤饮,青天低玉绳。月圆最初夜,风蕙乍晴灯。
盛事怀乡社,微官愧友朋。何人解相念,檐铁听敲冰。

次平望驿即事

驿平山不见,况见洞庭君。震泽湖光远,吴兴水派分。
鱼鳞秋后雪,莺脰树边云。忽作洛生咏,声愁老婢闻。

二月十五日退直赴绎萱大令夜饮

蒙脱轻裘换绿醪,禁钟正值散官曹。望中楼阁月轮满,春半莺花酒价高。
彭泽得钱贫且饮,孟公投辖气仍豪。不须静夜惊吹角,听拨尊前凤尾槽。

七峰别墅夜雪用定甫韵(二首)

其一

明灭春光水阁灯,雪窗中酒记吾曾。烟摇苑树又今夕,星黯湖桥何处罾。
三岛龙吟沈画角,五更鸦梦警丹棱。闭门敢学袁安卧,拟踏琼瑶向晓塍。

其二

栉栉银云作雨筛,梦回冷火澹虚帷。那无竹舞东方白,应有梅生南向枝。
望泽早知天与岁,伤痍谁为国求医。登楼王粲纷多感,共捻寒髭唤借鸱。

淀园寓庐独定甫湖楼有柳一株春来忽枯喜可望西山也复用韵邀定甫同作

朝回蝼蚁穴自封,蜜房各退成懒蜂。斜阳坐数宫鸦红,喜君楼有湖山供。
忆昨秋风吹乱蓬,却思□看蓬莱峰。凭阑缩手无斧工。
不知春到虹桥东,谁家青扫长眉浓。独删繁叶出老干,洗伐功与诗人同。
几年韶稚变颓翁,薄植或怨非天钟。岂知豁眼去尘障,一笑乍与岩灵逢。
看君挂笏当晴空,诗得山骨讥肉丰。我欲折枝作马棰,出门还谢羸骖慵。

过黄楼

往时穷巷一茅茨，日有侯苞过问奇。尝造元龙楼百尺，深谈黄蜡夜三枝。
燕泥落瓣寻前垒，蛛网粘花掩故帷。怅望斜阳明灭里，危檐犹向短墙支。

寄蕙卿

松寥死后发苍浪，相望燕闽又异乡。别我不知谁可友，交君尝谓狷非狂。
东山未必耽丝竹，北斗惟应挹酒浆。海峤年来蹊径杂，留昌诗教辟榛荒。

清明日登城隍山

王业偏安委逝波，东南半壁此经过。江湖越绝成中国，士女清明类上河。
回合青苍沙鸟外，销沉金碧夕阳多。不关兴废伤春目，数点闽山隔翠螺。

京口阻雨

苍然寒色暮烟横，跕跕飞鸢与水平。三日塔铃呼断渡，一江帆叶贴依城。
远钟自出南朝寺，晓角如麾北府兵。破费千钱京口酒，醉看高浪驾长鲸。

望梁山

宫城何代倚岩峣，苑户祠宫并寂寥。三月莺花千古恨，五更风雨百灵朝。
桥山弓剑疑黄帝，昆水旌旗近绛霄。不料霸图销歇后，又经劫火土成焦。

雪沧同登西城楼以诗见示次元韵

长乐门开晓角愁，谈兵人老雪盈头。咸京自昔兴亡地，渭水无情日夜流。
莽荡川原连战垒，艰难刍秣唱军筹。玉关定远今谁属，怅立西风缥缈楼。

谢章铤

宛在堂祀十四诗人

诗卷飘来半草莱，江山奇气总尘埃。独寻此地论千古，欲向前人乞异才。
百里骚魂偶相聚，他年闽派或重开。心香一瓣知谁属，曾自西湖洗眼来。

青 松

骨格坚如许，平生百练经。冰霜留晚节，天地此孤青。

风急神龙吼,云凉老鹤醒。婆娑三径外,与尔欲忘形。

鹦 鹉

屡抛红豆海棠阴,忽地湘帘送好音。私语最防伊窃听,小诗常伴我低吟。
相思陇底三年梦,莫负灵山一片心。只恐高飞能折翼,金笼调护到如今。

郑所南兰

幽恨何处问山河?小草其如失地何!大宋遗臣馀汝在,离骚变调此间多。
美人独立愁天地,帝子不来怨水波。冉冉一丛深浅泪,肯随心史共销磨。

宿小金山塔院

夜气当楼白,高天易得秋。星争渔火出,风挟海云流。
军府方多事,烟波有古愁。应怜一樽酒,抚髀欲何求。

自题听泉图

潺潺一片去何之,此意苍茫独坐知。至竟清流成底事,在山遥想出山时。

过鳌峰坊访荷花

隐屏山远水犹清,绛跗花明月又新。虚谷久销三里雾,澄池长汇万家春。
莫谈开落惊尘劫,但愿风云起替人。一色盈盈香冉冉,我从鳌顶结芳邻。

孤 花

一点芳心尚未残,亭亭独立俯雕阑。金铃十万春如海,忽觉人间位置难。

感怀漫书(二首)

其一

山阳宿草怨飘蓬,瘦日无光泣雁鸿。九死人间惟我在,万夫意气为谁雄。
岂知刘向还青眼,更觉黄滔有古风。遂使西州门外路,铜弦重唱大江东。

其二

鸾鹤无声天际来,海边骏风久蒿莱。郑虔苜蓿嗟何极,杨仆戈船事愈哀。
宫府谁关天下计,山川苦忆古今才。飘零文字犹如许,崔蔡应知泣夜台。

招炯甫颖叔张听菴观察饮杜少陵祠

杜老祠堂清净地,狂谈无碍古人闻。好山尚有浓青在,枯树曾经劫火焚。
将相致身真不早,干戈满目更何云。长安酒价君休问,几处终南日暮云。

将之鹿洞主讲留别陈伯潜同年(三首)

其一

纪群交谊在,设醴及迁疏。附汝青云后,嗟予白首初。
求才期报国,立论可成书。方寸严泾渭,灵光不碍虚。

其二

平生吴季子,捷径畏泥涂。每笑羊头烂,还怜虎气粗。
论交谁似此,薄俗更何如。四海方多事,黄垆永恸余。

其三

向日崇微尚,消磨百不如。艰难走牛马,琐屑误虫鱼。
益友存无几,虚生愧有余。知君行役处,离梦到匡庐。

过谏草堂怀张亨甫年丈

生前挥泪吊金台,何处青山骏骨埋。赍志功名中寿过,病谭利病一尊开。
九州无敌吟诗手,异代相怜抗疏才。寂寞骚魂依谏草,茫茫今昔总堪哀。

王葆辰

送左季高爵帅移督陕甘百韵

宇宙平成日,风雨际会是。膺图媲妫姒,亮采起皋夔。
蔼吉朝阳凤,灵祥渭水骊。天民肩己任,命世应昌期。
翼轸分躔朗,沅湘毓秀奇。麒麟征淑气,鸑鷟负瑰姿。
忧乐书生抱,文章国士推。三苏衍弓冶,两到共琳琪。
在沁优游适,为霖酝酿迟。贤关接邹鲁,艺海范般倕。
元凯胸成癖,昌黎笔起衰。群儒尊祭酒,专席拥皋比。
性命探乾始,与图贯巽维。每悬徐孺榻,常下仲舒帷。
笃谊敦宏景,全交护敬儿。平生湖海气,君子雨风思。
吾道原忠孝,空山系溺饥。世方逢扰攘,人孰慰疮痍。
故里烟尘逼,连营驿骑随。将军开幕府,名士掷毛锥。

料敌陈前著,筹粮绝漏厄。　当途惊蹇谔,时事付嗟咨。

未谅关西直,翻来考绰訾。　行藏天下望,肝胆至尊知。

卿月膺清秩,台星荷宠绥。　梓枌谋保障,鄂岳洞机倪。

皖国旋消瘴,西江又援危。　旌旗群寇避,巾扇大名驰。

行省封疆任,中朝柱石资。　负嵎余孽抗,人阻我师疲。

逆挽钱塘弩,来摩宛委碑。　赭寇俄息横,闽越此专司。

劫火收城市,墟烟抚老赢。　土同游夏校,农渐事春菑。

元气苏枯辙,新章理乱丝。　时当严锁钥,长与固藩篱。

宝剑鸣霄半,妖烽见海涯。　孙思逾喘息,张鲁恣离披。

澄海奔泷激,闽关戍角吹。　釜煎鱼已蹙,巢覆卵犹遗。

帝以兼圻畀,公因大纛移。　戈船飞万鹢,铁骑集千羆。

漳郡经蹂躏,汀防扼险巇。　霆訇驱士卒,焱厉策偏裨。

舟楫和衷济,东南只手支。　层碉擒骊狁,列砦扫狂鸱。

地势文渊米,兵心太傅棋。　趫趫森鹤列,纚纚布鱼丽。

密箐殚幽宄,巉岩捣逦迤。　盘涡斩毒虺,燐火褫荒魑。

残竖骈投梃,凶酋俯就縻。　三山传檄定,五岭蹑踪追。

猝脱衔钩鳄,穷搜带箭麇。　协从姑宥尔,巨憨聚歼之。

蜃岛晴融霰,鲲溪晓丽曦。　俘功书炳焕,丰碣凿崔嵬。

懋赏颁圭璧,殊膺纪鼎彝。　青宫勤一德,丹扆翼重熙。

锡服黄中焕,影缨翠羽垂。　干戈今底定,父老共欢嬉。

闽俗怜痌瘝,编氓赖设施。　陶材归哲匠,寿世属良医。

管子条条策,萧侯井井规。　常平储糗糒,昭武炼戈铍。

鹅毳三冬利,蚕桑七月诗。　炮车挥突厥,楼橹役波斯。

潮洗重洋镜,烟生万灶炊。　燃犀销鬼域,驱鳄革浇漓。

训士遵濂洛,兴文迈衮椅。　紫阳镌柱待,清恪汇书窥。

白屋骊邀赏,黄楼豕订疑。　高轩亲过海,缥帙喜分贻。

杜老千间厦,程门一代师。　心仪导绳墨,面命引针磁。

厮露笼山药,倾阳笑蜀葵。　宣猷巩南国,命讨顾西陲。

庙算勤宵旰,臣衷矢翼为。　临轩下芝检,专阃慰兰锜。

借寇输与恫,平准抒颂私。　榕阴周井里,柳色恋郊崎。

一瓣南丰座,千秋石室祠。　格苗唯远略,采芑有新词。

振旅威摧朽,诹程吉叶著。　组函鲛炜炜,鞯鞥牡骙骙。

虹采辉刀室,冰华缬戟枝。　岭云停靺鞈,栈雪拥辎輣。

榆塞烽前煽,花门面久厘。伊凉罗隘要,陇谷陟崎㟢。

诸将扬沙漠,氐羌拜节麾。屯田本充国,詟贼乃韩琦。

戢翼争攀树,枯鳞讵振鬐。从兹安部落,何敢溢潢池。

拨雾重开日,呼山早戴慈。凯旋分虎卫,捷奏达龙墀。

听履荣趋陛,鸣驺静约軧。纶扉襄赞赞,天阙弼丕丕。

元化蟠经纬,钧衡重保厘。同音笙馨瑞,对面岳嵩仪。

两戎灵祇奠,中阶斗干持。愿言瞻岳牧,长此辅轩羲。

黄维煊

同治癸酉台阳杂咏

万石楼船照海波,沈沙残铁试摩挲。春光渐泄春阴薄,莫放扶桑日影过。

杨 浚

感事诗(二首)

其一

怵怵飞轮一羽轻,战书曾上赤崁城。空传雷雨三千劫,未断波涛十万程。

幻作伶官愁贩鸭,生从鬼母梦骑鲸。婆娑洋上如圭月,莫遣蟾蜍蚀太清。

其二

杯水宁愁旧汨灵,扶桑如茅岛如萍。竟看苍狗浮云幻,未制长鲸跋浪腥。

大海不辞填木石,晴天无事下雷霆。乘槎犯斗吾何卜,世有君平恕客星。

潜园观菊

天涯海角久离家,四度秋风鬓欲华。一事不曾愁客邸,借人亭馆看黄花。

林洄溆

莲花江上山楼落成(四首)

其一

寒斋书砚重摩挲,生我苍苍意若何。史氏谈迁遗业在,孤儿欧柳母恩多。

东南竹木商楼橹,今昔沧桑感战和。自笑请缨雄弱冠,曾从海外狎鲸波。

其二

林生近入清贫况,惯典春衣买古书。世故周旋成底事,天怀活泼此闲居。
山泉酌我心同淡,篱菊依人秀独舒。柘地三弓成小筑,一招海色入吾庐。

其三

岑楼成趣日登临,不碍山栖入未深。历历成帆过桔柚,闲闲云思变晴阴。
江河万古东流感,星斗中宵北望心。静坐有时理吟诵,槛松都作穉龙音。

其四

净几明窗清福修,敢将中隐托名流。小开辋水王摩诘,且学衡山李邺侯。
饲鹤园林毛羽长,飞鸿湖海爪泥留。更期师友临容膝,椎笔淋漓写上头。

王寿昌

挽严幾道

佳章病里正吟哦,忽诧高风逐逝波。咫尺乡园悭一面,只今门卷忍经过。
同窗前辈推殊绝,四海名流损已多。泉下相逢涛园老,应悲世事尚蹉跎。

挽林畏庐

当代文豪今已矣,卅年交谊痛何如! 半生宿疾犹存世,近岁胜游尚起予。
推枕惊呼中夜梦,检橱忍读旧时书。越城一语成追忆,老擅才名信不虚。

林 纾

十五日晨起大风以肩舆跨山游狮子窝

山鸟鸣时漏阳光,开门微闻草木香。僧厨啜粥趣从者,腰舆坐我犹胡床。
左旋右绕入深绿,日黯微见云飞扬。麦田下睇可万尺,沿山取径遵羊肠。
蓦然舆幔策策动,虽不颠坠仍仓皇。生平未敢据人上,即虞娼嫉生谤伤。
翠微偶尔蹑高顶,取忌风伯施权强。跨危涉险听之去,舆夫剽乃逾风樯。
阑干宛宛出林麓,橾桷一一施丹黄。沿坡杂树乱柯干,抱山飞阁成桥梁。
盛暑得息亦佳事,垂杨作态欹禅房。沧趣老人感前迹,三十年事悲衰凉。
风停茶罢雨亦止,题名渧墨污僧墙。

题画（四首）

其一

一亭高立俯群山,路转苍岩待几弯? 清晓玉童扫红叶,偶吹馀片落人间。

其二

危栈粘天路不分,鞭丝帽影印斜曛。半程微觉驴鞍湿,记犯山腰一阵云。

其三

蓦然失却碧芙蓉,云出山来白万重。不管人间方阵雨,只从天半作奇峰。

其四

回首琼河五十秋,当年雏发尚盈头。柳花阵阵飘春水,逃学偷骑老牝牛。

题《江行觅句图》送杨昀谷太守之蜀

生平不识嘉陵道,却写夔巫上峡舟。为爱诗人能作郡,聊将画卷记清游。
从今编集多新语,沿路闻猿及早秋。日日推篷山色在,应无余地着离忧。

题　画

山半秋云薄似纱,虫声穿透小篱笆。道人清醒闻香气,一阵凉风过桂花。

自况（题目为编者所加）

道人种竹满霞洲,七月新凉似晚秋。记得四更凉雨过,居然披上木棉裘。

烟云楼卧游诗之二

卷帘东际楼,万象混一绿。半天力则峰,微径偃雏竹。
云来失群松,云散漏初旭。不审宵来云,果否岩下宿。
涧芳何芬馥,柯叶类新沐。农僧趣山田,瘦影入横幅。
涌泉固不弱,何必念三竺。

题林述庆卷

十年曾饮京江水,北顾萧条羞故垒。题诗铁瓮吊寒潮,恨欠英雄江上起。
英雄千古一蕲王,试剑孙刘好战场。一掷盘龙今已矣,蛮烟愁杀小南强。
寄奴奇气军中吐,半壁健儿跨北府。义声从此震盘龙,变色谁知谈卧虎。
金山形势拱焦山,九月江城凯队还。西望兵气怜古冶,秣陵何处汉时关。
楼船铁骑翻千古,水陆双方驰契箭。单骑飞登龙膊冈,淡月疏星观夜战。

君不见天保岿然第一阁,再兴血战犹纵横。

又不见建康城中北极阁,岔路炮痕犹焦灼。

吁嗟乎,太平有兆太平门,浦口横戈大敌奔。

破魏由来能救赵,解围遥壮武昌援。武昌回首上流固,石头无羌台城路。

吁嗟乎,噫嘻! 东南两大功,楼中黄鹤洲中鹭。

夏日斋居制图诗·其十山亭晚霁

我昔游石鼓,一径入深绿。云罅出孤亭,一俯渺峦麓。

僧房出亭后,碗大开白菊。翠微有无间,偶然过仙鹿。

至今诗梦中,似在云中宿。

游武夷

面面溪光入武夷,僧寮何处不宜诗。尤宜雨细风轻际,竹轿中间睡片时。

见恩师(陈衍)题壁,怆然有作

题名忽及偶斋师,竟似重生再见期。八口宁忘泉下痛,廿年犹此壁间诗。

料无风概宗先辈,忍叶沧桑语盛时。早晚商量较遗草,门生也感鬓边丝。

附陈衍题诗:

尚余二客话山丘,卅载门生亦白头。绝似平山堂下过,龙蛇飞动壁间留。

萨镇冰

论汪精卫

未能永流芳,犹可作渔父。奈何一失足,遗恨成千古。

寄陈玉锵

驱车东去越山颠,一日曾过万壑烟。老马犹能千里路,黄花欲傲小阳天。

同袍远戍怀奇策,旧雨重逢信夙缘。遥念军前犹苦战,凯旋敢卜在明年。

由马江往厦门海程

风急涛飞上舻楼,沧溟回首感浮沤。薄飧晚食充饥适,短榻闲吟入梦幽。

烽火三秋迷古驿,海程千里泛孤舟。鹭江屈指明朝到,酬酢还应数日留。

福州至上海舟中偶作

秋日登舟下海东，夕阳细雨泛长虹。行穿岛屿涛无力，坐看沧溟碧不穷。
作客何期眠食适，忧时但觉盱宵同。江南此去逾千里，孤棹迢迢趁好风。

由沪旋闽舟中偶作

沧溟一望远茫茫，孤棹中流泛月光。为念苍生沦浩劫，都忘佳节过重阳。
凭谁黾勉支危局，愧独蹒跚返故乡。怅卧清宵难入梦，北风岂比我忧长。

癸酉午节怀古

孤忠千载事犹论，湘水无情映泪痕。举国龙舟空竞渡，悠悠莫慰楚臣魂。

赠海军高佑之上将

血战归来尚裹疮，将军岂让戚南塘。身同士卒尝甘苦，志为邦家救覆亡。
休养暂时如蛰伏，熏陶后进看龙骧。羡君气共山河壮，不世勋劳印领望。

己卯七七

芦沟桥上月明多，闺梦犹萦永定河。岂料战端从此始，万千白骨凯旋歌。

收回台湾纪念三首

其一
力屈倭人不背城，三军解甲竟行成。台湾从此重依汉，修政期同日月明。

其二
东渡元戎已受降，膏腴千里入新邦。台民与我原同种，言语何曾有异腔。

其三
莘莘学子亦从军，慷慨长征志迈群。如火如荼临异域，不辞劳瘁扫妖氛。

赠台湾义勇队

隔绝宗邦五十年，年年辛苦为他人。田园大半归殊族，少壮还多丧远滨。
天遣下临严可畏，义师东渡勇无伦。中州台郡原兄弟，相助同为平等民。

春朝偶作

未交惊蛰雷先发，枕上连宵闻雨声。市远菜羹供薄膳，家贫蛎饼是珍烹。

敲诗偶步时人韵,鬻字聊资晚岁生。早起飞花穿户入,枝头鸟语更怡情。

薛绍徽

寄 外

一纸家书带泪斑,好凭青鸟寄蓬山。西风吹倒江头树,梦见归舟天际还。

上海过敬如兄公故宅

功德元方孰与俦,将军猿臂不封侯。屋乌犹在宾朋散,谁识当年百尺楼。

哀伊藤

齐人刺苏秦,国仇于以伸。乃知弊齐策,适足亡其身。

仲秋夜读史作

从来祸福不相侔,成败惟看棋局收。笃志有人欣御李,智囊无策到安刘。
岂真遇合风云会,须惜艰难骨肉谋。昨夜长天觇北斗,依然明月照高秋。

南歌子·寄外

弱水三千里,蓬山一万重。几番下笔复从容。惟写平安两字、讬飞鸿。赖折梅花寄,闲
将荳蔻封。莫嗤惜墨意匆匆。两地相知,只在不言中。

海天洞处·闻绛如话台湾事

碧天莽莽浮云,云烟变灭沧桑里。鲲身睡稳,鸡笼唱罢,竟无坚垒。莫问成功,可怜靖
海,原来如此。算槐柯邦国,黄粱梦寐,只赢得,豪谈美。说甚蓬莱蜃市。忽跳梁、长蛇封
豕。鲸吞蚕食,戚、俞难再,藩篱倾圮。汹汹波涛,金厦相关唇齿。对春潮夜涨,深惭漆室,
为天忧杞。

满江红

中元日,绛如以甲申之役,同学多殁战事,往马江致祭于昭忠祠,招予及伯兄同舟行。
舵工一老妇言:当战时,适由管(琯)头载客上水。风雷中,炮声、雨声交响,避梁厝苇洲中,
见敌船怒弹横飞,如火球迸出。我船之泊船坞外,若宿鸟待弋,次第沉没。入夜,潮高流急,
江上浮尸滚滚,敌船燃点灯如白昼,小舟咸震慑,无敢行。四更,有橹声咿哑至,既近,则一
破坏盐船。船有十余人,皆尚干乡远近无赖,为首曰林狮狮。讯敌船消息,既而驶去。天将

明,又闻炮响数声,约有木板纷纷飞去而已。盖狮狮等虽横行无忌,此际忽生忠义心,见盐船巡哨者弃船逃走,即盗其船,用其炮,乘急水横出。将近敌船,望敌将孤拔所坐白堡者,燃炮击船首上舱。舱毁,敌惊返炮,而狮狮等并船成齑粉矣。绛如闻说,骇然曰:"是矣!数年疑案,今始明焉。"余叩其故,则曰:"我在巴黎时,适法人为孤拔竖石像于孤拔街,往观之,遇相识武员某言:曾随孤拔入吾闽。初三日战时,华船仓卒,无有抵御,惟至望日天将明,似有伏兵来援,炮毁舱。孤拔睡梦中,舱板折,压左臂,伤及胁。还炮则寂然,乃疑港汊芦苇处无不有兵,急乘晓雾拔队出口。又畏长门炮台狭路相接,趁大潮绕乌龙江至白犬,修船治伤,弗愈,又至澎湖,终以伤重而殒。此一说也,我初闻以为妄,意是日之战,吾船既尽歼,督帅跳而走,沿江上下,实无一兵,安有翌晨突来之炮?不意今日始知有林狮狮诸人者。噫嘻!天下可为盗贼者,亦可为忠义。虽其粉身骈死,能使跋浪长鲸于怒波狂澜中,忽而气沮胆落,垂首帖尾,逃匿以死,其功岂浅鲜哉?惜乡僻,无人为发其事,子盍为我记之?"余曰:"唯。"用吊以词。

莽莽江天,忆当日、鳄鱼深入。风雨里,星飞雷吼,鬼神号泣。猿鹤虫沙淘浪去,贩盐屠豕如蚁集。踏夜潮,击楫出中流,思偷袭。　　咿哑响,烟雾湿,砰訇起,龙蛇蛰。笑天骄种子,仅余呼吸。纵逐波涛流水逝,曾翻霹雳雄师戢。惜沉沦,草泽国殇魂,谁搜辑?

柯鸿年

留别海滨别墅

一声归去也,别思已悠悠。海色明初夜,风光冷早秋。
劳形如可免,终老复何求。回首清游处,月明花满楼。

风雨孤坐,颇怀京寓

寒风剪剪雨霏霏,路僻人稀各掩扉。檐溜夜深听更切,声声似道不如归。

兵后归马江学校

未须林鸟感飘摇,灯火书声又此宵。知有忠魂江水上,西风夜夜咽寒潮。

沪上冬至日作

海上逢冬至,先闻爆竹声。家居羁旅况,诗句乱离情。
忧国心无已,思乡梦不成。寒风吹彻夜,未觉一阳生。

述　怀

平生最信有前因，爱义应如爱此身。垂老不忘贫贱日，寻常苦愁为他人。

沈瑜庆

出　海

乡人六月送出海，舞衫歌扇真若狂。斗风争道过顷刻，填街溢巷观扶将。

就中无赖茉莉香，雪毬珠贯编篮筐。水手高按湖船调，船娘好凭坠马妆。

明珰翠羽果何取，粉团玉琢方披猖。朝官熏茗试香片，词人隽语夸南强。

当时嗜好颇殊众，勉强软语从姬姜。十年南北倦奔走，逾淮包致偏为良。

孤根灌溉百护惜，一朵两朵开相当。从知迁地罕为贵，中夜宦梦为彷徨。

对门已成广陵散，伊人可在水中央？

和冯庵先生留别之作

乾坤双鸟叹牢笼，劳燕东西鹡退风。儿女异乡忻戚共，兵戈垂老乱离中。

颇闻命子同元亮，却喜清谈与阿戎。世事无功思汗马，书生有技总雕虫。

买　山

归鸿影落菊花天，懒着单衣向酒边。爽气西山拄颐笏，故人南郡索碑钱。

归池居士晨慵课，说梦痴儿夜不眠。只合登床作豪语，买山约在得官前。

齿蛀，示冯庵

自笑平生咀嚼忙，屠们未快敝先刚。骄人往日如编贝，刺舌而今重作芒。

世味饱谙忘苦楚，词锋渐钝觉冰凉。相煎相锻知何极，欲向先生乞禁方。

南塘睡醒

千层雪浪倚窗开，万壑松声入梦来。等是春涛喧午枕，苍髯白甲忆亲裁。

袁海观督部属题金冬心梅花

月地云阶供养身，往还同是过来人。江南驿使无消息，几度开时傍战尘。

梁鼎芬

赠侯官沈瑜庆

沈郎都市初相识,不待文章发英直。虎豹斑斑风矩存,有才独俊无渝则。

乃翁知国出威名,旌旗不动羌胡惊。异时霜鬓四海见,独瘗幽恨谁能明。

生时未接春风坐,神仪想象君其颜。江南百姓最知恩,今见行骢泪犹堕。

直须清节表时流,莫令人世说兰莸。君不见,龙图文武心铁石,万口争传范庆州。

高而谦

玉尺山

见说当年玉尺山,曾经李郭转移间。歌谣左海都传遍,今日伊谁此有关?

黄楼行

丙戌重阳后二日,陈侯(星北)适自其家出。卷中邂逅得相逢,过门不入礼有失。

乃随君步造君庐,知系黄璞之故居。李唐迄今千余载,先生旧址俨然在。

清梁退庵记其略,黄楼字迹未剥落。前有假山石玲珑,下有池沼鱼活跃。

历阶穿岩过小桥,助我惟仗笫一条。儿时习闻长者言,黄巷赵宅古迹存。

荏苒韶光届暮齿,未曾涉足及于此。今兹幸逢贤主人,导我一游殊可喜。

战尘扰扰历八年,贫富贵贱多变迁。朱门华屋更新主,斯楼屹立无今古。

人生所室惟令名,一士远胜王侯荣。王侯蝼蚁共山邱,丰碑百尺莫保留。

沈翊清

安危他日终须仗(题目为编者所加)

□□□□□□□,□□□□□□□。万里羁人逾骨肉,三冬余暑事文章。

安危他日终须仗,甘苦来时要共尝。不见彼邦诸将相,墓门华表尚堂堂。

肤 功

肤功首创事云遐,古树森森尚旧衙。裘被雪天空迓日,楼台平地枉咨嗟。

掰来故实看成卷,话到宗亲散似沙。依旧乌衣门巷在,无情燕子已谁家。

五子珂（觐恩）光绪丙午日本香川军次祝寿，以原韵答和如次

神山如笏海如杯，万里传书有老莱。寿我曾从持节去，送儿特为肄军来。
菊宜昼锦堂前种，桃尽元都观里栽。分得香川瀛岛月，照人襟抱酒边开。

附沈觐恩寿诗：

跪献琼浆第五杯，忆亲杖节到蓬莱。开端国士闻风至，垂训儿童向学来。
此日平安雁信递，多年富贵寿花栽。扶桑祝福依东海，春报蟠桃处处开。

沈觐宸

淑音夫人六十初度，略举数十年来旧事，作七律十首为寿，并以自祝

其一

郡斋昔日命名嘉，第一孙枝众口夸。山色虎丘曾驻足，湖光莺脰且浮槎。
耽书爱说英雄传，展画时描富贵花。怪得涛园亭径熟，儿时早已到侬家。

其二

步障明珠鼓吹声，阿爷东国正观兵。筑楼饮翠迎新妇，拓地看云待馆甥。
喜气两家全盛日，嘉辰冬至十分晴。一书寄与孙莘老，山谷文章自有情。

其三

榜花手折最高枝，赢得闺人为展眉。冰玉数年才觌面，承明一入滞归期。
早朝先读留中疏，夜直初成寄内诗。还博高堂颜色喜，童孙当日已含饴。

其四

鹿车二月入幽燕，刚在百花生日先。殿体细书团扇上，朝衫亲熨绮窗前。
胜游艮岳探琼岛，法曲梨园听叫天。只为阿侯宵索乳，鸡人报晓未成眠。

其五

谏官早岁拜丝纶，清直难忘祖训新。时事已非天宝日，国门暂别稿砖人。
相怜家难依邛岠，错被天骄识凤麒！陵谷眼前经几变，一灯风雨话酸辛。

其六

身到中华以外天，关心家事意绵绵。授经女渐谙闽语，承学儿能守郑笺。
寄札经旬长短纸，避兵终岁两三迁。多君门户支持力，已阅韶光四十年。

其七

有书未读雪盈头，万里还家正及秋。烟雨马江三度过，莺花燕国十年留。
客居伏腊沿乡俗，少日园林梦旧游。儿女成行婚嫁毕，向平夙愿此粗酬。

其八

眉山刻意诋东迁,敢信南都出万全? 我欲浮屠三宿去,人言墨突一黔贤。
压惊好借屠苏酒,谢病还成谱牒编。少日家人集重九,乌山记醉菊花天。

其九

离乱人如一叶飘,江流建业复停桡。祠前共拜蟠龙里,巷口同寻朱雀桥。
老去称心依子舍,归来相约祝花朝。山河不尽新亭感,又送儿曹上远轺。

其十

补汝蹉跎宜上寿,新诗字句只求安。文章到老归平淡,风景怡人半暖寒。
花木阴中堪并坐,鱼虾美处总加餐。诸孙娇小忱吾意,更待金婚酒合欢。

王宜汉

辛卯重九,希微约同辈游小西湖并登大梦山

我归逢重阳,三度健可庆。前年豹屏枫,去年涌泉磬。
今兹希微翁,首动蜡屐兴。连镳集群彦,光采四座映。
风怀各自矜,腰脚堪济胜。载临大梦岑,载鼓平湖榜。
流霞绚树明,寒漪澄如镜。秋色一何净,惬此君子性。
噱谈不喟时,清尊共乐圣。高会有馀欢,何殊际休盛。

漫叟招饮土山寓庐

土山我常至,今昔大悬殊。荆棘芟除尽,崎岖坦荡敷。
沿河成水镜,入境俨花衢。况乃交通便,宾朋好造庐。

何如璋

塞上秋怀七首

其一

羊堡山环洗马林,禁门中锁石森森。狐关屏拥神京壮,鸳泺云连瀚海阴。
野属燕分次箕尾,辰占龙伏是房心。惊秋戍客征衣薄,落叶萧萧动晚砧。

其二

西山朝爽挹晴晖,云雾泉甘涌翠薇。柳老蟠虬阶下卧,梁空归燕社前飞。
鲈莼寄兴知何晚,鸡黍寻盟约不违。极目千家村郭外,战场草没马初肥。

其三

河山中外一枰棋，兴废千秋事可悲。涿鹿首传开国地，野狐常记守边时。
城横枳岭风霜厉，水合桑乾日夜驰。前有轩辕后无魏，旧基遗迹系人思。

其四

惆怅西风吹帽斜，记曾簪笔侍京华。济川誓击中流楫，持节虚乘东海槎。
李广数奇空射虎，刘琨援绝只吹笳。廿年一觉春明梦，策蹇来看塞上花。

其五

南从岭峤历边头，万里寒生大漠秋。日暮白云屡回望，风凄落叶不胜愁。
帛书远寄胡天雁，旅梦闲寻粤海鸥。上谷地形当右辅，谪居恩许近皇州。

其六

迢迢官驿接阴山，都护军屯两堡间。右卫地衡雄六镇，长城天堑扼三关。
不妨互市通罗刹，赖有卡伦界诺颜。入口又闻来贡马，东西盟长换年班。

其七

神庙绥边奋武功，六龙亲此驻师中。要令荒服尊王度，兼为时巡采土风。
迎辇草仍今日绿，洗兵泉泻昔日红。台空幸值军书少，得马何须问塞翁。

赠源桂阁故侯

轻盈舞袖绾双鬟，洗盏殷勤劝小蛮。含恨低翻旧时曲，一声声是念家山。
留髡送客日初斜，相约春游兴又赊。记取清明好时节，墨川东岸看樱花。
宾筵酒馔翻新样，乐府笙歌倚旧声。沿习太平唐代舞，诸伶白首说西京。

张佩纶

书陆月湖先生手校宣公奏议后

龙门传贾生，不载《治安策》。至今悲长沙，如对宣室席。
昫京岂良史，唐肆求马迹。榜子加点窜，貌形神已隔。
呜呼唐贞元，聪察亦令辟。朝困二吴谗，夕受一裴厄。
冰炭固宜然，苍蝇岂爱璧。邺侯时无伦，造膝全国脉。
垂死引晋参，遗贤吁可惜。颇疑史失之，家传稿盈尺。
嗟哉君子操，介立如松柏。嗟哉小人交，夺正如朱碧。
德孤且不邻，物腐易求隙。未相道已睽，焉免忠州谪。
太息建中忧，沘光竟寻逆。三军涕何从，禹汤能自责。
功同衣白人，灵武赞谋画。天非材不生，相在君之择。

谁与裂白麻,阳城空有驿。谁与进奏疏,端明亦终斥。

契合世固难,吊古无荒宅。吾师理残编,误本亲纠摘。

即今中兴年,抱道辞征辟。阅世有名言,出辞戒直迫。

讽谏意缠绵,君心匪难格。何用撮古方,活世此砭石。

柳叟招同人复游苇湾用伯潜韵

前游未及旬,出郭复蜡屐。山容幻晓晴,野色炫余泽。

清渠静不风,秋意漾水碧。主人不解耕,以花作阡陌。

波清代出绿,菱芡恣饷客。烟水二顷余,鸥渚拓圆席。

孤亭始何年,俯仰忆畴昔。凉风对面来,薄爽生两腋。

坐久忘形骸,不觉日将夕。

七月四日圭盦复招同人由天宁寺至北河泊观荷仍集苇湾柳叟醉堕水再用前韵调之

侍御兴不浅,老理庾公屐。水仙亦亲人,沐浴振芰泽。

秋色扑画窗,杯浸太行碧。俯视万花笑,轻尘净绮陌。

茅屋倒清尊,列坐忘主客。我醒已若狂,杯来不避席。

啜醨哺其糟,宁辨昔酒昔。失足堕水中,患乃生肘腋。

恨非新丰市,一笑竟千夕。

过严子陵钓台

沛公故人主吏掾,暮年徒跣谢前殿。当时只有张子房,能致商芝来侍宴。

英雄使君帝室宗,师卢从郑臣卧龙。龙卧强为三顾起,钓竿茫茫独烟水。

沔南丑女不归山,却羡梅家婿乡美。皇汉三君乃一流,儒风道骨邈无俦。

帝坐辉光客星去,俯视列宿犹通侯。怀仁辅义天下悦,阿谀顺旨要领绝。

两言咄咄即谏书,进退确然此高节。君不见,翰林李白谪仙人,亦慕先生事隐沦。

一误楼船成放逐,太息香炉非富春。

曼农省余塞上同游云泉寺为别用东坡与子由同游寒溪西山韵

故山菭蕨无一畦,全家飘泊军都西。少游下泽合乡里,为我长辐潦深泥。

且寻泉脉洗尘壒,村沽不假尊罍携。横沙乱水纷到眼,但有惊雁无闲鹥。

积年残雪尚封窔,昨夜急雨初鸣溪。柳不知春况三暑,羲轮摧冻声玻璃。

嗟我肝脾伏炎瘴,忘归决占寒岩栖。野僧乞句已满壁,藏狸让窟将成蹊。

须眉渐改语音变,子勿见追徒惨凄。阿奴归去更硡硡,莫更疏直遭排挤。

临分苦语岂浪出，瘖聋未可疑吹齑。万羊鞭叱尽成石，醒来落月圆如圭。

晚 春

市尘知避俗，兀坐玩春深。火烬茶香细，书横竹个阴。
惜花生佛意，听雨养诗心。傲吏非真寂，虚空喜足音。

和梦所居庸九日韵

秋色无南北，人心自浅深。毫枯搜猎免，弦静下归禽。
老守行千里，长城亘百寻。驼铃诗思倦，争似戍楼碪。

自 笑

钝根自笑困阵编，经不能神笔未仙。郑学粗通嫌引纬，坡诗细读懒参禅。
渊源何取孙王辨，门户真知洛蜀偏。一卷乍开犹异说，固应朝市动纷然。

梦所书来盛称新室之美促余过郡戏成长句

州宅何曾似越中，自夸素壁画图工。只应布被平津客，聊避弓间广莫风。
木石生云山气紫，主宾对雪酒颜红。新诗美政流传遍，便恐虚声到盖公。

始得伯潜书时筑室石鼓山中以诗寄怀

十年同梦蹑天梯，自屏尊罍急鼓鼙。一触网罗江水阔，几回书札塞云迷。
闲琴独理龙潜听，裂素难投蠹坏题。已是结邻乖夙约，放归我亦涧于西。

梁启超

八贤歌之一（题目为编者所加）

哲学初祖天演严，远贩欧铅搀亚椠。合与莎米为鲽鹣，夺我曹席太不廉。

沈觐安

高昌庙晚步

偪仄身居上岸船，江声喜出薄书边。相催吏散鸟归久，略慰眼寒云在天。
懒与高埃争大道，独携孤影入深烟。可曾省识闲滋味，尘土功名过二年。

高焕新

闻渠儿殉难

生少聪明嗜读书,与兄同校历居诸;海军招考双入选,马渎辛勤五载余。

五年学业素称优,未送留英命不犹;从此弟兄分手去,兄归觅弟见无由。

假期一月暂还家,畅叙天伦乐不差;讵意此行成永诀,于今回忆泪交加。

戚公祠宇共登临,民族英雄素所钦;纵论丈夫当若是,内争虽胜耻尤深。

舰上临分尚有言,月余儿可返家门;讵知暂别成长别,今日空留此语存。

芦沟星火竟燎原,封锁江阴故本根;旗舰目标招敌忌,环攻集弹丧其元。

埋骨成灰恨未灰,却从何处认坟台;残碑断碣都无有,寒食谁为奠一杯。

卧起呼儿儿不应,梦中似已见儿曹;如何相对都无语,双泪阑干哭不胜。

有 感

我生即逢清政衰,上下相蒙各营私。亲贵用事行苞苴,小民困苦莫为纾。

列强乘机肆觊觎,割让租借无完肤。志士扼腕起高呼,非出革命无他途。

辛亥之秋遂爆发,各省响应武昌军。吾闽九月十八夜,炮声隆隆烈火焚。

乌山横舍诸学子,慌恐兴奋正纷纭。时有教师赤松氏,问我此举为何如?

答以人心所趋向,朝政窳败宜革除。彼谓从兹五十载,宣统三年景象无。

君不见,法兰西革命,七月二日几次乎?我闻斯言为牢记,满望吾国臻郅治。

谁知大祸竟频仍,内乱外侮纷沓至。东邻自恃兵力强,蚕食鲸吞恣其意。

芦沟星火遽燎原,战争八年方胜利。为国捐躯有二子,使我龙钟挥老泪。

锦绣河山失复得,松楸墓门永闭塞。他生缘会不可期,此生难免长恻恻。

高 鲁

曙青招陈幼达及余共午餐并摄影归来赋此为谢

同是桑榆景,相逢兀自亲。卅年□过去,乐说且津津[①]。

贤主招共饭,趋陪及老身。断荤兼止酒,为我屈佳宾[②]。

欢然餐蔬素,六味胜八珍。一饱虽餍足,还思记此辰。

---

① 原诗小注:幼达续弦时,曙青为贺客,犹忆雅谑。
② 原诗小注:因余斋素,累二公吃素菜。

岁寒三友在,写照足传神。形相原虚幻,性情自率真。
留兹时代影①,更种后来因。

曙青监察使出巡闽浙各地赋此送别

病超即远行,四郊正多垒。令长更贪残,民困伊胡底。
吏治欲澄清,触邪仗獬豸。救民水火中,奔驰无暇暑。
闽疆素经行,浙程从此始。遥知两浙人,额手庆庚止。
为一路福星,冤抑待伸理。公亦不辞劳,职责固应而。
可怜当道多豺狼,奚止长蛇与封豕。

魏　杰

同治丙寅腊月朔越行经马尾山定船政局行台坐向偶题七绝四首志喜

其一

壶山金印绕江流,笔架奇峰拜五侯。一塔罗星临水口,此间奇景冠闽州。

其二

百亩良田万里江,千峰罗列景无双。前朝后账无偏倚,结个高台看驾□。

其三

天文有禁不宜谈,地理无私可细参。寄语仙翁须着眼,且将大道问庄聃。

其四

从来吉地自天成,不费时师苦力营。留待后人君信否? 我心方寸本分明。

郭柏苍

七月初三日法夷攻马尾

乱离羁旅折双轮,辛苦艰难剩一身。千里风涛连白犬,满天锋镝起潜鳞。
和戎终古还多事,却敌如今有几人? 亿万黄金铸流水,茫茫沧海欲扬尘!

---

① 原诗小注：在时代照相馆共拍照。

张景祁

曲江秋·马江秋感

寒潮怒激。看战垒萧萧，都成沙碛。挥扇渡江，围棋赌墅，诧绋巾标格。烽火照水驿。问谁洗，鲸波赤？指点鏖兵处，墟烟暗生，更无渔笛。　　嗟惜！平台献策，顿销尽，楼船画鹢。凄然猿鹤怨，旌旗何在？血泪沾筹笔。回望一角天河，星辉高拥乘槎客。算只有，鸥边疏荭断蓼，向人红泣。

龚易图

和洗蕉老人秋感诗（六首）

其一

和战经年定计无，劳劳车马出长途。热驱瘴气虫沙急，寒入军声雁阵孤。
岂有死灰能再起？已成蔓草便难图。何来十万横磨剑，空使南人望眼枯。

其二

津上新盟口未寒，凌波微步亦珊珊。穴中鼠斗山争险，海底蛟潜水决湍。
干羽七旬怀帝舜，兵车九合望齐桓。周旋欲定攻心策，不是中朝礼数宽。

其三

舌战何能息海涛，纷纷落叶下亭皋。群言箭可三枝定，谁解棋争一著高？
旧辙识途将问马，乱山升木反教猱。瞬看电线环寰海，天下军书倍驿骚。

其四

大海凭空试一临，马江台岛两能禁。据防要鲁心何狡，救赵围韩计亦阴。
遏籴已忧官米罄，贷金不惜子钱深。□枪咫尺天南地，会见旄头暗自沈。

其五

邻人纵敌火吾庐，被发缨冠慎厥初。鹬蚌未收渔父利，鲤鸿空寄使臣书。
指挥决策边皆震，仓卒登坛计自疏。袭远无功穷寇悔，此中天实丧鄅舒。

其六

百计经营壮海门，亡羊仅等补牢论。扬戈天外恢新略，折戟沙中怆旧痕。
反复风声传绝塞，峥嵘日色下羌村。汉阳蚕食江黄尽，忍使庭坚有馁魂。

刘训箌

马江感事（二首）

其一

惊涛拍岸暮山苍，船坞高高接大荒。几许规模经擘划，何堪胡虏肆猖狂！
枪林飞雨攻天险，铁舰沉江失国防。劫火焚余谁再造？至今恸哭左文襄！

其二

关河险绝古闽邦，夷舰如何入马江？战士捐躯真似蚁，疆臣守夜不如龙！
别无长策思填港，预拟逃生早系艭。误国诸君皆宿草，谈来旧事恨盈腔！

叶大庄

阳岐杂事诗之一

甲申七月马江风，雪浪翻天叫鬼雄。雨夜避兵来卜宅，楞岩一角属诗翁。

林怡仲

七月初三日马江中法开仗

潮声忽挟雨滂沱，震耳犹疑霹雳过。风势旋惊烧赤壁，天光弥望照红罗。
万年空自筹横海，一炬先传走伏波。街巷纷纷猜鹤唳，终宵警枕睡无多。

戴启文

马江战

马江地扼闽疆口，特简重臣资镇守。运筹帷幄烛先机，岂容失箸居人后？
敌船入，阵云集，战书来，星火急。将士动色走相告，欲请诘朝已无及。
彼军突起环而攻，炮火轰击雷霆冲。地崩山摧战士死，楼船化作飞灰红。
事机已坐失，束手更无策。走向鼓山头，惊魂归不得。
吁嗟乎！平时未习孙吴书，书生安可握兵符？大言欺人实无补，随陆应羞不能武。

沈觐冕

雨中登楼望石鼓

溽暑云气郁,积作长日雨。飞涛翻碧空,悬流迫楼宇。
万重水晶帘,微茫接石鼓。层崖闭顽岚,草树翳复吐。
奔雷挟雨势,汹汹如怒虎。忽然失青翠,凝眼没巨渚。
坐念山中人,凉意当几许?

九月十三日航空赴京(二首)

其一

出郭晨光照眼明,冷然竟作御风行。平生不尽飞腾意,借汝云霄暂一鸣。

其二

登岱当年意自雄,兹游奇绝欲摩空。置身何止三千尺,快事曾闻八十翁。

题听涛亭

松风萧瑟海风醒,并作涛声入小亭。榷舍不嫌官况寂,诗人长爱此山青。
乱滩雷响应逾好,一树龙吟亦可听。奔走吾侪天有意,巢痕到处记居停。

黄曾越

访石遗师故居(二首)

其一

舌底潮音不可听,海棠两树亦凋零。重来花下谈经地,剩有苔痕似旧青。

其二

缣湘零乱蠹鱼肥,盛世千秋事可疑。剩有一楼山四面,峥嵘无语对孤嫠。

双江

流行坎止欲谁欺,闲散宁真性分宜。戎幕潭潭容托命,蜀山兀兀入支颐。
形骸坐阅兴亡尽,忧患终疑造化私。空剩胜天坚念在,双江如泪对疮痍。

北宁道上(三首)

其一

榆关不守守滦河,灞上群儿奈尔何?来吊桥头新战迹,居人能说已无多。

其二

纵教海水都成泪,难写塘沽过客哀。解事飚轮如电挚,不容北望首千回。

其三

车厢睡眼正惺忪,震耳枪声顿地隆。料想是人应不尔,断知豺虎挺威风。

沈剑知

纪　游

峻岭愁猢狲,深崖穴鸟鼠。乱峰俨立锥,利若汝颖士。

我欲往就之,无隙可投趾。忽惊天地闭,身堕云涛里。

迷离鬼脸皴,出没罗刹海。观傩爱又怕,自笑亦类此。

安得当时情,一一摹入纸。五指钝如槌,荆关呼不起。

缅怀物外游,神交无远迩。谁云千里隔,松声时到耳。

碧山胡家·并序

考李白未至歙之黄山,今山麓有村曰碧山胡家,导游者引白赠黄山胡公诗"玩之坐碧山"句,证其来由。然读《一统志》,知胡公乃居贵池县小黄山,非此地也。始终碧山本泛言,即欲强指此处,亦当属之泾县,皆与池歙无涉。村名牵合无谓,适见其妄诞而已! 呵冻书此,以告来者。

青莲老皖中,遗迹自多有。成于好事人,附会亦八九。

何曾到黄山,数典出村叟。赠诗求白鹇,胡公固其友。

乃居小黄山,不得妄借口。碧山本泛言,穿凿益纠纷。

村名始何时,将以欺谁某。俗语流丹青,亦或传之久。

嗟余岂好辩,是非要分剖。譬如老农夫,安能忘去莠。

幸及舌尚存,又有笔在手。酿句敌天寒,诗思浓于酒。

题张凌波画《群盲扪象图》

万物无遁形,经眼得八九。以语无目人,乃自信其手。

群盲扪象欲识真,仅触一体非全身。各谈所得不相下,哄争绝倒旁观人。

画师讽世尚余慨,难化愚顽变憎爱。问道于盲今岂无,来牛去马谂痴符。

半嘴将军歌·并序

皖南自抗日战争迄全国解放,黄山桃花峰一带,常为革命军活动地区。刘奎将军一支,亦出没其间,予敌以威胁。曾于鏖战中,炮毁其嘴之半而不死。敌伪军相惊曰:刘奎打不死。号为半边嘴而不名云。一九六三年,余游黄山,所居适对桃花峰黄山管理处,谷昌书记为谈当日战事,遂歌以张之。

真将军,打不死,半边嘴,勇无比。从天飞下卯金刀,伪军丧胆倭寇号。

汝曹吸尽人民血,血不还清不许逃。红旗出没桃花里,鸟声未散炮声起。

鸟影花光尽化兵,将军如神虏如鬼。鬼火东南一霎空,桃花依旧满高峰。

我今来山作游客,人道将军犹啧啧。英雄事迹谁能忘,试望钟村古战场。

当时将军大小眼,至今姓氏馀芬香。世间尽多好眼嘴,不具英姿无此美。

临风高唱半嘴歌,三十六峰尽倾耳。

林扬光

悲马江(四首)

其一

升平报答望诸君,赢得双双妙手空。严旨中朝催出战,按兵下策误和戎。

风声竟使全军墨,海水翻流十日红。万骨可怜枯到此,尚无一将肯成功!

其二

竖儒败事误朝廷,惭愧干戈目未经。仆射当官惟有醉,侍中捣鬼竟无灵。

廉颇不得新兵力,杨镐犹宽失律刑。一蹶符离何日起,秋风涕泪洒沧溟。

其三

一卯垂危孰保全?东南民力付流川。使星迥脱三千丈,国帑空糜二十年。

战舰坐令烧赤壁,捷书朋饰达甘泉。但论惜死犹如此,敢信文臣不爱钱。

其四

九重倚赖若长城,一将登坛众尽惊。万石劳军皆劲卒,渊源束阁是虚名。

大言忽失横磨剑,残胆都销草木兵。空使杜陵忧国辈,歌风台上想韩彭。

叶梦吾

甲申马江战

一霎阵云迷,罗星塔影低。犬羊谋太狡,猿鹤恨同赍。

坐困书生误,捐躯敌忾齐。褒忠祠宛在,指点大江西。

郑贞文

马江舟中怀李凯涛司令

视学闽东,李凯涛司令以威凤轮船送至琯头,舟中书此却寄。

乱日还乡气肯降,罗星塔影落船窗。东南要塞今余几?独障洪流一马江。

张清扬

登天后宫

苍松接岩径,搴云来碧霄。神奇礼天姥,法官临海潮。

鲸钟撞百八,灵雨闻潇潇。童稚乐忘返,清景难与消。

顾盼无俦侣,空怀王子乔。

郑贞琳

寄怀马江吟社诸友

赏月吟风不要论,悲欢离合各晨昏。穷途有泪伤迟暮,大地无人吊劫痕。

犹是烽烟横北固,不堪父老望中原。可怜倚剑西风里,空自嘶声唤国魂。

沈来秋

赠别马江侗社故人

幕府曾随最末行,社中前后数卢王。冬郎自有飞扬笔,何用幽愁尔许长。

赵玉林

沈葆桢公保台建台一百四十周年祭

百四十年一瞬息,海水群飞波浪急。东邻构衅窥台湾,沈公振旅保边域。开山筑路继延平,官民同命斩荆棘。解禁招垦修同心,赴台义士齐宣力。闽抚驻台如一家,两岸融融春光昃。君不见闽都亭江虎头山,归葬义坟累累百十集。渠是当年戍台献身人,岁岁清明后昆献花啣凤德。　　我国海疆岸线长万里,不有海上长城将何倚?马江船政起吾乡,造船练军发如矢。其奈那拉误国移资建颐园,军储既溃水军圮。甲申、甲午遗恨深,八闽子弟甘赴死。朝廷昏愦弃珠崖,抛却山河如敝屣。恶浪狂涛压海峡,敖广双挽闽台固连理。 世纪风云过百六,应运兴吾炎黄族。当年禹贡已全收,回首前尘追初服。贼邻虎视又耽耽,旧痛休教梦蕉鹿。"大九州成大一统",环宇定将妖氛肃。撫史仰天慷慨歌,浩浩雄风吹海陆。

陈公远

念奴娇·马江遐想

碧波光艳,听渔歌阵阵,悠然相答。四面峰峦长护卫,拥出罗星高塔。五虎西来,双龙东下,人道江山甲。铸才成舰,是曾船政场合。 抗法血雨腥风,掀涛咽恨,当日悲歌匝。抗日烽烟迷遍野,疆土宁容强劫。匡复神州,乾坤整顿,推翻三山压。港区开发,重兴千载功业。

陈道章

中法马江海战百年有感(六首)

百载风云弹指间,神州犹是汉河山。年年黩武成何事,赢得枯骸满载还。
帷幄何人定指挥,塞河先发壮声威。如能破斧闽江侧,未许胡儿片甲归。
一死长留姓字香,百年犹拜古祠堂。丹青不负英雄汉,满壁琳琅颂国殇。
男儿意气自飞扬,马革收尸侠骨香。朝野人人争报国,至今犹骂李鸿章。
楼船转眼尽成灰,廊庙何心作罪魁。骨朽难消人痛骂,江寒尚有浪相推。
百年砥砺山河壮,四化翻腾日月辉。喜看群英齐奋起,争分夺秒各飞奔。

沈 岩

渔家傲·马江海战怀古

门户洞开关不守,法夷直入闽江口。五虎炮台何用有。惊回首,灰飞烟灭英魂吼。
十一战船沉者九,三千铁甲分身首。遗恨未能先下手。谁之咎,江涛凄厉声依旧。

渔家傲·船政学堂

格致关头真下手,罗星塔下龙旗走。唤醒苍天狮怒吼。谁落后,师夷以制吾也有。
"扬武""振威"雄赳赳,驱倭开禁台澎守。数十领先真不朽。功德厚,开山当问闽堂否!

读陈季同《学贾吟》有感并次韵《吊台湾》四律

其一

常翻史笈觅先踪,似隔云山数万重。真迹欧人尤铝敛,词章我处竟尘封。
写真活脱将军气,文笔风流偶倜傥。船政名人逢盛世,好评似浪势汹汹。

其二

严词痛斥买辽回,学贾尝游意不灰。遇雨深山留慷慨,经风晚节绝尘埃。
君悲揖盗心撕裂,我叹和戎肺炸开。志士百年同奋发,中兴指日慰灵台。

其三

湘黔舟舆一轻身,学做渔郎去问津。赤壁桃源关塞古,赶场跳月物华新。
喜同土寨花桥伴,厌与香车宝马邻。情寄鹊桥思念苦,中西合璧有前因。

其四

风华正茂美衣冠,中学西传翘楚官。法德穿梭明义理,台澎独步助狂澜。
神完气足追羲献,意切情真逼柳韩。空有才华愁伴酒,贾生可数泪难干。

缅怀陈兆锵将军

甲午风云立战功,榕申重振显威风。江南船舰川江海,水上飞机跃太空。
重教兴学播伟业,高风亮节立苍穹。思刘挽邓心碑在,船政弘扬指日中。

（注：1925年,陈兆锵将军离开马尾时,马江商民集体为他立了德政碑,上书"挽邓思刘",以晋代邓攸、汉代刘宽的嘉德作比喻）

咏船政八律

船政新举

帝国锁关终是哀,狂涛袭后究门开。销烟放眼求良策,图志师夷制劫灰。
权注东南谋海擘,簧开华夏铸桢才。万腔热血滋家国,退日挥戈数九垓。

船台新梦

船台蓦地起新烟,立厂十三无史前。四十舰船垂汗史,三千工弁锻煌篇。
包教包会洋为用,求是求精志在先。蒸汽文明斯渎起,远东惊羡日中天。

学堂新声

西学引来谤议纷,借师攻昔玉何焚？前堂后厂留根本,习法师英辟杏氛。
远试风涛求干练,高瞻庄岳再深耕。开山东壁闽为祖,一代英豪动地勋。

水师新貌

初鳙告庆万年清,数舰工成即投营。万里布防掌新器,三军渡台歌首征。

开山勤善生番抚,增吏析疆台地平。不畏海江抛热血,是非功过任人评。

中西文化交流

文学西来初何处? 煌煌林译始寿昌。逸如自画宣华史,幾道惟安演宙章。

艺局求真通政局,闽堂播种遍华堂。文能化物祈合璧,天道球村仅一方。

航空业发祥地

飞行一号上蓝天,人类翱翔创史篇。王助师承图凤愿,冯如机毁惜英年。

飞天奔月千秋梦,越海巡江世纪缘。虽说百年如一瞬,看今火箭一溜烟。

马尾海军学校

闽堂后续三军校,几度迁移几合分。终是摇篮培大器,恍如西点树英群。

操戈各自穷兵策,管带同场斗水军。两岸如今各留址,成全有日待芳芬。

弘扬船政文化

百年船政有遗篇,可惜尘封数十年。物化马江留胜迹,人文青史杂硝烟。

先行先试源头地,放眼放开志士天。寄语后昆同奋发,前贤旧梦待君圆。

迎甲午怀古

甲午将临倍感怀,师夷积恨化尘埃。百年奇耻何时雪,三座大山弹指开。

天演声嘶图变革,维新梦断泣瀛台。东洋拜鬼无宁日,长唤司空铁甲来。

沈汇丰

读沈岩步陈季同《吊台湾》(四律)亦步之

其一

欣从挚友觅贤踪,往事凄伤惨万重。日藉维新贼心胀,清长守旧国魂封。

学堂济济多英烈,壮节昭昭俱凛容。美翰华章兄激赏,我凭哀赋忆涛汹。

其二

欲把乾坤力挽回,金瓯已缺志无灰。《红楼》首译西人语,律法空蒙东土埃。

樽俎折冲才智竭,虎狼环饲海防开。含悲愤作诗千首,难阻倭兵已占台。

其三

寄语殷殷不屈身,勿从倭狗羡其津。朝秦且避秦军恶,暮楚无贪楚国新。

孔孟诚求仁且义,日皇不解德为邻。中华复振天人愿,遑列前由及后因。

其四

绝学峥嵘未弱冠,吾闽第一外交官。常悲巧遇如流水,勇敌危机战恶澜。
岂信神州永羸弱,长汉清室尚无韩。台澎望断心台绞,国恨当纾墨不干。

李寿富

接读沈汇丰先生大作及转沈岩先生步前清先辈陈季同《吊台湾》四律亦步之

其一

两君启我觅前踪,垂老愁添恨万重。鬼蜮贪心吞海宇,龙人戮力喜尧封。
扬鞭跃马春风路,去秽除残汉仪容。举国卧薪尝鲤胆,逆陈枉鼓浪汹汹。

其二

焦忧未见岛珠回,不可壮心等劫灰。弹雨穿空能去朽,人仁及物惧尘埃。
不伤割地春秋耻,且喜补天云雾开。一曲慨慷慰陈子,欣看不日定归台。

其三

狼子食人终祸身,休惊泱漭雾迷津。有谁曾见寇长久,冷眼能知宇必新。
九点欢欣歌且舞,八方赞叹友和邻。中华一统金瓯固,不靠仙灵自有因。

其四

百余年前旧衣冠,秀士经纶欣作官。肝脑诚忠为义士,智虑生死挽狂澜。
大清得失由孤寡,唐李兴衰有杞韩。壮志未酬魂岂逝,三杯奠祭泪曾干。

杜进兴

青玉案·参观马尾船政文化馆有感

高瞻欲辟图强路。创船政,丹心注。可叹雏鹰悲折羽。甲申血泪,硝烟飞处,一霎成焦土。
先贤应慰生平志,马渎江头艳阳煦。电炬弧光相映舞,艨艟巨舰,迎风破雾,万里飞航去。

杨　斌

挽清季戍台将士歌

百卅年前战烟飑,将士赴台守海疆。驱离日寇军心奋,抢修工事固边防。
踞岸炮台昂首立,陆营严训水师航。为绝外患长远计,开山筑路兴经济。
身背长枪手持斧,斩木披荆势凌厉。蜿蜒东岸危崖多,凿壁穿石皮肉磨。
悬空作业长绳挂,屡遭霹雳雨滂沱。可怜绳断人滑落,万丈深渊寂无波。

或有崖边挥大镢，一脚踏空陨岩阿。蛮云蜑雨多瘴疠，荒林宿雾难留滞。
纵是貔貅染疫病，亦如山倒瞬间逝。千艰万险难尽说，叹我将士坚如铁。
多少身躯多少血，筑就通途举世绝。举世情，涕泪潸，汉庶山胞共开颜。
钦差属意抚英烈，捐躯将士骸骨还。族亲闻讯含泪领，百余同葬虎头山。

林阳在

鹊桥仙·怀沈葆桢公

赴台任重，驱倭策妙，葆守中华疆土。抚番兴学饬兵防。更赢得，金瓯永固。眼观世界，胸存韬略，邦国铁肩担负。榕城鲲岛颂声扬。赞贤达，南天一柱。

凌 非

纪念沈葆桢率部保台建台 140 周年

首开船政展雄姿，继创水师擎大旗。跨海挥戈驱虎豹，劈山开道震熊罴。
捐躯烈士血湔岛，报国忠臣名刻碑。两岸会当携手起，沈公泉下亦扬眉。

郑颐寿

扬州慢·参观马江船政学堂遗址

残照微明，晚清衰朽，几多虎豹侵凌。漫船攻炮击，任躏轹横行。沈翰宇、宗棠荐任，马江兴建，船政新黉。育青衿、才德兼修，威国强兵。 学优行卓，众精英、咸就干城。善造舰操舵，驱鲨捉鳖，忠骨铮铮。五十有三居首，开新局、伟绩长铭。看扶桑南海，而今尤惕群鲸！

蔡为群

戍台英烈颂

将士挽狂澜，驱倭御敌夷。抚蕃教化播，兴岛德仁施。
左海眠英烈，亭江埋义师。戍台功业史，百载誉丰碑。

第五节 楹 联

一、船政建筑与名人故居楹联

船政衙门楹联(沈葆桢撰)

头 门

且漫道见所未见,闻所未闻,即此是格致关头,认真下手处;
何以能精益求精,密益求密,定须从鬼神屋漏,仔细扪心来。

仪 门

以一篑为始基,从古天下无难事;
致九译之新法,于今中国有圣人。

大 堂

见小利则不成,去苟且自便之私,乃臻神妙;
取诸人以为善,体宵旰勤求之意,敢惮艰难?

船政天后宫楹联(沈葆桢撰)

正 门

惟神天亶聪明,愿千秋灵爽式凭,俾倕巧、班工同成宝筏;
此地海疆门户,看万顷沧波不动,有冰夷、洛女虔拜云旗。

正 殿

地控制瓯吴,看大江东去滔滔,与诸君涤虑洗心,有如此水;
神起家孝友,贯万古元精耿耿,愿后世立身行道,无愧斯人!

千里眼金将军

视远为明,知普度众生,全凭慧眼;
思溺由己,愿永清四海,上慰婆心。

顺风耳柳将军

恰当薄海同风,世上疴瘵都入听;

幸为苍生请命,个中消息总关心。

台湾延平郡王祠楹联(沈葆桢撰)

开万古得未曾有之奇,洪荒留此山川,作遗民世界;

极一生无可如何之遇,缺憾还诸天地,是创格完人。

海上视师,紫阳于五百年前,早为后贤筹结局;

天南晞发,缅甸在八千里外,特延闰朔付孤臣。

到此地回首凄然,只剩得江上一些儿流未枯眼泪;

将斯人苦心参过,更休说世间有那种做不了难题。

题马尾天后宫联(梁鸣谦撰)

自神禹后,一人盛德在水;由大宋来,千古宗祀配天。

沈葆桢故居联

文章华国,诗礼传家。

子孙贤,族乃大;兄弟睦,家之肥。

严复故居联

自题联

有王者兴必来取法,虽圣人起不易吾言。

严氏堂联(严光撰)

大汉千古,先生一人。

严氏堂联(严羽撰)

千秋大雅扶轮手,一片寒泉荐菊心。

佚名联

幾道长留《天演论》,介溪永驻钤山堂。

佚名联

译文遵守信达雅,奇才擅长书画诗。

叶祖珪故居联

自题联

少有清闲,弦今怀古;随其时地,修己观人。

二、船政先烈与精英挽联

光绪皇帝挽邓世昌联

此日漫挥天下泪,有公足壮海军威。

孙中山挽黄钟瑛联

尽力民国最多,缔造艰难,回首思南部侪侣;
屈指将才有几,老成凋谢,伤心问东亚海权。

马江海战后挽许寿山联

裹革做完人,潦雾躬亲刚匝月;焦头多上客,突薪公论自千秋。

马江海战后挽陈英联

伤哉士卒不生还,叹马服无成,过客独来吊□镞;
死矣男儿复何恨,誓贺兰共灭,忠魂如见绕浮图。

马江海战后挽林森林联

持金护香归,身早许君犹恋母;上书成错铸,世无知己枉生才。

马江海战后挽叶琛联

陈涛斜再见于今,刘秋本书生,涕泣莫读覆辙事;
游夷革早拼一死,伍胥真贤名,吾鸣长作怒涛声。

杨浚挽陈英联

英雄空有泪,男子要全忠。

杨浚挽叶琛联

地同灞棘戏,天作种胥涛。

杨浚挽林森林联

瓣香忠孝篆,棋劫后先差。

严复挽郭嵩焘联

平生蒙国士之知,而今鹤翅氄氄,激赏深惭羊叔子;
惟公负独醒之累,在昔蛾眉谣诼,离忧岂仅屈灵均。

严复挽罗丰禄联

能事闻重译,传经固绝伦。

陈宝琛挽严复联

游学最早识几独先,坐看沧海横流,稗史剩归文苑传;
卌载知交经年小别,一恸故邱正首,遗书忍展鼓山诗。

陈宝瑨挽严复联

述学契雄衡,理窟游行,独抒名言臻绝诣;
论交共群己,江庵望对,长留遗迹失斯人。

郑孝胥挽严复联

诸夏兰衰,无怪太元杂符命;后生安放,从今河岳罢英灵。

三、船政人物楹联

左宗棠

家塾三联

身无半亩,心忧天下;读破万卷,神交古人。

要大门闾,积德累善;是好子弟,耕田读书。

慎交游,勤耕读;笃根本,去浮华。

自题联

文章西汉两司马,经济南阳一卧龙。

题河南南阳诸葛草庐联

出处动关天下计,草庐我亦过来人。

题湖南君山洞庭君庙联

迢遥旅路三千,我原过客;管领重湖八百,君亦书生。

挽林则徐联

附公者不皆君子,间公者必是小人,忧国如家,二百余年遗直在;
庙堂倚之为长城,草野望之若时雨,出师未捷,八千里路大星沉。

题宋三将军祠联云

力捍蜀秦,东浙犹延汉历;神在桑梓,西贼敢犯吾乡。

题兰州饮和池联

空潭泻春,若其天放;明漪绝底,饮之太和。

题兰州四川会馆联

刻铭天山石,喜作巴人谈。

题兰州拂云楼联

积石导流归大海,崆峒倚剑上重霄。

题兰州澄清阁联

万山不隔中秋月,千年复见黄河清。

题浙江杭州西湖冷泉亭

在山本清,泉自源头冷起;入世皆幻,峰从天外飞来。

题湖南安化小庵镇印心石

春殿语从容,廿载家山,印心石在;大江流日夜,八州子弟,翘首公归。

漳州芝山书院联

经始问何年,果然逃墨归儒,天使梵王纳士;
筹边曾此地,大好修文偃武,我从瘴海班师。

福州正谊书院联

青眼高歌,异日应多天下士;华阴回首,当年共读古人书。

沈葆桢

成都杜甫草堂联

诗有千秋,南来寻丞相祠堂,一样大名垂宇宙;
桥通万里,东去问襄阳耆旧,几人相忆在江楼。

石钟山梅花厅联

梅开六十树,雪是精神,梦寄罗浮忘物我;
航受两三人,花为知己,笑经沧海载乾坤。

贺林昌彝七十寿

寿世声名,一代斗山韩吏部;等身著作,六经渊海郑司农。

五妹夫五妹双庆寿联

蔬酒三巡,贺客如逢真率会;萱帏一笑,寿翁正舞老莱衣。

挽何绍基联

非夫子笠屐所经,纵天下名山应减色;

于同辈渊源最早,听海东流水倍伤神。

挽饶廷选联

为千秋万世立此纲常,君恩母训如新,原以臣忠兼子孝;

拼九死一生赴予急难,信水灵山依旧,那堪我在见公亡!

挽林昌彝联

总角待龙门,风雨啸歌,许以传心如昨日;

轻裘归马渎,波涛咫尺,失之交臂竟终天。

挽王凯泰联

文章经术,与多士相切求,天下欢颜归杜厦;

恻侧慈祥,济不才所未逮,海东坠泪有羊碑。

挽内联

念此生何以酬君,幸死而有知,奉泉下翁姑,依然称意;

论全福自应先我,顾事犹未了,看床前儿女,怎不伤心!

题闽江仰止亭

俯仰亭中,何人吹铁笛儿声,唤醒沧桑世界;

徘徊栏侧,岂我抱布衣素志,盱衡日夜乾坤。

丁日昌

霁月光风真雅庆,落花流水有诗情。

四海论交求古剑,一生低首拜梅花。

古佛又来参,五千里外初归客;旧题何处觅,四十年前此读书。

江苏抚署楹联

官须呵出干来若,处处瞻顾因循,纵免刑章终造孽;

民要持平待去看,个个流离颠沛,忍将膏血入私囊。

絜园楹联

闲云野鹤无寻处,魏阙江湖只此心。

自题楼联

如此江山,对海碧天青,万里烟云归咫尺;

莫辞樽酒,值蕉黄荔紫,一楼风雨话平生。

严 复

赠陈季同

照古腾今,不朽之业;穷理尽性,载道为文。

挽吴汝纶联

平生风仪兼师友,天下英雄惟使君。

挽李鸿章联

使当时尽用其谋,知成效必不止此;

设晚节无以自见,则士论又当如何?

挽杨守敬联

博古四十年,名满寰区,为旧学诸贤后劲;

弃尘六阅月,邦犹杌陧,问先生何地埋忧。

挽庚子唐才常等五忠联

善战不败,善败不亡,疏论廷诤,动关至计;

主忧臣辱,主辱臣死,皇天后土,式鉴精忠。

挽文芸阁联

兰以香而焚，膏以明而煎，同彼龚生，天年竟夭；
有拔使之起，孰挤使之止，嗟我子敬，人琴俱亡。

挽熊季廉联

与君同为国伤心，何堪憔悴，江潭楚些，翻成悲宋玉；
此业不蒙天所福，枉自张皇，幽渺玄经，哪更问侯芭。

挽高啸桐联

便司献替，遽以毛鸷为能，公等休矣，岂有鸩人羊叔子；
直到弥留，犹祝中兴不远，天乎鉴此，可怜忧国贾长沙。

挽张百熙联

谓公来日方长，为清时丕焕新猷，画索开疆，功名接武曾胡左；
讵尔昊天弗吊，不中国慭遗一老，山颓人萎，太息同声亚美欧。

与杨侃合撰述怀联

随时纵论古今事，尽日放怀天地间。

题福建省闽侯讲经堂联

愿闻第一义，为洗千劫非。

水光风力俱相怯，星象烟云喜共和。

题安徽省桐城学堂联

吴先生为天下人才，谋不得而思之，一乡其苦必可想；
诸君子皆神州黄帝，胄力学以竞予，万族看异日何如。

题湖北省武昌铁路学校联

遵大路兮，自东至西，自南至北，为之范我驰驱，今天下国同轨；
登斯堂也，如切犹磋，如琢犹磨，尔尚一仍心力，有志者事竟成。

贺张秋谷六十寿诞联

日月壶公酒,春秋太傅诗。

林寿图

题陕西藩署

室有澹台,与商公事;人非安石,莫尚清谈。

门对终南,莫向此中寻捷径;地邻太乙,须知在上有仙都。

题书斋联

抽簪已归,书高于屋;健户不出,车盈其门。

题欧斋

与世无争,剩一闲人贫病老;从君所好,拥三长扬画诗书。

梁鸣谦

题桂林白云堂

手携风雨诸天远,脚踏波涛大海环。

挽林普晴

父一品,夫一品,箕畴备福;来中秋,去中秋,明月前身。

王寿昌

先生死矣,今也将安闻余过;吾道非耶,天乎何不祚斯人。

林 纾

书室门联

扪心只有天堪恃,知足当为世所容。

题冷红吟局

劫外看春光,一醉怎醒怀古意;愁中结吟局,诸君倘有感时诗。

挽江春霖

八千里外,与子长相忆;二百年来,谏官无此人。

题西禅寺

天子万年,无边象数;西方一圣,元气鸿蒙。

题赠西禅寺方丈

一切有如荔子味;大家无稳木樨香。

蛮海万钱持献佛;怡山一钵得传人。

题岳叔宅

夫子堂前,荫垂乔木;丈人峰侧,荣植棣华。

题五福巷孙香湾宅

五福买邻,瑞霭竞占富贵寿;万登表里,清芬长诵子孙曾。

林寿图移居石井巷联

编诗甲乙集;买宅丁戊山。

萨镇冰

胸有春秋全史;目无吴魏群雄。

若无后悔须勤学;各有前因莫羡人。

挽甲申闽海烈士

东海喋血,七百忠魂死不瞑目;福州泣泪,八方义士生必同心。

题于山戚公祠

威略直匹岳家军,闽浙播讴歌,武穆千古,武毅千古;

勋名上齐李丞相,湖山瞻庙貌,有宋一人,有明一人。

赠谢葆璋

穷达尽为身外事,升沉不改故人情。

赠吴玉书

每闻善事心先喜,忽得奇书手自抄。

贺张謇七十寿

实业元勋,文章魁首;名齐万福,寿比九龄。

刘冠雄

挽黄兴

卫社稷能执干戈,死何所恨;闻鼓鼙而思将帅,魂兮归来。

挽张謇

三十年来实业经营,府海官山资擘画;

二十里外老成凋谢,清风明月吊幽魂。

四、船政感怀联

郭道鉴

虎头山上奠忠魂,保台建台怀烈士。开山扬汉帜,攀削壁,冒毒瘴,为国捐躯驱日寇。梓桑隆祀树丰碑,永纪伟功长策励;

马尾港滨兴船政,师夷制夷仰先贤。横海驾巨艨,创水师,固边防,图强矢志振中华。甲午重逢温痛史,岂容小丑再猖狂。

王雪森

马尾祭忠魂,先贤浩气千重浪;虎头承壮志,后辈雄心万丈峰。

456 船 政 志

许素娥（台湾苗栗）

> 卫祖国，巡宝岛，扬中华正气，文肃公典范长在；
>
> 理船政，强防务，绘台湾新图，祀贤祠浩气永存。

刘红波（广西岑溪）

> 掣剑骑鲸，挥戈退日，筑海上长城，宝岛千秋归汉土；
>
> 育才造舰，修路抚番，酬胸中壮志，丰碑万仞矗民心。

曹克定（湖北公安）

> 胆驱倭寇，心抚台疆，霞灿千秋凝碧血；
>
> 泪洒亭江，情穿东海，义悬两岸悼忠魂。

卜用克（江苏扬州）

> 受命自艰危之际，率兵入岛，驱敌顽，强军备，血沃山河，从此偏陬成固垒；
>
> 扎根向海峡之间，绥境抚番，开道路，振农商，功垂史册，于今姓字郁奇。

第六节 校 歌（歌词）

海军学校旧校歌（1930—1941 年）

励哉海军青年，所学在救国。前途破浪乘风，时时要努力。中流砥柱，有志竟成。旌云旗展，楼船绚色。尝胆卧薪，意志壮山河。建业立功，岁月戒蹉跎。愿我海校荣誉比北斗高，愿我同学为世界英豪。

海军学校新校歌（1941—1947 年）

皇皇华夏，集合着最优秀的子孙，来担负起救国救民救全世界人类的责任。我们要学习活泼、严肃、艰苦卓绝、奋斗图存，忠勇壮烈，不惜牺牲，发皇我们海军传统的精神。向光明伟大的前途迈进，建设超然大无畏的海军，我们要做卫国保民的前锋。

勤工、商船学校校歌

> 泱泱闽江，浩浩闽海，江海之滨，诞生吾校。
>
> 吾校之设，各勤其工；手脑并用，技艺斯通。
>
> 勿谓国危，勿谓家困；业精用宏，国家所望。

海上运输，经建所系，海权扩张，国运乃生。
济济海员，出才吾校；驾驶管轮，分工奏效。
勿谓我弱，勿谓人强；乘风破浪，扬励国光。

高航学校校歌

闽江浩浩，闽海泱泱，江海所汇，吾校辉煌。
济济海员，储材吾校；管轮驾驶，惠工通商。
勿欺人弱，勿恃我强，方驾欧美，万国梯航。
闽江浩浩，闽海泱泱，江海所汇，吾校辉煌。
机船并制，童冠一堂；管轮驾驶，惠工通商。
勿欺人弱，勿恃我强，方驾欧美，扬励国威。

第七节　书　画

左宗棠赠许乃普楹联

沈葆桢延平郡王祠联　　沈葆桢云满风迥联

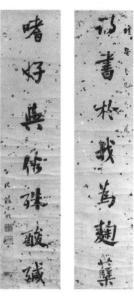

沈葆桢诗书嗜好联

沈葆桢折枝诗手稿四则

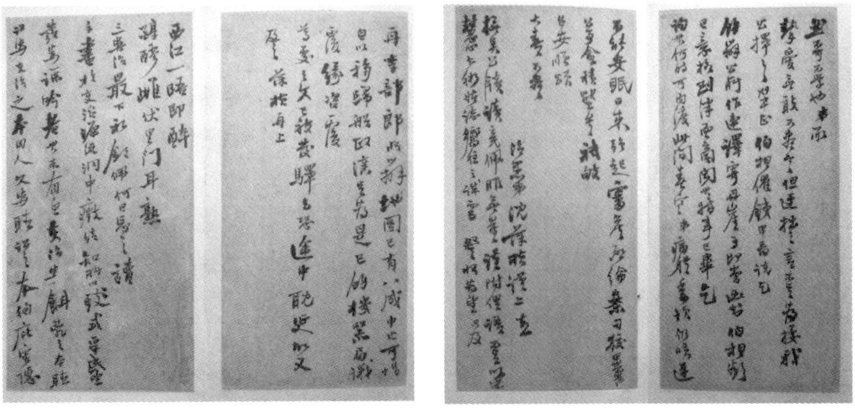

沈葆桢手札

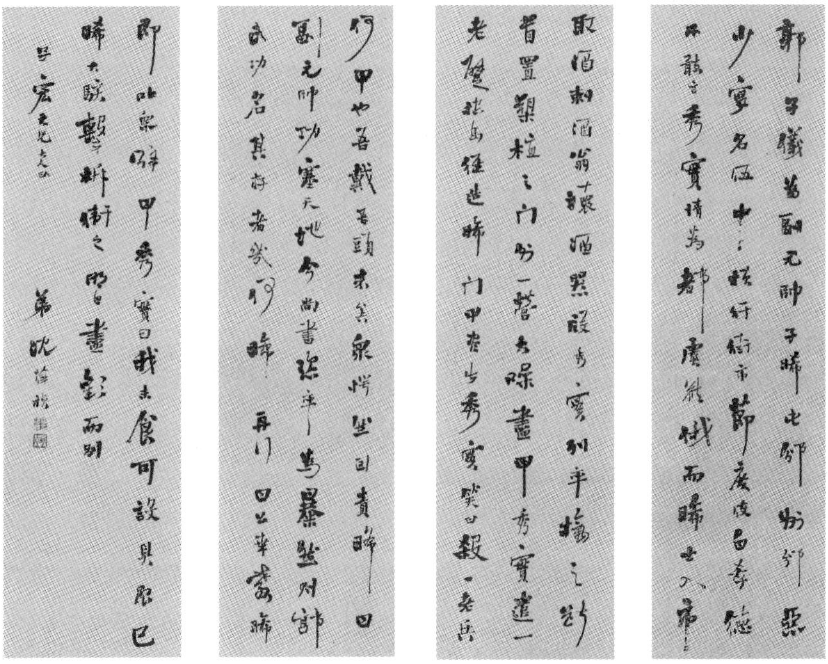

沈葆桢书法四条屏

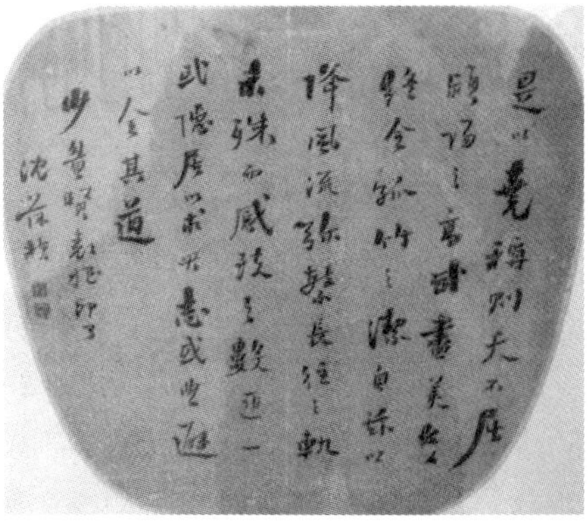

沈葆桢书法扇面

严复赠吴曾祺四条屏

严复书法条幅

严复手札　　　　　严复楹联　　　　　严复楷书

陈季同手稿三页

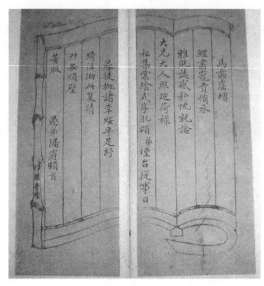

潘蔚手札

滄溟一望遠茫茫　孤棹中流泛月光　為念蒼生淪浩劫

都忘佳節過重陽　憑誰罷勉支危局　愧獨蹣跚返故鄉

悵臥清宵難入夢　北風豈比我憂長

　　　　　省三同舟雅正

　　　　　　　　薩鎮冰

薩鎮冰贈曾以鼎詩軸

人物

人 物 传

1. 左宗棠

左宗棠（1812—1885 年），字季高，一字朴存，湖南湘阴人，道光十二年（1832 年）中举，三次进京会试均落第。一度主讲醴陵渌江书院，后入湖南巡抚骆秉章幕府，职司章奏。咸丰十年（1860 年），由曾国藩推荐，以兵部郎中加四品卿衔率军赴江西、皖南镇压太平军。翌年，升太常寺卿，继擢浙江巡抚。同治元年（1862 年），奉旨与法国联合组织"常捷军"。次年，攻占金华、绍兴等地，擢闽浙总督。同治四年，击败太平军李世贤、汪海洋部，被封为一等恪靖伯，节制赣、闽、粤三省军务，赏戴双眼花翎。翌年六月，到福州，改革吏治，革除盐务积弊，实行"改用票运，厘课并抽"，财政收入在半年内实增二十余万两。裁遣老弱和吸鸦片兵勇，提高士兵素质。在黄巷设立正谊书局，刊印先贤遗书，将延搁三十多年的道光《福建通志》付梓。作《谕闽六禁》，禁除聚赌和械斗等恶习；在耿王庄旧址，设立桑棉局，管理桑棉种植；谕各县增加积谷，以备饥荒。同年七月，奏请在福州马尾设立总理船政事务衙门，力主设局造船、办学、整顿水师，造就一代科技和军事建设人才，为国家日后的近代化建设和海防建设奠定了坚实基础。九月间，授陕甘总督。赴任前，四顾茅庐，极力推荐沈葆桢任船政大臣。赴任后，破西捻军和回民起义军，稳定了清朝北部疆土。十三年，晋升东阁大学士。光绪元年（1875 年），力主收复新疆，以固塞防。清政府授钦差大臣督办新疆军务，组建西征军。二年，西征军誓师出关，抵肃州。左宗棠命人抬棺材一口，随军出征，以示不收复新疆决不生还的决心。左宗棠为各军制定了"缓进急战、先南后北"的战略。西征军一举收复北疆重镇乌鲁木齐，平定新疆北路。三年，克被分裂的达坂城、托克逊、吐鲁番，其头目阿古柏战败自杀。年底，收复喀什、和田。四年一月，西征军全部收复南疆，取得了西征大捷，脱离祖国十余年的新疆再度回到祖国怀抱。同时，他条陈新疆建省方案，并请与俄国交涉收复伊犁。七年，授军机大臣，调任两江总督兼南洋通商大臣。在中法战争中，多次请命前往滇、桂前线督师与法军决战。十年七月，法军舰突袭福州马尾，福建水师军舰损失殆尽。奉命以钦差大臣督办福建军务。十月，到福州组织恪靖援台军赴台。认为台湾为七省门户,建议将福建巡抚移驻台湾,为日后建省奠定基础。十一年七月,病逝福州,谥文襄。有《左文襄公全集》传世。为纪念左宗棠和沈葆桢,马尾曾建有"左沈二公祠"。

2. 沈葆桢

沈葆桢(1820—1879年),榜名振宗,字幼丹、翰宇,侯官县(今福州)人。林则徐外甥与女婿。道光二十年(1840年)中举,二十七年进士,选庶吉士,后授编修。曾充武英殿撰修,顺天乡试同考官。咸丰四至五年(1854—1855年)先后任江南、贵州道监察御史。以言官身份多次上疏,得到皇帝赏识。五年十二月,授江西九江知府,次年六月调署广信知府。上任后到河口筹饷,适逢太平军杨辅清部连克贵溪、弋阳,进逼广信。其妻林普晴刺血修书,向浙江玉山总兵饶廷选乞援。广信解围后,于七年擢为广饶九南道道台。九年六月,又以抗击太平军和剿办弋阳"土匪"有功,赏加按察使衔,随即以亲老辞官回籍。十年六月,调任吉南赣宁道道台;十二月,出任江西巡抚。上任后,即到广信筹防,令士民凭险筑寨,实行坚壁清野,竭力对抗太平军。当时,曾国藩湘军粮饷多仰仗江西,其以本省军务急需,奏留自给。同治元年(1862年),南昌教案发生,清廷命其严加镇压,但却未予深究,以赔偿教堂银两结案。三年六月,太平天国干王洪仁玕护幼天王洪天贵从皖、浙边界入江西,即命席宝田督师追剿,尽杀之。清廷赏其一等轻车都尉世职,加头品顶戴。四年三月,母病逝,沈葆桢回籍奔丧。五年五月,闽浙总督左宗棠议创船政。调任陕甘总督前,力荐其为总理船政大臣。主政船政期间,聘请法人日意格、德克碑为船政正、副监督,采用"包教包会""权操之我"的形式,克服技术难、人才少、条件差等重重困难,排除后任闽浙总督吴棠、大学士宋晋和外国侵略势力的种种阻挠干扰,因地制宜,革旧布新,勇猛精进,取得可喜成效。首次为国家建造了第一批近代舰船,建成当时远东规模最大的一座新式轮船制造工厂;建立了第一支近代意义的海军舰队,"福星"号建成后即成立轮船水师,担任沿海巡航任务;设立船政学堂,并视之为船政根本,开创新式教育之先河,选派毕业生赴欧留学,培养造就了一大批海军将领和造船工程师,乃至近代外交、天文等各类英才。十三年,日本借牡丹社事件侵台,其任钦差大臣办理台湾防务,率轮船水师赴台。采取联外交、预边防、固民心、通消息等措施,一手"理谕",一手"设防",调兵驻守各处,建筑炮台,铺设海底电线,沟通闽台军务;又抽调淮军到台。使日本不敢轻举妄动,转而要求抚恤琉球遇害人员家属及赔偿军费,最后撤军,从而遏制了日军对台湾的侵略。日军撤退后,实施善后始基的治理措施,开禁招垦,开山抚番,惠工兴商,以兴利除弊;同时更改营制,析疆增吏,增设台北府,置淡水、新竹、宜兰三县,增设恒春县,奏移福建巡抚于台,并顺以舆情,倡建郑成功祠,修筑城垣,增强防御力量,为巩固台防和台湾的近代化建设奠定了基础。李鸿章称赞"善后始基,其功更逾于扫荡倭奴十万矣"。连横的《台湾通史》评述:"析疆增吏,开山抚番,以立富强之基,沈葆桢缔造之功,顾不伟欤!"光绪元年(1875年)四月,受命两江总督兼南洋通商事务大臣,督办南洋海防。十月上任后,整顿吏治,严肃治军。时两江地区经历天灾人祸,大片土地荒芜,则鼓励外地民众到江南开荒。任内修河堤,行海运,筹积谷,拔罂粟,减税收,整盐务,禁厚殓,修炮台,固防务,平冤案,选贤能,做了许多有益于国计民生的事。二年,奉命处理"皖南教案"。以"罪无所归"折服洋人,妥善结案。临终仍关心船政,遗疏嘱咐"铁甲船不可不办",预言"东洋终须一战"。五年十一月初六日(1879年12月18日),终因积劳成疾,病卒于督署。清廷追赠太子太保,谥"文肃",设专祠(在今福州市政府大院内)以祀。著有《居官圭臬》,其一生奏稿、诗文,分别收入《沈文肃公政书》《夜识斋剩稿》《船司空雅集录》刊行,后出版的有《沈文肃公牍》《沈文肃家书》等。

3. 日意格

日意格(1835—1886年),法国人,法国名字 Prosper Marie Giquel,译为普罗斯佩·日意格。英、法发动第二次鸦片战争时,随军来华,任海军上尉军官。咸丰十一年(1861年),任宁波中国海关税务司。太平军攻占宁波后,抗交关税。次年1月,在上海协助当地道台与英、法两国领事会商上海防务,以对抗太平军。5月,参加攻陷宁波之战。7月,会同其他法国海军军官募聚华勇组建中法混合军(常捷军),协助时任浙江巡抚的左宗棠镇压太平军。由此与左宗棠建立良好的私人关系。同治五年(1866年),任江汉关税务司。同年,应左宗棠之邀,受聘为福建船政正监督,参与筹设船政,延聘法国造船师匠和船政学堂教习,负责制造舰船,训练员工和办学。十三年,因工作卓有成效,先后赏加一品衔,授提督衔花翎,穿黄马褂,一等男爵,一等宝星(嵌有宝石金质奖章)。同年,随沈葆桢率船政轮船水师防卫台湾,挫败日本侵略企图。光绪元年一月(1875年)回法国采办造船器械,随带5名学生赴法游历。三年任船政学堂第1届

日意格

留学生监督,七年续任第2届留学生监督,为培养船政留学生竭尽全力。十二年一月十六日(1886年2月9日)在法国任上病故。

4. 丁日昌

丁日昌(1823—1882年),字禹生,又作雨生,号持静,广东省丰顺县汤坑圩人。咸丰四年(1854年),授琼州府学训导,因军功升任江西万安知县。后入广东提督昆寿军营,深得两广总督毛鸿宾赏识。同治二年(1863年),由李鸿章调至上海筹建江南制造局,同时协助李鸿章办理遣散戈登常胜军事宜。次年,赏戴花翎,以候补知府署苏淞太道。四年,任两淮盐运使。六年,迁任江苏布政使、江苏巡抚。九年赴天津协助曾国藩处理天津教案。闰

十月,其母病逝,回籍丁忧。十三年十一月十九日(1874年12月27日),拟《海洋水师章程》六条上奏朝廷,提出设立北洋、东洋、南洋水师的海防设想。光绪元年(1875年)八月,首任船政大臣沈葆桢调任两江总督,奏请朝廷调其接任船政大臣。十一月,就任船政大臣。十二月,兼署福建巡抚,同时例摄台湾提督、学政。主持船政期间,多方筹措资金,加大对船政的投入,将打铁厂改为铁胁厂。二年二月,在船政学堂增设电报专业并招生。同年二月至五月,福州连日大雨,城内积水深达丈余,亲自站在城墙上指挥,难民妥为安顿。水灾过后,积极筹款募赈济灾民,上奏《闽省水灾催促各省协饷疏》,要求朝廷催促各省解欠协饷;大力发动民伕,疏浚江河,兴修水利。同时,整顿吏治,针对闽台沿海地区出现的外船遭风,乡民乘机搬抢事件,拟定《救护章程》,明示劝惩务期实效,以防患未萌。十二月至次年四月,巡察台湾(时台湾隶属福建,清例闽巡抚夏秋驻福州,冬春巡台湾),采取一系列措施,推进台湾防务及近代化建设。三年,派电报学堂毕业生苏汝灼、陈平国勘测台湾旗后至安平的电线线路,后架设电线,于同年十月开始营业。九月,因积劳成疾,乞假回籍养病,并致力于著书和发展家乡教育事业。五年,钦赏总督衔、会办南洋海防、节制沿海七省水师、兼理各国事务大臣,但均以老病力辞。同年,总理衙门全面检讨海防事务,上奏《海防应办事宜》16条。八年,病逝故里。著述有《丁禹生政书》36卷、《抚吴公牍》50卷、《百兰山馆诗集》5卷和《百兰山馆政书》14卷等。

5. 吴赞诚

吴赞诚(1823—1884年),字存甫、秉之,号春帆,安徽庐江人。道光二十九年(1849年)拔贡。咸丰元年(1851年)以拔贡朝考知县,分发广东。次年署永安县,始令永安。其后补德庆州、顺德、虎门同知。因镇压太平军升属惠潮嘉道。同治九年(1870年),由李鸿章调至天津机器局,补天津道。光绪元年(1875年)擢顺天府尹。二年三月,以三品京堂候补督办船政。三年三月,福建巡抚丁日昌病假,由其暂兼台湾防务。四月,勘阅了旗后、凤山等地防备,了解当地民情,率员取道凤山由恒春入卑南,经过牡丹社红土坎、大猫狸诸险。在越两大溪时,山水骤发,绝粮三日,遂掘山蕨充饥。行程三百多里后达卑南。雨过天晴后,编藤筏而渡,继设悬桥以通文报。由于瘴湿交侵,返回恒春时,随从员弁、勇丁因病死亡过半,本人亦卧病月余,后返回福建。四年,以光禄寺卿署福建巡抚兼理船政和台湾海防。同年九月,台湾加礼宛、巾老耶两社"抗抚戕官",再次赴台督师清剿,由花莲港往岐莱等处,安抚后山原住民。五年三月,因病上书请求辞职,清廷赏假挽留,后准辞职。船政大臣任职三年半,"登瀛洲""泰安""威远""超远"等舰下水,第一批船政生徒出洋留学,船厂模仿较新式省煤的康邦轮机,自制模具,自行制造,并始造铁壳船身,监造第一艘铁胁木壳"威远"号。八年,奉命督办天津水师学堂。翌年,因病辞官,回籍卧病三年,于十年五月廿四日(1884年6月17日)病故,遗有《吴光禄使闽奏稿汇存》3卷。十五年,台湾巡抚刘铭传专折奏请在台湾建祠,并建议国史馆立传。后清廷传旨准在台湾建的沈葆桢专祠中附祀。

6. 黎兆棠

黎兆棠(1827—1894年),字召民,广东顺德人。咸丰三年(1853年)中进士。历任礼部主事、总理衙门章京、仪制司主事、江西南安知府、江西粮台、台湾道台、天津海关道台、直隶按察使、直隶布政使、船政大臣等。治事干练,廉政强悍。在总理衙门,处理多国往来函牍敏捷得体,得恭亲王奕訢赏识。在江西主持饶州赈务政绩卓著。同治七年(1868年)入闽,主持对外通商事务,审结十多宗中外商务纠纷案件。在台湾三年,防内奸,御外侮,励精图治。十三年,日本侵台。钦差大臣沈葆桢赴台奏调黎为副手。再度赴台时,出谋献策,认真配合。光绪五年(1879年),赏三品卿衔,授船政大臣。继承沈葆桢治理严明的作风,针对用人瞻徇等弊端,严令禁止。任上,苦心经营,积极筹措、催解经费。七年,奏请拨款制造铁甲船,制造成功我国第一艘巡洋舰"开济"号。八年,擢升三品京堂先禄寺卿。二十年病逝故里,终年67岁。

7. 裴荫森

裴荫森(1823—1895年),字樾岑,江苏阜宁人。同治二年(1863年)进士,分任工部主事。次年捐道台衔。六年,参与办理长沙团练。九年,从湖广总督李鸿章办理营务,后辞职,复往长沙办团练,主持湖南全省营务处。光绪九年(1883年),调任福建按察使。马江海战后,兼督海口事务。十年十二月,署理船政大臣。任上,克服经费短绌、闽海解不及半等困难,坚忍竭尽,制成"横海"号、"镜清"号、"寰泰"号快船三艘,"广甲"号、"广乙"号、"广丙"号、"广丁"号轮船四艘,鱼雷厂一所,护船炮台三座等。并着手建造钢甲兵轮,试造成功"龙威"号,后改名"平远"号。组织建造青洲石船坞,接受当时国内最大舰只进坞维修,还修理过英、法等国的兵舰、商船。倾心人才培养,对学堂的学制、教学内容和教学手段都作了重大改革,曾派遣王寿昌等24名学生出洋留学。十五年九月,补授光禄寺卿。卞宝第上任后,弹劾其推荐的原船政提调王崧辰贪污,因失察受降一级处分。收集整理船政奏稿,辑成《船政奏议汇编》,另有《裴光禄集》8卷、《水雷记》及《他山剩简》上下2卷行世。二十一年病逝。

8. 吴仲翔

吴仲翔(生卒年月不详),字维允,福建侯官(今福州)人。咸丰五年(1855年)举人,报捐训导。因办理团练出力,选授兴化府学训导,后改授南平县学、莆田县学。同治六年(1867年),由船政大臣沈葆桢荐调船政办理文案、提调等差。十三年沈葆桢赴台,委任其负责船政工程。八月,督率员匠开造第十六号"元凯"兵船,光绪元年(1875年)六月四日下水,七月五日试洋,于二十日到台湾安平。同年,以道员尽先选用加三品衔;办理台湾番社案内加二品衔。三年,丁日昌简派福建巡抚,奏荐吴赞诚接任船政,在奏报到工任事的折中举荐其委以财务及日常事务全责。五年,吴赞诚因病上谕赏假一月,回江苏原籍就医,令其暂行代办船政。八年四月,调赴天津,总办水师学堂练船事宜。十一年,续任船政提调。十三年,两广总督张之洞奏调其赴粤总办水陆师学堂事宜。十七年,补授肇阳罗道,署按察使。卒于任上。李鸿章对他的评价很高:"该道究心洋务,在船政十有三年,于厂中利弊及教练海战各事均极晓畅。品学兼优,体用俱备,能讲求西洋水师规制。于船务经营最久,探讨最深,堪以干济时艰。"

9. 周开锡

周开锡(1826—1871年),原名开瑛,字绥珊,号受山,湖南益阳人。屡试未中,以在家乡办团练而出名。咸丰三年(1853年),入曾国藩幕。五年,离开曾营,入鄂抚胡林翼幕。十一年初,随李续宜赴安徽抚任。建议从石门湖起至集贤关,挖长壕,筑堡垒,围攻安庆,阻止陈玉成自湖北救援被采纳。终于攻克安庆,受到曾国藩的奏保。同治元年(1862年)四月入左宗棠营。三年十二月,左宗棠以闽省吏治、军政积习相沿,奏调其来闽差委,任延建邵道,会办通省厘税局务,后署藩司。五年,福建巡抚李福泰未到任前由其护理。护理任上,查明省仓存谷,会同英桂奏明提拨厘银采购,以备不时之需。左宗棠荐其担任船政提调,遭闽浙总督吴棠诬陷打击。沈葆桢据理抗争,得以解脱,后专司船政提调,负责船政的管理和财务工作。七年三月,采办京米10万石,由轮船陆续运津,以应畿辅大兵云集之需。下半年船政大规模基建结束后,辞职回乡。后至陕西、甘肃。时左宗棠派刘松山已平定金积堡,拟攻河州。被委以翼长,驰往秦州,讨伐巩昌。随后,克渭源县、狄道州城、牟佛谛等。十年去世。

10. 夏献纶

夏献纶(1837—1879年),字黼臣,号小涛、筱涛,江西新建人。同治三年(1864年),随左宗棠入闽。五年,署福建汀漳龙道,后任福建盐法道。九年至十三年,任船政提调。沈葆桢丁忧时,代理船政大臣。十一年至光绪元年(1875年),任分巡福建台湾兵备道,署福建布政使。光绪元年至五年,任按察使衔福建台湾道,曾两次兼提督台湾学政。同治十三年,协助沈葆桢加强台湾防务,以台湾兵备道身份与日军谈判,据理力争,妥善处理了牡丹社事件。在台湾任职期间,修建亿载金城,筹建延平王祠,兴建台北孔庙,开采煤矿,开山筑路,兴修水利,全力开发台湾,并大力促进台湾与大陆贸易。任台湾道期间,对本地文武官员进行整顿,查处贪官;考虑到淡水、宜兰两属考生到台南考试道路不便,学生往往无法应考,上奏朝廷同意,在艋岬捐建考棚,方便台湾北部考生科举考试。光绪三年,亲往恒春半岛实地勘查,在射寮港筑造一道横坝,积蓄淡水,灌溉农田,这是恒春半岛最早的水利设施。五年,病逝于台湾任上。编有《台湾舆图并说》1 卷。

11. 胡光墉

胡光墉(1823 — 1885 年),字雪岩,原籍安徽绩溪。自幼家贫,到杭州当钱庄学徒,后擢为跑街。得益于王有龄,先后在上海、杭州等地经营丝、茶、典当、钱庄、军火、药材等,生意亨通。为各省水灾、饥荒捐款赈济,出资纳捐了江西候补道员,兼营浙江藩库,成为名噪一方的"胡财神"。因帮助左宗棠攻打太平军有功,由正三品的按察使升为从二品的布政使,获"红顶商人"称号。准穿黄马褂,赐紫禁城骑马,其母获正一品封典。同治五年(1866 年)六月,清政府批准左宗棠在马尾筹办船政。十一月,左宗棠推荐其为船政提调,随后与日意格、德克碑拟定开办船政章程。

胡光墉

明确船政的主权属于中国,外国员工来华工作是受雇佣的,要服从中国上一级官员的指挥。同年九月,左宗棠调任陕甘总督,上奏举荐沈葆桢接办船政,另举其协助办理。次年一月一日,因法国政府不支持日意格协助办船政,日意格回到法国,说明办船政是中国皇帝的意图,属于整个国家的,此举对法国也有好处。法海军部行文向驻香港海军司令调查真相。三月,作为左宗棠代表,专程拜访上海法国总领事白来尼。经过细心的解释与多次谈判,说服白来尼,让法国政府支持中国造船。七月十五日,拿破仑三世召见日意格,批准他来华办厂。七月,任船政提调,十一月二十六日到马尾,但不久即请假离开。后在上海向国内外商人前后贷款 1600 万两,采购外国新式武器及军队需要的补给、药品,按期解付,保证左宗棠西征。十三年,创设胡庆余堂雪记国药号。光绪二年(1876 年),于杭州涌金门外购地十余亩建成中药厂。八年,在上海开办蚕丝厂。因与洋商争夺生丝价格决断权而破产,遭革职查抄治罪。遣散姬妾仆从后,于十一年十一月郁郁而终。

12. 李凤苞

李凤苞(1834 — 1887 年),字丹崖,原籍江苏句容,出生于江苏崇明(今属上海市)城桥镇东河沿街。自幼接受儒学教育,获秀才,例贡生学衔。"究心历算之学,精测绘。"曾参修《崇明县志》。同治元年(1862 年),奉旨编绘江苏舆图,得巡抚丁日昌赏识,代其捐资为道员,调入江苏舆图局。旋荐与两江总督曾国藩,入江南机器制造局。在局期间,历时七年,以经纬线法绘制出高质量的地球全图。后调吴淞炮台工程局、制造局译书馆,与外国人合作翻译《行海要术》3 册、《克虏伯炮说》3 册、《克虏伯炮操法》3 册、《营垒图说》1 册、

《各国交涉公法》16 册等。光绪元年(1875 年),随丁日昌谒见李鸿章,深得赏识。丁日昌迁福建巡抚兼船政大臣上任时随行,任船政总考工。三年二月,加三品卿衔,作为华监督,与日意格共同率领中国第一批海军留学生赴欧。次年,任出使德国大臣。后兼任出使奥、意、荷等国大臣。出使欧洲期间,李凤苞奏调徐建寅,共同负责向德国订造新式铁甲舰"定远""镇远"等。十年,出使法国,协助李鸿章就中法战争善后问题谈判签约。第二年离任回国,途径澳门,觉察到葡萄牙人有占据澳门的野心,致书总理衙门,建议与葡萄牙速订条约以免后患,但未被采纳。一年后,澳门果然被葡萄牙攫夺。晚年因受贿被革职返里,整理平生著译。李凤苞学识渊博,著译颇丰,内容涉及政治、外交、军事、地理、音韵等,著有《四裔编年表》《西国政闻汇编》《文藻斋诗文集》等。其中《使德日记》被编入"走向世界丛书"出版发行。十三年去世。

13. 严复

严复(1854—1921 年),初名传初、体乾、宗光,字又陵、幾道,晚年号瘉壄老人。福建侯官(今福州)阳岐人。同治五年(1866 年),以第一名考入船政学堂后学堂,为第 1 届驾驶艺童(即学生,下同),十年毕业,先后上"建威""扬武"两舰实习。十一年取得选用道员资格,改名复,字幾道。光绪三年(1877 年)为船政派出第一批留英学生。在英期间,除学习海军专业知识外,留意考察西方社会制度,研读西方社会科学书刊。五年毕业于英国格林威治的皇家海军学院,奉电召回国,任船政学堂后学堂教习。六年,调任天津北洋水师学堂驾驶学堂洋文正教习。十年,兼充天津水师营务。任职期间,曾四度参加乡试,均落第。十五年,升任天津水师学堂会办,翌年升任总办,加叙海军副将。二十一年,受甲午战败刺激,接连发表《论世变之亟》《原强》《辟韩》《救亡决论》等政论文,主张救亡保种、变法图存,倡导鼓民力、开民

严复

智、新民德以自强。次年夏,译《天演论》,在天津创办《国闻报》。二十四年,译作《天演论》正式刊行,提出"物竞天择,适者生存"的进化论思想以及实行变法维新,建立君主立宪制等,影响极大。同年六月,光绪帝下诏变法,七月,光绪帝接见,访以新政大事。维新运动失败后,创办的《国闻报》和协办的北京通艺学堂被查封。此后,把主要精力用在翻译西方学术论著,陆续译成《原富》《群学肄言》《群己权界论》《名学》《社会通诠》《法意》《名学浅说》等。译书态度严谨,首倡"信、达、雅"的翻译准则。二十八年,任京师大学堂译书局总办。三十一年,参与创办复旦公学,于次年任校长。三十二年,任安徽省师范学堂监督。宣统二年(1910 年),赏文科进士,以"硕学通儒"被征为资政院议员,授海

军部一等参谋官。1912年,任京师大学堂(北京大学)校长。1913年,任总统府顾问。提倡尊孔读经,为孔教会发起人之一。1914年,任参政院参政,约法议会议员。1915年,列名筹安会。1918年,返故乡福州养病。1921年病逝。生平译著汇刊为《严译名著丛刊》,另有《严幾道文钞》《瘉壄堂诗集》行世。

14. 陈季同

陈季同(1852—1907年),字敬如、镜如,号三乘槎客,西文名 Tchengki-tong (Chean Ki Tong),福建侯官(今福州)人。同治六年(1867年)考入船政学堂前学堂,为第1届制造艺童。因成绩优秀,提前毕业,授四品都司。光绪元年(1875年),随同日意格,与魏瀚、陈兆翱、刘步蟾、林泰曾等四名同学赴欧游历,进修学习。考察英、法、德、奥四国后,写成《西行日记》4卷,受到沈葆桢赏识,保举升为三品参将,并加副将衔。三年,作为清政府首批派往欧洲的留学生,赴英、法深造,并任文案。进入巴黎政治学堂修习"公法律例",同时又在中国驻英、法、德等国使馆任职。精通法语,兼习英、德、罗马、拉丁等多种西方文字,不久,即成为欧洲外交界的活跃人

陈季同

物,与俾斯麦、甘必大等德、法政界要人关系密切,经常出入于欧洲上层社会的沙龙,在各种文化场合做有关中国的讲座,积极参与当地的文化生活。自光绪十年起,出版法文著作多种,被翻译成英、德、意、西、丹麦等多种文字,获得了西方公众的广泛关注。这些作品将"文化中国"形象传递给西方公众,在一定程度上改变了当时西方人对中国的偏见。十七年,因私债问题被黜回国,后定居上海。甲午战败,清政府割让台湾。时为台湾布政使的他,"拟以民政独立,遥奉正朔,拒敌人"。台湾首义失败后回上海闲居。二十二年夏秋之际,赴湘、黔考察西南采矿业。二十三年秋,举家于沪上参与变法运动,与弟寿彭创办维新刊物《求是报》,致力于译介西方历史、文化、科技、法律等方面的著作。同年十一月,又与上海电报局局长经元善及梁启超等倡女学,筹划成立女学会、女学堂,出版女学报。其多种法文著作,如《中国人自画像》《中国人的戏剧》《中国娱乐》《中国拾零》《黄衫客传奇》《一个中国人笔下的巴黎人》《中国故事》《吾国》等,在法国文坛上享有盛名。一方面将中国文化、文学直接传播给西方读者,为近代中学西传第一人;另一方面,将西方现代文学、政治、法律观念引入中国对中西文化交流作出了杰出的贡献。三十二年十二月(1907年1月)病逝南京。

15. 罗丰禄

罗丰禄（1850—1903年），字稷臣，福建闽县（今属福州）人。同治六年（1867年），考入船政学堂后学堂，为第1届驾驶艺童。十三年毕业，留任教习。光绪三年（1877年）赴欧留学入英国伦敦琴士官学学习，兼任文案。次年，兼任清朝驻德国公使馆翻译、驻英公使馆翻译。六年，学习期满回国，入幕于北洋大臣李鸿章，在北洋水师营务处工作，并兼任李鸿章的英文秘书。同年任天津大沽船坞总办，在大沽海神庙选购民地建造船坞。七年，经李鸿章奏请，由候选主事升同知，赏加四品衔。九年，调升水师营务处道员。翌年春、秋，两次邀同英、俄两国水师官兵参加天津北洋水师学堂第1届驾驶班毕业会考。十一年，升任天津北洋水师学堂会办。十四年，奉命协同北洋水师提督丁汝昌及林泰曾、刘步蟾等起草《北洋海军章程》。二十二年初，罗丰禄作为李鸿章的随从，参加沙皇的加冕礼并参与签约谈判；在德国，参加李鸿章与俾斯麦的会见；在英国，谒见维多利亚女皇，获赐"爵士"；在法国、比利时、美国等进行外交活动。同年清廷谕命以二品顶戴记名海关道，赏四品京卿，升任太仆寺卿（从三品），出任驻英、意、比三国钦差大臣。在美国，与著名作家马克·吐温深谈，交为挚友，并接受马克·吐温所著的几部书的赠与。二十三年，授三品京堂衔。二十七年，任驻俄公使，授一品顶戴太仆寺卿，赴任前病逝北京。诰授荣禄大夫。著有《海外名贤事略》《贝斯福游华笔记》。

罗丰禄

16. 郑清濂

郑清濂（1854—1927年），字景溪，福建闽县（今属福州）黄山乡人。同治六年（1867年）考入船政学堂前学堂，为第1届制造艺童，十二年毕业。光绪三年（1877年），为福建船政第一批留学生，在法国削浦官学专攻轮机制造，又在仙答佃洋枪厂兼习洋枪制造。六年毕业，又赴英、德、比学习，学成后留德监造"定远""镇远"等军舰。九年回国，任船政工程处总司，升都司（正四品），赏戴花翎，后升副将（从二品），加总兵衔。兼任前学堂教习，先后参与设计、监造"镜清""寰泰""广甲""平远""广乙""开济"等新式舰船，十九年参加设计修建罗星塔青洲石船坞。三十一年任船政会办大臣。三十三年任汴（开封）洛（洛阳）铁路总办，翌年改任京汉铁路总监督。宣统元年（1909年）随萨镇冰等赴欧考察海军，回国后赐工科进士。二年，先后任邮传部参议、海军部顾问等职。1913年任福州船政局局长。1915年辞职回乡。民国时期，海军部曾授予海军少将和任造舰总监（中将同等官）。1927年逝世。

17. 魏瀚

魏瀚(1850—1928年),名植夫,字季渚,福建侯官(今福州)人。同治六年(1867年),考入船政学堂前学堂,为第1届制造艺童。光绪元年(1875年)秋,与陈兆翱、陈季同、刘步蟾、林泰曾等同学,随同日意格赴欧游历。三年作为第一批赴欧留学生正式赴欧学习,入法国削浦官学学习造船制机。在法兼习法律,受聘于法国皇家律师会,获法学博士学位。五年回国,在船政工程处总司造船,与陈兆翱、郑清濂等先后设计、监造了10多艘新式军舰,其中"龙威"号后改为"平远"具有划时代意义,这是我国建造的第一艘钢甲钢壳的军舰。二十五年,不满法人把持船政而离职,先后任汉阳机器局总办、湖广铁路总办等职。同年,出资为林纾、王寿昌翻译的《巴黎茶花女遗事》出书,促成了林、王尤其是林纾的成名。二十九年,以四品卿衔任船政会办大臣,负整顿责任。与法国人重订合约,收回船政包括学堂管理权,起用第1届留学生杨

魏瀚

廉臣为提调,决心振兴船政。三十年,被无端革职离开船政,先后担任广东黄浦造船所、水师学堂、石井兵工厂总办及广九铁路总理,海军造船总监(中将同等官)、海军留学生监督等职。1915年,率海军员生魏子浩、陈绍宽、李世甲等赴美学习飞机潜艇制造技术。1917年由美告老回国。曾任海军中将级造舰总监,授一品。1928年逝世。

18. 詹天佑

詹天佑(1861—1919年),字眷诚,原籍安徽婺源(今属江西),出生于广州。同治十一年(1872年),考取幼童官费赴美留学,光绪四年(1878年),以优异成绩毕业于纽海文中学,同年考入耶鲁大学土木工程系,专攻铁路工程。七年回国,被送入船政学堂后学堂学习驾驶,奖授五品军功。翌年秋毕业,登"扬武"舰实习。十年任后学堂教习。年底,调广州任博学馆(后改称水陆师学堂、水师学堂)教习。十四年,入中国铁路公司任职,开始献身铁路事业,一生成就卓著,被誉为中国"铁路之父"。三十一年,被委任为京张铁路会办兼总工程师,次年升任总办。京张铁路工程困难重重,以惊人的毅力,攻克险峻的关沟段,凿通号称天险的八达岭隧道,解决青龙桥坡道难题,提前两年实现全线通车,成为中国自建的第一条铁路。清廷表彰,授

詹天佑

工科进士。同年秋,赴宜昌任川汉路总工程师。宣统二年(1910年)任粤汉铁路粤总理。1912年,任粤汉铁路会、交通部技术监等职。同年,任中华工程师会会长。1913年,主持编撰《京汉铁路工程纪要》和中国第一部工程技术词典《华英工程词汇》及《京张铁路标准图》等。曾发明火车车厢间挂钩,国际上称为"詹天佑挂钩"。周恩来曾称赞其成就是"中国人的光荣"。1919年因积劳成疾,在汉口病逝。中华工程学会为表彰其功绩,在青龙桥建立铜像,以志纪念。

19. 陈兆翱

陈兆翱(1854—?),字鹤亭,福建闽县(今属福州)螺洲乡人。同治七年(1868年)考入船政学堂前学堂,为第1届制造艺童。十二年毕业后留船政工作。光绪元年(1875年)秋,赴欧洲学习考察。三年,选为第一批留学生,入法国削浦官学学习轮机制造专业。留学期间,潜心研究,创制新式锅炉与抽水机,受到外国同行的推崇,抽水机以他的名字命名。随后改进轮船车叶,化侧为平,外国竞相效之。五年,学成回国时,船政办公所改为工程处,被委任为总工程师,他负责专司舰船轮机设计与监造,卓有成就,赏赐都司(正四品),戴蓝翎。随后晋升为游击(三品),换戴花翎,又升至总兵(二品)。九年,参加船政自行制造第一艘巡海快船"开济"号。十二年,向德国购买的鱼雷艇"福龙"号到闽,奉派登艇勘察、验收。十五年,船政建造成功中国第一艘钢甲巡洋舰"平远"号,负责监造船机。总管船机方面的设计和制造,先后监的"广甲""广乙""广丙""广庚""福靖""通济""福安"等舰艇。积劳成疾,医治无效,英年早逝。

20. 王寿昌

王寿昌(1864—1925年),字子仁,号晓斋,闽县(今属福州)人。光绪四年(1878年),考入船政学堂前学堂,为第3届制造艺童。十一年作为第三批留学生赴欧,在法国巴黎大学学习法律并专修法文六年。毕业回国后任船政学堂法文教习。因爱好文学,兼擅诗、书、画,在法留学期间,接触并阅读了大量西方文学名著。归国时,带回小仲马父子名著等多部法国小说。二十三年夏,由其口述,林纾笔录,成功翻译《巴黎茶花女遗事》,二十五年在福州首版发行,旋由昌言报馆公开发售,风行全国。清廷修建京汉铁路时,向法国借款,聘其为总翻译。京汉铁路建成后,被调往汉阳兵工厂任总办,为湖广总督张之洞所器重,经理对各国事务。1912年春,回福建,任福州交涉司司长,负责对外交涉事宜。与外国人交往时,言

王寿昌

行得体,不失人格、国格。三年后,回船政学堂任法文教习。王寿昌独自翻译法国博乐克《计学浅训》,另有其女王真汇编的《晓斋遗稿》,收录其诗文、随笔等。1925年逝世。

21. 吕翰

吕翰(1853—1884年),字赓堂,广东鹤山(今佛山)人。同治六年(1867年),船政学堂后学堂第1届驾驶艺童,编入外学堂,为在香港英国学堂招收的十名艺童之一。十年堂课毕业。十二年晋升"长胜"号轮管带,随后调任"振威"号轮管带,驻守澎湖,十三年参加保卫台湾的军事行动。光绪二年(1875年),授守备(五品),加都司衔,旋升都司(四品),任"飞云"号轮管带。三年调任"威远"号轮管带兼实习教习,奖升游击(从三品)。七年调赴天津北洋水师任职,赏戴蓝翎,授参将衔。十年调回船政后学堂任驾驶教习。同年闰五月,法舰队侵驻马尾,被委任统带"福胜""建胜"两舰,驻节"建胜"舰。登舰抚炮笑曰:"酬我志者,此也。"战前将母亲、妻子遣送回广东,并预立遗书:"翰受国恩,见危授命,决不苟免。"决心与法军血战到底。七月三日(8月23日),法舰队突袭福建水师,爆发马江海战。率领"建胜"和"福胜"两舰向敌舰开炮还击。战斗中,短衣仗剑,冒炮火指挥作战,额中弹,血流满面,裹伤再战,督舰冲向敌舰,复中敌弹,身碎舰沉,遂阵亡,年仅32岁。战后,入祀昭忠祠,照二品例抚恤,赐云骑尉世袭,恩骑尉罔替,清帝命粤督在原籍致祭,事迹于清史馆立传。

22. 许寿山

许寿山(1852—1884年),字玉珊,福建闽县(今属福州)人。同治七年(1868年)考入船政学堂后学堂,为第一届驾驶艺童。十年堂课毕业,不久调任清军陆营教习,随后任"扬武"舰大副、南洋水师"虎威"舰管带。光绪七年(1881年)调回福建水师任"艺新"号轮管带,授千总(六品),常风后出巡,拯援失事的中外民船、商船。旋升守备(五品)。十年任"振威"舰管带,加都司衔。同年七月三日(8月23日),法舰队在马尾罗星塔附近江面突袭福建水师,爆发马江海战。法舰集中攻击"扬武"旗舰时,一面指挥开炮还击敌舰,一面砍断锚链驾舰驰援旗舰,遭三艘法舰炮火攻击,毫不畏惧,继续冲向敌舰,法舰以连珠炮专攻"振威"号,官兵伤亡惨重,在己舰下沉前发射最后一炮击中敌舰。与全舰官兵一起阵亡,年仅32岁。战后,奉旨照游击(从三品)例从优赐恤,入祀马尾昭忠祠,予荫一子世袭云骑尉。

23. 陈英

陈英(1856—1884年),字贻惠,福建闽县(今属福州)人。清同治十年(1871年),考入船政学堂后学堂,为第3届驾驶艺童。光绪元年(1875年)毕业。不久,以五品军功升任福建水师"福星"炮舰管带,加都司衔。光绪十年,法舰队以游历为名,陆续将军舰开进福州马尾港内,逐步完成战役部署。七月三日(8月23日),法舰选择落潮有利时机,以优势兵力、火力向福建水师发动突然袭击,爆发马江海战。战斗一开始,法舰将"扬武"舰作为重点,集中炮火射击同时出动46号鱼雷艇攻击。距"扬武"舰较近的"福星""福胜""建胜"三舰一面开火攻击敌舰,迫使敌鱼雷艇开往下游;一面砍断锚链,全速驰援"扬武"舰。陈英屹立驾驶台上,率舰冲向敌舰,他对部下说:"此吾报国日矣!吾舰与炮俱小,非深入不及敌舰。"江面炮声隆隆,血肉横飞,部属劝其暂避时,怒目斥道:"大丈夫食君之禄,宜以死报,今日之事,有进无退。"继续勇猛冲杀,以左右舷炮攻击敌舰。终因强弱悬殊,中弹沉没阵亡,年仅28岁。清帝下旨从优抚恤,入祀马尾昭忠祠。

24. 林森林

林森林(1853—1884年),字少屏,福建闽县(今属福州)人。同治十年(1871年),考入船政学堂后学堂,为第3届驾驶艺童。光绪元年(1875年)毕业,随后以五品军功升任"建胜"舰管带。十年七月三日(8月23日),法国舰队在马江突袭福建水师,爆发近代史上中国海军抗击外国侵略者的第一次海战。在战云密布的紧急关头,上书张佩纶等大臣,提出战守之策,均不得呈达。开战前一天,将平日所用香袋寄归其母,表示以身许国决心。开战时,法舰凭借优势火力,突袭"扬武"等舰,福建水师各舰在不利条件下,迎着密集炮火,冲锋陷阵,发炮攻击敌舰。终因舰小势孤,被敌舰击中沉没,其中弹阵亡。战后,入祀马尾昭忠祠。

25. 叶琛

叶琛(?—1884年),字可堂,福建闽县(今属福州)人。同治八年(1869年),考入船政学堂后学堂,为第2届驾驶艺童。十二年毕业。不久升任"福胜"舰管带。光绪十年闰五月,法舰队以游历等借口,陆续集结马尾江面,与福建水师近在咫尺,占夺地利,福建水师处不利的劣势中。七月三日(8月23日),法舰队突袭福建水师,以密集炮火攻击"扬武"及附近的中国军舰。福建水师官兵奋起抵抗。他指挥"福胜"舰调转舰身,用首炮反击敌舰,支援友舰。当舰尾中弹起火时,官兵冒死发炮击敌,其面颊中弹倒下,又勇敢站起继续指挥战斗。接着,又被敌弹射穿肋部而阵亡。战后,入祀马尾昭忠祠。

26. 张成

张成,广东南海县人。同治六年(1867年)船政学堂后学堂第1届驾驶艺童,编入外学堂,为在香港英国学堂招收的十名艺童之一。十年毕业,随即登"建威"练船实习,十三年升为"海东云"舰管带。后历任"龙骧"舰、"靖远"舰管带。光绪四年(1878年)任"永保"舰管带,升游击(从三品),随后调北洋水师任职。次年复调回轮船水师,任"扬武"轻巡洋舰(旗舰)管带,兼委充水师营务处。十年委闽安镇副将(从二品),负有统带福建水师之责。同年七月三日(8月23日),侵驻马尾港内的法国远东舰队,突袭近在咫尺的福建水师,爆发了马江海战。海战中,"扬武"舰官兵伤亡惨重,其命令砍断锚链,发动机器,调转舰身,以舰首主炮还击敌舰。因舰身多处被敌炮毁坏,又中敌艇鱼雷,而迅速下沉。战后负伤落水,游至马尾君竹乡江边,被岸上军民救起。然因"先事即毫无布置,战机已露,犹复观望议论,事后又不能竭力抵御,如陈英等之效命捐躯"的罪名被定为斩监候。刑部大臣奉旨复审,上奏其"身非统帅,战事亦非伊所能专决",光绪皇帝也认为马江战败"不能委咎该革员一人"。

27. 邓世昌

　　邓世昌(1849—1894年),原名永昌,字正卿,广州人。同治六年(1867年),船政学堂后学堂第1届驾驶艺童,编入外学堂,为在香港英国学堂招收的十名艺童之一。十年堂课毕业。十三年,奖五品军功,任"琛航"运输舰大副。翌年,任"海东云"舰管带,参加保卫台湾、驻逐日寇的军事行动,率舰扼守澎湖、基隆,荐升守备,加都司衔。随后任福建水师"扬武"巡洋舰大副,光绪四年(1878年),晋升管带。五年调赴北洋水师,任"飞霆"舰管带。不久,又调任"镇南"舰管带。八年,率舰援朝,挫败日本侵朝计划,补升游击(从三品),任"扬威"舰管带,赏给"勃勇巴图鲁"勇号。十三年,调任从德国购回的"致远"巡洋舰管带。十四年,北洋水师正式成军,升参将(从三品)。二十年,升中军副将(从二品)。同年,七月一日(8月1日),中日两国正式宣战,八月十八日(9月17日),北洋海军与日本联合舰队在鸭绿江(大东沟)口外黄海海面相遇,展开决战。开战初,左翼"致远""靖远""济

邓世昌

远"三舰与"定远""镇远"两铁甲舰咬住日舰队数艘弱舰猛打,一度取得优势,日海军旗舰随即召第一游击队"吉野"号等四艘快速巡洋舰增援,集中兵力、火力围攻"定远""致远""靖远"等舰。其以大无畏气概激励官兵:"吾辈从军卫国,早置生死于度外,今日之事,有死而已。"率先驾舰驶出"定远"旗舰前方,冲向"吉野"等日舰,准备与敌舰同归于尽,并掩护"定远"旗舰。终遭数艘日舰炮火攻击,顷刻沉没阵亡。战后,谥"壮军",光绪皇帝亲赐挽联曰:"此日漫挥天下泪,有公足壮海军威"。

28. 林永升

　　林永升(1853—1894年),又名翼生,字钟卿,福建侯官(今福州)人。同治六年(1867年),考入船政学堂后学堂,为第1届驾驶艺童。十年堂课毕业后在福建水师任职。光绪元

林永升

年(1875年),任"扬武"舰实习教官,补千总(六品)。三年,选为第一批赴英留学生,先入格林威治皇家海军学院学习,后登"马那杜"铁甲舰实习。六年春学成回国。升守备(五品),加都司衔。不久调北洋水师任"镇中"炮舰管带,次年改任"康济"练舰管带。八年,随丁汝昌率舰援朝,先于日军抵达仁川。回国后因功补都司(四品),赏戴花翎。十三年秋,赴德接收定购的"经远""致远""靖远""来远"四艘巡洋舰。翌年,自行驾驶,远涉重洋归国,荐升游击(从三品),赏加"捷勇巴图鲁"勇号。同年九月,北洋水师正式成军,升署北洋水师左翼左营副将(从二品),任"经远"舰长。十七年因筹办海军有功,升副将,补缺后升用总兵(正二品),赏换"奇穆钦巴图鲁"勇号。次年实授中军右营副将。二十年八月十八日(9月17日),北洋水师与日海军联合舰队在黄海海面相遇展开决战。率"经远"舰和"致远"舰等与日海军"吉野"号等四舰作殊死战斗,座舰多次中弹起火。血战中,下令追击受伤日舰,决心"鼓轮追之,欲击使沉,即(或)须擒之同返"。突遭数艘日舰密集炮火攻击,"经远"舰连续中弹沉没,林永升中炮脑裂阵亡。清政府以其在黄海海战"争先猛进,殉死最烈",照提督例从优抚恤,追赠太子少保,世袭骑都尉兼一等云骑尉。

29. 刘步蟾

刘步蟾(1852—1895年),字子香,福建侯官(今福州)人。同治六年(1867年),考入船政学堂后学堂,为第1届驾驶艺童。十年毕业后在福州水师任职,在后学堂任教官。光

刘步蟾

绪元年(1875年)参加保卫台湾的军事行动。同年秋,随洋监督日意格赴英法游历。翌年回国,调赴台湾巡防,升都司(正四品)。三年,选为第一批赴英国留学生。五年,回国,升游击(从三品),赏戴花翎。随即调北洋水师任"镇北"炮舰管带。与林泰曾共同写成《西洋兵船炮台操法大略》,提出发展中国海军,"最上之策,非拥有铁甲等船自成数军决胜海上,不足臻以战为守之妙"。八年,赴德监造"定远"舰,十一年,驾驶回国,任管带,授参将(正三品),不久升副将(从三品)。十四年,赴欧接收四艘军舰。同年,正式成立北洋水师,被委任为右翼总兵兼"定远"旗舰管带,实授副将,加一品顶戴,授"强勇巴图鲁"勇号。治军严谨,反对外国军事顾问飞扬跋扈,维护国家主权和中国军人尊严。多次提出加强海军建设,防备日本侵略的建议,未被采纳。二十年八月十八日(9月17日),北洋水师与日海军联合舰队在黄海海面相遇展开决战。临战前,对部下说:

"苟丧舰，将自裁。"激战开始，率"定远"旗舰与"镇远"舰冲锋在前，多次击中日舰。水师提督丁汝昌负伤后，代理指挥全军。战至下午二时许，中国军舰多艘伤、沉，实力顿减，日5舰重点围攻"定远""镇远"，两舰前后中弹200余处，人员伤亡，多处起火，死战不退。至下午3时半，"定远""镇远"舰上305毫米主炮命中"松岛"旗舰前炮塔，引爆附近弹药，瞬间死伤百余人，舰体倾斜5度，丧失战斗力。随后，"来远""靖远"两舰抢修后归队，港内"平远""广丙"两舰率4艘鱼雷艇赶来参战，迫使日舰队退走。战后，因功晋升记名提督(从一品)，赏"洪额巴图鲁"勇号，随即奉命代理北洋水师提督。率北洋水师驰威海卫防守。二十一年一月十一日(2月5日)凌晨，日海军鱼雷艇偷袭威海卫港，"定远"舰中雷进水，其沉着应战，将舰移至刘公岛搁浅，改作水上炮台使用，配合各舰奋勇作战，先后击退日军八次水陆进攻。一月十六日(2月10日)，"定远"舰弹尽，援绝，为使军舰不落入敌手，下令炸毁"定远"舰，自裁殉国，做到"船亡人亡，志节懔然"。奉旨照提督阵亡例从优赐恤，世袭骑都尉加一等云骑尉。

30. 林泰曾

　　林泰曾(1851—1894年)，字凯仕，福建侯官(今福州)人。林则徐从孙，沈葆桢的外甥。幼丧父母，家境贫寒。同治六年(1867年)考入船政学堂后学堂，为第1届驾驶艺童。十年毕业。毕业后在轮船水师任职，随后任后学堂教习。十三年，参加保卫台湾、驱逐日本侵略者的军事行动，负责台湾港道测量。同年被委任"安澜"舰实习教习，随即调任"建威"练船大副。光绪元年(1875年)，升守备(五品)加都司衔。同年秋随日意格赴英国游历，旋即入英国高士堡海军军官学校学习驾驶，上英海军铁甲舰实习，翌年回国，赴台湾任职。三年冬，又赴英国海军学院学习。五年，学成归国，任"飞霆"炮舰管带。六年，升游击(从三品)，戴花翎，调任"镇西"炮舰管带。

林泰曾

同年，与刘步蟾一起，将留学心得写成《西洋兵船炮台操法大略》上陈，建议加强海军力量以抵御外侮。七年秋，由英驾驶所定购的"超勇"和"扬威"二舰回国，途经苏伊士运河时鸣炮升旗，为中国近代海军军舰第一次升国旗航行国外，航经各国时均鸣炮致贺。因接舰有功，升参将(正三品)，赏加"果勇巴图鲁"勇号。八年升任副将(从二品)，十一年兼办北洋水师(舰队)营务处。十四年，北洋水师正式成军，被特授左翼总兵(正二品)兼"镇远"铁甲巡洋舰管带。十五年加提督(从一品)衔。二十年，日本派兵侵占朝鲜，在丰岛海面偷袭中国"济远"舰和运兵船，挑起中日甲午战争。曾进言寻找战机，主动进攻，歼灭日本海军的方略,未被重视,坐失良机。八月十八日(9 月 17 日),北洋水师与日海军联合舰队在黄海海面相遇展开决战。率"镇远"舰与"定远"舰冲锋在前,奋勇杀敌,先后重创"赤城"等三艘日舰,遭日舰围攻,指挥舰上官兵一面拼死决战,一面灭火自救并掩护"定远"旗舰。激战两小时后,重炮命中日本舰队旗舰"松岛"号炮塔,引燃弹药大爆炸,使之死伤惨重。战后,因黄海海战有功,清政府授予"霍伽助巴图鲁"勇号。同年冬,率舰随北洋水师从旅顺南下山东威海卫。进港时值低潮,因避雷标,致舰底触礁裂缝进水,虽经修复,但自认失职,服毒殉职,时年 42 岁。

31. 林履中

林履中(1852—1894 年),字少谷,福建闽县(今福州)人。同治十年(1871 年)考入船政学堂后学堂,为第 3 届驾驶艺童。光绪元年(1875 年)堂课毕业。二年,任"伏波"炮舰大副。七年,任北洋"威远"练习舰教练大副。八年夏,赴德参加验收"定远"铁甲舰,奉派赴英留学,入高士堡海军军官学校学习驾驶、枪炮、数学、电学。十年夏,学成后抵德上"定远"舰,次年协助刘步蟾驾"定远"舰回国,任大副,授千总(六品),赏戴蓝翎,旋即升任副管驾。十三年升任"扬威"舰管带,荐保守备(五品),戴花翎。十五年升任北洋水师右翼右营参将(正三品)兼"扬威"管带。十七年因功实授右翼后营参将,加副将衔(从二品)。二十年,中日海战爆发。八月十八日(9 月 17 日),北洋水师与日海军联合舰队在黄海海面相遇展开决战,率"扬威"舰参战。战时,日第一游击队四艘巡洋舰避开北洋水师主力,攻击"超勇""扬威"两艘弱舰。两舰官兵奋力反击,击毙日舰"秋津洲"号大副等人。不久,"扬威""超勇"相继中弹起火,伤亡严重,舵叶损坏。在危急关头,督率官兵继续发炮攻敌,直至舰沉没。阵亡时,年仅 43 岁。战后,赐总兵(正二品)例抚恤,世袭骑都尉职,以褒扬其"见危授命,激烈效忠,其所谓临大节而不可夺者欤"。

32. 黄建勋

黄建勋(1852—1894 年),字菊人,福建永福(今永泰)人。同治六年(1867 年),以文童考入船政学堂后学堂,第 1 届驾驶艺童。十年五月堂课毕业,随即登"建威"练船实习。十三年任"扬武"舰正教习,随后调任"福星"舰正教习。光绪三年(1877 年)选为第 1 届留英学生,先学习物理、化学、力学,随后登"伯里罗劳"铁甲舰任实习二副。实习结束后,补习枪炮攻守战术,参观考察船厂、机器厂、枪炮厂等。六年学成回国,任后学堂驾驶教习。七年升守备(五品),加都司衔。同年调北洋任大沽水雷营营长,

黄建勋

次年代理"镇西"舰管带,旋即实授管带,升都司(四品),赏戴花翎。十三年(1887年)调任
"超勇"巡洋舰管带,十五年升任北洋水师左翼右营参将(三品)兼管带。十七年加副将衔
(从二品)。二十年八月十八日(9月17日),北洋水师与日海军联合舰队在黄海海面相遇并
展开决战。开战初,"超勇"与"扬威"遭四艘日舰攻击,与"扬威"舰紧密配合,英勇作战。
日舰队变换战术队形,以强攻弱,将"超勇"和"扬威"舰与北洋水师"定远"等主力舰割裂
开。两舰官兵虽誓死抗敌,但连中敌弹起火,随即舰沉人亡。阵亡时年仅43岁。战后,追
赠总兵衔,从优抚恤,世袭云骑尉,恩骑尉罔替。

33. 方伯谦

方伯谦(1854—1894年),字益堂,福建侯官(今福州)人。
同治六年(1867年),考入船政学堂后学堂,为第1届驾驶艺
童。十年堂课毕业。十三年任"伏波"舰教习,参与加强台湾
防务、抗击日本侵略的军事行动。次年任福建水师"扬武"舰
管带。光绪三年(1877年)留学英国,入英国格林威治皇家海
军学院习驾驶理法,六年学成归国,任船政后学堂教习,随后升
都司(正四品),加参将衔。七年调北洋水师,历任"镇西""镇
北""威远""济远"等舰管带。十年任"威远"管带时,建议并
监修旅顺威远炮台。十四年升任北洋水师中军左营副将(从二
品)并委带"济远"舰。十七年赏授"捷勇巴图鲁"勇号。二十
年六月,率舰护航运船队,在丰岛海域遭日舰袭击。同年八月

方伯谦

十八日,率"济远"舰参加黄海海战,遭日舰围攻后退回旅顺。战后,被清政府以"临阵退
缩"之罪名处死。

34. 叶祖珪

叶祖珪(1852—1905年),字桐侯,福建侯官(今福州)人。
同治五年(1866年)考入船政学堂后学堂,为第1届驾驶艺童。
十年堂课毕业。光绪三年(1877年),成为船政第一批驾驶留
英学生,入格林威治皇家海军学院深造,随后登英舰实习。六
年学成归国。次年,授都司(四品),任"镇边"舰管带。十三年
赴英国接舰。十五年升任北洋海军中军右营副将(从二品),兼
"靖远"巡洋舰管带,赏戴花翎,先后获"捷勇巴图鲁""纳钦巴
图鲁"勇号。二十年八月十八日(9月17日),率"靖远"舰参加
中日黄海海战,遭日"吉野"等四舰围攻,"水线为弹所伤,进水

叶祖珪

甚多"。驾舰冲出包围,驶向浅海自救。抢修初毕,带伤重返战场。旗舰"定远"在激战中帅旗桅杆被轰折,其代替旗舰升旗集合,整队返回旅顺。同年十二月二十五日(1月20日),日军水陆两路夹击威海卫港内北洋水师,丁汝昌以"靖远"为临时旗舰,率"镇南""镇北""镇西""镇边"四舰支援南帮炮台守军,击毙日军左翼队司令官大寺安纯。次年一月十四日(2月8日),日军水陆两路对北洋舰队轮番轰击,"靖远"舰拼搏于前。次日,"靖远"舰被击沉。一月二十三日(2月17日),威海陷落敌手,北洋水师覆没,遭贬职回故里。二十五年,官复原职,并加提督衔领北洋水师,肩负整顿海军重任。同年,意大利派六舰来华强要租界时,针锋相对,拒绝最后通牒,指挥舰队备战,挫败其侵华图谋。随后历任浙江温州镇总兵、广东水师提督、南洋水师学堂督办、上海船坞总办、总理南北洋水师等职。三十一年夏,巡视水陆防务,途中劳累病逝。清廷授予振威将军,灵柩移归故里,钦赐祭葬于西郊梅亭。

35. 萨镇冰

　　萨镇冰(1859—1952年),字鼎铭,蒙古族,闽县(今福州)人。同治八年(1869年)考入船政学堂后学堂,为第2届驾驶艺童。光绪三年(1877年)毕业。三年至六年留学英国。

萨镇冰

回国后任"澄庆"兵船大副。八年调天津水师学堂任正教习。十二年后,历任北洋舰队"威远""康济"舰管带。十四年晋升参将,二十年,授副将衔。同年甲午战争中,守卫日岛炮台,坚守阵地。战后罢职回福州,后被起用,先后任吴淞炮总台官、江南自强军帮统。二十五,调任"通济"舰管带,旋升北洋水师帮统,兼"海圻"舰管带。三十一年升广东水师帮统,兼"海圻"舰管带。同年擢任广东水师提督,总理南北洋海军。宣统元年(1909年),清廷派其随亲王载洵筹办海军,将南北洋海军统一编制,分巡防、长江两舰队,被委任为海军提督。同年10月,随载洵赴欧考察海军,次年8月考察美国、日本。11月为海军统制。辛亥革命爆发,奉命赴鄂,率舰至汉口,见诸舰官兵趋向革命,自行引退,乘英轮赴沪,转回福州。1912年,出任吴淞商船学校校长,后历任淞沪水陆警察督办兼上海兵工厂总办、海军总长、海军部尚书、福建清乡督办。1919年12月3日再度被任为海军总长。次年5月14日兼任代国务总理,组成临时内阁。1922年5月授肃威将军。同年10月,抵榕会办福建军务,就任福建省长,提倡兴办地方慈善公益事业。1926年北伐战争中,弃职组织福州南港赈灾。国民党政府定都南京后,受聘为海军部高等顾问。1933年11月,十九路军在福建发动"闽变",成立福建人民政府,被任命为延平省省长。抗日战争时期,支持抗日。福建解放前夕,拒赴台湾。1949年,作为特邀代表赴京参加全国政协第一次会议。新中国成立后,任政协全国委员会委员、中央人民政府革命军事委员会委员、全国侨务委员会委员、福建省人民政府委员会委员等职。1952年4月14日病逝,终年94岁,葬于福州西门外梅亭。

36. 黄钟瑛

黄钟瑛(1869—1912年),原名建勋、良铿,又名鉴,号赞侯,福建闽县(今福州)人。光绪九年(1883年)考入船政学堂后学堂,为第11届驾驶艺童。毕业后,先后登北洋水师"靖远""威远""康济"等舰实习,又进刘公岛枪炮学堂学习,期满后调赴"济远"舰任驾驶。二十年随舰参加丰岛、黄海二次海战。二十五年先后任"飞鹰"舰、"福靖"舰枪炮官。二十八年历任"海琛""海天""海筹"等巡洋舰帮带,三十年升"飞鹰"舰管带。三十三年,任"镜清"舰管带兼海军部参议,不久,任"海筹"管带。辛亥革命,萨镇冰率舰队进驻武汉江面,因官兵同情革命,以治病为名赴沪返闽时,任临时舰队司令,率舰队在九江起义。随后,海军起义各舰代表集会在上海,推举程璧光为总司令,其为副司令。因程璧光在国外未回,而代总司令。1912年元旦,南京国民政府成立,孙中山为临时大总统,任命其为海军总长兼总司令,授海军上将。上任后,决心改革,振兴海军。10月,因操劳过度,吐血入院,医治无效,于12月4日在广州逝世。1913年1月,孙中山派军舰运灵柩回福州,葬于西门外梅亭。孙中山赠挽联:"尽力民国最多,缔造艰难,回首思南都俦侣;屈指将才有几,老成凋谢,伤心问东亚海权。"

黄钟瑛

37. 程璧光

程璧光(1861—1918年),字恒启,号玉堂,广东香山(今中山)人。光绪二年(1876年),考入船政学堂后学堂,为第5届驾驶艺童。七年毕业。历任南洋水师"超武"舰管带、"元凯"舰管带、船政学堂教官、广东水师"广甲"舰帮带等职,积功升都司,任"广丙"舰管带。二十年驾"广丙"舰赴北洋参加会操。广东水师"广甲""广乙""广丙"三舰被编入北洋水师。黄海海战中,率"广丙"舰与"平远"舰等驰赴战场,参加后阶段战斗,击伤日舰"西京丸",使之起火,鱼雷艇乘机攻

程璧光

击。他腹部被弹片击中,坚持至战斗结束。次年参加威海保卫战,战败后,奉命办理投降事宜,旋被革职,归故里。后参加孙中山组织的兴中会广州起义,计划泄露,外逃南洋,二十二年归国后被起用,历任管带、船政司司长、统领巡洋舰队等职,曾率"海圻"号巡洋舰远赴英国,参加英王加冕仪式。1912年,授海军中将,1916年,任海军总长。1917年,他反对张勋复辟,令"海圻""海筹"两舰北驶大沽,施加军事压力。随后,追随孙中山,率海军部分军舰南下广州,参加护法斗争,领衔发表著名的《海军护法宣言》。在广州组建护法舰队,任护法军军政海军总长、讨闽军陆海联军总司令,先后指挥海军击溃北洋军阀海军,截获一批舰船。1918年2月26日,在广州被刺身亡。为纪念他护法功勋,在广州珠海广场树立其铜像;公葬于江苏宝山八字桥,追赠海军上将。

38. 刘冠雄

刘冠雄(1858—1927年),字敦诚,号子英、资颖,福建闽县(今福州)人。光绪元年(1875年)考入船政学堂后学堂,为第4届驾驶艺童。十二年,派赴英国格林威治海军学院学习。十六年回国,任北洋水师"靖远"舰帮带、大副。

刘冠雄

二十年,中日甲午战争爆发。同年八月十八日(9月17日),中日舰队在黄海激战,"靖远"舰受重伤,被迫退至大东沟大鹿岛附近抢修,下午五时修毕归队。见旗舰受伤,北洋舰队群龙无首,建议管带叶祖珪下令升旗代旗舰集合队伍。日舰见北洋舰队散而复整,始遁。二十一年初,北洋舰队全军覆没后,被解职。二十五年,重建北洋海军,委为"海天"舰管带。翌年,当义和团与八国联军奋战时,率"海天"舰南下上海参加"东南互保"。三十年三月,因"海天"舰在吴淞口触礁沉没,被处分,改任德州兵工厂总办。1912年,任南京临时政府海军部顾问。不久,被袁世凯任命为北洋政府首任海军总长。同年6月,兼代交通总长。翌年1月,兼署教育总长。7月,革命党人发动"二次革命",任南洋巡阅使,率舰队南下上海镇压,会同北洋陆军攻占吴淞炮台。同年11月,率李厚基到达福州,把福建军队编入中央陆军,福州船政局收归海军部管辖。1916年6月,孙中山发表恢复《临时约法》宣言,辞去海军总长职务。翌年7月,被任命为海军总长。批准在福州船政局内设福州海军飞潜学校、飞机制造工程处,着手制造水上飞机。12月3日,被撤免海军总长职务。1923年4月,任闽粤海疆防御使,授将军府熙威将军;11月,辞职定居天津。1927年在天津病逝。

39. 杜锡珪

杜锡珪(1874—1933年)字慎臣、慎丞,号石钟,福建侯官(今福州)人。光绪二十八年(1902年),毕业于南京江南水师学堂驾驶专业。三十二年,任"辰"字鱼雷艇管带。次年,调任"建安"管带。宣统元年(1909年),任"甘泉"炮舰管带。三年,任"江贞"炮舰管带。在武昌战斗中,倾向革命,率舰随队在九江举义,组成海陆军联合会,参加援皖、援鄂行动。1912年,任北伐舰队"海容"巡洋舰舰长。同年12月,授海军上校,任闽江要塞司令兼代理福建防军司令。1914年5月,授予"三等嘉禾章",晋升海军少将,授予"三等文虎章";12月,授一等轻车都尉。次年12月25日任"肇和"舰舰长。1917年7月,署海军第二舰队司令。1921年,曾应两湖巡阅使吴佩孚之请,协助鲁军、鄂军夹击湘军。8月,晋授"勋四位"。10月,升海军中将。1922年4月,第一次直奉战争爆发后,率"海筹""海容""永绩"三舰联同第二舰队的"楚观""楚有""楚泰"等舰参加直军作战。军舰开到秦皇岛,炮轰山海关。1923年10月,授瀛威将军。1924年10月,直系曹锟政权在第二次直奉战争中解体,黄郛取代颜惠庆组阁、摄行大总统职权时,被任命为海军总长。同年11月,段祺瑞就任临时执政,改任海军总司令,而以林建章为海军总长。1926年2月,任海军总长。6月,颜惠庆内阁辞职,在吴佩孚支持下,被特命为代国务总理。8月,奉军和直鲁联军攻下南口、居庸关,控制京畿,迫于奉军的压力提出辞职。10月,国务院以摄行大总统令,准免兼代国务总理,仍留任海军总长。1927年4月,国民革命军北伐攻克南京、上海后,与海军总司令杨树庄密商,正式宣告海军加入国民革命军。1929年10月,担任国民政府考察日本及欧美各国海军专员。次年,奉令继续考察各国军用航空事业。1930年,出任马尾海军学校校长。同年12月,任国民政府海军部高级顾问,仍兼管海军学校。次年,应聘国难会议委员,出席在洛阳举行的国难会议,对制定海军对日作战方针提出建议。1933年11月,十九路军发动"福建事变",避往上海,12月27日因病逝世,葬于福州西门外怀安村。

杜锡珪

40. 陈绍宽

陈绍宽(1889—1969年),字厚甫,福建闽县(今福州)胪雷村人。光绪三十一年(1905年)经萨镇冰介绍入南京江南水师学堂学习驾驶。三十四年毕业后,被派往"通济"练习舰见习,

陈绍宽

授海军少尉。宣统三年（1911年），任"联鲸"炮艇二副兼教习，升海军中尉。1912年，任"镜清"练习舰驾驶大副，授海军上尉。1913年，在"江亨""肇和""应瑞""湖鹏"等舰艇历任大副、艇长。次年，调任海军总司令公署副官，升海军少校。1915年，擢升"肇和"舰舰长。1916年2月，赴美国考察学习潜艇和航空技术。12月，奉命赴欧洲观战。1917年，北洋政府决定参加协约国，对德、奥宣战，奉派加入英国海军潜艇队参加英德日德兰海战，获"特别劳绩勋章"。1918年，任驻英使馆中校海军武官兼海军留欧学生监督。1919年，任出席巴黎和会中国代表团海军委员、伦敦国际航道会议代表。1922年，升任海军司令部参谋长，授海军上校。次年，任"应瑞"舰舰长，升海军少将。1926年，任第二舰队司令。次年，参加国民革命军北伐，率领舰队歼灭已抢渡长江南岸的军阀孙传芳部。国民政府传令嘉奖，授一等勋章和"中流砥柱"勋旗。随后，又组成西征舰队，沿江而上，攻克汉口等地，被国民党中央政治会议委任为武汉分会委员。1928年，任海军署长，晋升海军中将。1929年3月，蒋桂战争爆发后，率"应瑞"旗舰护送蒋介石，随即占领湖北、湖南，被委以湘鄂政务委员会委员兼湖南省政府委员。6月，任海军部政务次长兼第二舰队司令、江南造船所所长。1932年，出任海军部部长，晋升海军上将。1934年，创办"海军大学"。1936—1946年，兼任马尾私立勤工学校董事长，将部分海军资产转拨勤工学校作教学经费，支持办学。1937年5月，为国民政府代表团副特使，赴英国参加乔治六世的加冕觐礼，后转德国考察海军。全面抗战爆发，回国指挥海军先后参加上海、武汉等地会战。国民政府迁都重庆后，积极组织海军敌后布雷游击战。1938年1月，任海军总司令。1945年5月，任中国出席第一次联合国大会代表团顾问。9月与何应钦等人在南京接受侵华日军的投降书，在"密苏里"号战舰上接受日军投降。因不满蒋介石发动内战，拒不受命率舰堵截从山东半岛渡海挺进辽东的人民解放军，率"长治"舰南下台湾视察，返南京后即告辞职。1949年7月，毅然拒绝蒋介石两次去台电示。福州解放后，与萨镇冰等联合通电拥护中国共产党领导的新政权。中华人民共和国成立后，任福建省副省长、中华人民共和国国防委员会委员，华东军政委员会委员，全国政协第一届委员，第一、二、三届全国人大代表，福建省政协副主席，民革中央副主席等。1969年7月30日在福州病逝。在生命最后一息，留下遗书，劝告在台国民党军政人员为祖国统一事业做出贡献。

41. 蓝建枢

蓝建枢（1856—1929年），字季北，一字继北，福建侯官（今福州）人。同治十年（1871年）考入船政学堂后学堂，为第3届驾驶艺童。十三年毕业。光绪六年（1880年），奉派随丁汝昌赴英接收"超勇""扬威"舰。回国后升任"超勇"舰帮带。十三年，任"镇

蓝建枢

西"炮舰管带,赏蓝翎五品顶戴,补用千总。十五年,升署后军右营都司,三年后实授,调任"镇中"炮舰管带。二十年,任"镇南"炮舰管带。同年,中日甲午战争爆发,率"镇南"号炮船随海军大队护送兵船至鸭绿江口大东沟。次年参加威海卫防御作战。北洋海军全军覆没后被革职,留营效力。二十九年,开复原职,任烟台海军学堂正教习。翌年,任"通济"练舰管带。宣统三年(1911年),调任海军部参赞厅二等参谋官。1912年,任海军总司令部高级副官。4月,兼任海军舰队左司令。11月6日,授海军少将。海军舰队左司令改为海军第一舰队司令,仍留任。1913年,奉命率第一舰队在上海参与镇压反袁的"二次革命",击败讨袁军。同年7月18日,调任海军部参议处参议。翌年2月,任海军部参事。1917年,任《海军编史》监修。1918年2月,授海军中将。3月,任海军总司令。1920年,发起重修马尾海军昭忠祠。1921年7月,任将军府"澄威将军"。8月,辞去海军总司令职,回福州居吉庇巷老宅。1928年逝世。

42. 李鼎新

李鼎新(1861—1930年),字承梅,福建侯官(今福州)人。光绪元年(1875年)考入船政学堂后学堂,为第4届驾驶艺童。六年毕业。七年,作为船政第二批留学生赴英国格林威治皇家海军学院深造。毕业后派赴英国皇家海军"斯卫福舒尔"舰实习,旋返格林威治皇家海军学院进修炮术。十二年回国,入北洋舰队,授以五品军功补用千总。十五年初,升署右翼中营游击,"定远"舰副管驾。三年后实授右翼中营游击。二十年中日甲午战争爆发,八月十八日(9月17日)随舰队参加黄海海战,协助管带刘步蟾指挥作战,发炮击伤日舰多艘,表现出色,被李鸿章奏保为海军出力员弁,以参将尽先补用,赏给"振勇巴图鲁"勇号。二十一年二月,向清廷呈文陈述海军积弊,提出整

李鼎新

顿海军建议20多条。同年四月,被清政府革职。二十九年开复原职,任"海圻"舰管带。宣统二年(1910年)十一月,海军部成立,授海军正参领,任军法司司长 1912年,任海军部参事,赴各省检阅军舰。11月,授海军少将。12月,任海军总司令,授海军中将。次年,奉袁世凯令,增调"楚泰"炮舰、"海筹"巡洋舰至上海镇压革命党人。7月,李烈钧在江西湖口兴兵讨袁,"二次革命"爆发,随即传令驻泊在高昌庙的"肇和""应瑞""镜清"等舰及鱼雷艇加强警戒,并指挥舰队开炮,击退讨袁军向江南制造局的进攻。8月,被北洋政府特授勋加海军上将衔。1915年12月,因"肇和"舰官兵发动起义,而以"疏忽失职"罪被革职留用。1916年6月,与林葆怿、曾兆麟等宣布海军独立,把驻闽海军舰调往上海集中,宣布海军加入南京"护国军",自称海军总司令。同时又分别致电李厚基和冯国璋,表示海军加入"护国军"是为"遵

约法、复国会、组内阁三事",成为护国军军务院 13 个抚军之一,迫使段祺瑞政府恢复《临时约法》,召开国会。8 月 15 日,宣布取消海军独立,乃隶属于北京政府海军部。1919 年 7 月,赴广东汕头,与率第一舰队南下护法的林葆怿会谈海军统一问题。翌年,赴厦门等地,会同办理北归海军各舰的修理及官员待遇问题。1921 年 5 月,出任北京政府靳云鹏内阁海军总长。同年 10 月,晋升为海军上将。此后,历经多届北京政府直系内阁变动,均任海军总长。1922 年,派出调查组,前往马尾调查处理李厚基被扣事件,并令其亲信杨敬修在马尾设立海军警备司令部,统一指挥驻在马江的舰队和陆战队。同时命令第一舰队司令周兆瑞率"海容"等舰由上海驶抵闽江口,增援马江,增派杨砥中统带海军陆战队李忠营和海军部警卫营两个连南下,协同第一舰队和原驻马尾的陆战队,守卫马江、长门地区,平定骚乱。1924 年 10 月,冯玉祥发动"北京政变",直系失败,皖系军阀执政,失去职务,在家闲居。1926 年,北洋政府授予"曜威上将军"。1930 年,在上海病逝。

43. 林葆怿

林葆怿(1863—1930 年),字悦卿,福建侯官(今福州)人,祖居鼓楼衣锦坊酒库弄。光绪六年(1880 年),考入船政学堂后学堂,为第 9 届驾驶艺童。十二年奉派赴英国留学。回国后任北洋海军"镇东"炮船帮带大副,二十年随舰队参加中日甲午黄海海战。二十四年任"海容"巡洋舰帮带。宣统二年(1910 年),任"海容"巡洋舰管带。11 月,调任筹办海军事务处军法司司长,简授海军正参领。次年,任驻英造舰监督,赴英国阿摩士庄船厂负责"肇和"舰督造工作。1912 年任北京政府海军部参事,12 月授海军少将。翌年 7 月,任海军练习舰队司令,不久改任第一舰队司令,巡防闽粤。"二次革命"爆发,奉命率"海圻""应瑞""海琛""海容""肇和"等舰协同北洋陆军参加"南京之役",随后,带领舰队到广东、福建、山东烟台等地配合地方当局维持统治。1914 年,授予二等嘉禾章,晋升海军中将并给予二等文虎章。1916 年 6 月,孙中山发表恢复《临时约法》宣言后,与李鼎新和练习舰队司令曾兆麟联合通电全国,宣告海军独立,拥护临时约法,加入护国军。6 月 29 日,黎元洪宣布遵行《临时约法》,恢复国会。8 月 1 日,国会召开。8 月 15 日,海军取消独立。1917 年 6 月,黎元洪下令解散国会,孙中山在上海组织护法运动。7 月 21 日,与程璧光通电否认国会解散后的政府,提出拥护约法、恢复国会、惩办复辟祸首三项主张。7 月 22 日,借舰队赴象山港演习鱼雷之名,率原属第二舰队的"海圻""海琛"等 5 艘舰船及第一舰队的"飞鹰""豫章"等 10 艘舰只赴广东。8 月 25 日,南下国会议员在广州召开非常会议,9 月成立军政府时,担任军政府海军总司令兼舰队司令,11 月被任命为福建省督军,未赴任。1918 年,任海军部长。5 月 4 日,广州非常国会通过《修正军政府组织法案》,改大元帅制为七总裁制,其为七总裁之一。此后,倒向桂系军阀,兼任海军总司令。1919 年 2 月,南方军政府和北京政府在上海召开和平会议。4 月 9 日,与广东督军莫荣新领衔代表西南将领发表"军人不干政"的通电,促进南北和谈。7月,与北京政府海军部代表李鼎新商谈南、北海军统一问题。1920年10月,与北京政府海军总司令蓝建枢联合致电北京政府与广东军政府,宣布南、北海军统一。10月24日,粤军逼近广州,与广州军政府总裁岑春煊、陆荣廷、温宗尧等通电宣布撤销军政府。12月,北京政府派人劝其率舰北返,遭到各舰的反对,遂弃职出走。1921年1月,广州军政府宣布将其革职。1922年7月,北京政府授与葆威将军。后闲居上海。1930年9月,因病去世。翌年1月,国民政府令照海军上将例优恤。

44. 吴德章

吴德章(1854—？),字焕其,福建闽县(今福州市)人。同治六年(1867年),考入船政前学堂,为第1届制造艺童。十二年毕业后在船政所属船厂承担技术工作。光绪元年(1875年),与汪乔年、罗臻禄、游学诗等自行设计、监造"艺新"号轮船,沈葆桢称赞他们独出心裁,并无蓝本,"实中华发轫之始"。三年选为第一批留学生,赴法国多朗官厂和卢爱里、布呵士炮厂学习造船和枪炮制造,获总监工(总工程师)官凭,又赴英、比两国攻习舰船与洋炮制造。六年学成归国,任船政工程处总工程师。先后参加设计、监造一批新式舰船,被船政大臣称赞为具有"奇技异能"的毕业生之一。二十八年至三十年任驻奥帝国

吴德章

公使,回国后任造舰主监、总监。1914年,奉海军总长刘冠雄之命,回福州海校、船政局鼓吹帝制,强迫师生听训三日。1920年,任海军部技正,海军部军械司机械科科长。1912年12月授海军造舰主监。1914年5月给予三等文虎章。1919年1月给予三等嘉禾章。1920年晋给二等文虎章。1925年7月晋授海军造舰总监。1927年8月任安国军政府军事部海军署技正。1928年8月任南京政府海军总司令部参议。

45. 陈兆锵

陈兆锵(1862—1953年),字敬尔,号铿臣,福建闽县(今福州)螺洲乡人。光绪元年(1875年),考入船政学堂后学堂,为第2届管轮艺童。八年毕业。毕业后在北洋水师任职,二十年任"定远"旗舰总管轮,参加黄海海战及威海卫保卫战。甲午战败后,受贬革职。二十二年以"战功卓异"受颁一等"文虎章",并选派赴英留学学习造船制舰。两年后回国,任"海天"舰总管轮。宣统二年(1910年),为海军部舰政局局长。1912年,奉命接管上海船坞,改名海军江南造船所。12月,授轮机少将。次年2月,

陈兆锵

任江南造船所所长。1915年10月,调任福州船政局局长。1917年,参与创办福州海军飞潜学校,并兼任校长,培养一批水上飞机、潜艇的制造人才。翌年,又参与创办海军飞机工程处,先后制成中国第一批海军水上飞机,获褒奖,晋升轮机中将。1920年,主持重建马尾昭忠祠,合祀甲申、甲午两役烈士。1926年,兼任福州海军学校校长。同年又调任江南造船所所长,次年辞职回归故里。1935年,海军艺术学校奉令停办,支持在原址创办私立勤工工业职业学校,为学校董事会董事。1941年4月,福州第一次沦陷,日军多次逼诱其出任"福州维持会"会长,均被拒绝。抗战胜利后,海军部颁给"凛烈可风"银盾,以嘉其志。1953年逝世,终年92岁。

46. 欧阳庚

欧阳庚(1858—1941年),字兆庭,号少伯,广东香山(今中山)人。同治十一年(1872年),应招考赴美留学幼童,先后就读于纽约市曼哈顿西海文小学、纽海文中学及耶鲁大学。光绪七年(1881年)回国,与15名留美幼童一起送入船政学堂后学堂学习驾驶,翌年毕业。十年,应驻美国旧金山总领事欧阳锦棠函召,赴美任见习领事。翌年,晋升为驻美国总领事。二十一年,为孙中山到美国檀香山做保,将表弟廖仲恺介绍给孙中山当助手。二十七年,利用其弟欧阳祺与美国总统罗斯福系哈佛大学同学的关系,更快地促成美国退还庚子赔款,建立中国留美学生基金和清华学堂。后历任驻温哥华、驻巴拿马总领事,并获清廷封为资政大夫,并赠爵上三代。三十二年,旧金山发生7.7级大地震,中华镇起大火时,设法抢救妇孺孤儿。自己却肋骨折断,一足压伤,头部大面积烧伤。其夫人简丽莲医生亦因救火而毁容。灾后,向旧金山银行担保贷款,重建大坑洛克镇。民国建立后,被委派出任驻荷属爪哇(今属印度尼西亚)总领事、驻英国大使馆一等秘书、驻智利国第一任公使、驻玻利维亚条约特使,曾获二、三等嘉禾章、三等保光嘉禾章。1941年病逝。

欧阳庚

47. 罗臻禄

罗臻禄(1846—1904年),字醒尘,福建闽县(今福州)人。同治六年(1867年)考入船政学堂前学堂,为第1届制造艺童。毕业后任职于船政从事造船,参与监造"艺新""登瀛洲""泰

罗臻禄

安"等舰。光绪三年(1977年),作为船政第1届留学生派往欧洲留学,入法国汕答佃矿务学堂和巴黎国立高等矿务学院学习矿务。六年学成回国,继续留在船政工作。中法战争后,被两广总督张之洞聘请为广东矿务委员,参加了粤晋陕豫等省广泛的矿产调查。中日甲午战争后,继续从事矿务工作,曾任山东省矿务督办,后又到俄罗斯等地勘矿。著有《西行课记》。

48. 沈翊清

沈翊清

　　沈翊清(1861—1908年),字丹曾,号澄园,福建侯官(今福州)人。两江总督沈葆桢长孙。光绪六年(1880年),入船政任职。九年,承袭一等轻车都尉世职。翌年,充船政总稽查,旋就职同知。十五年,中举人。次年,以功奏保免选同知,以知府选用,并加三品衔。十九年,以督造钢甲舰告成,保升道员,并加二品衔,分发江西。二十二年,总办罗星塔青洲石船坞工程,以功请送部引见。二十四年三月,得旨发往四川补用,留充船政提调,后奉命赴日本阅视兵操,著有《东游日记》。二十八年,以四品卿衔充会办四川矿务商务大臣。福州将军景星以船政关系重大,奏请留闽省,擢为会办船政。任内疏请揽造商船、兵舰,以补船政财力不足,亦为船舰制造积累经验和培养人才,发展造船事业。因兼管船政大臣的将军崇善昏庸保守,其改革之举,多与之龃龉,无法实施。翌年十二月,调任陆军部练兵处行走。三十三年六月,陆军部奏保以丞参记名。七月,奉命考察直隶、山东、山西、陕西、河南、湖北荆州、江苏、江西八省旗陆军学务。事毕返京,翌年积劳病逝。卒赠内阁学士,特旨宣付史馆立传,附祀沈葆桢专祠。

49. 沈颐清

　　沈颐清(1876—?),又名希南,字蟢男,福建侯官(今福州)人,沈葆桢嫡孙,光绪十二年(1886年)考入船政学堂后学堂,为第14届驾驶艺童。后留学英、美,得造舰工程师。回国后,任两广督辖营务处翻译官、水师管带、广东番禺县行政委员等职。留学美国,得制船、桥梁工程师,回国后曾在天津盐务稽核所任职。其后长期在船政工作,先任工务长。光绪三十二年,根据法国图纸监造中国第一艘折叠式水上飞艇。1912年,船政归省辖,改为福州船政局,任副局长,实际主持工作。局长林颖启得知船政经费奇缺,不肯赴任,不久辞职,其正式任命为代理局长。孙中山来闽,陪同视察轮机、锅炉、电灯等厂。曾获三等文虎章、四等嘉禾章。晚年任海军部技正、海军造舰大监。

50. 巴玉藻

巴玉藻（1892—1929年），字蕴华，内蒙古克什克腾旗人，生于江苏镇江。光绪三十一年（1905年），考入江南水师学堂。宣统元年（1909年），被选派留学英国，学习制造船炮。

巴玉藻

次年，入维喀斯阿姆斯特朗学院学机械工程。在英学习期间，对飞行产生兴趣，常浏览有关书刊。1912年暑假，与王助凑了两镑钱，到温德尔门湖上跟飞行家波特尔飞行了一次。1915年，与王助、王孝丰、曾诒经等由英国转到美国深造。其入寇提斯航空学校学习飞行。同年9月，考入麻省理工学院航空工程系二期。翌年毕业，取得航空工程学硕士学位，为美国自动机工程学会会员。被寇提斯飞机厂聘为设计工程师，继而被通用飞机厂聘为总工程师。同年冬回国，请命建厂自制飞机，得到海军部赞许。1918年2月，选址福州船政局，成立"飞机制造工程处"，被任命为主任。4月，兼任福州海军飞潜学校甲班（飞机制造专业）教官，主教数理与飞机专业各科，并亲自编写专业教材。飞机工程处成立后，向美国订购发动机，同时调查国内制造飞机可用材料的情况，进行试验。1919年8月，制成我国最早的一架"甲型一号"双桴双翼水上飞机。随后，陆续制成多种型号海军水上飞机，均试飞成功，获总统徐世昌嘉奖。1923年，与王助设计出世界第一个水上浮机站，在马尾设立航空教练所，培养本国飞行员。同年，在上海受孙中山接见慰勉。至1928年，马尾海军飞机工程处共制造12架水上飞机。同年9月，海军飞机工程处改为海军制造飞机处，直属海军部总署。10月，奉命前往德国参加柏林第二届国际航空展览会。大会期间，潜心研讨各国设计的长处，特别是新式单翼飞机的资料，均一一绘制草图，准备回国后设计制造。会后，去比、瑞、英、法诸国考察，并购买一批机器设备，由马赛港乘船经苏伊士、中东、印度、香港回国。到上海后，面部开始浮肿，回马尾后，与王助等日夜赶绘单翼飞机设计图时病倒，诊断为脑部中毒，抢救无效，于1929年6月30日逝世，年仅38岁。

51. 王助

王助（1893—1965年），字禹朋，河北南宫县普济桥村人，生于北京。光绪三十一年（1905年），考入烟台海军学堂。三十四年毕业后奉派赴英国深造。宣统二年（1910年），考入英国阿姆斯特朗海军大学。后进入德兰姆大学学习机械

王助

工程。1912 年暑假,与巴玉藻凑了两镑钱,到温德尔门湖上跟飞行家波特尔飞行了一次。1915 年,与巴玉藻、王孝丰、曾诒经等由英国转到美国深造,进麻省理工学院学习航空工程。翌年毕业,获硕士学位。1917 年,被聘为美国波音飞机公司第一任总工程师。年底回国。1918 年,任海军部马尾海军飞机工程处副主任,并兼任飞潜学校专业教官。1928 年,任海军总司令部上海海军制造飞机处处长。1929 年,应聘中国航空公司总工程师。后调回马尾继任海军制造飞机处处长。1931 年,转入中国航空公司任总工程师。不久被调入军政部航空署任上校参事。1934 年,在中央杭州笕桥飞机制造公司被任命为第一任监理。1939 年,在成都航空研究所,任副所长兼任飞机组组长。后成都航空研究所扩充为院,任副院长兼理工系主任。1947 年,出任中航公司总经理的主任秘书。1949 年,代理中航公司总经理职务,并转往台湾。1955 年,被台湾成功大学聘为教授。1991 年,美国波音公司为纪念王助对该公司的贡献,追颁奖状,并在王助任教 10 年的成功大学设立讲座,以示不忘王助的奠基之功。1965 年逝世。

52. 曾诒经

　　曾诒经(1887—1961 年),字稔畲,福建闽侯人。光绪三十一年(1905 年),考入烟台海军学堂。宣统元年(1909 年),赴英国阿姆斯庄工学院留学。1912 年,考入阿姆斯庄工学院。1915 年毕业,取得机械学士学位。学习期间,受命与王助等负责监造中国订制的“应瑞”“肇和”两艘军舰。北洋政府为培育航空人才,抽调在英国学习的其与巴玉藻等 12 位中国留学生,转赴美国再留学。其进入新伦敦电船公司研究潜艇和发动机。1916 年,经巴玉藻等人介绍,进入美国寇提司飞机制造厂学习航空发动机技术。次年回国,参与筹建海军马尾飞机工程处。1918 年,成立“飞机制造工程处”,任副主任。1919 年 8 月,

曾诒经

造出了第一架水上飞机“甲型一号”。当时飞机所用的发动机,购自美国寇提司公司。其负责发动机的安装调试。飞机在试飞时因操纵不慎坠水,机身损坏,发动机修复后尚可再用,工程处遂用这台发动机又制成了“甲型二号”飞机,试飞顺利成功。1927 年,与同仁们发起成立我国较早的科技学术团体“海军制造研究社”,担任特务委员。1930 年,飞机制造处迁往上海,并入江南造船所,任处长,全面主持飞机制造。1931 年,将马尾运来的两架飞机部件组装成机,使单一的水面起飞机型发展到也可在陆地起飞的机型。1933 年 6 月,与特聘的美国飞行员蒲里驾驶“江凤”号作长途飞行。1934 年 7 月,首创国产舰载飞机,即配套“宁海”军舰的舰载飞机“宁海”二号。1937 年,在上海共造出水陆两用飞机、陆地教练机等 10 架。1934—1935 年,仿造组装了美式“佛力提”式双翼陆上教练机 12 架。全面抗

战爆发后,组织上海飞机厂的后撤工作,先后担任中央航空委员会第八飞机修理厂厂长、机械处处长、航委会参事室参事等职,还创建空军飞机制造三厂。著述有《旧中国海军马尾船政局制造飞机的回顾》等。1961 年逝世。

53. 高鲁

高鲁(1877—1947 年),字曙青,号叔钦,福建长乐人。光绪二十六年(1900 年)考入船政学堂后学堂,为第 16 届驾驶专业学生。三十一年,选派入比利时布鲁塞尔大学攻读

高鲁

工科,获博士学位。宣统元年(1909 年),在法国巴黎加入同盟会。辛亥革命后,随孙中山回国。1912 年,任南京临时政府秘书兼内务部疆理司司长。1913 年,出任北京中央观象台台长,并在北京女子高等师范学校和北京大学任教。同年,赴日本考察天文、气象事业。翌年,出席在东京举行的东亚气象台台长联席会议。回国后,创办《气象月刊》,后改《观象丛报》,普及天文知识。1915 年,在北京筹建大型天文台,在库伦(今乌兰巴托)附设测候所,为中国现代天文气象研究打下基础。1918 年,出席在巴黎举行的时辰统一会议。不久,任中国留欧学生监督。1921 年回国,仍任中央观象台台长。翌年,倡导成立中国天文学会,当选为第一任会长和总秘书。1927 年,任教育行政委员会秘书。次年,任国立中央研究院天文研究所所长,主持紫金山天文台的测量工作。1928 年,任中国驻法公使,发明天璇式中文打字机。1931 年 7 月,被召回国任教育部长。旋改任监察部监察委员。1937 年,主持《世界百科全书》中《天文学全书》编辑工作,负责编写《中国天文学史》,书稿惜在抗日战争中散失。抗战期间,拒绝汪伪政权拉拢,在重庆从事天文学研究。1942 年,任闽浙监察使。1944 年 10 月,因弹劾顾祝同被免职。后又恢复其监察委员兼军事委员会军风纪第一巡察团委员。1947 年,病逝于福州。著有《中央观象台之过去与未来》《星象统笺》《图解天文学》《空中航行术》《积分释义》《相对论原理》《世界联邦论》等。

54. 沈觐宸

沈觐宸(1881—1962 年),字筠玉,号肩红,晚号卷阿,福建侯官(今福州)人。沈葆桢嫡曾孙。光绪二十三年(1897 年),考入船政学堂前学堂,为第 6 届造船艺童。二十九年,参加恩科会试,中举人。次年进京应廷试,授内阁中书舍人。三十三年,任监察御

沈觐宸

史。1913 年留学法国，习舰船及飞机制造。因第一次世界大战，转入瑞士洛桑飞机制造学校，毕业后获飞机制造工程师学位。1918 年，赴英任中国公使馆二等秘书兼巴黎和会中国代表团秘书。回国后，在北京政府海军部任技正。1920 年，改组福州海军制造学校，任代校长，后任校长兼总教官。1921 年，调海军部，授海军造械大监。次年任北京南苑航空学校校长，不久代航空署督办。1927 年国民政府定都南京后，任海军部署长。同年，制造、飞潜两校并入福州海军学校，改称马尾海军学校，被委派为校长。1928 年，任国民革命军海军总司令部编译处秘书长。1930 年，出任国民政府海军部技正，后开辟北京至北戴河的第一条民航航线。主编《海军杂志》，著有《海军大事记》《海军编年史》等。翌年任海军全军校阅委员。抗日战争爆发后，寓居上海，坚决抵制汪伪组织引诱。1947 年，授海军轮机少将，退役。中华人民共和国成立后，任福建省政协常委、省文史馆馆员。曾编写《材料强弱学》（材料力学）工人读本。1962 年逝世。

55. 许崇智

许崇智

许崇智（1887 — 1965 年），字汝为，祖籍广东澄海，生于广州高第街许地。为闽浙总督许应骙之侄，随任入闽。光绪二十五年（1899 年），随船政提调沈翊清赴日本阅操。二十六年，入船政学堂后学堂学习驾驶，后肄业。二十八年至二十九年，保送日本陆军士官学校步兵科学习。三十二年加入同盟会。回国后任福建武备学堂总教习。福建新军统领孙道仁以与其叔交谊故，保为新军第十镇二十协协统。宣统三年（1911 年），参与辛亥福州起义，任革命军总司令和前敌总指挥，率部光复福州。因功被推举为闽军总司令，统辖全省海、陆军队。后自请退任第一师师长。1912 年，孙中山就任中华民国临时大总统，福建第一师奉命改编为陆军第十四师，其任师长。参加"二次革命"失败后，逃亡日本。1914 年，任中华革命党军务部部长，兼中华革命军福建司令长官。1916 年，回上海，任东北军参谋长，后代理东北军总司令。次年，随孙中山南下开展护法运动。8 月，任大元帅府参谋长。10 月，任中华民国军政府陆军总长。1922 年 5 月，孙中山在韶关誓师北伐，命其率第二军进击江西。6 月 16 日，陈炯明炮击总统府，公开反叛。孙中山避往"永丰"军舰，电令其回师反击。失败后撤往福建。12 月，在桂军刘震寰、沈鸿英部、滇军杨希闵部的配合下，于次年 1 月攻占广州。孙中山返回广州后，委任其为建国粤军总司令。1924 年 1 月，国民党召开第一次全国代表大会，当选为中央监察委员，兼任国民党总部军事部部长。1925 年春，击败陈炯明残部，攻克惠州。3 月 12 日，孙中山在北京逝世。7 月 1 日，国民政府在广州成立，被选入政府委员会和常务委员会，任军事委员会委员兼军事部部长，又任广东省政府主席兼军事厅厅长。8 月，蒋介石借口粤军中有人牵涉廖仲恺被暗杀案，解除其兵权,避居上海。1926 年—1935 年,先后任国民党中央执行委员、国民政府委员、军事委员会常务委员、中央监察委员等。后移居香港。香港沦陷后,被日本宪兵拘捕,后得其老同学矶谷廉介(时任日本驻香港总督)帮助,脱身去澳门。日本投降后,由澳门返回广州。1946 年秋,举家南下,定居香港。1947 年 4 月,受聘为国民政府顾问,后被台湾当局聘为"总统府"资政。1965 年 1 月 25 日在香港逝世。

56. 马德骥

马德骥(1889—?),字伯良,江西南丰人。宣统元年(1909 年),毕业于江南水师学堂第 5 届轮机班。当年,清政府派郡王贝勒载洵和海军提督萨镇冰赴英美考察,船政学堂选派 23 名学生随行,去英、美学习制造飞机和潜艇,其随行赴英国学习造船。1915 年,转往美国麻省理工学院攻读舰船制造。1917 年毕业回国。1918 年授海军造舰少监、五等文虎章。1920 年冬,任船政局工务长,兼代海军艺术学校校长,1921 年 8 月,晋升海军造舰中监。1925 年,任福州船政局局长、海军造舰大监。1927 年,兼海军莲柄港灌田局局长。同年 9 月,任海军福州马尾造船所所长,兼代江南造船所所长。1930 年,任海军江南造船所所长。1943 年,为中国造船工程学会第一任理事长。1944 年 11 月,任中国海军造船人员赴美服务团团长,到美国海军造船厂学习新技术和考察海军装备。1945 年 9 月,奉派接收江南造船所,次年 5 月,复任江南造船所所长,兼任海军机械学校教育长。1948 年,获颁忠勤勋章,升海军少将,任海军总司令部配件管理处处长。1949 年去台湾。1952 年 10 月退役。

57. 萨本炘

萨本炘(1898—1966 年),号揖让,蒙古族,福建闽县(今福州)人,世居鼓楼朱紫坊。1912 年,考入船政后学堂管轮班。同年,改为福州海军学校轮机班。1923 年,到英国格拉

斯哥工业大学造船系留学。1929 年回国,历任江南造船所工程师、马尾造船所上校工务长。1935 年,福州海军艺术学校停办,在原址创办福建省马江私立勤工初级机械科职业学校(简称"勤工学校"),为首任校长。抗日战争期间,历任武汉大学教授、中国兴业公司工程师、柳州西江造船处副处长、四川机械公司总工程师。抗战胜利后,任台湾机械造船公司总工程师及基隆造船厂厂长。1948 年,任中山大学教授,次年,回福州。中华人民共和国成立后,历任武昌造船厂副厂长兼总工程师、三机部船舶产品设计院副院长兼总工程师、国防部第七研究院技术顾问等职。1951 年,主持设计、建造了中国第一

萨本炘

艘绞吸式挖泥船"洞庭"号以及荆江分洪工程的弧型闸门等,是武昌造船厂主要创建人之一。主持建造"6603 型""6633 型""035 型""039 型"等型号潜艇,成为我国重要的常规

动力潜艇生产基地。被评为中国十大造舰专家。连任 1954、1959、1965 年三届全国人大代表。1966 年病逝于上海。

58. 陈钟新

陈钟新（1899—1955 年），字迪光，福建侯官（今福州）人 1917年，考入福州海军飞潜学校甲班。1923 年，毕业分配在海军马尾飞机工程处，参与制造水上飞机。后被聘为福州海军飞潜学校轮机副教官。1936 年 3 月，被马江私立勤工初级机械科职业学校（简称"勤工学校"）董事会聘为校长。抗日战争爆发，勤工学校迁往鼓山廨院。1938 年，内迁尤溪县，陈钟新发动电机科学生利用搬来的发电机、电动机等设备自行发电，解决学习照明问题。在尤溪县城严家祠设立工厂，作为学生实习基地。1941 年，带领全校师生从尤溪县出发，步行前往沙县，后乘船前往将乐，在该县高滩（高唐）设临时校址。先后制出滑翔机，设计浅水轮船，得到当时省教育厅的

陈钟新

支持和鼓励。1944 年，勤工学校受福建省教育厅委托创办"省立林森高级商船职业学校"（简称"商船学校"），一套班子，两面牌子，均由其担任校长。抗日战争胜利后，学校迁回马尾。1946 年，勤工学校与商船职业学校合并，改称"福建省立高级航空机械商船职业学校"（简称"高航学校"），其继续担任校长，并晋升上校。1949 年婉拒赴台。1953 年，全国院校调整，高航学校停办后，调往集美航海专科学校任教。1954 年，调任武汉河运学院教授。1955 年在汉滨逝世。

59. 高宪申

高宪申（1888—1948 年），字佑之，福建长乐县龙门人。光绪二十九年（1903 年），考入广东黄埔水师学堂驾驶班。三十三年毕业，任枪炮副、航海副等职。从 1912 起，任"应瑞"舰航海正、军需长、副舰长等职。后参加护法斗争，任广东军政府海军总司令公署副官、参谋等职。1927 年，率舰加入北伐军，负责筹备海军给养，参与攻克南京、龙潭战役及西征武汉、岳州等战役。1930 年，调任"通济"舰舰长。1932 年，升任"海容"舰上校舰长。1934 年，任"宁海"舰舰长，奉命参加马尾海军大学（后迁南京）在职进修。1935年 2 月，改任海军引水传习所所长。1937 年 8 月，出任"平海"舰舰长，率舰参加保卫江阴封锁线，指挥官兵英勇抗击日军，击落击伤日机多架。9 月 22 日江阴对空激战中，其腰部受伤，命

高宪申

人找来绷带缠住后,坚持指挥,直至舰队司令下令送医院抢救。1938 年,任海军厦门要港司令,晋升海军少将,率领官兵重创入侵日军。1939 年 2 月,调任海军学校校长(当时,马尾海军学校内迁到贵州桐梓)。同年,以江阴抗战之功,授"华胄荣誉奖章",并记功一次。1945 年 5 月晋升海军少将,10 月获颁"忠勤勋章"。1947 年,调任海军总司令部第二署署长。次年任法规委员会委员。1948 年因伤毒复发病逝。

60. 李世甲

李世甲(1894—1970 年),又名渚藩、德声,字凯涛,福建长乐县沙京人,生于侯官(今福州)。光绪三十四年(1908 年),考取烟台海军学堂,学习驾驶。宣统三年(1911 年)六月

李世甲

毕业,赴"通济"练习舰见习。同年,武昌起义爆发,随舰响应起义,参与光复金陵等战役。1913 年,入南京海军军官学校。毕业后补海军少尉,派充"海容"舰候补副官。1915 年,赴美国留学,研习驾驶潜水艇。翌年 10 月回国,任海军第一舰队司令部差遣员,补海军中尉,旋充"海容"舰鱼雷副。1917 年春,升任中尉副官。次年 6 月,升任驻海参崴海军代将处副官处副官。1919 年,晋升海军少校。1922 年,任北京政府海军部中校副官,回闽调查马尾海军扣留闽督军李厚基事件,后任马尾警备司令部参谋,兼警备队管带。次年,升任海军练习舰队司令部中校参谋。1924 年 10 月,升任"楚同"舰舰长,驻防福建东山。1926 年 10 月,率"楚同"舰进乌龙江,参

与围歼张毅部。翌年,奉命率舰由闽驶沪,参加吴淞口军事会议,归附国民革命军,调至国民革命军总司令部任联络参谋、总司令部参议,加入中国国民党。8 月,率舰参加龙潭战役和西征。1928 年 2 月,升"通济"练习舰舰长,补海军上校。4 月,被选为海军国民党特别党部执行委员。1929 年,任海军部总务司司长,授少将衔,兼江南造船所监造官。1932 年 1 月,兼代海军部常务次长。"一·二八"淞沪抗战期间,奉行蒋介石不抵抗政策,受社会舆论强烈谴责。1934 年 2 月,调任海军马尾要港司令,兼福建省政府委员及海军陆战队第二独立旅旅长。次年,兼任马尾海军学校教育长。9 月,由南京政府补为海军少将。抗日战争全面爆发后,下令撤除闽江航道标志,征用一批商船、民船和超龄舰艇,装载沙石沉于长门港道,在闽江两个航港道填抛石堆 161 堆,阻遏敌舰深入。1939 年 6 月,日军侵占闽江口外的川石岛,与长门要塞对峙,其在重要港道布雷,增设辅助封锁线,严加戒备。7 月,在闽江航道筹防。1941 年,任闽江江防司令兼陆战队旅长。1944 年 9 月,日军再度侵占福州,率部与日军作战七昼夜,后撤往桐口、白沙一带。次年 5 月,率部收复福州及马尾、长门。6 月,调任海军第二舰队司令。8 月,日本无条件投降,作为专员,负责接收厦门和台湾的日伪海军。1946 年,获"忠勤"勋

章,后辞职离台返榕,不久,转上海休养。1948年,出任福州粮食配购审核委员会主任、省
戡乱建国动员委员会委员、省经济管制督导委员会秘书长。中华人民共和国成立后,被管
制4年。1956年,被选为省政协委员,任省政协台湾工作组秘书,并参加"民革"。曾撰写
《我在旧海军亲历记》等回忆录。1970年逝世。

61. 邓兆祥

邓兆祥

　　邓兆祥(1903—1998年),广东高要(今肇庆)人。1914
年,考入黄埔海军学校第十六期。1919年,先后转入吴淞海
军学校、烟台海军学校及南京鱼雷枪炮学校学习。毕业后历
任枪炮员、航海正、副舰长。1930年,赴英国格林威治皇家海
军学院、海军鱼雷学校学习。1934年回国,历任副舰长、水鱼
雷营营长等职。1943年,任贵州桐梓海军学校训育主任,亲
笔题写"雪甲午耻"匾额悬挂在学校图书馆门楣上。1945年,
任"长治"舰舰长。次年,率领第二批海军人员赴英国。1948
年,任"重庆"舰舰长。翌年2月率舰起义,同舰上官兵一起,
向毛泽东主席和朱德总司令发出致敬电。1949年3月,被东
北军区任命为中国人民解放军海军"重庆"舰舰长。5月,任
安东海军学校校长。应邀参加了第一届全国政治协商会议,当选为第一届政协委员,并登
上天安门城楼,参加了开国大典。会议期间,毛泽东委托周恩来专门接见了其和林遵等四
名海军起义将领。1950年8月,任青岛海军快艇学校校长。1955年3月,任第一海军学校
副校长。1956年6月,调任海军青岛基地司令部副参谋长。1957年6月,任该基地副司
令员。1960年8月,任海军北海舰队副司令员。1981年12月,任海军副司令员。1983年
后,担任全国政协副主席。1996年1月,赴西沙探望慰问部队。曾任第一、二、三届国防委
员会委员,中国人民政治协商会议第一届全体会议代表,第一届
全国政协委员,第六、七、八届全国政协副主席,第一、二、三、四届
全国人民代表大会代表,第五届全国人大常务委员会委员。1955
年,授予海军少将军衔,获一级解放勋章。1988年,获中国人民解
放军胜利功勋荣誉章。1998年逝世。

62. 林遵

林遵

　　林遵(1905—1979年),字尊之,福建闽县(今福州)人,祖居
鼓楼七星井,家住汤边村(今树汤路),生于江苏南京。1924年,考
入烟台海军学校航海专业。1926年,转马尾海军学校学习。1928

年,到南京鱼雷枪炮训练班见习。次年,奉派入英国格林威治皇家海军学院学习。1934年8月回国,先后在"宁海""海容"舰当枪炮员,后调福州海军学校当队长。1936年,调任"自强"舰副舰长。翌年,以海军武官身份参加"赴英祝贺英皇乔治六世加冕典礼特使团"。5月,奉命赴德国接收订购的潜艇和潜艇母舰,并管理10名赴德学习潜艇的留学生,就任国民政府驻德海军联络官。1939年5月回国,出任海军长江中游第五游击布雷队少校大队长。1940年1月,率布雷队在贵池两河口江面布下15具漂雷,炸沉日军大型运输船和汽艇各一艘。同年11月,又率领队员在贵池、西河口、黄石矶布雷,击沉敌舰一艘、汽船四艘、大火轮一艘。先后获"陆海空军甲种乙等"奖章、"光华甲种二等"奖章和陆海军一等奖。1942年,入重庆国防研究院进修军事,1944年毕业,在军事委员会参谋总长办公室任海军参谋。1945年8月,任驻美大使馆海军上校副武官。1946年初,任中国海军驻美舰队指挥官,率领受训的中国海军官兵,驾美国赠送的8艘军舰回国。7月,作为行政院通过海军总司令部派遣的总指挥,率领"太平"号等4艘军舰赴南海收回西沙、南沙群岛的主权。1947年,任海军点验委员会副主任委员,授少将军衔。1948年,任海防第二舰队司令,驻防长江。1949年4月23日,经中共地下党员郭寿生、林亨元等动员,率领第二舰队30艘舰艇、1000多名官兵在南京芭斗山江面起义。5月18日,毛泽东、朱德复电,盛赞第二舰队起义是"在南京江面上的壮举","是值得全国人民热烈欢迎的行动"。同年8月28日,受到毛泽东、朱德、周恩来的接见。1949年5月,中国人民解放军华东军区海军成立,任第一副司令。1951年1月,调任中国人民解放军军事学院海军教授会主任。1955年,授少将军衔,荣获一级解放勋章。1957年,任中国人民解放军海军军事学院副院长,1961年,由刘伯承元帅推荐,参加《辞海》军事条目的编审工作。1974年,任中国人民解放军东海舰队副司令员。自1949年9月起,先后当选为全国政协委员、第一至第五届全国人民代表大会代表、国防委员会委员。1977年,加入中国共产党,并任东海舰队党委委员。1979年7月16日在上海病逝。骨灰撒入东海。

63. 韩玉衡

韩玉衡(1880—1966年),字仲英,福建闽侯人。光绪三十三年(1907年),船政学堂后学堂第10届管轮专业毕业。1912年,任"应瑞"舰轮机副。次年授海军轮机中尉。1915年,由魏瀚带领赴美国学习飞机和潜艇制造。翌年回国,在福州船政局任职。1919年,任"海筹"巡洋舰轮机长。9月,晋升海军轮机少校,10月,授"五等文虎章"。1923年2月,又授"三等文虎章",4月,任上海海军领袖处第一舰队轮机长。1925年,调任海军第二舰队司令处轮机长。1927年2月,任国民革命军海军总司令部驻南京办事处处

韩玉衡

长。1928年12月,调任军政部海军署舰械司机械科科长。1929年11月,任海军编遣办事处军务局轮机课课长。1930年2月,任海军部舰政司机务科科长,7月,升任海军厦门造船所所长。1933年2月,任福州造船所少将所长。1941年5月,调任海军总司令部高参。1947年8月,授海军轮机少将,并转为备役。中华人民共和国成立后,任解放军海军司令部研究委员会委员、福建省文史研究馆馆员等职。1966年逝世。

64. 王荣瑸

王荣瑸

王荣瑸(1903—1989年),又名英宾,福建闽县(今福州)人。1918年,考入福州海军飞潜学校丙班,学习轮机制造。1925年4月毕业,在福州船政局实习,同年冬调往上海海军江南造船所实习,旋即补授图算员。翌年,参加中共地下外围组织"新海军社",为"新海军社"的刊物《灯塔》撰稿,并在造船所组织"职工会",开展革命活动。1929年9月,由海军部选赴英国曼彻斯特大学学习内燃机设计制造技术。1932年回国,在江南造船所任轮机造机员。1937年5月,任轮机厂工务主任。同年8月13日,日军进攻上海,江南造船所停工,王荣瑸一面组织疏散机器设备,一面设计制造触发水雷,打击入侵淞沪地区的日本军舰,炸伤日本海军旗舰"出云"号。1938年,被派赴德国监造订购的潜水艇,收集和积累大量技术资料。翌年冬,将400余张图纸和资料拍成胶卷带回国内。1940年,调任重庆海军工厂工务课课长,兼任重庆商船专科学校造船科教员。后重庆商船专科学校造船科并入重庆交通大学成立造船系,王荣瑸任造船系教授。1944年,作为"中国海军造船人员赴美服务团"团员,先后在美国康乃尔大学海军内燃机学院研究内燃机,及纽约海军造船厂实习造船。两年后回国,任江南造船所轮机厂工务。1947年,组织和指挥江南造船所新建发电厂工程。1948—1949年,兼任同济大学造船系教授。1949年,上海解放前夕,将有重要价值的2万多张图纸及美英造船年鉴等完好保存,并鼓动和劝说许多工程技术人员留下来为新中国造船事业服务。上海解放后,被任命为江南造船厂总工程师,抢修了三个船坞。1950年9月,获上海市一等劳动模范称号。1956年11月,加入中国共产党。50年代,主持中国第一代潜艇、中国第一艘万吨货轮"东风"号、第一台万吨水压机等的设计建造。1950年3月至1953年7月,兼任上海交通大学造船系教授,开设动力装置设计、柴油机设计等课程。1956年,奉派赴苏联出席渔船技术会议,考察了苏联的船舶科学研究工作。1964年1月,任上海船舶工艺研究所第一任所长。1979年退休,任上海船舶工艺研究所顾问。是中国造船工程学会创始人之一,担任过中国造船工程学会第一、二届常务理事,上海造船工程学会副理事长、常务理事。并先后兼任六机部科技咨询委员会委员,国家科委船舶组组员,国家船舶检验局技术委员会委员,上海市科协

第一届委员会委员,上海市科委造船专业委员会委员,第三届中国人大代表,第五、六届全
国政协委员和上海市人民委员会委员等职。病重住院期间,将长期积累、保存的有关造船
的珍贵图书资料共847件全部献给船舶工艺研究所。1989年逝世。

人 物 录

1. 吴大廷

　　吴大廷(1824—1877年),字彤云,湖南沅陵人。咸丰五年(1855年)举人,后为内阁中书,入曾国藩幕府,因参加攻打太平军,甚得赏识。同治元年(1862年),调赴安徽为补用员外郎。次年以道员记名,赏戴花翎。五年,任台湾道员,移驻台湾兼理学政。七年,在台南主持兴建台湾最早的吴姓家庙"全台吴氏大宗祠"。八年三月,经沈葆桢奏请起用,奉旨谕知湖南巡抚饬令迅速回闽襄理船政。七月到闽,旋经督解"万年清"轮船赴津请验,是年又经奏派运米赴津验收。后调至江南操练局,定《操练章程》四条,成《轮船制造操练问答》《中国驾驶轮船应用洋人抑用华人问答》各一篇,调度船只,并在训练水手的同时训练船主,亲自出海督导。十一年,筹议轮船招商事宜。十三年,具题议叙,加一级、记录三次。光绪元年(1875年),奉旨照三等军功例从优议叙例给予军功加一级。三年三月十日(4月12日)逝世。次年照军营病故例赐恤。善诗,著有《小西腴山馆主人自著年谱》2卷,《小西腴山馆文集》1部。

2. 叶文澜

　　叶文澜(？—1888年),号清渠,又名德水,福建同安县人。少弃学,游海外,通南洋各岛语言。在闽台开茶行做生意,颇为顺利,广事施舍,创立三堂(征瑞堂、育婴堂、宝善堂),施棺施药,抚育弃婴,铺桥造路。后为汇丰银行买办。同治元年(1862年),台湾戴潮春起义,护粮饷兼护蝶有功,赏戴蓝翎。三年,太平军余部李世贤陷漳州,其运粮械、济兵食,助官府。漳州收复后,城内外庐舍荡然,尸积如山,其筑大冢埋之。四年,因捐赀好义,授广东候补道员。五年,左宗棠赴任陕甘总督,委以陕甘路粮台,积功升道员加布政使衔。六年,受左宗棠举荐、沈葆桢委以船政首任总监工,监督负责"万年清"号等船舰的监造。光绪二年(1876年)被派往台湾为首任矿务督办,开发煤、硫磺等矿产和煤油。四年,主持后龙溪、猫里社的石油勘探。在台期间,还做了接济育婴堂,救助灾民、捐款修路建桥等善事。十四年逝世。

3. 黄维煊

黄维煊(1828—1873年),字子穆,号洁如,浙江鄞县人。明州望族黄晟后裔,为宁波城南黄氏。父慈溪守营把总。道光二十年(1840年),出洋经商,早通洋务。咸丰八年(1858年),因抓捕史致芬获得县丞。同治三年(1864年),因参加与太平军作战军有功,得授福建候补同知。四年,参与船政筹建工作,写有《福建船政局厂告成记》。七年、九年,以北援天津、西剿等功,以知府用,赏换花翎,加三品衔。十二年,担任台湾海防同知。4—6月,入京议迁法国教堂事。7月,于宁波家中病逝。赠太常寺卿,祭葬如二品,例荫一子,以知县用。

4. 潘霨

潘霨(1816—1894年),字燕山、伟如,号铧园,晚号心岸,江苏吴县人。道光二十七年(1847年),筹资进京纳粟为九品官,在顺天府(今北京市)巡查漕粮。咸丰元年(1851年)冬补西路同知任司狱。九年,任昌平州知州。同治元年(1862年),升天津知府,旋升山东登莱青道道台。七年,授浙江江盐运使,赏加布政使衔,调补山东盐运使,八年,升山东按察使、福建按察使。次年为福建布政使。十三年,奉命驰赴台湾帮办海防事宜,为沈葆桢巡台得力助手,尤其是在与日军交涉方面,不卑不亢,据理力争。光绪三年(1877年),任湖北布政使。四年,任湖北巡抚。八年,任江西巡抚。次年,代理贵州巡抚。任后,开采贵州矿产,设立矿务公商局。十二年,创办青溪铁厂,于十五年生产出第一批铁锭。十三年,架设了贵州第一条电报线,全长450华里。1894年逝世。

5. 卞宝第

卞宝第(1824—1892年),字颂臣,江苏仪征人。咸丰元年(1851年)中举,后纳捐入仕。历任刑部主事、郎中、浙江道监察御史、礼部给事中、顺天府丞、河南布政使等职。同治六年(1867年),任福建巡抚,迫使英方放弃租占川石岛,并赔礼道歉。九年告老返乡。光绪八年(1882年)任湖南巡抚。九年十二月,中法战争爆发,卞宝第奉命与彭祖贤整饬长江防务。次年十月,因"筹解新疆协饷"有功,得赐头品顶戴。十四年,调任闽浙总督,翌年,兼管福建船政事务。上任后整肃船政,严惩贪官污吏,解雇船政600多冗员;整顿财经纪律,堵塞漏洞,节约大量经费;添建闽江口炮台,改善枪械装备,加强海防。以闽浙总督兼摄福建巡抚、船政大臣、福州将军、陆路提督、福建盐政、福建学政,人称"七印总督"。十八年辞职回乡,同年病逝。著有《闽峤輶轩录》《卞制军政书》等,后人辑有《卞制军奏议》传世。

6. 德克碑

德克碑(1831—1875年),法国人,海军上尉。同治元年(1862年)七月,与时在宁波的法国舰队司令勒伯勒乐、宁波海关税务司法国人日意格等,募集中国士兵约千人,聘用法国军官教练,用洋枪洋炮装备,在宁波组成"常捷军",参与对太平军作战。曾官至浙江总兵,提督衔。二年十月,常捷军解散。五年被左宗棠聘为船政副监督。因不满在正监督日意格手下,遂生离意。时总监工达士博"居奇挟制",要求用洋人引港,否则不参加试航,被沈葆桢辞退。达士博要求法国驻福州领事巴士栋出面干涉。其乘机施压,但沈葆桢不为所动,最终仍辞退达士博。九年三月,德克碑离开福州,前往甘肃,随陕甘总督左宗棠。1875年逝世。

7. 何如璋

何如璋(1838—1891年),字子峨,号璞山,广东大埔县湖寮镇双坑村人。咸丰十一年(1861年)中举。同治四年(1865年),入汀州府为幕僚,参加镇压太平军余部,因功被保荐为五品衔知县。七年中进士,授翰林院庶吉士。十年,授职散馆编修。光绪三年(1877年),为出使日本正使,升翰林院侍讲,赏加二品顶戴。九年,督办福建船政。到任后上奏:"船政为海防根本,万无收束之理。"主张协筹经费,添机扩厂,仿造铁甲,购造船坞,开办铁矿。面对法舰陈兵马尾港,主张先发制人,没有得到认可,后执行清廷"不准先行开炮"的决策。十年七月三日(1884年8月23日)中法马江海战爆发。

何如璋

带领亲兵等80多名退往快安村,后又进住省城两广会馆,八日早上才返回。战后,遭参劾,十一年,被革职充军。十四年秋,获释回粤,受聘为潮州韩山书院主持。著有《管子释疑》36卷、《袖海楼诗》8卷、《使东述略》《使东杂咏》等。

8. 张佩纶

张佩纶(1848—1903年),字幼樵、绳庵,号箦斋,直隶丰润人。同治十年(1871年)中进士,十三年授编修。光绪元年(1875年),以编修大考擢侍讲。翌年,充日讲起居注官。五年至七年,丁母忧,入李鸿章幕。守制期满复职后,多次上疏批评朝政,弹劾大臣。八年,署左副都御史,弹劾罢免失职官员数人。次年,任总理各国事务衙门行走,是"清流派"主战健将。十年,以侍讲学士三品卿衔会办福建海疆事宜,闰五月十一日抵达马尾。法国舰队陆续进入马尾港,与何如璋提出先发制人、堵塞闽江口水道、与法军决战等建议,没有得到认可,后执行"不准先行开炮,违者虽胜亦斩"的决策。七月三日,中法马

张佩纶

江海战爆发，福建船政水师几乎全军覆灭。其在马尾山上观战，见战局已失，坐轿走山路，退往彭田。十五日始正式回马尾办公。同年七月十八日，上谕其会办大臣兼署船政大臣。九月十四日，闽乡绅联名上书新任闽浙总督杨昌濬，请向上反映其在海战中的罪过。九月二十七日，被免去会办船政职。十一年，从严发往军台效力赎罪，遣戍察哈尔察罕陀罗海、张家口等地。三年后，返回北京，投李鸿章幕下，并娶其小女儿菊藕为妻。甲午战争爆发前，曾建议李鸿章先将驻朝清军撤回，"示弱骄敌，再图大举"。御史端良弹劾其干预公事，被驱逐回籍。二十九年一月七日（1903 年 2 月 4 日），病故于南京，终年 56 岁。著有《涧于集》《涧于日记》《管子注》24 卷、《庄子古义》10 卷等。

9. 穆图善

穆图善（？—1886 年），那拉塔氏，字春岩，满洲镶黄旗人，世居黑龙江齐齐哈尔。初以骁骑校迁参领，随军在直、鲁、晋、豫、皖进攻太平军和捻军。因功累迁至副都统，赐"西林巴图鲁"勇号。同治五年（1866 年），署理陕甘总督。光绪元年（1875 年），召署正白旗汉军都统。五年，出任福州将军。十年五月，法舰驶入闽江口，请求清政府通知南北洋大臣，当福建告急时，即派舰队来闽支援。同时，与张佩纶、何如璋等巡视沿江各炮台，检阅器械等。七月三日（8 月 23 日），马江海战爆发。两艘法舰向陆营开炮，并力图登岸，以切断长门炮台的后路，其率兵抗敌。五日，一艘法舰从壶江驶来，正面攻击长门炮台，其督守备康长庆等开炮迎击，法舰连中 2 炮，重伤欹侧，旋即退去。六至九日，金牌炮台被毁，长门炮台亦严重损伤。八日，闽江口内法军登陆，清军各陆营枪炮齐发。后率军退守连江，令总兵张得胜等继续准备陆战。十日，法舰退出闽江口外。八月，上谕处理马江战役功过人员时，以其驻守长门，未能阻止法舰出闽江口，但督军力战，尚能轰船杀敌，功过相抵，着加恩免其置议。十二年，授为钦差大臣，会办东三省练兵事宜。次年在军中病逝，谥号"果勇"。

10. 徐建寅

徐建寅（1845—1901 年），一名寅，字仲虎，江苏金匮（今无锡）人。同治元年（1862 年），随父徐寿入安庆军械所。四年，徐氏父子与华蘅芳等一起制造出我国第一艘以蒸汽为动力的轮船"黄鹄"号。六年，入江南制造局，参与制造兵船、筹建翻译馆、翻译西方科技书籍。十二年，任江南机器制造总局提调。次年，调至天津机器制造局，与徐寿分别在天津和上海以铅室法试制成功硫酸。光绪元年（1875 年）后，历任山东机器局总办、驻德使馆参赞，先后考察德、英、法等国船厂及海军基地，订购"定远""镇远"铁甲兵船。十年回国，以知府衔派往直隶，不久丁忧在籍。十二年，任金陵机器局会办，主持制造铸钢设备和新式后膛枪。二十二年，调任福建船政提调。二十四年离开船政。其间，船政修配中国新式兵船，开办锤铁钢厂，重整船政所属学堂，派遣第四批留学生，设计建造青洲船坞。二十六年，任湖北营务处暨教吏馆武备总教习,建成保安火药局。翌年春,总办汉阳钢药厂,因试制无烟火药被炸身亡。著译有《兵法新书》16 卷及《议院章程》《测地捷法》《造船全书》《化学分原》《水雷录要》《欧游杂录》。

11. 沈瑜庆

沈瑜庆(1858—1918年),字志雨,号爱苍、涛园,福建省侯官(今福州)人,沈葆桢第四子。在京多次写信谈及当前中兴诸功臣情况,得到沈葆桢的赞同。光绪十一年(1885年)举人,以恩荫签分刑部广西司行走。后任江南水师学堂会办、总办。十八年,委办宜昌加抽川盐厘局。张之洞移督两江,邀其为督署文案兼总筹防局营务处。二十五年,主办上海吴淞清丈工程局。二十七年秋,署理淮阳兵备道,办学堂、兴市政、设农事试验场、修马路。旋任护理漕运总督、淮安关监督。同年升湖南按察使、顺天府尹。入京后,奏请修建京城马路、建办测绘学校,厘定度量衡制度。三十一年,调任山西、广东按察使。翌年,任江西布政使、护理巡抚,扩充方言堂,改建罪犯习艺所,设立调查局,为实施宪政准备。三十四年八月,再任江西布政使,因拒用库款买贡品,遭人中伤被革职。宣统元年(1909年),任云南布政使。三年,调河南布政使,未上任,升贵州巡抚。民国成立后,留寓上海,以遗老自居。1915年,回福州,被李厚基聘为《福建通志》总纂。1918年于上海虹口寓所逝世,有《涛园集》等传世。

12. 杨廷传

杨廷传(1843—1895年),字惺远,福建侯官(今福州)人,原籍福建连城。咸丰二年(1852年),补县学生员。同治七年(1868年)进士。随后任户部主事,升员外郎郎中。继而转任江南道监察御史、甘州知府等职。参与光绪帝大婚典礼功加盐运使衔。不久,以母老请辞回榕省亲。经闽浙总督卞宝第推荐入船政。船政大臣裴荫森委其船政提调,分管船政财务。光绪十七年(1891年)六月,与员绅许贞幹等请建左宗棠、沈葆桢合祠,由卞宝第会同福州将军世袭一等继勇侯希元代奏。得旨后,出面劝募,得银千余两,次年春动工,六月完工,名"左沈二公祠"。在船政任职期间,协助建成"广乙""广丙""福靖"三舰;参与"平远"舰请奖、请恤及一号船坞的建设等工作。在职期间,库存盈余11.8万两多,又库存材料折价11.9万两多。十九年称病告退,以典当衣服、首饰,变卖书画、文物度日。二十一年因病去世。次年葬大龙山永宁公墓。

13. 吕文经

吕文经(1838—1908年),字纬堂,福建同安人。幼小孤苦,因善操西语,为厦门海关税务司所赏识。税务司离任,将其带往英国留学。同治三年(1864年),入福建水师。因精通驾驶,为左宗棠、沈葆桢重用。历任"靖海""长胜""福星""安澜""济安""伏波"

等舰管带。中法马江海战中,"伏波"舰中炮后驶往上游,脱离战场。战后被革职充军。充军前留闽差遣,曾七次运兵渡台。光绪十四年(1888年),充军期满,任天津水师营务处翻译,负责绘制海图。十七年六月,清廷命照原官降二等。次年开复原官原衔,任北洋水师"镇北"舰管带。中日甲午海战后又被革职,李鸿章奏请留用。二十二年,出访英、法、俄、德各国。回京注销处分,加副将衔。二十四年,任"伏波"舰管带。二十六年,统领广州水师内外海各兵轮。二十九年,升赤溪协副将。同年,以总兵记名简放。三十四年逝世,诰授"振威将军"。

吕文经

14. 梁鸣谦

梁鸣谦(1826—1877年),字礼堂,福建闽县(今福州)人,世居仓山梁厝。咸丰九年(1859年)进士,授吏部考功司主事,派军机处稽勋司行走。同治五年(1866年),任福建抚署文案。次年被沈葆桢聘入福建船政幕府。时船政开局不久,机器来自国外,皆人所未见,不知其名。其深入各厂,请教洋匠,依据机件特性,择用汉语命名,成为近代西洋机器汉语定名的先驱。因功加三品衔。十三年,随沈葆桢巡台,奏章多出其手。光绪元年(1875年),晋加二品衔,诰授通奉大夫,以候补道任用。不久,随沈葆桢赴两江总督,被倚为左右手。二年,被鳌峰书院聘任教职。翌年卒于闽山巷府第。善诗文,著有《静远堂诗文集》8卷、《笔记》2卷、《词存》1卷。

15. 王崧辰

王崧辰(1831—1900年),字小希,号兰君,福建闽县(今福州)人。同治十年(1871年)进士,为翰林院庶吉士,历官甘肃华亭知县、浙江余杭知县。光绪十二年(1886年),被船政大臣裴荫森聘为文案,并代理提调,负责写奏议、文章、信件。四届出洋学生保案上,裴荫森奖励文案有功之人,将其列名其中。十六年,裴荫森因病归,闽浙总督何璟认为保案没有与他协商,将其革职。著有《思云草堂诗文集》20卷、《老姜随笔》44卷。1900年逝世。

16. 许贞幹

许贞幹(1844—1912年),字舜枝,号豫生,福建侯官(今福州)人。光绪五年(1879年)举人。十一年,出任船政文案处委员,协助京卿林维源办理台海事宜。十七年,与杨廷传等劝募建成左沈二公祠。次年中进士。官至浙江按察使兼司道台。平生博雅多闻,嗜书成癖,藏书数万卷,有"骈罗万卷,坐拥百城"之谓。1912年逝世。卒后,藏书均被太子太傅陈宝琛购藏。著有《淮阴吟草》等。

17. 何心川

何心川(1853—1926年)字镜秋,福建侯官(今福州)人。同治六年(1867年)一月,考入船政学堂后学堂,为第1届驾驶艺童(即学生,下同)。光绪三年(1877年),选赴英国留学,习驾驶。五年,因病提前回国。十一年,奉派南洋水师,任"开济"快船管驾,十二年,调"镜清"快船管带。1912年,任海军部视察,授海军上校。1913年10月,任"镜清"炮舰舰长。1914年,任"肇和"巡洋舰总教官,升海军少将。1926年逝世。

18. 蒋超英

蒋超英(1852—1912年),字锡彤,福建侯官(今福州)人。同治六年(1867年),考入船政学堂后学堂,为第1届驾驶艺童。光绪三年(1877年)春,奉派赴英国留学,为中国首批海军留学生。两年后结业回国,分派南洋水师。1880年,任"扬武"船管驾,八年,任"镇东"炮艇管带。九年,任"澄庆"兵船管带。中法马江海战,蒋超英率"澄庆"兵船驰援福建水师,在石浦海战中,"澄庆"号不幸沉没。十六年,出任南京江南水师学堂总教习兼提调,兼任"寰泰"练舰管带、正教习。三十一年,任南京江南水师学堂总办兼监督。1912年,任海军部视察。同年9月29日,在福州病逝。后准照海军少将例给恤。

19. 邱宝仁

邱宝仁(1851—?),闽县(今福州)人。同治五年(1866年),考入船政学堂后学堂,为第1届驾驶艺童。同治十年(1871年),上"建威"练船见习。光绪元年(1875年),又上"扬武"练船为练生。五年,擢守备,任"镇东"舰管带。十三年,出洋为接"致远""靖远""经远""来远"四舰成员。十四年,安抵大沽,省费用数十万两,得赏"劲勇巴图鲁"勇号。十五年,升署右翼左营副将,委带"来远"舰。十八年四月,改为实授。二十年八月十八日,黄海海战中,"来远"舱内中弹过多,延烧房舱数十间,仍指挥舰首炮依然发射,同时率士卒奋力灭火。海战结束,移泊威海卫港。二十一年二月六日晨四时,日本鱼雷艇入港偷袭,"来远"舰中雷倾覆,被救上刘公岛。后革职返乡,不知所终。

20. 李和

李和(1853—1930年),广州人。同治六年(1867年)船政学堂后学堂第1届驾驶艺童,编入外学堂,为在香港英国学堂招收的十名艺童之一。十年,上"建威"练船,巡历南洋各岛返还。光绪元年(1875年),又上"扬威"练船。十五年,升

李和

署北洋军前营都司,委带"镇南"炮艇。十八年,升为"平远"舰管带。二十年六月,日军挑起甲午战争。在大东沟战役中,"平远"舰其指挥下,击中日"松岛"旗舰中央鱼雷室等处。在战斗中,"平远"舰也中弹起火,退出战场。其后,"平远"舰参加威海卫战役。后被革职。1912年,任南京海军军官学校校长,次年为代理海军次长。1914年,奉命调入公府供职。1930年,在家中病逝。

21. 杨用霖

杨用霖(1854—1895年),字雨臣,福建闽县(今福州)人。同治十年(1871年),参加轮船水师,在"艺新"舰服役。不久,补"振威"炮舰管炮官,升"艺新"舰二副。光绪五年(1879年),调往北洋水师,历充"飞霆""镇西"各舰二副。次年,赴英国接带"超勇""扬威"快船,任"超勇"二副。回国后,升大副。十一年,调升"镇远"铁甲舰大副,又升为副管驾,赏戴花翎,以守备用。十四年,署右翼中营游击。十七年,升参将,赏加副将衔。二十年八月十八日,"镇远"号随北洋舰队与日本联合舰队大战于黄海。旗舰"定远"中炮起火,其急转"镇远"之舵,挡在"定远"之前,向敌舰发动攻击,使"定远"得以灭火。战后补用副将,赏加"捷勇巴图鲁"勇号。同年十月,"镇远"驶回威海卫,管带林泰曾因舰触礁,引咎自尽后,升护理左翼总兵兼署"镇远"管带。翌年,日本舰队进攻威海卫,北洋水师伤亡惨重,牛昶晒欲推举其与日军接洽投降,被严词拒绝,引枪自尽殉国。清廷优恤赏银治丧,赠提督衔,给骑都尉兼一云骑尉世职。

22. 林庆升

林庆升(生卒年月未详),福建人。同治七年(1868年)考入船政学堂绘事院,为绘事院画童,同年冬选入前学堂,为第1届制造艺童。毕业后留船政任职。光绪三年(1877年),选为第一批留学生,入法国科鲁苏民厂和巴黎矿务学校,学习矿务与钢铁冶炼,又赴英、比等国学习采矿炼钢。六年,学成回国,任船政拉铁厂工程师,授都司(四品),赏戴花翎。曾勘得福州穆源铁矿、台湾煤矿,并任台煤总工程师。中法战争后,奉命赴云南勘定中越边界。

23. 林日章

林日章(生卒年月未详),福建人。同治七年(1868年)考入船政学堂绘事院,为绘事院画童,同年冬选入前学堂,为第1届制造艺童。毕业后留船政任职。光绪三年(1877年),选为第一批留学生,入法国科鲁苏民厂和巴黎矿务学校学习矿务兼习轮机制造,又赴英、德、比国学习。六年,学成回国,任船政轮机厂工程师,补授七品县丞。先后参加勘探、开采开平煤矿、福州穆源铁矿务,并主持采用西法炼银。

24. 李寿田

李寿田(生卒年月未详),福建人。同治七年(1868年)考入船政学堂绘事院,为绘事院画童,同年冬选入前学堂,为第1届制造艺童。毕业后留船政任职。光绪三年(1877年),选为第一批留学生,入法国削浦官厂学习轮机制造,六年,学成回国,任船政工程处制机总工程师,授守备(五品)加都司衔。与魏瀚、吴德章、郑清濂等人密切合作,先后制造了近代第一艘巡海快船"开济号",第一艘钢甲巡洋舰"龙威号"(后改"平远"号),大型钢管鱼雷快艇"广乙""广丙"十几艘军舰。中法战争后,于十二年奉命赴广西参加勘定中越边界。

25. 池贞铨

池贞铨(1854—?),福建闽清人。同治七年(1868年)考入船政学堂绘事院,为绘事院画童,同年冬选入前学堂,为第1届制造艺童。毕业后留船政任职。光绪三年(1877年),选为第一批留学生,入法国科鲁苏民厂和巴黎矿务学校学习矿务与钢铁冶炼,又赴英、德、比等国专攻矿务与炼钢。六年,学成归国,授守备(五品),任船政拉铁厂工程师,负责造成船钢铁工程,兼仿造洋花砖。奉命到福州周边勘探煤铁矿资源,与林庆升、张金生、林日章、罗臻禄等同学一起在侯官、闽清、永泰三县交界处,找到了穆源铁矿和煤矿。1882年6月,随同盛宣怀前往山东探矿,勘得登州府栖霞县、招远县铅矿,平度金矿,淄川铅矿。1889年,

池贞铨

湖广总督张之洞决定在湖北办汉阳铁政局,开办汉阳铁厂。为解决燃料问题,资调其与张金生、林学诗三人对全国煤矿资源进行大规模勘探。先后赴湖南、贵州、陕西、四川、山西、湖北等地进行勘探和调查,发现一大批矿藏。现在的重要矿产基地,如"煤都"山西、"铜都"江西、"金都"胶东、"有色金属之都"贵州等均有他们的足迹。为解决国外炼钢高炉耐火砖价格昂贵的问题,经多次试验,终于用连江县白石粉试制成功高炉耐火砖。

26. 魏遑

魏遑(生卒年月未详),福建福州人。同治八年(1869年),考入船政学堂前学堂,为第2届制造艺童。毕业后留船政任职。光绪八年(1882年)选派赴法国学习轮机制造。后因病提前于十一年回国,任船政工程处帮理快船、钢甲船工程的总工程师,授外委把总(九品)。曾先后参加"平远"等新式军舰轮机的设计与监造。

27. 陈才鍴

陈才鍴(生卒年月未详),福建人。同治十年(1871年),考入船政学堂绘事院,为绘事院画童,后选入前学堂,为第2届制造艺童。毕业后留船政任职。光绪八年(1882年),选派赴德国学习鱼雷与水雷制造工程。十年学成回国,任船政鱼雷厂总工程师,授外委把总(九品)。十五年,主持仿造国外新式鱼雷艇。

28. 陈林璋

陈林璋(生卒年月未详),福建人。早年考入船政学堂前学堂,为第1届制造艺童,毕业后留船政任职。光绪三年(1877年)选为第一批留学生,赴法国入削浦官学专攻轮机制造。六年,学成回国,任船政制船副工程师。旋即调赴浙江、山东两省办理机器局事务。十二年回闽,任船政会办制造工程师。随后长期在船政担任重要技术工作。1913年10月,船政前学堂改称福州海军制造学校,担任首任校长,并兼任图算所所长。

29. 汪乔年

汪乔年(生卒年月未详),福建人。早年考入船政学堂前学堂,为第1届制造艺童,毕业后留船政任职。光绪元年(1875年),与吴德章、罗臻禄、游学诗等自行设计、监造"艺新"号轮船,被沈葆桢称赞为独出心裁,并无蓝本,"实中华发轫之始"。二十四年,参加铁路勘测工作。

30. 林颖启

林颖启(1852—1914年),字诇季,福建闽县人。同治十一年(1869年),考入船政学堂后学堂,为第2届驾驶艺童。光绪元年(1875年),上"扬武"号练船见习,南历新加坡、小吕宋、槟榔屿各口埠,北至日本而返。三年,赴英国留学,入格林威治皇家海军学院深造,学习炮垒、军火、水雷、电气等课目。留意西方政治,"虚心谘访,深究其立国富强之本"。六年四月回国,分派北洋舰队。因敏于治事,积功升花翎补用游击、精练前营游击。十五年委带"威远"练船。二十年五月以来,日本不断向朝鲜派兵,战局一触即发。多次率"威远"舰到朝鲜查看情况,并护送陆军增援牙山清军。十月九日(11月6日),日军占领金州后,旅顺陷落在即,刘公岛势孤,其献策万言,但不为当局采纳。二十一年一月五日,日军占领荣成,向威海进逼,又陈"形格势禁之策",自请往南帮炮台"相机攻击",又没被采用。一月十二日凌晨,日鱼雷舰潜进威海卫港偷袭,"威远"舰中雷沉没,颖启获救上

林颖启

岸。北洋舰队全军覆没后,被革职。二十六年,任"海天"舰长。不久,调守大沽。1912 年,为福州船政局副局长,未到职又改任福建海关监督。1914 年 1 月授海军中将,调任海军军港司令。军港尚未兴办,即于 1914 年病逝。

31. 陈寿彭

陈寿彭(1857—?),字逸儒,福建侯官(今福州)人。光绪二年(1876 年)考入船政学堂后学堂,为第 4 届驾驶艺童。五年毕业,九年留学日本,十年归,十二年留学英国,十五年学成归国。入两江总督周馥的幕僚,在宁波创办了储才学堂,并与其兄陈季同一起勘测疏导永定河。二十三年,与季同在上海合办《求时报》,次年停刊。二十八年中举,授中宪大夫,官居邮传部主事。三十年,任《南洋官报》帮办。译作有《万国史略》《新译中国江海险要图志》《南洋与东南洋群岛志略》《大东沙岛志略》《加非考》《佛罗约》等。与妻子薛绍徽合译《八十日环游记》《双线记》《外国列女传》等。

32. 刘懋勋

刘懋勋(生卒年月未详),福建人。船政艺圃(即艺徒学堂)第 1 届毕业生,被选为第一批留学生,于光绪三年至六年(1877—1880 年)在法国白海土登官学、多朗官厂和马赛铸铁厂学习机件铸造。回国后,在船政任职。以后长期在船政负责工程技术工作,颇有建树,晋升为总工程师。1913 年 10 月任福州船政局副局长。

刘懋勋

33. 刘栋臣

刘栋臣(1853—1934 年),谱名敦本,字缵侯,福建闽县(今福州)人,刘冠雄二哥。同治七年(1868 年),入船政艺圃(称艺徒学堂)学习,毕业后在船政任技术监工,参与监造舰船。光绪六年(1880 年)留学法国,学习制图、造船。学成回国,后任职北洋水师。宣统三年,任船政锅炉厂厂长。1914 年,授造舰少监。次年,任福州海军艺术学校校长。1917 年,任海军制造、飞潜、艺术学校总稽查,授造舰中监。1919 年,授造舰大监,获四等文虎勋章。1934 年逝世。

刘栋臣

34. 杨廉臣

杨廉臣(生卒年月未详),福建人。同治七年(1868 年)考入船政学堂绘事院,为绘事院画童,同年冬选入前学堂,为第 1 届制造艺童。毕业后留船政任职。光绪三年(1877 年),

选为第一批留学生,入法国多朗官厂和卢爱里、布呵士炮厂专攻制机造炮。六年,学成回国,任船政工程处制机总工程师,授守备(五品)加都司衔。与魏瀚、陈兆翱等一起,先后监造"开济""横海""镜清""建威""建安"等舰船,并担任船政总监工。三十三年,清廷下令船政停办,后续事项繁杂,时兼管船政的闽浙总督松寿遂提拔杨廉臣任船政提调,实际上主持船政日常工作。

35. 郑诚

郑诚(1854—?)字恂甫,福建闽侯人。同治六年(1867年)考入船政学堂前学堂,为第1届制造艺童,十二年毕业。光绪七年(1881年),以船政留学生身份任驻美使臣翻译。十二年回国,任船政翻译、制造委员。十五年,应朝廷急调,与曾宗瀛一起到黄埔船局审定图纸和检验工程质量。宣统三年(1911年),任京张、京绥铁路总办。1912年,任海军部技正,授海军造舰大监。1919年,授海军造舰主监。1920年晋"三等文虎章"。

36. 曾宗瀛

曾宗瀛(1855—1920年),福建长乐人。同治八年(1869年)考入船政学堂前学堂,为第2届制造艺童,光绪四年(1878年)毕业。七年,赴法国留学。十一年,赴德国参与监造"经远"与"来远"号巡洋舰。十五年,到广东船局帮造广金兵船。十六年,奉派德国监造"海筹""海容""海琛"三艘巡洋舰。1913年授造舰中监。1915年任福州船政局工务长。1916年授造舰大监。1917年授造舰主监。1918年兼任福州海军艺术学校校长,同年10月获"五等文虎章"。1920年冬在福州病逝。

37. 刘冠南

刘冠南(1856—1925年),谱名敦浚,字冕轩,福建闽县(今福州)人,刘冠雄三哥。同治十年(1871年),入福建船政艺圃学习,后选入后学堂第2届管轮专业。毕业后任职北洋水师,历任"扬威""康济""镇远""通济""海圻"等舰管轮。参加过黄海海战及威海卫保卫战。1912年,任海军总司令处轮机课长。1916年,出任江南造船所所长,授海军轮机少将。1917年,授海军轮机中将。1919年,获"二等宝光嘉禾章"。在江南造船所任上,大力新建、扩建厂房、船坞等设施,延揽大批人才,改革管理制度,制造了一批大型军舰;为美国方面制造"官府""天朝""东方""震旦"等4艘万吨运输船和6艘炮舰。1925年逝世。

刘冠南

38. 邓聪保

邓聪保(1857—1921年),字曼云,广东香山(今中山)人。同治八年(1869年),考入船政学堂后学堂,为第2届驾驶艺童。光绪元年(1875年)毕业,后入职北洋水师。十一年任"定远"舰枪炮二副。十七年因故被革职。三十三年任陆军部海军处第一司制度科长。912年,历任海军部副官科视员、视察,授海军上校。1916年,升海军少将。1917年,任黄埔海军学校校长。1921年逝世。

39. 黄裳治

黄裳治(1859—1922年),原名裳吉,字麻民,福建闽侯人。光绪元年(1875年)春,考入船政学堂后学堂,为第4届驾驶艺童。六年毕业,上"扬武"舰练习。八年,任"镇中"炮艇管带。十年,调天津水师学堂教习。十二年,奉派留学英国。十五年,学成归国。二十六年,任南京江南水师学堂常庶务长。宣统三年(1911年)5月离职。海军易帜后,在上海高昌庙设立临时海军司令部,黄裳治被公举为海军参谋长。1912年,任南京临时政府海军部军械处正长、北京政府海军部副官科视员。1913年,署海军总司令处一等参谋、海军总司令处军械长,授海军上校。1914年,授海军少将。1916年,任海军部视察。1917年,任《海军编史》监修。1922年逝世。

40. 宋文翔

宋文翔(1860—1913年),广东香山(今中山)人。同治十二年(1873年),为第二批幼童赴美留学生,就读麻省理工学院。光绪七年(1881年)回国,被送入船政学堂后学堂学习,为第8届驾驶艺童。十四年,任"定远"舰枪炮大副。十八年,任广东"广甲"快船操练大副、帮带大副、管带。二十年,参加中日甲午海战。三十二年,任"建安"鱼雷快艇管带。宣统元年(1909年),任"江利"炮舰管带。二年,任"江元"炮舰管事,简授海军副参领。三年初,任"镜清"炮舰管带。武昌起义后,该舰同驻南京的13艘舰艇起义加入革命军。被推举为革命军"镇东舰队"司令。曾夜袭南京城,参加攻打北洋军阀张勋守军的战斗。后被湖北军政府委为海军舰队司令,统领长江水师。1912年,任"镜清"舰长,授海军上校。1913年,升海军少将。同年11月病故,追赠海军中将。

41. 黄伦苏

黄伦苏(1860—?),广东南海(今广州)人。光绪元年(1875年)春,考入船政学堂后学堂,为第4届驾驶艺童。六年毕业,上"扬武"舰练习。毕业后任"飞云"运舰管驾。十年,调"镇海"兵船管驾。后入职南洋水师。1912年8月,接任广东海防办事处帮办。12

月,广东都督胡汉民下令裁撤海军司,改组为海防和江防两个司令部,黄伦苏任广东江防司令部司令。1914年,授海军上校。1917年,升海军少将。

42. 何品璋

何品璋(1860—?),原名尔立,字质玉,福建闽侯人。船政学堂后学堂第4届驾驶专业毕业生。毕业后入北洋水师,光绪十五年(1889年),以五品军功拨补把总,充任左翼中营都司"镇远"舰帮带大副。二十年,中日甲午战争爆发,何品璋随"镇远"舰参加黄海海战及威海卫保卫战。二十九年,任"海筹"巡洋舰管带。宣统二年(1910年)2月,调任筹办海军事务处一等参谋,12月任海军部参赞厅一等参谋。1912年2月,任福州船政局参事长。8月,调任江南造船所副所长。12月,授海军上校。1913年4月,任海军总司令处军需长,11月,署海军总司令处衡长。1914年,授海军少将。1916年2月,调海军部视察,4月,兼署军务司司长。1918年3月,代理海军总司令。10月,转任海军总司令公署参谋长。1922年7月,任海军部军衡司司长。1926年11月,以年老辞职,同时晋升海军中将。1929年6月,国民政府成立海军部,被聘为顾问。抗日战争爆发后,任海军总司令部顾问。

43. 徐振鹏

徐振鹏(1864—1927年),字季程,广东香山(今中山)人。同治十三年(1874年)秋,选派第三批幼童赴美国学习。光绪七年(1881年)回国,被送入船政学堂后学堂学习,为第8届驾驶艺童。毕业后,派往北洋舰队任职。十五年初,署右翼中营守备,充"定远"舰鱼雷大副。十八年,任"经远"舰鱼雷大副。二十年,任"经远"枪炮大副,参加过中日黄海海战。三十三年,任陆军部海军处一等参谋。宣统元年(1909年),任巡洋、长江舰队统制部一等参谋。二年冬,任海军部驻沪一等参谋官,赏海军协都统衔。1912年6月,任海军第二舰队司令,11月,授海军少将。1914年,授海军中将。1915年,任海军练习舰队司令,驻防上海。1918年,任海军部次长,兼管总务厅事,编纂委员会会长。1927年逝世。

44. 黄季良

黄季良(1860—1884年),广东番禺(今广州)人。同治十三年(1874年)第三批留美幼童。光绪七年(1881年)回国,后被送入船政学堂后学堂学习,为第8届驾驶艺童。次年十二月考试合格结业。随后派往"扬武"号练船实习。九年,被授予七品军功,派往"扬武"舰练习。十年,法国舰队以游历为名,进出闽江口。眼看战争一触即发,写信并将平日绘成的自画像寄给其父。中法马江海战爆发后,"扬武"号旗舰中弹后阵亡。清廷赐荫云骑尉世袭,入祀马江昭忠祠。

黄季良

45. 贾凝禧

贾凝禧(1862—1913年),字紫庭,福建长乐人。船政学堂后学堂第9届驾驶专业毕业生。光绪十二年(1886年),被送到英国留学,学习测绘海图、巡海练船兼驾驶铁甲兵船,测试成绩优秀。光绪十六年(1890年)学成回国,入船政学堂任教,后历任"福龙"鱼雷艇管带、天津水师学堂教习等职。在天津水师学堂任教期间,因知识渊博,上课生动,与严复并称"二妙"。二十五年八月,福建省派陆海军官赴日本阅操,任英文翻译。二十八年中举,署山东荣成知县、开封知府兼法政大学校长。辛亥革命后,任海军部军学司训练、教育科科长等职,授海军中校。1913年逝世。著有《天文》一书。

贾凝禧

46. 杨兆楠

杨兆楠(?—1884年),江苏宝山人,同治十二年(1873年),第二批留美幼童。光绪七年(1881年)回国,被送入船政学堂后学堂学习,为第8届驾驶艺童。十年中法马江海战中,以六品军功,派到旗舰"扬武"号上负责燃炮。七月三日(8月23日),法舰发动突然袭击,一开始便集中火力,炮击"扬武"号,法国46号鱼雷艇向"扬武"号发射鱼雷,击中"扬武"号中部。"扬武"舰将要沉没时,将尾炮准确地击中法国旗舰"伏尔他"号的船桥,轰毙引水汤姆士等。舰沉后阵亡。

47. 陈恩焘

陈恩焘(1861—1956年),字幼庸,福建闽县(今福州)人。光绪元年(1875年)考入船政学堂后学堂,为第5届驾驶艺童。堂课结业后,派往巡洋舰"扬武"号练习,随舰前往南洋各港口历练。毕业后,在北洋水师任职,为"定远"号大副。十二年赴英留学,中途不幸染病,于十四年返国。同年,回北洋水师管军械,授游击衔。二十年,随同提督丁汝昌乘坐"定远"舰参加了黄海海战,作战英勇,受重伤。二十一年五月二十六日(7月18日),受命与刘冠雄一起前往德国,接收"飞鹰"号巡洋舰,并安全驶回大沽。庚子事变后,先后在山东、天津等地主持山东高等学堂、北洋译学馆、直隶大学堂,创办新式教育。清末时,受命前往福州担任对外交涉委员,后任闽江口要塞司令。宣统三年(1911

陈恩焘

年），辛亥革命爆发，毅然率部起义。福州光复后，任福建都督府外交司司长。1913 年任厦门海关监督兼外交部特派厦门交涉员。1914 年，授海军少将，后授海军中将。1918 年任海军海政司司长、军务司司长。1921 年，任中国海道测量局局长。1956 年 11 月 7 日在北京病逝。

48. 翁守恭

翁守恭（1866—1884 年），原名守正，福建闽县（今福州）人。光绪四年（1878 年）考入船政学堂后学堂，为第 7 届驾驶艺童。毕业后，赏五品军功，派充"福胜"炮船大副，兼管炮。十年七月三日（8 月 23 日），中法马江海战爆发，发炮多次击中法舰。"福胜"船尾中弹起火，"弹贯其胸"后阵亡，时年仅 18 岁。战后，奉旨赐恤，给云骑尉世职，并恩骑尉世袭罔替。

49. 翁守瑜

翁守瑜（1863—1894 年），字玉如，福建闽县（今福州）人。光绪三年（1877 年），考入船政学堂后学堂，为第 6 届驾驶艺童。七年堂课结业，派赴"扬武"号练船实习。八年，调赴北洋海军"超勇"快船练习。十一年，派充"镇远"兵船三副，旋升二副。十三年，调升"超勇"舰大副。十五年，保以守备补用。十七年，荐保都司。十八年，补授北洋海军左翼右营守备，充"超勇"快船帮带大副。二十年八月，甲午黄海海战爆发，"超勇"快船临敌力战，日舰全力聚攻"超勇"，"超勇"中弹甚多，引起大火。在管带黄建勋指挥下，奋力救火，在船体已向右倾侧的危急时刻，仍发炮攻击敌舰不停。不久，"超勇"号烈焰升腾，竭力施救无效后，一跃而逝。战后，照参将例从优议恤，给云骑尉世袭三代，并以恩骑尉世袭罔替。

50. 郑文超

郑文超（？—1894 年），字勉之，福建长乐人。光绪二年（1876 年），考入船政学堂后学堂，为第 6 届驾驶艺童。七年堂课结业，派往"扬威"舰实习。后任"镇西"炮船三副。十年，升任"扬威"舰大副，因功荐保守备衔。十七年，升为都司尽先补用。次年，补授海军右翼右营守备。二十年甲午黄海海战爆发。日"吉野""高千穗"等四舰，围攻北洋舰队的"超勇""扬威"两舰。"超勇"管带黄建勋和"扬威"管带林履中率本舰官兵英勇抗击。日舰集中火力猛攻"超勇"和"扬威"两舰。在激战中，"扬威"舰中弹起火，其投海以殉，被兵士捞而守之，然已身受重伤。经医治后，派充"来远"舰帮带大副。未几伤发而殁。

51. 郑文恒

郑文恒（1856—1894 年），字翔孙，福建长乐人。光绪四年（1878 年），考入船政学堂后学堂，为第 2 届管轮艺童。八年堂课结业，派充北洋水师"扬威"兵船三管轮，旋升副管轮。十一年,升任把总。十三年,随邓世昌赴英国验收并接带"致远"巡洋舰回国,调补"致远"正管轮。十七年,保都司并戴蓝翎。次年,补授海军中军中营守备,任"致远"大管轮。二十年,中日甲午战争爆发。临战前,致书告其兄彬候曰:"……此次临敌,决死无疑。老父年迈,兄幸善事焉。勿以弟为念。"黄海海战中,"致远"舰中弹累累,执行管带邓世昌命令,鼓轮以全速向日舰"吉野"冲去。"吉野"舰放出鱼雷,击中"致远",锅炉爆炸,舰沉阵亡。战后,照参将例从优抚恤,给予云骑尉世职。

52. 陈景祺

陈景祺(1849—1895年),字子鸿,福建长乐人。同治七年(1868年),考入船政学堂后学堂,为第1届管轮艺童。十三年堂课结业,派赴"策电"炮舰练习。光绪四年,调入"镇东"炮舰。次年,充补副管轮,授把总。十三年春,随舰长邱宝仁往德国接带定购的"来远"舰,帮同经理轮机事务。同年冬回国,补授"来远"舰副管轮。十五年,保升都司尽先补用。二十年七月,中日甲午战争爆发,八月十八日黄海海战中,"来远"舰中弹起火,蔓延至机舱,遂率水勇竭力救火,并运送弹药以助发炮。战后,升正管轮,擢游击,并赏换花翎。次年一月十一日夜,日鱼雷艇施放鱼雷,"来远"舰中弹沉没后阵亡。照参将阵亡例从优议恤,赐祭葬,赠云骑尉世袭三代,以恩骑慰罔替。

53. 陈国昌

陈国昌(1852—1895年),字幼苹,福建闽县(今福州)人。同治七年(1868年),考入船政学堂后学堂,为第1届管轮艺童。十三年堂课结业,调赴"靖海""长胜"舰轮机实习。光绪六年(1880年),补"镇北"炮舰副管轮。十一年,调充"威远"练船副管轮。十五年,补北洋海军精练前营千总,兼"威远"副管轮。十七年,升守备,加都司衔。二十年,参加中日甲午黄海海战。次年一月五日,日军从水陆两路环攻威海卫,中国南、北帮炮台先后失守,清军困于刘公岛,腹背受敌。十一日夜,日鱼雷艇进威海港偷袭,施放鱼雷,"威远"舰被击中后沉没阵亡。战后,从优议恤,给云骑尉世职,恩骑尉罔替。

54. 陈兆麟

陈兆麟(1858—1894年),原名陈荣,号玉书,广东番禺(今广州)人。光绪二年(1876年),考入船政学堂后学堂,为第4届驾驶艺童。毕业后,派充"威远"舰二副。十一年,赴朝鲜平乱出力,获蓝翎千总,调任"康济"练船大副,升守备。十三年,随邓世昌赴英验收快船,帮同驾驶"经远"舰回国,充补"经远"帮带大副。次年升游击加副将衔。十五年,补右翼右营游击。二十年八月十八日,甲午黄海海战爆发。"经远"舰在管带林永升指挥下,猛攻敌舰,其身先士卒,在受重伤的情况下,仍坚持。"经远"中弹,与管带林永升同时蹈海殉节。朝旨从优照总兵例赐恤,给世袭一等轻车都尉兼云骑尉世职。

55. 许偶业

许偶业(?—1920年),字济川,福建侯官(今福州)人。同治十年(1871年),考入船政学堂后学堂,为第3届驾驶艺童。光绪元年(1875年)堂课结业,在"扬武"舰见习。四年,任"福星"舰管驾。次年调"万年清"舰任大副。1912年,任海军闽江口要塞司令。1914年授海军上校,授"四等嘉禾章"。1920年病逝,追授海军少将军衔。

56. 郑守箴

郑守箴(生卒年月未详),字仲甫,福建侯官(今福州)人。清光绪二年(1876年),入船政学堂前学堂,为第3届制造艺童。九年毕业,留任前学堂制造教习。十二年至十七年,赴法国巴黎留学。回国后,在州县任少尹,分管蚕桑。译有《法国乡学章程》《喝茫蚕书》。后书共八卷,说明养蚕方法,并附图。

57. 黄聚华

黄聚华(1881—1960年),字良辅,号竹溪,福建长乐人,家居鼓楼朱紫坊。光绪二十三年(1897年),考入船政学堂绘事院。毕业后,留院任造船设计师。1913年,任福州海军艺术学校首任校长。1917—1919年,参与设计、监造"海鸿""海鹄"炮舰。1934年,马尾造船所重新设计扩建英商船坞,为造坞总监工。1936年,新坞完工,命名为"二号船坞"。抗日战争期间,主动留下护厂。中华人民共和国成立后,任福建省立高级航空机械商船职业学校(高航)机械科教师。

黄聚华

58. 贾勤

贾勤(1883—1948年),字襄臣,福建长乐人。光绪二十六年(1900年),考入船政学堂后学堂,为第16届驾驶艺童。三十一年毕业,后历任"海容"舰驾驶二副、副舰长,"江鲲""江元""永健""华安"炮舰舰长等职。1927年,参加国民革命军。次年任南京国民政府革命军政部军务司司长。1929年,调任海军部参事处参事。1930—1932年,历任"华安""安定""通济""海筹"等舰舰长。1934年始,历任海军部军务司司长、军衡司司长和海军总司令部附员等职。1947

贾勤

年 11 月，由南京国民政府授海军少将并转备役。1918 年、1921 年分获四等文虎章、四等宝光嘉禾章。冯玉祥将军特赠"同舟共济"银盾一面。1948 年病逝。

59. 张斌元

张斌元（1865—？），字心如，福建长乐人。光绪九年（1883 年）考入船政学堂后学堂，为第 4 届管轮艺童。十五年毕业，入北洋水师，任"来远"巡洋舰三管轮。二十年随舰参加中日甲午战争，北洋海军覆没后被革职。清末重建海军，任"宝璧"练船总管轮。宣统元年（1909 年），奉派收回日本商人强占的南海东沙岛。1913 年 1 月，授海军轮机中校，任海军总司令处轮机员。次年 5 月，晋升海军轮机上校。1916—1920 年，先后授"四等文虎章""五等嘉禾章""三等文虎章""四等嘉禾章""三等嘉禾章"。1918—1926 年，任福州海军学校校长。1922 年，授海军轮机少将。

60. 王麒

王麒（约 1885—1952 年），字恺士，福建侯官（今福州）人，祖居鼓楼塔巷。光绪二十五年（1899 年），随船政提调沈翊清赴日本阅操。二十六年，入船政学堂后学堂，为第 15 届驾驶艺童。后被保送日本陆军士官学校留学，步兵科第二期毕业。回国后，历任福建武备神武堂教习，陆军第十一混成旅旅长，驻防霞浦、福宁、福鼎、福安、宁德等县，辖马、步、炮、工、辎五个兵种兼军乐队。民国初，任福建都督府参谋司长。福建督军李厚基因其兵力和配备构成威胁，以"借用"名义，解除其炮营装备，且手下的第一团团长沈珂举团背叛，1927 年，因第十一混成旅被解散，而退出军界。杨树庄时任福建省政府主席，任其为省府参议。1932 年，十九路军将领蒋光鼐、蔡廷锴发动"福建事变"，聘其为绥靖公署顾问，但无意功名，居家不仕。1952 年逝世。

61. 许建廷

许建廷（1887—1960 年），字衡曾，号筱晴，福建长乐人。光绪二十六年（1900 年），考入船政学堂后学堂，为第 16 届驾驶艺童。三十一年毕业。同年赴英国留学。回国后任"海琛"巡洋舰教练官、"海容"巡洋舰鱼雷大副、"湖鹰"鱼雷艇管带、"联鲸"炮舰管带等职。宣统三年（1911 年）十一月，补授海军协参领。武昌起义时，率全舰官兵投身革命军，后率舰北伐。1915—1922 年，历任"建安""靖安""海筹"等舰舰长。1913—1919 年，先后分获五等文虎章、七等嘉禾章、陆海军一等金色奖章、三等文虎章、六等嘉禾章、四等嘉禾章、三等嘉禾

许建廷

章等。1923 年，授海军少将。1925 年，当选军事善后会议海军会员，擢任海军第二舰队司令处右司令。翌年，辞职改任财政部闽海关监督兼外交部特派福州交涉员。1934 年，任吴淞商船学校校长。1939—1945 年，出任汪伪政府的绥靖部水巡司司长、南京要港司令、军事委员会总务厅参谋次长、海军中将、海军部政务次长等职。1956 年，被聘为长乐县政协委员，1960 年 12 月病故。

62. 林元铨

林元铨（1888—1950 年），字长铨，号山佐，福建闽县（今福州）凤港村人。光绪二十八年（1902 年）考入船政学堂后学堂，为第 18 届驾驶艺童，三十三年毕业。次年派到"通济"练习舰实习。宣统三年（1911 年）参加辛亥革命。1913 年，授海军上尉。1920 年，升"楚有"舰中校舰长。1927 年，加入国民革命军。1929 年，升任"应瑞"巡洋舰上校舰长。淞沪战争爆发，率"应瑞"舰防守南通江面。1935 年，调任海军部军械处长。"七七"事变后，受命阻塞日舰西入江阴航道，加强上海防空措施，将废船凿沉在黄浦江南码头渡口要道。时海军军械处改为修械所，任所长。其后，各炮队及"永绩""中山"等舰员兵均撤退木洞镇，集组特务

林元铨

队，兼任总队长。1941 年，调任国民政府参军处少将参军。1948 年授海军中将衔，任总统府参军处参军。1949 年 1 月，李宗仁代总统请其主海军事务，但以病婉辞，随即闲居上海。南京解放后，国府参军处派专轮运总统府人员去台，屡次电催登轮，称病坚辞不赴。1950 年病逝于上海。

63. 陈志翱

陈志翱（1883—1942 年），别名绍唐，福建莆田人。光绪三十一年（1905 年）自费留学美国，先后入波士顿大学和俄亥俄州伟士林大学攻读物理、化学。宣统三年（1911 年）归国，先后任教于南京汇文女子大学、求实学校，上海大夏大学等。1915 年，由海军司令萨镇冰举荐，历任南京、吴淞、烟台等海校教官兼上海海军总司令公署火药化验员。获大总统二等文虎勋章。1921 年，到福州海军学校任教。抗战期间随校内迁贵州桐梓。后因病到重庆就医。1942 年病逝于福建永安。

陈志翱

64. 陈泰耀

陈泰耀（1890—1922年），字搏九，福建闽县（今福州）人。1917年，福州船政局设立"福州海军飞潜学校"，次年成立"飞机制造工程处"。1920年，随王孝丰前往菲律宾学习飞行。翌年学成回国，在福州船政局任航空员。不久，调往北京南苑航空教练所任中校飞行教官。1922年，任海军航空主任。5月27日，在教练飞行时，座机被学员驾驶的飞机冲撞，机毁人亡。大总统黎元洪亲书"名垂竹帛"以赠，海军耆宿萨镇冰为撰墓志铭。

陈泰耀

65. 萨芬诺夫

萨芬诺夫（？—1924年），俄国人。1923年6月，航空教练所在马尾成立，被聘为教练官，培养飞行员。次年，萨芬诺夫与黄友士试驾新研制的双翼"海鹰"一号海岸巡逻机，飞机刚飞离水面，尾翼断裂，坠落水中而遇难。海军部发10000元抚恤金，葬于马限山麓外国人公墓（今五四公园内）。现墓已毁，墓碑由中法马江海战纪念馆收藏。

66. 程奎光

程奎光（？—1895年），字敬恒，广东香山（今中山）人，程璧光胞弟。早年入福建船政学堂学习驾驶，先后至北洋海军、广东水师任职，升至"镇涛"舰管带。甲申中法战争后，痛感清政府腐败无能，义愤填膺。光绪二十一年（1895年），在广州加入孙中山兴中会，并劝其兄程璧光参加。是年九月，兴中会决定在广州发动起义，由其负责运动水师。不料事泄被捕，在营务处被打600军棍致死。1917年，北京政府着照海军少将例给恤。

67. 林祥谦

林祥谦（1892—1923年），原名元德，福建闽县（今福州）尚干乡人。光绪三十一年（1905年）后，进福建船政船厂当钳工学徒近五年。1912年，入江岸铁路机务厂当钳工。1914年，与父亲、二弟元成到江岸做工。1922年秋，加入中国共产党。1923年2月1日，率领江岸分工会代表，冲破直系军阀吴佩孚军警的阻止，参加京汉铁路总工会成立大会。当晚，参加总工会在郑州花地岗举行秘密会议，成立总罢工委员会，其为江岸罢工负责人，坚持在罢工第一线。2月7日，被捕，英勇不屈，壮烈牺牲。

林祥谦

1928年,其妻护送遗骨返乡安葬。中华人民共和国成立后,人民政府将烈士遗骸迁葬于尚干乡枕峰山下。1958年,兴建林祥谦烈士陵园,现列为国家级文物保护单位。

68. 黄曾樾

黄曾樾(1898—1966年),字荫亭(荫庭),号慈竹居主人,福建永安人,生于长乐。1912年,考入福州海军制造学校甲班。1920年,赴法留学,学习数学、土木工程和文学,先后得工程师学位和文学博士学位。在里昂大学的毕业论文《老子、孔子、墨子哲学的比较》是早期向欧西评介我国古代哲学思想的专著,被列入国际各国立大学交换丛书。1925年回国,曾应聘为北京女师大教授,并先后被派任京汉铁路工程师、福建省政府建设厅科长、南京市政府社会局长、交通部秘书、福州市政筹备处主任兼林森县(今闽侯县)县长、福州市政府首任市长、福建省政府顾问、教育部主任、督学、参事等。解放前夕,拒绝赴台,任福建音乐专科学校教务长。中华人民共和国成立后,在福建师范学院任教,为中文系系务委员、院务委员等。1957年,参加民盟,为福州市政协第一、二、三、四届委员。"文化大革命"初期被迫害致死。1978年平反昭雪。著有《陈石遗先生谈艺录》《博马舍研究》《慈竹居集》等。

69. 曾国晟

曾国晟(1899—1979年),字拱北,福建长乐人。1917年,考入福州海军学校航海班,后转烟台海军学校航海班学习。毕业后担任"楚有""逸仙""海筹"等舰副舰长,"江鲲"

曾国晟

舰舰长,马尾海军学校舰课班主任。1936年,任江南造船所监造官。抗战爆发后,首创水雷袭击日舰的战例。1939年,任海军水雷制造所所长。同年,获"华胄奖章"。1940年,兼任海军浔鄂区布雷游击队总指挥,同时筹设海军工厂,任管理委员会主任委员,兼海军学校学生舰课训练班主任,主持培训四期,共200多名布雷队员,分赴抗日战场。曾多次受嘉奖,被誉为"制雷英雄"。同年创办"海军整建促进会",出版《海军整建》月刊。1943年,晋升海军上校,1945年,晋升海军少将,奉命接受长江沿岸城市和青岛等地日伪财产,兼任海军接收工厂厂长。1947年,秘密组织"仁社",与中共地下党联系,开展反内战活动。同年5月,担任海军总司令部第六署少将署长。1949年参加起义,加入中国人民解放军海军行列。8月,与林遵等起义将领受到毛泽东、周恩来、朱德等中央领导人接见。随即参与华东军区海军组建。后调任海军研究委员会副主任等职,主持《近代海军史参考资料》编辑和出版工作。退休后回闽,任福建省政协常委。著有《华东海岸形势和战术观点见解》。

70. 曾万里

曾万里（1899—1944年），字玉生，福建长乐人。1915年考入福州海军制造学校，1920年转入烟台海军学校航海班。1921年，与郭寿生创办《新海军》月刊。1923年，组建"新海军社"，同年加入中国社会主义青年团，次年加入中国共产党，秘密组织"马克思主义研究会"，创立烟台第一个中共党小组和党支部。1925年毕业，任"永绩"舰二副，继续发展"新海军社"成员。1926年，负责南京支社，并帮助总社在"建威""建康""永绩""海容""海筹""应瑞""楚有""华安"等舰及南京鱼雷营、上海海军江南造船所建立分社。1931年，赴英国朴茨茅斯海军学院学习航海及鱼雷枪炮。1934年回国。后任"应瑞""宁海""通济"等舰上尉航海官、教练官，"自强"舰副舰

曾万里

长。抗日战争江阴之战，任"宁海"舰总枪炮官。1937年9月22日，"宁海"舰对空激战中，曾万里膝盖被弹片击中，回福州养伤。次年伤愈，派充武汉卫戍总司令部田壁工程处参谋。1939年，调任水雷制造所运输课课长兼海校学生舰课班教练官。翌年，兼国民党第九战区湘资沅澧四江封锁委员会计股股长。因功受到海军部嘉奖。1942年，任国防研究院委员，与林遵等重建"新海军社"。1944年，任中国驻盟军统帅部副联络官。4月，在抵达印度新德里参观孟买船坞时，因火药船爆炸不幸身亡。国民政府追认为海军少将。

71. 叶可钰

叶可钰（1898—1980年），别名幼韵，福建侯官（今福州）人，生于鼓楼雅亮里，家住孙老营巷。1915年，考入福州海军制造学校，1920年转入烟台海军学校第17届航海班。1924年毕业，派往"应瑞"舰实习。1927年，任辰字舰副舰长、舰长。1930年，留学日本。1932年回国，先后任海军教练官、海军水鱼雷营副长、列字舰舰长、海军练营副长、海军派驻江南造船所新舰监造官等职。1935年，赴日本监造"平海"

叶可钰

舰。1937—1940年，历任"平海"舰副舰长、"江鲲"舰舰长、海军布雷队队长等职。1939年，获"华胄奖章"。1941—1947年，任马尾海军练营营长。1947年，与曾国晟在海军中组织秘密社团"仁社"，开展"反蒋倒桂"活动。成功策动一大批国民党军政要员，特别是海军界将领和技术人员起义或留在大陆。1949年9月，加入中国共产党。中华人民共

和国成立后,出任海军第七舰队副司令和舟山舰队副司令,参与解放舟山群岛和佘山、滩浒山、嵊泗诸岛海战。后转业,历任交通部船舶登记局局长助理、福建省航管局副局长等职。1980年逝世。

72. 黄廷枢

黄廷枢(1908—1995年),号启予,福建长乐人。1931年,毕业于福州海军学校航海班。历任"应瑞""通济""大同""逸仙""湖鹏"等舰二副、副舰长等职。1936年,派往英国留学。次年,转赴德国留学。1939年,回国参加抗日战争。先后出任海军布雷队中队长、大队长,率队与新四军并肩作战,在长江口布雷抗击日寇,阻止日寇沿江西进。新四军军长陈毅将一把左轮手枪和一支佩剑送其留念。1945年,出任"建康"少校舰长,后因拒绝参加反共内战,被囚于南京。中华人民共和国成立后,任大连海运学院教授,航海系主任、硕士研究生导师,首创我国海商法研究,编

黄廷枢

撰中国第一本《海商法》教材,荣获国务院颁发的"政府特殊津贴"。担任辽宁省第二至五届政协委员,大连市政协常委,中国海运界高级职称评审委员会主任,中国法学会会员,交通部与中国人民解放军海军院校高级职务、职称评审委员会委员及外交部法律顾问。1995年逝世。

73. 王助

王助(1914—1941年),福建闽侯县人,世居马尾亭江象洋。早年就读福州海军艺术学校,1929年冬,因反对国民党高压控制,所在班级愤然罢考,被勒令退学。次年春转入福州英华中学,加入"反帝大同盟"。1931年冬,由叶飞、郑维新介绍加入中国共产党。翌年考入燕京大学。1933年秋,转入厦门大学经济系学习,发展校内"反帝大同盟"组织,成立"现代文化社",出版《现代文化》刊物。1934年1月,参加在瑞金召开的中华苏维埃第二次全国代表大会。8月,任闽北军分区政治部副主任,创办《红色射手》刊物。1936年6月,任闽东北抗日军政委员会主席。"西安事变"后,到建瓯、松溪、政和一带宣传抗日救亡政策,在邵武、

王助

建阳等地三战三捷。1938年2月,任新四军驻福州办事处主任,加强前后方联系,恢复和发展中共组织,搞好统一战线工作。3月,国民党顽固派将闽中红军游击队包围缴械,制造"泉州事件",其与范式人向国民党省政府主席陈仪交涉。同年夏,组建"中华民族解放先锋

队"福州总队。1939年,新四军福州办事处迁到南平,组织失去联系的中共党员,在各县重建党组织。同年7月,中共福建省委在崇安召开第一次党员代表会议,当选为省委常委兼宣传部长。9月,兼任武夷干校副校长。1941年1月,省委机关撤离崇安,率伍在建瓯一带开展游击战。9月21日,在闽北建阳茶坉东坑头遭遇土匪,突围中牺牲。次年,建松政游击队一部整编,取名为"王助支队"。

74. 郭成森

郭成森(1920—2004年),浙江杭州人。福州海军学校航海班毕业生。1941年,在巴万要塞区第四总台见习。1943年,国民党军委会考选100名海军青年军官到英美两国海军受训参战,被派赴留学英国皇家海军格林威治学院指挥系,毕业后在英国重巡洋舰"肯德"号上任副值更官。同年,在"北角战斗"中,参加围攻德国舰队,击沉沙恩霍斯特舰。翌年6月6日诺曼底登陆战役,在"肯特"号担负护

郭成森

送登陆部队的任务,由于作战英勇,获得了与舰长"共进晚餐"的战时最高褒奖。1945年,受到英国首相丘吉尔接见。次年回国,担任中央海军训练团军官训练队队长,"长治""永兴"舰副舰长等职。1949年,脱离国民党海军,参加了中共上海地下组织活动。1950年任"南昌"舰("长治"舰起义后更名)首任舰长。后历任海军司令部第一任航海业务长、大连海军指挥学校航海教员、青岛海军高级学校指挥教研室副主任、大连舰艇学院船艺教研室主任等职。2004年逝世。

75. 朱以澜

朱以澜(1929—1987年),福建闽侯人。1946年,毕业于马尾私立勤工工业职业学校。随后到台湾联勤部327汽车修配厂任工程师。1948年辞职回故里。次年,到台湾高雄省立女中任职。1952年,考入台湾省立工学院(后改为成功大学)机械系,获得台湾电力公司(台电)奖学金。1957年4月,任职台湾电力公司南部火力发电厂,历任仪器汽机股长、效率课长兼机械课长等。1968年,获国际原子能总署研究奖助金,到美国学习核能发电。后任台电火力工程处第一任核能课长,筹备建立台电第一座核电厂。1971年8月,朱以澜被派往美国俄勒冈州立大学核

朱以澜

能研究所工作。翌年,到美国奇异电气公司核子反应器制造部受训。1973年10月,台电成立第一核能发电厂,任副厂长,主持东南亚第一台核能发电机组试运转,顺利完成并网发

电。1976 年任厂长。1983 年,任核能专业总工程师,获得"十项建设"有功奖。1984 年,为台电负责核能营运的副总经理,主持台湾三座核电厂(计 6 部机组)的营运。1986 年 10 月,出席第十三届世界能源会议,被推为主席团成员。

76. 陈清藩

陈清藩(1924—1948 年),又名清官,福建闽侯人。世居仓山螺洲。1943 年,在马江私立勤工高级工业职业学校学习,因参加抗日爱国活动,被开除学籍。1945 年,加入中国共产党,同年受闽江工委派遣,建立中共螺洲支部、南门区委。1946 年,化名关平山,以"城工部"闽东特派员身份到闽东开展工作。翌年,任"城工部"闽东工作委员会书记,前往闽东主持工作,恢复了遭受国民党严重破坏的闽东党组织和游击队。1948 年 2 月,前往福鼎县检查指导工作时被捕。在押解回福州途中脱险。随后入闽侯游击区参加游击战争。同年 4 月,"城工部事件"发生,在闽侯县虎头山蒙冤罹难。1956 年平反昭雪。

77. 袁晋

袁晋(生卒年月未详),宣统元年(1909 年),清政府派郡王贝勒载洵和海军提督萨镇冰赴英美考察,其随同选派的学生随行,赴英、美学习制造飞机和潜艇。1917 年,与向闽华、马德骥、王孝丰、巴玉藻、王助等先后回国,成为福州船政局和福州飞潜学校的技术骨干,并担任工务长。与福州船政局长马德骥等海军技术骨干,发起组织"海军制造研究社"。

78. 张传钊

张传钊(生卒年月未详),1947 年 8 月,正式恢复马尾造船所,任所长。当年,南平峡阳的机器设备运回马尾,又接受日本赔偿的机器 43 台。恢复造船所后,力图将该所作为海军舰艇修配厂,但无所成。1949 年 8 月,国民党政府在溃退前,派军队将该厂能够拆迁的机器设备运往台湾左营。

79. 林世仁

林世仁(生卒年月未详),字薇卿,福建侯官(今福州)人。同治九年(1870 年)附贡生,翌年入福建船政,为帮办文案。曾整理其父林枫遗著《医学汇参》,十一年乐素斋刻本传世。还整理林枫《听秋山馆诗钞》,光绪年间铅印本传世。

80. 黄淇彬

黄淇彬(1816—1888 年),字景星,号霁亭,福建长乐青山人。为武秀才,后从军,由千总历升至副将。咸丰初年,任福宁右营游击。同治三年(1864 年)太平军余部在福建活动激烈,巡抚徐宗幹奏停乡试,命其为省城内外总巡,当年十月署陆提左营游击。不久,代闽浙督右参将,赏戴花翎。十二年,福建巡抚王凯泰委任其武闱记箭官。林寿图在福州督办海防,其监修长门、马鞍炮台,竣工后,以船工功加二品顶戴,随办海防,升副将。光绪十年(1884年),法船侵犯马江时,为会办,统辖海口练勇。慷慨捐资,增修贡院望楼、号舍,建造乌山致用书院、王文勤(凯泰)公祠、福州府孔庙明伦堂、普济局、浚河局等。十四年逝世。

81. 林秉慧

林秉慧(生卒年月未详),字静斋,福建侯官(今福州)人。曾为船政书吏,后官巡检、县丞。曾联络福州乡绅,在马尾、尚干及长乐、营前、古槐等地设禁溺女局,亲自加以劝导。在马尾新街建造十九间店铺出租,将租金充当各乡局经费。对供养寡妇、放生等事不遗余力。清末,福建鼠疫流行,广为散发治鼠疫的药方,并配药赠送。

82. 杨仰曾

杨仰曾(生卒年月未详),字伯景,福建瓯宁(今建瓯)人。秀才,兼袭云骑尉世职,船政水雷局委员。刻苦自学,能自造电雷、连环地雷以及发射方法。所研制的自动爆炸的蚌雷,外形像大蚌,两雷相对,能开能合,在水中很轻,不过一斤,游泳高手带上,潜水,游往敌船之下,扭动开关,人离开,蚌雷自然能紧贴船底,四五分钟后,两雷爆炸,杀伤力强。

83. 叶伯鋆

叶伯鋆(生卒年月未详),字鹤舫,福建侯官(今福州)人。同治六年(1867年),考入船政学堂后学堂,为第1届驾驶艺童。堂课结业后,到训练舰实习。驾驶、测量、枪炮,成绩优秀。沈葆桢任两江总督时,调为"瀛洲"兵舰舰长。光绪八年(1882年)韩京战争,南、北洋水师均派战舰支援,其奉命驾舰进入韩港。十年,补授吴淞营协镇,调任"建威""建安"两艘快舰统带,不久病逝。著有《自治斋刍言》1卷、《英文航海指南》1册。

84. 林逸民

林逸民(?—1915年),福建侯官(今福州)人。少时读书,过目成诵,被称为神童。14岁中秀才。船政学堂前学堂肄业。毕业后留学日本,加入中国革命同盟会。辛亥(1911年)三月,广州起义失败,逃往法国,到里昂、巴黎各专门学校学习。民国成立后,历任交通部司长、袁世凯政府咨议、京汉铁路总局站长。1913年,宋教仁被暗杀,愤而离开袁政府,回到福州,闭户著书。1915年12月,被袁世凯手下杀害。

85. 林舜藩

林舜藩（1888—约1964年），字其南，号振波，福建闽县人。光绪二十九年（1903年）考入船政学堂后学堂，为第19届驾驶艺童。宣统元年（1909年）毕业，后任长江舰队"策电"炮舰大副。三年六月，奉派南京水师学堂专学鱼雷应用技术。武昌起义取得胜利，深受鼓舞，九月十三日（11月3日），带领舰员于上海吴淞口起义。1912年初，任"海容"舰少尉候补员，后升"江亨"舰代舰长。1920年5月，调吉黑江防司令部任司令王崇文的副官员。1923年5月返闽，累任至第二舰队司令部参谋主任、海军轮机中校，授三等文虎章。1946年9月，告老返乡。中华人民共和国成立后，曾任福州市政协委员、福建省政协委员。1964年逝世。

86. 陈模

陈模（1881—1913年），字勒生，号子范，福建侯官（今福州）人。早年入福建船政学堂，后入芜湖江海关当文书。不久，调往上海税关任职，与林森、魏怀结为挚友，是旅沪福建学生会骨干。清宣统三年（1911年），武昌起义取得胜利，参与上海光复，后赶往汉口，劝说闽籍海军官兵起义。至九江会见林森，组成陆海军联合委员会，实施援鄂、援皖行动，以稳定辛亥革命局势。民国肇建，不居功，潜心学习制造炸弹，资助革命。1913年，孙中山发动"二次革命"，上海独立不成功，准备随陈其美避往日本。1913年，制造炸弹，不慎爆炸身亡，葬杭州孤山，孙中山为其墓题"舍身为群"。善诗文，柳亚子为其编有《陈烈士勒生遗集》等。

陈模

87. 陈天尺

陈天尺（1875—1944年），原名韵琴，字尺山，号昊伍，福建长乐县人，居福州。早年肄业于福建船政学堂，曾游学英国，回国后居上海。光绪二十九年（1903年）春，参加旅沪福建学生会，任总干事，投入反清革命活动。三十一年七月，孙中山领导的中国同盟会在日本东京成立，其参加同盟会。三十二年，回闽与林为贞、庄翊楚等在南台上杭街建宁会馆建立福州说报社。同年夏，中华同盟会福建支会（后改称中国同盟会福建支会）在福州成立，其置身其中，积极工作。辛亥革命后，以医自隐，在福州西门街悬壶济世。后出任福建国医分馆馆长，兼《福建国医公报》编辑及《华报》主编，还创办《舞台报》，报道评介戏剧编演活动。编有《闽谚声律启蒙》，著有《病玉缘》《孟谐传奇》，译有俄国亚历山大·杜庐的《奈何天》。1844年逝世。

88. 林雨时

林雨时(1881—1957年),字祥云,号泽人,医名济生,福建省闽县(今福州)尚干镇人,生于福州。15岁投考福建船政学堂。后考入英华书院。光绪二十六年(1900年),赴台追随林森,在上海加入旅沪福建学生会。不久回福州参与设立益闻阅报社。三十一年,加入中国同盟会,次年夏,中华同盟会福建支会(后改称中国同盟会福建支会)在福州成立,参与党务工作,并任机关报《建言报》社长兼体育会会长。三十三年四月,参与创办桥南公益社。三十四年,与人创办福州闽南救火会,先后当选福建去毒总社社长、福州总商会议董、商事公断处评议员。宣统三年(1911年)春广东起义时,参与筹划福、厦两处响应起义。事败后操办抚恤拯救等事宜,并派人联络革命党人,组织体育会青年编练炸弹队。福州光复后,历任福建军政府保安会会长、广州军政府特派员、福建靖国军总司令部参议、广州元帅府大本营建设部顾问、国民政府秘书等。自习医术,著有《备用单方秘集》。中华人民共和国成立后,被聘为福建省文史研究馆馆员。1957年逝世。

89. 魏杰

魏杰(1796—1875年),谱名大信,字从岩,号拙夫,又号松筠,别号鹤山樵者,福建闽县(今福州)人。经营盐务致富,广置田园房舍,有"魏半街"之称。好林泉之游,足迹遍及永泰、延平(南平)、武夷、建瓯、浦城及杭州西湖等处,留下大量诗歌。乐于修桥铺路,捐资修复古迹,如鼓山、东禅寺、东门义井和地藏寺、北峰九峰寺等,开辟鼓山十八景。鼓山、地藏寺、九峰寺等处皆留有他的摩崖题刻。同治五年(1866年)船政初创,魏杰到马尾参加行台坐向的设计工作。藏书数万卷,建"鹤山草庐",既为祠堂亦当子弟的师塾。著有《闽盐论》《逸园诗钞》4卷、《逸园诗钞后集》1卷、《鼓山吟草》1卷、《九峰志》4卷及《玉融魏氏迁省族谱》等。1875年逝世。

90. 黄孔春

黄孔春(1828—1897年),又名礼基,字文溪,别号珩臣,福建永福(今永泰)人。少小以心灵手巧闻名,及壮走出大山,到福州多个木船厂做工。船政初创,即进入船厂,一边在艺圃学习,一边做工,很快就成为匠首,参与"万年清""扬武""飞云""振威""济安"等舰的作业。光绪元年(1875年)五月,以千总留闽尽先补用。1897年逝世。

91. 江汇

江汇(1835—1872年),号蔼村,福建永福(今永泰)人。咸丰十一年(1861年)拔贡,同治四年(1865年)朝考擢一等一名,以七品京官任用,签分刑部奉天司行走。后请假回乡,因招募民团堵匪有功,升五品衔。船政创办初期,沈葆桢聘其任版筑所工程监督,不久,掌管支应、文案等事宜。十一年卒。沈葆桢以江汇积劳病故专折请恤。光绪二年(1876年),吏部照五品官军营病故例,加赠知府衔,给恤银40两。刑部比照庶吉士成案办理,荫一子入监读书,期满以县主簿注册候铨。

92. 林寿图

林寿图(1809—1885年),初名英奇,字恭三、又字颖叔,别署黄鹄山人,福建闽县(今福州)人。道光二十五年(1845年)进士,历任工部主事、军机章京、山东道监察御史、顺天府尹、陕西布政使等。同治十三年(1874年)稽查船政。光绪二年(1876年),任山西布政使。次年因左宗棠上疏弹劾被革职。两江总督沈葆桢聘其主讲钟山书院。七年(1881年)回福州,曾主讲鳌峰、致用书院。中法马江海战后,任团练大臣,赏四品顶戴。翌年病逝。林寿图工诗著有《黄鹄山人诗钞》《启东录》《华山游草》《榕荫谈屑》等。

93. 陈训泳

陈训泳(1886—1944年),字道培,福建闽县(今福州)人。光绪二十六年(1900年),考入船政学堂后学堂,为第16届驾驶艺童。三十一年毕业。历任军舰二副、大副、"普安"运输舰舰长等职。1913年1月,任"楚同"舰长,授海军少校。后任"海筹"舰长。1927年3月,加入国民革命军,任海军练习舰队司令。8月,参加南京龙潭战役,后任南京国民政府委员。翌年8月6日,特任国民政府军事委员会委员。1931年,代马尾要塞司令。1934年1月,任海军部常务次长,主持部务。1935年9月6日,授海军中将。1938年1月,海军部改制为海军总司令部,任参谋长,兼海军

陈训泳

作战教训研究会主任委员,为海军抗御日军西侵作出贡献。1943年9月10日,授海军上将。翌年,卒于任上。

94. 曾毓隽

曾毓隽(1876—1967年),字以烺,号云潭,祖籍福建长乐,迁居闽县(今福州)孝义巷。早年就学于福建船政学堂,后被选送出国留学。光绪二十四年(1898年),参加乡试,中举人,任知县。三十四年,奉邮传部委派,勘测川汉铁路线。宣统二年(1910年)冬,为段祺瑞幕僚,颇得赏识,被保荐为道员,升任邮传部参事。中华民国成立,以北京政府陆军部任处长等职。1916年,段祺瑞任国务总理,被委为京汉铁路总办,升局长。翌年3月,参加作为段祺瑞政治工具的"中和俱乐部"。同年7月,张勋拥溥仪复辟,任讨逆军司

令部军需处处长。1918 年 3 月,受段祺瑞指使在北京安福胡同组织俱乐部,操纵新国会选举。8 月,当选为新国会议员,出任国务院秘书。10 月,任交通部次长兼国有铁路督办。1919 年 12 月,任靳云鹏内阁交通总长。次年 7 月,直皖战争爆发,皖系失败,被通缉,逃进日本使馆,后转道日本返天津租界居住。1924 年,段祺瑞任“中华民国临时总执政”,复出为段的幕僚;段倒台后,居天津。1938 年,梁鸿志组织日伪“维新政府”,要其参加,潜逃香港。1967 年逝世。

95. 黄恩禄

黄恩禄(？—1888 年),字彝卿,福建闽县(今福州)人,出生水师世家,熟悉水务和骑射。同治间台湾粮荒,负责采办津米有功,赏戴蓝翎。光绪七年(1881 年),任海关稽查,后任三江口水师旗营佐领。马江海战前,任“捷字营”(又称“凯字营”)统带,驻守长门下塘寨。时张佩纶执行“不准先行开炮”旨意,其以“将在外君命有所不受”,说服穆图善“见敌舰即尽力攻击”。法舰“拉加厘松尼埃号”欲闯入港,立即开炮重创。法舰轰击长门炮台,率领官兵奋勇抗击。战后,以军功赏戴花翎并加协领衔,部下赠“裘带风和”庆贺匾。

96. 许国昌

许国昌(生卒年月未详),福建闽县(今福州)人。任三江口水师旗营骁骑校兼福州驻防军捷字营哨官。中法马江海战中,与旗兵们驾八桨船,用平射炮、鸟枪,与法舰搏击,又到附近江面最狭窄的小山丘上,架小炮轰敌舰。战后,因功赏戴蓝翎。

97. 陈明良

陈明良(1859—1884 年),字志华,福建闽县(今福州)人,世居马尾闽安。光绪元年(1875 年),到上海祥生造船厂做工。五年,参加反对法国监工的罢工斗争,被开除回乡。中法马江海战爆发,将祖传的房子作抵押,购置军械备战。七月六日,法舰轰击闽安炮台,摧毁炮台工事,上岸后抢劫、放火。率众砍杀法兵,后被擒拿杀害。民众激愤用扁担、锄头等把法军赶离闽安镇。

98. 林文和

林文和(1833—1904 年),字景堂,福建同安人。自幼随船开拓海运营生。同治五年(1866 年),与海船一同招募入伍水师,曾驻扎台湾多年。十二年,任“永保”舰管带。光绪十年(1884 年),中法马江海战中,率官兵英勇作战,头部受伤落水,凭借好水性泅岸。战后晋升为三品游击衔。后常往返闽台之间处理海事。三十年病故,诰封武显将军。

99. 林培基

林培基(1849—1893年),字发夔,号植斋,福建闽县人。膂力过人,武艺在身。光绪元年(1875年)乡试,中式第二名武举人。三年会试得中第二名进士。殿试时,钦赐第一甲第三名(武探花),授御前侍卫。十年,丁忧在籍。六月间,闻法国军舰侵入马江,领衔向闽浙总督何璟呈递"万民折"请战,并提出自备干粮武器参战和制敌之策。随后,又向会办福建海疆事宜大臣张佩纶请战。屡经请战,终获准招募义勇,不旬日间应募者三百名,由其率领"驻扎于马江海潮寺右,与水军成犄角"。七月三日,法舰突然袭击,福建水师几乎全军覆没。尚干义勇翌日受命移屯于鼓岭。七月十日,法舰全部撤出闽江口,尚干义勇直到九月间才被"檄令裁撤"。战后,长期休闲在家。十九年,进京供职,侍卫慈禧太后,选授广西郁林协镇、总镇衔。同年病殁于京师任上,诰赠荣禄大夫。

100. 郑金连

郑金连(生卒年月未详),光绪十年(1884年)中法马江海战中,任"扬武"舰二炮手。"扬武"舰砍断锚碇,用后主炮与舷炮还击孤拔座舰"窝尔达"号,当场炸死引水员汤姆斯和5名水手。法46号鱼雷艇发射鱼雷,击中"扬武"舰左弦中部,船舱大量进水,只得驶向岸边搁浅。时主炮手已牺牲,二炮手郑金连用后主炮,击中法46号鱼雷艇的锅炉,迫使受了重创的敌舰驶向下游,躲进中立国观战军舰行列。在"扬武"舰即将沉没之际,管带张成下令弃舰,其浮水生还。

101. 曾锦文

曾锦文(1851—1929年),祖籍侯官(今福州),生于马来西亚。船政初创时,返国入船政学堂执教,后至马来西亚,任新加坡爱得根公司总行高级职员。精通中文和马来文。为了让马来人了解中国古典文学作品,将中国文学名著《三国演义》《西游记》《水浒传》等译成马来文,在马来文学史中占有相当地位。1929年逝世。

102. 林惠平

林惠平(1898—1968年),字迪侯,福建闽县(今福州区)林浦村人。1912年,考入船政学堂后学堂第12届轮机专业。1923年起,先后任"海鸿""建康"等舰艇轮机副、轮机正。1927年,随舰易帜,加入北伐军。后派往上海江南造船所,监造"咸宁"等4艘军舰,任"咸宁"上尉轮机长。1931年2月起,先后监造成2600吨级大型巡洋舰"宁海""平海"号,被任命为"宁海"舰中校轮机长。不久,调到海军新舰监造室。1937年4月,升为海军练习舰队司令部轮机长。后赴德监造潜艇。1939年回国,任海军第一工厂代厂长、上校咨议。

1944年,参加"海军造船服务团"赴美考察,参加维修太平洋作战区受伤的盟国舰艇。1946年回到上海,任江南造船所生产处处长。不久,升海军准将副所长、代所长。在中共党员郭寿生等推动下,走上革命道路。上海解放前夕,抵制国民党令其渡台任职和炸毁海军船坞、拆迁造船设备等密令,在护卫江南造船所中作出贡献。1949年7月,被华东海军授予一等功臣。后任中国造船协会秘书长,主持学术研究。"文化大革命"中,受迫害,1968年自杀。1979年,为其平反昭雪,骨灰安放上海烈士公墓。

103. 徐振骐

　　徐振骐(1901—1982年),福建侯官(今福州)人。1916年,考入福州海军艺术学校英文乙班。1918年,转入刚创立的福州海军飞潜学校乙班,学习潜艇制造。1924年8月毕业,任福州海军学校教官。后留学英国,研习舰船制造。回国后,历任上海江南造船所造船课图算员、海军部新舰监造室驻日本播磨造船厂监造员。1937年,派赴德国吕白起造船厂监造潜艇,研习潜艇技术。1938年12月回国,任海军部舰械处少校科员、海军第一工厂设计股股长。1944年,奉命参加中国海军赴美造船服务团,在美国海军工厂研习新式舰船和武器装备修造技术。抗日战争胜利后回国,出任江南造船所中校工程师、上校造船课长等职。上海解放

徐振骐

前夕,参加船厂护厂斗争,被评为乙等模范。中华人民共和国成立后,历任江南造船厂设计室造船股股长、海军舰船修造部造船处设计室主任、国防部七〇一室技术顾问、中央军委修造部设计处总设计师、特级技术顾问、中国舰船研究院武汉船舶设计研究所三室技术顾问、高级工程师。主持设计建造人民海军国产第一、二代炮艇,成为全国著名造船专家。曾当选全国政协第二、三、四、五届委员。1982年病逝于武昌。

104. 梁序昭

　　梁序昭(1904—1978年),原姓何,嗣舅氏,福建闽县(今福州)人。1917年,考入马尾海军制造学校,研习德文。后转烟台海军学校航海班,1925年毕业。在校期间加入中国国民党。1927年,任海军鱼雷游击舰队司令部副官。1931年,调充"通济"练习舰枪炮正。抗日战争初期,任鱼雷游击舰队正副官,负责执行长江封锁计划及运输、巡逻任务。1939年,调任海军桂林办事处主任,创办《海军内部战时通讯》及协编《海军整建月刊》,撰写《驳周亚卫先生优空弃海论》及《太平洋海战之预测》等文。1943年,奉命率领接舰军官团赴美受训。1946年,随美国赠送的8艘军舰回国,先后任"太康""峨嵋"舰舰长。1948年5月,调升第一舰队代司令;同年8月,调任第二军区司令。次年8月,擢升为少将,跟随国

民党政府撤到台湾。1950年1月，调任台湾"海军总部第五署署长"。1951年，改任台湾"海军舰艇训练司令"。次年10月，奉派赴美接受两栖作战训练。1953年3月，任"两栖部队司令"；7月，接任"海军总司令"，晋升"中将"衔。1957年7月，再升"海军上将"，任国民党中央委员。1959年2月，调任"国防部副部长"。1964年4月，任国民党驻"韩国大使"。1967年2月，返台后，任"总统府战略顾问"。1969年1月，改任"国策顾问"。1978年病卒于台北。

105. 刘栋业

刘栋业（1897—1969年），福建闽县（今福州）人。早年进福州海军学校，1919年毕业，赴比利时国立列日大学理工学院留学。1925年，毕业回国，任北平中法大学孔德学院教授兼教务长。后投身工业，出任江西民生染料厂经理，又返榕创办福州福电铁工厂，任厂长。中华人民共和国成立后，历任福建工商业联合会主任委员、全国工商联执委、中国民主建国会中央委员、福建民建省委主任委员，并担任福建省第一届政协副主席。1969年逝世。

人 物 表

（一）船政学堂历届毕业生一览表（1866—1912 年）

前学堂制造专业毕业生计 167 名

第 1 届 39 名（1866—1874 年）

魏　瀚　陈兆翱　郑清濂　林怡游　李寿田　吴德章　杨廉臣　陈林璋　罗臻禄
池贞铨　林庆升　梁炳年　张金生　林日章　陈季同　郑　诚　汪乔年　游学诗
林钟玑　陈平国　苏汝灼　陈　成　陈日璋　杨凤贻　顾成德　林祖新　魏　才
（尚缺 12 人名单，本届毕业生有 10 名从绘事院转入）

第 2 届 20 名（1869—1878 年）

王庆端　李芳荣　魏　暹　陈才锴　王福昌　王迴澜　陈伯璋　黄　庭　林鸣埙
黄成观　胡维镰　李联奎　曾宗瀛　林介圭　陈功奎　古之诚　王　新　林桂昌
叶锡三　陈继成

（陈才锴和古之诚系绘事院转入，1876 年吴赞诚奏折中提到古之诚还在绘事院）

第 3 届 19 名（1876—1883 年）

王寿昌　陈庆平　高而谦　游学楷　陈长龄　林　藩　李大受　郑守箴　林振峰
卢守孟　叶芗寅　王维桢　李寿萱　王韶聪　杨济成　林志荣　许寿仁　柯鸿年
葛绍绥

第 4 届 31 名（1883—1892 年）

施恩孚　林福贞　黄德椿　卢学孟　曾仰东　李译诗　李寿川　石　琛　陈振家
胡有文　林钟钦　刘冠同　许赞周　陈锡周　陈海瑞　吴德潜　丁平澜　郑守钦
魏子京　王庆安　陈兆鸁　孙庆芬　高庄凯　陈宝暄　董廷瑞　薛启昌　陈心恺
林　蠡　蒋树蕃　林蓬春　林芳荣

第 5 届 19 名(1885—1892 年)

许尚坚　高开成　陈兆炳　陈炳年　董朝钰　高　讲　方兆鼎　郑以撰　周文郁
张发义　姚绍镠　陈承襄　周锡昌　乐耀贤　姚济川　陈常棣　黄步瀛　卢则贤
陈伯成

第 6 届 30 名(1897—1905 年)

李世中　李孟贤　李向瀍　沈觐宸　沈觐宸(改名筠玉)　萧宽　林绍亨　郑鑅宽
郑秉谦　王思斌　陈锡龄　陈挺元　曾广昌　杨葆谦　陈贞海　王鸿金　张　沁
陈为干　杨茂贞　黄曾溶　张大榕　王宜汉　苏方节　廖宗和　贾　勷
肄业:谢振金　马翊昌　陈崧英　王以汉　韩孟杰

第 7 届 8 名(1902—1909 年)

周葆燊　郑颖孚　陈德湜　林福臻　苏宝崇　王愫昌　杨俶谦　陈大龄

第 8 届 35 名(1912—1921 年)

廖能容　张　功　魏子烺　张宝骐　叶燕贻　陈立庠　阮兆鳌　陈兆良　杨齐洛
郑寿彭　姚英华　陈白奇　郭仲铮　郑义莹　林家铖　林铿然　丁振荣　吴奋图
汪继泗　金廷槐　黄　勋　汪培元　柯文琪　张士森　蒋弼庄　何尔燧　李毓英
王怀纲　陈世杰　何　健　方尚得　张宗渠　严文福　吴仲森　陈声芸
肄业:刘栋业　黄曾樾　欧阳推　陈秉清　赖寿仁　薛长坤　陈人龙　陈绍琳
阮新民　陈存溥

(1913 年 10 月,福州海军制造学校改名"福州海军制造学校",归海军部直辖)

后学堂驾驶与管轮专业毕业生计 371 名

驾驶专业毕业生计 243 名

第 1 届 33 名(1866—1871 年堂课毕业、1873 年 9 月舰课毕业)

罗丰禄　何心川　蒋超英　刘步蟾　叶伯鋆　方伯谦　林同书　郑毓英(后名文成)
林泰曾　李达璋　严宗光(后名复)　沈有恒　邱宝仁　陈毓淞　林永升　叶祖珪
陈锦荣　黄　煊　许寿山　林承谟　柴卓群　郑溥泉　黄建勋　张　成　林国祥
叶　富　吕　翰　黎家本　邓世昌　李　田　李　和　梁梓芳　卓关略
(后 10 名系粤籍编为外学堂学生堂课毕业时间较晚,1873 年实习舰课)

第 2 届 13 名(1869—1874 年,1875 年开始实习舰课)

萨镇冰　叶　琛　邓聪保　林颖启　吴梦良　陈锡三　江懋祉　郑文郁　陈文庆
唐宸科　林国裕　卢华大　卢鸿杰

第 3 届 8 名(1871—1875 年,同年开始舰课实习)

林履中　许济川　林森林　戴伯康　陈　英　蓝建枢　韦振声　史建中

第 4 届 27 名(1876—1880 年,同年先选 8 人上舰实习)

许兆箕　杨则哲　黄棠吉(后名棠治)　陈燕年(后名伯涵)　林占熊　唐　祐
邝　聪　丁兆中　林文彬　刘冠雄　李鼎新　陈兆艺　黄伦苏　曹廉箴(后名廉正)
关　景　丁沁波　陈善元　罗熙禄　何尔立(后名品璋)　谢子勋　王培成(后名珍)
陈兆麟(玉书)　梁祖勋　谢润德　何金胜　吴松森　陈寿彭

第 5 届 9 名(1876—1881 年)

林祥光　程碧光(后名璧光)　梁鸿春　陈恩焘　王　涟　张　珍　石文铭　陈宗器
丁澄澜

第 6 届 10 名(1877—1883 年)

翁祖年　刘　容　黄鸣球　叶大俊　郑文超　翁守瑜　张哲溁　李联芬　沈叙龄
陈应濂

第 7 届 11 名(1878—1883 年)

温桂汉　陈兆兰　罗忠尧　李国圻　陈常绥　叶　琅　陈大懿　翁守恭(守正)
罗忠溶　陈福烘　邱志范

第 8 届 16 名(系留美回华学生,1881—1883 年)

陈钜庸　詹天佑　吴应科　欧阳庚　苏锐钊　陆永泉　杨兆楠　邝咏钟　徐振鹏
容尚谦　黄季良　薛有福　邓士聪　吴其藻　宋文翔　邓桂廷
(其中陆永泉、邓桂廷提前离校,本届并非全部同时毕生)

第 9 届 13 名(1882—1887 年)

贾凝禧　罗忠铭　周献琛　朱声岗　高承锡　郑文英　林葆怿　许赞虞　曾瑞琪
林韵珂　林敬煾　张秉奎　陈怀羔

第 10 届 7 名(1883—1888 年)

林文光　沈正增　罗仲清(后名之彦)　游于艺　林鉴殷　林敬章　关庆祥

第 11 届 11 名(1885—1900 年)

陈镜澜　黄以云　林靖澜　黄建勋(后名钟瑛)　林秉诚　周思镕　孙　筼　张海鳌
周兆瑞　卓大宾　蔡馨书

第 12 届 13 名(1885—1900 年)

吴光宗　陈杰年　魏祖培　王宗香　许继祥　江宝容　陈嘉濂　任帮鼎　曾清沂
陈兆用　陈心蔚　陈大昭　陈文彬

第 13 届 9 名(1887—1892 年)

陈尚衍　黄　燮　林柄枢　陈旋枢　游福海　周恩贤　林乔椿　郑孝增　郑大濂

第 14 届 12 名(1887—1892 年)

沈颐清(后名希南)　黄树声　李钟英(原名景曦)　叶　琦　陈家鋆　林颂庄

林振莹　张景南　余叔典　蓝希雍　叶心存　黄郁章

第 15 届 5 名（1900—1905 年）

陈玉璋（麟）　王　麒　刘鸣岐　张哲培　林　镕

第 16 届 13 名（1900—1905 年）

高叔钦　赖汝寿　常书诚　魏子荣　梁同怿　欧阳驹　许建廷　张增存　贾　勤
陈训泳　王葆谦　李国堂　林鸿滋

第 17 届 7 名（1901—1906 年）

李孟斌　李景澧　魏子浩　萨　夷　林　蟾　贾　理　陈尔燊

第 18 届 16 名（1902—1907 年）

林秉衡　林镜寰　林元铨　杨隽声　姚启飞　周国钧　刘熙德　陈毓澄　张哲训
苏学经　蔡传泰　廖德星　林传铭　张嘉麟　胡有年　黄连生

第 19 届 10 名（1903—1909 年 1 月）

江肇元　陈祖祺　陈孔耀　林舜藩　孙维城　沈　燮　叶心传　叶宝琦　张同渠
（缺 1 人）

管轮专业毕业生计 128 名

第 1 届 22 名（1868—1874 年）

何朝先　陆麟清　郭成志　卓关邦　梁逸卿　李阿富　黎阿本　陈景祺　黎晋骆
李亚文　林鹤龄　杨进宝　彭就胜　张永清　冯瑞金　周荣贵　陆三兴　杨　光
余贞顺　洪得意　胡金元　郑官合

第 2 届 32 名（1876—1882 年）

庞铭世　伍兆佳　刘荫霖　林　泉　区贤灿　戴庆涛　罗荫皆　陈兆锵　陈如壁
郭文进　庞廷桢　曾光时　潘锡基　刘昭亮　郭乃安　陈治安　李福龄　梁祖全
郑文恒（后名守恒）　黎弼良　马应波　刘冠南　王齐辰　刘义宽　何林英　张玉明
卢鸿彬　叶大银　梁祖群　梁福藻　黄显章　陈锦超

第 3 届 7 名（1878—1883 年）

王　桐　张茂福　黄履川　胡尔楷　刘善述　陈鹤潭　陈如衡

第 4 届 15 名（1883—1889 年）

王考鸣△　吴保和△　刘康△　陈伯祥　周敬让　卢毓英△　张斌元　任邦珍
陈冀宸　林亨豫　梁季恺　葛希颜　沈念祖　陈宝璋△　林朝鼎△
（被标注"△"者毕业后再入黄埔水陆师学堂航海 2 届或管轮 4 届并毕业）

第 5 届 11 名（1885—1890 年）

潘琮璋　林傅善　郑华钟　曾光世　周文祺　梁志柱　洪光安　王兆陶　陈忠捷
陈开镳　王可华

第 6 届 8 名（1885—1891 年）

梁　蓉　吴景泰　林以熔　江大荣　梁敬埏　陈　铨　黄本周　陈芳卿

第 7 届 10 名（1890—1896 年）

潘兆清　刘贻远　唐德炘　陈承植　董朝镛　陈翊汾　黄天鳌　李伯壬　林云龙
陈大豫

第 8 届 6 名（1899—1904 年）

常朝干　郑　玑　高近宸　魏　怀　沈秉楷　陈忠镒

第 9 届 5 名（1901—1906 年）

周光祖　林锡康　梁敬搓　叶宜彬　陈声扬

第 10 届 6 名（1902—1907 年 7 月）

韩玉衡　杨　逾　李孟衍　叶天庚　郑友益　陈培松

第 11 届 6 名（1906—1911 年 12 月）

吴明观　张嘉爔　王道斌　叶心衡　苏学雍　陈诗涛

电报学堂电报专业毕业生计 6 名（1876—1883 年）

第 1 届 6 名

苏汝灼　陈平国（其余 4 人名单缺，办学情况见 1883 年 1 月何如璋和同年 11 月 21 日
张梦元奏折。苏汝灼、陈平国系船政学堂第一届制造专业毕业后转入继续学习电报学，其
中苏汝灼毕业后担任台湾电报学堂教习。）

绘事院部分毕业生名册

黄聚华　陈伯锋　曹子述　王大铿　陈大谦　黄秉星　游桂镜　郑幼椿　任国澜
王庆琛　王大金

（黄聚华系 1897 年左右入绘事院学习，1913 年前任福州海军艺术学校校长，1897 年前
毕业生名单全缺。）

艺圃部分毕业生名册

第 1 届 37 名（1868—1873 年）

裘国安　陈可会　郭瑞珪　刘懋勋　张启正　王桂芳　任　照　吴学锵　叶殿烁
陈和庆　刘栋臣　黄　戴（以上 12 人系留法学生）周英先　卢昌元　高奉英
陈痕全　林佩顺　陈承筹　吕库南　陈昆元　陈蔗修　颜欣其　高月贵　陈国辉
柯凤英　陈恒庆　陈萍秀　培　勋　陈震洲　任新奇

第 2 届 50 名(本届名单缺)

第 3 届(本届名单大部分不详,仅有少数名单)

郑家峰　任兆贵　游寿山　周宝书　陈德隆

(二)海军学校历届毕业生一览表(1913—1950 年)

福州海军学校(马尾海校、桐梓海校)毕业生计 575 名

航海专业毕业生计 333 名

第 1 届 23 名(1923.2—1927.11)

陈瑞昌　陈书麟　蒋兆庄　黄剑藩　沈聿新　罗榕荫　官　箴　林家喜　李有鹏
陈慕周　陈　洪　林祖煊　徐奎昭　张振蕃　蒋　瑨　廖能安　卢诗英　王大恭
李　干　梁振华(改名剑光)　杨崇文　陈孝枢　马世炳

第 2 届 18 名(1924.7—1929.6)

周伯焘　李寿镛　邵　仑　郭懋来　吕叔奋　林继柏　黄廷枢　赵梅卿　陈镜良
陈祖湘　郑克谦　周建章　张鸿模　陈炳焜　倪锡龄　陈孔铠　陈正望　魏衍藩

军用化学专业计 10 名(1925.6—1928.6)

李可同　黄良观　陈宗芳　丁　群　王衍绍　王衍琰　陈振铧　郑礼新　林逢荣
葛世柽

海军学校时期航海毕业生,接福州海军学校

第 3 届 16 名(1926.7—1933.5)

龚栋礼　薛奎光　陈庆甲　刘永仁　郑天杰　高　举　陈祖珂　陈兆棻　李长霖
薛宝璋　江叔安(原名澜)　孟绪顺　刘崇端　叶克昌　林　溥　韩兆霖

第 4 届 25 名(1927.7—1934.5)

刘荣霖　林葆恪　高声忠　游伯宜　周仲山　陈　惠　林学良　林嘉甫　张绍熙
邵正炎　袁　涛　郭国锥　张则銮　阙　疑　邵　奇　陈行源　王文芝　林斯昌
林人骥　吴贻荣　陈增麟　朱秉照　陈沪生　蒋亨森　潘成栋

第 5 届 30 名(1930.4—1934.12)

郑　昂　柳鹤图　常香圻　萨师洪　高光暄　魏行键　魏济民　陈家振(嘉震)
孔繁均　陈曙明　刘耀璇　林君颜　张家宝　高昌衢　蔡诗文　欧阳炎　孟汉钟
刘　祁　陈夔益　庄怀远　孟汉霖　杨光耀　刘　馥　郭允中　卢国民　何博元
葛世铭　林乃钧　柴耀诚　杨　篆

第6届27名(1931.6—1936.6)

邱仲民　林濂藩　何树铎　刘纯巽　廖士斓　欧阳晋　黄发兰　刘　震　卢如平
蒋　菁　王国贵　李后贤　陈智海　林鸿炳　池孟彬　刘均培　陈景文　章国辅
曾耀华　周福增　张书成　邓先涤　牟秉钧　康健乐　吴建安　饶　翟　刘英伟

第7届15名(1934.10—1941.6)

陈心华　张敬荣　张哲榕　甘　敏　陈国荣　王大敏　朱星庄　陈念祖　王道全
俞　信　郑仪璋　陈　简(黄贤简)　方子绳　林文杰　倪行琪(原名郑恒铮)

第8届17名(1934.10—1941.11)

陈在和　葛敦华　陈嘉镔　李景森　陈水章　李护为　宋季晃　何宜庄　李耀华
陈以谋　王庭栋　王海东　江济生　周谨江　郭成森　谢曾铿　刘　渊

第9届23名(1936.5—1943.5)

卢振乾　陈慕平　何鹤年　陈明文　林荫平　张孟敭　易　鹗　庄家滨　郑宏申
俞　平　陈　克　徐君爵　方　振　李作健(后改陈益民)　周正先　马须俊
张宁荣　钱　燧　何友恪(后改陈志远)　林　密　陈宗孟　石　峰　伍　岳

第10届10名(1936.5—1943.11,1940.7由轮机改习航海)

张振亚　雷树昌　曾幼铭　雷泰元　童才亨　林蛰生　戴熙愉　王良弼　黄肇权
周　唯

造舰班12名(1936.5—1943.12由原航海第9届视力不合格学生转入)

王衍球　周家礼　冯家溱　朱于炳　林金铨　王绶琯　郑振武　吴本湘　陈　琦
林　立　刘祖意　官　明

第11届22名(1941.11—1946.1)

罗　锜(原名绮)　邱　奇　范家槐　秦和之　莫如光　宁家风　黄文枢　廖厚泽
常继权　查大根　朱成祥　刘用冲　区小骥　曾国骐　刘和谦　万鸿源　朱德稳
倪其祥　秦庆华　冯国辅　郑本基　胡继初

第12届28名(1941.11、1942.3—1948.4)

王熙华　杜世泓　文　干(原名黄慧鸿)　李赣骕　张　浩　陈国禾　陈骏根
高孔荣　黄锡骥　郭志海　杨树仁　虞泽淞　谢中望　陈　霁(永才)　麦同丙
陈万邦　邓国法　徐钟豪　吴伟荣　万从善　林大湘　吴树侃　陈其华　叶元达
江宗锵　宋开智　张俊民　潘绪韬

第13届39名(1943.4—1949)

王霭如(原名士吉)　王季中　王耕滋　王铁铮　王显亮　古国新　朱　端(原名启汤)
宋　炯　李仕材　李用彪　李光国　李和发　李振强　林天赐　林永森　邱华谷
郁文弼　官湘洲　徐廉生　徐学海　翁国樑　张天玖　张福生　陈梓之　陈连生

陈广康 陈庆祥 傅滨烈 黄忠能 黄汉翔 叶昌桐 叶德纯 叶润泉 廖乾元
赵树森 刘益川(原名建勋) 刘达材 蔡龙豪 刘大明

第14届28名(1944.10—1950年)

丘 熏 王伟民 江励山 余时俊 吴其昌 王亮初 王祥筹 安可立 林大森
林庆灿 洪 节 张寿椿 洪绍堡 张天赐 蒲鹤筹 刘 宣 陈昌明 陈懋钦
韩景浴 宋心谋 潘建南 黄英杰 戴德成 苏映虹 景维国 黄崇福 刘崇邦
黄种雄

轮机专业毕业生计242名

福州海军学校时期管轮毕业生(接船政后学堂)

第12届31名(1912.2—1920.6)

邱景恒 邱思聪 苏镜潮 萨本炘 林学濂 陈奇谋 周澜波 林惠平 张 岑
黄以燕 郑鼎铭 陈兆俊 马德建 吕文周 李孔荣 冯廷杰 魏子元 周 烜
姚法华 余 堃 方 伦 王振中 贾 勍 凌 桊 钟 衍 蔡学琴 卢行建
郑翔鸾 阮宣华 梁 煊 陈飞雄

第13届24名(1917.2—1921.12)

谢仲冰 唐擎霄 许孝焜 蒋松庄 黄贻庆 陈尔恭 林一梅 陈 瑜 唐兆淮
沈觐安 康 誌 黄子坚 周谨崧 黄立莹 张用远 许桐蕃 傅春滨 林家晋
陈承志 方明淦 杨际舜 沈觐笏 曾 纪 欧阳崑

海军学校

第14届29名(1918—1924.12,系飞潜丁、戊班62名转入)

江守贤 何家澍 蒋 铣 陈 鼎 刘 潜 孟孝钰 程 璟 曾贻谋 吴 锷
王贤鉴 鲍鸿逵 林缉诚 林仲逵 林漉民 杨 健 陈耀屏 傅宗祺 林克立
唐岱荣 方新承 林善骝 郑英俊 梁永翔 张永绥 薛大丞 高宪参 郑友宽
林则棠 林谷士

福州海军学校时期轮机毕业生

第1届23名(系艺术学校转入1926.12毕业)

李贞可 陈保琦 黄 珽 黄道鍈 刘友信 陈日铭 陈正焘 黄 璐 董维鎏
林 璧 张大谋 王学益 俞人龙 何尔亨 杨树滋 郑诗中 施 衍 邓则鎏
杨 弼 陈家镛 李有蠡 林伯宏 陈文田(幼渠)

第2届11名(系艺术学校转入,1928.6毕业)

董锡明 卓韵湘 林 瑨 陈聿夔 许贞谦 林 贾 程又新 陶 敬 许 琦

林韵莹　任守成

海军学校时期轮机毕业生(接福州海军学校)

第3届17名(系艺术学校转入,1932.2毕业)

官　贤　郑海南　柯应挺　张雅藩　周发诚　魏兆雄　陈　昕　郑贞和　阚晓钟
林巽遒　陈荫耕　高飞雄　董颐元　萨本述　林刚(改名子虞)　赖祖汉　傅恭烈

第4届33名(1930.4—1937.7)

毕业:吴宝锵　夏　新　云惟贤

补训回军:李永丰(冯辉)　杨兢寰　谢忠谋　朱尧曾　陈瑞清(涛)　罗孝武

肄业:郑练简　谢祉清　杜履端　薛培勋　高章壎　张俊健　郑永浮　陈亦鹏
　　　王兆训　王应良　欧阳剑　王　钧　王先登　晏海波　高世达　金龙灵
　　　李良骥(仲驷)　江萍光　严泰富　杨　鑫　王大鹏　张天钧　潘泽金　袁铁枕

第5届26名(1931.6—1938.6)

王　麟　张传钊　黄　典　陈允权　李达生　南登衡　刘洛源　许　鋆　叶　漆
柳炳镕　杨熙龄　张　祁　张奇骏　徐登山　宋绍龙　郑民新　陈鸣铮　郑永相
赵以辉　龙家美　沈克敩　王民彝　伍桂荣　张　钰　邓绳武　王　彻(寿生)

第6届24名(1942.3—1948.3)

刘骥骐　杨才灏　陈启明　郑有年　鲁天一　莫余襟　杨子蔚(运时)　李聊灿
赵令熙　黄刚龄　曾尚智(兆钰)　陈心铭　吴挺芳　周百寅　糜汉淇　萧官韶
潘启胜　聂显尧　李光昌　黄承宇　王家骧　杨拱华　胡运龙　张文煜

第7届24名(1943.4—1949)

王俊昌　周官英　商道灿　李宗杰　何淦泉　林　开　张宗仰　李存杰　周幼良
黄瑞祥　赵士骧　欧阳良　吴允生　赵观耀　陈瑞麟　蔡文彦　陈鼎武　蒋竞庄
萧楚乔　林兆钧　杜森祥　许耀武　冯吉昭　董愈之

福州海军飞潜学校(1917—1934年)毕业生计77名

第1届(甲班机械)18名(1917—1923.6)

陈钟新　沈德熊　杨福鼎　黄湄熊　王重焌　郑葆源　王崇宏　陈赓尧　高清澍
刘桢业　丁　挺　施盛德　马德树　王宗珠　陈长诚　李　琛　揭成栋
特别级毕业:朱心庄(陈长诚、揭成栋后又进第1届飞行班学习航空)

第2届(乙班造船)19名(1917—1924.8)

郭子桢　周亨甫　李志翔　张宗光　杨元墀　王光先　郑则銮　徐振骐　卢挺英
冯　钰　施　偯　欧德柯干　陈久寰　黄　履　吴恭铭　游超雄　李有庆
陈学琪

第 3 届（丙班制机）21 名（1910—1925.4）

林 轰　王 卫　王荣瑸　陈 薰　林若愚　郑兆龄　吴贻经　林泽均　沈毓炳
龚镇礼　陈长钧　傅润霆　陈 畴　薛聿聪　刘逸予　沈 继　林伯福　陈锡龙
叶可箴　罗智莹

特别级毕业：刘翔忠

海军航空处航空毕业生

第 1 届航空专业 4 名（1926—1930.11）

陈长诚　何 键　揭成栋　彭 熙

第 2 届航空专业 9 名（1928.10—1931.7）

许成棨　李利峰　林荫梓　苏友濂　唐任伍　梁寿章　许葆光　陈启华　任友荣

第 3 届航空专业 8 名（1930—1934.11）

傅恩义　庄永昌　黄炳文　陈亚维　傅兴华　何启人　李学慎　许声泉

（航空专业学员分别在上海和厦门航空训练处受训）

福州海军艺术学校部分毕业生名册

郑起奋　刘幼煊　方玉璋　冯稼秋（宋楫）　右 通　陈君震　林君植　伍宝春
周宗彦　刘开祥　林德盛　徐君萧　任秉游　游世勖　林开文　林布琛　黄如松
黄乃发　江良滋　刘源庆　蒋炳森　林则良　陈先铿　汪 霖　林守谦　陈恭平
潘晓曦　卢 桢

肄业：王 助

（艺术学校最后一届普通班毕业生 16 名列入勤工学校毕业生名册中，在《中国海军军事学校历届毕业生姓名籍贯名册》中提到艺术学校毕业生为 50 名，应系 1920 年前在校生 70 多人中学习至毕业的，1920 年后毕业生仅有 1929 年肄业的王助 1 人及定居台湾的 4 人，其余名单不详）

福州海军学校、制造学校、艺术学校学生转校毕业生名册

福州海校转校毕业生计 144 名

航海第 1 届转吴淞海校，编烟台海校航海 12 届 60 名（1912—1920.6）

傅 成　甘礼经　王致光　翁寿椿　郭友亨　沈树铭　郑震谦　林良缪　曾万青
王希哲　林建生　赖妆梅　林恭蔚　梁熙斗　叶水源　吴 侃　何尔亮　贾 珂
林聪如　郭汉章　钟子舟　王 经　彭祖萱　严传经　林峻天　高鹏举　王履中
翁 筹　颜锡仪　陈长栋　杜功迈　严 智　赵文浚　林康藩　张秉燊　蒋质庄
方济猛　彭景铿　郑翙汉　陈挺刚　张鹏霄　李廷琨　高 秸　陈懋贤　何传永

陈　锟　陈　迪　刘学枢　倪华銮　郑祖瑾　卢　诚　陈光缓　程鲁峰　林　锋
刘公彦　谷源达　陈兆璜　李维伦　杨希颜　饶毓昌

航海第 2 届转吴淞海校,编烟台海校 13 届 54 名(1913—1921.3)

冯家琪　吴建彝　腾士标　聂锡禹　严以梅　冯　凤　曾国奇　林　奇　曾承纪
林秉来　戚天禧　薛才燊　孙兆麟　黄　锈　周应聪　林溥良　沈有珪　顾树荣
陈时晖　李光邺　许　沁(原名怀英)　陈绍弓　潘子腾　王　健　梁聿麟　章仲樵
梁磐瑞　安其邦　高　澍　郑家钰　刘炳炎　倪奇才　韩国桢　李世锐　严又彬
叶永熊　方　均　王　挺　林　霞　程裕生　叶森章　蒋亨湜　朱邦本　许汝昇
林标春　曾国晟　陈　桐　林崇鸿　欧瑞荣　常　旭　邱昌松　韩廷枫　钟树楠
梁毓骏

1924 年奉命 31 名学生转烟台海校学习与烟台航海在校生 11 名同编为航海 18 届,1928 年转入马尾海校学习,称寄闽班,同年 9 月毕业 30 名(1923—1928.9)

陈赞汤　林祥光　林　溁　林　夔　程法侃　高如峰　江家驹　王廷谟　魏应麟
陈训滢　李慧济　陈寿庄　杜功治　程豫贤　沈德镛　郎鉴澄　谢为森　薛　臻
吴芝钦　廖德棪　林　遵(原名准)　孟汉鼎　张大澄　李世鲁　张天泫　翁政衡
林克中　江　涵　陈嘉栶　刘崇平(后 11 人系烟台海校学生)

福州海军制造学校丁戊两班转烟台海校航海 17 届毕业生计 22 名(1915—1925.6)

林宝哲　曾万里　梁序昭　吴徵椿　李向刚　刘大丞　林赓尧　欧阳宝　陈　澍
陈祖政　姚　玙　陈大贤　郭鸿久　许仁镐　叶可钰　梁　忻　林家炎　何希琨
谢宗元　张国威　郑国荣　何　惠

福州海军艺术学校转入南京海军水鱼雷营附设无线电训练班毕业生计 57 名

第 1 届 29 名(1930 年 8 月 16 日从艺术学校在校生中考选 16 名入班,另 13 名非艺术学校学生,1932 年 6 月毕业)

刘宜伦　张嵩龄　许建炎　黄建乾　罗孝圭　林则良　周宗祺　周天孟　彭常晖
杨铣云　王克椒　杨　起　吴贻谋　陈育贤　赖祖仁　杨鸿朴　杨钦官　魏志鹏
陈鸿铿　王　衢　贾承尧　王　迪　赖硕甫　张瑞弧　贾少寅　郑肇骧　赖汝钰
陈传陶　严　臻

第 2 届 28 名(生源多数从艺术学校考选,1934 年 12 月毕业)

王静修　陈传溇　陈道清　杨人恺　侯狱生　高寿臻　林世连　林其溶　薛潮平
林道钎　魏念椿　林世华　张学铨　林柯亮　吴明庆　林祥庆　陈敬年　黄自齐
叶昌骏　潘庆云　陈成荣　吴炳萱　陈赞元　赵长诚　林家菜　曾珍昌　应　时
叶芳诚

(三)勤工学校(勤工、商船、高航)历届毕业生一览表(1935—1952年)

三年制普通科(初中)

第1届(学校巳班)16名(1932—1935.7)

翁亨樵　徐　宏　叶振声　王文斌　蔡学敬　徐钟英　王传铭　林炳亚
(以下名单不详)

第2届(原艺校辛班)16名(1933—1936年)

王中杰　张俊璇　郑文芳　黄　腾　曾忠谋　任锦炎　周孙锵　谢有坚　梁守琨
陈宣通　石　岑　刘子厚　王世端　(以下名单不详)

第3届(原艺校壬班)?名(1934—1937年)

游允辉　蔡年富　(以下名单不详)

五年制机械科毕业11届295名

第1届8名(1936.9-1940.1)

李圣裔　李庆泉　卢先熙　周森元　赵怡和　庄伯榕　林　威　周崇甫
(本届多数毕业生系从普通科转入)

第2届16名(1936.9—1941.6)

杨希震　叶善钦　陈长安　陈渔溪　陈朝良　沈员溁　谢周械　任鸿炳　董文彬
李荣官　陈昭琰　赵可铨　郑宗鉴　王圣荃　李　毅　陈季琨
(本届多数毕业生系从普通科转入)

第3届20名(1937.2—1942.1)

陈其洲　关维浚　林　西　陈启煌　陈道章　丁大涛　任义通　林学衡　林芝泉
李诗捷　黄善水　吴厚智　王树俊　王廷奇　林少苍　郑孝俊　董作赋　邹庭生
陈昭树　林鸣圣　(本届多数毕业生系从普通科转入)

第4届25名(1937.9—1942.7)

李焕章　李修根　陈　耀　任礼根　黄郁曾　金钦典　丁心如　林启焱　潘克锐
齐忠玉　邹咏菁　郑本周　吴嘉骏　梁周藩　王振钢　江炳善　金友三　黄秉怡
康志懋　江宏熹　黄仁淞　叶文生　颜祖瑞　叶立端　李思藩

第5届17名(1938.9—1943.7)

陈孝滋　陈扬贤　潘延辉　黄长庚　许宏铿　张文锜　郑祖慰　林棨英　王士福
林鸿翔　庄炳耀　蔡声杨　颜金锭　江家声　何松光　詹仁椿　张仁和

第 6 届 25 名（1939.2—1944.1）

郑则双　潘崇族　王观华　李齐和　刘孔江　傅家濂　黄炳经　季春端　刘庆端
赵　璧　郑时乘　宋泉藩　张仁观　陈缵文　林忠贞　杨学霖　杨　曦　李济美
宋仁康　施深栋　李修鉴　任积麟　董　衡　周晋生　周宏廷

第 7 届 33 名（1939.9—1944.7）

唐有德　林滋森　黄允进　黄松候　李孔浚　陈明鼎　高松卿　郭功铎　阮兆麟
陈存埋　郑文康　林民辉　丁绍虞　陈木官　陈伯铿　池寿图　陈自强　张国明
李世震　陈伯东　郑守正　陈能示（文）　张崇悌　黄世安　陈文汉　林寿官
郭友亮　蒋　森　林廷辉　陈敦芳　林宪章　陈锡培　吴技通

第 8 届 34 名（1940.9—1945.1）

赵夫煊　林贻勤　林仁寿　王品乐　黄友坎　林茂郁　朱学甫　邹洪生　郑一飞
杨学钦　林兆淦　郑守熙　陈嘉华　陈葆探　孙仰谦　李富任　江淮珊　林少宝
贾子生　林寿烘　林斯堂　陈苍舟　郑克渔　贾犁生　张大明　黄锦香　陈缵周
李兹镇　郑义椿　林培年　刘钰森　王必贤　赵余光　邓志明

第 9 届 44 名（1940.9—1945.7）

高芝铨　严家煌　陈传祺　董义猷　林其振　陈春钦　陈兴椿　林斯雄　陈和瑞
郑松藩　方卧云　李继槐　林诗章　张维德　张剑驹　唐崇辉　陈贻云　徐伊华
江金庭　陈松茂　陈开朗　宋信峰　王鸿慈　吴振铨　陈允通　赵　璧　胡学猷
陈伯煜　林铭森　李贞媛　宋忠彦　李庆利（刊）　林荣旋（施）　林基康　郑启明
李齐泰　李贞飞　林奕逞　张子翼　吴傅明　郑响官　陈　豪　林福荣　张有涛
（本届后 5 名系 1946 年 7 月毕业）

第 10 届 55 名（1941.9—1946.7）

李元煜　林成忠　黄滔泉　谢传淦　邱发强　林刚强　李振祥　郑贤华　郑森灿
林启喜　谢树藩　陈启辉　林兆锁　林耀华　陈生琴　杨锦开　马伟生　陈信俊
任礼钰　商建仁　赖笃案　郑定瑞　萧泽宝　杨世明　陈承华　方祥年　郑慈官
林　节　罗敏生　陈韶庵　杨德康　吴大灼　张心坦　陈义德　杨绍悌　程义理
朱以澜　吴　峥　林　祺　朱以连　唐建章　郑燃犀　刘用耀　郑匡周　江宏焘
黄徵敏　孙利新　林幼贤　郑金庭　吴炳珂　陈启光　赵辉华　林亨瑞　曾乃锵
郭永灼

第 11 届 18 名（1942.2—1947.7）

黄廷容　朱成泰　黄观福　林鸣钟　胡诏猷　陈建莹（荣）　郑为和　曾慎沅
陈培框　刘友骐　高馥南　齐忠深　赵长启　曾乃锵　陈心涵　严章懿　黄炎浦
陈道茂

三年制机械科毕业 4 届 59 名

第 1 届 5 名（1938.2 — 1941.1）

官心湛　梁运策　叶建全　王世端　陈宝泰　（本届系从普通科转入）

第 2 届 6 名（1938.9 — 1941.5）

陈文崇　王韵波　李朝增　许宗煌　郭成豪　陈学美　（本届系从普通科转入）

第 3 届 31 名（1939.9 — 1942.7）

郭祥灿　钱益继　林馥森　邓子城　游剑华　齐光藻　陈启昆　唐影琅　程法恂
李钟秀　黄嘉德　郭中民　何履中　周述麟　缪希傅　郑　瀚　林春煖　李恒坤
卢可光　陈公远　韩冰如　陈玉霖　詹　驹　陈宏立　冯酬欲　萧锦华　黄瑞坤
林　琼　刘家樑　许德化　高嘉端

第 4 届 17 名（1942.9 — 1945.7）

邵积长　林利巷　陈剑亭　林云庆　张泽浏　陈生瀚　林伯壎　李昌森　吴其瑞
黄大校　李长杰　游昌华　张名夒　林念群　林功敏　蔡耀平　陈善贵

三年制汽车机械科

第 1 届 41 名（1943.10 — 1946.7）

王大有　陈天瑞　林长汉　俞述铨　廖远昌　应　诚　陈良全　李亨勋　刘柏川
郭忠钟　陈维德　黄徽坚　汤熙之（文）　阙　涵　陈伯灿　姚　潼　吴之铭（文铭）
高镇泉　林有成　商　平　陈建兴　李训铣　游瀚飞　刘敦亮　叶大辉　林大梁
商茂桢（祯）　张　韩　林松开　黄体培　赵善清　陈汉官　陈谋文　严家鉴
杨杞栋　陈开发　陈礼雄　方长春　郑玉霖　方绍忠（钟）　黄春庄

三年与五年制航空机械科毕业 5 届 150 名

第 1 届 34 名（1937.9 — 1940.6）

陈伯埙　周发锋　任锦炎　林永增　朱以通　林田生　周孙锵　林志诚　郑万方
谢有坚　陈垂昌　郑循南　翁震生　吴尚如　陈剑藩　黄孟钿　曾忠谋　陈　昕
高如柏　梁守琨　黄　腾　张俊璇　郑仪樵　蔡年富　来　飓　陈忠浩　建　屏
王荣光　何　年　高鸿藻　王翊波　林鸣章　郑文芳　庄家登
（本届有 9 名系普通科毕业后考入）

第 2 届 32 名（1940.9 — 1943.7）

林明坦　商莲图　康祖杰　官心惠　郑义松　傅宗新　陈心瀚　翁孝纯　伍忠严
王宝鼎　王起谋　邱　俊　陈培熙　彭绍介　翁　石　赵时勉　王云鹏　李作锬
郭森清　林　琦　鄙　光　方一鸣　孙圣友　杨应龙　罗学铨　黄友亮　叶超鉴
陈亨泉　吴明业　罗绍典　陈祥熊　陈明政

第 3 届 25 名（1943.9—1946.7）

陈桂责　林大茂　李培清　许振森　林　捷　朱成夏　李国梁　黄春森　王　鼎
刘宏尧　刘炎藩　胡孝斌　王立昂　李剑卿　柯廷美　李圣基　曹正民　叶宝松
林立琨　郑　骧　林其俊　李继勋　卢振楷　马莹昌　吴希贤

第 4 届（五年制）24 名（1943.9—1948.7）

甲班 10 名：倪任铿　林铭荣　倪玉桂　蔡庆椿　蔡年在　张亨政　林道然　杨元璇
　　　　　　陈应亮　董颂强

乙班 14 名：伍礼锦　吴友明　刘友兴　王兴亚　冯懿泉　李述华　朱　润　王允庆
　　　　　　郑公敬　林兆麟　韦知义　王念法　贾承谟　陈章卓

第 5 届 35 名（1950.3—1952.7）

赵克钝　黄大琨　张赵凡　林寿森　谢炳炎　倪霖森　陈兴楫　张圣煌　郑大一
陈　瑜　林帝亿　陈彦波　王建国　高齐云　郑崇文　董添流　郑久成　张圣铭
陈坤甸　王淡高　陈是通　林木生　蔡敏杰　邓昌煌　郑大容　林代斌　林茂奎
章开涛　王常仁　郑存礼　连国栋　陈任平　张一涛　林肇璇　蔡幼森

六年制航空机械科毕业 3 届 75 名

第 1 届 23 名（1946.2—1952.2）

林永汉　柯　权　林鸿涛　邵长炳　潘珍杰　韩谋志　邵元官　邵德忠　林永华
沈友金　陈庆熙　林道朗　张祥荣　李宜勤　郑德晃　张世清　林道秋　陈　晖
陈长寿　韩兆棪　陈绍永　何成芳　王必建

第 2 届 34 名（1946.9—1952.7）

周梓明　王　炘　陈　椿　陈慕和　曾国坚　陈萌敬　陈伯榕　邵建尧　林邦严
孙贤熹　蔡文庄　林应钦　林秉森　林桐森　郑长奎　林继俊　王銎官　杨让和
郭警凡　罗世杰　李规森　周　布　林玉璋　陈占璠　郑炳官　王中桂　陈宝坚
陈秉乾　赵公灿　陈明钦　郑国璋　陈子燊　柯典奇　李同关

第 3 届 18 名（1946.9—1952.7）

任礼杰　郑炳涛　李云川　林瑞康　陈守卿　林风仁　吴增福　吴赞毅　游聿清
林杰生　林瑞祺　潘日水　丁良官　沈寿庭　薛聿湫　任承灼　林　亮　李典光

五年制电机科毕业 3 届 36 名

第 1 届 9 名（1935.9—1940.6）

杨鸿清　方福生　魏树燊　蒋冠庄　欧阳时　薛居忠　伍光锵　翁良知　李锡恒

第 2 届 4 名（1936.9—1941.6）

王赞勋　刘志盛　王　勋　黄迪楳　（第 1、2 届系从普通科转）

第 3 届 23 名（1941.2—1946.1）

林　其　林其祯　郑懋鼎　陈信廉　陈际仁　陈再俊　王翊修　郭锦龙　冯开骅
陈志坚　林寿榕　林跃奇　林培水　薛申年　林诚伟　伍　重　张贞良　李庆培
李修钢　陈发清　林帮镜　金遇春　（名单缺 1 人）

船工图算科毕业 2 届 37 名

第 1 届（五年制）8 名（1936.7—1941.7）

王　康　李镇南　郑学鑫　张国泰　张炎泰　林允梁　陈天溶　林君政

第 2 届（三年制）29 名（1941.9—1944.6）

黄国华　潘克夷　王郭铮　龚　泓　郑心权　林兆炎　郑宗晃　陈忠民　欧阳尧
张善秋　周述崐　刘诗宝　郑子瑜　林岳生　魏超明　林品清　郭植泉　吴建煦
戴生明　陈震龙　郭传意　李增辉　陈国栋　陈仲祥　陈国玮　伍义达　陈国榕
王友廷　吴建机

三年制造船科毕业 5 届 229 名

第 1 届 28 名（1943.2—1946.1）

姚敦五　陈金棠　林培根　戴　礼　许叔昕　王博超　林兆基　吴觉美　陈荫棠
陈恩熙　林祥熹　林发煊　杨金文　郭永灼　游通灿　王开泰　林德雄　张光桐
刘庆澜　叶芷汀　任忠钦　陈希官　张长杰　高建忠　陈祥兴　朱尚志　郭时松

第 2 届 49 名（1944.9—1947.7）

林光省　林鸿斌　林祖进　吴运发　胡绍农　刘伯艳　林学鉴　王敷炎　刘景士
陈远彪　李述流　郑则鑫　陈子东　王学宇　陈益书　莫其城　肖仁杰　潘鸿流
张是钦　王星霆　周大旺　陈世明　李榕华　陈德仁　戴志纯　郑培芳　林滋炎
刘友凤　林寿康　晏建中　王炳寿　游冠儒　陈发炎　李克汀　周述樟　萧利铨
刘景慈　林宪彝　陈子明　倪传彪　林连建　孙祖治　吴午动　袁乃城　黄建宁
张之豪　陈德民　李享铭　陈应亮

第 3 届 53 名（1945.9—1948.7）

陈兆和　庄希仁　卓鸿才　李齐春　陈易科　林明祥　王永长　严　章　潘思铿
吴一民　陈　恒　郑树铨　李永祥　陈观鉴　张彬堃　吴达仁　邵宝铿　陈易容
黄汉光　杨熙荣　陈德雄　萧　铣　黄宝瑞　游开阳　李泰松　李炳辉　张骐邨
张　韬　林　瑛　陈宝荣　林启沅　张振汉　陈冠恕　王世敬　郑源清　王震生
王森銮　王德澄　张德照　汪秀潘　吴德凯　林大振　张嘉淦　郑朝阳　郑师程
陈兆秋　陈守昌　林启发　胡幼贵　陈贞华　林鸿英　徐启春　郭子钦

第 4 届 48 名（1946.9—1949.7）

邹安福　邹　藩　黄为湄　吴衍林　林道康　郑　洸　张宜纶　林宝桢　陈祥发
商荷图　林志在　叶木霖　陈沛先　方君喆　陈柏生　陈世康　林培和　林锦瑞
章开泰　陈志瑞　朱以濡　李荣光　罗相戒　潘传禄　周德斌　周孝怡　何汝毅
方宝奇　陈伯谭　陈成义　陈子平　蔡志祥　高学群　张应华　林观炎　郑　霄
（本届缺 12 人名单）

第 5 届 51 名（1948.9—1951.7）

吴君宪　林方澄　李必官　王宗知　傅亨达　董昌立　陈东光　钱振湘　林天栋
肖贞文　王世海　林可楼　吴其华　潘周爱　陈炳清　柯碧森　施　溶　任弥高
陈伯生　李俊杰　钟奇祥　任铭洲　黄徽波　陈道惠　陈正渭
（余下 26 人名单不详）

三年制航海科毕业 8 届 260 名

第 1 届 18 名（1944.2—1947.1）

王兆江　何贤秉　林懋淦　陈　勤　陈和光　朱葆民　周文藻　张华邦　方玉涛
郑　明　林守炎　王其琨　陈茂通　叶有(友)伦　林　斌　林益超　欧文善
林铣铨

第 2 届 34 名（1944.9—1947.7）

郭竞强　郭齐铭　林斯聪　陈鸣鹏　吴友贤　蔡世侃　陈与成　任建雄　聂道灏
林有金　黄时晖　陈成仲　赵　实　林　荣　潘建锋　张步隆　何钟秀　陈瑞曦
吴赓瑜　王闽华　王祖清　林　乔　邹来崇　王起均　周孙琨　卓　扬　高炳章
王俊铿　林辰生　余于富　周增芳　陈代书　程　光　张怀清

第 3 届 45 名（1945.9—1948.7）

林铭康　刘宏谦　陈　奇　王翊光　陈　坚　郑则鼎　黄振芳　徐宝藩　黄兆琛
李永是　吴必辉　林嘉铿　刘　景　倪际焕　杨　勉　张耀英　蒋书和　林康友
沈佛生　赵师炳　林善端　林超良　郑朝祥　林　璋　欧德志　李宝爱　杨颜基
陈　雄　王大洋　黄之铭　杨宏祥　陈久宽　任共瞻　林耀昆　黄春垒　何烟枝
陈清德　林福民　陈炳其　宋钦增　朱灵龙　俞仲奋　颜寿光　毛尔清　林智广

第 4 届 36 名（1946.9—1949.7）

陈慕宁　李规通　翁禄藩　唐具淦　陈观德　郑连官　陈寿宁　任国潮　杨英刘
郑宝銮　程炳仁　许亦敏　陈庆福　江　枫　张应涛　陈永和　卢先海　林　雄
王兆民　林韬筒　林家俊　方霖峰　卓忠奎　刘友植　林懋梅　郭传茂　高　热
陈原程　吴维壁　柯是椿　陈慕慈　卢子安　李仲芝　陈传荣　陈愎仁　陈钟云

第 5 届 43 名（1947.2—1949.12）

陈森铠　孙文广　陈林丰　陈见焕　陈妫灯　王　祯　郑敏航　王念立　吴超元
吴赞杰　王展诚　林大兴　林秋波　邹作泉　高　雄　赵承春　陈世椿　郑师清
陈尚渭　马松茂　庄典翊　翁依松　林　辉　邹来东　陈徽亨　丁文钦　刘鼎新
曾光辉　吴崇伟　孙贤斧　张善吉　张鸿翔　高宪民　王彦清　林世溥　陈与珖
陈恒仁　于东曦　欧阳宗高　蔡为友　周益文　林风翔

肄业：吴恩仁

第 6 届 31 名（1947.9—1950.7）

史美旺　陈联铨　郑展居　林居化　吴善灼　林安钦　林守曒　任锦陶　郑永漠
郑义煊　张君标　黄忠麟　张秉武　王复中　王敷裔　陈吉生　张忠勇　陈日钦
林方刚　陈怀忠　毛起双　李恒辉　杨鸿庄　柯邦祺　丁立煌　张振岳　江镇波
翁一元　黄彦昌　陈远懋　薛永煜

第 7 届 24 名（1948.9—1951.7）

陈义通　欧炎仁　陈尔麟　陈松华　郭传文　兰发绥　林守正　陈元生　林善斌
林本文　陈长庆　周振汉　林灼铨　蔡其祥　谢维劲　张大增　张忠怀　傅书声
杨之源　黄孝钰　屠炳炎　张清泉　李贤晓　孙銮锵

第 8 届 28 名（1949.9—1952.7）

柯达仁　郑祖水　任义和　罗哲忠　江宁渠　陈德明　张常山　林其铮　郭俊景
孙新峰　林善安　郑新银　陈祖枨　林启鹄　林定球　林克俊　卢瑞官　林斯本
陈堂铨　陈人寿　陈孝栋　杨中柱　王鹏勋　陈启沅　严拱坤　林守珍　荆叔瑶
林泽人

三年制轮机科毕业 7 届 199 名

第 1 届 26 名（1944.2—1947.1）

柯进潮　潘　斌　陈沅　柯则恭　伊　尧　赵一涵　王桂尧　陈存良　王职民
陈季桐　马天敝　倪际昭　王洪炘　朱　默　高桂麟　葛为昌　徐章宏　施冠英
卢超恒　徐正华　邵循章　谢宇文　吴本智　张玉村　吴升梁　郑柱澜

第 2 届 18 名（1944.9—1947.7）

刘华鉴　刘柏灿　叶世治　庄希钟　林镜清　赵云金　郑建世　黄绍坚　郑传炜
林兆栋　林诗金　郑善忠　郑圣余　陈启勋　王　廷　陈振超　陈力群　李礼新

第 3 届 34 名（1945.2—1948.1）

郑其湫　林善鹦　王孝铨　石　隼　王　超　江志忠　严傅华　黄寅年　黄宪华
廖远材　刘锡华　叶星南　刑宗琳　张剑英　李崇平　李肇严　吴瑞昌　张光璠

任锦泓　郑发廉　陈义淡　郑良正　任守庄　陈金泉　陈秀泉　商茂澄　赵元璧
林立斋　叶文景　高德淳　潘自镆　朱锦文　郑定清　刘伯钜

第 4 届 19 名（1945.9—1948.7）

游逸彬　杨君杰　林永铨　陈毓铮　严兴国　王泳藩　林光亮　高忠芳　吴震扬
谢帝臣　刘　竦　林　克　刘学范　孙庭和　邓榕祥　陈铁官　邓志盟　黄敬村
张　迪

第 5 届 24 名（1946.9—1949.7）

林衍炳　张　弩　林肇云　黄　琨　江东沂　戴莲生　陈谦骥　张熙周　陈　箴
吴修华　黄为衡　胡敦民　林民通　王金培　叶玉田　黄文镆　邹长潭　章钟基
张良臣　邓聿银　陈应杰　林世平　杨明德　林仁昌

第 6 届 52 名（1947.2—1949.12）

郑礼兴　陈宗森　林增福　陈　尧　陈明钰　黄世昌　余　涵　翁金城　许发柱
高世志　林利银　刘伯强　柯成福　郑锄东（郑出东）　王作勇　陈世忠　林贤本
林元璋　龚崇礼　叶绍焕　余上恩　刘永恩　张良勋　陈宜拱　林元杰　陈武恩
徐超民　杨英珂　谢忠钦　郭荣深　林　钟　许道思　许道恬　辜天时　林镇光
连仲民　郭成清　周康堪　林煊坤　倪声锵　陈瑞书　李登忠　刘道英　陈崇诚
林贻书　黄敏生　林贞政　黄空海　张敬铭　卢金官　许世英
肄业：赵忠禧

第 7 届 26 名（1949.9—1952.7）

黄灼官　林　聪　欧阳梅　欧阳宗泽　刘淞民　钱大雄　郑其中　李仁通　刘廷俊
李元文　王兆忠　王光闾　郑　飞　张宁生　陈炎霖　郑本耀　翟绍楚　杨振声
王金泓　何仲威　曾道熹　阚国光　王义华　李孝宽　陈向荣　任礼斌

1952 年 9 月，高航学校停办，航机、航海、轮机、造船四科学生 333 名转校名单

航空机械科（47 名）

林子春　施履彬　张圣祥　潘依森　陈炳辉　黄鼎勋　陈申生　郑依明　张华谷
汪　沅　陈椿德　唐火金　周新坤　陈德钰　李　庄　李孔昭　许有善　黄贺修
程道华　王礼溥　林金水　林子千　黄宗波　陈　挺　叶五秀　吴高铭　江宏锐
林恒延　林祥官　陈　渠　黄福人　李述连　郑海官　任祥官　潘木利　沈诚圻
郑振松　陈德春　张则魁　林方中　黄光飞　林理和　陈国荣　林秉正　黄开惠
陈伯勋　黄昌舜

航海科（82 名）

高绮英　刘奎梁　林良铭　杨　蕴　林正民　黄则友　梁长庆　陈亨义　张大俊
郑承龙　林长浩　钟久柱　徐则铭　陈鸿滨　魏孟奎　郑亚杰　林瑞梁　王元俊

程贤桑	郑长秀	陈永通	李九华	黄徽璋	张书贵	林世伟	沈祖贤	张钟晃
许　榕	刘子新	庄世鸿	叶宗松	李德平	林永健	郭荣煊	叶依星	林展东
陈调严	叶光国	陈升平	李昌朝	张仁光	黄　涛	林贞官	李　汀	林功奎
罗　玑	程友联	黄拔康	曾良霖	罗世锵	黄越生	张贞介	杨榕波	荆梦琳
柯　宇	曾生钟	曾昭雄	曾昭庆	张诗可	林振勋	林德村	林德茂	陈公伟
林善凯	陈文	郑霖森	胡学贵	陈雪森	张连兴	施作福	陈应忠	林　昌
卢克刚	吕德纯	陈学坤	魏道晖	高大森	陈本梁	王天高	陈　贵	吴宗铮
游傅钦								

轮机科（105 名）

陈忠新	陈继时	陈起钊	陈明雄	王世楠	阮秋荪	肖宝镛	陈　权	余　楠
周廷锟	陈一梁	张启铭	林培基	王立萍	杨颜煊	瞿仲衡	林　希	陈铁生
施　萍	郑贞礼	张秉铭	林　心	董作师	陈瑞应	张肖曾	黄德赋	梁贞善
沈禄蒲	林仁明	李平煌	沈祖熙	陈秉铿	刘道明	唐金添	林伯尧	林培铣
钟久平	王纯熙	陈荣泉	邵南生	高剑光	蔡永年	黄贞玉	兰祚立	金　吴
陈建国	陈敏端	郑泉乾	许文秀	张　熙	张凤麟	马梅官	陈英官	张贞契
陈天榕	陈以增	陈大兰	严子熹	于仁儿	陈辉德	陈崇盛	林榕端	杨振坤
吴大声	刘植熹	吴也成	池大松	蔡光定	庄永华	周景铭	卓同清	杨智远
张君健	林觉生	林秉端	王爱虔	黄培基	江　滢	钱振文	黄次晶	李孔石
李希光	葛　涵	陈声远	李冠云	陈长贵	庄国清	陈永桂	陈星梓	林中建
周依斌	张　祯	林孝存	林德文	陈礼诚	刘泳杰	王敏铨	黄永官	林乾清
程　忠	林添烺	苏则霖	陈荣炎	刘用武	翁正文			

造船科（99 名）

林兆驹	方　欣	曾建光	王增燧	郑煜民	陈傅铮	林铭坚	谢登祺	张良旺
黄宝汶	陈锦煊	梁振贤	林善楼	周伟信	肖利康	张良兴	林　文	吴宝岚
林擎秋	林仁官	刘为宽	王渊潮	姚祥镐	黄德芬	侯培坤	董守濂	孟琇焘
陈　刚	何沪生	刘希立	周玉娟	江锦芬	潘雪英	郑桂英	朱杏玉	叶瑞珍
王婉如	林元铨	陈光照	唐则荣	潘　政	罗锦松	刘光辉	阮潍泉	李雄杰
郑书墡	林可厦	柳朝旭	王秉钦	林炎官	董必根	林明仁	杨干波	何国珍
陈发雄	陈良平	毛震章	林发坚	江道基	魏升思	刘秉穗	陈尔从	郑勤述
严　宽	刘桂艇	林志诚	林　杰	王声杨	张叔栋	黄怀勋	石　端	李尚宁
林文健	陈洪涛	李卓人	陈和正	何圣德	郑泽同	谢永钟	郑锺敏	马梦麟
陈孔时	陈挺华	王博祥	赵公坦	黄天赐	吴启铜	何亦捷	俞锦涛	陈其焕
陈　均	陈泽榕	王　浓	欧仁才	周邦文	林孝材	陈炎官	颜一书	郑行述

（四）船政留学生一览表

姓名	学历	留学时间		留学国别与单位	学习专业	备注
		出国	回国			
魏　瀚	前学堂制造第1届	1875年秋	1879年12月	法国削浦官学、巴黎矿务学堂	造船兼造洋枪	以下为第1届留学生
陈兆翱	同上	同上	同上	同上	轮机制造	
郑清濂	同上	1877年3月31日	1880年10月	法国削浦官学仙笞细洋枪厂、巴黎矿务学堂	轮机制造兼造洋枪	后又到英、德、比学习,赴德监造军舰,1883年10月回国
吴德章	同上	同上	1880年11月	法国多郎官厂,卢爱里与布呵士炮厂、巴黎矿务学堂	轮机制造兼造洋枪	随后到英、比二国学习造船
杨廉臣	同上	同上	1880年10月	同上	同上	
陈林璋	同上	同上	1880年7月	法国削浦官学、巴黎矿务学堂	船身轮机制造	
梁炳年	同上	同上		法国多郎官厂、巴黎矿务学堂	同上	病逝法国
李寿田	同上	同上	1880年6月	同上	同上	
林怡游	同上	同上	同上	法国多郎官厂、仙笞佃洋枪厂、巴黎矿务学堂	轮机、冶炼、和洋枪制造	
池贞铨	同上	同上	1880年8月	法国科鲁苏民厂和巴黎矿务学堂、德国哈次矿局	采铁炼钢	又赴德国学习矿务
林日章	同上	同上	1880年11月	同上	矿务兼轮机	又赴德国学习矿务
张金生	同上	同上	1880年10月	同上	矿务	同上
林庆生	同上	同上	1880年11月	同上	彩铁炼钢	又赴英、比丙国学习矿务与炼钢
罗臻禄	同上	同上	1880年10月	法国洽笞田官学、巴黎矿务学堂、德国哈次矿局	矿务	

姓名	学历	留学时间		留学国别与单位	学习专业	备注
		出国	回国			
裴国安	艺圃第1届	同上	1880年	法国白海士登官学、多朗官厂、马赛木模厂	气缸学	
郭瑞珪	同上	同上	同上	同上	气缸学	
刘懋勋	同上	同上	同上	法国白海士登官学、多郎官厂、马赛铸铁厂	铸铁	
陈可会	同上	同上	同上	法国匠首学堂、腊县船厂	制造鱼雷艇、鱼雷与船体设计	
王桂芳	同上	1877年10月	1880年11月	法国汕萨穆铁厂、赛隆艺校、白代果铁厂	炼铁溶铜轮机和五金化验	
任　照	同上	同上	同上	同上	冶炼和铁胁铁甲制造	
吴学锵	同上	同上	同上	同上	铸铜和轮机	
张启正	同上	同上	同上	法国匠首学堂、腊县船厂	船身计算和鱼雷艇	
叶殿铄	同上	同上	同上	法国匠首学堂、白代果炼铁厂、德国鱼雷厂	轮机合拢，铁甲，鱼雷艇绘图，鱼雷制造	又赴德国学习鱼雷制造
刘步蟾	后学堂驾驶第1届	1875年秋 1877年3月	1876年12月 1879年12月	英国罗拉杜铁甲船、高珀保学堂	驾驶	两次赴英学习
林泰曾	同上	同上	同上	英国来克珀林铁甲船、高珀保学堂	同上	同上
蒋超英	同上	1877年3月31日	1880年4月	英国狄芬司铁甲船	同上	
林颖启	同上	同上	同上	西班牙爱勤考特兵船	同上	
黄建勋	同上	同上	同上	美国伯里洛芬兵船	驾驶、水雷、电气	
严宗光（严复）	同上	同上	1879年2月	英国抱士穆德学校、格林尼次官学	驾驶、冶炼、枪炮、营垒	后学堂急需教师，先回国任教
何心川	同上	同上	同上	英国格林尼次官学、普提西何兵船	测量物理	因病先回国

姓名	学历	留学时间		留学国别与单位	学习专业	备注
		出国	回国			
萨镇冰	驾驶第2届	同上	1880年4月	英国格林尼次官学、门那次兵船	驾驶	
林永升	驾驶第1届	同上	同上	英国格林尼次官学、马杜兵船	同上	
叶祖珪	同上	同上	同上	英国格林尼次官学、来克珀林兵船和英芬昔索耳兵船	同上	
方伯谦	同上	同上	同上	英国格林尼次官学、恩延甫兵船和士班登兵船	同上	
罗丰禄	同上	同上		英国琴士官学	物理、化学、气化	翻译,学成后到驻德使馆工作
陈季同	前学堂制造第1届	1875年秋	1876年4月	法国政治学校	法律	文案,学成到驻德使馆工作
		1877年3月31日				
马建忠		1877年3月31日	1880年4月	同上	同上	随员,非学堂毕业生
江懋祉	后学堂驾驶第2届	同上	同上	西班牙爱勤考特兵船	驾驶	以上第1届留学生计38人
黄庭	前学堂制造第2届	1882年1月	1886年3月	法国兵部芬屯伯鲁枪炮工程官学堂	营造	以下为第2届留学生
王迴澜	同上	同上	同上	同上	同上	
李芳荣	同上	同上	同上	同上	枪炮	留使馆当翻译
王福昌	同上	同上	1885年12月	法国兵部火药官学堂	硝药	
陈伯璋	同上	同上		德国刷次考甫水雷厂	鱼雷	自购试药,负债过多,自杀身亡
魏瑝	同上	同上	1885年5月	法国阿克工艺学院	制造轮机	因病提前回国
陈才锘	同上	同上	1884年12月	德国刷次考甫水雷厂	鱼雷、水雷	

续表

姓名	学历	留学时间		留学国别与单位	学习专业	备注
		出国	回国			
王庆端	同上	同上		法国巴黎桥路工程官学堂		病战（腕部疗疮开刀）
李鼎新	后学堂驾驶第4届	同上	1886年3月	英国	驾驶	
陈兆艺	同上	同上	同上	同上	同上	以上第2届留学生计10名
郑守箴	前学堂制造第3届	1886年4月	1891年	法国学部娜蛮大书院	制造、算学、物理、化学	以下为第3届留学生，因经费困难提前回国
林振峰	同上	同上	同上	同上	同上	同上
林　藩	同上	同上	同上	法国学部律例大书院	万国公法，法语	同上
游学楷	同上	同上	同上	同上	同上	同上
高而谦	同上	同上	同上	同上	同上	同上
王寿昌	同上	同上	同上	同上	同上	同上
柯鸿年	同上	同上	同上	同上	同上	同上
许寿仁	同上	同上	同上	同上	同上	同上
陈庆平	同上	同上	同上	法国工部制造大书院	制造	同上
李大受	同上	同上	同上	同上	同上	同上
杨济成	同上	同上	同上	法国	同上	同上（考试不及格）
林志荣	同上	同上		法国营造官学堂	同上	病重（咯血）回国身故
陈鹤潭	后学堂管轮第3届	同上		英国高士博白龙学堂，英格兰造船厂	轮机造舰	病故英国
卢守孟	前学堂制造第3届	同上	1889年	法国海军部制造大书院	同上	
陈长龄	同上	同上	同上	同上	同上	
王　桐	后学堂管轮第3届	同上	同上	英国海军部格林书院，莫纳克耳克铁甲舰	同上	
罗忠尧	后学堂驾驶第7届	同上	同上	英国格林书院，迈尼外尔和金士哥利士书院	海军、捕盗公法等英国法律、拉丁文、英语	

姓名	学历	留学时间		留学国别与单位	学习专业	备注
		出国	回国			
陈寿彭	驾驶第4届	同上	同上	同上	同上	在1885年曾留学日本,为留日第一人
张秉奎	驾驶第9届	同上	同上	同上	同上	
贾凝禧	同上	同上	同上	英国海部巡海练船,英属地中海部丹麦雷铁甲船	测绘海图,驾驶铁甲舰	
周献琛	同上	同上	同上	英国海部巡海练船,次安伯轮铁甲船	同上	
黄鸣球	驾驶第6届	同上	同上	英国海部枪炮练船,兵部武力工炮厂	操放火炮枪队、陈图、制雷、修炮、驾驶铁甲船	
邱志范	驾驶第7届	同上	同上	英国海军部枪炮练船,爱伦求克兵船、兵部武力工炮厂	同上	
郑文英	驾驶第9届	同上	同上	英国格林书院枪炮练船	算学、物理、水机、水汽学、枪炮练法	
陈恩焘	驾驶第5届	同上	1888年4月	英国海部巡洋练船,法国海军部海图衙门	驾驶铁甲船测绘海图	北洋派遣,因病先回国
刘冠雄	后学堂驾驶第4届	同上	1889年	英国海军部枪炮练船,爱伦求克船,兵部武力士炮厂	操放火炮枪队、陈图、制雷、修炮、驾驶铁甲船	北洋派遣
曹廉正(曹廉箴)	同上	同上	同上	英国格林书院,迈尼外尔和金士哥利士书院	水师兵船,算学,物理	同上
陈伯涵(陈燕年)	同上	1886年3月	同上	同上	同上	同上
罗忠铭	驾驶第9届	同上				提前撤回,以上是第3届留学生29人
施恩孚	前学堂制造第4届	1897年6月	1900年11月	法国船机官院	制造	以下为第4届留学生,因经费困难提前回国

续表

姓名	学历	留学时间		留学国别与单位	学习专业	备注
		出国	回国			
丁平澜	同上	同上	同上	法国铁路桥官院,卢衣学堂	同上	
郑守钦	同上	同上	同上	同上	同上	
黄德祯	同上	同上	同上	同上	同上	
林福贞*	同上	同上		同上	同上	
魏子京	同上	同上	同上	法国	同上	自费改公费,填卢学孟位置
卢学孟	同上	同上	同上	法国,比利时	同上	调赴比利时兼任翻译,以上为第4届留学生计7人
林履中	后学堂驾驶第3届	1882年	1884年	英国高士堡官学	驾驶,枪炮,数学,电学	利用在德监造军舰赴英留学,学成赴德,1885年驾舰回国学成赴德,1885年驾舰回国
陈和(恒)庆	艺圃第1届	1880年		法国	造船	
刘栋臣	同上	同上		同上	制图,造船	
黄戴	同上	同上		同上	轮机	
王麒	后学堂驾驶第15届	1899年	1900年	日本	陆军	
张哲培	同上	同上	同上	同上	同上	
许崇智	同上	1902年	1904年	日本陆军士官学校第2期	同上	
高鲁	后学堂驾驶第16届	1905年	1909年	比利时布鲁塞尔大学	天文	
李国堂	同上	同上	同上	英国格林尼茨学堂	驾驶、天文、战术、鱼水雷	
许建廷	同上	同上	同上	同上	同上	1907年第2次赴英留学
周志祖	后学堂驾驶第17届	1906年	1912年	日本东京商船学校,横须贺炮术鱼雷学校严乌津船	航海、枪炮、鱼雷	

续表

姓名	学历	留学时间		留学国别与单位	学习专业	备注
		出国	回国			
叶宝琦	后学堂驾驶第19届	1909年		英国	驾驶	
常朝干	管轮第8届	1913年		德国白头鱼雷厂	鱼雷	
沈觐宸（荀玉）	前学堂制造第6届	1905年	1908年	法国,比利时	造舰、飞机制造	
韩玉衡	管轮第10届	1915年	1916年	美国	飞机,潜艇制造	
魏子浩	后学堂驾驶第17届	同上	同上	同上	同上	
李孟实	前学堂制造第6届			法国	造舰	
曾宗瀛	前学堂制造第2届			同上	同上	
程璧光	后学堂驾驶第5届			英国	驾驶	
刘冠南	管轮第2届			同上	轮机	
刘义宽	同上			德国	鱼雷	
陈兆锵	同上			英国	轮机	
魏　怀	管轮第8届			比利时	铁路	
周光祖	驾驶第9届			日本	驾驶	
王道斌	管轮第11届			英国	无线电	
苏学雍	同上			同上	同上	
沈颐清				法国	造舰	《闽侯县志》载其留学外国9年
高近宸	管轮第8届			法国	轮机	

说明：★与毕业生表中林福贞不一致,统一取林福贞。

（五）海校留学生一览表

姓名	学历	留学时间		留学国别与单位	学习专业	备注
		出国	回国			
汪培元	制造第8届	1923年11月		法国	造舰（机械）	自费留学
蒋弼庄	同上	同上		同上	制造（电工）	同上
陈瑞昌	航海第1届	1929年11月	1934年4月	英国格林威治大学	航海	格林威治大学（即海军学院）
陈书麟	同上	同上	同上	同上	航海、枪炮	
蒋兆庄	同上	同上	1933年11月	同上	航海	
陈赞汤	原航海第2届转烟台航海第18届	同上	同上	同上	同上	《中华民国海军史料》定为海校第2届
林祥光	同上	同上	同上	同上	同上	1938年又留学德国，学潜艇，1932年12月回国
林夔	同上	同上	同上	同上	同上	
林遵	烟台航海第18届转马尾海校毕业	同上	1934年7月	同上	同上	1937年5月又留学德国，1939年7月回国
程法侃	同上	同上	1933年11月	同上	同上	1938年1月留学德国学潜艇1939年12月回国
高如峰	同上	同上	同上	同上	同上	《中华民国海军史料》定为海校第2届
林溇	同上	同上	同上	同上	同上	
周应聪	原航海第2届转烟台航海第13届	同上	1932年7月	英国	航海	
欧阳宝	制造学校转烟台航海第17届	同上	同上	同上	同上	
陈大贤	同上	同上	同上	同上	同上	
马德树	飞潜学校第1届	1929年		同上	机械	自费留学

续表

姓名	学历	留学时间		留学国别与单位	学习专业	备注
		出国	回国			
周亨甫	飞潜学校第2届	同上	同上	同上		同上
陈洪	海校航海第1届	1930年9月	1932年12月	日本	后勤	
张大澄	烟台航海第18届转马尾海校毕业	同上	同上	同上	航海	
孟汉鼎	同上	同上	同上	日本、德国	同上	
李慧济	同上	同上	同上	日本	同上	
姚玙	制造学校转烟台航海第17届	同上	同上	同上		
叶可钰	同上	同上	同上	同上		
何希琨	同上	同上	同上	同上		
郑海南	海校轮机第3届	1931年3月	1937年8月	英国轮机大学	轮机制造	
陈昕	同上	同上	同上	同上	同上	
陈荫耕	同上	同上	同上	同上	同上	《海军大事记》中,1932年11月29日赴英国留学,1933年1月17日考入英国轮机大学
傅恭烈	同上	同上	同上	英国轮机大学,美国	轮机制造,造舰	
林宝哲	制造学校转烟台航海第17届	同上	1934年4月	英国	航海	
曾万里	同上	同上	同上	同上		
周伯焘	海校航海第2届	同上	1935年	英国皇家海军学院	同上	
邵仑	同上	同上	同上	同上	同上	
吕叔奋	同上	同上	同上	同上	航海,枪炮	
林继柏	同上	同上	同上	同上	航海	
李寿铺	同上	同上	同上	同上	航海,通讯	
郭懋来	同上	同上	同上	同上	航海	
杨元堚	飞潜学校第2届	同上	同上	英国	内燃机制造	

姓名	学历	留学时间		留学国别与单位	学习专业	备注
		出国	回国			
王荣瑛	飞潜学校第3届	同上	1939年12月	英国	同上	又留学美国学造舰
陈薰	同上	同上	同上	同上		
卓韵湘	海校轮机第2届	1933年11月	1938年5月	美国普渡大学	轮机,电机	1933年11月考入美国普渡大学
黄珽	海校轮机第1届	1934年6月		英国固敏船厂	轮机	1936年10月转意大利工厂实习后即回国
龚栋礼	海校航海第3届	1934年3月	1939年7月	英国、德国	航海	1938年留学德国,学潜艇
薛奎光	同上	同上	同上	意大利	快艇	同上
陈庆甲	同上	同上	同上	同上	同上	同上
刘永仁	同上	同上	同上	英国	航海	同上
高举	同上	同上	同上	英国、德国	航海、潜艇	同上
陈兆棻	同上	同上	同上	意大利、英国	快艇、航海	同上
郑天杰	同上	同上	同上	英国	航海	同上
林葆恪	海校航海第1届	同上	1937年10月	同上	航海	
游伯宜	同上	同上	同上	同上	同上	
刘荣霖	同上	同上	同上	同上	同上	
高声忠	同上	同上	同上	同上	同上	
陈长钧	飞潜学校第3届	1934年6月	1936年10月	英国固敏船厂	造舰	1936年10月转意大利工厂实习后回国,自费留学后改公费
柳鹤图	海校航海第5届	1935年6月	1939年12月	英国	航海,造舰	
郑昂	同上	同上	同上	同上	航海	
常香圻	同上	同上	同上	同上	同上	
萨师洪	同上	同上	1939年2月	同上	同上	
高光暄	同上	同上	同上	同上	同上	
魏行健	同上	同上	1938年5月	同上	同上	1938年抗战阵亡
魏济民	同上	同上	1939年2月	同上	同上	

续表

姓名	学历	留学时间		留学国别与单位	学习专业	备注
		出国	回国			
陈嘉震	同上	同上	1938 年 9 月	同上	同上	
郎鉴澄	原海校航海第 2 届转烟台第 18 届	1936 年 7 月	1939 年 12 月	英国,德国	航海,潜艇	1937 年 5 月由英赴德留学 1939 年 7 月回国
韩兆霖	海校航海第 3 届	同上	同上	同上	航海,鱼雷	1937 年 5 月改赴德国留学
黄廷枢	海校航海第 2 届	同上	1939 年 7 月	同上	航海	同上
张绍熙	海校航海第 4 届	同上	1939 年 10 月	英国	航海,鱼雷	
阙疑	同上	同上	同上	同上	航海	《中华民国海军史料》大事记列名为阙辅三
周仲山	同上	同上	同上	同上	同上	
邵奇	同上	同上	同上	日本	同上	毕业生名册未列名,留学生名册列名,《民国海军史料》
林惠平	管轮第 12 届	1937 年 10 月	1939 年 12 月	德国,美国	潜艇建造,造舰	
夏新	海校轮机第 4 届	同上	同上	美国	造舰	
邱仲明	海校航海第 6 届	1937 年 4 月	1939 年 7 月	德国	潜艇	
林濂藩	同上	同上	同上	同上	同上	
何树铎	同上	同上	同上	同上	同上	
刘纯巽	同上	同上	同上	同上	同上	
廖士澜	同上	同上	同上	同上	同上	
欧阳晋	同上	同上	同上	德国,英国	潜艇,航海	
刘震	同上	同上	同上	德国	潜艇	
卢如平	同上	同上	同上	同上	同上	
蒋菁	同上	同上	同上	同上	同上	
王国贵	同上	同上	同上	同上	同上	
苏镜潮	管轮第 12 届	1938 年 1 月	1939 年 12 月	同上	潜艇建造	

姓名	学历	留学时间		留学国别与单位	学习专业	备注
		出国	回国			
李孔荣	同上	同上		同上	潜艇建造，快艇	1938年4月在柏林车祸中身亡
陈尔恭	管轮第13届	同上	1939年12月	同上	潜艇建造	
程璟	管轮第14届	同上	同上	同上	同上	
欧德	飞潜学校第2届	1941年	1945年	美国	飞机制造	飞潜学校同时留美共有7人
萨本炘	管轮第12届	1923年5月	1929年8月	英国格拉斯奇工业大学造船系维克斯船厂	造舰	工业大学学习4年，船厂实习2年
陈兆俊	同上			荷兰	枪炮	
何传永	马尾海校转烟台海校航海第12届	1929年8月	1932年2月	美国海道测量局	海道测量	
王致光	同上	1937年10月	1939年12月	德国	潜艇建造	
马德建	管轮第12届			美国	轮机制造	
刘馥	海校航海第5届			美国、英国	冶金、航海	
吴建安	海校航海第6届					
邹坚	海校航海第10届	1942年		英国格林威治皇家海军学院潜艇专科学校	航海、潜艇	1940年由轮机6届改为航海10届
唐擎霄	管轮第13届			美国	政治、经济	
李贞可	海校轮机第1届			同上	造舰	
朱尧曾	海校轮机第4届			同上	汽车	
张钰	海校轮机第5届			同上	轮机制造	
龙家美	同上			同上	造舰	
王民彝	同上			同上	轮机制造	

续表

姓名	学历	留学时间		留学国别与单位	学习专业	备注
		出国	回国			
官　明	海校造舰班			英国	造舰	
邵正炎	海校航海第4届			同上	航海、枪炮	
池孟彬	海校航海第6届			英国	航海	
陈景文	同上			德国	潜艇	
张敬荣	海校航海第7届			美国?	航海、雷达	
葛敦华	海校航海第8届			英国	航海	
宋季晃	同上			同上	同上	
周谨江	同上			同上	同上	
郭成森	同上	1942年	1946年	英国皇家海军学院指挥系	同上	在英海军巡洋舰实习,参加对德作战
刘　渊	同上			英国	同上	
汪济生	同上			美国	同上	
陈　克		1945年		英国	同上	
何友恪	同上	1945年9月	1948年	同上	航海、文书	
陈宗孟	同上	同上	同上	同上		
何鹤年	同上	同上	同上	船电、雷达		
徐振骐	飞潜学校第2届			同上	造舰	
朱于炳	海校造舰班	1946年		英国	造舰	
王绥瑄	同上	同上		同上	造舰、天文	
郑振武	同上	同上		同上	造舰	
吴本湘	同上	同上		同上	同上	
林　立	同上	同上		同上	同上	
林金铨	同上	同上		同上	同上	

（六）中法甲申海战阵亡船政学堂毕业生一览表

姓名	毕业届数	职务	职衔	备考
许寿山	驾驶专业第1届	"振威"舰管驾	守备	阵亡
吕 翰	驾驶专业第1届	"福胜""建胜"舰督带	都司	阵亡
梁梓芳	驾驶专业第1届	"扬武"舰副管驾	千总	阵亡
叶 琛	驾驶专业第2届	"福胜"舰管驾	千总	阵亡
林森林	驾驶专业第3届	"建胜"舰管驾	五品军功	阵亡
陈 英	驾驶专业第3届	"福星"舰管驾	五品军功	阵亡
梁祖勋	驾驶专业第4届	"扬威"舰大副	六品军功	阵亡
谢润德	驾驶专业第4届	"飞云"舰大副	六品军功	阵亡
陈善元	驾驶专业第4届	"建威"舰大副	六品军功	阵亡
丁兆中	驾驶专业第4届	"建胜"舰大副	六品军功	阵亡
王 涟	驾驶专业第5届	"福星"舰三副	五品军功	阵亡
翁守正	驾驶专业第7届	"福胜"舰大副	五品军功	阵亡
吴其藻	驾驶专业第8届	"扬武"舰练生	六品军功	不明
杨兆楠	驾驶专业第8届	"扬武"舰练生	七品军功	阵亡
薛有福	驾驶专业第8届	"扬武"舰练生	七品军功	阵亡
黄季良	驾驶专业第8届	"扬武"舰练生	五品军功	阵亡
藩锡基	管轮专业第2届	"飞云"舰正管轮	七品军功	阵亡
庞延桢	管轮专业第2届	"扬武"舰三管轮	七品军功	阵亡
马应波	管轮专业第2届	"飞云"舰三管轮	五品军功	阵亡
戴庆涛	管轮专业第2届	"福胜"舰副管轮		阵亡
陈毓淞	驾驶专业第1届	"建胜"舰管驾		
邝咏钟	驾驶专业第1届	"振威"舰一副	六品军功	阵亡

（七）中日甲午海战阵亡船政学堂毕业生一览表

姓名	毕业届数	职务	职衔	备考
刘步蟾	驾驶专业第1届	"定远"舰管带	右翼总兵	威海自杀
林泰曾	驾驶专业第1届	"镇远"舰管带	左翼总兵	因撞舰愤而自杀

姓名	毕业届数	职务	职衔	备考
杨用霖	福建水师"艺新"舰船生	"镇远"舰帮带大副	左翼中营参将	管带林泰曾忧愤自杀后，杨用霖升护理左翼总兵兼署镇远管带。1995年2月因拒绝出面与日军接洽投降，而自击殉国。
邓世昌	驾驶专业第1届	"致远"舰管带	中军中营副将	黄海海战中阵亡
刘荫霖	管轮专业第2届	"致远"舰总管轮	中军中营都司	黄海海战中阵亡
郑文恒	管轮专业第2届	"致远"舰大管轮	中军中营守备	黄海海战中阵亡
林永升	驾驶专业第1届	"经远"舰管带	左翼左营副将	黄海海战中阵亡
陈兆麟	驾驶专业第4届	"经远"舰帮带	左翼左营都司	黄海海战中阵亡
李联芬	驾驶专业第6届	"经远"舰鱼雷大副	左翼左营守备	黄海海战中阵亡
张海鳌	驾驶专业第11届	"经远"舰候补副（见习生）		黄海海战中阵亡
陈应濂	驾驶专业第6届	"经远"舰管轮		黄海海战中阵亡
刘昭亮	管轮专业第2届	"经远"舰二管轮	左翼左营千总	黄海海战中阵亡
陈景祺	管轮专业第1届	"来远"舰总管轮	右翼左营都司	黄海海战后升游击。1895年2月7日在海战中阵亡
蔡馨书	驾驶专业第11届	"来远"舰三副	右翼左营千总	黄海海战中阵亡
林履中	驾驶专业第3届	"扬威"舰管带	右翼右营参将	黄海海战中阵亡
黎晋骆	管轮专业第1届	"威远"舰二管轮	精练前营千总	黄海海战中阵亡
黄建勋	驾驶专业第1届	"超勇"快船管带	左翼右营参将	黄海海战中阵亡
翁守瑜	驾驶专业第6届	"超勇"快船帮带大副	左翼右营守备	黄海海战中阵亡

（八）抗日战争阵亡海军学校毕业生一览表

姓名	职务	毕业届数	阵亡时间、地点
江平光	史"34"号鱼雷艇中尉轮机长	海校轮第4届	1937年8月23日在江阴海战中阵亡
孟汉霖	"平海"舰高射炮见习	海校航第5届	1937年9月22日在江阴海战中阵亡
高昌衢	"平海"舰	海校航第5届	1937年9月22日在江阴海战中阵亡
林人骥	"宁海"舰中尉航海员	海校航第4届	1937年9月23日在江阴海战中阵亡
魏行健	"中山"舰航海员	海校航第5届	1938年10月24日在金口战役中阵亡

姓名	职务	毕业届数	阵亡时间、地点
周福增	"中山"舰见习	海校航第6届	1938年10月24日在金口战役中阵亡
陈智海	"中山"舰见习	海校航第6届	1938年10月24日在金口战役中阵亡
朱星庄	海军布雷队	海校航第7届	1940年布雷中,中敌弹阵亡
李耀华	海军布雷队	海校航第8届	1940年布雷中,中敌弹阵亡
卢国民	重庆航空委员会侦察班学员	海校航第5届	1939年空战中阵亡
柴耀城	重庆航空委员会侦察班学员	海校航第5届	1939年空战中阵亡
李长霖		海校航第3届	抗战时期于新洲港道执行任务,触雷阵亡

（九）船政学堂暨海军学校毕业生晋授将军名录

序号	姓名	届数	时间	级别
1	张　成	船政后学堂驾驶班第1届	1884年	闽安镇副将
2	吕　翰	船政后学堂驾驶班第1届	1885年	照二品抚恤
3	方伯谦	船政后学堂驾驶班第1届	1888年	北洋水师中军左营副将
4	邱宝仁	船政后学堂驾驶班第1届	1889年	北洋水师右翼左营副将
5	邓世昌	船政后学堂驾驶班第1届	1894年	北洋水师中军副将
6	刘步蟾	船政后学堂驾驶班第1届	1895年	照提督例从优抚恤
7	林永升	船政后学堂驾驶班第1届	1895年	照提督例从优抚恤
8	黄建勋	船政后学堂驾驶班第1届	1895年	追赠总兵衔
9	林泰曾	船政后学堂驾驶班第1届	1889年	提督衔
10	叶祖珪	船政后学堂驾驶班第1届	1905年7月	清授振威将军
11	严　复	船政后学堂驾驶班第1届	1910年	海军协都统
12	叶伯鋆	船政后学堂驾驶班第1届		总兵
13	蒋超英	船政后学堂驾驶班第1届	1912年11月	海军少将例优恤
14	何心川	船政后学堂驾驶班第1届	1914年5月	海军少将
15	李　和	船政后学堂驾驶班第1届	1914年5月	海军中将
16	萨镇冰	船政后学堂驾驶班第2届	1912年12月 1922年5月	海军上将 授肃威上将军
17	林颖启	船政后学堂驾驶班第2届	1914年1月	海军中将
18	邓聪保	船政后学堂驾驶班第2届	1916年7月	海军少将
19	林履中	船政后学堂驾驶班第3届	1895年	赐总兵例抚恤

序号	姓名	届数	时间	级别
20	蓝建枢	船政后学堂驾驶班第 3 届	1918 年 2 月 1921 年 7 月	海军中将 授澄威将军
21	谢润德	船政后学堂驾驶班第 4 届	1885 年	总兵赐恤
22	刘冠雄	船政后学堂驾驶班第 4 届	1912 年 11 月	海军上将
23	黄伦苏	船政后学堂驾驶班第 4 届	1917 年 3 月	海军少将
24	黄裳治	船政后学堂驾驶班第 4 届	1918 年 11 月	海军少将
25	李鼎新	船政后学堂驾驶班第 4 届	1921 年 10 月	海军上将
26	何品璋	船政后学堂驾驶班第 4 届	1926 年 11 月	海军中将
27	程璧光	船政后学堂驾驶班第 5 届	1912 年 12 月 1922 年 7 月	海军中将 追赠海军上将
28	陈恩焘	船政后学堂驾驶班第 5 届	1947 年 11 月	海军中将
29	黄鸣球	船政后学堂驾驶班第 6 届	1914 年 10 月	海军少将
30	李国圻	船政后学堂驾驶班第 7 届	1919 年	海军少将
31	宋文翙	船政后学堂驾驶班第 8 届	1914 年 1 月	追赠海军中将
32	徐振鹏	船政后学堂驾驶班第 8 届	1914 年 5 月	海军中将
33	吴应科	船政后学堂驾驶班第 8 届	1914 年 8 月	海军中将
34	曾瑞祺	船政后学堂驾驶班第 8 届	1913 年 8 月	海军少将
35	林葆怿	船政后学堂驾驶班第 8 届	1922 年 1931 年 1 月	葆威将军 海军上将例优恤
36	程奎光	船政后学堂驾驶班	1917 年 5 月	追授海军少将
37	黄钟瑛	船政后学堂驾驶班第 11 届	1912 年 11 月 1912 年 12 月	海军中将 海军上将优恤
38	周兆瑞	船政后学堂驾驶班第 11 届	1922 年 11 月	海军少将
39	许继祥	船政后学堂驾驶班第 12 届	1923 年 3 月 1941 年 10 月	海军少将 中将参议
40	吴光宗	船政后学堂驾驶班第 12 届	1925 年 7 月	海军少将
41	李景曦	船政后学堂驾驶班第 14 届	1917 年 3 月	海军少将
42	林颂庄	船政后学堂驾驶班第 14 届	1919 年 10 月	海军中将例优恤
43	许崇智	船政后学堂驾驶班第 15 届		陆军上将
44	张哲培	船政后学堂驾驶班第 15 届		海军中将
45	李国堂	船政后学堂驾驶班第 16 届	1924 年 5 月	海军少将
46	陈训泳	船政后学堂驾驶班第 16 届	1935 年 9 月 1944 年 9 月	海军中将 追赠海军上将
47	贾　勤	船政后学堂驾驶班第 16 届	1947 年 11 月	海军少将
48	魏子浩	船政后学堂驾驶班第 17 届	1919 年 4 月	海军少将

序号	姓名	届数	时间	级别
49	林元铨	船政后学堂驾驶班第 18 届	1948 年 5 月	海军中将
50	魏 翰	船政前学堂制造班第 1 届	1915 年 5 月	造舰总监
51	郑 诚	船政前学堂制造班第 1 届	1919 年 10 月	造舰主监
52	郑清濂	船政前学堂制造班第 1 届	1925 年 7 月	造舰总监
53	吴德章	船政前学堂制造班第 1 届	1925 年 7 月	造舰总监
54	曾宗瀛	船政前学堂制造班第 2 届	1917 年 11 月	造舰主监
55	沈觐宸	船政前学堂制造班第 6 届	1925 年 7 月 1947 年 11 月	海军造械主监 海军轮机中将
56	陈兆锵	船政后学堂管轮班第 2 届	1913 年 8 月	海军轮机中将
57	刘冠南	船政后学堂管轮班第 2 届	1917 年 10 月	海军轮机中将
58	王齐辰	船政后学堂管轮班第 2 届	1925 年 1 月	海军轮机中将
59	黄履川	船政后学堂管轮班第 3 届	1914 年 5 月	海军轮机少将
60	张斌元	船政后学堂管轮班第 4 届	1922 年 1 月	海军轮机少将
61	刘贻远	船政后学堂管轮班第 7 届	1925 年 7 月	海军轮机少将
62	唐德炘	船政后学堂管轮班第 7 届	1925 年 7 月	海军轮机少将
63	韩玉衡	船政后学堂管轮班第 10 届	1947 年 8 月	海军轮机少将
64	杨 楷	船政学堂艺圃	1920 年 1 月	海军轮机少将
65	张章铨	船政学堂艺圃	1920 年 1 月	海军轮机少将
66	林 溥	马尾海军学校航海班第 3 届	1965 年	海军少将（台湾）
67	陈庆甲	马尾海军学校航海班第 3 届		海军中将
68	郑天杰	马尾海军学校航海班第 3 届		海军少将
69	魏济民	海军学校航海班第 5 届	1947 年	海军少将
70	柳鹤图	海军学校航海班第 5 届	1948 年	海军少将
71	刘耀旋	海军学校航海班第 5 届	1959 年	海军少将（台湾）
72	常香圻	海军学校航海班第 5 届		海军少将
73	萨师洪	海军学校航海班第 5 届		海军少将
74	林鸿炳	海军学校航海班第 6 届	1959 年	海军中将（台湾）
75	何树铎	海军学校航海班第 6 届	1963 年	海军少将（台湾）
76	邱仲明	海军学校航海班第 6 届	1964 年	海军中将（台湾）
77	林濂藩	海军学校航海班第 6 届	1973 年	海军中将（台湾）
78	池孟彬	海军学校航海班第 6 届	1974 年	海军中将（台湾）
79	曾耀华	海军学校航海班第 6 届		海军少将（台湾）
80	葛敦华	海军学校航海班第 8 届	1978 年	海军中将（台湾）
81	陈明文	海军学校航海班第 9 届		海军少将

序号	姓名	届数	时间	级别
82	易 鹗	海军学校航海班第9届		海军少将
83	邹 坚	海军学校航海班第9届后转入青岛海军学校	1976年	海军二级上将（台湾）
84	林蛰生	海军学校航海班第10届	1980年	海军中将（台湾）
85	雷泰元	海军学校航海班第10届		海军少将（台湾）
86	张振亚	海军学校航海班第10届	1993年	海军中将（台湾）
87	黄肇权	海军学校航海班第10届		海军少将（台湾）
88	罗 锜	海军学校航海班第11届	1975年	海军中将（台湾）
89	区小骥	海军学校航海班第11届	1986年	海军中将（台湾）
90	刘和谦	海军学校航海班第11届	1992年	海军一级上将（台湾）
91	郑本基	海军学校航海班第11届		海军中将（台湾）
92	秦庆华	海军学校航海班第11届		海军中将（台湾）
93	邱 奇	海军学校航海班第11届		海军少将（台湾）
94	朱成祥	海军学校航海班第11届	1972年	海军少将（台湾）
95	叶元达	海军学校航海班第12届		海军少将（台湾）
96	刘溢川	海军学校航海班第13届	1970年	海军中将（台湾）
97	陈连生	海军学校航海班第13届	1979年	海军中将（台湾）
98	徐学海	海军学校航海班第13届		海军中将（台湾）
99	刘达材	海军学校航海班第13届		海军中将（台湾）
100	叶昌桐	海军学校航海班第13届	1986年	海军二级上将（台湾）
101	宋 炯	海军学校航海班第13届		海军少将（台湾）
102	宫湘洲	海军学校航海班第13届		海军少将（台湾）
103	李用彪	海军学校航海班第13届		海军中将（台湾）
104	邱华谷	海军学校航海班第13届		海军少将（台湾）
105	张天玖	海军学校航海班第13届		海军少将（台湾）
106	黄忠能	海军学校航海班第13届	1974年	海军少将（台湾）
107	古国新	海军学校航海班第13届		海军少将（台湾）
108	叶润泉	海军学校航海班第13届		海军少将（台湾）
109	张寿椿	海军学校航海班第14届		海军少将（台湾）
110	丘 熏	海军学校航海班第14届		海军少将（台湾）
111	周 烜	船政后学堂管轮班第12届	1947年	海军少将
112	林惠平	船政后学堂管轮班第12届		海军少将
113	陈 昕	海军学校轮机班第3届		海军少将

序号	姓名	届数	时间	级别
114	夏　新	海军学校轮机班第4届	1960年	海军中将(台湾)
115	王先登	海军学校轮机班第4届后转电雷学校轮机班第1届	1964年	海军中将(台湾)
116	晏海波	海军学校轮机班第4届后转电雷学校轮机班第1届		海军中将(台湾)
117	袁铁忱	海军学校轮机班第4届后转电雷学校轮机班第1届		海军少将(台湾)
118	杨　珍	海军学校轮机班第4届后转电雷学校轮机班第1届		海军少将(台湾)
119	张奇骏	海军学校轮机班第5届		海军少将(台湾)
120	陈鸣铮	海军学校轮机班第5届	1968年	海军少将(台湾)
121	杨熙龄	海军学校轮机班第5届		海军少将(台湾)
122	曾尚智	海军学校轮机班第6届	1981年	海军中将(台湾)
123	糜汉淇	海军学校轮机班第6届		海军少将(台湾)
124	陈启明	海军学校轮机班第6届		海军少将(台湾)
125	王家骧	海军学校轮机班第6届		海军少将(台湾)
126	欧阳良	海军学校轮机班第7届	1988年	海军中将(台湾)
127	李宗傑	海军学校轮机班第7届		海军少将(台湾)
128	张宗仰	海军学校轮机班第7届		海军少将(台湾)
129	赵士骧	海军学校轮机班第7届		海军少将(台湾)
130	萧楚乔	海军学校轮机班第7届		海军少将(台湾)
131	曾国晟	1913年考入福州海军学校驾驶班第2届,后转烟台海军学校航海班第13届	1947年	海军少将
132	周应聪	1913年考入福州海军学校驾驶班第2届,后转烟台海军学校航海班第13届	1947年3月	海军少将
133	曾万里	1915年考入福州海军制造学校,后转烟台海军学校航海班第17届	1945年	海军少将
134	欧阳宝	1915年考入福州海军制造学校,后转烟台海军学校航海班第17届		海军少将(台湾)
135	何希琨	1915年考入福州海军学校,后转烟台海军学校航海班第17届		海军少将

序号	姓名	届数	时间	级别
136	梁序昭	1917年考入福州海军制造学校,后转烟台海军学校航海班第17届	1954年	海军二级上将(台湾)
137	陈赞汤	1924年福州海军学校航海班转烟台海军学校航海班第18届,1928年再转马尾海军学校学习(称寄闽班)		海军少将
138	林祥光	1924年福州海军学校航海班转烟台海军学校航海班第18届,1928年再转马尾海军学校学习(称寄闽班)		海军少将
139	高如峰	1924年福州海军学校航海班转烟台海军学校航海班第18届,1928年再转马尾海军学校学习(称寄闽班)		海军中将
140	林遵	烟台海军学校航海班第18届转马尾海军学校学习(称寄闽班)	1955年	海军少将

(十)中山舰事件船政参与人员一览表

姓名	职务	存亡情况	简介
吕叔奋 (1912—1996年)	副舰长	生存	福建闽侯人。海军学校航海班第2届毕业生,留学英国。回国后任海军学校教官。1938年9月代"中山"舰副舰长,1938年10月24日武汉保卫战中,舰长萨师俊身负重伤离开舰船后,代舰长职继续指挥作战。1941年后历任海军长江中游布雷游击队第三中队队长、马尾海军练营教官、"威宁"舰舰长、上海交通大学航海系副教授、广州港监局工程师。
周仲山	枪炮员	生存	福建闽侯人。海军学校航海班第4届毕业生。历任"应瑞"舰航海副、"中山"舰枪炮员、海军布雷队第五分队队长、海军浔鄂区布雷游击队第三分队队长、第四中队中队长。
陈夔益	枪炮员	生存	海军学校航海班第5届毕业生。"中山"舰枪炮员。

姓名	职务	存亡情况	简介
魏行健 （1910—1938年）	航海见习生	阵亡	湖南衡阳人，海军学校航海班第5届毕业生。1935年派赴英国留学，1938年5月毕业回国。随即派赴"中山"舰任中尉航海员。在一号舢板殉职，尸体找到，葬于金口。
陈智海 （1916—1938年）	航海见习生	阵亡	浙江杭州人，海军学校航海班第6届毕业生。1938年派赴"中山"舰见习。在一号舢板殉职，未找到尸体。
周福增 （1916—1938年）	航海见习生	阵亡	浙江常山人，海军学校航海班第6届毕业生。1938年派赴"中山"舰见习。在一号舢板殉职，未找到尸体。
林鸿炳 （1914—?）	航海见习生	生存	广东文昌（今属海南）人。海军学校航海班第6届毕业生，1938年派赴"中山"舰见习。历任"永胜"舰舰长、台湾巡逻舰队司令、扫布雷舰队少将司令。1959年5月任台湾舰队指挥部（后改称舰队司令部）少将副指挥官（编阶中将）。1965年任台湾海军总部督察长。1968年又调回舰队司令部任副司令（即原舰队指挥部）。
康健乐	航海见习生	生存	湖南人。海军学校航海班第6届毕业生，派赴"中山"舰见习。后任中央海军军官学校第二大队大队长。
陈鸣铮 （1916—2013年）	轮机见习生	生存	福建闽侯人。海军学校轮机班第5届毕业生，1938年派赴"中山"舰见习。历任台湾供应司令部司令，"国防部"军事工程局南部工程组组长，海军总司令部补给署署长，海军后勤署首任署长，负责建造海港、机场等军用设施。1971年以海军少将转任台湾台中工程局局长。1976年7月任台中港务局首任局长。
刘洺源	轮机见习生	生存	湖南人。海军学校轮机班第5届毕业生，1938年派赴"中山"舰见习。
张奇骏	轮机见习生	生存	河南人，海军学校轮机班第5届毕业生，1938年派赴"中山"舰见习。后任赴英海军参战受训总队潜艇轮机科轮机上副、海军第四造船厂少将船长。
张传钊	轮机见习生	生存	湖北人。海军学校轮机班第5届毕业生，1938年派赴"中山"舰见习。1948年任马尾制造所所长。
张嵩龄 （1913—2001年）	电信员	生存	福建长乐人。福州海军艺术学校学生，后转入南京海军水鱼雷营附设无线电训练班毕业。1938年派赴"中山"舰。后进入中国航空公司，参加"两航"起义及昆明机场建设。
王　迪	电信员	生存	福州海军艺术学校学生，后转入南京海军水鱼雷营附设无线电训练班毕业。1938年派赴"中山"舰。
黄孝春	军事长	阵亡	福建闽侯县人，马江海军练营毕业。历任"建康""中山"舰轮机军事长，在一号舢板被机枪扫射殉职，阵亡时年48岁，葬于武汉金口。

续表

姓名	职务	存亡情况	简介
林寿祺	簿记下士	阵亡	福建闽侯人,马尾海军练营毕业。阵亡时年仅33岁,葬于武汉金口。
刘则茂	帆缆下士	阵亡	福建闽侯人,马尾海军练营毕业。阵亡时年39岁,未找到尸体。
陈利惠	一等兵	阵亡	福建闽侯人,马尾海军练营毕业。阵亡时年30岁,葬于武汉金口。
郭奇珊	一等兵	阵亡	福建闽侯人,马尾海军练营毕业。阵亡时年27岁,葬于武汉金口。
李　麒	一等兵	阵亡	福建闽侯人,马尾海军练营毕业。伤重延至27日死亡葬于荆州新堤。
陈永孝	二等兵	阵亡	福建闽侯人,马尾海军练营毕业。阵亡时年25岁,葬于武汉金口。
洪幼官	二等兵	阵亡	福建闽侯人,马尾海军练营毕业。阵亡时年27岁,葬于武汉金口。
严文焕	三等兵	阵亡	福建闽侯人,马尾海军练营毕业。在炮位受伤,殉职于一号舭板,时年23岁,葬于武汉金口。
江钊官	三等兵	阵亡	福建闽侯人,马尾海军练营毕业。阵亡时年25岁,葬于武汉金口。
李炳麟	三等兵	阵亡	福建闽侯人,马尾海军练营毕业。阵亡时年24岁,尸体焚毁。
张育金	旗兵	阵亡	福建闽侯人。马尾海军练营毕业。日机第四弹落入左舷时殉职,时年25岁。

(十一)欧洲战场见习参战的海军学毕业生一览表

参战科别	姓名	毕业届数	批次	派赴国家	军委会附员阶级
航海科	刘　馥	航海班第5届	第1批	美国	中尉
	孟汉钟	航海班第5届	第1批	美国	
	刘耀璇	航海班第5届	第2批	英国	上尉
	欧阳炎	航海班第5届	第2批	英国	上尉
	欧阳晋	航海班第6届	第2批	英国	上尉
	何树铎	航海班第6届	第2批	英国	上尉
轮机科	伍桂荣	轮机班第5届	第1批	英国	中尉

续表

参战科别	姓名	毕业届数	批次	派赴国家	军委会附员阶级
潜艇航海科	陈景文	航海班第6届	第2批	英国	上尉
	池孟彬	航海班第6届	第2批	英国	上尉
	饶翟	航海班第6届	第2批	英国	上尉
	吴建安	航海班第6届	第2批	英国	上尉
	张敬荣	航海班第7届	第2批	英国	中尉
	葛敦华	航海班第8届	第1批	英国	少尉
	郭成森	航海班第8届	第1批	英国	少尉
	江济生	航海班第8届	第1批	美国	
潜艇航海科	刘渊	航海班第8届	第2批	英国	中尉
	宋季晃	航海班第8届	第2批	英国	中尉
	陈克	航海班第9届	第2批	英国	少尉
	陈宗孟	航海班第9届	第2批	英国	少尉
	邹坚	轮机班第6届 后转入青岛海军学校	第1批	英国	少尉
潜艇轮机科	张奇骏	轮机班第5届	第2批	英国	上尉
	叶漆	轮机班第5届	第2批	英国	上尉
造船科	龙家美	轮机班第5届	第1批	美国	
	王民彝	轮机班第8届 （原编轮机第5届）	第1批	美国	
	张钰	轮机班第5届	第1批	美国	
	官明	造舰班	第1批	美国	
	朱于炳	造舰班	第2批	英国	少尉
	王绥琯	造舰班	第2批	英国	少尉
	吴本湘	造舰班	第2批	英国	少尉
	郑振武	造舰班	第2批	英国	少尉
	林金铨	造舰班	第2批	英国	少尉
	林立	造舰班	第2批	英国	少尉

专记

甲戌巡台治台

第一节　甲戌巡台

一、牡丹社事件

日本经过明治维新后迅速走上军国主义的道路,在对外关系上就出现极大侵略性。它首先把目光投向我国的台湾。而且从靠近日本的琉球群岛入手。琉球群岛是中国的藩属国,从明洪武五年(1372 年)起就接受明、清政府的册封,向中国朝贡,五百多年来从未间断。17 世纪初,一度虽为日本所屈服,但仍入贡于明、清政府。万历三十七年(1609 年)日本背着中国,将琉球北部诸岛置于自己直接控制之下,南部仍由琉球国王治理,并允许琉球继续朝贡中国,而且不许琉球显露出任何日本势力的存在。

清同治十年(1871 年)底,琉球的贡船八重山号和太平山号遭遇台风,飘到台湾。其中八重山号船获救,45 名船员被地方当局和当地居民护送到台湾府城。另一艘太平山号船在台湾南部八瑶湾触礁沉没,3 人溺水身亡,66 人凫水上岸,中有 54 人被高士佛社、牡丹社少数民族杀害,其余 12 人被营救,与那里的八重山号船员一起,乘轮船由福州转送回琉球。

同治十一年(1872 年),日本册封琉球王尚泰为"藩主",强迫建立宗藩关系,为其吞并琉球做准备,也为侵略台湾寻找根据。

同治十二年(1873 年),日本人佐藤利八等 4 人盐贩乘坐的小船遇风沉没,佐藤等凫水在台湾凤山后山上岸,被当地居民营救,并由地方官安排护送回国,当时日本外交官还发来了感谢函。但不久,日本就指责佐藤等人在台湾遭遇打劫。

同年,日本外务卿副岛种臣以换约和庆贺同治皇帝亲政为名,亲自来华,试探清政府态度,美国驻华公使德朗为他出谋划策,并介绍前美国厦门领事李仙得(Charles W. Le Gendre,1830—1899 年,法裔美国人)为随员。李仙得,同治五年(1866 年)出任美国驻厦门领事。六年二月,美国商船罗妹号(the Rover)在台湾东部外海红头屿(今兰屿)触礁沉没。其生还者被少数民族杀害,引发美国对清政府的交涉。美军自行前往台湾攻击少数民族部落。李仙得还奉命到台湾察看,但因为琅峤属于生番地界,台湾官员不愿介入,李仙得就在同治八年(1869年)自行进入琅峤与十八社总头目谈判,协议少数民族不再伤害漂流到这里的西方船难人员。因为有这番经历,并能说闽南话,李仙得被德朗介绍给日本外务卿副岛种臣作为他的随员。

来华后,副岛没有正式行文照会,而是由副使柳原前光前往总署口头提出琉民遇害的事情。总署认为琉球和台湾都属于中国的领土,不麻烦日本前来过问。总署大臣毛昶熙介绍说,该岛之民向有生熟两种。其已服我朝王化者为"熟番",已经教化,设州县施治;其未服者为"生番",尚未教化,姑置之化外,尚没有很好地加以治理。柳原说要自行问罪,毛昶熙极力反驳,柳原也未再深究。"生番"与"熟番"问题,这是当时的实际情况,但事后日本却以外化属于治理之外为借口出兵侵台。

光绪元年(1875年),日本强行占领琉球,不许琉球再向中国入贡。琉球派遣使臣到福州请求清政府援助。当时,何如璋(1838—1891年)是首任中国驻日本公使。他认为日本要灭琉球,听之任之,"何以为国"?而拒绝它,"边衅究不能免",主张向日本理论,琉球不可放弃,放弃了忧患更深。李鸿章则认为,琉球是"区区之贡",小小的地方,入贡很少,与日本的威力相比较,"非惟不暇,亦且无谓",则无足轻重。并认为何如璋"历练未深,锋芒稍重",建议总理衙门将其调离日本。他骨子里就认为不值得为了这个孤悬海外的藩属,去与日本打仗。

光绪五年(1879年)日本改琉球为冲绳县。当时,正好美前总统格兰特(S. Grant)来华游历,恭亲王、李鸿章等知道日本所恃的是美国,想请格兰特出面调停。格兰特劝与日本分治琉球,不可对日失和,应亟求自强,能自强,日本即不敢生非分之心。格兰特到东京后,也劝日本不要诉诸战争,以免引起欧洲的干涉。事后,日本向李鸿章提议,琉球南部可归中国,但要修改中日条约,允许日本享有西方国家所有特权,不仅仍然要并吞琉球,而且要加紧侵略中国。李鸿章虽然拒绝日本的提议,但总署以中、俄伊犁交涉,日、俄有勾结之意,担心拒之太甚,日俄结盟益深。且利益均沾的诸项条款,各国修约中均有明文,因此不得不对日让步,遂于光绪六年与日使拟订了一个草约。但是廷臣议论纷纷,认为不可。李鸿章也认为琉球一事不应当与条约混为一谈,俄国的事情关系全局,"如稍让于俄,而我因得借俄以慑日",就是联俄制日的想法。

同治十三年(1874年),日本正式成立侵台机构——台湾都督府,任命陆军中将西乡从道为台湾事务都督,任命大藏大臣大隈重信为台湾番地事务局长官,并准备出动军舰侵略台湾。日本的举动引起西方国家的反对。日本政府只好下令军舰延期出发。但西乡从道抗拒命令。他和大隈重信连夜启航,率3600多人在台湾南部登陆,并分三路进攻牡丹社。

当地民众对入侵者进行了顽强的抵抗,牡丹社酋长阿禄阵亡。四月十九日,日军攻占牡丹社,以龟山为基地,建立了所谓的都督府。随后,日军向后山南北各处番社分发日本国旗,准备长久霸占台湾。

同治十三年(1874年)日军在台湾南部登陆

二、甲戌巡台

对日本的侵台事件,清政府起初一无所知,直到三月初四通过英使威妥玛才知道此事。三月廿六日,清政府照会日方,并于廿九日下令派船政大臣沈葆桢为钦差大臣,率领轮船水师开往台湾,授予他处理日本侵台事件的军事外交大权。轮船水师是船政自己建造的舰船组成的舰队。船政第3号轮"福星"号建成后,沈葆桢就奏请清政府批准成立"轮船水师",以区别于旧式的"福建水师",担任起中国沿海的海防任务,成为中国近代第一支海军舰队。沈葆桢巡台,自制的舰船在反侵略战争中发挥了重要作用。

沈葆桢接受巡台任务后,于同治十三年四月十九日(1874年6月3日)上奏折,称日本以怨报德,越境称兵,中西人人发指,此时示以挞伐之威,是正确的。他提出联外交、储利器、储人材、通消息的主张,认为通过外交途径使日本能"怵于公论、敛兵而退"为上策;而中国器械不够精良,日本有铁甲船,我们没有,必须储利器,铁甲船不能不购,各种洋枪、巨炮、合膛之开花弹之类不能不多购,而且要未雨绸缪,"迟则无及矣";要调遣精兵良将赴台,"此时消除萌蘖,须得折冲樽俎之才";欲消息常通,断不可无电线。随即着手进行战略部署:

第一,固民心。他认为"官民同命,草木皆兵",重点是三方面工作:一是"师直为壮",坚持正义;组织声讨敌人"侵我土地,戕我人民",穷兵黩武的侵略者必亡;二是认为当地的民心可用,通过认真的动员,让军民同仇敌忾,众志成城,一致抗日;三是让朝廷"坚忍持之",不要"急于求抚",不要太软弱。

第二，联外交。一是谴责日本的侵略，照会中强烈提出：一、"生番土地，隶中国者二百余年"，主权在中国；生番是中国人，杀人偿命，自有中国的法律来处理；二、"琉球虽弱，亦俨然一国"，自己可以"自鸣不平"；日本"专意恤邻"，可以通过外交来解决；三、针对日方提出"劫掠"船民的问题，针锋相对说"凫水逃生，何有余货可劫"；四、郑重提出"中国版图，尺寸不敢以与人"。拿出《台湾府志》各个番社与台湾政府定的契约给西乡从道看，令其哑口无言。同时知会英美等国，说明情况，争取国际上的支持以孤立敌人。

第三，预边防。汲取鸦片战争的教训，防止日军掉头侵犯福州厦门等沿海，采取加强沿海防务措施，调集各舰船，部署在沿海各地，以防不测。同时增派四个营的兵力加强福建沿海一带的路上防御。

第四，通消息。当时还没有无线电联系，沈葆桢运用四艘兵轮进行联络，互通消息，重要文报一天内便能知道。同时提出架设电线，快速通消息断不可无。后因日本撤军，没有马上实施。光绪三年（1877年），安平到台南，再到旗后的电线由后任丁日昌组织架设成功。这是中国最早的电线。

紧接着沈葆桢于五月初一与福建布政使潘霨和洋将日意格、斯恭塞格等分别乘"安澜""伏波""飞云"等舰，巡视台、澎。沈葆桢到台后，一面向日本军事当局交涉撤军，一面积极着手布置全岛防务。

初六日，潘霨、夏献纶乘舰前往琅峤，与西乡从道交涉退兵。会谈三次，均没有结果。针对当时的形势，沈葆桢提出迅速装备铁甲舰的构想。但李鸿章认为沈葆桢设防备舰，并非一定要与之用武。还多次写信劝说沈葆桢"坚忍，勿开战"，只自扎营操练，不要开战挑起事端，并密令淮军将领唐定奎，到台后"进队不可孟浪"。

沈葆桢深知李鸿章的为人，明白他的主和态度，也了解清廷的软弱，但作为台防的钦差大臣，作为中华民族的一分子，他有强烈的责任感，所以他多次呼吁朝廷要"坚忍持之"，不要"急于求抚"。在实际布防中，他在府城与澎湖增建炮台，安放西洋巨炮，并运来洋炮20尊，洋火药4万磅，火药3万磅；在安平厦门间装置海底电线；增调淮军精锐武毅铭字军13营6500人入台，布置于凤山；陆上防务北路由台湾镇总兵负责，南路由台湾兵备道负责，海上防务，以扬武、飞云、安澜、清远、镇威、伏波六舰常驻澎湖，福星一号驻台北，万年一号驻厦门，济安一号驻福州。沈葆桢还招募台湾少数民族组成"绥靖军""安抚军"两支洋枪队。由于备战得力，士气民心为之大振。这些措施渐次推展开来，形成相当的声势，使日军不敢放肆。

当布防基本就绪后，沈葆桢还制定了将日军"尽歼于海隅"的计划。沈葆桢认为，农历六、七月间风浪汹涌，轮船难泊，日军虽有铁甲船，但不能近岸，可乘风雨来临，一鼓作气，歼灭日军。如错过这个季节，就难以奏效。此时，我军有1万多人，士气高涨，台湾民众全力支持,备战亦较充分。而侵台日军仅 3000 多人,而且这时候,台南南部恶性疟疾流行,侵台日军因气候炎热,水土不服,疾疫流行,每日死者四五名至数十名(共死亡 561 人),士气极其低落。中日双方此时交战,日军必败无疑。

可惜的是,远在北京的清廷一心求和,并不批准沈葆桢的歼敌计划。

三、日本撤军与《北京专约》

沈葆桢将侵台日军"尽歼于海隅"的计划虽然未获批准,但沈葆桢仍然认为必须加紧备战,才能有力地配合朝廷的谈判。他告诉李鸿章等人,没有"大枝劲旅"来配合,"虽舌敝唇焦无益也"。他告诫李鸿章,"城下之盟断断乎其不可为也"。但软弱的清廷还是做出妥协和让步。

在进退维谷、内外交困的形势下,日本也不得不寻求外交解决的途径。六月廿四日,日方全权代表大久保利通偕顾问李仙得动身来华谈判。当他抵达上海时,获悉沈葆桢加紧制造和购买铁甲舰的消息,甚为紧张。

但在这紧急关头,清廷内部却上演了一场新的闹剧。同治十三年七月,同治皇帝发布上谕,宣布圆明园重新开工修建。由于当时镇压太平天国和捻军的战事平息不久,西北回民起事和新疆阿古柏叛乱尚未平复,日本在台湾挑起事端,朝廷收入拮据而开销巨大,修建圆明园将会耗费大量财力物力,因此遭到恭亲王奕訢等十名重臣的联名反对。七月廿九日,同治帝革去恭亲王奕訢一切差使,交宗人府严议。旋因福建方面奏报台湾军务,乃复恭亲王军机大臣职务。三十日,皇帝将给予恭亲王的处分改为革去亲王世袭罔替,降为郡王,同时以"朋比为奸,图谋不轨"的罪名革十重臣的职务。同日,日本全权大臣大久保利通到达北京,与总理衙门谈判解决台湾问题。八月初一,两宫太后出面,说十年以来,如果没有恭亲王,哪有我们孤儿寡母的今天。她说皇上年纪轻,不懂事,宣布恢复恭亲王奕訢的职务。

内部风波平息后,于九月初二,中日双方开始会谈。会谈辩论十分激烈。从实力对比来看,中国占了上风;从形势上看,新疆阿古柏的叛乱尚未平复,中法关系也因越南问题而有所紧张;从国内高层的心态,多为保守主和。

在前七次谈判中,日方仍坚执日本进兵的是"无主野蛮"之地,对此清政府予以严厉驳斥。大久保利通认识到,只有在清政府所坚持的"番地属中国版图"的前提下,才能解决问题。

当时清政府的内政外交也存在很多困难,于是在英、美、法三国出面调停下,清政府决计让步。九月廿二日签订了《北京专约》。恭亲王奕訢与大久保利通分别代表本国政府在北京签字。

《北京专约》,又名《中日北京专条》《台湾事件专约》或《台事北京专约》,是 1874 年 10 月日本与中国清政府签订的有关台湾事件的条约。条约规定:

(一)日本国此次所办,原为保民义举,中国不指以为不是。

（二）前次所有遇害难民之家,中国定给抚恤银两。日本所有在该处修道建房等件,先行筹补银两,另有议办之据。

（三）所有此事,两国一切来往公文,彼此撤回注销,永作罢论。至于该处生蕃,中国自宜设法,妥为约束,以期永保航客,不能再受凶害。

专约的附件有互换凭单,提出:日本国从前被害难民之家,中国先准给抚恤银十万两。又日本退兵,在台地所有修道建房等件,中国愿留自用,准给银四十万两,亦经议定。准于日本国明治七年十二月二十日日本国全行退兵、中国同治十三年十一月十二日中国全数付给,均不得愆期。日本国兵未经全数退尽之时,中国银两亦不全数付给,立此为据。彼此各执一纸存照。

北京专约承认日本侵台为"保民义举",并赔款白银50万两,实际上鼓励了日本的侵华野心。专约中所指之"民",日方有意含混所谓佐滕利八等日本人"被劫"和琉球船民被杀两个事件之意图;中方则只字不提"琉球",从不承认琉球为日本属国。但条约不加区分地将被台湾人民杀害的琉球人与日本人统称为"日本国属民",为日本以后吞并琉球提供了借口。

光绪元年(1875年),日军进驻琉球,强迫琉球改奉日本年号,停止对中国的一切藩属关系。三年,闽浙总督何璟向朝廷报告,琉球国王向中国求援。朝廷不以为然,下旨琉球之事著出使日本大臣何如璋到日本后相机妥办,下令琉球使臣回国,不要在福建等候。三年至四年,日本国内政局混乱,先是西乡隆盛发起了萨摩藩的叛乱,史称"西南战争"。三年八月廿五日,西乡战死。次年,大久保利通被暗杀。日本政府无暇在此困境中解决琉球问题,清政府也没有抓住这个有利时机。

光绪五年(1879年),日本把琉球国王尚泰掳往东京,宣布改琉球为冲绳县。恭亲王却在奏疏中说,何如璋在日本办理琉球交涉事宜。李鸿章则请求来华旅行的美国前总统格兰特设法调解。琉球耳目官毛精长等3人向总署哭诉求援,总署只是发给他们300两川资,将他们打发回国。

随后总理衙门同日本驻华公使开始谈判琉球问题。10月底,恭亲王向朝廷报告,拟在修改《中日通商条约》时,将琉球冲绳岛以北归日本,南部宫古、八重山诸岛归中国,准日本人入中国内地通商,加入"一体均沾"条款。消息传出,清廷立即反对。此后,中日之间没有签署任何琉球问题的条约文件。

《北京专约》签订后,到同治十三年年底,双方按条约交接办理。先是日本特使东久世侍抵达琅峤,传西乡从道都督率军返日。同日,中国快速兵舰扬武号入港,中国军舰凌风号也抵琅峤以备接收。过几日,西乡从道下令撤营。同时,中国军舰两艘入港,遂即互行交接点清,西乡从道一行则搭旗舰高砂丸,由筑波与龙骧两艘日本军舰护航撤离。两天后琅峤地区日军已完全撤离台湾。

第二节　善后治理

在日本侵台刚结束的同治十三年（1874 年）十月，沈葆桢就上了一个奏折《请移驻巡抚折》，他提出了"此次之善后与往时不同，台地之所谓善后，即台地之所谓创始也"的著名论点。在这份折子和《台地后山请开旧禁折》中，他作了阐述了：

一是善后即为创始。"善后不容稍缓"，认为要抓住日军撤退的有利时机，抓紧做好善后工作。而这一次之善后工作与过去不一样，台湾的善后工作就是整顿治理台湾的开始。"善后难，以创始为善后则尤难。"台湾这时的善后不是一般意义上的善后，而是要整治改革，实施了一系列治台政策和改革措施，因此有相当的难度，不可能一蹴而就。

二是抚番开路是善后的重要内容，而抚番开路是相辅相成的，缺一不可。认为从长远考虑，要"绝彼族觊觎之心，以消目前肘腋之患"，必须"一面抚番，一面开路"。而且二者必须同时进行，"开山而不先抚番，则开山无从下手；于抚番而不先开山，则抚番仍属空谈"。

三是只有开禁才能开山招垦，才能发展台湾的经济。要开山，就必须招垦。不先招垦，则"路虽通而仍塞"，要招垦，就必须开禁。不先开禁，"则民裹足而不前"。而开禁，就是要把原先制定的旧例破除掉。施禁，只会给官员兵役留下一个索诈的借口，给民间老百姓增加一分受害。

四是更制改革，事关重大，巡抚分驻是可取的办法。台湾居民有漳籍、泉籍、粤籍之分，"番族又有生番、熟番、屯番之异"，"气类既殊，抚驭匪易"，要加强治理，必须"仿江苏巡抚分驻苏州之例，移福建巡抚驻台"。这样做的好处有：1. 有事可以立断；2. 统属文武，权归一宗；3. 耳目能周，决策立定；4. 公道速伸，人心帖服；5. 便于考察官员，加强实际训练；6. 便于抑制贪黩之风；7. 便于揭穿一些官员蜚语中伤之技；8. 词讼不清，奸人得志，有巡抚在便于拔乱本而塞祸源；9. 开地伊始，地殊势异，可以因心裁酌；10. 人才可以随时调用；11. 便于设官分职，不至于虚设浪费；12. 开煤炼铁，可以就地考察，则地而兴利。而移驻巡抚是"地属封疆，事关更制"的大事，是"为台民计，为闽省计，为沿海筹防计"的重大决策，是"为我国家亿万年之计"的战略部署。因总督兼辖浙江，以福建巡抚移驻台湾较为方便。"立法惟在得人，而事权尤宜归一。"

五是保台治台，关键在得民心。"台地一向饶沃，久为他族所垂涎"，台湾为七省（即广东、福建、浙江、江苏、山东、直隶、奉天七省，囊括全国的海岸线）之门户，关系重大，"未雨绸缪之计，正在斯时"。而"欲固地险，在得民心"，而要得民心，就必须先修吏治、加强和搞好行政。要变革，要创建，要"化番为民"，需要花数十年的工夫来治理。只有经过长期的治理，"生番、熟番"才能浑然无间。台湾的近代化建设才能生机勃勃，蒸蒸日上。

六是"惟台湾有备,沿海可以无忧;台湾不安,则全局震动"。从国家全局高度来看台湾防务建设的重要性。

日军退出台湾后,沈葆桢加强门户建设,采取了许多措施,进行治台。

一、开禁招垦

康熙二十三年(1684年)统一台湾之后,清政府采取了两项对台湾发展极为不利的政策:一是把向清廷投降的郑氏集团成员调回大陆。二是批准施琅的建议,颁布了三项禁令,以防止大量移民赴台与郑氏旧部结合。规定:1.经批准获得渡航许可证才能赴台;2.渡台者一律不准带家属;3.广东一带的不准渡台,特别是客家人。清廷为对付郑氏集团,采取坚壁清野政策,强迫沿海30里内各省居民尽迁内地居住,引起客家人不满,他们群起反对,曾占据汕头南部一带。清廷的这条禁令实际上是对客家人的报复。这三条禁令施行长达190年之久。

这一期间,大陆居民要移居台湾,只有一个办法,就是"偷渡",那可是千辛万苦、惨不堪言的事情。

关于不许偷渡台湾,清廷有6条规定:

1.台湾不准内地人民偷渡,有偷渡者,没收偷渡船只,将船户等分别治罪,文武官员也要治罪。

2.如有充作蛇头,在沿海地方引诱偷渡的人,为首者充军,为从者杖一百,并徒刑三年;互保之船户及知情者杖一百,加枷一个月;偷渡之人杖八十,递回原籍;文武失察者,分别议处。

3.内地商人置货过台,由原籍给照;如不及回籍,则由厦防厅查明取保给照;该厅滥给,降三级调用。

4.沿海村镇有引诱客民过台数至30人以上者,壮者罚到新疆为奴,老者罚到烟瘴的地方充军。

5.内地人民往台者,地方官给照盘验出口;滥给者,分别次数罚俸降调。

6.无照的人过台,失察之口岸官照人数分别降调;隐匿者革职。

"生番、熟番"之间不许私通,"熟番"到靠近"生番"的地方作业也不允许。

严禁台民私人"番界"的规定有3条:

1.凡私入"番境"者杖一百;如在近"番"处所抽藤、钓鹿、伐木、采棕者杖一百,徒刑三年。

2.台湾南势、北势一带,山口勒石分为"番界";如有偷越运货者,失察之专管官降调,该管上司罚俸一年。

3.台地的居民不得与"番"民结亲,违者离异、治罪,地方官参处;从前已娶者,毋许往来"番"社,违者治罪。

旧例还包括禁铁、禁竹两项。1.台湾铸造铁锅农具,向来要地方官批准,由藩司给执照,全台湾只有27家,名曰铸户。其铁的原料由内地漳州采买,私开私贩者治罪。而一些兵役人员往往向民间藉端讹索,而铸户恃官把持,百姓为此甚为苦恼。2. 台产竹竿,向来因为洋面上不安全,恐怕大竹篷簚用以帮助匪徒,所以禁止出口,以致民间竹竿经过口岸均须稽查。不知道海船,蒲布皆可为帆,并不须用竹竿。

当时的禁令严重阻碍了台湾生产力的发展,限制了台民生计和自由。沈葆桢总结了历史的经验教训,认为要建设台湾,加强海防,就必须革除禁令。为此他以钦差大臣的身份向朝廷打了报告,获得批准。从此,长达190余年的渡台禁令废除了。

于是,从同治十三年起,厦门、汕头、香港三处设立招垦局,积极奖励大陆居民移居台湾,以便开垦台东、恒春及埔里一带“番地”。据当时赴台招垦章程条文,政府极力优待移民台湾者。移民不仅可以免费乘船、享受免费膳食,并且从登陆到开垦地,每人每日可领口粮银100元;到了开垦地,以6个月为一期,前后分为二期,前期每人每日可领银8分,米1升;后期每人每日领米1升,优待长达一年之久;开垦成绩优异者,另有奖赏。这些开垦者在开垦地筑土围,盖草寮,过团体生活,每10人为一组,向政府领取农具4件,耕牛4头,种子若干,每人授田一甲及附近原野一甲,均编立字号,每月检查一次垦植成绩。

解除了禁令,从此福建沿海的人力、物力、生产技术源源不断地流向台湾。如果说郑成功收复台湾带动了福建沿海人民第一次大规模移居台湾,那么沈葆桢促使清政府解除禁令,则引发了福建沿海人民第二次大规模移居台湾。从此以后,台湾的人口大量增加,台湾和大陆可以自由通商、通航,带来了台湾经济的一次飞跃。

二、开山抚番

台湾的少数民族,长期与外界隔绝,与大陆移民台湾的汉族同胞之间存在某些误解,而对于歧视他们的清政府官兵矛盾更深,往往产生不同程度的摩擦。

台湾人口分布的情况比较复杂,平原居民有“漳籍、泉籍、粤籍之分”。山地居民有“生番、熟番、屯番之异”。管理好这些地方,要以“创始之事”作为“善后之谋”。根据善后的计划,重点在“抚番”。其实所谓“番”,指的是台湾少数民族。当时台湾各个少数民族都有独特的风俗习惯,文化教育尚处原始状态,言语各别,互不往来,信息不通。清朝统治者实行对少数民族的歧视政策,当然对他们的心理状态、生活习惯、语言风俗毫无了解,只是采取简单的划分办法,把接近汉人并能接受管理的称为“熟番”,把居住在深山老林,与汉人来往甚微的称为“生番”。

清朝康熙统一台湾之初,对他们的“治理”,全是消极的政策,即所谓封禁“番界”,使汉人不得进入以起“番衅”,使“生番”不得逸出界外,以肇“番害”。他们把台湾少数民族划为南北二路。以北路地未开辟者,其中仅指诸罗内山之水沙连及阿里山区各社;南路则指凤山县内山之傀儡、琅峤及后山之卑南觅诸社。于社各设头目,以为之长。对南路诸“生番"的治理,直接由官府执行。对北路"生番",严行封禁"番界"之外,有的也施予色布、烟、酒、糖、食盐、木屐等类物资予以安抚,以诱其归化。如有"扰乱"行为则出兵镇压。对于已归化但未达"熟番"程度者称为"归化番"。在北方的"番地",即有官府也不会管治,置诸于"化外"。

清代至同治十三年前,对台湾少数民族采取的是禁治办法,这对开发台湾、发展台湾是极大的障碍。沈葆桢上书开禁,废除以往的"围堵"之策,实行"疏导"之法,即"抚番"方法:1. 选土目;2. 查"番"户;3. 定"番"业;4. 通语言;5. 禁仇杀;6. 教耕稼;7. 修道途;8. 给茶盐;9. 易冠服;10. 设"番"学;11. 变风俗。这 11 项,除"易冠服"一项外,其余基本上没有民族歧视的色彩。

在执行中,沈葆桢认为,地方官员不能强制而行,不能把高山居民看成"化外"之人,要"结人心,通人情",对发生在民族地区的事件要做具体分析。比如,光绪元年(1875 年)琅峤狮头社"动乱",沈葆桢对接受"招抚"者,示约 7 条:"遵剃发、编户口、交凶犯、禁仇杀、立总目、垦番地、设番塾"等。商定立"龟纹社酋长野艾为诸社的总目,所统番社如有杀人,即著总目交凶。如三年之内各社并无擅杀一人,即将总目从优给赏";并将"竹坑社"更名为"永平社",本武社更名为"永福社",草山社更名为"永安社",内外狮头社更名为"永化社"。从思想宗旨上,让全社人意识到要"永平""永福""永安""永化",不要"武""狮""草"等。

在处理善后中,沈葆桢把举办教育放在重要地位,"于枋寮地方先建番塾一区,令各社均送番童数人学语言文字,以达其性,习拜跪礼让,以柔其气,各番无不贴服"。此后,又在刺桐脚、蚊蟑埔等 10 个规模较大的"番"社,办起了"番"塾。路修到哪里,供少数民族学习的义学就开到哪里。光绪元年(1875 年)仅在埔里社就设"番"塾 26 所。随着"番"塾越办越多,"番"塾所教内容有读书、认字、写字、算术、唱歌、跳舞等也越来越多。在虎头山、四重溪等 14 处办起了规模较大的、专收高山人的义学。在这里上学,不收学费,学生还可以获得生活费,如在四重溪、射麻里等 8 处的义学就规定,凡就学者,每人每月给钱五百文,以为笔纸及膏伙费用。通过兴办义学,使少数民族知书明理、摆脱愚昧野蛮落后的生活方式。"番"塾很受少数民族同胞的欢迎。这是台湾少数民族第一次进课堂,也是这些被认为生活在原始部落的少数民族走向文明的开端。

沈葆桢亲自编写少数民族学习的教材,分发到台湾各地,作为义塾的课本之一。沈葆桢编写教材为《训番俚言》,形式与内容都十分适合教化少数民族,传播中华文化。教材仿三字经体例,全篇为五言一句,共 985 字,通俗易懂,便于记忆。内容以中国传统的伦理道德为核心。《训番俚言》对于教化长期闭塞、在荒山野林中生活的台湾少数民族,启迪他们走向近代化,融入中华民族大家庭,起到了积极的作用。

开山抚番是巩固台防的根本性措施,它使东西海岸连成一片,有利于巩固海防,同时对促进东部的开发和汉族与少数民族的交往,以及促使高山同胞走向文明都有着重要的意义。

沈葆桢把开山与抚番看成相辅相成的事,一边开山,一边抚番,两项工作,两手抓,两并举,同时进行。这项艰巨的任务就由沈葆桢当时率领的驻台部队包干进行,分北、中、南三路开展工作。

北路自苏澳至岐莱。由陆路提督罗大春负责,光绪元年一月五日,由苏澳率队起程,九日始抵新城。十、十二等日,履勘三层城、尤仔丹溪、马邻溪、鲤浪港等地,直抵花莲港之北。沿路一边开山一边抚番。开山自苏澳起至花莲港之北止,计有二百里,中界为得其黎。得其黎以北百四十里,山道崎岖,沙洲间杂。大浊水、大小清水一带,峭壁插云,陡趾浸海,怒涛上击,触目惊心;军行束马扪壁,踽踽而过,非常险绝。得其黎以南六十里,则皆平地,背山面海。是很好的良田,但因为地旷人稀,新城汉民只有三十余户,其他都是"番"社。

自大浊水起至三层城止,依山之番统名曰大鲁阁。九宛、实仔眼、仑顶等八社凭高恃险,野性靡常。岐莱平埔之番,居鲤浪港之北的有加礼宛、竹仔林、武暖等六社,统称加礼宛社,其特点是畏强欺弱。居鲤浪港之南的有根老爷、饱干、斗难等七社,统称"南势番",男女共 7704 人。虽具结就抚,但反反复复。这些"番"社,除薄薄一社知道怎么煮盐、加礼宛一社懂得耕种外,都过着原始人茹毛饮血的生活。该提督躬率大队入新城添设碉堡,该"番"骤生疑虑,经常来袭击,勇丁等因之伤亡数十人。一月二十四至二十六日、二月五至八等日,"大鲁阁番"纠众数百人,攻打新筑的碉堡。勇丁阵亡 25 人。经几次较量,"番"情稍定。

北路大南澳"生番",自经黄朋厚、冯安国等惩办之后,同治十三年十二月九日、十三日等日,斗史武达、哥老辉等五社"番"目各带"番"民一百余人到营中要求抚恤,经赏犒遣回,"番"情安定。

自苏澳五里亭起,到秀姑峦的鹊子埔为止,全程有 340 多里,共分为五段,沿途建 32 个碉堡,各派营哨驻扎守卫。

九月十八日,都司陈光华为首队,守备李英、千总王得凯为次队、游击李得升为三队,前赴新城。别派军功陈辉煌率两哨前赴大清水溪,总兵戴德祥分三哨扎大南澳、分二哨扎大浊水溪。时正风雨连山,诸军阻不能进。近溪荒壤,周围约宽数十里,地皆沙石。溪岸南北约距 30 余丈,波流陡急,副将周维先等连日赶造正河、支河木桥各一座。桥一造好,各路人马才得前行。随有新城通事李阿隆等带领太鲁阁少数民族 12 人来迎,并愿意充当向导。各军人马才于 13 日抵达新城。这里是后山的秀姑峦道路,自苏澳至新城计山路 27000 余丈,自新城至花莲港计平路 9000 余丈,总计 200 多里。

南路由台防同知袁闻柝负责,分为 2 支,一支从凤山县赤山到山后卑南(今台东);另一支从射寮到卑南。南路一带自九月间由袁闻柝率绥靖一军越昆仑坳向东挺进,张其光随派副将李光领前队跟进。十月七日至诸也葛社。南路自昆仑坳至诸也葛一带,路程不过数十里,但悬崖峭壁,荒险异常,山皆北向,日光不到,古木惨碧,阴风怒号,勇丁相顾失色,不能不中途暂驻,以待后队前来。诸也葛以下地略平坦,但榛芜未翦,焚莱伐木,颇费人功;而夜宿空山,感受瘴疠,勇丁染病甚重。而山道险远,粮运非常困难,而卑南一带海口,当时正是刮东北风,波涛拍岸,倒卷如壁,船只不能拢泊,自然条件十分恶劣,工程十分艰险。加上附近番社的少数民族对开山之举不理解,经常侵扰袭击,勇丁常有被害的,所以也不得不经常追拿凶顽者,将其缉办。

中路自彰化林圯埔(今南投竹山)而东,至后山璞石阁(今莲化五里),打通山前山后。中路由南澳镇总兵吴光亮主持,带领两个营的勇丁,驻扎在集铺一带。光绪元年一月九日起分两路由林圯埔、社寮挺进,至大坪顶合为一路。进而到大水窟、顶城,共开路7835丈多。二月七日,复由顶城开工,直抵凤凰山麓。经过半山、平溪、大坵田、跨扒不坑等处而入茅埔,又开路3775丈多。两处共计开山11610丈。沿途桥道、沟壑、木围、宿站都予兴修维护。并分派兵勇,自集集街起至社寮、大水窟、大坵田、茅埔、南仔脚、蔓东埔等要隘驻扎。开山同时,做好抚番工作,共计归化台湾少数民族7292人。

公路工程相当艰巨,一是地形险恶,多是高山峻岭;二是少数民族不了解开山意图,常发生袭击事件。三是疾疫侵袭,半年间阵亡、病故或伤故者,达到2000人。至光绪元年十月,花一年时间,开路430公里,完成了前山和后山陆路通道。"一年之内,遂告成功","东西之途辟矣"。

开山,沈葆桢把它分解为14方面的内容:(1)屯兵驻扎,即守卫又开山;(2)划清山界,兴修林木;(3)焚烧荒草,开山种地;(4)修通水道,便于灌溉;(5)勘定地界,便于管理;(6)招垦移民,发展农业;(7)分给牛种,发展耕牛;(8)设立村社,整顿治安;(9)建立碉堡,坚壁清野;(10)给惠工商,发展经济;(11)设置官吏,以利行政;(12)建城设市,鼓励流通;(13)设立邮政,发展通信;(14)设立旅店,利客利民。从内容上可以看出,开山不仅是开辟一条山路,而是"募民随往,与地使耕",结合抚番,把建立行政、招垦开荒、发展手工业商业贸易、建设城镇村落、通邮通商以及发展经济结合起来,进行全面的建设,大大加强了台湾的开发和稳定。

三、更制固防

沈葆桢认为,台湾延袤一千余里,处处滨海,到处可以登岸,所以"陆防之重尤甚于水",所以他在加强海防的同时,针对存在问题,切实加强了陆防。主要措施有:

1. 更改营制,统一指挥

沈葆桢来台前,台湾一直实行班兵制,即驻台兵丁由福建绿营抽调更戍,以三年为期。

原规定班兵以家属为人质,是有家属的。但因为远赴台湾,生活艰苦,家属均不愿前往,因此冒名顶替极多,留下的人素质极差,中间还有不少流氓地痞,因此,常发生勾结无赖泼皮欺压百姓的情况。营务松弛,难堪重任,因此,备战防敌,开山抚番,皆由新来军队为主。革除流弊,更改营制,统一指挥就成为沈葆桢改革营伍的重要内容。

根据现在有巡抚半年驻台的情况,他将营伍归其统辖。千总以下的武官,由巡抚考核提拔;守备以上的武官,仍然会同总督、提督拣选提补。台湾镇总兵,不再挂印,归由巡抚节制。

当时在台湾的军队,除澎湖两营外,尚有15营。他于光绪元年奏请仿淮军、楚军营制而归并台地营伍,以500人为一营。将淡水、嘉义等三营调至府城,合府城三营、安平三营为一支,专顾凤山、台湾、嘉义三县;其北路协副将所辖中、右两营,合鹿港一营为一支,专顾彰化一带;艋舺、沪尾、噶玛兰三营为一支,专顾淡水、宜兰一带。澎湖两营,专门负责保卫澎湖。均要求严肃军纪,认真训练,扼要驻扎。遇到突发事件,立时移拔调动。

安平是重要的屏蔽。安平一向设台协水师副将一员,所辖三营,中、右两营都司驻安平,左营游击驻鹿港。现均改为陆路,府城有巡抚督率,道员随同办事,总兵移扎安平,即将安平协副将裁撤,以镇标中营游击随总兵驻安平;其台协水师中、右两营都司,改为镇标;陆路左、右两营都司,原设镇标左营游击,改为抚标左营游击,随巡抚驻台;其抚标原设两营仍行驻省,改左营为中营,即以中军参将带领。原设台协水师左营游击,改为台湾北路左营游击,归北路协副将管辖。

2. 绘制地图,详察台情

为了加强台湾防务,满足军事指挥的需要,而又让朝廷能对全台有个直观的了解,沈葆桢派出船政委员张斯桂,带领船政学生走遍了台湾的山山水水,"按道里考察山川,略照西法测量远近,分别向背,内极番寮,外周海口,区分界画,旁注地名",历数月绘制了台湾全图,并详细描述南北中路各番族状貌风俗,以及出产花果,详细分图36幅,并由沈葆桢亲自带到上海装裱。这是运用船政人才和技艺,为维护祖国领土完整,巩固海防和开发宝岛作出的又一重大贡献。

3. 提升装备,加强防范

沈葆桢派人赶赴欧洲购买铁甲船、水雷、洋炮、洋枪等西洋新式武器,提升装备。聘请外国工程师,仿西洋新法,在安平南面设计修筑安平炮台。并亲自在城门内外分别题字"万流砥柱"和"亿载金城"。这是我国最早用混凝土建造的新式炮台。在屏东东港建造东港炮台。在高雄的鼓山和旗山建造打狗炮台。他还在修筑的新炮台内,安放新式大炮,炮台内装备5尊18吨洋炮,40磅和20磅小炮各4尊,还有100余杆后膛洋枪。为了配合加强台湾防御的部署,沈葆桢还在台湾开办了一些军事工业,自建军装局、火药局,并从马尾船政抽调枪炮火药生产制造的技术人员来台主持。

安平古堡遗址

亿载金城

沈葆桢还将船政所造舰船 15 艘派驻台澎,以加强台海的防范。其中,扬武、飞云、安澜、靖远、振威、伏波等 6 艘兵轮常驻澎湖,福星轮驻台北。

对电线的重要性,沈葆桢感受深刻。同治十三年赴台驱日时,驻军台南,他就痛感闽台军讯不畅。他认为,"台洋之险,甲诸海疆,欲消息常通,断不可无电线",于是最先提出了铺设台湾与大陆海底电缆的建议。他详尽设计出跨海电缆路线,从台湾府所在的台南到沪尾转向北沙渡海,过福清县之安寨登陆至马尾。清廷很快批准在台湾铺设电缆,后因承揽的公司要价过高,沈葆桢又调任两江总督而一度搁浅。最后由沈葆桢的继任者丁日昌完成。

4. 建祠昭忠,顺以舆情

坐落在台南的郑成功祠原建于清初,本名开山王庙,以纪念郑成功收复台湾之功。沈葆桢赴台后发现,在台汉人多为随郑成功赴台者的后人,清政府统一台湾后,他们虽不敢公开祭祀郑成功,但仍争相私祭国姓爷。沈葆桢从保台爱国的高度出发,为顺舆情,抚民心,请旨表彰郑成功,要求朝廷给郑成功赐谥、建祠,列入国家祭典,追谥郑成功为"忠节",准在台湾建"忠节祠"。光绪元年重建开山王庙,竣工后定名为"延平郡王祠",因为明永历帝曾封郑成功为延平郡王,并配祀郑氏家人和文武官员 114 人。他还亲自撰写了"开万古得未曾有之奇,洪荒留此山川,作遗民世界;极一生无可如何之遇,缺憾还诸天地,是创格完人"等楹联。

延平郡王祠

郑成功祠采用福州式建筑,匠首与木材皆来自福州,由福州船政的船只承运。

通过建祠表忠确定了郑成功的地位和通过祭祀缅怀了对保卫台湾做出贡献的英烈,在台湾社会上树立忠君报国的典型,增强了台湾百姓对国家的认同和忠诚。收复台湾的郑成功和保卫与建设台湾的沈葆桢,至今还受到台湾人民的纪念。

沈葆桢还奏请在嘉义建祠,祭祀为保卫台湾而牺牲的官民。同治元年(1862年),彰化戴万生逆乱,嘉义两次被围,历时8个月,援穷粮尽,官民死守。文武员弁潘恭赞、林廷翰、王鹤康、林上达等,及义民潘缔等44人捐躯。沈葆桢奏请建祠祭祀,以慰忠魂。对开山抚番殉国的将士如游击王开俊等,也奏请加恩予谥,或建专祠。对生前在台湾忠君爱民的官员,沈葆桢亦请优恤。

台湾府城之西十余里,有海口名称"安平"。每年自四月末起至九月止,刮起西南风,巨浪拍天,惊涛动地,数十里外声如震雷,昼夜不息。遇海雨狂飞,势尤汹涌。而沈葆桢东渡巡台,即派各轮船分投运载军装、炮械、粮饷,兵勇到台,去来梭织,都由安平登岸。后于三鲲身口岸建造炮台,所有木石、砖甓、器具皆由内地运来,也都在这里卸载。有时风雨交加,遇有要务派船出港,却立即风静波平,居民船户都额手相庆,都说这是过去所未有的,实有神助。为感谢海神助顺,而顺舆情,特奏请在安平建立海神庙,并敕加封号。

噶玛兰属的苏澳,因水势险急,风涌奔腾,一向难停泊船只。但提督罗大春以水道粮运维艰,众心焦灼时,涌势顿减,附近突起沙洲隔成内港一道,百数十石之船得以通过檨棹,居民船户人等额手相庆,都称神力。也请奏恳加封苏澳建立海神庙。

嘉义县的城隍庙,因祷雨祈晴,久昭灵应,特别是在同治元年五月十一夜,地震时,城垣无恙,兵民得以保全,而深感神佑。根据当地官员的要求,奏请加封号,以顺舆情。

沈葆桢通过建祠表忠等一系列举措,既顺舆情,体恤民意,又在老百姓心中树立了一大批爱国忠贞的英雄形象,对巩固台湾、爱国自强起到了积极的作用。

四、析疆增吏

成功驱日后,沈葆桢认为改革台湾行政体制必须提到议事日程,"为台民计,为闽省计,为沿海筹防计",必须有一巡抚级的大臣主持台政。这是实现"事权统一"、开创台湾未来的关键。根据当时的情况,他提出了移驻巡抚的方案。

关于台湾的行政体制,在康熙二十二年(1683年)郑克塽向清政府投降,清政府统一台湾后,采纳了施琅的意见,下设台湾府,隶属福建省。乾隆时期,由闽浙总督、福建巡抚以及水师、陆路提督每年输值一人,至台巡查。嘉庆时期,改为福州将军及闽浙总督每隔三年轮值赴台巡查一次。当时台湾隶属福建,只设一道一镇,分治民、兵,不相统摄,事权不一,吏治荒怠,积弊丛生。而台湾战略地位重要,列强觊觎已久。咸丰八年(1858年)的《天津条约》,已明定台湾开港通商,与英、美等国也发生纷争。同治十三年日军悍然出兵,武装侵台。历史教训和现实情况使沈葆桢警觉地认识到加强行政管理的重要和紧迫。

沈葆桢奏请朝廷移巡抚驻台湾,还因为台湾山前山后的交流和变革,才刚刚开始,非十数年工夫是不能成功的;化番为民的工作十分艰巨,也非短期可以奏效的。但要单独立省,当时的条件又不具备,台饷还需闽省协助,闽省食米亦有赖台湾接济。如果派钦差大臣前来主持,事权虽重,但驻台时间不可能太长。如果久驻,在钦差大臣与督、抚之间,台湾的官员就有"两姑为妇之难"。因此沈葆桢提出将福建巡抚移驻台湾的方案。他建议"仿江苏巡抚分驻苏州之例,移福建巡抚驻台"。清政府采纳了沈葆桢的建议,从光绪元年起定为福建巡抚冬春二季驻台,夏秋二季驻福州。这一制度的设立对加强对台行政有着重要的意义,也为后来台湾建省奠定了基础。

台湾原是福建一个府,府治设在台南。设有四县(台湾、凤山、嘉义、彰化)、两厅(淡水、噶玛兰),各县之辖区太广,政治中心又都偏于中部、南部。当时台北的广大地区,都尚未建立政权机构。台南的政府对台北广大地区鞭长莫及。沈葆桢认为:"就今日之台北形势策之,非区三县而分治之,则无以专其责成;非设知府以统辖之,则无以契其纲领。"为了加强对台北地区的开发,沈葆桢向清廷奏请于艋舺设"台北府"。在台北府的管辖下,新设置了淡水、新竹、宜兰三个县治。改噶码兰通判为台北府分防通判,移驻鸡笼(今基隆)。这样便加强了对台湾事务的掌控。从此,台北成为台湾又一政治重心,与台湾府(台南)并峙。由于台北地处要冲,经济繁荣,重要性与日俱增,以后逐步取代了台南,成为台湾的政治中心。

与此同时,沈葆桢对台湾行政体制也作了一些调整。日军撤退后,沈葆桢专程到琅峤一带察勘。看到这里洋面险恶,船舶时常触礁,番民常有纷争,外寇常来侵扰,于是决定在此设置行政机构。同治十三年底,奏请朝廷批准,在琅峤建城置吏,定名为恒春县。除增设恒春外还设立淡水县,改原淡水厅为新竹县,原噶玛兰厅为宜兰县。

在析疆增吏的同时,着力建设城郭和县治。沈葆桢把乾隆时期大学士福康安倡建台南府加以重修,使之更加坚固,还修建了恒春城,为台湾目前保存最完整的一座古城。新建了台北府城。

台湾原来设有南、北两路"理番同知",前者驻于府城(今台南),后者驻于鹿港。但台湾东部山区地广人稀,民番交涉,鞭长莫及。于是,沈葆桢大胆改革,将南路同知移驻卑南(今台东),北路同知改为中路,移驻水沙连(今埔里),都冠以"抚民理番同知"头衔,负责治安与少数民族事务。至此,台湾地区所设郡县已能统辖台湾全境。

五、惠工兴商

一是矿产开发实行减税和机械化生产。

台湾的矿物资源非常丰富,据近代的调查,全省共有八十多种矿物,尤以煤矿为多。早在沈葆桢去台之前就已有开采。当时,洋煤进口每吨税 0.5 钱,台煤出口和进口,都是每吨税 6.72 钱,台煤税重制约了基隆煤矿的发展。同治十三年十二月二十五日(1875 年 2 月 1 日),沈葆桢巡台归来,回到马尾的第一件事,就是向清廷奏请台煤减税。减轻台煤出口的税收,获得朝廷的批准,从而鼓励了台湾煤矿的开采,对地方经济的发展起了促进作用。沈葆桢非常熟悉台湾的实际情况,他认为煤矿是当时台湾经济的基石,必须优先发展,而要畅销,又必须减税。

随后,沈葆桢又奏请台湾基隆煤矿改民办为官办,并采用西式采法提升产量。光绪元年,沈葆桢被奏准使用机器开采基隆煤矿,第二年开始动工凿井,建立起第一个近代民用工业。

沈葆桢坚持主权应掌握在国人手中,在给王凯泰的信中,他说:"煤矿之利不容不开,利可分诸人,权不可不操诸于我。"这实际上是把创办船政的成功经验运用到台湾来,自己购办机器,自己培训技术人员,以保障国家利益,促使台湾近代化建设能健康发展。

二是石油的试开采。

石油在台湾藏量丰富,台湾人并不清楚。台湾的石油到咸丰末年才被发现。广东人邱苟,时任通事,因勾引土人,被官府追捕,逃至深山。至猫里溪上流,见水面有油,味道特别难闻。当时没蜡烛,邱苟试用燃光很好。因而,转告吴某。吴某以重金购之,但不知用处,又转售宝顺洋行,得银千余两。因为此事,互相争斗,集众械斗,经久不息。同治九年(1870 年)二月,淡水同知逮捕邱苟治罪。又以外商在内地无开矿之权为由,把石油藏地封锁起来。

沈葆桢到台听说此事,很高兴,遂呈报,设法开采。至光绪四年(1878 年),聘请两名美国工程师勘验,以后垅油脉最旺,乃购洋机器取油。开始出的是盐水,挖至数十丈,发现油脉,滚滚而出,每日可生产 15 担,长势很好。虽然后来工程师因与官方不融洽而辞职,但沈葆桢的决策和试验,对石油工业的发展起到了奠基的作用。

三是鼓励土地开发和发展手工业商业。

开山抚番。开通了近千里的山地公路,为使公路两旁的土地得到开发。为了解决军粮供应紧张,他又允许远近商人贩米进城销售,以刺激民营农业生产规模的扩大。

沈葆桢重视手工业和商业等民办企业的发展。他废除严格限制"铸户"、严禁私开私贩铁斤的旧例,允许私人铸造铁锅等器皿和各种农具,从而调动了手工业者生产的积极性,不久,民营的手工业作坊到处可见。沈葆桢还废除了严禁竹竿出口的禁令,鼓励商人在全岛随处设店经商做买卖。

由于民营农业、手工业和商业的蓬勃兴起,台湾东部花莲港一带百余里的田野,以及中部广阔的盆地,都被开发成富饶美丽的大片农田,花莲港平原北端和其他许多地方,城镇不断涌现,商贾云集,百货畅流,人丁兴旺。

沈葆桢的治台得到了同时代人的首肯。恭亲王奕訢的评价是:"经营台湾关系海防大局。"李鸿章给他的信中说:"我公在彼开此风气,善后始基,其功更逾于扫荡倭奴十万矣。"
对于它的历史功过,后人也给予积极的评价。陈宝琛说,"吾闽百年来,名臣最著者数侯官
林文忠、沈文肃二公。"连横在《台湾通史》中评述:"析疆增吏,开山抚番,以立富强之基,
沈葆桢缔造之功,顾不伟欤!"

甲申中法海战

中法海战又称马江海战,1884年爆发于福州马江,是中法战争中的一场战役。1884年7月,法国远东舰队司令孤拔率舰侵入福州马尾港。8月23日下午1时56分,孤拔指挥法国军舰袭击停泊在马尾港的福建水师舰船。由于清政府采取消极抗战政策,福建水师仓皇应战,加上敌我双方舰炮实力悬殊,在港福建水师官兵虽然奋勇抗敌,但是最终还是在短时间内几乎全军覆没。法国军舰还乘机炮击了马尾造船厂和两岸炮台。马江海战惨败,激起国人极大愤慨,8月26日,清政府被迫向法国宣战,中法战争正式宣告爆发。

第一节　中法马江海战的历史背景

一、西南边陲告警

19世纪后半期,西方列强为了扩大商品销售市场和争夺原料产地,觊觎中国西南边陲。法国欲通过入侵越南而染指中国。历史上越南北部曾是中国的郡县,直到清代仍是中国藩属。1862年,法国军队大举入侵越南,占领西贡(今胡志明市)及其附近大片地区。1873年法国军队又侵占越南河内等地,越南国王请求中国广西天地会黑旗军帮助抗击法国军队。12月21日,黑旗军统领刘永福率部大败法国军队于河内近郊,击毙法国军队头目安邺,迫使法国侵略者退出河内。1882年法国军队再次入侵越南北圻,先后占领河内、南定等地。刘永福又一次应邀援越抗法。1883年5月19日刘永福率部于河内近郊纸桥再败法国军队,击毙北圻法国军队司令李维业等数十人。

1883年8月,法国军队攻占越南都城顺化,强迫越南政府签订《顺化条约》,变越南为法国的保护国,取得了对越南的"保护权"。其后,威逼清政府承认法国对越南的殖民占领,并要求与其签订不平等的商务协定及国境条约。遭拒绝后,法国军队6000余人在海军少将孤拔率领下,于同年12月14日,由河内出发向红河中游战略要地山西发动进攻,清军被迫应战,战争爆发。驻守该城的黑旗军和清军共约 5000 人,奋起还击,鏖战 3 日,终以孤立无援、伤亡过重而撤出兴化。

1884 年 3 月 8 日,法国军队 1.2 万余人,进攻清军 50 余营重点守备的北宁城。3 月 12 日北宁失守。不久,法国军队又占领谅江、太原等地,迅速控制了整个红河三角洲。法国利用军事胜利的形势,展开进一步的政治胁迫。6 月,法国政府与越南政府订立了保护条约。

清政府外受法国逼迫,内受抗法舆论压力,一面增兵边防,一边妥协谈判。1884 年 5 月 11 日,北洋大臣李鸿章在天津与法国代表福禄诺签订了屈辱的《中法简明条款》,承认法国对越南的保护,同意撤回全部驻越清军,并同意在中越边境开埠通商。

法国取得种种特权,尚不满足,继续制造事端,进行军事挑衅。1884 年 6 月 23 日,法国军队袭击驻在谅山观音桥的清军,制造"北黎事件",又称"观音桥事件""谅山事件"。清军被迫还击,重创法国军队。28 日,法国代理公使福禄诺向清政府总署提出抗议,反诬中国方面破坏《中法简明条款》,借此要求中国立即从北圻(越南北部)撤军,并索取巨额赔款。

清政府一面下令撤回北圻军队,一面命令两江总督曾国荃与法使巴德诺在上海谈判。法国政府与清政府谈判的同时,命令海军远东舰队司令孤拔率领舰队从南海北上,企图占领中国沿海港口,踞地为质,索取赔款。清政府虽然命令沿海中省将军、督抚"密饬各军,严阵以待",但是又采取"倘有法国军队前来按兵不动,我亦静以待之"的消极防御方针。

二、法国军舰陈兵闽江

1884 年 6 月 26 日,法国将其在中国和越南的舰队编成远东舰队,任命海军中将孤拔为司令,利比士为副司令,于 7 月率舰入侵中国。7 月 12 日,法国驻华代办谢满禄借口"观音桥事件"限令中国 77 日内赔款 2.5 亿法郎,同时要求中国撤出越南,否则立即占领港口,自取"押款"。法国谈判代表巴德诺下最后通牒,限令中方 7 日照办。与此同时,法国海军殖民部长裴龙致电孤拔:"派遣你所有可调用的船只到福州和基隆,我们的用意是要拿住这两个港口做质,如果我们的最后通牒被拒绝,你可逮捕破坏封锁闽江的中国船只,以阻止战

悬挂三色旗的法国远东舰队入侵江口

点石斋图《法犯清江》

时违禁品的运输。你也可以用武力阻止一切战备,尤其是鱼雷的安放。"面对法国的猖獗,清政府也预感到战争的来临,军机处电告沿海各将军督抚,传达谕旨:法国军队在谅山被创,恐向各口肆扰,谕沿海各将军督抚严防法国军舰侵略,提出要求:"彼若不动,我亦不发,倘来扑犯,或经登岸,即奋力抵御,一面断其接济,以期必胜。"

马尾居闽江下游,地处于闽江、琴江、乌龙江会合处,闽江流经此处,又称马江,江中浮礁若马,旧镇中岐位于马之尾部,故而得名。马尾位于福州东南,是闽江下游的天然良港。港阔水深,可泊大型舰船。水路距福州16.4公里,距闽江口26.6公里。闽江口附近,岛屿棋布,沙礁纵横,长门江面两山交锁,有"双龟把口,五虎守门"之称;溯流而上直至港区,航道狭窄,两岸峰峦夹峙,炮台林立,形势十分险峻。马尾港历史上就是重要的水路交通要塞,是东南亚货物进入中国的中转站,也是闽地货物出口的重要港口。明永乐三年至宣德八年(1405—1433年),郑和"统率官校旗军数万人,乘巨舶百余艘",七下西洋,多次停泊在境内闽江口五虎门和长乐一带,招添水手,修造船舶,补充给养,伺风出洋,进一步奠定马尾港在对外贸易中的重要地位。

7月13日,法国军舰抵达闽江口,以"游历"为名,要求进入马尾港。当时负责福建的要员有会办海疆事宜钦差大臣张佩纶、闽浙总督何璟、福建巡抚张兆栋、福建船政大臣何如璋、福州将军穆图善。他们奉诏"不可衅自我开"的旨意,对法国军舰入侵不敢阻止。7月14日,闽浙总督何璟允许其开进两艘,停泊罗星塔附近。7月15日,又允许孤拔率旗舰"窝尔达"号等两艘开到马尾,并予以款待,妄想借此缓和局势。此后,法国军舰在马尾港或五六艘,或七八艘,出入无阻。

三、马江军民积极备战

面对强敌压境,7月15日,内阁学士兼礼部侍郎尚贤上奏主张抗敌。同日,张佩纶、何如璋等调"扬武"号、"福胜"号、"建胜"号三艘兵舰到马江。7月17日,张佩纶上《防护船局并省防情形折》:"既让以要害,复让以先机,彼处处攻心,我种种掣肋。兵机只争呼吸,臣固非畏其船炮之坚利,实希我预备之歧……闽实可战之地,所限事关全局,不能专顾一隅为先发制人之计,使敌有深入之利,而无深入之害,此则微臣所抚膺愤懑者耳!"何如璋从厦门调回了"振威"号兵轮,从台湾调回了"伏波"号兵轮,从福宁调回了"艺新"号兵轮,从海坛调回了"福星"号兵轮。7月18日,张佩纶上奏:"法船聚泊马江,敌情叵测,请即调各省兵船来马协助防守。"同日,张佩纶又电总署,建议出动南北洋及闽粤兵船牵制法国军舰,提出:"一决裂便下手","一战便到底。"又电:"敌船多,马江狭,可以谋胜。如决裂,幸先示闽,后绝法,为要。敌舰内外睨长门,能饬江浙船缀之,更稳。多算必胜。勿使我落后者。"何如璋也上奏朝廷,请求派兵支援,提出如果各省兵轮能迅速来闽,则我势稍强。同时提出战略上的思考:"彼此舰船衔尾相接,万一决裂,先发制人,后发人制。"7月21日,两广总督张之洞派参将高腾云督带"飞云"号、"济安"号前来增援。停泊在船厂待修的台湾武装商船"永保"号、"琛航"号也停修备战。张佩纶办乡团、招募漳州、泉州等地勇士,并命令林庆生赶制水雷,率兵在船政局附近驻扎。

面对法国侵略者的战争挑衅,闽江两岸官兵义愤填膺,纷纷请缨杀敌。他们的舰长,身先士卒,做出表率。船政后学堂第1届学生,后来成为船政学堂教习,"富胜"号、"建胜"号两舰督带吕翰,战争之前,本奉命出差,但因战事紧急,毅然留下。为了解除后顾之忧,他将妻子、母亲等人送回广东老家,并写信托付给亲朋好友说:"翰受国恩,见危授命,决不苟且。""建胜"号管带林森林在临战前一天,把身藏的"香篆盒"寄回老家,向母亲表示以身许国的决心。法国军舰入闽江口当天,福州人民就涌向仓前山外国使馆区游行示威,抗议法国军舰入侵,并向总督、巡抚提出"堵塞海口""关门打狗"等主张,但未被采纳。法国军队进犯基隆后,根据国际法有关规定(当时国际公法规定,入口军舰不得超过两艘,停泊时间不能超过两周,否则主权国可以向其开战),群众要求先发制人,又遭拒绝。闽侯尚干乡农民则集合到福州向闽浙总督何璟递交"万民书",献计请战,并表示愿意"自备干粮武器"上前线杀敌,并提出"要是官家害怕,不敢抵抗,那抗法的事,我们愿意承担下来"。何璟却以"军法论处"恫吓他们,不允许人民"乱动"。回程中群众又到马尾向张佩纶请战,才允许其挑选三百余名熟悉水性的壮士,由武举人林培基带领,进驻海潮寺、胁头一带备战。闽侯、福州、连江各地民众也纷纷举办团练,训练乡兵,准备痛击侵略者。福建水师官兵和闽江两岸炮手、陆勇始终枕戈待旦,严阵以待,随时准备以身殉国。陆军千总张德胜上书请战,他指出"彼已开衅(指进攻基隆),势难中止,若不先发制人,恐为彼所乘"。水师下层官兵见中国舰船"一字"排列,紧靠敌舰,倘法国军舰突然开炮,势必全军覆没,建议调整部署,以疏密相间,首尾数里阵法备战,以防前船有失,后船亦可接战。当局却严令官兵"不准先行开炮,违者虽胜亦斩"。

清廷 7 月 15 日上谕:"如果法逞强开衅,李鸿章、曾国荃如能拔船尾缀法国军舰牵制,使彼不敢深入,即着临时设法援应。"军机处电寄福州将军穆图善谕旨:"总署与法师照会,局势未定,法两兵轮既进闽口,穆图善等当向法领事告以中法并未失和,彼此均各谨守条约,切勿生衅,该国兵轮勿再进口,以免百姓惊疑。"明确提出"切勿生衅"的消极抵抗政策。7 月 16 日,军机处也电寄各省将军、总督、巡抚谕旨:"孤拔聚集兵力,占据中国地方为质,索赔兵费,倘若法国军舰前来按兵不动,我亦静以待之,如果侵犯我营,或登岸肆扰,务须并力迎击,并设法断其接济,期于有战必胜,如有退缩不前者,立即军前正法。"然而,统治者内部以慈禧太后、李鸿章为首的当权派对战争没有信心,主张和谈,并幻想由英美等国出面调停。李鸿章接到派舰支援福州时,就提出"惟孤拔所统大铁舰四,快船十余,南北洋现船皆小,不能敌,似难于海外牵缀援应。"不赞同派舰援闽。7 月 18 日,李鸿章致电张佩纶,告知:"限期已满,法国军舰必将大进,领事言如不肯以船厂做押,我若拦阻,彼必开炮,则决裂:若不阻,彼亦不能先开炮,或尚可讲解,望相机办理,切勿燥急,公屯马尾非计,北船已收入旅顺,断难在海外敌铁甲舰。"李鸿章不仅断然拒绝了军机处的安排和张佩纶的请求,而且提出不得阻拦和率先开炮的建议。7 月 19 日,总署照会美国公使杨约翰等请求"相助调处"。同时派两江总督、南洋大臣曾国荃为全权大臣,以陈宝琛为会办,邵友濂、刘麟祥协同办理,赶赴上海与法国公使巴德诺会谈。此时,在闽将领仍然主张抗战,张佩纶等人电至总署,表态:"先发即胜,船局必毁,纶督各军必死战。"同时请求总署予以支援。总理各国事务衙门奕劻联合大臣上奏朝廷,要求出兵援闽,抗击法国军队。皇帝也下令南北洋海军拔船援闽,但南北洋均托辞不派援兵。7 月 28 日,驻德、法公使李凤苞致电李鸿章,传达茹费理的话:7 月 31 日不赔款,就立即动兵。李鸿章急忙请美国驻华公使杨约翰到上海斡旋。此时,法国公使巴德诺在上海与曾国荃谈判,要求开革刘永福并赔款。7 月 30 日,李鸿章告知上海谈判的曾国荃,答应先给法国抚恤款 50 万两,但被法国拒绝。法国继续增加兵力,7 艘兵舰由渤海湾驶抵闽江口,法国远东舰队南北会和,对中国形成巨大压力。7 月 31 日,李鸿章一边拒绝出兵支援,一边告知张佩纶,上海谈判不成功,要求张佩纶把船政腾出一座空厂,以防被法国军队轰毁。8 月 1 日,法国拒绝由美国调解中法事件。8 月 2 日,法国公使巴德诺照会曾国荃:中国对赔款既有异议,但昨日期限已到,今后法国将自由行动。

四、法国军队基隆失利

法国政府为了"踞地为质""攫取担保",把目标首先指向台湾的基隆。早在 1884 年 4 月,法国军舰"窝尔达"号就开进基隆港,3 名法国官兵上岸后登山观察地形,并想闯入基隆守军炮台,被守军官兵制止。6月,又有一艘法国军舰开进基隆港,刺探虚实。法国舰队副司令利士比建议:"占据基隆的煤场和台湾的北部。"法国政府也认为:"在所有的担保中,台湾是最良好的、选择得最适当的、守起来又是最不费钱的担保品。"8月2日法国驻中国公使巴德诺照会中国总理各国事务衙门表示:"最后通谍所有的屡次期限终结了,但没有获得我们可以接受的任何提案,今后法国将自由行动了。"2日夜,法国舰队司令孤拔召集开会,决定由副司令利士比带队进攻基隆。3日,利比士将旗帜移到炮舰鲁汀号,率领炮舰"鲁汀"号和战列舰"拉加利桑尼亚"号,载陆战队400人驶向台湾。

台湾是我国南北航道的锁钥,东南沿海的屏障。督办台湾军务刘铭传是守军主帅,直接指挥台北地区11个营,4000余人,防守基隆和淡水。基隆是台北咽喉,提督章高元率两营防守八尺门和东岸炮台;以新募杨洪彪一营,驻守西岸仙洞山;总兵曹志忠六营驻守田寮港附近高地,剩余部队驻守八斗子;提督孙开华率三营驻守淡水港。4日上午11时,法国军舰到达基隆海面,与已在基隆港的巡洋舰"维拉"号会合。利比士决定在距离基隆炮台900米处停泊,派副官日格密上岸送劝降书,要求中国军队交出基隆军事基地,遭守军严词拒绝。

5日上午8时,法国军舰开炮猛轰基隆炮台,守军立即以炮火反击,法国军舰"拉加利桑尼亚"号、"维拉"号连中数弹,因炮弹威力小,未能给予致命打击,法国军舰仍然猛攻不息。9时许,基隆炮台火药库中弹爆炸,炮台被毁,守军被迫撤离。法国陆战队在舰炮掩护下登陆,占据炮台和大沙湾附近高地。6日下午2时,法国军队400多人进攻基隆二重桥营垒,企图侵占基隆城区,遭到守军精锐部队的反击。刘铭传与总兵曹志忠、章高元等将领率兵三面包围法国军队。曹志忠率副将王三星等200人从正面出击法国军队;刘铭传命令章高元、苏德胜率百余人袭击法国军队东侧;游击邓长安率亲军小队60人袭击法国军队西侧。各路守军紧缩包围,法国军队不支,急促溃退,逃回军舰。这场战斗,法国军队死伤百余人,损失数十把枪支。利士比才知基隆守军不可轻视,便率队撤退,"鲁汀"号、"维拉"号分别驶向上海、马祖,留下"拉加利桑尼亚"号监视基隆港。基隆保卫战是法国侵略者把战争扩大到中国东南沿海的第一仗。基隆首战告捷鼓舞了军民的斗志,给法国侵略者以沉重打击。

第二节　中法马江海战

法国舰队基隆战败后,舰队司令孤拔将舰队主力集中于马尾,泊于罗星塔以南、以东江面;少数舰只泊于马祖澳,控制闽江口,完成了作战部署。

一、战前中法双方军备

在马尾的法国远东舰队编成两个梯队：前梯队由轻巡洋舰"窝尔达"号,炮舰"益士弼"号、"蝮蛇"号、"豺狼"号和45、46号鱼雷艇编成；后梯队由巡洋舰"杜居士路因"号和炮舰"维拉"号、"德斯丹"号编成。加上临战前赶来的装甲巡洋舰"凯旋"号,至开战前,先后进入马尾港的法国军舰有10艘,总吨位约15000吨,装备火炮77门,船员1790人。法国军舰装备了当时的新式武器——机关炮、鱼雷。

法国舰队情况表

舰名	舰型	吨位	马力	人数	炮数
窝尔达(旗舰)	木壳巡洋舰	1300	1000	160	9
凯旋	装甲巡洋舰	4127	2400	410	21
杜居士路因	铁胁木壳巡洋舰	3189	3740	300	10
维拉	木壳巡洋舰	2268	2790	250	5
德斯丹	木壳巡洋舰	2236	2790	250	5
豺狼	炮舰	515		120	9
益士弼	炮舰	471		120	9
腹蛇	炮舰	471		120	9
45号	鱼雷艇				
46号	鱼雷艇				

福建水师原驻港的仅有轻巡洋舰"扬武"号和炮舰"福胜"号、"建胜"号3艘,后从本省各港口调回炮舰"振威"号、"伏波"号、"艺新"号、"福星"号,广东增援的炮舰"飞云"号、"济安"号。在厂待修的台北武装船"永保"号、"琛航"号也驶离船槽备战。军舰11艘,总吨位仅9800余吨,装备火炮50余门,船员1200余人。除"福胜""建胜"号为铁壳外,其余均为木壳船。军舰大都采用立式蒸汽机,机器在水线之上,又无护甲,极易被破坏,装备的火炮又基本都是前膛炮,威力、射速不如法国军舰装备的后膛炮。

中国舰队情况表

舰名	舰型	吨位	马力	人数	炮数
扬武(旗舰)	木壳巡洋舰	1560	1130	200	11
永保	木壳运输舰	1358	150	150	3
琛航	木壳运输舰	1358	150	150	3
福胜	蚊子船	250	389	26	1

续表

舰名	舰型	吨位	马力	人数	炮数
建胜	蚊子船	250	389	26	1
艺新	炮舰	245	50	30	5
伏波	炮舰	1258	150	150	5
福星	炮舰	545	80	70	5
济安	炮舰	1258	150	150	9
飞云	炮舰	1258	150	150	7
振威	炮舰	572	80	100	5

福建水师 8 艘军舰泊于罗星塔以西,法国军舰上游;3 艘泊于罗星塔东南,分别与法国军舰前、后梯队对峙。另有水师营旧式兵船、武装渔船各 20 余艘,散泊于港区沿岸。江防陆军至临战前增至 20 余营,并有大量自动参加战备的群众武装。其中 11 个营扼守马尾船厂和附近江岸,11 个营驻守琯头到长门各要点,民壮近 2000 人协守闽安至琯头两岸。从马尾至闽江口有新旧炮台 10 余处,仅马尾附近就有 7 处,共有岸炮 30 余门。何璟、张兆栋留守福州,张佩纶、何如璋住马尾负责指挥附近水陆各军,穆图善坐镇长门,控制闽江口。

二、马江海战经过

8 月 21 日,法国驻北京代办谢满禄以基隆事件为借口,降下法国国旗离开北京。8 月 22 日,法国海军部电令孤拔消灭福建水师。当晚 8 时,孤拔召开作战会议,决定于次日下午 2 时,利用退潮船队转向的有利时机开战(退潮时,中国军舰舰尾是火力最弱部位,位于法国军舰舰首主炮之前,这对福建水师军舰极为不利)。8 月 23 日 8 时,法国驻福州副领事白藻太将开战时间通知各国驻福州领事馆,午刻时,闽浙总督何璟却才接到法领事照会,方知当日开战。他立即向马尾、长门驻军打电话,但是,通往长门的电话线断掉,打不通。马尾地方没有人接电话,而这时法国舰队已经开炮。

下午 1 时 56 分,马江刚刚退潮,敌舰船头正好对准我舰舰尾。法国舰队司令孤拔命令开战,旗舰“窝尔达”号升起第一号令旗,发出作战信号。在港所有法国军舰对近在咫尺、毫无准备的中国军舰突然开火。福建水师舰船措手不及,还来不及起锚就被敌舰第一排炮弹击中,其中“琛航”号和“永保”号两艘舰船被击沉,多艘舰船遭受重创。水师官兵冒着敌人密集炮火,一边砍断锚链,开动兵舰,掉转船头,一边赶紧分发弹药,填塞火药,奋起还击。旗舰“扬武”号边调转船头,边用舰尾炮准确地还击在它下游的法国军队旗舰“窝尔达”号,第一发炮弹就命中“窝尔达”号敌舰舰桥,击毙该舰引水和 5 名水手,站在一旁的法国舰队司令孤拔也受轻伤。此时,法国舰队 45 号鱼雷艇急忙冲过来,朝“扬武”号恶狠狠地发射鱼雷,“扬武”号猛烈颤动,右舷中雷爆炸,舰船缓缓下沉。但是,“扬武”号旗舰上的官兵临危不惧,留美学生杨兆楠,奋不顾身,继续开炮,又击中法国第46号鱼雷艇。敌舰把目标都对准旗舰"扬武"号,齐发鱼雷弹炮,"扬武"号受到重创,最终沉入怒吼的马江,全舰107位将士壮烈牺牲。法军45号鱼雷艇被岸上官兵发现,愤怒的官兵用岸炮齐轰,最终将其击毁。

炮舰"福星"号离法国军舰最近,一开始就受了重创,船上燃起了熊熊烈火。管驾陈英当众宣誓:"这是我们报效祖国的时候!"他的侍从劝说将船开到上游。陈英大声怒斥:"大丈夫食君之禄,当以死报国,今日之事,有进无退!"他下令断锚转向,一边命令士兵猛烈开炮,一边亲自驾驶,开足马力,冲向敌阵。"福星"号像一条愤怒的火龙,冒着枪林弹雨,直奔孤拔的坐骑"窝尔达"号。瞄准"窝尔达"号猛烈射击,连续命中,并击退了45号敌鱼雷艇的进攻。孤拔看到形势不妙,指挥3艘法国军舰围攻"福星"号。一颗炮弹飞了过来,正中陈英的腹部,他的身体被炸成两截,但是他的上半身仍然牢牢固定在望台上,怒视着敌人。这时,三副王涟,奔上望台,指挥官兵,继续战斗,不幸也中弹牺牲。敌舰"伏尔他"号赶忙发射鱼雷,"福星"号火药舱被击中,舰船迅速下沉,船上70名将士英勇献身。

"福胜"号和"建胜"号,是两艘小型炮艇,由游击吕翰统领。面对强敌,他毫无畏惧,站在大炮旁,抚摸着大炮,大声笑道:"酬我志者,此也!"当战斗打响,他立刻命令砍断锚链,掉转船头,向敌舰猛烈开炮。他看到"扬武"号遭受敌舰围攻,立即冲过去解救。站在甲板上的他,身穿短衣,手挥长剑,指挥将士发射大炮,进攻敌舰。敌舰火力如暴风骤雨般倾泻而下,他脸部中弹,鲜血直流;但毫不退却,用布裹住脸部,一往如故,继续作战。不幸,当舰船快要冲到敌舰时,他又被炮弹击中,终于身碎船沉,为国献出32岁的青春!

停泊在海关附近的福建水师"振威"号,一听炮声就立即对准法舰"德斯丹"号迅速回击。但是,遭到法巡洋舰"凯旋"号等攻击,船身中弹累累,管驾许寿山带伤指挥奋起还击,并下令全速向"凯旋"号冲去,决心与敌舰同归于尽。"振威"号半途又遭侧面法国军舰重炮轰击,官兵在烈火浓烟中仍奋战不止,在被敌鱼雷击中沉没前一瞬间,还发射了最后一颗炮弹,击伤一法国军舰舰长和两名士兵。后来,一位外国目击者罗蚩高文在《法国人在福州》一书中这样称赞道:这位舰长具有独特的英雄气概,这样的战术,在最古老的海战记录上也绝无先例!

"飞云"号管驾高腾云,作战之前,张佩纶曾想让他担任统带,即舰队总指挥,而他以国家利益为重,认为自己并不熟悉海战,就让位给他人。但在战场上,他却毫不退缩,勇往直前,当大腿被大炮炸断时,仍然挺直脊梁,指挥战斗。最后,不幸被敌炮轰入水中,以身许国。带着46具英魂的"飞云"号,燃烧着熊熊烈火,缓缓顺水漂向下游。

福建水师"济安"号为木壳结构,中弹后起火,但仍然拼死抗敌,最后在烈火燃烧中下沉。"伏波"号、"艺新"号受伤后突围西驶,搁浅林浦,丧失了战斗力。

战斗不到半个小时,法国军队被击沉鱼雷艇1艘,伤军舰3艘;福建水师11艘舰船,9

艘沉没,2艘重伤搁浅,尚存官兵攀援碎木板、断桅杆沉浮江中。惨无人道的法国侵略军又向漂浮于江面、已经丧失抵抗能力的中国官兵射击,江水顿时染成了红色。此役,清军阵亡官兵近800人。

下午2时30分以后,法国军舰主力转向攻打马尾造船厂和附近炮台,炮击周围水域的水师旧兵船和武装渔船。炮台守军在失去指挥情况下,各炮台自行还击。下午4时55分,炮战停止,法国军舰泊罗星塔附近。入夜,沿江军民自动驾驶炮船、渔船、盐船、火攻船,携带土炮、火炮、漂雷、放火器等从四面八方不断逼近袭击法国军舰,法国军舰整夜不得安宁,多次转移船位。24日,法国军舰派出十余艘小艇驶入附近港口搜索,见船就投弹炸毁,或纵火焚烧。法国军舰再次炮击船厂,在厂刚建成的一艘巡洋舰也被炸毁。清政府艰辛创建的船厂、学校、基地设施和防御工事均遭到严重破坏。马江海战激起了全国人民的义愤。8月26日清政府被迫向法国宣战。

三、闽安战役

闽安是闽江第二道门户,地势险要,沿江两岸层峦复嶂,绵长十余里,水道最窄处不过300余米,是闽江之咽喉。顺治十五年(1658年),清政府在这里筑城并设南北岸炮台。康熙二十七年(1688年),设协副将驻守。中法战争前,为加强海防,清政府增修了南北炮台和田螺湾炮台,安置了旧式大炮。此时,由闽安协参蔡康业指挥陆勇七营负责岸防,同时还招团丁1500名为补充力量。

8月25日马江海战后,法国军舰沿江而下,攻击田螺炮台。26日,法国军舰兵分三路,从背后继续轰击闽安田螺湾、亭头等地炮台。法国军舰"杜居士路因"号发炮攻打闽安炮台,守军英勇抗击,最终不敌。法国军队陆战队登岸炸毁田螺炮台,摧毁南般等炮台,并用绵火药炸坏了大炮。一支法国军队窜入闽安镇抢劫,杀人放火。25岁乡民陈明良,是位爱国青年,见法国军队暴行,义愤填膺,高呼:"洋人可恶,犯我家邦,杀!……"率领十余人民众赶到普安亭与敌激战,因寡不敌众,受伤被俘。陈明良在敌人屠刀面前,骂声不绝,宁死不屈,在巡检司衙门前大榕树下,壮烈牺牲。法国军队的暴行激起当地民众愤慨,已经退到后山寨的民众千余人,纷纷集结还击。他们兵分四路,手持镰刀长矛,鸟枪土炮,一拥而下,杀得敌人抱头鼠窜,夺路而逃。驻守在闽安的将领张世兴、蔡康业、刘光明率领官兵乘机夺回炮台,并把登陆的法国军队驱赶回了舰船上。水师旗营骁骑校兼捷字营哨官徐国昌、张朝铭等将领,战斗打响后,临危不惧,登船作战,英勇杀敌。虽然战船处于劣势,接连被击沉,牺牲七八十人,但是徐国昌、张朝铭仍然奋不顾身,率领将士纷纷弃舟泅水登岸,架起小炮,轰击敌舰。闽安之战,洋屿旗兵死难甚多,琴江营盘里一条马家巷的丁壮几乎全部壮烈牺牲,当时民谣有:"法国打闽安,旗勇战沿江,炮杀李建安,打死张十三,家家有寡妇,户户闻哭声……人人泪不干。"

四、长门战役

长门、金牌位于闽江口两岸,两山对峙,江门仅为 380 余米,有连江、五虎、巴蕉三个入口。五虎岛雄踞口外,双龟岛俯卧门前,世有"五虎把门,双龟守户"之称。历代均为用兵重地。马江海战前,此处由福州将军穆图善受命会办军务,亲自坐镇指挥。长门、金牌建有炮台,建宁总兵张德胜率陆军 9 营分驻长门、金牌、划鳅、琯头,水师营分驻沿江一带。

8 月 25 日,泊闽江口的法国大型装甲舰"拉加利桑尼亚"号,企图进入马尾,以开花巨弹和二三百斤的实心子弹轰击长门炮台,穆图善亲自督战,命令长门金牌炮台炮击敌舰。敌舰被轰击洞穿,船身旋即倾斜,急忙转舵后退,逃往香港修理。27 日,法国舰队司令孤拔率舰队从闽安出发,早晨开到琯头,再由琯头江面炮击长门、金牌炮台。炮台守军猛烈反击,游击杨金宝率部开炮击中孤拔坐舰,舰上官兵水兵死伤数名。28 日晨,法国军舰"特隆方"号和"杜规特宁"号又驶到金牌附近,炮轰长门、金牌两岸炮台。而后,法国军舰开至长门掩护陆战队登陆。穆图善率领长门副将洪永安、总兵张德胜、守备康长庆等官兵先设下空垒,匿兵不动。等到法国军队到来,伏兵四起,突然攻击。法国军队措手不及,被斩首数人,其余的敌军落荒而逃,奔回舰船。为摧毁我军炮台,使之丧失战斗力,法国军队加大攻击力度,法国军舰"伏而他"号和"林克斯"号加入炮轰舰队中。虽然法军加大火力,但仍然未能达到完全摧毁长门炮台的目的。敌舰在炮轰金牌炮台时,金牌炮台火药库被击中,杨金宝撤离炮台,法国军队随即登陆。当法国军队到达半山腰时,杨金宝率领守军突然发起攻击,法国军队被击毙数十人,落荒而逃。29 日,法国军舰"特隆方"号、"杜规特宁"号和"林克斯"号等舰船又驶至长门、金牌炮台近岸处,继续炮轰。炮台守军顽强抵抗。炮战延续至下午 3 时,炮台被摧毁。30 日,法国舰队全部撤离闽江口。

第三节　马江海战后的战役与《中法新约》

一、淡水(沪尾)战役

法国军舰退出闽江后,集结在马祖澳,休整待援。9 月中旬,援兵到来。法国舰队兵分两路进攻台湾,一路由法国远征军司令孤拔亲率 11 艘军舰进攻基隆,一路由副司令利士比率 4 艘军舰袭击沪尾,企图使清军无法兼顾。10 月 1 日晨,进攻基隆的法国军队在舰炮的掩护下由仙洞山登陆,守军章高元、陈永隆部坚决抵抗,将其困阻在二重桥一带。此时,另外两组法军步兵也陆续上岸。刘铭传亲自指挥抗击,使其难以进展,战局僵持。孤拔根据战场形势判断刘铭传的主力在此,而沪尾的防御必定薄弱,于是决定速调兵力,转攻沪尾。

沪尾当基隆之后路,距台北府城只有三十余里,法国军队如占沪尾,则可溯基隆河直上台北府城。更严峻的是清军的军械、粮饷均储于府城,倘台北一失,清军不战自溃。基隆距台北府城较远,只有陆路相通,沿途丛山叠岭,法国军队即使占据基隆,一时也威胁不到台北府城。在权衡了整个战局之后,刘铭传做出颇受争议的决定"撤基保沪"。清军主动撤退,基隆被占据。

沪尾只有四营守军,防务较基隆薄弱,战争开始后,军队伤亡惨重,守将张邦才受重伤,由于主力及时援救而转危为安。10月2日晨,刘铭传先发制人,由红堡炮台先行发炮轰击法国军舰。清军的主动攻击出乎法国军队意料,红堡炮击一定程度阻止了其进攻的势头,设置在洋面上的水雷给法国军舰靠岸以极大的困扰。因此,利士比提出派兵登陆、夺取点火站、引爆水雷、扫清洋面,这些提议被孤拔首肯。8日晨,法国军舰突然散开,刘铭传立刻判断出敌人准备登陆,于是布下埋伏。上午9时许,法国军队果然分三路上岸,登陆后并未遭到抵抗,合成一路向前。刘铭传指挥沉着冷静,直等敌人完全进入了伏击地后,命令孙开华、章高元、刘朝祐从正面和右翼出击,并且亲率卫队加入到围歼战斗中,敌兵骤然遇伏、溃散失顾,三面受敌、狂奔败北。此次大捷共击毙法国军队300多人,极大地震慑了法国军队,直到中法战争结束,法国军队都未敢再次贸然攻击沪尾。

法国军队在淡水失败,为孤立台湾守军,于1884年10月23日宣布封锁台湾海峡,企图阻断南北海运及闽台联系。福建军民采用夜雾偷渡等办法运送物资援台,清政府令南洋水师派舰援台。1885年1月18日,由提督衔总兵吴安康率领"开济"号、"南琛"号、"南瑞"号、"澄庆"号、"驭远"号5艘舰只自上海起航南行前援。孤拔获悉,立即率领7艘军舰北上拦截。2月13日,双方舰队相遇于浙江石浦檀头山海域,吴安康见敌即率队回避,"驭远"号、"澄清"号两艘航速较低的战舰被法国军舰击沉。

二、镇海战役

镇海位于甬江入海处,系浙东之门户、宁波之咽喉。孤拔得悉清政府3艘军舰泊于镇海口内,即进犯镇海。浙江巡抚刘秉璋和宁绍台兵备道薛福成早有准备,在宁波和镇海之间架设了电报线路便于通讯。镇海各路兵马统归提督欧阳利见指挥,欧阳利见率亲兵1000名、楚军2500名防守南岸金鸡山,并在那里增设天然、自然两座炮台;记名提督杨岐珍、宁波知府杜冠英率淮军2500名驻北岸招宝山要塞;守备吴杰统领南北两岸各炮台;记名总兵钱玉兴领浙西兵千人、淮军2500名驻守梅墟至育王岭一带,作为第二道防线;还有"元凯"号、"超武"号两舰以及逃来的"开济"号、"南琛"号、"南瑞"号三舰布防在甬江口;甬江口外布有水雷,口里备有满载石块的旧船,随时可以沉船封江。

1885年2月28日,法国军舰"纽回利"号、"答纳克"号、"巴夏尔"号、"德利用万"号抵达镇海口外。浙江提督欧阳利见下令步兵进入阵地。3月1日,法国军队以一艘小轮驶入虎蹲山以北测量水道,守备吴杰下令开炮,该轮被击退。下午 3 时,法国军队以"纽回利"号居首,率三舰进攻招宝山炮台,在阵地的杜冠英亲令炮目周茂训开炮还击,守军炮火犀利,首炮即正中"纽回利"号舰首,第二炮击中头桅,第三炮击中舰尾。法国军舰排炮轰击炮台,炮台受数十弹。此时守备吴杰亲自开炮,与法国军队炮战两个小时,法国军队终于不敌撤退。"纽回利"号失去作战能力,被拖往外海。3 月 2 日,法国军队意图以两艘小船登陆,被守军击退。2 日夜法国军队以鱼雷艇猛冲甬江,企图偷袭江内南洋水师兵舰,又被岸炮击退。3 日,法国军队以主力舰"答纳克"号驶入虎蹲山北水道,招宝山各炮台奋起还击,击中"答纳克"号烟筒、头桅,"南琛"号军舰与"南瑞"军舰冲出攻击"答纳克"号,又击中舰尾三炮,"答纳克"号急忙施放烟幕撤退。此后,法国军队不敢继续硬攻炮台,只以小船运载步兵意图登陆,但终未得逞。守军继续坚守炮台,并一度以八门山炮(后膛车轮炮)到岸边突袭法国军舰,使法国军舰不敢泊于近海。法国军队采取各种战术进攻,均遭失败,孤拔本人也受重伤,不得不停止进攻。镇海之战,由于守军预先准备,水陆防守严密,官兵同仇敌忾,浴血奋战,终于取得了继淡水大败法国军队之后的又一次胜利。

三、镇南关大捷

镇南关位于中国广西西南中越边境上。始建于汉,初名鸡陵关,清朝初年改称镇南关。1885 年 2 月中旬,法国再次增兵越南,法国军队统帅波里也指挥两个旅团约万余人的兵力向谅山清政府军队发动进攻。越南北圻战场东线的清军在广西巡抚潘鼎新统领下不战而退。2 月 13 日,法国军队未经战斗,即占领战略要地谅山。2 月 23 日,法国军队进犯文渊州,守将杨玉科力战牺牲,清军纷纷后撤,法国军队乘势侵占广西门户镇南关,炸毁关门,直逼中国腹地。

1885 年,清政府电令年近 7 旬的原广西提督冯子材为帮办广西关外军务。冯子材决心"保关克谅",并相机出击收复北圻各城。具有强烈爱国精神的冯子材赶到镇南关后,根据前线清军各部之间多存派系门户之见的情况,就召集前敌诸将晓以大义,告之以国家利益为重,使各将领在抗击侵略者的斗争中团结起来,大大增强了清政府各部队的凝聚力和战斗力。各将领共推冯子材为前敌主帅,统一指挥协调各军的行动。当时,法国军队由于兵力不足,补给困难,已从镇南关退至文渊(关外 15 公里处)、谅山地区。冯子材亲自跋山涉水勘察地形,根据敌情和镇南关周围的地形条件,决定在关前隘地区依托有利地形,构筑坚固防御阵地。关前隘在镇南关内约 4 公里处,系镇南关通往内地之要冲,东西山岭对峙,中间有一条长 2 公里多、宽 1 公里多的盆谷,地势险要,易守难攻。冯子材亲督官兵用土石筑起一道长 1.5 公里、高 7 尺、宽 4 尺的土石长墙,横跨于东西山岭之间,墙外挖成深 4 尺的壕堑,并在东西山岭修建堡垒多座,形成一个完备的山地防御阵地体系。冯子材身先士卒,亲率所部萃军 9 营扼守长墙及两侧山岭险要,充作第一梯队,担任关前隘主阵地正面防御。总兵王孝祺部 8 营屯冯军之后为第 2 梯队；湘军统领王德榜部 10 营屯关外东南的油隘，保障左翼安全并威胁敌之后路；冯子材另以所部 5 营屯扣波，保障右翼安全；广西提督苏元春部 18 营，屯关前隘之后 2.5 公里的幕府为后队；另有 12 营屯凭祥机动。总计前线兵力约 60 余营，3 万余人，一切准备就绪。

　　3 月中旬，冯子材得悉法国军队将经过扣波袭击艽封、攻打牧马。冯子材急调兵力前往扣波和艽封，挫败了法国军队迂回作战的企图。19 日，得到密报，法国军队将入关攻打龙州。为了打乱法国军队的进犯计划，冯子材决定先发制人。21 日夜，冯子材率王孝祺部出关夜袭法国军队占据的文渊（今越南同登），击毁敌炮台两座、毙伤法国军队多人，取得较大胜利。清军的主动进击，打乱了法国军队的作战部署，迫使法国军队东京军区副司令尼格里上校决定不等援军到齐即向清军防御阵地发起进攻。23 日晨，法国军队第 2 旅千余人趁浓雾偷偷潜入镇南关，另以千余兵力屯于关外作预备队。上午 9 时 30 分，大雾开始消散，法国军队兵分两路展开进攻：第 143 团第 1 营和外籍军团第 2 营等沿东岭向大小青山方向实施主攻；第 111 团第 1 营沿关内谷地前进，向长墙进攻，企图在主攻部队得手后两路夹击，攻占关前隘清军防御主阵地。法国军队主力在炮火掩护下，攻占东岭三座堡垒，并猛攻长墙。冯子材指挥所部顽强抵抗，一面商请驻于幕府的苏元春部前来接应，并通知王德榜部从侧后截击敌人。在丢失三座堡垒的危急关头，冯子材大声疾呼："法再入关，有何面目见粤民？何以生为？"守卫清军在冯子材的爱国热情鼓舞下，英勇抗击，誓与长墙共存亡，阻止了敌人的前进。下午 4 时许，苏元春率部赶到东岭参战，王德榜部也自油隘袭击法国军队，并一度切断了敌人运送军火、粮食的交通线，牵制了法国军队预备队的增援，有力配合了东岭的战斗。战斗异常激烈，呈胶着状态。入夜，清军进一步调整部署，由苏元春部协助冯子材守长墙，王孝祺部夺西岭，陈嘉部守东岭。冯子材还另调驻扣波的 5 营冯军前来抄袭法国军队左翼。次日晨，尼格里指挥法国军队在炮火掩护下，分三路再次发起攻击，沿东岭、西岭和中路谷地进攻关前隘阵地。冯子材传令各部将领："有退者，无论何将遇何军，皆诛之。"经过激烈的战斗，法国军队接近长墙，冯子材一马当先，持刀大呼，率先带领两个儿子奋不顾身，跃出长墙，冲向法军阵营。清军顿时精神振奋，以冯子材父子为榜样，齐心协力，奋勇出击，与法军进行白刃格斗，战斗异常惨烈。战至中午，终于将中路法国军队击退。与此同时，陈嘉部、蒋宗汉部在东岭与法国军队展开了激烈争夺战，傍晚时分，王德榜在击溃法军增援部队及消灭其运输队后，从关外夹击法国军队右侧，配合东岭守军夺回被占堡垒。这时，王孝祺也已击退沿西岭进攻的法军，并由西岭包抄敌后，使其腹背受敌。法国军队三面被围，激战中死伤近 300 人，后援断绝，弹药将尽，被迫败退，尼格里只得下令撤退，狼狈逃回文渊、谅山。冯子材抓紧有利战机，率部乘胜追击，于 26 日攻克文渊，29 日攻克谅山，毙法国军队近千名，重伤尼格里，后又将法国军队残部逐至郎甲以南，取得抗法战争的重大胜利。

四、中法越南条约

台湾淡水保卫战功不可没,不但对台北的安全稳定起到重要作用,就是对整个中法战争亦有深远影响。法国政府原计划占领台湾作为谈判筹码,要挟清政府的企图未能得逞;镇海战役准备充分,水陆防守严密,击退法国军舰入侵。镇南关大捷,中国军队在镇南关、谅山等地大败法国军队,在北越打开了新局面,增强了清政府自信心,对后来达成和议产生积极作用。法国军队占领澎湖,加强了对台澎地区的控制。两个战场,交战双方互有胜负,总体上趋于均势。镇南关战役失败的消息传到法国本土,法国总理茹费理(Jules Ferry)内阁随之倒台,茹费理引咎辞职,法国已无力再战。两国都不希望战争继续下去。

1885年4月4日,双方匆匆签订停战条件,战争终止。根据停战条件,双方应商订细约。4月下旬起,开始谈判。6月9日,清政府代表李鸿章与法国公使巴特纳在天津正式签订了《中法新约》。11月28日,此条约在北京交换批准。《中法新约》即《中法会订越南条约》或《越南条款》,又称《中法和约》《李巴条约》,共10款,主要内容有:1. 清政府承认法国对越南的保护权,并在条约签字后六个月内,中法两国派员到中越边界"会同勘定界限"。2. 法国军队退出台湾、澎湖。3. 中越陆路交界开放贸易,中国边界内开辟两个通商口岸,一在保胜以上,一在谅山以北,允许法国商人在此居住并设领事。4. 降低中国云南、广西同越南边界的进出口税率。5. 以后中国如修筑铁路,"自向法国业此之人商办"。《中法和约》的签订,使法国打开了中国的"后门"。此后,中法之间又相继签订了《越南边界通商章程》《续议界务专条》《续议商务专条》等条约,具体确定了法国的侵略权益,使中国西南地区逐渐成为法国的势力范围。

附录

马尾地区自然地理

马尾位于北纬25°59′,东经119°27′,福州市东南部,闽江下游北岸。东南临江与长乐隔岸相望,东北毗邻连江县琯头镇,西与晋安区鼓山镇鼓岭乡接壤。中北部以山地为主,南部平原由闽江河流冲积形成,琅岐岛镶嵌于闽江入海口处,现为马尾区,总面积274.62平方公里。

地质地貌

马尾地质构造带处在中国东南沿海华夏系第二复式隆起带东缘、福州盆地东侧,属江口溺谷海湾型游沙堆积。区内第四系厚度一般为30—40米,自山边沿江增厚,基岩为变质火山岩和花岗岩。马尾地质构造主要有新华夏系构造和山字形构造两种。新华夏系构造反映中生代晚期火山岩和燕山期侵入岩的岩浆沿北北东向断裂喷发的特征,马尾区在地质构造上位于新华夏系强烈的多期活动的长乐—诏安大断裂带西北和北侧,受其影响并与其配套的有北北东向、北北西向、北东东向构造断裂,构造裂隙较为发育。长乐—诏安构造断裂带北北东端延至闽江口江底并穿过琅岐岛,属压性、压扭性断裂,并具有多期活动性。与长乐—诏安构造断裂带平行配套的有闽江断裂,方向北东35°—45°,大致沿闽江主河道展布。磨溪断裂沿磨溪走向发育,属压性断裂,延伸长度6公里,倾向东偏南,倾角85°。马鞍溪断裂:沿马鞍溪发育,属压性断裂,延伸长度3公里,倾向西偏北,倾角80°。北东东向构造断裂带有新马断裂、造船厂—上岐断裂、马限—洲尾断裂、万吨码头—海洋渔业基地断裂等,性质不明,多埋伏于第四系松散堆积层之下。造成山字形构造的主要由压性或压扭性断裂、片理、压劈理以及动力变质岩带等所组成。该构造组成的各个部位,均表现为负地形,形成河流、沟谷。闽江的流向受山字形构造所控制。在晋安区淮安处入境,流向由西北向东南,变为向东,顺着山字"U"的底,经马尾罗星转向东北,延伸到亭江、琅岐一带。山字"I"的脊柱部分,是鼓岭至快安的南北"V"形山谷,其中主要有磨溪。

马尾区地层所出露的全为晚侏罗世火山岩,闽江北岸及闽江口滨海地区第四系较为发育。区内 104 国道以北、西北地段大面积出露为燕山晚期侵入岩,少部分地段裸露上侏罗统的南园组火山岩,全新统长乐组的黏土、淤泥夹满层粉细砂、泥炭(包括海积层、冲积层、冲洪积层)。

马尾区非金属矿藏较丰富,主要有建筑砂、花岗石和高岭土。建筑砂主要分布在闽江下游,为大型矿床,产于晋安区魁岐至马江河段河床和河漫滩,属河流冲积型。花岗石主要为燕山晚期侵入岩,以酸性、超酸性花岗岩类为主。琅岐镇凤窝高岭土矿为中型矿床。它是高岭石族黏土矿物为主的黏土,由凝灰岩、凝灰熔岩、石英斑岩、细晶岩、流纹斑岩、正长斑岩等风化而成。估算储量为 623 万吨。

区内地貌单元区属闽浙火山岩,侵入岩中低山亚区,按其形成原因,可分为构造侵蚀型、侵蚀剥蚀圆缓低丘陵型和堆积地型。构造侵蚀低山缓坡地貌主要分布于区内西北部大面积山区地带,构造剥蚀高丘陵地貌零星分布在闽安邢港出口两侧,侵蚀剥蚀圆缓低丘陵型零星分布在罗星塔、闽安、英屿和琅岐岛中部的少部分地带。快安—晋头平原片、马尾旧街—青洲平原片、亭江—长安平原片、琅岐岛平原片均属堆积型地貌。地形类型有山地、平原、水域、礁岛、岛屿、港湾、沙洲等。马尾地形总趋势呈西北高(海拔标高 500—800 米),东南低(海拔标高 1—10 米)。海拔标高 10 米以上低山丘陵山地占 73.18%,海拔标高 10 米以下平原区占 16.82%。

气候水文

马尾地处南亚热带与中亚热带交接处,属亚热带海洋性气候,主导风向为东北风,年平均气温 19.3℃,年降雨量约 1382 毫米。临江近海的地理条件,使区内冬不严寒、夏无酷暑,气候宜人。

马尾四季划分:3—5 月为春季,6—9 月为夏季,10—11 月为秋季,12 月至次年 2 月为冬季。四季具有温暖湿润、季风现象明显、地形气候多样三大特征。

四季温暖湿润,海洋性气候明显。春季阴湿多雨水,夏季炎热多台风,秋季天晴日照足,冬季少雨无严寒。马尾地处副热带大陆东岸,是热带海洋气团与极地大陆气团交替控制和互相角逐交绥的地带,副热带季风现象明显。风向呈季节性变化,冬半年盛行偏北风,夏半年盛行偏南风。纬度位于北回归线以外,夏季气温很高,最热月 7 月份平均气温一般在 28℃左右,极端最高气温超过 40℃的也时有发生。但冬季受温带大陆冷气团南下的影响,最冷月平均气温 10.6℃,较为温和。冬夏气温的年较差在 18℃上下,季节变化明显。降水量的季节分配一般是春夏较多,秋冬较少,无明显的干季。由于背山、面水、近海,太阳辐射条件和受季风环流影响的程度不同,因而形成多样的局部地区气候特色。一般可分为山区气候型(亭江镇西北部山区)、城市气候型(罗星街道)、平原气候型(马尾镇青洲、快安)、海岛气候型(琅岐)和沿海气候型(亭江镇南部)。形成这些类型的主要因素有:琅岐镇海岛气候主要受海洋性影响;罗星街道城市气候主要受人工下垫面的影响,亭江西北部山区气候主要受海拔高度和地形的影响。

马尾区地表水资源十分丰富。区内闽江过境长度达 37 公里,年过境径流总量达611.35 亿立方米。区内闽江支流有磨溪、马鞍溪、水塘溪、双头溪、三合溪、上溪、水带溪等14 条溪流,河汊纵横,形成网状水系。这些溪流总平均径流量达 2.2 亿立方米。地下水资源较贫乏,只分布在山间各地、山边等第四系松散层,属松散堆积层孔隙水。同时,地下水还有基岩构造裂隙水、基岩风化孔隙裂隙水等类型,除琅岐岛个别地区水质属咸水、半咸水和山区地带水质含氟铁外,其余水质均良好。

境内所处的闽江口系强潮陆相河口,全境河段为感潮河段,河流水位变化均受控于潮汐作用,不受径流的影响。最高潮差可达 6.8 米,平均潮差 4 米。按农历月份算,每月上旬八、九日,下旬二十四、二十五日为小潮日,而每月上旬三日、中旬十八日为大潮日。全年最高潮位日为农历八月十八日,称作"天文大潮日"。每年的 8—10 月份均可出现最大潮差。受地形影响,闽江口潮差最大,逐渐向闽江口内减小。境内河流的潮型为规则半日潮,每天涨退潮两次。涨潮历时 5 小时,退潮历时 7.25 小时,每一次涨落潮的周期为 12.5 小时。逢闽江枯水期时,涨潮历时略长,洪水期则略短,退潮时间受影响的情况则相反。

马尾潮水涨落时间表

日期 (农 历)	一日		二日		三日		四日		五日		六日		七日	
	十六日		十七日		十八日		十九日		二十日		二十一日		二十二日	
潮水	低潮	满潮	低潮	满潮	低潮	满潮	低潮	满潮	低潮	满潮	低潮	满潮	低潮	满潮
时间	5:14	11:40	6:30	0:30	7:20	1:20	8:10	2:10	9:00	3:00	9:40	3:40	10:30	4:30

续表

日期 (农 历)	八日		九日		十日		十一日		十二日		十三日		十四日		十五日	
	二十三日		二十四日		二十五日		二十六日		二十七日		二十八日		二十九日		三十日	
潮水	低潮	满潮	低潮	满潮	低潮	满潮	低潮	满潮	低潮	满潮	低潮	满潮	低潮	满潮	低潮	满潮
时间	11:20	5:10	0:10	6:10	1:00	7:00	1:40	7:40	2:30	8:30	3:20	9:20	4:10	10:10	5:00	11:00

注:马尾潮水时间,亭江要比马尾提早 0.5 小时,福州要比马尾推迟 1 小时。

土壤植被

　　土壤有 5 个土类,主要有红壤、潮土、风沙土、盐土和水稻土等。红壤土层较浅,覆盖在花岗岩上,呈酸性或弱酸性,土色红,贫瘠,粘重。潮土土层厚、土色灰,表土稍厚,微酸性,较肥沃,质地沙土或黏土。风沙土土层厚,质地松散,微酸,瘠薄。盐土质地粘重,含盐量高。水稻土土壤理化性质差异极大。

　　马尾地处中国东部亚热带季风气候区,属南亚热带季雨林和中亚热带常绿阔叶林交接处。区内植被类型有天然植被和人工植被两大类。按植被类型组合上的差异,又可以分为西北部针、阔叶混交林、针、竹混交林区和沿海木麻黄防护林区。植物种类繁多,除藻类植物、苔藓植物外,已经确认的有蕨类植物 19 科 30 种,裸子植物 7 科 14 种,被子双子叶植物 85 科 262 种,被子单子叶植物 22 科 99 种,珍稀植物有桫椤、银杏。

自然灾害

　　每年 5—7 月,区内受南海暖湿气流影响,形成低压槽,大量降雨,闽江水涨,造成水灾;7—9 月间,太平洋、南海热带风暴,台风经常入侵,形成暴雨,雨量集中,造成山洪和内涝,致使区内水灾、风灾频繁,成为主要自然灾害。其他自然灾害还有旱灾和冰雹,但不多见。

　　自唐贞元元年(785 年)至 1992 年,境内有文字记载的特大水灾有:唐贞元元年,马尾洪水,一片汪洋。宋至和三年(1056 年),海风驾潮,害民田;淳熙四年(1177 年)五月庚子至壬寅,马尾大水,漂民房。明万历三十七年(1609 年)五月二十七日,马尾溪洪暴发,水深丈余,上游浮尸败椽,蔽江塞野,五昼夜不绝。同治七年(1868 年),马尾大水灾,导致堤岸崩塌十几丈,房屋倒塌严重,大水逼近福建船政船台,声大如雷,几百家灾民无家可归。1918 年 7 月初,暴风雨,山洪暴涨,溪水骤至,海潮顶托,马尾成为泽国,洪水冲进福州船政局西考工所宿舍,淹死 16 人,百余人受伤。

　　境内每年春秋之间常发生台风,宋景德二年(1005 年)八月,飓风袭马尾,毁坏房屋;嘉祐元年(1056 年),境内海风驾潮,伤民田。明成化十九年(1483 年)六月十九日,“大风雨,拔木坏屋,船只漂没无算”;万历间,台风摧毁罗星塔;崇祯十四年(1641 年)七月初一夜,“大风,海潮泛滥,漂溺甚众”。清光绪七年(1881 年)闰七月初二日,台风侵袭马尾,毁船政船厂福靖后营兵房 8 间;二十四年八月十五至十七日,台风暴雨大作,马尾一片汪洋,福建船政船厂损失巨大;宣统元年(1909 年)九月十五日,马尾风灾,吹倒房屋无数,江中尽是漂木及翻覆小舟；1925年7月，台风袭击马尾，福州船政局受损10万余元，无法恢复，国民政府海军部发行风灾奖券，以收入作为修缮费用。

境内旱灾时有发生。唐建中三年（782年）六月，大旱，"井泉竭，且疫死者甚众"。宋隆兴元年（1163年）春，大旱，无法播种。元至正十四年（1354年）夏，"大旱，大饥，人相食"。明成化二十三年（1487年）春，马尾旱，小麦歉收，至秋季又大旱，稻田颗粒无收；崇祯十四年（1641年）春，大旱。清顺治十七年（1660年）春，大旱。1946年秋，大旱。

境内古代地震频仍。有文字记载的有：后唐长兴四年（933年）五月，地震。宋隆兴二年（1164年）一月，地震；淳熙十二年（1185年）地震。元至正二十七年（1367年）十月地震；同年十二月又发生地震，声如雷。明万历二年（1574年）八月二十九日，地震，震中烈度7度；万历三十二年十一月初九，地震，震中烈度7—8度；崇祯十四年（1641年）二月，地震。

事件辑录

征地风波

清同治五年（1866年）八月间，闽浙总督左宗棠决定在闽县马尾中岐乡择地兴建船政各工厂，令福州知府李庆霖负责征用民田300亩，每亩价55两银。由于征用大片土地，民田锐减，建厂动工时受到乡民阻挠。当年九月二十七日，马尾中岐、罗星塔等地13乡农民在不满创办船政的官绅唆使下，反对圈地，并殴伤差役，事态恶化。丁忧在家的沈葆桢赶到马尾劝阻，但乡民仍哗噪不已，且以砖石遥掷，微伤沈葆桢足踝。翌日，沈葆桢檄调炮船5艘，营兵300人，驻扎中岐乡，令乡民交出反抗者18人，否则开炮洗村。传令毕，炮船即朝天开炮示威。炮声震地，乡民变色，被迫交出反抗者18人。沈葆桢欲将这些人尽数正法，数十名父老跪地哀求，表示愿具甘结，不敢再违抗。沈葆桢遂将掷石伤人者2人处斩，余16人贯耳后交县署拘押。至同年十二月二十三日船政各工厂顺利开工后，才予以释放。翌年间，船政衙门又陆续征用农田和土地。据日意格记载，总数达到600亩。为免纠纷，遍立"船政官界"界石，部分界石至今犹存。

林永成事件

光绪八年（1882年）七月二十一日晚，福靖后营洋枪教习守备朱得桂令差役林永成洗瓷烟斗。林不慎失手摔破烟斗。朱得桂将其拳打脚踢，致左肋脐肚均受重伤，又用布带扣勒身死，伪装成自杀状。闽县委派张道亨来厂验尸，仵作竟报"身中无伤，确系缢死"，且"不提讯凶犯"，引起林永成亲属及围观者愤怒。人群中林二二自认死者亲属，挺身而出鸣冤，不满的人群愈聚愈众，人声鼎沸，围署不散。督办船政黎兆棠惊恐万状，于七月二十五日早上,驰谕闽县候补知县缪嘉行迅速派人前来。缪嘉行提审死者母亲林卢氏及疑凶朱得桂,朱供认不讳。死者亲属背黄状哀求工人相助,工人愤而拆毁船政衙门头门,推倒东西辕门,将鸣冤鼓丢弃于官厅池中。闽浙总督何璟闻讯,饬派水师营员弁前往镇压,黎兆棠派福靖后营练勇包围工人和农民,逮捕一批无辜民众。七月二十八日,船政总监工许某又开列惩罚工人名单,引起工人更大愤怒,工人坚持罢工数日,黎兆棠眼见将影响兵船下水期限,被迫下令处斩朱得桂,"正军法以儆将来"。同时,将缪嘉行、张道亨等人撤任撤差。工人斗争取得胜利。上海《申报》为此专门发表《论船局命案》社论,忧心忡忡地写道:"窃恐局中营勇工匠,从此蔑视各员并可挟制钦差。"这场斗争,是中国产业工人最早的罢工运动。

驱杜斗争

　　光绪二十三年(1897 年),船政为了建造新式舰船,聘请法国人杜业尔担任正监督。杜业尔在船政内独断专行,非法为法国谋取利益,损害中国主权和船政利益。二十八年七月,杜氏背着船政大臣,擅自以"船政代表"身份,与法国立兴公司签订替该公司制造 3 艘商船合同,未经估算先行动工。船政会办沈翊清获此消息,于八月二十二日致函杜业尔表示反对。同年十一月四日,清廷军机处电函船政,要杜业尔作废合同。"立命停工"。但杜业尔竟称:"万难作废。"法国驻京公使吕班多方为之辩护。福州将军崇善急从湖北调回魏瀚任船政会办,拟通过法律手段废约驱杜。魏瀚是造船专家,一眼看出这批船质高价低,工期内决难完成。为维护船政利益,魏瀚一方面援据西律,以求废约。另一方面,从调查杜业尔在船政期间的财务入手,向清廷和法国驻京公使提出召回杜业尔和成立船政财务状况调查团的要求。在查账中,他沉着冷静,将支销各项,稽查清楚。并逐一开列杜业尔经手的财务支出清单,合理的支出予以认可,属于与洋商勾结浮冒贪污的,不仅取消欠款,并按诈欺之罪追究杜业尔刑事责任。同时,还将查实开列的船政承造 3 艘商船的支出清单寄往法国商务部评估委员会,公开揭露杜业尔贪污冒领的罪行。尽管法国公使吕班百般抵赖,但在大量真凭实据面前,杜业尔终于瞠目结舌,无言以对。再经过与法国驻京领事艰巨谈判,终于使杜业尔揽造两船的合约作废,其已收过直兴公司工料银十九万五千元,酌贴利息四万元,合共二十三万五千元,兑还了结。福州将军崇善坚决要求解聘杜业尔,法国政府于光绪二十九年八月召回杜业尔,了结此事。这场斗争的胜利,保护了船政的经济利益,维护了中国主权。魏瀚能应用国际公法开展有理有据的斗争,是难能可贵的。

海难救助

　　船政早期所建造的舰船,多部署在各海口,平时担任巡洋缉盗任务,遇海难也执行海难救助。光绪二年(1876年)初,"扬武"号管驾总兵吴世忠在海难救助中,"猝遇恶风",以身殉职。同年六月,清廷批准福州将军文煜所奏,颁行《救护洋面中外船只遇险章程》,这比国际上订立的《布鲁塞尔海难救助公约》还早34年,使航海人员处理海难救助有章可循。三年九月,美国"佛兰牌利"号夹板船在莆田长屿海面遇风沉没。"艺新"号管驾许寿山驾船救出韦士客拉等洋人19人,给以饮食并护送到福州。美国领事戴兰那十分感激,"具文致谢"。同年十一月,刘金狮商船在长乐松下江面触礁损坏,许寿山救出遇难商人13名,并抢救船只,代为修补。四年五月廿九日,"阜康号"载商人由上海至马尾罗星塔江面,将行李银物盘至驳船上。刚刚开卸,暴风突起,驳船顷刻翻覆。许寿山顶风冒雨赶往抢救,救出陈廷隆等7人。五年一月,金同生商船装运一批木材和纸张等货物,驶至闽江口搁浅漏水。许寿山闻讯赶往抢救,把该商船拖回港口。同年四月,"金裕昌"号商船装运杉木3400余根,在马祖澳触礁,船将沉没。许寿山驾船"由三沙展轮而下,拖至古镇,该船赖以保存"。当年七月二十五日船政大臣吴赞诚上奏清廷,为多次在海上奋勇救助海难的"艺新"号管驾许寿山等请奖。这是中国近代发挥轮船作用,主动执行海难救助的较早记载。

船政文化研究

船政文化研究机构

一、马尾船政文化研究会

福建船政学校是船政校友们1981年提出，并得到时任省委书记的项南同志支持，而于翌年复办的。校友们把她当成自己的母校，感情至深。1999年，与交通学校等合并升格为福建交通职业技术学院后，船政的名称没有了，校友们甚感遗憾。老校友、船政专家陈道章先生认为文化的生命力十分顽强，船政的品牌是无形资产，现在是大家还不甚了解她，必须大力研究和弘扬。他积极向母校党委书记、升格后任学院临时党委负责人的沈岩和船政校友会会长孙新峰、秘书长张华谷等倡议设立船政文化研究机构。2002年底他邀请沈岩、孙新峰、张华谷等在昭忠祠研究成立事宜。经福州市、马尾区有关领导支持和有关部门的批准，首家船政文化研究机构——马尾船政文化研究会终于在2003年8月19日正式成立。

2003年8月19日，马尾船政文化研究会在马尾昭忠祠召开第一次代表大会及首次理事会。参加大会的有马尾区委宣传部，福州开发区文化体育局、旅游局、民政局、福建交通职业技术学院、福建船政校友会、马尾造船股份有限公司、福州大学人文学院、福州市政协文史资料学习委员会、中法马江海战纪念馆、中国近代海军博物馆等团体单位领导及个人会员代表共50多人，一些关心支持船政文化研究的专家、有识之士和单位的领导列席了会议。

会议通过了马尾船政文化研究会章程，选举产生了第一届理事会，成立了办事机构。理事会选举产生了会长、副会长、秘书长、副秘书长，并在征得本人同意的情况下聘请张序三、李鼎文、何康、王绥珞等德高望重的老同志老校友为名誉会长，聘请郑明、孙新峰、沈斐敏、魏佑海、卢美松、谢传淦、陈道章、张良勋、陈贞寿等专家和郑有光、林新国等领导担任顾问。

会议产生第一届理事会。会长：沈岩，副会长：陈平、陈金昌、朱大明、阮良观、张华谷、石秀龙,秘书长:朱大明(兼),副秘书长:黄有锋、林樱尧、张微佳、张寒松、陈顺、章筱强。2006年6月秘书长由殷晓光接任。

2010年3月19日召开第二届会员代表大会。会议认为,六年来,船政文化研究会积极组织会员发掘收集和整理船政文化资料,联系广大专家学者研究船政文化,开展学术交流与协作,尤其是与台湾的文化交流,与省市乃至全国的学术交流,为弘扬船政文化,培育船政精神,树立"船政文化"品牌,促进精神文明建设奉献了自己的力量。许多会员和学者不是专职研究人员,本职工作忙,但却自愿花掉许多宝贵的业余时间来从事研究工作,有的还花了自己的积蓄来出书。许多是七八十岁的老同志,笔耕不辍,成果不断,精神可嘉。船政文化的研究成果日益扩大,研究资料的收集越来越广泛,研究面越来越扩大,专题研究越来越深入。研讨会上提供的参考书籍,由原来的一两本到一二十本。有的研究填补了全国研究的空白,有的获得福建省第八届社会科学优秀成果奖。有的翻译成英文版向世界各国发行。六年来,研究会和理事单位共同编辑出版和资助、协助有关专家编辑出版的书籍共有28种,共计印刷4万多册,配合或协助省市有关部门编辑出版的书籍有8种,共计印刷1万多册。其中有不少是有一定影响力的。通过各级领导和专家学者的努力,船政文化研究取得明显的成果。船政文化已从专家学者的研究变成了社会的共识。过去是专家学者的研究内容,现在已经写入了国务院的正式文件。而且被列为海西建设的七大文化之一。船政文化已引起中央高层和海外及港澳台的重视,许多中央领导和港台政要先后视察了船政文化博物馆。会议认为,今后五年是船政文化研究事业发展的重要时期。研究会要抓住有利时机,开创新的局面。

会议产生第二届理事会。会长:沈岩,副会长:黄有锋(常务)、林樱尧、张微佳、殷晓光,秘书长:林军,副秘书长:黄德辉、林圣榕。

二、福州船政文化研究会

2003年12月19日,福州船政文化研究会成立。成立大会在福州人民会堂举行,同时举办首届船政文化研讨会。福州市领导雷春美、张作兴、高翔、朱华、刘嘉静,及省委宣传部、省文化厅、省社科联、省社科院、省炎黄文化研究会等领导出席开幕式。全国人大常委会原委员、海军副司令员、中国人民解放军军事科学院原政委、中将张序三,中国人民解放军南京海军指挥学院原院长、中将李鼎文,中国人民解放军装备部原部长、少将郑明及省内外的专家学者和船政后裔180多人出席。研究会理事通过投票表决选出会长、常务理事。市社科院副院长陈平当选为会长,陈章汉、沈岩、林璧符为副会长。

福州船政文化研究会成立后,联合其他单位组织召开了五届船政文化研讨会,2003年12月,举办首届船政文化研讨会。2004年9月,举办第二届船政文化研讨会。随后,2006年12月、2008年12月举办第三、第四届,即每隔二年举办一次。2011年12月举办第五届船政文化研讨会。研究会还编辑出版了《船政文化研究》专辑 6 集和《百年船政》图片专集。

三、福建船政交通职业学院船政文化研究所

2005 年 8 月 12 日,学院船政文化研究所成立。研究力量主要由校内副教授以上的研究人员组成。沈岩研究员任所长。陈道章、陈贞寿、卢美松、陈俣、孙新峰、黄启权等校外专家应聘担任顾问。研究所成立后,完成《船政教育模式研究》《清代陈季同〈学贾吟〉手稿校注》《船政数据库》等课题;承办船政教育研讨会,建立船政文化网站和船政资料库,重新布置船政校史馆,配合马尾船政文化研究会办好《船政》内刊。根据示范性建设的需要,船政文化作为重要建设内容,研究所利用三年时间完成了三年建设任务。

船政文化历届研讨会

1. 1986 年 12 月 20—24 日,马尾举办"纪念马尾船政创办 120 周年学术研讨会",会议在马尾海员俱乐部召开。

2. 1996 年 12 月 21—23 日,为纪念马尾船政创办 130 周年,福州经济技术开发区、马尾区人民政府、中国造船工程学会船史研究会、福建船政学校、福建马尾造船厂联合举办"船政文化国际学术研讨会"。

3. 2000 年 4 月 6 日,纪念沈葆桢诞辰 180 周年学术研讨会在马尾海上明珠大酒店举行。

4. 2003 年 6 月 21 日,首创中国飞机制造业 85 周年纪念大会由马尾区政协主办。马尾船政文化研究会(筹)编辑了《马尾首创中国航空业资料集》在会上交流。

5. 2003 年 11 月 16 日至 20 日,由福州市文联、中共马尾区委宣传部联办的《中国船政文化美术、书法、摄影》展在福州画院举行。

6. 2003 年 12 月 19 日中国(福州)船政文化研讨会暨福州船政文化研究会成立大会在福州隆重举行。

7. 2004 年 9 月 23 日,中共福州市委宣传部、福州市社科院、福州市社科联主办,福州经济技术开发区党委、政府,马尾区委、区政府协办,福州船政文化研究会、马尾船政文化研究会承办的第二届中国(福州)船政文化研讨会在马尾卧龙山庄举行。

8. 2006 年 12 月 22 日,中共福州市委宣传部,马尾区委、区政府,马尾造船厂和省交通职业技术学院主办,福州市社科院、福州市社科联主办,马尾区宣传部,福州、马尾船政文化研究会承办,省严复研究会、省历史名人研究会协办的第三届中国(福州)船政文化研讨会在马尾卧龙山庄举行。

9. 2008 年 12 月 23 日,福建交通职业技术学院会同中国人民大学历史学院、华中师范

大学中国近代史研究所、福建省文史研究馆、福建社科院历史研究所、福建马尾造船股份有限公司等单位共同主办,福州市社会科学院、福州市社会科学界联合会、中共马尾区委宣传部、福州市船政文化研究会、马尾区船政文化研究会承办的第四届船政文化研讨会在马尾举行。

10. 2010 年 10 月 25 日,以"福州船政与近代中国海军史"为主题研讨会在福州西湖大酒店举行。由台盟中央指导,台盟福建省委会、福州市政协、福建省社科联、福建省文史馆共同主办。

11. 2010 年 12 月 11 日,福建省社科界第七届学术年会"发掘文化资源、服务海西建设"分论坛在福建省社科院召开。年会分论坛由福建省严复学术研究会、福建省海峡文化研究会、福建省历史名人研究会、马尾船政文化研究会主办。

12. 2010 年 12 月 23 日,"纪念沈葆桢诞辰 190 周年船政文化论坛"在马尾卧龙山庄举行,由中共福州市马尾区委员会、福州市马尾区人民政府、福建省炎黄文化研究会主办,马尾船政文化研究会、福州中国船政文化建设管理处承办。

13. 2011 年 9 月 17 日,以"福州船政与辛亥革命"为主题的第二届海峡两岸船政文化研讨会在福州西湖大酒店开幕。由台盟福建省委、政协福州市委员会、福建省文史馆、福建马尾区政府主办。

14. 2011 年 12 月 20 日由马尾区宣传部、福建省诗词学会主办,马尾诗词学会、马尾船政文化研究会协办的纪念福建船政创办 145 周年大型诗会在马尾卧龙山庄举行。

15. 2011 年 12 月 22 日,由中国社会科学院近代史研究所、中国人民大学历史学院、中国太平洋地区合作委员会、华中师范大学中国近代史研究所、福建船政交通职业学院、福建省社会科学院历史研究所、福建马尾造船股份有限公司等单位共同主办,福州市社会科学院、福州市社会科学界联合会、中共马尾区委宣传部、福州市船政文化研究会、马尾船政文化研究会承办的第五届中国(福州)船政文化研讨会在福州融侨水乡酒店举行。

船政文化研究系列书籍目录

序号	书名	作者	出版单位	出版时间
01	《船政文化研究》第 1 辑	张作兴主编	中国社会出版社	2003 年
02	《船政文化研究》第 2 辑	张作兴主编	中国社会出版社	2004 年
03	《船政文化研究》第 3 辑	张作兴主编	海潮摄影艺术出版社	2006 年
04	《船政文化研究》第 4 辑	张作兴主编	海潮摄影艺术出版社	2006 年
05	《船政文化研究》第 5 辑	朱华主编	海潮摄影艺术出版社	2008 年

序号	书名	作者	出版单位	出版时间
06	《船政文化研究·船政奏议汇编点校辑》	张作兴主编	海潮摄影艺术出版社	2006 年
07	《船政文化研究》第 6 辑《沈葆桢文集》	朱华主编		2008 年
08	《船政文化研究》第 7 辑	朱华主编	鹭江出版社	2011 年
09	《船政文化研究》第 7 辑增补			2011 年
10	《百年船政》	福州市社会科学院、中共福州马尾区委宣传部编著	海潮摄影艺术出版社	2008 年
11	《船史研究》第 10 辑	《船史研究》编辑部		1996 年
12	《船政研究文集》	陈道章	福建省音像出版社	2006 年
13	《中法马江海战日志》	陈道章	中共福州市委宣传部等	2004 年
14	《船政大事记》	陈道章		1998 年
15	《船政文化》	陈道章		2003 年
16	《船政学堂》	沈岩	科学出版社	2007 年
17	*Chuan Zheng School*	沈岩	五洲传播出版社	2009 年
18	《清代陈季同〈学贾吟〉手稿校注》	沈岩	国家图书馆出版社	2011 年
19	《船政学堂》(繁体版)	沈岩	台湾书林出版社	2012 年
20	《船政奏议全编》(五卷本)	沈岩、方宝川主编	国家图书馆出版社	2011 年
21	《船政教育研究论文集》	沈岩主编		2009 年
22	《福州马尾港图志》	林萱治主编	福建省地图出版社	1984 年
23	《福建船政局史稿》	林庆元	福建人民出版社	1999 年
24	《船政研究集萃》	林樱尧主编	福建省马尾造船股份有限公司	2006 年
25	《马尾首创中国航空业资料集》	林樱尧主编	福建省音像出版社	2006 年
26	《福州海军世家》	刘琳、史玄之	海风出版社	2003 年
27	《船政新发现》	刘琳、史玄之	福建省音像出版社	2006 年
28	《船政拾英》	江小鹰主编	福建省音像出版社	2005 年
29	《闽台海底电缆探寻集》	陈爱萍主编		2004 年
30	《马尾区志》	马尾区地方志编纂委员会编	方志出版社	2002 年

序号	书名	作者	出版单位	出版时间
31	《沈葆桢》	林庆元、罗肇前主编	福建教育出版社	1992 年
32	《沈葆桢家书考》	沈吕宁主编	福建电子音像出版社	2007 年
33	《沈葆桢：理学德志　洋务自强》	林庆元	中国文联出版社	2002 年
34	《沈葆桢》手迹	沈丹昆	福建省音像出版社	2008 年
35	《中国早期留学生》	张良勋	福建省音像出版社	2007 年
36	《沈翊清沈觐宸纪念文集》	沈吕宁、沈丹昆主编	福建省音像出版社	2005 年
37	《纪念陈兆锵将军文选》	陈道章主编	福建省音像出版社	2007 年
38	《学贾吟》	陈季同著，钱南秀整理	上海古籍出版社	2005 年
39	《福州三江口水师旗营》	陈贞寿	中国大百科全书出版社	2007 年
40	《中法马江海战》	陈贞寿	中国大百科全书出版社	2007 年
41	《福建船政学校校志》	福建船政学校史志编纂委员会	鹭江出版社	1996 年
42	《马江春秋》	马江春秋编委会		2002 年
43	《船政之光》	黄德晖	福建省音像出版社	2006 年
44	《马尾文物题刻诠释》	陈道章主笔　李锦华主编	福州市马尾开发区文物管理委员会、福州市马尾开发区文体广播电视局	1994 年
45	《马尾揽胜》	陈道章主编		
46	《马尾船政走笔》	林公武主编	海风出版社	2004 年
47	《马尾——中国之最》	陈道章	香港文学报社出版公司	
48	《马尾船政天后宫》	陈道章		2007 年
49	《甲申中法马江战役》	郑剑顺	厦门大学出版社	1993 年
50	《马尾史话》	陈道章	马尾区文化局	1991 年
51	《马尾文史资料（一）》	邵良官		1991 年
52	《马尾文史资料（二）》	邵良官		1993 年
53	《悠游马江》	陈道章主编		
54	《中国船政映像》			
55	《福州船政局》	沈传经	四川人民出版社	1987 年
56	《船政》第 1 期	沈岩主编	马尾船政文化研究会	2004 年
57	《船政》第 2 期	沈岩主编	马尾船政文化研究会	2005 年

续表

序号	书名	作者	出版单位	出版时间
58	《船政》第 3 期	沈岩主编	马尾船政文化研究会	2006 年
59	《船政》第 4 期	沈岩主编	马尾船政文化研究会	2007 年
60	《船政》第 5 期	沈岩主编	马尾船政文化研究会	2008 年
61	《船政》第 6 期	沈岩主编	马尾船政文化研究会、福建交通职业技术学院船政文化研究所	2009 年
62	《船政》第 7 期	沈岩主编	马尾船政文化研究会、福建交通职业技术学院船政文化研究所	2010 年
63	《船政》第 8 期	沈岩主编	马尾船政文化研究会、福建船政交通学院船政文化研究所	2011 年
64	《140 周年校庆特刊（1866—2006）》	沈岩主编	福建交通职业技术学院	2006 年
65	《船政编年史》	沈觐宸著	香港文学报社出版公司	2010 年
66	《福州船政文化游》	福州市旅游局编	国际炎黄文化出版社	2005 年
67	《中国船政文化》	福州市旅游局编		2005 年
68	《福建文博》总第 8 期中法战争闽、台战场专辑		福州军区军医学校印刷所	1985 年
69	《马江教泽　源远流长》	陈奇	福建马尾商船学校	1986 年
70	《侗社诗刊》	马江侗社	马江诗社重印	1986 年
71	《中法战争闽台战场专辑》（《福建文博》1985 年第 1 期）		福建省博物馆《福建文物》编辑部	1985 年
72	《中国近代舰艇工业史料集》	中国舰艇工业历史资料丛书编辑部	上海人民出版社	1994 年
73	《中国造船史》	席龙飞	湖北教育出版社	2000 年
74	《船政文化与台湾》	朱华主编	鹭岛出版社	2010 年
75	《船政文物图录》	谢木宁、龚张念主编	福建美术出版社	2009 年
76	《福建船政大事记　增订本》	陈道章主编	中国文联出版社	2010 年
77	《福建船政文化简明读本》	陈然编著	海潮摄影艺术出版社	2007 年
78	《观澜船政文化》	金秋蓉、肖郁哉	人民交通出版社	2009 年
79	《船之光》（小学版）		福建少年儿童出版社	2009 年
80	《近代东西文化交流中福建及船政的贡献》	张良勋	马尾船政文化研究会	2003 年

序号	书名	作者	出版单位	出版时间
81	《上报中央省市部分领导的有关建议及批示专集》	张良勋	马尾船政文化研究会	2003 年
82	《台湾散论》	张良勋	马尾船政文化研究会	2003 年
83	《船司空雅集录》		马尾区政协文史委、马尾船政文化研究会、马江诗词学会	2006 年
84	《福州文史资料选集》第十五辑、第十九辑、第二十三辑	中国人民政治协商会议福建省福州市委员会文史资料委员会编		1986 年、2000年、2003 年
85	《马江诗会集锦》纪念马尾船政 130 周年专辑	同上		1996 年
86	《晚清一个外交官的文化历程》	李华川著	北京大学出版社	2004 年
87	《福建船政局史事纪要编年：清同治五年至宣统二年：1866—1910 年》	郑剑顺编	厦门大学出版社	1993 年
88	《甲午海将方伯谦》	王宜林著	海潮出版社	1997 年
89	《沈文肃公牍》	沈葆桢	江苏广陵古籍刻印社	1997 年
90	《沈文肃公牍》	沈葆桢	福建人民出版社	2008 年
91	《沈葆桢研究》	卢美松主编	海风出版社	2000 年
92	《沈葆桢与福州船政》	林崇墉著	联经出版社	1987 年
93	《船政足为海军根基：福州船政与近代中国海军史研究论文集》	钟同主编		2010 年
94	《一片热诚佐自强——福州船政与辛亥革命研讨会论文汇编》	钟同、陈名镌主编	福建文史丛书	2011 年
95	《抗日战争特殊岁月里的桐梓海校》	贵州省"桐梓海校"遗址修复暨陈列馆筹建领导小组编		2002 年
96	《纪念福建船政一百四十五周年书法作品选》	福州画院编辑部	福州明朗文化传播有限公司	2011 年
97	《纪念福建船政一百四十五周年书法作品选》	中共福州市马尾区宣传部		2011 年
98	《晚清洋务学堂的外语教育研究》	高晓芳	商务印书馆	2007 年
99	《百年严复》	苏中立、涂光久主编	福建人民出版社	2011 年

续表

序号	书名	作者	出版单位	出版时间
100	《林纾研究资料选编》（上下册）	陈锦谷编	福建文史研究馆	2008 年
101	《图说中国海军史》（上、中、下册）	陈贞寿	福建教育出版社	2002 年
102	《近代中国海军大事编年》（上、中、下卷）	刘传标编纂	海风出版社	2008 年
103	《中国近代海军职官表》	刘传标编纂	福建人民出版社	2004 年
104	《日藏甲午战争秘录》	林伟功主编	中华书局	2007 年
105	《近代中国船政大事编年与资料选编》25 册	刘传标编纂	九州出版社	2011 年
106	《清代陈季同〈学贾吟〉手稿校注》（繁体版）	沈岩	台湾书林出版社	2014 年

沈葆桢研究资料编目

沈葆桢自著文章（含文章、奏议、笔记、信札等）

1.《先考丹林公行述》，清同治九年刊本，1 册，福建省图书馆藏。

2.《先母林太夫人事略》，清同治九年刊本，1 册，福建省图书馆藏。

3.《先室林夫人事略》，清同治十三年刊本，1 册，福建省图书馆藏。

4.《沈氏行述》，4 卷（其中前 3 卷为《诰封光禄大夫先考丹林公行》《先妣林太夫人事略》《室夫人事略》），1963 年重刊清刻本，4 册，福建师大图书馆藏。

5.《夜识斋剩稿》，清光绪刊本，1 册，福建省图书馆、福建师大图书馆藏；民国间福州沈丹元刻本，福建省图书馆藏。

6.《沈文肃公家书》，不分卷，螺江陈氏抄本，6 册，福建省图书馆藏；抄本，1 册，福建师大图书馆藏。

7.《总理福建船政奏折》，清光绪六年吴门节署木活字本。

《沈文肃公政书》卷 4，福建省图书馆、福建师大图书馆藏。

《沈文肃公政书》卷 4，清光绪十八年福州乌石山专祠刊，福建省图书馆藏。

8.《沈文肃公政书》，7 卷，清光绪六年吴门节署木活字本，福建省图书馆、福建师大图书馆藏；清光绪十八年福州乌石山专祠刊本，福建省图书馆藏；民国间商务印书馆铅印本，福建师大图书馆藏；近代中国史料丛刊第 54 号，台湾 1966 年出版。

9.《沈文肃公政书续编》，2 卷，抄本，1 册，福建师大图书馆藏。

10.《沈文肃公牍》，5 卷，抄本，6 册，福建师大图书馆藏；江苏广陵古籍刊印社 1997 影印；台湾 1998 年出版；福建人民出版社 2008 年出版（林海权整理点校）。

11.《福建台湾奏折》，台湾文献丛刊第 29 种。

12.《沈葆桢等奏稿》，陈氏辑抄本，1 册，福建省图书馆藏。

13.《饶壮勇公事略》,清同治间福州刊本。

14.《居官圭臬》,清福州刊本,福建省图书馆藏。

15.《节孝母林夫人手录中庸注并志石刻》(拓本),台湾傅斯年图书馆拓片室藏。

沈葆桢传记

1.《沈文肃公事略》,李元度著,清光绪六年福州沈氏刊本,1 册,福建省图书馆、台湾大学藏。

2.《闽侯县志·列传五(下)·沈葆桢传》,1933 年刊本,闽侯县地方志编纂委员会 1995 年翻印。

3.《闽贤事略初稿·沈葆桢事略》,郑贞文著,上海商务印书馆 1935 年出版。

4.《福建通志·列传·清八·沈葆桢》,1935—1938 年福州刻本。

5.《清史列传》,国史馆修,中华书局排印。

6.《清史稿·沈葆桢传》,1927 年排印本,中华书局排印本。

7.《沈葆桢》,孙鼎宸著,台湾 1965 年出版。

8.《台湾先贤集》,中华书局编辑部编,中华书局 1971 年出版。

9.《海防重寄——沈葆桢》(台湾名人传),林黎著,台北新亚出版社 1976 年出版。

10.《沈葆桢》,彭国栋主编,台湾儿童书局 1979 年出版。

11.《清代七百名人传·沈葆桢》,蔡冠洛编,世界书局 1937 年出版。

12.《清代人物传稿·沈葆桢》(下编第一卷),林庆元,中华书局 1984 年出版

13.《文肃公沈幼丹先生葆桢传略》,叶英著,《台南文化新》1986 年第 21、22、23 期。

14.《文肃公沈幼丹先生葆桢传略补遗》,叶英著,《台南文化新》1986 年第 24 期。

15.《福建省志人物传记·沈葆桢》(试写稿第二辑),福建省地方志办公室编印。

16.《沈葆桢与福州船政》,林崇墉著,台湾联经出版事业公司 1987 年出版。

17.《福建历代名人传略·沈葆桢》,陈贞寿著,福建人民出版社 1987 年出版。

18.《福建文史资料·沈葆桢生平记略》(第十五辑),林勋治著。

19.《福州市志·人物志(传记试写稿)·沈葆桢》(第一辑),邓华祥著,福州地方志编纂委员会、《福州市志·人物志》编辑组 1989 年排印。

20.《福州历史人物·沈葆桢》,肖诗彪著。

21.《福建乡土文化汇编·沈葆桢》,福州市对外文化交流协会、台湾《罗星塔》月刊社 1990 年排印。

22.《沈葆桢》,林庆元、罗肇前著,福建教育出版社 1992 年出版。

23.《沈葆桢传》,苏同炳著,台湾省文献委员会 1995 年出版。

24.《船政大臣沈葆桢》,王铁藩著,《王铁藩闽文化作品选编》,福海文化基金会、福州市民间文学家协会 1995 年排印。

25.《首任船政大臣——沈葆桢》,林樱尧、吴秋妹著,《马尾造船报》1999 年 1 月 30 日。

26.《近现代福州名人·沈葆桢》,林庆元著,福建人民出版社 1999 年出版。

27.《沈葆桢评传:中国现代化尝试》(*Shen Pao-chen and China's modernization in the nineteenth century*, *Cambridge University Press*, *1994*),庞百腾著,陈俱译,上海古籍出版社 2000 年出版。

28.《智吏沈葆桢》(中国廉吏丛书),唐耀华著,辽宁画报出版社 2001 年出版。

29.《福建爱国名人·沈葆桢》,陈名实编著,方志出版社 2002 年出版。

30.《沈葆桢:理学德治,洋务自强》,林庆元著,中国文联出版社 2002 年出版。

31.《沈葆桢家书考》(船政文化丛书),沈吕宁、沈丹昆编著,福建音像出版社 2008 年出版。

奏稿、文集、书牍

1.《船政奏议汇编》,54 卷,总理福建船政节署编,清光绪十四年至二十八年刊本,22 册,福建省图书馆、福建师大图书馆藏;近代中国史料丛刊续集第 172—175 号。

2.《船政奏议续编》,1 卷,总理福建船政节署编,清宣统二年排印本,1 册,福建省图书馆、福建师大图书馆藏。

3.《船政奏议别编》,左宗棠等著,福建师范大学历史系福建史研究室编,1966 年抄本,1 册,福建师大图书馆藏。

4.《道咸同光四朝奏议》,台北故宫博物院编,台湾商务印书馆影印本。

5.《皇清道咸同光奏议》,王树毓编,光绪壬寅上海久敬斋版。

6.《曾文正公全集》,曾国藩著,清同光间传忠书局刊本。

7.《左文襄公全集》,左宗棠著,清光绪十七年刊本。

8.《胡文忠公遗集》,胡林翼著,清光绪九年随山馆刊《四家奏议合钞》本。

9.《曾忠襄公全集》,曾国荃著,清刊本。

10.《刘忠诚公遗集》,刘坤一著,清刊本。

11.《开县李尚书政书》,李宗羲著,清刊本。

12.《刘壮肃公奏议》,刘铭传著,台湾银行经济研究室排印本。

官书、编年、谱牒

1.《武林沈氏迁闽本支家谱》，1933 年福州沈氏油印本，台湾沈氏铅印本。

2.《刨根问底集——林家三姐妹的后人》，刘滋业等著，1991 年铅印本。

3.《筹办夷务始末(同治朝)》，文庆等编，故宫博物院影印本，台湾文海出版社影印本。

4.《清史稿·沈葆桢妻林氏传》，民国十六年排印本，中华书局排印本。

5.《大清会典》，台湾华文书局影印本。

6.《清文宗实录》，台湾华文书局影印本。

7.《清穆宗实录》，台湾华文书局影印本。

8.《清德宗实录》，台湾华文书局影印本。

9.《光绪朝东华录》，朱寿朋编，宣统元年排印本，中华书局排印本。

10.《清列朝起居注册(咸丰、同治、光绪朝)》，台湾联经出版社影印本。

11.《钦定剿平粤匪方略》，朱学勤等编，清同治间排印本。

12.《曾国藩年谱》，黎庶昌编，岳麓出版社 1986 年出版。

13.《海军大事记》，池仲祐编，未刊本，福建省政协藏。

14.《严幾道年谱》，王蘧常编，商务印书馆 1936 年出版。

15.《福州百科全书》(中国地区百科全书)，《福州百科全书》编辑委员会编，中国大百科全书出版社 1994 年出版。

16.《中国历史文化名城词典(续编)》，国家文物局主编，上海辞书出版社 1997 年出版。

17.《中国历史大年表(近代)》，沈渭滨编，上海辞书出版社 1999 年出版。

18.《严复年谱》，孙应祥编，福建人民出版社 2003 年出版。

史料汇编、选编

1.《福建船政厂告成记》，黄维煊著，抄本。

2.《中国近代史资料汇编海防档甲·购买船炮》，中央研究院近代史研究所编，影印本。

3.《中国近代史资料汇编海防档乙·福州船厂》，中央研究院近代史研究所编，影印本。

4.《洋务运动文献汇编》，世界书局编印本。

5.《中国近代海军史论集》，王家俭，台湾文史哲出版社排印本。

6.《台湾历史概述》，刘大年、丁名楠、余绳武著，生活、读书、新品三联书店 1956 年出版。

7.《中国近代造船史》,王志毅著,海洋出版社1986年出版。

8.《清末海军史料》,张侠、杨志木、罗澍伟、王苏波、张利民等编,海洋出版社1982年出版。

9.《福州马尾港图志》,林萱治主编,福州市地方志编纂委员会编,福建省地图出版社1984年出版。

10.《福建船政局史稿》,林庆元著,福建人民出版社1986年出版。

11.《福建船政局史稿(增订本)》,林庆元著,福建人民出版社1999年出版。

12.《福建船政局史事纪要编年》,郑剑顺编,厦门大学出版社1993年出版。

13.《船政大事记》,陈道章编,马江海战纪念馆、福建省马尾造船厂1998年铅印本。

14.《皇朝词林典故》,陈希曾等编,清光绪间刊本。

15.《清朝野史大观》,中华书局排印本。

16.《清朝御史题名录》,苏树蕃编,台湾文海出版社影印本。

17.《太平天国军事史概述》,郦纯著,中华书局1982年出版。

18.《清政府镇压太平天国档案史料》,薛瑞录主编,社会科学文献出版社1996年出版。

19.《中国外交史》,黄正铭编,台湾中正书局排印本。

20.《中国厘金史》,罗玉东著,台湾商务印书馆排印本。

21.《清季军事史论集》,王尔敏著,台湾联经出版社排印本。

22.《湘军志》,王闿运著,清光绪十二年刊本。

23.《湘军兵志》,罗尔纲,中华书局部1984年出版。

24.《淮军志》,王尔敏著,中央研究院近代史研究所排印本。

25.《甲午战争前之台湾煤务》,黄嘉谟著,台湾近代史研究所排印本。

26.《清代台湾经济史》,周宪文著,台湾经济研究室1957年出版。

27.《闽中文献辑编》(下册),林家钟选辑,福州市鼓楼区地方志办公室1997年油印本,福州市博物馆藏。

28.《清代中琉关系档案选编》(第一卷),第一历史档案馆编,中华书局1993年出版。

29.《船政学堂》,沈岩著,科学出版社2007年出版。

30.《船政文化研究:沈葆桢文集》(第六辑)朱华主编,福州市社科院、社科联、中共福州马尾区委宣传部,福州市船政文化研究会2008年铅印本。

31.《船政文物图录》,谢木宁、龚张念主编,福州市马尾区文化体育局编,福建美术出版社2009年出版。

32.《船政编年史》,闽侯沈觐宸著、沈吕宁编校,香港文学报社出版公司2010年出版。

33.《船政文化与台湾》,朱华主编,鹭江出版社2010年出版。

34.《近代国造舰船志》,陈悦著,山东画报出版社2011年出版。

35.《船政研究集萃：纪念福建船政创办一百四十五周年(1866—2011)》，林樱尧主编，福建省马尾造船股份有限公司2011年出版。

36.《船政文化研究》(第七辑)，朱华主编，鹭江出版社2011年出版。

37.《福建船政大事记》(增订本)，陈道章、林樱尧主编，福建省马尾造船股份有限公司编，中国文联出版社2011年出版。

诗文集、日记、信札

1.《涛园集》，沈瑜庆著，1920年铅印本，福建省图书馆、福建师大图书馆藏；1931年福州沈氏铅印本，福建省图书馆藏；(台湾)近代中国史料丛刊第55号，台湾文海出版社影印本；福建文史丛书(含外两种)，福建省文史研究馆整理，福建人民出版社2010年出版。

2.《船司空雅集录》，黄嘉尔辑，清光绪十一年江西刊本，1册，福建师大图书馆藏。

3.《罗景山台湾海防并开山日记》，罗大春著，坚多节斋文钞，台湾文献丛刊第308种，台湾银行经济研究排印本。

4.《续碑传集》，缪荃孙著，清宣统二年刊本。

5.《曾国藩未刊信稿》，曾国藩著，中华书局排印本。

6.《李鸿章致潘鼎新书札》，李鸿章著，中华书局排印本。

7.《养知书屋诗文集》，郭嵩焘著，台湾文海出版社影印本。

8.《天岳山馆文钞》，李元度著，台湾文海出版社影印本。

9.《云卧山庄尺牍》，郭嵩焘著，台湾文海出版社影印本。

10.《宝韦斋类稿》，李恒著，台湾文海出版社影印本。

11.《庸庵文编》，薛福成著，台湾文海出版社影印本。

12.《能静居日记》，赵烈文著，台湾学生书局影印本。

13.《东游日记》，沈翊清著，清光绪庚子年福州沈氏刊本。

报纸、杂志

1.《沈葆桢与1874年日本侵台事件》，林庆元著，《史学月刊》1995年第1期。

2.《沈葆桢的晚年和家训》，林庆元著，《历史月刊》第132期1999年1月。

3.《福建船政的辉煌在于学堂》，林友华著，《闽江职业大学学报》1999年第1期。

4.《沈葆桢在台湾的筹饷》，赖钢著，福建省图书馆特藏部编，《福建省史学会福州分会

1984 年学术讨论会论文集》。

5.《琉球漂民事件与日军入侵台湾(1871 — 1874)》,朱庆余著,《历史研究》1999 年第 1 期。

6.《乡贤沈文肃公在台事迹考》,林咏荣著,《台南文化》第 3 卷 1953 年第 3 期。

7.《沈葆桢对台湾迈向现代化的影响》,魏永竹著,《台湾文献》第 33 卷 1982 年第 2 期。

8.《沈葆桢倡导学为根本》,陈俱著,《马尾造船报》1999 年 6 月 5 日。

9.《沈葆桢的台湾经营》,郑维国著,《台南师院学生学刊》1997 年第 18 期。

10.《争饷事件——曾国藩与沈葆桢的恩怨》,汪茂林著,《历史月刊》1997 年第 8 期.

11.《沈葆桢与台湾新政》,井泓莹著,《联合学报》1991 年第 8 期。

12.《沈葆桢治台政策》,张世贤著,《台湾风物》第 25 卷 1975 年第 4 期。

13.《沈葆桢的台湾现代化建构及影响》,郭美芳著,《台北商专学报》1992 年第 38 期。

14.《沈葆桢开台事迹(上)》,林征祈著,《书和人》1987 年第 565 期。

15.《沈葆桢与台湾》,陈骥著,《史联杂志》1980 年第 1 期。

16.《沈葆桢治台政绩》,贺嗣章著,《台湾文献》第 9 卷 1958 年第 4 期。

17.《钦差大臣沈葆桢与台湾》,沈国桢著,《警友之声》1999 年 10 月号。

18.《近代史人沈葆桢记事片段》,沈孟璎著,《江苏政协》1999 年第 10 期。

19.《浅论沈葆桢的爱国思想》,张天禄著,《福州史志》1999 年第 1 期。

20.《沈葆桢的两封信札》,陈淑玎、谢桂萍著,《福建文博》1999 年第 2 期(总 36 期)。

21.《沈葆桢夫人及求救血书》,林锴著,《世界日报》1993 年 2 月 12 日。

22.《台湾之煤》,查复生著,《台湾银行季刊》第 2 卷 1948 年第 2 期。

23.《牡丹社之役及其影响》,林子侯著,《台湾文献》第 25 卷 1974 年第 2 期。

24.《“亿载金城” 整建始末》范胜雄著,《台南文化》1976 年第 1 期。

25.《论近代中国留学教育的兴起》,田正平、李笑贤著,《教育研究》1994 年第 5、6 期。

26.《不能滥拆改沈葆桢故居》,李厚威著,《福州晚报》1990 年 9 月 19 日。

27.《台北公园的一座铜像》,梦因著,《中国青年报》1991 年 3 月 24 日。

28.《宫巷沈葆桢故居》,林文、黄敬一著,《福州晚报》1992 年 4 月 29 日。

29.《近代海军名人多》,晓敏著,《新民晚报》1992 年 6 月 19 日。

30.《沈葆桢开裱褙店》,王希尧著,《福建文史》1992 年第 4 期。

31.《沈师任口授的沈葆桢家书》,郭小湄著,《福建乡土》1994 年。

32.《不贪夜识金银气,远害朝看麋鹿游——近代名人沈葆桢记事片断》,沈孟璎著,《白云山》1995 年 6 月。

33.《青山遮不住——关于 “潮涌马江” 脚本的构想》,王宁著,《福州晚报》1994 年 10 月 5 日。

34.《寻找沈葆桢》,赖一郎著,《党的生活》1996 年 9 月。

35.《沈葆桢开发台湾》,廖楚强著,《港台信息报》1996 年 6 月 2 日。

36.《马尾应有沈葆桢雕像》,邵良官著,《福州晚报》1997 年 8 月 6 日。

37.《沈葆桢卧室今安在》,李厚威著,《福州晚报》1997 年 9 月 29 日。

38.《福建船政局衙署名联》,赵奎生著,《福州晚报》1999 年 2 月 22 日。

39.《马尾船政局名联补遗》,沈丹昆著,《福州晚报》1999 年 6 月 28 日。

40.《沈葆桢的诗钟与台湾》,陈俱著,《福州晚报》1999 年 9 月 15 日。

41.《沈葆桢的一张老照片》,沈丹昆著,《福州晚报》2000 年 1 月 3 日。

42.《牡丹社英魂长存,台胞首次抗日事件》,王志恒著,台湾《中外杂志》1999 年 12 月号(66 卷第 6 期)。

43.《沈葆桢的折枝吟叙录》,郑孝禄著,《文化生活报》2000 年 1 月 25 日、2 月 1 日、2 月 22 日。

44.《沈葆桢为家乡捐款赈灾》,沈骏著,《福州晚报》2003 年 3 月 11 日。

45.《沈葆桢故居遭遇"鸠占鹊巢":这所福建省文物保护单位被非法强占》,刘琳著,《福州晚报》2003 年 12 月 25 日。

方志类

1. 同治《广信府志》,蒋继沐等撰,清同治十二年刊本。

2.《台湾通史》,连横著,台北众文图书公司 1979 年出版,商务印书馆 1983 年第 2 版,《台湾文献丛刊》第 128 种。

3.《闽侯县志·列女三·仁智——林普晴传》,1933 年刊本,闽侯县地方志编纂委员会 1995 年翻印本,福州市博物馆、闽侯县博物馆藏。

4.《三坊七巷志》,黄启权主编,福州市地方志编纂委员会编,海潮摄影艺术出版社 2009 年出版。

外文资料

1.《明治文化资料丛书·外交卷》(第 4、10 卷),下村富士男编,日本民间书房 1962 年再版。

2.《日本外交文书·对华回忆录》(第 7 卷),东亚同文会编,胡锡年译(中译本),商务印书 1959 年出版。

3.《大久保利通文书》,日本史籍协会 1928 年出版。

4.《柳元前光郑永宁等在总理衙门问答颠末》,《明治文化资料丛书》第 4 卷。

5.《使清办理始末》,金井之恭著,《明治文化全集》(第 11 卷)之外交篇。

6.《副岛大使适清概略》,《明治文化全集》(第 11 卷)之外交篇。

7.《岩村公实治》(下卷),岩村公实迹保存会 1927 年再版。

8.《对华回忆录》,东亚同文会编。

9.《征番纪勋》,依田学海著。

其　他

1.《船政前后学堂和我国近代队伍的产生》,林庆元著,刊载不详。

2.《牡丹社事件与沈葆桢治台政绩考》,陈守亭著,台北正中书局 1986 年出版。

3.《左宗棠、彭玉麟、沈葆桢诗文选译》,阎湘著,巴蜀书社 1997 年出版。

4.《倾国名花——林凤贞(名误)》,香港文学研究社 1981 年出版。

5.《郎潜纪闻》,陈康祺著,中华书局排印本。

6.《蕉园杂说》,方宗颐著,中华书局排印本。

7.《柏堂师友言行记》,方宗诚著,台湾文海出版社影印本。

8.《春明梦录附平斋家言·客座偶谈》,何刚德著,台湾新兴书局影印本。

9.《凌霄一士随笔》,徐凌霄、徐一士著,台湾文海出版社影印本。

10.《异辞录》,刘体仁著,台湾文海出版社影印本。

11.《花随人圣庵摭忆》,黄浚著,台湾联经出版社排印本,上海书店 1998 年出版,山西古籍出版社 1999 年出版。

12.《美国与台湾》,黄嘉谟著,台湾近代史研究所排印本。

13.《中国近代化的区域研究(闽浙台地区)》,李国祈著,"中央"研究院近代史研究所排印本。

14.《清季一个京官的生活》,李德昌著,香港中文大学排印本。

15.《福建画人传》,陈子奋著,福建省博物馆 1975 年翻印本。

16.《闽都丛话——沈葆桢故居与祠堂》,王铁藩著,海潮摄影艺术出版社 1995 年出版。

17.《闽都丛话——全国最早创办军官学校的地方》,王铁藩著,海潮摄影艺术出版社 1995 年出版。

18.《台湾风物志·蓬壶撷胜(名胜古迹)·西郡纵横·"亿载金城"立鲲》,福建人民出版社 1985 年出版。

19.《沈文肃公改正课艺》,董元度原作、沈葆桢批改,原稿本 2 册、装裱册叶 2 帙,福建师大图书馆藏。

20.《纪念陈寅恪教授国际学术讨论会论文集》,广州中山大学编印本。

21.《台湾古迹全集》,关山情主编,台湾户外生活杂志排印本。

22.《甲午中日战争文学集》,阿英编,中华书局1958出版。

23.《纪念太高祖沈葆桢诞生170周年》,沈丹昆、孔丽君编,1990年4月(未刊稿)。

24.《沈文肃公守广信事迹考》,沈吕宁著,《福州文史资料选辑》(第19辑)2000年4月。

25.《沈文肃公与太平军在江西的战事》,沈吕宁著,《福州文史资料选辑》(第19辑)2000年4月。

26.《诗钟说梦》,易顺鼎著,《庸言》第1卷10号。

27.《壶天笙鹤》(初集),林幼泉著,福州大有山房书店民国刊本,台湾龙文出版社《台湾先贤诗文集汇刊》本。

28.《冷眼云烟壮士情——记沈葆桢引港报国的壮举》,林国清著,《榕花》杂志。

29.《长江水域条约三口岸开放及商埠之形成》,张凌勋著,博士研究生论文,刊载不详。

30.《清季首批驻英人员对欧洲的认识》,雷俊玲著,硕士研究生论文,刊载不详。

31.《谣言与近代教案》,苏萍著,上海远东出版社2001年出版。

32.《罗瘿公笔记选》,罗惇融著,山西古籍出版社1997年出版。

33.《清代名人轶事》,葛虚存编,山西古籍出版社1997年出版。

34.《福州摩崖石刻》,黄荣春编,福建美术出版社1999年出版,福建美术出版社2011年增订出版。

35.《古今人生日考》,朱彭寿编,北京图书馆出版社2002年出版。

36.《福州世家》,曾意丹、徐鹤苹著,福建人民出版社2001年出版。

37.《严复大传》,皮后锋著,福建人民出版社2003年出版。

38.《闽侯清廉人物谱》,曾江主编,福建美术出版社2006年出版。

39.《福州三坊七巷人物勤政廉政故事》,黄启权主编,中国文联出版社2008年出版。

40.《福州戍台名将》,陈扬富主编,政协福州市委员会编,海潮摄影艺术出版社2009年出版。

41.《闽侯进士录》,叶兴松、林展飞编,福建美术出版社2010年出版。

42.《福建戍台名将列传》,刘琳著,福建美术出版社2010年出版。

43.《闽都文物史迹》,王华南主编,福建美术出版社2011年出版。

44.《福建文史丛书——福建清代科举人名录》,王铁藩编,王亚青、连天雄补订,福建人民出版社2011年出版。

人名索引

修志始末

　　《船政志》编纂历时五年,终于付梓。这是继《昙石山文化志》《福州寿山石志》《三坊七巷志》之后,最后出版的一部闽都四大文化专志。早在2003年,陈道章先生等老一辈船政文化研究专家就提出了编纂《船政志》的建议,但由于种种原因没能落实。2010年4月,福州市方志委与市社科院合作,共同议定以服务外包的方式开展这项工作,并选定船政研究专家沈岩教授为该志主编。同年6月,由沈岩教授提出的编纂大纲经过几轮讨论,初步定稿。10月,在市社科院举行编纂《船政志》签约仪式及聘请沈岩为主编的签字仪式,正式启动该志编修工作。

　　2011年1月,编纂《船政志》列入《福州市国民经济和社会发展第十二个五年规划纲要》,成为福州市政府的一项重要文化工程。同年2月,完成《船政志》篇目审定,确定了"国际视野、全国定位、福建眼光、精品志书"的定位要求。3月,召开《船政志》编纂培训会暨《船政志》编修工作会议,各方专家及编纂人员等20余人参加会议。省文史馆馆长卢美松、主编沈岩教授、市方志委副主任王小珍分别就如何编纂方志、《船政志》篇目及分工、志书编写要求等三方面作出说明。

　　编纂工作主要分三个阶段进行。第一阶段,收集编写阶段。组织编纂人员到档案馆、图书馆查阅资料;征集有关资料图片;到相关场所调研考察。收集文字图片资料上千件(包括复印有关书籍及资料)。至2012年底,除"文物"的档案书画、"艺文"的诗联、"人物"的部分人员、"附录"的船政文化研究等四部分外,其余的大部分章节完成初稿的编写。对部分稿件未能如期完成、有的稿件不够严谨、史料不全等问题,采取进一步征集资料尤其是境外资料、更换编写人员、发回重写、加强审核论证等措施,使问题得到解决。

　　第二阶段,修订统稿阶段。志稿经过反复修改,初步定稿之后,即组织专家进行审稿。根据专家的评审意见,进行调整充实。主编一支笔总纂,统一收录标准,处理详略不当、内容交叉、逻辑错误、前后记述各异、文风不一等问题。解决一些难点、有争议的问题。并按照观点正确、体例严谨、结构合理、资料准确、内容完整、层次分明等要求进行修改完善,形成送审稿。

第三阶段,专家审稿阶段。在省内专家审稿的基础上,还组织省外及台湾的船政文化专家进行审定。根据各方反馈的意见,再组织修订,主编再次统稿。最后,完成人物索引、修志始末的编写。

《船政志》在编纂过程中,得到市委、市政府领导的关心和重视,得到时任市方志委主任张硕、副主任王小珍和市社科院院长王文平、副院长张兰英的全力支持,他们为志书的组织、协调、审稿付出许多心血。在此,我们一并致以诚挚的谢意和崇高的敬意! 还要感谢商务印书馆的编辑同志,为全书的行文规范统一付出了辛勤劳动。

由于本志内容庞杂、史料分散,加上编修水平有限,错漏之处在所难免,敬请广大专家读者批评指正。

编　者

2016 年 5 月